九河寻真

2019

万鲁建 编

問津文庫

主编 王振良

天津社会科学院出版社

图书在版编目(CIP)数据

九河寻真. 2019 / 万鲁建编. -- 天津 : 天津社会科学院出版社, 2021.1
（问津文库 / 王振良主编）
ISBN 978-7-5563-0710-4

Ⅰ. ①九… Ⅱ. ①万… Ⅲ. ①天津—地方史—文集 Ⅳ. ①K292.1-53

中国版本图书馆 CIP 数据核字(2020)第 260693 号

出版发行：天津社会科学院出版社
地　　址：天津市南开区迎水道 7 号
邮　　编：300191
电话/传真：(022)23360165（总编室）
(022)23075303（发行科）
网　　址：www.tass-tj.org.cn
印　　刷：天津市天办行通数码印刷有限公司

开　　本：880×1230 毫米 1/32
印　　张：28.5
字　　数：637 千字
版　　次：2021 年 1 月第 1 版　2021 年 1 月第 1 次印刷
定　　价：98.00 元

走向公众史学的大有之年

陈　克

看到2019年第七届问津学术年会文集，我心中十分兴奋，不禁浮想联翩。问津书院成立七年多来，一个研究天津文史的特殊群体已然崛起，其标志是广泛吸收了社会各界文化精英和爱好者的参与。1931年，美国历史学会会长贝克提出“人人都是史家”的观点，后来出现大众史学(public history)或公众史学的概念。其实天津改革开放以来，已经逐渐改变了只有大专院校、社科文化部门写历史的情况。即便是一个城市的历史，也是几百万人几百年来的一时一刻创造的，岂是少数人穷经皓首写得完的。再加上学科藩篱、研究禁区、学术偏见，无法满足社会的需求。随着新时代文化大繁荣大发展，出现了新的学术形式，口述史的出现，民间收藏的繁荣，历史题材影视的争议，特别是随着城市拆迁出现的历史建筑的保护危机，唤起了各界精英修史的激情。城市管理者在规划城市建设，开发城市文化资源，甚至在制定政策时，也得顾及城市特色和民心向背。历史研究给了民间人士一定的发言权。问津书院每年举办学术年会，说明天津已经出现了一支高水平的历史研究生力军。

会上提交的文章未必都是学术论文，但是可以看出如下几个特点：

一是学术视野的广大，如文集中有人文地理一类，涉及跨学科领域。说明天津的学者注意到了自然科学与人文科学发展的跨学科趋势，力图探索天津人文发展与自然环境的相互关系，这是与国家发展战略相联系的，希望今后能涌现出更多的这类成果。

二是题材涉猎的广泛，很多文章题目虽小，却可小题大做。如对所谓《潞河督运图》的考辨，涉及整个清代天津历史细节的研究，充分体现了公众史学自己发现、自己研究、自己乐见的特点。很多文章有新材料的发现，特别是外文资料的整理，对深入认识天津历史文化肯定是大有裨益。

三是对人物研究的深入，一直是公众史学的长项，也是天津历史文化研究需要丰富的领域。由于长期以来受政治划线和重大题材的局限，天津有很多地方名人被忽略，以致埋没了。历史是由人创造的，见物不见人的历史，就成了干巴巴的教条。历史是多棱的，许多在某方面颇有建树的文化人物，虽不是伟人，却支撑了某些领域。如陆文郁先生遗作的出版，提供了很多珍贵史料。有了这些鲜活的人物，天津的历史才有血有肉。

既然是大众参与，难免良莠不齐，有了良好的氛围，不愁不出精品。当前学界应当避免浮躁，好成果不是凭感觉的激情之作，而是需要踏踏实实的研究之功。题目可以小，格局不能小，不穷尽前人成果，勿轻言发明发现，更不能图省事，人云亦云。提到本书名为《九河寻真》，想起前几年一次在电台直播间，有听众打来电话，问九河下梢是指哪九条河，我就回答海河支流很多，是极言其多的说法。后来翻阅资料才知道“九河”来自《尚书·禹贡》的“九河既道”，是讲当年大禹治水时黄河“至于大陆，又北播为九河，同为逆河，入于海”(《禹贡指南》)。九河可能在天津附近，然逆河却未必是海河。九河最初并不是指海河支流，我不过是人云亦云，很是惭愧。回想当年郑天挺先生讲过，治史应当问五个为什么，就是要寻根溯源的意思。

总结弘扬城市文化，应当是天津学人的责任，外地人不会代劳。罗列一些诸如运河文化、码头文化、市井文化、租界文化的大概念，而不作比较研究，只是自说自话，触摸不到天津文化的真核。天津城市具有非常鲜明的特点，地理上近都、傍河、临海，因运河而生，因盐业而兴，因开埠而盛，历史短，发展快，经济上不靠农业。相对来说无原住居民，无原生文化，五方杂处，连口音都是外来的，其结果就是——多元荟萃，中西交汇，升华重塑。把天津与西安、北京对比是伪命题，那些都是历代首都，而天津到雍正年间才有了行政名分。与直辖市比较，上海有洋场气，北京有皇家气，天津则中西兼具，雅俗同享，大而不卓，开而不扬。站在不同角度有不同看法，随时代发展有辉煌，也有失落，或许永远捉摸不透，却又是实实在在地在你眼前。城市研究是自我认知的过程，寻真求实，鉴往知来，近则自得其乐，远则济世匡时，善莫大焉。

天津公众史学的发展，正在走向大有之年！

2020 年 7 月

目　录

空间与地理

历史与社会

文化与民俗

人物与随谈

附　录

空间与地理

近代天津村镇变迁研究

——以运河沿岸为中心

安　宝　任吉东

有学者认为,“天津市多样的自然环境,平坦的地形,暖温带的气候,众多的河流,滨海的地利和丰富的自然资源”,广袤以盛人,丰饶以载物,“为人口的发展提供了良好的活动场所和优越的物质条件,提供了巨大的环境容量”[①]。正是由于上述自然因素,天津聚落形成的历史非常悠久。如现在静海区的钓台、纪庄子、子牙、张村、民主庄一带,最晚在战国时期就形成村落。但多因历代水灾及兵祸,村落多迁移或被毁灭,“现存的村庄 70%建于明永乐年间(1403—1424),5%建于明末,15%建于清代和民国时期”[②]。

根据道光年间《津门保甲图说》的相关统计,最晚至 1846 年前后,“当时的天津已经形成了由都市中心区——周围 15 乡镇——

---

* 国家社会科学基金一般项目“基于《满铁调查报告》考察的沦陷时期华北乡村社会研究(17BZS083)”阶段性成果。

①李竞能等主编:《中国人口·天津分册》,中国财政经济出版社 1987 年版,第 14 页。

②张培生主编:《静海县志》,天津社会科学院出版社 1995 年版,第 68 页。

附廓351个自然村组成的严密的都市层次体系,大体情况是:都市中心区9.4平方公里;西北方和北方5大镇:大红桥、西沽、丁字沽、北仓、宜兴埠;东南方7大镇:大直沽、灰堆、咸水沽、葛沽、双港、新城、大沽;西南方1大镇:杨柳青;东方2大镇:大毕庄、军粮城”[①]。其中15个乡镇中又有6个较大的城镇,即西沽、丁字沽、北仓、葛沽、杨柳青和大沽,除了大沽远离城区以外,其他“五镇人口由0.7万至2.5万不等,是为天津外围地区人口密度最大的五个地点”[②]。至光绪年间,根据《重修天津府志》,天津周边又进一步形成了围绕城区的南乡七镇(新农镇、白塘口镇、咸水沽镇、葛沽镇、新城镇、双港镇、灰堆镇),西乡一镇(杨柳青),北乡七镇(西沽镇、丁字沽镇、北仓镇、浦口镇、旱沟镇、三河镇、桃花口镇)以及373个自然村的村镇格局。[③]

在这其中,运河沿岸的村镇有着独特的风貌,宛如一颗颗明珠,散落在南北运河两岸,形成“运河两岸有人家,水田漠漠小江南”的美景。

一、运河沿岸村镇的得名原因

“天津是大运河载来的城市”,天津城市的形成与发展与大运河息息相关。早在元朝,天津大运河的格局就已基本形成,明清两

---

①胡光明:《开埠前天津城市化过程及内贸型商业市场的形成》,《天津社会科学》1987年第2期,第90—91页。

②陈雍:《明清天津城市结构的初步考察》,《城市史研究》1995年第10辑。

③(光绪)《重修天津府志》,天津市地方志编修委员会编《天津通志·旧志点校卷》(上),南开大学出版社1999年版,第965—968页。

代，天津因为扼守大运河通往京城的咽喉，又是漕运转船入京的必经之地，可谓“当南北往来之冲，京师岁食东南数百万之漕，悉道经于此；舟楫之所式临，商贾之所萃集，五方之民之所杂处”①，因此也就造就了天津地区运河沿线城乡兴起与日渐繁荣的景象。根据资料统计，在南运河、北运河两岸，村庄多沿河呈线型分布，居民点密集。南运河地带村庄 117 个、城镇 11 个，北运河村庄 100 个、城镇 12 个，南运河故道村庄 17 个，通过村庄的延续性可以佐证运河的延续性。

表 1　南运河沿岸村镇

<table>
<tr><th>行政区域</th><th>区位</th><th>村　　镇</th></tr>
<tr><td rowspan="4">静海区</td><td>南运河右堤</td><td>梁官屯、王善政、靳官屯、赵官屯、只官屯、长张屯、大张屯、唐官屯镇、夏官屯、刘上道、刘下道、吕官屯、张官屯、王官屯、高官屯、东钓台、陈官屯镇、南长屯、东长屯、北长屯、袁村、杨家园、双塘镇、增富堂、八里庄、高家楼、范庄子、王家楼、杨李院、静海县城、北兴楼、孙家场、韩家口、刘官庄、魏家庄、白杨村、府君庙、李家院、王庄子、南肖楼、北肖楼、北刘庄、杜家嘴、下圈、十一堡</td></tr>
<tr><td>南运河左堤</td><td>前小屯、后小屯、程庄子、曲庄子、尚庄子、马集、林庄子、小张屯、翟家圈、马辛庄、鲁辛庄、良辛庄、大赵家洼、小赵家洼、胡辛庄、纪庄子、西钓台、邹家嘴、小钓台、曹村、潘村、小集、西长屯、谭村、双塘镇、董莫院、周家院、朴楼、小高庄、陆家院、花园、玉田庄、大口子门、小口子门、大河滩、小河滩、西五里村、冯家村、刘家营、荀家营、王家营、独流镇</td></tr>
<tr><td>南运河故道右堤</td><td>尚庄子、李家楼、于家堡、邢庄子、倪家园、良一村、良二村、良三村</td></tr>
<tr><td>南运河故道左堤</td><td>陆家村、张家村、胡家村、岳家园</td></tr>
</table>

①薛柱斗：《重修〈天津卫志〉序》，天津市地方志编修委员会编《天津通志·旧志点校卷》（上），天津：南开大学出版社 1999 年版，第 6 页。

续表

行政区域	区位	村镇
西青区	南运河南堤	第六埠、小杜庄、毕家村、宣家院、郭庄子、冯高庄、木厂、娄家院、胡羊庄、东碾陀嘴、杨柳青镇、东马庄、西马庄、谢庄、李楼、大蒋庄、小蒋庄、雷庄、西北斜、中北斜、邢庄子、汪庄子、大稍直口
	南运河北堤	水高庄、小沙窝、辛口镇、中辛口、下辛口、郑庄子、前桑园、后桑园、西碾坨嘴、杨柳青镇、大梁庄、王庄、曹庄子
	南运河故道右堤	大杜庄
	南运河故道左堤	北岳家园、王家村、岳家开、大沙窝

表 2　北运河沿岸村镇

行政区域	区位	村镇
武清区	北运河右堤	大友垡、水牛、秦营、北里庄、小沙河、木厂、马头、西双街、土城、河西务镇、北三里屯、上刘庄、小龙庄、苏庄、东白庙、中白庙、前白庙、大道张庄、蒙村店、大王庄、小王庄、寺各庄、大孟庄镇、霍屯、砖厂、南蔡村镇、定福庄、聂官屯、郭官屯、卞官屯、宋庄子、大白厂、小白厂、孔官屯、陈官屯、郑楼、杨村、南三里屯、黄庄、老米店、六合庄、马家口
	北运河左堤	西王庄、北陈庄、良庄、北八百户、上九百户、大十百户、小十百户、蒙村、蒙辛庄、南四百户、小王甫、大王甫、七百户、小三里浅、三里浅、西崔庄、北蔡村、上丰庄、丁家、中丰庄、下丰庄、尖嘴窝、港北辛庄、筐儿港、南辛庄、宝稼营、沙古堆、费庄、薛庄、柴官、徐官屯、杨村镇、下朱庄街、高楼、高王院、白疙瘩、太平庄
北辰区	北运河右堤	庞嘴、上蒲口、下蒲口、下辛庄、李家楼、马场、屈店、桃口、王秦庄
	北运河左堤	小街、汉沟、郎园、张湾、杨堤、柴楼、沙庄、双街镇、西赵庄、常庄、李嘴、周庄、阎庄

以上两表根据《天津县志》《静海县志》《西青区志》《北辰区志》《武清区志》资料整理。

这些村镇的渊源大都与运河有着千丝万缕的联系。其形成与命名则多与下列情况有关：

1.运河两岸的河道地势。沿河村镇中有不少是以河道走势和特点命名。南北运河河道弯曲，凡是凸出的部位都被称为“嘴”，于是有了杜家嘴、邹家嘴、东碾陀嘴、西碾坨嘴、庞嘴、李嘴等村名；凹进的部位叫“湾”，于是又有了唐家湾、尹儿湾、张湾等村名。

如东碾陀嘴村，因村西北角河湾处常年被河水冲刷成尖嘴状，淤积处成圆形河滩，形状似碾坨状，又在运河东岸，所以取名东碾陀嘴村，与运河西岸的西碾陀嘴村相对应。杜家嘴也是因明朝初年杜姓迁到这里建村，且位于南运河的湾嘴处而得名。

还有北运河西岸的张湾村。在古代，张湾一带是很大的河湾，河道较陡。永定河一部分水流从这一带涌入北运河，流急量大。每逢汛期，常常是白浪滔滔，似万马奔腾，所以民间把这里叫作白马湾。明嘉靖年间，北运河被洪水冲毁改道，白马湾形成“U”形，又改称“马蹄湾”。到了清代，村中张姓家族兴旺，于是定名张家湾。

位于北运河左岸的汉沟，原来这里曾有一条沟渠，平时干涸，人们叫它“旱沟”，沟旁的村落也成了旱沟村。这一带有永定河一股支流注入北运河，汛期洪水宣泄时，常造成堤岸决口，所以人们又叫它“汉口”。民国年间治理永定河，引洪水由屈店进入北运河，“汉口”不再决口，汉沟的名称便固定下来。

而始建于宋辽对峙期的独流镇则是因为“子牙河、大清河、南运河三河汇集到此，合为一流，故称为独流”①。堤头村也是在明永乐年间有不少移民来这里定居，渐成村落。这些移民有的从事农业，有的从事渔业，有的做船工，因该地在运河堤头附近，故称“堤头村”。

2.运河两岸的屯兵场所。明朝初期实行卫所制，在战略要地建卫屯兵，在天津卫的军屯则除了军事训练和作战、维护漕粮运输

①政协静海县委员会编著：《静海运河文化》，百花文艺出版社2015年版，第21页。

外，还开垦运河周边的荒田。这些军屯都是在官屯前冠以军事长官的姓氏，如梁官屯、唐官屯、吕官屯等。其中，梁官屯就是在明朝初期，“置百户所，驻扎士兵 112 人，由梁姓百户长统管”[①]。王千户村则是唐官屯地区的千户指挥机关所在地，当时千户叫王龚武，永乐年间奉命押解移民到大运河畔驻防，圈地建营，屯垦荒地并保护漕运，王千户村由此而来。

又如马庄村，在古代曾是一片芦苇荒滩地。明初在尹儿湾建百万仓，常有官军在这里拴马督粮，到处立着拴马的石桩，永乐年间形成村落，称为“拴马庄”，后改为“马家庄”，简称为“马庄”。还有就是运河堤防上的堡房，是为巡察水情的人员使用，如集中在子牙河两岸的一堡、二堡、三堡，直至十一堡，后来演化为村落，以数字区别之。

3.运河两岸的仓库重地，如北仓、中仓、南仓等。历史上，北仓村是漕粮储运重地，正式建村可追溯到元代至元十六年(1279)，兴建包括“北仓”在内的“直沽广通仓”。南仓位于北运河左岸，忽必烈在津建广通仓储粮，南仓即列其中，明永乐年间成村，因地处南仓附近得名。还有雍正八年(1730)，在南仓和北仓之间还建有“中仓”，在中仓附近形成一个村落，叫中仓村，光绪年间被并入阎街村。[②]

位于北运河左岸的阎街村则是因为北运河通漕后，运往京城的官盐都要从这里转运进京，在此设立盐运码头，明代永乐年间形

①王敬模编:《天津静海旧话》，天津古籍出版社 2007 年版，第 25 页。

②中国人民政治协商会议天津市北辰区委员会文史委员会编:《北辰文史资料》第 9 辑，天津古籍出版社 2003 年版，第 109 页。

成村落。村中的街道被称为“盐街”,又有阎姓等人家来此定居,遂称为阎街村。

另外,还有一些村落的名称与运河两岸居民的职业有关,如静海的良王庄原名晾网庄,是渔民们晾晒渔网的地方;席厂村因储备大量苇席供漕运船只使用,故得名席厂村。穆家村则是得名于漕运人物,该村位于北运河左岸,有浙江钱塘人穆重和驻兵直沽小孙庄,后其子“袭御前带刀侍卫世职”,于永乐二年(1404)“以扈从銮驾,由水运漕船押运皇粮至通州,卸后即蒙殊宠,以漕船恩赐”[①],于是顺流南返,至小孙庄“家焉”,遂称穆家庄。

二、运河两岸村镇的谋生方式

俗话说“靠山吃山,靠水吃水”,运河的兴建不仅促进了两岸村镇的繁衍,而且也为世代居住于运河两岸的人民提供了谋生的手段和发展的机会。

(一)以水运渔业为中心的村镇

据《静海县志》载:“昔年,漕运船帮一至,蜿蜒数十里,大为可观。”[②]据1949年新中国成立前曾做过船工的老人讲,到20世纪三四十年代,运河上舟楫往来,桅帆交织,商贾云集,货运频繁。独流、唐官屯、静海、双塘等村镇,成为重要码头。其中,“独流镇一度成为

①天津市北辰区地方志编修委员会编著:《北辰区志》,天津古籍出版社2000年版,第157页。

②《中国地方志集成·天津府县志辑》五《静海县志》(民国),上海书店2005年版,第16页。

最繁荣的码头之一，当地水运行业有大小船舶200多只，大多为货船，一般载重80吨以上，最大载重125吨，共有船工2000多人。货船主要往来于天津与河南新乡之间，把独流及周边地区的农副产品运往天津，天津杂货运往新乡，再运粮返回独流。为方便出行，客运船只也不断增多，供人们往返独流与天津之间”①。

而在北辰区境内，清道光二十年(1840)，境内83村中，74村有船户，共876家，村均11.8家。其中，北运河沿岸39村中，32村有船户，共656家，村均20.5家。船户最多的是霍嘴、柳滩、丁字沽，有258家，村均86家。境内从事船运者可达四五千人。天穆义德号穆朝政家几代人经营大船，专司漕粮转输。货运有对槽、粮划子、厂船、煤船、客运船等十几种。清末，天津常关按吨位分六等发牌照，标准依次为150吨、70吨、45吨、35吨、6吨、2吨，使用最多的是二、三、四、五种。②北运河西岸的王秦庄，住户共有三百余家，人口约千余名，多为当地土著，外方迁居者甚少。因该村沿河为街，故住民多习水性，是以捕鱼为业者颇多，除此以外则多为从事田园生活者。③

(二)以商业交流为中心的村镇

此类村镇在天津运河沿岸为多数，且大都由村庄发展为集镇。独流自古就是重要的运河码头，扼守京、津、鲁、冀、豫的水陆交通，天津《益世报》曾刊载文章称：“静海北区独流镇，位于运河、

---

①政协静海县委员会编著：《静海运河文化》，百花文艺出版社2015年版，第4页。

②中国人民政治协商会议天津市北辰区委员会文史委员会编：《北辰文史资料》第9辑，天津古籍出版社2003年版，第30页。

③阎麟符：《天津县王秦庄概况》，郭登浩编：《天津县乡土志辑略》，天津古籍出版社2016年版，第430—431页。

子牙河、大清河三河中间，毗邻津浦路，密迩天津，为本县第一重镇，水路交通，均称便利。人口众多，商业繁盛。独流出产干醋、干酒、老醋、酱油、粗器、国布、蒲包、蒲席、苇篓、苇席、苎麻、苇草、蒲棒、灰煤、豆油、豆饼、花生、果油等，异常丰富，各地买卖客商随时云集。"①

桃口，原名桃花口，位于北运河西岸、古驿道旁。元初就有人在这里定居，并在河畔栽种桃树，带动北运河西岸各村广植桃树，"十里桃花"成为津门一景，元代中期就已经成为商贩聚散之地。明清时期，桃花口成为远近闻名的水陆码头。清初著名史学家谈迁的《北游录》中，曾有两处提到"桃花口"和"桃花渡"。康尧衢有诗云："酒旗风影向人斜，画意犹存点点霞。醉里不知村树尽，尚逢牧竖问桃花"②。

而延续桃花美景的西沽，最初只是北运河沿岸的小村落，后逐渐发展为人口稠密的村镇和码头。明万历十六年(1588)，天津兵备道在西沽等七地设渡口，康熙三十三年(1694)，下令修建通州至西沽、西沽至霸州之堤岸，人口大增，庙宇林立，商铺繁多。曾有诗赞曰："柳边画舫多闻笛，水上红楼远见灯。"③

汉沟也是如此，从天津城到汉沟约40里，漕运时期，这里正是初程稍驻歇脚所在，岸上炊烟，河上渔火，交相辉映，十分壮观，成为繁华的水陆码头和物流集镇，一度与杨柳青齐名。民国年间，受

---

①《静海县调查》，《益世报》1931年7月4日，第10版。

②(清)张焘撰，丁緜孙、王黎雅点校《津门杂记》，天津古籍出版社1986年版，第115页。

③梅成栋：《西沽夜渡》，缪志明编注：《天津风物诗选》，天津市文史研究馆1985年版，第161页。

战乱影响，境内其他集市均已冷落，唯汉沟集人流不减。

北运河西岸的上蒲口曾是天津县八镇之一。《津门保甲图说》载："蒲口为道侧巨镇，前之岐者入村复合，民廛聚焉。由京至天津，此为入境门户。"并记有：绅衿3户、铺户65户、烟户83户、应役2户、当兵9户、佣作58户、负贩16户、僧道2户，共238户，大口1200口、小口730口。[①]从村落图上可以看到，上蒲口村房舍井然，酒旗招展，俨然巨镇模样。

京杭大运河全线贯通后，杨柳青镇逐渐成为重要码头和物资集散地，至清代已发展为津沽重镇，史书记载："杨柳青地方繁富，几与从前城治相埒，比之近时城治，则尚远也，然亦县治中之大镇也。"[②]《津门保甲图说》中关于大王庙、玄帝庙、真武祠、龙王庙、杨柳青驿站、运河渡口等的记载，充分证明杨柳青镇是因河而生、因河而长的运河古镇。民国年间，"杨柳青镇的北面有子牙河和津浦铁路，南面有南运河和汽车道，两河的船只，到这镇来往做买卖的不少，火车站上和汽车站上，来往的旅客也很多，邮政局、通天津的电话局都有，实是一个水旱交通便利的地方。因占这样地势的优点，所以虽是一个乡镇，而商铺甚多，街中繁盛"。[③]

（三）以种植菜蔬花卉为中心的村镇

运河沿岸培植的一些优质土特产品蜚声海内外。陈官屯镇有

---

①天津市地方志编修委员会编《天津通志·旧志点校卷》（下），南开大学出版社2001年版，第470页。

②王守恂：《天津政俗沿革记》卷一《乡镇（上）》，天津市地方志编修委员会编《天津通志·旧志点校卷》（下），第10页。

③庞德荫：《乡土材料》，郭登浩编：《天津县乡土志辑略》，天津古籍出版社2016年版，第46—47页。

23个村紧靠运河两岸，在这片土地上生产出独具特色的天津冬菜。“冬菜乃天津大宗出品，味香而稍辣，食之能去潮湿，南方人最为欢迎，倾销广东、汕头、香港及南洋群岛各地，每年输出估计约值国币六十余万元，营此业者，多为酒商，其制法，先将白菜切成小块，晒于日中，晒干后置于缸中，数日后取出，加蒜及盐拌匀(配合时每菜干十斤加蒜一斤盐十二两)，放于坛内，封固，二十余日后，方成冬菜。”[①]民国初期，纪庄子村常氏后裔常富源创建“庆昌德酱坊”，主营冬菜，在天津设立经营机构，批发兼零售，所产冬菜名正式注册为“人马牌”。

府君庙村、白杨树村、王家院村一带运河河滩宽阔，园田种植达30公顷，瓜菜品质优良，秋季多产大白菜、萝卜类、瓜类，春季多产菠菜、韭菜等。全乡沿河园田上百公顷用于种菜，罗阁庄村鸭梨、十里堡村蔬菜、王家院村甜瓜、胡家村蘑菇、李家楼村山药得到较快发展，尤其是罗阁庄村鸭梨成了远近闻名的水果品牌。[②]南运河南岸的姜家井村因附近茔地占大部，谷类产量不多，但园圃因临运河便于灌溉却收获尚丰。[③]西乡祁蒋庄原来是沿南运河东西并列之两庄，因其相距不足半里，遂联合为一庄，居民约二千五百名，“习性勤苦，多种菜为生，近年来棉产亦甚发达，每岁产额约五六万担……民国十八年，庄民因地质堿卤，若不设法改良，影响民生颇巨，遂集资两千元，装置抽水机二架，引河水以溉田，结果村郊不毛

---

①王醒生:《乡土特产》，郭登浩编:《天津县乡土志辑略》，天津古籍出版社2016年版，第13—14页。

②政协静海县委员会编:《静海运河文化》，第26页。

③作者佚:《姜家井村乡土材料》，郭登浩编:《天津县乡土志辑略》，天津古籍出版社2016年版，第210页。

之田六百亩，皆变肥沃，今他庄亦有起而效焉者矣”[①]。以运河流经线路较长的静海县和武清县来说，1928 年静海县白菜、大头菜、萝卜、山药等四种蔬菜的种植面积比重高达 14.3%。[②]武清县的蔬菜种植面积则到 1930 年代已经达 37280 亩之多。[③]在一些地方，“村民以园田之多寡为贫富之标准，旱田高粱视为不足轻重”[④]。

另外，花卉种植也多集中在运河沿岸，如城西运河沿岸的芥园、大觉、大园、小园等处，多以花卉为业。据 1925 年统计，大园村耕地面积的 43%、芥园村耕地面积的近 29%都用来种花。[⑤]有诗云：“小园村与大园邻，艳紫嫣红花朵新，五十二村春正丽，相逢都是卖花人。”[⑥]而杨家庄也是如此，“乡人的职业除去少数供职在市里以外，其余的都是‘艺园’，繁殖花卉，他们的花卉中以‘芭兰’最为著名，市里花贩的花都要到该村和一二个邻村去趸买”[⑦]。但这种都市型农业受水源影响较大，“每当三四月间，九宣闸提闸浇小站稻田，而闸口至天津一段，立即干涸矣，不但船户恐惶，田园蔬果枯萎，而饮料亦发生重大问题矣”[⑧]。

---

①王毓昆：《天津县乡土材料》，郭登浩编：《天津县乡土志辑略》，天津古籍出版社 2016 年版，第 281 页。

②河北省政府建设厅：《调查报告》，第三编，《农矿》，1928 年铅印本，第 219—220 页。

③北宁铁路经济调查队：《北宁铁路沿线经济调查报告》，1937 年铅印本，第 1020 页。

④天津县实业局：《天津县实业调查报告》，1925 年铅印本，第 27 页。

⑤据 1925 年《天津县实业调查报告》所载数据统计。

⑥蒋诗：《沽河杂咏》，来新夏主编：《梓里联珠集》，天津古籍出版社 1986 年版，第 89 页。

⑦王燮：《乡土杂凑》，郭登浩编：《天津县乡土志辑略》，天津古籍出版社 2016 年版，第 257—258 页。

⑧王毓昆：《天津县乡土材料》，郭登浩编：《天津县乡土志辑略》，天津古籍出版社 2016 年版，第 281 页。

三、结 语

运河村镇作为一种特殊类型的村镇，和运河城市一样，其形成发展都受到运河的影响，正所谓“成也运河，衰也运河”。

当运河作为重要的交通载体和物流通道时，运河村镇发展气势如虹，如丁字沽“人烟稠密，水陆冲要之区也”，北仓“漕船卸运，民舍填集”，桃花寺“河曲巨村”，赵家庄“民舍颇稠，村树茂美，运河径其前”，安光村“就堤为村，庐舍稠密”，小稍直口“近河大聚落”，卞家庄“民舍颇夥，河经其前”，大稍直口“为稽察河税之所，庐舍丛集”，大梁家庄“河经村前，流而复曲。庐舍稍集，林木蔚然”，杨柳青“西南一巨村也……滨河控道，水陆皆通”，马家口“倚河为聚，民舍颇多”，吴家嘴“倚河，巨村”，四里沽“亦近河巨村也。地多树，形势闲旷”。而相反的，南墙“村民亦稀……地势闲旷，去河较远”，陈家街“去河较远，村舍不多”[②]。

而当运河失去这种载体的光辉后，运河村镇也就与之俱废了，如桃口村，光绪二十七年(1901)北运河停止漕运，改由铁路和陆路运输。1922 年，运河西岸的京津大道通车，古驿道上人流减少，桃口村日渐衰落，1949 年村中仅剩 20 余户。盛名一时的杨柳青，到 19 世纪中叶，继津浦铁路通车之后，沿海轮船航运兴起，再加上大运河多年失修，大部分河段淤塞，码头湮废，赖以繁华的杨柳青集市也随之衰落下去。而天津开埠后，轮船盛行，卫船亏耗，无利可获，

---

①参见《津门保甲图说》，天津市地方志编修委员会编：《天津通志·旧志点校卷》(下)，第459—554 页。

日渐衰落，以撑船为业者更是大半失业。

同时，天津周边便捷的交通导致了村民的交易圈远远大于村镇交易市场，而趋向于城市。如武清县因距平津皆近，10元以上物件多由平津购买，天津县“以四境均与天津市接壤，凡民众购置价额稍昂或数量较多之物品，俱至市境商店购买，是为本县商业不易发达之主因也”[①]。就连水陆交通甚为便利的西沽，也因为“有天津东站、总站及津浦西站之关系，以致业务未能发达”[②]。

杨柳青虽然号称“巨村”“大镇”，但也是由村落+市镇的结构构成，即以当地的运河为界，运河北岸是传统市镇中以鱼骨状街为中心的居住格局，运河南岸则存留着传统华北乡村内聚封闭型居住格局，北仓镇也是如此，“无多买卖，皆系农家大商酒店质铺而已”[③]。还没有完全成长为中心城镇，仍然属于乡村范畴的经济中心。这也是近代以来天津地区村落向城镇转变的数目偏少，而且经济职能突出的城镇规模较小的主要原因之一，更是这一时期天津城镇体系的重要特征之一。

（刊于《中华文化论坛》，2019年第4期，2019年8月，第43—49页，发表时略有删改）

作者：安宝，天津医科大学马克思主义学院
任吉东，天津社会科学院历史研究所

①北宁铁路局编：《北宁铁路沿线经济调查报告》，殷梦霞、李强选编：《民国铁路沿线经济调查报告汇编》第2册，国家图书馆出版社2009年版，第622页。

②北宁铁路局编：《北宁铁路沿线经济调查报告》，第741页。

③调查股编：《津商会关于城区及市郊各镇社会经济情况的简要报告》，天津档案馆等编：《天津商会档案汇编》（1912-1928）（第2册），天津人民出版社1992年版，第1962页。

华北运河集镇的行脚书写

岁艳春

清宣统二年正月(1910年2月),天津府静海县申请设立商务分会,会址选定“隶县城北境,为一邑首镇,系三河码头”的独流镇。[①]20世纪90年代的地名志中也记载:“城镇沿南运河西岸分布”,“因大清河、子牙河在此汇成一流,故名独流。”[②]独流的历史深切地烙印着三河码头的地理特征。千百年来络绎不绝途经此地的文人、仕宦们,用文字记下所见所感,亦成为地方发展脉络的见证。

有文献记载最早途经独流的,是五代时期的周世宗。后周显德六年(959)四月,周世宗进行北伐,命韩通先行疏浚水道,丁酉(二十二日)“自御龙舟”,由沧州沿流而北,两天之后的己亥(二十四日)至独流口,泝流而西,至益津关后,登陆继续西行抵达瓦桥关。

①天津市档案馆,天津社会科学院历史研究所,天津市工商业联合会:《天津商会档案汇编(1903—1911)》,天津人民出版社1989年版,第259页。

②《静海县》编纂委员会编:《天津市地名志(16)·静海县》,天津人民出版社1994年版,第58—59页。

此次北伐,关(瓦桥关)南悉平,并以瓦桥关为雄州,益津关为霸州。①

这也是独流作为地名的最早记录,而作为自然地理实体,其历史则可以追溯到更远。周世宗北伐前命令韩通所疏浚的水道,大部分都是隋朝开通的永济渠故道。隋炀帝大业四年(608)春正月乙巳,"诏发河北诸郡男女百余万开永济渠,引沁水南达于河,北通涿郡"②。据黄盛璋考证,"北通涿郡"的永济渠下段,并非通常所认为的沿北运河经天津或白河到达北京,而是在独流口折向西北行,利用当时的天然水道经今信安镇、永清县,然后利用当时的桑干水道(永定河)直抵幽州(今北京市)。③人工运河之开凿,多利用天然之水道,独流口自秦汉以来就是滹沱河、清河等古水道会流入海处。东汉末叶曹操开凿了平虏渠,多种说法中的一种观点认为,其地理位置所在就是今青县至独流镇间一段南运河的前身。④

周世宗北伐原本意在收复幽州,无奈"不豫而止"。此次北伐留给后继北宋统治者的遗产之一,是以白沟河为主体的辽宋界河。北宋在界河沿岸设置了大量军事铺砦,独流砦也是其中之一。北宋庆历八年(1048),黄河改道北流,从今天津入海。在此后直至灭亡期间的北宋朝政纷争中,独流合黄河、御河(今南运河),汇入界河,直入大海所形成的军事屏障意义,成为主张维持黄河北流派朝臣们

---

①《资治通鉴》卷二百九十四《后周纪五》,中华书局 1956 年本,第 20 册,第 9596—9598 页。

②《隋书》卷三《帝纪第三》,中华书局 1973 年本,第 1 册,第 70 页。

③黄盛璋:《永济渠考》,中国科学院地理研究所编:《地理集刊》第 18 号《古地理与历史地理》,科学出版社 1987 年版,第 149 页。

④史念海:《中国的运河》,陕西人民出版社 1988 年版,第 110—111 页。该书并不认同这一说法。持此说法者,如韩嘉谷:《天津古史寻绎》,天津古籍出版社 2006 年版,第 104—105 页。

的主要佐证之一。

到了元代，随着会通河与通惠河的开通，大运河正式形成，独流也从过往连接东西方向水路的枢纽，成为沟通南北运河通道上的一个沿岸聚落。现存元明清时期与独流有关之诗文，都是南下或北上的行旅所留下的。

二

明代嘉靖《河间府志》中收录了两首与独流有关的诗，其一为“元翰林学士张宁《夜泊独流次韵王尹子懋》诗”，另一为“监察御史倪敬《过独流浅》诗”。[①]这也是目前能检索到的，完成于嘉靖十九年(1540)府志付梓前仅有的两首诗。

《夜泊独流次韵王尹子懋》(以下简称《夜泊独流》)选自《翠屏集》卷二，正文如下：

霁月中天见绛河，黄流满地漾金波。
荒陂野火兼渔火，短棹吴歌杂楚歌。
去雁已连家信杳，闲鸥岂识客愁多。
江南二月花如锦，独负归期奈尔何。[②]

除了正文中的“杳”，府志中作“远”之外，府志的记载还存在两处失误。其一，诗题中的“独流”原作“独柳”。其二，作者“张宁”应为

①嘉靖《河间府志》，卷一，第25页。

②张以宁：《翠屏集》，明宣德三年(1428)刻本，卷二，第20页，文渊阁四库全书本，台湾商务印书馆1986年版，第1226册，第552页。正文后附有校注：杂一作和，已作竟，闲作眠，岂作未，皆误。

“张以宁”。张以宁(1301—1370)出生于福建古田,生活于元末明初,元泰定四年(1327)登进士第,“初授黄岩州判官,转六合县尹,坐事免”,“至正中,复起为国子助教,后迁待制侍读学士”,明洪武初年,“仍以为侍读学士”,洪武二年(1369)奉命出使安南,次年病逝于回京复命的途中。[①]据游友基的梳理,从“坐事免”到“至正中”重返大都,张以宁曾经“教授淮南者十年”,其诗文创作在此期间进入成熟期。[②]《夜泊独流》就写作于滞淮时的一次远游,即元至元六年庚辰(1340)自直沽(今天津)沿大运河南下返回闽中。[③]诗题中唱和的“王尹子懋”是张以宁此次南归时的旅伴,同行者还有赵德明以及张以宁的儿子张烜。[④]诗歌描绘的是月夜客船停泊在独流的情景,几位南方的旅客(王子懋是浙江人),面对着二月华北的“荒陂野火”,怀念起早春江南的花团锦绣,思乡之情油然而生。在直沽时,诗人的情感已然如此。“野泺天低水,人家时两三。雁声连漠北,鱼味胜江南。雪拥芦芽短,寒禁柳眼缄。持竿吾欲往,拙宦白何堪。”(《至直沽》)思乡念亲之情,也贯穿着整个南归旅程。[⑤]

---

①黄佐、廖道南著:《殿阁词林记》,明嘉靖刻本,卷四,第18页,四库全书本,第452册,第193页。游友基:《张以宁年表》,载张以宁著,游友基编:《翠屏集》,鹭江出版社2012年版,第244—268页。

②游友基:《张以宁论》,海峡书局2017年版,第37—53页。

③张以宁将沿途所作诗编为《南归纪行》,后佚。游友基认为后人整理的《翠屏集》中,有77首诗为《南归纪行》诗集现存者。《夜泊独流》显然也是此次南归所作,但并被游友基归入77首中。

④沿途张以宁与王子懋、赵德明的旅程,可参见《用烜韵呈王赵二明府》、《同王赵二明府岸行里河滨》等诗。《舟中顺风纵笔呈王子懋县尹赵德明知事》中有“行舟难逢万里风,同舟难逢两诗翁”,《别王子懋赵德明》中有“御河船上月,相送到扬州”等句,表明王、赵二人沿途一直到扬州才与张以宁父子告别。

⑤游友基:《张以宁论》,第七章,第一节,第154—157页。

监察御史倪敬(1416—1460),其传记见于《明史》卷162,“字汝敬,无锡人,正统十三年进士,擢御史”,景泰六年因直言上谏被罢黜,被谪为广西宜山典史,天顺初任祥符知县,受安远侯柳溥器重,随其西征,次年卒于归途。俞宪的《盛明百家诗》后编、李腾鹏《皇明诗钞》卷七以及曹学佺《石仓历代诗选》,皆辑录了倪敬诗十余首至四十余首不等,然其过独流诗均未收录。嘉靖《河间府志》中的《过独流浅》,或是此诗现存最早之出处。其全文如下:

独流清晓发,高下乱帆樯。
潮入双塘浅,风高孤树忙。
荒祠烟火断,远戍角声长。
男女勤生计,苇筐聚海商。

明代嘉靖《河间府志》中还收录了倪敬的《舟次直沽》《过静海县》《晚泊泊头驿》《过安陵》等诗,表明其此行是沿着大运河,途经天津、独流、静海县城、交河泊头、景州安陵等地。[①]作者在这些诗作中,不时流露出去职离都的失落,如“一官牢落辞京国,千里萧条入霸州”(《晚泊泊头驿》),“还乡暂脱风尘吏,不负花前酒似渑”(《过安陵》)等。由此推知,《过独流浅》应为景泰六年(1455)被谪后的归途中所作。

以张以宁、倪敬为代表的诗作,几乎都呈现出共同的特点:题目或正文中虽然会提到独流,但其只是为作者长途旅行中的情感抒发提供了一个空间载体。在这些诗文中,我们读到的是或意气风发,或失落惆怅的独流过客。

---

①依次载卷一,第28页;卷二,第7页;卷四,第13页;卷四,第20页。

徽州休宁人张旭是成化十年(1474)应天府乡试的易经魁,弘治六年(1493)任孝丰知县。弘治初年,他与汪循(字进之,休宁人)、方谦(字纯吉,祁门人)一起赴京参加会试,在返回途中相互唱和。[①]其诗文集《梅岩小稿》中,收录了两篇题为《过独流》的诗。其一为和汪进之韵的七言绝句:

独流河上花冥冥,独流河中水清清。
水流送却落花去,牵动行人无限情。[②]

另一为和方纯吉韵的五言律诗:

游火从此转,渭水向东流。
芳草凄凄恨,飞花片片愁。
岸高巢乳燕,沙暖醉群鸥。
谩揭孤蓬看,风光总入眸。[③]

三人此后的境遇各不相同,汪循、方谦分别在弘治九年(1496)与弘治十二年(1499)进士及第,张旭则"屡不捷于礼部,垂老而得一邑"[④]。但在这次运河之行中,三人更多的还是沿着大运河饱览风光,凭吊古迹。

在明代文学复古运动"后七子"之一吴国伦(1524—1593)的《泊独流河》一诗中,我们则能感受到作者字里行间的失落与愤懑之情:

---

①《梅岩小稿》中有《出潞河》《过直沽》《青县夜泊同汪进之、方纯吉联句》《德州怀古》等诗,可证其自京城沿大运河返乡之路线。汪循、方谦均为弘治二年(1489)举人,故三人同行当在弘治三年至六年之间。张、汪、方的科举等情况,参见弘治《徽州府志》,卷六,第31、34—36页。

②《梅岩小稿》卷六,第3页,四库全书存目丛书,集部第41册,齐鲁书社1997年版,第144页。

③卷七,第10页,四库全书存目丛书本第152页。

④汪循:《跋梅岩小稿后》,四库全书存目丛书本第281页。

万里南浮客，愁心与逝波。
地将燕赵尽，天入鼓鼙多。
急榜惊鸥鹭，深村掩薜萝。
片帆何处落，风雨独流河。①

此诗写于明代嘉靖三十五年(丙辰，1556)。这一年，原本任兵科给事中的湖广兴国州人吴国伦，“以哭杨忠愍继盛而经纪其丧，为分宜父子所衔”，“丙辰，谪豫章从事”。②离京之后，“潞河发棹七日始抵直沽，行路之难，兹其概矣”。③

崇祯十六年(1643)，曾经巡视长芦盐政的浙江海宁人葛征奇，因请求立国储于留都南京遭到贬斥，由太仆寺少卿调光禄寺卿，后奉命调至南都。此次行程，葛征奇偕夫人，明末名妓才女李因，以及同乡吴本泰同行，沿途诗词唱和。④李因作有《舟次独流苦雨仍前韵》诗：

白云起山半，欲雨苦灾蒸。百里无烟爨，孤舟何处灯。蛙鸣深夜黑，鱼浴晚波澄。野岸乡音少，偏令归思增。

树暗野烟碧，苍茫岚气蒸。农归乞邻火，僧定挂禅灯。风急行人乱，溪流新水澄。孤蓬一夜雨，滴滴客愁增。⑤

吴本泰则应和《又次韵独流遇雨作》：

①吴国伦：《甔甀洞稿》，卷十一，第7页，四库全书存目丛书，集部第122册，第622页。
②《明吴仲子牧良墓志铭》，《甔甀洞稿》，卷三十六，第10页，四库全书存目丛书，集部第123册，第145页。
③《与宗子相书》，《甔甀洞稿》，卷四十九，第5页，四库全书存目丛书，集部第123册，第281页。
④何永智：《恨无图史记贤臣：葛征奇考》，《嘉兴学院学报》2016年第4期。
⑤(清)李因撰，周书田校点：《竹笑轩吟草》，辽宁教育出版社2003年版，第27页。

雷殷川云合,鼍鸣海气蒸。跳珠船入雨,泼墨树沉灯。潦木一篙涨,星河半夜澄。只愁渔户税,明日又新增。

萧索行厨供,畦蔬带黍蒸。无亭记喜雨,有烬落传灯。阅世风雷幻,观心秋月澄。僮奴不解事,热恼又繁增。①

此行正值时局多艰之际,途经宿州时,"遘哗卒之难",李因"被贼椎击,众矢创胸,且贯其掌"。②故而苦雨停泊于独流之时,葛、李、吴等人生发出的是乱世之中的家国忧愁。

山东历城(今济南)人叶承宗(1602—1648),在明天启七年(1627)即举乡试,此后"七上春官不第",清顺治三年(1646)进士及第,授临川县知县。③其诗文集《泺函》中的两首独流诗,充溢着轻松惬意与意气风发,当是及第后返乡赴任途中所作。④其一为《晚泊独流》:

暮泊独流渡,轻舠艤岸横。
澄潭溶素月,邻舫闪青灯。
烹酩酧宵话,苴蒲佐晚羹。
推窗还远眺,籁寂迴无声。

另一为《独流早发》:

扁舟随意泊,梦觉晓风侵。
解缆惊邻犬,张帆动宿禽。

---

①吴本泰:《吴吏部集》,《南还草》上,四库禁毁书丛刊,集部第84册,北京出版社2000年版,第386—387页。

②吴本泰:《竹笑轩吟草叙》,《竹笑轩吟草》,第3页。

③乾隆《历城县志》,卷四十一,第14页。

④叶承宗:《泺函》,卷一,第26页,四库未收书辑刊,第7辑第21册,北京出版社2000年版,第651页。

疏星平墅曙，薄雾大河阴。
舟子乘朝气，频宣款乃音。

浙江海宁人查慎行(1650—1727)，原名嗣琏，“喜作诗，游览所至，辄有吟咏”。其仕途历尽波折，康熙二十八年(1689)受洪昇《长生殿》一案的牵连，更名慎行。康熙三十二年(1693)始举顺天乡试，但会试屡屡受挫。[①]其诗集中的《晚泊独流》，就是在康熙三十三年(1694)下第出都时所作：

关城春向尽，小艇下津门。
风止桥形直，潮来水气浑。
蒲鱼喧晚市，罂笋忆乡园。
归路三千外，从人屈指论。[②]

对于落第的士子而言，思乡之情也是寻求慰藉的一种表现。

乾隆年间金玉冈所作《过独流》诗，是少有的由天津本地文人所写的独流诗文。其诗曰：

偃卧蓬窗下，轻帆一叶飞。
波随沙曲曲，风送柳依依。
倚槛经鱼市，沿村认酒旗。
他时蓑笠便，来此坐鱼矶。[③]

作者金玉冈(1711—1773)，字西昆，号芥舟，晚号黄竹老人。其祖金平由浙江会稽迁居天津，业盐起家，轻财好客，有诗名。金玉冈

①查慎行的生平，参见《清史稿》卷四八四，《清史列传》卷七十一。
②查慎行：《敬业堂诗集》卷十八，《白萍集(起甲戌三月终六月)》，第3页，文渊阁四库全书本，第1326册，第232页。
③金玉冈：《黄竹山房诗抄》，卷四，第6页，清代诗文集汇编，第317册，上海古籍出版社2010年版，第619页。

“少席丰富”,继承家学,“性恬澹喜游,梯山航海,遍历山川,精绘事,善书,工诗”。[①]此诗所描绘的浪漫田园景象,正是诗人恬澹本性的体现。

浙江钱塘人吴锡麒(1746—1818),乾隆四十年(1775)进士及第,他也将自己在这一时期的诗作整理成卷,命名“解褐集”。其中有一首《独流口》:

秋色和帆叶,随风下独流。
河声淇水合,柳色夕阳留。
万户炊烟动,千年兵气休。
三关西去路,无复入边愁。[②]

从诗集中的前后篇目可知,此诗为作者及第后回乡,假满归京途中所作。生逢盛世,个人前途又朝气蓬发,作者的意气风发之情亦可从诗作中略窥一二。

浙江永康人胡丹凤(1823—1890)的《退补斋诗文存二编》中,有一首《独流顺风》:

曙色平分到独流,泥痕爪印许重留。
长途怕见多情柳,两度曾经不系舟。
北向云山如有约,南来鸿雁竟忘秋。
此行只觉无聊甚,趁此帆风慰客愁。[③]

---

①生平见《长芦盐法志》、《天津县新志》等志书,亦可见《黄竹山房诗抄》卷首的《志传汇辑》。

②吴锡麒:《有正味斋诗集》,卷四,第14页,续修四库全书本,第1468册,上海古籍出版社2002年版,第417页。

③胡丹凤:《退补斋诗文存二编》,卷五,第11页,续修四库全书本,第1552册,第467页。

据其目录，此诗写作于同治十二年（癸酉，1873）的进京途中。此时的作者，因为自同治五年开始在鄂省主持厘局，政绩斐然，“督抚交章荐于朝”。此番进京后的光绪元年（1875），胡丹凤晋从一品封职，加五级，改任鄂省粮储道。光绪三年（1877），胡丹凤毅然解组返乡。[①]这首《独流顺风》诗作中，作者已经隐隐表达出历经沧桑后的归田之志。

相较于诗作，一些行程纪录虽然只是一笔带过，却留下了他们途经时独流的历史剪影。明初“三杨”之一的江西泰和人杨士奇，于明正统四年（1439）的二月至五月间回籍省墓。南下时，于三月二十三日早从直沽出发，过杨青驿，在独流时“一驿舟列仗甚严”。[②]北上返京时，杨士奇一行于五月初六日“未至静海五里雨骤作”，此前在济宁所易之舟虽然轻，却不能挡雨，所以“问县及驿索芦席”。因此故，当中午经过独流时，杨士奇特别在《南归纪行录》中加一注语“此处出芦席”。[③]清顺治十年（1653），浙江海宁人谈迁（1594-1657）应同乡朱之锡之聘随同北上，立冬前夕经过独流镇时，注意到“其人稠”，而杨柳青镇“市倍于独流”。[④]光绪十七年（1891），浙江秀水（今嘉兴市）人陶保廉（1862—1938）随父陶模由西安进京述职，七月二十一日途经独流镇，记载该地“产醋著名，与镇江埒”。[⑤]从明初

---

①张涌泉：《出版家胡丹凤传略》，《浙江学刊》1988 年第 1 期。

②杨士奇：《南归纪行录》上，《东里续集》，卷四十九，第 4 页，文渊阁四库全书本，第 1239 册，第 324 页。

③杨士奇：《南归纪行录》下，《东里续集》，卷五十，第 21 页，文渊阁四库全书本，第 343 页。

④谈迁：《纪程》，《北游录》，中华书局 1960 年版，第 41 页。

⑤陶保廉：《辛卯侍行记》，卷一，第 41 页，甘肃人民出版社 2000 年版，第 65 页。

的蒲苇之利，到明清之际的人口密集，再到清末制醋业等消费经济的繁盛，不同时期的行程纪录已经表明，尽管独流所承担的运河驿路政府职能一直都没改变，但地方社会的经济职能变得越来越重要。宣统二年静海县设商会于独流镇，正是这一发展趋势的结果。

二

随着近代中国新闻事业的发展，大量报刊在通商口岸城市创办。其中，1872 年创刊于上海的《申报》，1902 年、1915 年先后创刊于天津的《大公报》《益世报》等，逐渐发展为具有全国性影响的大报。频密的出版周期，丰富的报纸版面，使得原本只是被方志、行旅诗文等文献零星记载的地方社会，有了更为便捷与多样的纪录方式与渠道。津浦铁路开通后，独流镇继续延续着华北地区交通枢纽集镇的重要职能，与其相关的政治、军事、经济、教育、社会等内容，也频频见载于报端。诸如 1936 年发生的演剧失火这样的重大社会事件，也吸引了各大报纸的持续关注。

晚清民国报刊中的独流新闻报道，既有报社记者的采访，也有本地绅商的主动投书，还有一些实地考察纪录。但正如元明清时期的行旅诗文，其意义需要结合作者纵贯南北的行程进行整体理解一样，近代报刊中的大部分独流考察纪录，仍旧是作为更大地理空间中的一个节点而有所涉及，对地方社会本身着墨依然不多。以 1917 年的水灾考察为例。是年 9 月下旬，天津水灾导致津浦铁路北段中断。10 月 8 日、10 月 24 日，《申报》先后登载了过往旅客的水灾视察记录。家住天津白河北岸的吴天概，沿津浦铁路坐快车自南北上，到沧州后换乘慢车，“将至独流已见大水弥漫，四望无一陆地，田园庐舍悉沉没于洪涛巨浪之中，惨不忍睹”，从独流到良王庄“车复开行，甚缓，因水已平没车路，如行海中，仅有铁轨未入水耳”，抵达良王庄后只能雇船返回天津。[①]另一位旅客从天津前往上海，也须先行自天津西站乘小轮，在独流镇登陆后再改乘火车，“天津与独流镇之间铁路之堤，曾凿开数段，有宽至半英里者”，“所过之区都成泽国”。[②]

20世纪30年代中期的《益世报》，刊登了两篇以独流为考察对象的详细报道。一篇是1934年7月19日刊出的徒步旅行通讯，题为《没落了的独流镇，酒坛醋罐仍满街，田地都被杨柳青的人买去》。[③]记者一行7月8日顺着运河堤徒步抵达独流，天气闷热，在独流街上找了一家饭馆吃饭，服务与饭菜都不佳，进而感慨起独流的没落景象：

独流当年繁华富庶不亚于杨柳青、胜芳，醋酒出产量可观，到如今还是睁开眼来酒坛子醋罐子摆满了街。镇上共有人家三万户，据说十九是制造酸辣水的。山西人不少，都是来放印子钱的。如今这伙山西也拔腿跑了，可见独流确是已经没落了。其穷酸气的养车，当非喝醋之故也。

独流醋远近闻名，独流酒也够味，不过最近几年天津酒业不振，不许各埠酒输入，独流酒运津便成了私酒了。更因为烟酒牌照税征收影响，酒的销售很大，乡下小馆子那里出得起一月三四元的

①《天津水灾情形之别报》，《申报》1917年10月8日，第6版。

②《北方归客之水灾谈》，《申报》1917年10月24日，第3版，转载自23日《字林报》之《北方归客谈》。

③《益世报》1934年7月19日，第3版。

税呢。

独流镇跨运河上，河东西的土质好坏不同，河西地价比河东地价贵一倍，而近几年来都一样地落价一半了。原因是出手的多，收买的少，一般半大地主多因为税重的原因，把田地贱价出售，然后带着现洋钱去天津居住，如今三顷之家已然不多见。幸杨柳青富户多，种一千顷地的大财主并不罕见，故此，独流的田地十九都被杨柳青财主买去。

另一篇是1936年4月14日刊登的汇文中学学生安正元的农村调查，题为《独流一日记》。[①]安正元在独流的调查主要有三部分内容：考察了学校等机构，凭吊了当年2月16日发生火灾的戏园，参观了制醋酱的山立醋厂。独流的街市以及学校都给调查者留下了较好的印象：

独流镇虽然是个镇，按面积说，却比静海县大。除了文化程度外，其他如商业的情形，街道上行人的拥挤，比诸静海县，也并差不了许多。到了独流，第一件事便是找学校，不久便找到了。这个学校是县立高级小学，建筑不错，有十好几间房子。校长是上了年纪的老先生，年纪约六七十岁，头发上已经斑白，戴着一顶缎帽，胸际弯曲着，身子十分地削瘦，然而，却很精明强干，见了我们，说："哦，诸位来到这里休息一会儿，鄙人十分地欢迎啊！"

进到一间教员休息室，样式很像天津富家的客厅，墙上挂着一个民国十四五年的本校的统计，左边放置着一张木床，前面摆着许多的万年青，当中放着一条长桌。

很不凑巧，不久就振铃上班了。同时也觉得没有什么可谈的，

①《益世报》1936年4月14日，第11版。

所以,就只有参观。从客厅向左边走,经过一个小门,来到了一个空院,四周都是教室。学生见了我们,头都骚动起来。最可笑的有一个教室,听见我们脚步的声音,便一齐地把三四个窗户的挡板关上。

走进一间教室,记得是高小一年级,约有三十多个小学生,年纪差不多都在十四五岁上下,正在上英文。先生见我们走进来,立刻命前面几个很聪明的同学,按个地念起来,发音还相当的准确。

对于山立醋厂的参观调查,则记录了详尽的生产工艺:

“关于制醋的原料,先生可以告诉我们吗?”

“原料是很简单的。共有六种:

1、黄米——使用牠,是让醋的香味增加。本地出产。

2、红高粱——使用牠,是让醋味酸。本地出产。

3、糠——性凉,使醋凉得快。

4、麸子——性暖,可以保持醋之温度。

5、高粱杆——就是高粱的皮,用处,是让水利于流动。

6、麯子——用处在使米发酵,出卖处多在文安县,约四五钱一块。”

“关于制醋的方法,可以知道吗?”

他笑着,句子说得很慢,像经过了一阵思索而发出来的。“关于制醋的方法,我们是公开的。现在为了便利你记,我们把牠分成步骤来说:

(一)把黄米煮了或蒸了,分成块。把麯子放进去,为的是使之发酵。

(二)把红高粱米熬成饭,用水泡后,放在黄米内。

(三)把酵子,黄米,红米放在一处至六七天。

(四)加干材料——高粱秆,麸子,糖。

（五）把这一缸东西以棍搅动，使之稍混，再放于大缸内，安置在一个较暖的地方。天天搅动，渐渐就发热了，不久就发生出了醋的气味。过了七日，把牠倒过来，又过六七天，才能出屋，晒好了，再滤，便成了醋。”

这两篇实地考察报道，都注意到当时独流镇在经济、社会等方面遇到的问题，但态度却有着极大的分别。徒步旅行通讯作者，对独流市面的凋敝感到极度失落，具有强烈的批判性与悲观性。农村调查者虽然也遇到过寻访公安局、商会却无人办公，凭吊火灾现场颇感凄惨与愤懑，访谈醋厂时对技术更新滞后、恶性竞争导致的销量下降等行业困境感到无奈，但整体上还是予以肯定并充满希望的。导致这种分别的，是两篇报道作者的身份与语境之不同。

徒步旅行团一行三人，是由北平中国新闻社记者虞复光发起，杨思忠、周犇二人加入而组成。他们的目的，“纯为视察各地农村社会情形”。1934年6月21日离开北平时，三人“各着童子军式衣裤，背负简单之行装，并各持木棍一根”。[①]6月22日从通县（今通州区）出发，24日抵达天津，在天津停留了一周，7月7日继续启程去往良王庄，7月8日到独流。[②]从其装束，以及在天津时杨、周家人的劝阻来看，徒步旅行团诸成员应当是在校或甫入社会的青年大学生，经费并不充裕，“由一般亲友之赞助鼓励，捐助少数

---

①《徒步旅行团出发》，《益世报》1934年6月22日，第8版。

②《带眼镜的人买不着吃的，一瓶十滴水成了乡村的宝贝（徒步旅行之一）》《卜内门肥田粉难深入农村，杨村桥上龙头龙尾的来历，受都市诱惑的鄙笑乡下人（徒步旅行之二）》《天津的一星期，码头工人的生活是介在人与畜类之间的（徒步旅行第三次通讯）》《宁过九龙江，不到良王庄，店家跛扈遗风犹存，蒲包是这里的特产（徒步旅行第四次通讯）》，分别载《益世报》1934年7月12日、13日、16日、17日的第3版。

款项”。[1]三人徒步经验并不丰富,未能提前预备干粮,沿途也遇到投宿学校被拒等遭遇,饱经困苦。徒步旅行团的主要是想了解农村及底层社会的困苦,所以沿途经过一些生活较为无忧的村庄时,认为这不能代表一般的农村。抵达天津后,他们认为城区的市政和居民生活习惯已经无须调查,只想细观津郊农民和工厂工人。在良王庄,旅行团认为部分商家狡猾凶恶,民风刁险欺诈,改良之策,一靠新兴铁路工人去影响,再就是使大部分人归田务农。正是这种对于商业、政府的批判性预设,使得他们在闷热天气抵达独流后,倍感失望。对民间疾苦的关注,也是20世纪30年代兴起的乡村社会调查中,记者们通常所持之视角。《大公报》于1930年10月派遣记者于豫东战地旅行结束后,随即进行调查河北各县民生疾苦之旅行通讯,记者也本着“俾当局作为改善农村社会之考证”的主旨,设身处地进行悉心采访。[2]记者的报道,对沿途地方政府之行政多有批评,导致地方政府多次要求报社更正。报社为此专门发表短评:

本来旅行通信很不易做,走马看花似的行踪,而要涉及各种问题,材料多半得自民间的口碑,民生疾苦是最大事实,那是不会错的;至于枝枝节节的问题,自便不免有所出入。……所以我们对于类此的新闻除了努力求其正确外,特别希望负责机关,随时公布消息,免得以讹传讹。[3]

---

①《平市三记者组徒步旅行团,定今晨由平来津》,《大公报》(天津版)1934年6月21日,第4版。

②《河北旅行第一信,由静海到石庄》,《大公报》(天津版)1930年10月25日,第4版。

③《关于河北旅行通讯》,《大公报》(天津版)1930年12月14日,第4版。

徒步旅行团三人离开独流后，继续调查了运河沿线的静海县城、唐官屯，以及沧县、东光等地。他们最初计划的行程，是要由北平一直走到广东，但在抵达山东平原县时，旅行团无故被县长曹梦九痛殴，杨、周二人均受重伤，赶到济南时，更被层层包围，不得声诉冤苦，不得不中止行程，返回北平。①

《独流一日记》的调查者安正元，生在河北，祖与父全是商人，自小念“老书”，直到15岁才有上中学的决心，16岁暑假致力英语、算术，考上了高一，后来又投考汇文中学，写作此篇通讯时，已经是高三的毕业生。因为目标是投考燕京大学或中央大学的新闻系，安正元在1935年冬天给《益世报》的主编写了一封信，表达了不想虚度寒假的光阴，而是“看看社会”与“发现社会上各样人物的不同的生活、经验与见解”，做一个“新闻记者的实习”的想法。在《益世报》主编的指导与提携之下，安正元进行了多次采访，其稿件也陆续在1936年1、2月的《益世报》上刊出。②4月的七天春假，安正元又在几位同学的陪同与帮助下，“踏进了中国农村的门槛，看个究竟”。他们沿途考察了梢直口、疙瘩村、炒米店、董家庄、小甸林、良王庄、静海县城，独流镇的醋和独流火场调查是他们最后一天的考察计划。通过此次农村调查，安正元加强了身体的健康，增进了课本以

---

①《平原县长辱侮记者案，中国社电请鲁韩惩办》，《大公报》(天津版)1934年8月8日，第4版。

②《我想做一名新闻记者》《造纸学家——杨十三先生访问记》《东亚毛呢纺织公司创办者——宋棐卿先生访问记》，《〈雷雨〉的作者，年轻的戏剧家——万家宝先生访问记》《塘沽工人教育的主持人——胡道远先生访问记》《乡村民众教育专家——胡勤业先生访问记》，载安岗：《安岗新闻通讯集》，广西人民出版社1986年版，第3—48页。

外的无上珍品——真正的社会经验。[①]安正元对独流醋厂的调查，延续了他对实业家的采访风格，也成为关于独流醋的原料与制作方法较早的全面纪录。[②]安正元后来更名安岗，在抗日战争以及解放战争时期参与了《胜利报》《新华日报》《人民日报》等中国共产党机关报的创刊与编撰工作，以后还奉命在中国人民大学创办了新闻系，同时也继续坚持深入基层进行新闻采访。正是从早年在《益世报》上刊登的采访通讯，安岗喜爱上了新闻工作，并且决心以此为毕生的事业。[③]

两篇关于独流的调查报道，尽管存在着立场预设与态度评价的差异，但无疑都体现了当时日益被接受的“走向民间”、开展乡村社会调查之思潮。综合散见于报章的其他独流相关新闻，我们还是能从整体上梳理出晚清民国时期地方社会发展的大致脉络，进而引发我们从运河沿岸这一华北集镇的个案中，自下而上地去反思和探索近代中国历史变迁。

三

近年来，因为在天津师范大学历史文化学院开设“历史人类学研究”相关课程的缘故，我们从小南河村的霍元甲故居起步，陆续

---

①独流考察单独成篇，其余考察题为《汇文学生安正元君，利用春假访问农村，增进许多经验，加强身体健康，过了几天有意义的乡村生活》，分别载《益世报》1936 年 4 月 7、9、10 日的第 11 版。

②陈恩铭的《独流醋的制法》一文，就是袭自安正元的报道，载《农村副业》，第 1 卷第 3 号，1936 年 6 月，第 20 页。

③安岗：《五十年一瞥——一个新闻老兵的话》，《安岗新闻通讯集》，第 547—553 页。

在西青区的杨柳青镇、峰山药王庙,老城厢的天后宫、吕祖堂,武清区的河西务镇,宁河区的西塘坨村,以及津南区的葛沽镇、小站镇等地进行了田野考察与实践教学。在此过程中,我们也愈发强烈地意识到,区域社会的发展,与包括运河在内的海河流域,以及渤海湾西岸的滨海社会等历史地理特点有着密切关联。要全面理解所谓"九河下梢"的天津历史,开展海河、运河等水域沿岸聚落个案的系列研究,也是迫切而必要的。

现代学术对独流镇的研究,在某种程度上,是对宋元以来的行旅传统,以及近代的乡村社会调查传统的继承与超越。1958 年至 1960 年,南开大学历史系与天津博物馆合作,组织 1956 级学生对天津地区的义和团运动进行了全面的调查研究。作为张德成创设的"天下第一团(坛)"所在地,独流镇曾任坛口旗手的李振德(1878 年生),以及李廷槐(1881 年生)、张友良(1879 年生,光绪年间秀才)等非团民接受了"天津义和团调查队"的访谈,他们的录音与采访笔记得到整理并出版,成为宝贵的中国近代史口述史料。①自 1989 年随着《天津商会档案汇编》的陆续整理出版,其中所披露的独流镇商会档案,成为研究近代商会史学者讨论绅商阶层、商会网络等议题的重要参考。②1988 及 1990 年,由中日学者联合组成的"近代华北农村调查团"先后两次在独流镇进行了实地调查访谈。

①南开大学历史系编:《天津义和团调查》,天津古籍出版社 1990 年版。李振德、李廷槐、张友良的访谈整理资料,分别见第 131—137、161—165、167—168 页。亦可参见独流镇地方志编修委员会编著:《独流镇志》,吉林人民出版社 2009 年版,第 384—390 页。二者之纪录略有差异。

②如马敏:《官商之间:社会剧变中的近代绅商》,天津人民出版社 1995 年版。宋美云:《近代天津商会》,天津社会科学院出版社 2002 年版。

1988 年9 月 3 日至 7 日进行的第一次调查，仍然延续了对义和团运动的调查重点。1990 年 1 月 3 日至 11 日的第二次调查，则将口述访谈的内容扩展至独流镇的商业与商号，商会等地方组织，水会，理门，农业经济等诸多方面。[①]调查团中方学者程歗利用调查纪录所作的研究表明，随着史学范式的更新，从近代华北集镇的整体史视野深入挖掘独流镇的历史内涵，能赋予如义和团运动等经典命题以新的讨论空间，揭示出进一步研究的可能路径。[②]

2017 年 5 月 26 日，在静海区委宣传部的协助下，我们与《每日新报》、天津社会科学院历史研究所的同仁一起，对静海区进行了民间历史文献的田野考察。行程中，在独流镇所考察的木桥、水会、民居、街巷等历史文化遗存，令我们印象深刻。[③]此后，经由天津师范大学驻静海区帮扶工作组以及历史文化学院党委的介绍与联络，我们自 2017 年 12 月起先后多次前往独流镇，并于 2018 年 5 月与镇政府签订合作协议，帮助地方政府搜集、整理晚清民国报刊中的独流资料。本书就是这次合作的成果。在整理过程中，天津师范大学历史地理专业的毛曦教授与笔者组织了专题读书会，指导硕士研究生从水利、交通、商业、教育、社会救济等不同专题角度，对独流历史进行了初步的讨论。最近一次对独流郑氏家族的考察

①佐佐木卫编：《近代中国社会与民众文化》(《近代中国の社会と民众文化——日中共同研究·华北农村社会调查资料集》)，东方书店 1992 年版。两次独流镇的调查纪录，分别载第 292—299、304—371 页。

②程歗：《理门与近代华北集镇社会——天津独流镇理门调查分析》，《清史研究》1997 年第 2 期。

③参与此次考察者，有《每日新报》的喻满意，天津市社会科学院历史研究所的许哲娜、熊亚平。田野考察报告，参见《每日新报》2017 年 6 月 27 日第 5、6 版。其中，《独流、唐官屯：两座桥见证两个镇的繁荣》一文由熊亚平撰写。

经历与收获,[①]让我们再次确信,这本资料集只是一个起点。进一步的研究,需要我们重返史料记载的历史现场,继续行脚独流。

(刊于罗艳春编著:《近代报刊中的独流镇》,江西高校出版社,2019 年 12 月,序言)

作者:罗艳春,天津师范大学历史文化学院

①2018 年 11 月 18 日的考察,由独流镇中学刘洪庆老师协助联络,得到独流镇郑金彪先生及郑氏族人的大力支持,谨致谢忱!

运河造神·航海敕封·盐业崇奉
——小圣平浪侯信仰民俗考述

吴裕成

明清海神小圣平浪侯崇拜习俗。为什么要研究这样一个题目？因为这是古代天津地方造神，经由朝廷敕封，流传于较大地域的仅见事例。

南运河北运河相会之地，渤海湾边重要港口，河海通津的地理优势作用于城市发展的同时，也在民俗方面留下印记，海神小圣崇拜，即是兴起自天津的信仰习俗。津沽文化史研究，不应忽视的这一特色选题。

大运河于过往岁月溅起一朵奇特的浪花。这是一个能够丰富运河文化、海洋文化的题目，是一个可以助益天津城市发展史、漕运物流史、渔业史、盐业史认识的题目。

一、运河溺水，清河县秀才滕经天津成神

清康熙年间，河道总督张鹏翮《治河全书》有幅天津河流图：四

面城垣、南北运河会合流向大海；城厢本多庙宇，只画出三座——三岔河口望海寺，海河西岸的娘娘庙和小圣庙。如此删繁就简，一是治河之书，神庙的选择也重“水”，二是当年海神小圣庙为津门重要庙宇。

时代变迁，在天津及一些地方，海神小圣崇拜习俗已沉淀于方志典籍里。在河北清河县，小圣平浪侯滕经故里——油坊镇滕蒿林村，元侯祠及其庙会，还有被列入市县两级“非遗”名录的滕小圣传说，传承着一份文化遗产。

清河现存明清志书多部，记载滕小圣传说较晚。清同治县志载：“滕经，滕蒿林人，性极聪敏，双手写字，目观八行。嘉靖十二年，经年十二岁，补弟子员，当时号为神童。嘉靖二十三年，乡试不第，归至天津，跌河落水，年二十三而终。数月，附马显圣，嘉靖敕封‘北河平浪小圣’。国朝，康熙敕封‘护国镇海显佑济运平浪元侯灵应尊神’，至今沿河多有庙宇，香火不绝。其妻王氏，守清节，无疾寿终。”[①]所附“滕经碑赞”，则是照录康熙朝大学士陈廷敬《天津河东盐坨平浪元侯庙碑记》：“缅维海门，禹迹不磨。易名津门，厥功孔多。通利屈远，惟神是呵。如或见之，朱冠峨峨。出之坎窞，与以平沱。更其大者，海不扬波。邦家之利，莫重于鹾。天子旌功，击鼓鸣鼍。爵曰平浪，玉册金科。永清以晏，终平且和。”[②]这段碑赞由天津称海门、津门写起，赞颂平浪侯神功，并说旌功锡爵是列入祭典的。

光绪县志仍有载。民国县志记元侯祠，“滕蒿林，滕经故里也。

①清代《清河县志》卷十四《人物·仙释》，同治刻本。
②(清)陈廷敬：《海门盐坨平浪元侯庙碑记》，《新修长芦盐法志》卷十五，雍正刻本；嘉庆《长芦盐法志》卷十八亦载，题为《天津河东盐坨平浪元侯庙碑记》。

民国十二年新修祠三间，大门一座，匾题‘元侯祠’，系清翰林院庶吉士李殿甲题，殿东壁有募修缘簿序，王太史殿甲撰。东楹前有碑，系清副贡王彤甲撰文并书丹”[①]。王彤甲撰于1922年的《元侯龙神祠碑记》，增记“归至天津，坠河死，尸浮面如生”的情节及化为龙神的传说。

清河县油坊镇地处运河边，阅尽明朝粮艘、清代盐船。作为大运河的节点，油坊码头现为全国文物保护单位，堤下盐店也是文保单位。元侯祠坐落于滕蒿林村中央，始建自明隆庆年间。元侯祠最近一次重修在2015年。祠内12幅壁画绘元侯传说，包括“归至天津，坠河身亡，五龙托入龙宫”画面。如今清河县已恢复每年农历五月二十七日、九月二十二日庙会，神祠祭典、演戏，轿子仪仗，神像巡街[②]。

二、明代加封海神小圣的一则史料

小圣平浪侯信仰习俗起于明代，当时先为民间祭拜，经朝廷敕封，流传开来。秀才滕经在天津运河溺水，时为明代嘉靖二十三年(1544)。“嘉靖敕封”的记载仅见于清河县志，且年代较晚，尚需佐证。

本文提供一则史料——明代天启四年(1624)毕自严《催请海神封号疏》并附《礼部覆》[③]。相信这一新材料的引用，对于了解海神小圣信仰风俗史迹，会有裨益。

---

①(民国)清河县志书局：《清河县志》卷二《舆地》。

②靳志华：《悠悠元侯祠》，载清河县地方志办公室编《沉梦幽韵》，第166页。

③(明)毕自严：《抚津疏草》卷一《催请海神封号疏》，天启刻本。

其时，明王朝“封疆不靖”，辽阳已失，为应对后金军队，以拯危局，“新旧兵马需饷甚急”。“聚十万之师于渝关而总借津门粮糗，运百万之粮于津门而实借海道以灌输”，天津是向辽东海运粮饷的基地。毕自严奉持敕令，督理辽东军饷兼巡抚天津。航海多险，水兵船夫求“海神小圣平浪侯福佑，每遇海洋危急之际，率能转祸为福”，这就有了《催请海神封号疏》。

据这一奏章，请求加封之议起于毕自严的前任李长庚。李长庚于天启二年四月上奏，“北海新开，神功宜报，议请封典，以重运务”，提议“将天津俗称平浪侯小圣及龙王之神，比照漕河海运事例，即于原盖庙宇特加封号，岁时致祭，以彰朝廷崇祀盛典”。熹宗朱由校下旨“礼部知道”。礼部并不积极。转年二月，赞理辽饷郭梦詹以“春运在迩，封典未行，耆民等联名，呈恳再三”，移咨礼部催问封号之事。过了两个月，又有负责向朝鲜运粮的王文宪等官员催请加赐封号。同年十二月，陈汝明、毛凤翱等官员再言请封海神。

毕自严《催请海神封号疏》保留了有关小圣的传说，以及时人的一些想法。

——“海运难停，风波难犯，其间往来转输，全赖神灵庇护。每遇凛凛呼吸之际，惶惶危迫之时，舟师一喊而小圣神灵显赫，才俄顷间风即平浪即恬，飘然长进，官耆水手人等无不称其灵异。”

——“跨海转糈，鳌背飞帆，飘然艘入濛汜，惟睹黄云白浪，海吼潮吟，渺苍波而无极，非神术以难济。开运有年，全赖海神小圣平浪侯。庙祀大沽，显灵屡耀。顷岁，鲜运自刘公岛开洋，陡遭恶飓，五昼夜汹涌颠危，船粮人命在于呼吸。忽见芦席交椅安顿小圣神位，从西泛东，浪头显现，径扑运舟。当有随运把总程大器与同运官任国辅，破浪捞椅在船，叩恳。霎时浪息风微，直抵鲜境。”言及从刘公岛向朝鲜运粮，其情节描述，可谓神乎其神。

——“天津俗称平浪侯小圣”，“立庙于大沽海口，一时舟子长年争相顶礼虔事，或乞灵，签筊以卜吉凶，或设醮，斋坛以祈福佑”，描绘出民间崇信之盛。

——因海运，已为龙王加封号，“法得并举，小圣之呵护屡有明征”，也应加封号，致祭祀。

——“运官王文先等已蒙提升职级，而小圣独未褒崇。窃思神人共道，阴阳一理，阳官受陟，阴神宜封”。

督运官员再三请求“速加封号”，一是“以慰群情”，二是官员们自己也崇信小圣平浪侯。言辞之迫切，反映古人面对航海风险，寻求精神支撑的心理。与督运官员的急迫形成反差，是礼部不置可否拖了两年。这拖延，连同奏稿“天津俗称平浪侯小圣”之语，是探讨明清小圣敕封史实不应忽略的。

毕自严《催请海神封号疏》，得旨“礼部知道”。礼部有了回复，所谓海运粮饷，“屡值惊湍怒涛之时，忽有波恬浪静之功，匪借神庥，曷克有济”。因此，“朝廷之崇神祀，乃所以答神庥也，此非淫祀可比，而所宜早加封号者也。伏祈钦定封号庙额”。过了礼部的关口，最终朱由校“圣旨是准封显佑海神，庙额与做灵应”。庙额“灵应”，正与光绪天津府志“初名灵应宫”的记载相吻合。

这一年，距秀才滕经运河落水整整80年。

设巡抚是天津城市史上的重要一页。明代首设天津巡抚，在万历年间。其时援朝抗倭，军队调动，饷械输运，大都由大沽口出海。天启年，为时局所迫，海运粮饷，调兵防辽，复设天津巡抚。这带动了城市发展，衙门如林，大量人力物力财力汇集而来，使天津成为海疆重镇[1]。历史翻开这一页,同时记下被海运涂以重彩的民俗文化的花絮——明朝廷认可小圣平浪侯“绾运艘之命脉”,封神号,题庙额,“以慰群情”。

三、天津地方志有关小圣庙的记载

地方志记载小圣庙,以天津为早。康熙年间所修卫志,是天津现存最早的志书,记载两座小圣庙。“一在城外东南隅,明崇祯五年敕建”,并在卫城图上标出这座1632年由朝廷下令修建的小圣庙:“一在河东盐坨,有石牌坊”,庙貌也可观。

雍正《新修长芦盐法志》记:“小圣,海神也。相传姓滕讳经,本一文士。年二十三落河成神,故称为小圣。旧有庙在天津河西。其神甚灵,始封平浪侯,继封护国济运显应平浪元侯。顺治六年,津人复建祠于河东盐坨。庙宇宏敞,庀材鸠工皆取给于商,以商船往来屡荷显应也,康熙三十三年甲戌重修。又,阜财、丰财二场俱有小圣庙。”[2]这条材料历来为修志者重视,乾隆《天津县志》《天津府志》《宁河县志》、嘉庆《长芦盐法志》《畿辅安澜志》等志书,或移录,或摘引。

明崇祯敕建,是指城外海河西岸闸口迤南海神庙。崇祯之前有没有庙?至迟天启年奏本可见“立庙于大沽海口”,且香火颇旺的记述。大沽的小圣庙后来似乎失于记载。清代大沽,康雍乾三位皇帝

---

①天津社会科学院历史所编:《天津简史》,天津人民出版社1987版,第47页。

②(清)莽鹄立鲁之裕:《新修长芦盐法志》卷十二,雍正刻本。

瞩目的海神庙，康熙三十四年（1695）敕建[①]，两年后重修的起因，是“奉锦两郡岁谷不登，兵民乏食”，由津运粮，“巨艘出直沽之口，东指辽海”，“波涛不惊，三日而至”。康熙帝以“天津东旧有海神庙，今特命工庀材，重加营建，朱甍碧瓦，规制崇宏”[②]。一句“旧有海神庙”，哪个年代的“旧有”，值得品味。20世纪80年代记录口述材料，讲大沽地区“东沽镇的东头有座海神庙，当地人又叫小神庙”[③]。这或许尚需推敲，却也是空穴来风。

滕小圣祠庙的名称，仅就津地来说，有海神、小圣、小神、平浪侯、灵应、恬佑等多种。

为话题增厚度，还不止这些。明代所封河海之神，其中三位有着殒命于江河而成神的传说。书生谢绪，元兵入临安之际“赴江死”，朱元璋征战天下，显灵助战，后封金龙四大王；官吏晏戌仔，“登舟即奄然而逝”，尸解成神，朱元璋于江风大作舟将覆之时得神救助，后封为平浪侯，民间称为晏公；秀才滕经，运河溺水成神，俗称平浪侯小圣。

这三位司水之神，在天津都曾有庙。同治续县志载，大王庙在院署西。乾隆县志载，平浪侯晏公庙，一在城外西北隅，一在河北。同治续县志记，“丁字沽一祠，明时为萧公、晏公庙。康熙间邓懋和重建，改今名”[④]。改了庙名，是仍祀晏公还是改祀小圣？大约是改祀

①《圣祖实录》，万新平、于铁丘主编：《清实录天津史料汇编》，天津人民出版社2014版，第36页。

②康熙《天津海神庙碑文》，《天津县志》卷一《纪恩》，乾隆刻本。

③张东甲：《海神赶潮》，中国民间文艺研究会天津分会筹备组编：《天津民风》第1期，1981年，第75页。

④（清）吴惠元蒋玉虹：《续天津县志》卷四《学校附祠庙》，同治刻本。

滕小圣。晏公和小圣，两个平浪侯，不免出现“是一是二”的含混，民国高凌雯修《天津县新志》时已是“庙毁无考”[①]。

四、“想为年华称小圣”

“相传姓滕讳经，本一文士，年二十三落河成神，故称为小圣”，应是小圣神号的基本解释——成神时，年岁小。这不同于明代传奇《焚香记》“小圣海神的便是”，那“小圣”是剧中角色的谦称；清代剧本《比目鱼》台词“小圣平浪侯晏公是也，分封水国”，所言“小圣”也是谦称。

平浪侯滕小圣，民间又称小神。在津南古镇葛沽，有海神庙俗称小圣庙、小神庙的口碑[②]；又有“九桥十八庙”之说，顺口溜所谓“小神、火神在西方，南北相对庙成双”[③]，小神庙即小圣庙。同一庙宇，雍正《新修长芦盐法志》图识为小圣庙，嘉庆《长芦盐法志》图识为平浪侯庙。小圣、小神、平浪侯，葛沽一座庙用了这三种名称。

葛沽镇邓家岑，曾有鱼骨庙一间，“鱼骨为屋脊，内塑小神像”。同治县志记载沿海渔村这座特色小庙，采录民间习称，庙内小神像即海神小圣塑像。

小圣之小，民间还给出别样解说。在北塘，广慧寺俗称小神庙，相传神像因体量小而称小神。有故事讲，渔民出海遇风浪，搁浅于荒岛，见沙滩横卧三尺铜像，请回北塘，建庙供奉，称为小神爷。那

---

①高凌雯纂：《天津县新志》卷二十五《旧迹》，民国刻本。

②刘学孟编撰：《葛沽庙志·溯源》，葛沽民俗文化中心编印，2013年，第128页。

③《葛沽镇志》，1994年编印，转自《古镇葛沽》，天津古籍出版社2014版，第41页。

铜像怒目立眉，北塘流传歇后语："小神爷的脸——难看。"至于庙，两层大殿两个院[①]，规模并不小，20世纪40年代仍有僧人住庙。

乾隆《宁河县志》县城图，绘有小圣庙。在芦台，小圣庙又称肖神庙，称为镇里最小的庙。"殿内正位塑一年轻将军坐像，戴红缨头盔，披银色铠甲，面目俊秀"。庙毁于1976年地震。芦台民间传说，小圣神为龙太子，仙居南海，专管鱼鳖虾蟹，以靖水患[②]。又据康熙年《利津县志》，县东北六十里萧圣庙，建于明万历年间。

小圣崇拜民俗的流传地域，大体在京津冀，南及山东。由天津城边河西河东两座庙起始，后辛庄[③]、葛沽、邓家岑、新河、大沽，沿海河直至河口为一线。北塘、汉沽、芦台三地，上溯蓟运河。蓟运河是明清两代运粮水道，至北塘入海。小圣崇拜沿运河的传播，南运河有静海独流镇福辛庄[④]，滕经故里清河县城明代建龙神庙祀小圣[⑤]；北运河，丁字沽为一处，乾隆《通州志》两座小圣庙，"一在州北门外，一在张家湾"[⑥]。如今通州永顺镇还保留小圣庙村地名[⑦]。

冀东滦河尾段，卢龙、滦县、乐亭一带，乃至丰润，是小圣崇拜民俗的分布区。清顺治《卢龙县志》城图标出小圣庙；康熙县志记，

---

①李学韩：《北塘的八庙九井》，载塘沽政协文史委编：《名镇北塘》，中国文史出版社2006年版，第36页。

②政协天津市宁河县委员会文史工作委员会编印：《昔日芦台散忆》，2002年，第37页。

③（清）《津门保甲图说·东南一带村庄图说第二十三》，道光刻本。

④静海县地方史志编修委员会：《静海县志》，天津社会科学院出版社1995年版，第659页。

⑤见《邢台市第六批市级非物质文化遗产代表性项目名录申报书》。

⑥（清）高天凤、金梅《通州志》卷二《建置·坛庙祠宇》，乾隆刻本。

⑦周良主编：《大运河的传说》，文化艺术出版社2004年版，第33页。民间传说，运粮船队从村前过，忽然打横不前。有船夫见河里有物独角似龙，身上骑着一个稀奇古怪的人。人们就塑了骑独角龙神像，供在庙里，称为小圣爷。

小圣庙在县城南关西泊岸。光绪《滦州志》记载，城东北滦河岸边小圣庙会。滦河入海的乐亭县，汀流河镇有小圣庙村。

此外，雍正《密云县志》载，小圣庙在东关。嘉庆《畿辅安澜志·府河》载，“小圣庙在清苑县城东南隅，临府河上”，“每岁商贩往来府河，秋日致祭”。在冀东南，雍正《新修长芦盐法志》记盐山县小圣庙。

在山东，黄河河口地区，明清时期利津县建有小圣庙[①]；半岛北部古登州，蓬莱丹崖山下明代建海港筑水城，水城平浪台上曾建平浪宫，俗称小圣庙[②]。

五、由运河到大海，由佑盐业到司旱涝

宁河县志记，渔民礼奉小圣庙，“求河神保佑他们的生命安全”[③]。在那个时代的天津，运河落水成神的小圣，由河神而海神，并不费解。河海通津带来的城市功能之一，是海运。航海需要“济运”和“平浪”。独流小圣庙神像上方悬一木船，寓意镇海。据《续天津县志》，明代小圣庙“因开运河敕建”，庙前立“海晏锡庥”石牌坊。可谓河海并举。

明天启年间，天津巡抚李邦华巡视海防，在大沽口“望水光连天，极目无际，而运艘由此出，艖艘由此入，杂以渔舟，兼之商

①(清)韩文□:《利津县新志》卷二《坛庙》，康熙版，乾隆重刻。
②山东省地方交通海运史志办公室:《登州古港史(送审稿)》，1986 年，第 172 页。
③天津宁河县地方史志编修委员会:《宁河县志》，天津社会科学院出版社 1991 年版，第 768 页。

贩”[①]。进出大沽口的舟船，粮盐渔商，各种船只中有载盐的鹾艘。对于了解小圣平浪侯信仰民俗，这是一幅直观的背景画卷。

清雍正时，与天津有着密切交集的朝官陈仪，曾赋诗《平浪元侯庙》：“已从物外得奇游，又向人间结蜃楼。想为年华称小圣，自缘功德号元侯。灵旗掣电乖龙起，羽扇回风怒浪收。真与书生争气分，猗陶桑孔尽低头。”[②]乖龙起、怒浪收，写平浪；诗末赞颂秀才成神的小圣真为书生争气，使得那些富商大贾俯首膜拜。猗顿、陶朱公范蠡、桑弘羊、孔仅，前两个是战国富商，后两位是汉代著名理财家。

小圣平浪侯崇拜习俗在清代盛极一时，与富商的崇信有关。天津地当海门要冲，“通舟楫之利，聚天下之粟，致天下之货，以利京师”；盐业发达，“煮海榷鹾，凡北地盐政统赖兹土”。构成津沽富商阶层的，有从事海上运粮的养船大户，也有盐商。康熙时船户郑世泰捐建城垣角楼，雍正时盐商安岐捐修城墙，透露着这一阶层的富有。行盐与贩粮，本非隔行如隔山，何况还有鹾艘，况且长芦是向大海要盐——于是，保佑行船的小圣，同时又被尊为护佑盐业的小圣。

这样的信众群体延展，如果要举出标志性事件的话，权且以海河两岸都建了庙宇为例证。明代建于河西的神庙，“威灵赫奕”，“凡南北仕宦商旅之往过兹途者靡不祭，祭必虔”。清顺治六年（1649）又在河东盐坨建庙，“众商因由海河载运，存贮盐坨，屡蒙神庥”，雍正、嘉庆两部盐法志均有记载。众商特指盐商。盐坨临河、围堤防

---

①《明熹宗实录》，万新平、于铁丘主编《明实录天津史料汇编》，天津人民出版社 2014 年版，第 619 页。

②见《陈学士文集》卷十二，乾隆刻本。

水，储盐的安全，水路漫漫，将盐运往引地，这些都祈望平浪侯保佑。建庙“庀材鸠工，皆取给于商”，盐商们筹措了“专祀”款项。庙建得“明宫宏敞，斋庐洁清，前华表而后寝居”，庙前立石牌坊。“灵佑榷鹾，为诸商崇报尸祝”，“每致敬而有德于神，尤甚于仕宦商旅”[①]，盐商更怀一份虔诚。盐坨小圣庙建成30多年后，大学士陈廷敬撰写碑记。

盐商们拜祭，盐官也顶礼。“奉天子命巡视长芦鹾政”的巡盐御史，甫到天津，“则循例禋祀海神平浪侯”[②]，相沿而成惯例。康熙三十三年（1694），巡盐御史余泰来为重修盐坨小圣庙写了碑记。

与盐坨情况相类，两个海盐产场“阜财、丰财二场俱有庙”。丰财场在津南葛沽镇，阜财场在河北盐山高家湾镇[③]。

历史的进程中，有时会上演“重复情节”。元代兴海漕，直沽为海津，河东河西两座妈祖宫庙的建立，为明永乐初天津卫的设立，在民俗文化方面，先期举行了奠基礼；海河西岸的平浪侯庙，明朝所建，至清初顺治年，“复建祠于河东盐坨”，这复建在行业信仰习俗方面，为康熙八年（1669）“以天津为盐务总汇之地”，将长芦巡盐御史署由北京移驻天津，发了先声——长芦盐政署的移驻，以及其后长芦盐运使司由沧州移至天津，都在为雍正年间改卫为州、升州为府，垫道铺路。天津盐业在清代发展到鼎盛期，作为多股合力之一，推动了城市地位的提升。需要行业神，津沽的业盐者曾创造盐姥，又选择了小圣。

①（清）陈廷敬：《海门盐坨平浪元侯庙碑记》，《新修长芦盐法志》卷十五，雍正刻本。
②（清）余泰来：《海门盐坨平浪元侯庙碑记》，《新修长芦盐法志》卷十五，雍正刻本。
③（清）莽鹄立，鲁之裕：《新修长芦盐法志》卷三，雍正刻本。

小圣平浪侯还被奉为司旱涝、镇水患的神灵。官府祈雨的文字，清代有陈仪《小圣庙祈雨文》。陈仪是雍正时的水利奇才，曾协助怡亲王浚治直隶大水，多有卓见，并主持天津乃至京东地区营田事务多年，有政声。陈仪的祈雨文，开篇“恭惟我侯冰雪凝神，烟霞作骨。初焉蠖屈，坎井之蛙笑之；倏尔龙腾，北溟之鱼化矣。结灵姻于凤契，事类洞庭；传生面于龆年，颜疑灌口，俗称小圣，爵著元侯”，一通颂扬之后，赞威灵：“呼吸而潮汐安流，叱咤则风云变色，是用韬涵万族，霖雨群生。”由“潮汐安流”的佑航，经“风云”一句，过渡到“韬涵”“霖雨”——季夏已临，天旱苗槁，“敢竭悃诚，代生民而请命，仰祈慈鉴，施膏泽以来苏。落咳唾于九天，如珠如雾，润枯焦于大地，既足既濡……”[①]这是雍正七年的祈雨，如愿以偿。

几年后，陈仪又有《小圣庙祈水文》：“维年月日，虔祷于平浪元侯曰：忆昔岁行在酉，午月愆阳，良苗萎于氛埃，灵河匮其浥注，农人仰天而嗟。”回顾雍正七年天旱求雨，“墨沈未燥，油云乍兴，浃也连朝，甘澍滂沛”。再言此时心愿：“伏惟我元侯妙性通灵，刚肠激发，云旗掣电，叱咤而起雷霆；羽扇回风，咳唾即为雨露。”文中写道，“又与丰润令周传昌结坛步祷者三日”[②]。可见已经祈雨多日。

对于祈雨拜小圣的信俗发展，乾隆帝起到了推波助澜的作用。其天津诗，“入夏恒风渴已亟，代天敷泽望犹谆。密云愿即沛嘉澍，虔叩惟抒一念真”，刻了碑，立在海河西岸小圣庙。

①（清）陈仪：《小圣庙祈雨文》，《陈学士文集》卷十二，乾隆刻本。
②（清）陈仪：《小圣庙祈水文》，《陈学士文集》卷十二，乾隆刻本。

水大成灾，排涝也拜小圣。“嘉庆六年，天津患水，祷于神”，并因此“奉旨颁发藏香祀谢，众商重新殿宇”[①]。

六、敕建官祭与百姓庙会

海河西岸小圣庙，明代曾名灵应宫，“灵应”庙额为天启年间朝廷所赐。庙前海晏锡庥石牌坊，由明潞王书额。这座小圣庙另一名称，得自乾隆皇帝的题额：敕赐恬佑祠。乾隆五十三年（1788）奉敕建，改名恬佑祠[②]。乾隆还为大殿题额“翕流顺轨”，并题联“汇派协灵长功宣左辅，归墟资广利福佑东溟”，说海也讲河。乾隆巡幸天津，不忘礼奉小圣海神，“遣官读文致祭”，“遣官致祭拈香”，载入大清会典[③]。乾隆还曾两次由城里骑马前去拈香，第二次去时已是八旬老翁。两次均赋诗，诗碑立庙中。

庙的位置，从上游向下，依次为海关、恬佑祠、风神庙。这样一些建筑的聚合，似能读出内容来。东岸盐坨小圣庙为盐商盐官所追捧；西岸的小圣恬佑祠也不寂寞，海船河艘、仕宦商旅带来香火，敕建官祭，皇帝写的匾联诗碑，吸引香客和游人。

历史上，五月五日小圣庙会，在冀东滦州堪称盛事。“妇女游观者俱以舟，非竞渡也。钗光衫影，滉漾水中；沿岸则急管繁弦，俳优演剧。旁列市肆，其热如蒸。”当地庙会，以此为最。[④]在渔村古镇北

①（清）黄掌纶等撰：《长芦盐法志》卷十九《营建》，嘉庆刻本。

②（清）吴惠元蒋玉虹：《续天津县志》卷四《学校附祠庙》，同治刻本。294

③《钦定大清会典事例》卷四四一《中祀·岳镇海渎》。

④清代《滦州志》，《中国地方志民俗资料汇编·华北卷》，书目文献出版社1989年版，第264页。

塘，最热闹的庙会是小圣（神）庙，会期四月二十八日[①]。北塘还有风俗，六月六为平浪侯小圣加冕[②]。

在津城，人们以五月五日为小圣神诞，五月上旬举行庙会。康乾间，出现了诸多描写庙会的诗歌，反映此时小圣崇拜风俗正盛。诗人钱陈群："岸阔危楼□，争传赛海神。痴邪一巫语，感动几村人。地岂同湘俗，民尤与鬼亲。夹堤芳草路，顷刻踏为尘。"[③]目睹实记兼观感，首尾各两句勾勒香客纷至、游人如织的情景。旅津诗人蒋诗："二月连朝有盛会，刹那五月赛元侯，津城士女倾城至，戴七星花结伴游。"[④]寓津学者汪沆："丛祠金碧俯河流，慑伏天吴驾赤虬，五月新坨人似蚁，船船箫鼓赛元侯。"[⑤]这些都是颇具画面感的描写。

小圣庙近河，酬神表演，河船箫鼓一艘艘，岸上节目也纷繁。记载于天后宫皇会图的城西永丰屯香斗圣会，三月时天后圣诞出皇会，到了"五月五日小圣爷圣诞"再出会[⑥]。皇会精彩纷呈，但并非一花独放。经济发达带来文化的活跃，那时津城有一些规模较大的庙会，小圣庙会即其一。盐商富而好文化，热心公益，天后宫皇会之盛，依靠富商们的操持筹办和财力投入。小圣平浪侯被奉为盐业保护神，庙会红红火火，同样折射城市的活力、商业的推力，以及富商阶层所释放的文化能量。

嘉庆年间，天津诗人沈峻的《津门迎神歌》是吟咏皇会的名作。"津门近海鱼盐利，商舶粮艘应时至，维神拯济免沦胥，策勋不朽宜

---

①于辉：《独具风韵的地域风俗》，载塘沽政协文史委编：《名镇北塘》，中国文史出版社2006年版，第57页。

②于辉、张东甲著：《大沽炮台》，百花文艺出版社1990年版，第274页。

③（清）钱陈群：《午日同人泛舟海神庙》，《香树斋诗集》卷一，清代刻本。

④（清）蒋河：《沽河杂咏》，《梓里联珠集》，天津古籍出版社1986年版，第82页。

⑤（清）汪沆：《津门杂事诗》，《梓里联珠集》，天津古籍出版社1986年版，第56页。

⑥高惠军、陈克整理：《天后宫行会图校注》，天津古籍出版社2017年版，第488页。

正位”,作品描述皇会“鱼龙曼衍百戏陈”,随后视线稍转,记海神平浪侯庙会:“复有恬波称小圣,立庙瀛壖禋祀敬。未闻报赛举国狂,始信□虞关性命。”[①]意思是,人们礼奉小圣与崇祀天后一样,那酬神娱人的赛会狂欢,可是关乎行船平安的性命所系呀。

至同治,津人华鼎元仍写海河两岸小圣庙,西岸“安澜平流神功著,额焕宸章庆典隆”,东岸“千帆输运风波顺,平浪侯宜锡特封”[②]。光绪十四年(1888)《天津城至紫竹林地图》上海河两岸恬佑祠、小圣庙齐全,11年后《天津城厢保甲全图》只标了河东岸小圣庙;及至庚子过后,盐坨一带被划入租界,坨没庙亦不存。

小圣崇拜起自运河,经河海运输业、渔业、盐业的传播,曾在天津及一些地方形成习俗。相传平浪除保佑航行之外,还镇水患、除旱涝。这崇信,连同庙祀祝祷、敕封御匾、诗文故事,乃至战事与奏章,共同构成民俗的和超出民俗的一段社会生活的侧影。

岁月已显得遥远。发掘梳理这一民俗事象,对于津沽文化研究,应是一种有内容有理趣的“情景再现”,可以作为面向广度和纵深的切入点。这又不仅仅是时光的回溯。大运河西岸的邢台市清河县,在平浪元侯故里,作为市县两级“非遗”项目的滕小圣传说,正得到文化保护,传承于民间。

(刊于《天津文史》2019 年第 2 期,总第 74 期,2019 年 4 月,第33—40 页)

作者:吴裕成,今晚报社

---

①(清)沈峻:《津门迎神歌》,《欣遇斋诗集》卷十四,道光刻本。
②(清)华鼎元:《津门征迹诗》,《梓里联珠集》,天津古籍出版社 1986 年版,第 177、182 页。

附:2019年吴裕成公开发表有关天津文史文章目录

《带鱼(余)过年》,《今晚报》2019年2月4日第7版副刊;

《初一饺子初二面》,《今晚报》2019年2月5日第7版副刊;

《从初二迎财神说起》,《今晚报》2019年2月6日第7版副刊;

《"倒有有":"贴倒有"》,《今晚报》2019年2月6日第8版副刊·津沽;

《天津过年歌》,《今晚报》2019年2月8日第7版副刊;

《破五送穷捏小人嘴》,《今晚报》2019年2月9日第7版副刊;

《新春杂拌儿》,《今晚报》2019年2月10日第8版副刊;

《周学熙考察日本造币》,《天津日报》2019年3月11日第12版满庭芳副刊;

《詹天佑·铁路·京津塘》,《今晚报》2019年3月18日第9版副刊;

《再说"倒有有"和"贴倒有"》,《今晚报》2019年3月20日第12版副刊·津沽;

《妙峰山·天后宫·鄚州大庙》,《今晚报》2019年4月8日第9版副刊;

《海归" 严复译述〈天演论〉》,《天津中老年时报》2019年4月10日第7版岁月副刊;

《京腔京调王达津先生》,《今晚报》2019年5月22日第12版副刊·津沽;

《列入"非遗"名录的宝坻"李半朝"传说》,《天津日报》2019年6月17日第12版满庭芳副刊;

《天津文庙最初叫武学》,《今晚报》2019年7月3日第12版副刊津沽;

《一篇“三家谭”引发讨论》,《今晚报》2019 年 8 月 28 日第 12 版副刊·津沽;

《海河，你为什么这样美丽——作家方纪的天津书写》,《天津日报》2019 年 9 月 2 日第 12 版满庭芳副刊;

《〈说体育〉〈说智育〉〈说德育〉——高步瀛陈宝泉:从结识到合著读本》,《今晚报》2019 年 9 月 16 日第 12 版副刊·津沽;

《七十二沽此其一》,《今晚报》2019 年 11 月 28 日第 12 版副刊·津沽;

《运河造神 航海敕封 盐业崇奉——小圣平浪侯信仰民俗考述》,《今晚报》2019 年 11 月 1 日第 12 版副刊·讲述;

《“近代百年看天津”的个人生活史文本——读陆文郁〈蘧庐集〉》,《天津日报》2019 年 11 月 11 日第 12 版满庭芳副刊;

《郭凤岐笔下的〈津沽旧事〉》,《今晚报》2019 年 12 月 19 日第 12 版副刊·津沽;

《竹竿巷、估衣街,还有耳朵眼——天津与临清:南运河考察札记》,《天津文史》2019 年第 3 期,第 33 页至 40 页;

《津城食蝗记》,《天津支部生活老干部版》2019 年第 5 期,第 46 页至 47 页;

《列入“非遗”名录的天津皇会》,《天津支部生活老干部版》2019 年第 7 期,第 42 页至 43 页;

《严翰林胡同始末》,《天津支部生活老干部版》2019 年第 11 期,第 47 页至 48 页。

天津大运河保护传承利用的思考

任云兰

中国大运河始建于春秋时期（前486），至今已有2500多年的历史，包括隋唐大运河、京杭大运河和浙东大运河三部分，全长3200公里，地跨京津冀鲁豫皖苏浙8个省市，沟通海河、黄河、淮河、长江和钱塘江五大水系。它是世界上开凿最早、规模最大、线路最长、使用最久、延续时间最长且目前仍在使用的人工河道，曾是我国历史上南粮北运、商旅交通、军资调配和水利灌溉的生命线。它是一条政治之河、经济之河、文化之河、交通之河、水利之河和生态之河，是中华文明之河。因而，切实做好大运河的保护、传承、利用工作，对于传承中华文明具有十分重大的意义。

一、面临的机遇和挑战

天津大运河保护传承利用面临着千载难逢的机遇。一是党和国家高度重视大运河的保护与利用工作，习近平总书记指出，“大运河是祖先留给我们的宝贵遗产，是流动的文化，要统筹保护好、传承好、利用好”。习近平总书记的指示为大运河的保护传承利用指明了方向。党的十九大对我国经济建设、政治建设、文化建设、社会建设和生态文明建设等作出“五位一体”的总体布局，为加快大运河文化带建设，开展大运河保护传承利用工作提供了根本遵循。2019 年 2 月，中共中央办公厅和国务院办公厅印发了《大运河文化保护传承利用规划纲要》，为大运河文化保护传承利用做出了顶层设计。二是 2014 年 6 月 22 日召开的第 38 届世界遗产委员会会议决定将中国大运河列入《世界遗产名录》，大运河成为我国列入《世界遗产名录》的第 46 个项目。大运河成为世界遗产不仅表明大运河遗产获得世界认可，而且表明大运河的保护传承利用进入到了一个全新的阶段。三是经过 40 余年的改革开放，我国经济取得了举世瞩目的成就，经济实力和综合国力的大幅度增强，为大运河的保护与利用奠定了雄厚的经济基础。四是随着经济社会的发展，人们对历史文化遗产的保护意识不断增强。

天津大运河保护传承利用在面临前所未有的机遇的同时，也面临着一系列严峻的挑战，如现代交通技术飞速发展对运河航运业产生的巨大冲击；运河沿线产业转型升级；运河水资源短缺造成部分河道断流，河道功能丧失；运河水体质量下降造成生态环境恶化；运河年久失修造成河道安全隐患。面对上述种种挑战，我们要化被动为主动，做好大运河的保护传承利用工作。

二、天津大运河保护传承利用的总体构思

天津大运河保护传承利用一要坚持以保护为主、适度利用为原则,在保护中利用,在利用中保护,实现保护与利用并举。二要坚持统筹规划,分步实施,绘就一张宏伟蓝图。三要坚持区域协同,实现大运河保护与利用全国一盘棋。

基于上述基本思路，我们确立天津大运河保护传承利用的总体目标是:以大运河为纽带,以大运河历史文化遗产资源充分挖掘为基础,坚持政府引领、规划引导、市场主导和区域协同相结合,共同构建大运河文化带。

三、天津大运河保护传承利用的措施

(一)坚持政府引领。一是抓紧划定大运河保护区划。鉴于大运河已被列为国家重点文物保护单位，且天津市相关行政管理部门已组织编制大运河保护规划,并获市政府批准,建议文物行政主管部门会同规划和自然资源等行政主管部门尽快组织划定保护区划,明确保护范围和建设控制地带,并由市政府批准实施,使天津大运河文化带建设纳入法治轨道。同时,严格按照《中华人民共和国文物保护法》等法律法规要求进行规划建设。对于大运河建设控制地带内的建设项目,在核发选址意见书或规划条件前,要求征求同级文物部门意见。在做出规划行政许可前,要求组织专家论证。二是由市、区政府牵头组织开展大运河沿线重要历史文化遗产的保护传承利用工作。天津大运河沿线既有中心城区和运河名镇杨

柳青镇等城镇,又有运河水工遗存九宣闸和独流木桥;既有天下皇仓北仓廒和十四仓遗址,又有工业文化遗产三条石博物馆;既有风格独特的清代民居建筑石家大院,又有典型的中国传统建筑天后宫;既有国家级"非遗"项目杨柳青年画,又有传统美术泥人张,历史文化遗产资源丰富。三是由地方政府出资对大运河沿线的重要历史文化遗产进行保护与修缮,并进行适度利用。

(二)坚持规划引导。深化完善全市大运河保护与利用专项规划。为充分发挥城市规划对大运河保护与利用的引导作用,早在2013年,我市结合大运河"申遗",首次出台了大运河天津段遗产保护规划和天津境内大运河保护与发展专项规划,但从规划层面看,该规划属于总体规划层次,以宏观指导为主;从规划内容看,以保护为主。因此,亟须从构建大运河文化带的战略高度进行重新审视:一是以国家《大运河文化保护传承利用规划纲要》为依据,继续进行深化完善。同时,在总体规划指导下,沿线各行政区结合本区实际和沿线土地开发利用情况,组织编制本行政辖区的大运河保护传承利用规划。二是组织编制三岔河口、西沽、杨柳青元宝岛和武清筐儿港等大运河主要节点保护传承利用规划设计策划方案。策划方案要以充分挖掘各主要节点历史文化遗产为基础,对各类保护对象分别提出保护要求,制定保护与利用规划设计策划方案,形成较为完整的保护与利用图则。三是将天津大运河保护传承利用规划纳入控制性详细规划等法定规划进行管理。四是在规划实施管理工作中明确要求各相关区级规划和自然资源行政主管部门严格依据控制性详细规划,将天津大运河保护传承利用的相关内容纳入规划条件或选址意见书之中。同时在后续的建设工程规划许可工作中严格进行审核,确保与规划条件或选址意见书相符。

(三)坚持企业主导。天津在大运河的保护传承利用工作中要注重发挥企业的作用，积极引进国内顶级文旅企业参与天津大运河文旅项目建设，将大运河沿线土地开发利用与大运河遗产保护传承利用有机结合起来，充分发挥其丰富的大型文旅项目开发经验与资源和高超的专业水准与智慧，打造融文化、旅游、艺术和生态等业态于一体的大型文旅综合项目，树立独具特色的天津文旅产业标杆，塑造城市发展的文化名片。

(四)坚持区域协同。一是加强组织领导。建议设立由国家发改委牵头，文化和旅游部等相关部门和大运河沿线相关省市参加的大运河保护传承利用组织协调机构，建立联席会议制度，研究制定大运河文化带建设的重大政策方针，协调解决大运河文化带建设中遇到的重大问题。二是加强跨区域交流，相互取长补短，共同分享大运河保护与利用的成功经验。

总之，大运河保护传承利用工作利在当代，功在千秋，我们必须高度重视，认真对待。

(刊于 2019 年 6 月 4 日《天津日报》第 9 版“文史”)

作者：任云兰，天津社会科学院历史研究所

“潞河督运”其实是海河巡盐

高　伟

中国历史博物馆藏有一幅《潞河督运图卷》，这幅图也被镌刻在天津的网红旅游打卡地——天津之眼景区。按照现有考证，此画系清代乾隆时期画家江萱应当时在通州坐粮厅任职的冯应榴要求所画，《湖海文传》一书第七十卷中也载有冯应榴《自书潞河督运图后》跋文原文。但是，跋文所述与中国历史博物馆藏的《潞河督运图卷》所画居然没有一致的地方，看来江萱所画《潞河督运图卷》应该另有其画。

一、《潞河督运图卷》名不符实

《潞河督运图卷》描绘的应该是潞河（北运河）中的景象。可《潞河督运图卷》画的是海河和南运河，北运河（潞河）仅画了一个河口以及相邻的三岔河口炮台，那所谓“潞河督运”从何说起呢？

潞河河浅滩多，为防止淤沙，有人推着形如“虡业”的刮板，由

图1 画面上方为潞河口，左侧为南运河，右侧为海河

岸上的人用绳索拉仜刮沙。还有人背负一捆柳枝在河边行走，遇到水浅的地方，即插一支柳枝作为标记，这个人称为标夫。这在冯应榴《自书潞河督运图后》跋文原文中有具体描述，而这些情景在这幅所谓《潞河督运图卷》中根本找不到。

冯应榴还说，在河中间紧扯风帆的官船，就是他坐的官船，每当漕船抵达通州时，他都要乘坐官船前往验粮，将粮食分出等级，配于各仓，有时还要到津门去督促。官船前边飞驶而来的小舟，是捧着粮盘前来验粮的漕官。那些装满散粮的船只，都是杨村派来的驳船。但是，这些生动的场景，搜遍画卷也没有找到。

冯应榴的《自书潞河督运图后》是看着《潞河督运图卷》写的，而如今我们在这幅画卷上所看到的并不是当年冯应榴请江萱画的《潞河督运图卷》。那幅图现在是否还存世？尚不得知。

二、画的不是潞河是海河

纵观全图，画中的地理形制与天津三岔河口一模一样。从天津城北门外钞关浮桥起，蜿蜒十余里到海河紫竹林村止，两岸的官署、寺庙、街道、集市和图卷中画的位置基本相似。侯家后、估衣街、单街子、宫前街等和清末天津地图是吻合的。因此,我们有理由相信,这幅图卷画的是清朝康乾时期的天津市貌,是一幅珍贵的现实主义画作。

这幅图卷的中心部分是三岔河口的官舫,从水手正在扬帆的情况看,官舫刚驶离码头。官舫的身后是天津有名的"院门口"码头。图中可以看到官舫的仪仗船队还没完全驶离码头,由此可以判断出那艘官舫的官员并不是从潞河驶来的坐粮官冯应榴,而是即将展开一年一度巡盐使命的长芦巡盐御史。

图 2　从院门口驶出的官舫和仪仗船

图 3　已到达码头的清道船

图 4　旗锣仪仗船

这幅画卷上官舫前边有几艘舢板快船,分别载着巡盐御史的仪仗和护卫,最前面的一艘仪仗小艇,已抵近盐关码头附近。应该是天津地方为御史一行清道的小艇。

官舫前面有一队仪仗船只正在鸣锣喝道驱赶水面船只,提醒他们注意避让。船上有旗锣一对,蔗节杖一对,长鞭一对,龙头杖一对,这该是御史自己的仪仗了。

三、运的是盐不是粮

从紫竹林村桃红柳绿的时令看，此时正是春暖花开的仲春时节，海河东岸的盐坨地正在开春坨。我们从这幅画卷中看到，盐坨里的盐役们正干得热火朝天，有拆垛的、过秤的、装包的、抬包的、烧水的、做饭的等，一派繁忙景象。在明代，天津城北就有“贡盐厂”“白盐厂”，专储皇家所需长芦精白盐。清康熙年间，长芦盐运使由沧州迁到天津，在海河东岸设立盐关口，对往来盐漕课税，并在盐关附近开辟出一片储盐的盐坨地。这片盐坨地自东门外盐关起沿海河至季家楼，储存长芦精盐数百垛之多。民国后，各盐场就地建库存盐，天津盐坨退出历史舞台。

最初，考证者把海河东岸的盐坨当作粮仓，这是因为冯应榴《自书潞河督运图后》跋文中有说明。然而，盐包外面缠有苇索，人是不能背负的，且盐包的重量已经超出了一个普通人的负重能力，只能两人扛抬。画卷上抬包的盐役都是双人扛抬，盐船上装满的都是浑圆的盐包，因此证明这不是粮仓，而是盐坨。

图5 盐坨地

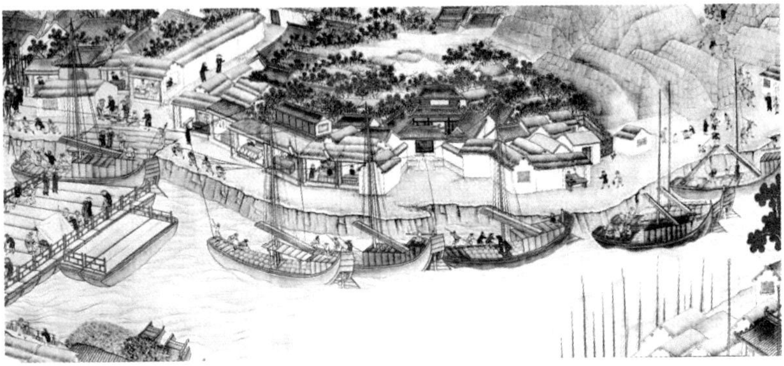

图 6　盐船上浑圆的盐包

四、这是一幅“海河巡盐图”

这幅画卷从头至尾，既没有潞河的画面，又没有装运粮食的画面；既没看到督粮验粮的场景，也没有看到万人背负粮袋过石坝的场面。我们看到的是威严的巡盐御史船队正向海河东岸的盐关、盐坨开进，展开一年一度的盐务巡视活动。一艘艘装满长芦盐包的盐船，在纤夫的牵引下，秩序井然地通过掣盐厅的查验，向三岔河口驶去，将盐沿南北运河送到千家万户。整幅画卷以天津盐坨春季开坨为核心，以巡盐御史一年一度启程出巡为主线，向左右两侧展开。所以，这是一幅“海河巡盐图”，而不是“潞河督运图”。

（刊于 2019 年 6 月 15 日《今晚报》第 7 版“天津卫·乐活志”）

作者：高伟，天津地方史学者

咸水沽的老盛军业绩

刘景周

清光绪元年，盛字军开始在津南屯田，其屯田范围东至新城，西至西小站，南至北大港边，北至咸水沽。在这个范围内，盛军曾修筑许多水利工程。据绘于光绪六年的《盛军屯田图》标明的统计数字，计有大石闸八道、小石闸六道、大木桥十道、小木桥三十八道、小桥阴涵五十九道。此外还建有庄房二十八处。

盛军屯垦之初，先开了一道从小站到新城的河，继而就开了咸水沽引河，以引海河水到小站，与小站到新城的河相通，初即名咸水沽引河，今名月牙河。这条河从盛军所扎营盘水师营、右右营、右正营、右左营、传字营、盛字营经过，不仅满足了灌田需要，也解决军队饮用水来源。为了不使咸水甜水混合，盛军又修建了大石闸，只开放甜水，而屏蔽咸潮。“其闸分内外两门，或用合扇，或用吊闸，水之出入，各自为道，故味也不相犯也。”这年，盛军还在咸水沽街西修筑了一座木桥，也就是最初的咸水沽西大桥。但它是一座独孔木桥，通水不畅，光绪三年二月，又推倒重建了一座铁柱三孔桥。新的桥“以巨木为桩，排列数百筑成桥基，上覆三合土，再上甃以石条，然后置柱其上。桥高河广，容纳万派，自是下流无阻”。

西大桥改建后，海河西南约五里处又增建了一座五孔木桥，就是今天仍存在的二道桥。二道桥竟因桥的存在，成了咸水沽的一个地名。

光绪四年、五年，是盛军兴修津南水利的高峰期。这期间盛军围绕咸水沽开挖的村级河道不胜枚举，如“仁营所浚之河，自咸水沽绕过潘家沟”“中军两正营又会右军于河西开河二十里，东北通咸水沽减河”“咸水沽至葛沽海大道间，向有桥梁一座，名称双桥，为前清时代周武壮公开辟小站稻田而建者也”等。

光绪十六年，“运河漫溢，奔注下流，兼之积涝霪霖，更有漂庐舍，鱼人民之患”，咸水沽一带遭了水灾，所谓“邑城东南，地势洼下，以故时雨暴涨，直漫平铺，伤稼极多，迄无乐岁”。李鸿章采取措施，于光绪十七年，“特下创开河渠之令，檄总统淮军盛营卫军门汝贵，专董斯役”（此时周盛传、周盛波已故去，盛字军由卫汝贵统领）。这道创开的新河道，上自津门八里台，下至咸水沽洋码头村，中间经过卫南洼、波水洼、柳淀洼、秋麦港。河长五十余华里，并于白塘口、双港、八里口、巨葛庄等村共通支河一百三十余里，建桥十一座，由李鸿章赐名“卫津”。现存两通《新开卫津河碑记》，对这项工程有详细记载。

参与卫津河开挖工程的，还有道员吴廷斌、胡燏棻。除了记录工程的卫津河碑记外，在咸水沽镇西卫津河与津沽路交叉处的五孔闸还发掘出“吴胡观察德政碑”，是“合郡绅民感戴两观察之德”立下的碑记。立碑时间为光绪十九年，碑文有“胡观察燏棻、吴观察廷斌，协同总统盛军卫军门汝贵，查看地势，周历河干，兴利除弊以为己任”等颂扬的话，说明卫津河的开发，对减轻地方水患起了作用，百姓因而有了感激之情。

(刊于 2019 年 1 月 28 日《今晚报》第 12 版“副刊·津沽”)

作者：刘景周，天津文史学者

百年沧桑话盐滩

王雅鸣

汉沽的制盐史始于两千年前的两汉时期，由于汉沽地势独特，濒河枕海，成了开滩置盐生产的首选之地。但汉沽真正形成开滩规模的还是在清初，到新中国成立前夕，芦台场汉沽盐区盐滩数量多达 358 副。由于隶属当朝政府掌管，盐滩开采得到了进一步的扶持，成了当时经济发展的支柱产业，也是民族工业壮大的奠基石。而帑滩、风车滩、官滩的先后出现，就是当时先辈们垦荒开滩的真实写照！

一、汉沽的第一张滩契

汉沽的第一份滩契，始于清顺治十三年八月初五，即公元 1656 年，距今已有 360 多年的历史。滩契的产生，依存于汉沽区域滩晒盐的发展史。而滩晒盐发展史与煮盐史、芦台场的设立有着密不可分的关系。

汉沽的开滩制盐，可追溯到距今两千年前的两汉时期。那时，官铸铁锅，募民提取海水，煎煮得盐。至后唐同光三年（925），盐区中建芦台场，将原来的分散式煮盐改变为集中式煮盐，始有灶户和灶丁之称。每个灶户均有煮盐的场所，称之灶地，并作为“恒产”。距今700年的元代，灶丁们在刮碱淋卤煎盐过程中，认识到利用日光可以直接晒盐。距今400年的明代后期，灶户们在长期制盐的实践中不断积累经验，于自己的灶地上挖渠、筑埝、修池、提打海水从事日光晒盐，将原灶地改造成滩地，即盐滩，这是盐业史上重大的变革。所开置盐滩的工本费均由灶户自付，盐滩遂成为灶户的私有财产，灶户称滩灶户。

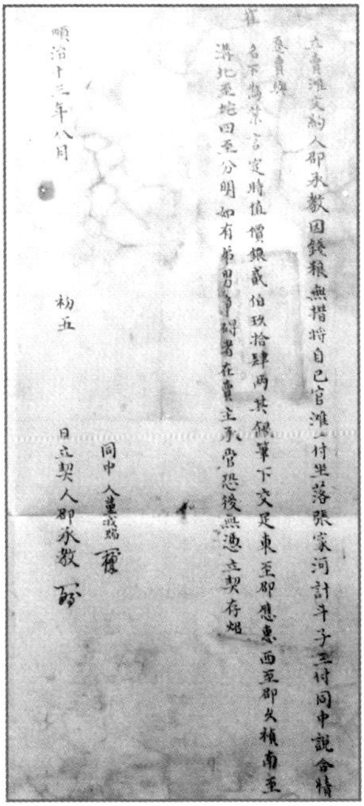
立賣灘文約人邵承教因錢粮無措將自己官灘一付坐落張家河討斗子三付同中說合情
愿賣與
名下為業言定時值價銀貳伯玖拾肆兩其銀筆下交足東至邵懋惠西至邵文禎南至
溝北至地四至分明如有弟男爭碍者在賣主承當恐後無憑立契存照
同中人董成瑞
順治十三年八月初五日立契人邵承教

图1 汉沽的最早滩契

盐滩的开置，均由芦台场登记入册，加盖印章，准此晒制，定期交纳钱粮，皆为“官滩”。这种合法化的身份，为以后盐滩自由交换打下了基础。

清初，芦台场汉沽盐区有灶地537公顷65亩，滩地7顷50亩。当时均是小滩，折合盐滩约45副。在制盐生产经营中，个别滩灶户最初因无力交纳钱粮，遂产生一种以退契、卖契作为商品交换的法律形式，即形成契约。买卖双方的人，经中人说合，在平等互利的条件下协商一致，经过要约、承诺和担保等程序确立双方交换事项，立下字据存证，契约即成立并实施，成为财产流转关系在法律上的表现。最早一份卖滩契约写明：清顺治十二年（1656），邵承教（营城人）将自开的官滩，因钱粮无措卖与崔周田名下。契约直接陈述条款，未写题目。这种没有题目的契约延续到同治年间，时间长达200多年。当时，滩池需要供制盐的海水，是二人绳系柳斗提打而来，于是此盐滩称为“斗子滩”。

现在看来，当时卖滩的原因很多，如制盐经营中缺乏管事人或急需用钱等。汉沽发现的最早一张滩契是这样的：

滩契

立卖滩文约邵承教，因钱粮无措，将自己官滩一付（副），坐落张家河，计斗子三付（副），同中说合，情愿卖与崔名下为业。言定时值价银贰佰玖拾肆两，其银笔下交足。东至邵应惠，西至邵久祯、南至沟，北至坨，四至分明。如有弟男争碍者，在卖主承管。恐后无凭，立契存照。

同中人：董X瑞

立契人：邵承教

顺治十三年（1656）八月初五日

这份滩契简明扼要，滩主姓名、卖滩原因、滩地面积、卖出金额、说合人、立契人及成交年代等契约的几大要素一应俱全。在接下来的康熙、乾隆、嘉庆、道光、同治200年漫长时光里，一直延用这种简约明了的契约形式。随着时光的推移，契约在内容上更加翔实、丰富和具体，这无疑是汉沽民族工业者的真实写照。而缔结滩契，有无奈，更有不舍。滩契的字里行间，可以洞见汉沽老一代盐滩开拓者艰苦创业、聚财奋斗的身影。

清嘉庆年间（1796—1820），清政府动用国库中帑（tǎng）银扶持人们买荒地开置盐滩,提高了盐民开滩置盐的积极性(相当于当今的贷款)。这种利用帑银开置的盐滩称之为帑滩。

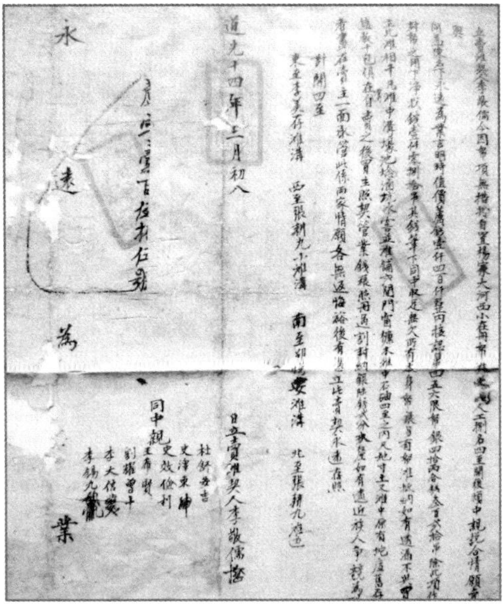
图 2 帑滩

由于清政府大力鼓励有经济能力的滩灶户开垦帑滩,从而使汉沽开滩制盐形成了一个高潮。然而,有开滩就有卖滩。嘉庆九年(1804),汉沽营城人邵声闻经营上难以为继,立下了卖帑“滩契”,上面写明了已领官帑数额,分“六限”近期交纳云云。

摘录滩契如下:

立卖帑滩契人邵声闻,将自置在册官滩二副,坐落李家河,共计水斗四副,烦中亲说合,情愿契卖与李子琴、李兴嗣名下永远为业。言明时值价芦钱贰仟柒百吊。营此滩皆缘。嘉庆六年原领官帑三十五工,每工正耗银拾参两壹钱捌分陆厘,共合帑银肆佰陆拾壹两伍钱壹分,分六限封纳。卖主已自封纳七、八、九三限工本,正耗银贰佰叁拾两零柒钱伍分伍厘。至后十年、十一年、十二年三限工本……自卖之后,任凭买主勘晒。凡沟壕池埝、卤坑、地土、冰窖、滩铺、车道、地基一处坐落孟继桥东边,孟继桥存檩六根俱在价内。如争竞为碍者,尽在卖主一面承管。欲后有凭,立此卖契存照。

钱粮李步华、李选名下捌钱三分捌厘、柒钱陆分陆厘随契过割封纳。礴二盘、卤坑三个、坨地三块。

嘉庆九年(1804)十月初一日

在这张滩契中,三次出现"帑"字:"立卖帑滩契人邵声闻""嘉庆六年原领官帑三十五工""共合帑银肆佰陆拾壹两伍钱壹分"等,强调"帑滩""官帑"和"帑银"的重要性,可见"帑"字是一个金字招牌,也是甲方乙方成交的重要砝码。

到了道光年间,清政府依然延续"帑滩"政策。滩灶户张魁庆在道光七年九月初七那天(1827)的滩契中这样写道:"立绝卖滩契张魁庆,因乏手,将自制帑滩二副,人工十名,坐落张家大河,情愿卖契李调元名下,永远勘晒为业。"文中用了"立绝卖滩契"字样,由此可推断张魁庆当时遇到了怎样的窘境,让他痛下决心"立绝卖滩契"。是真的缺乏技术管理人员?抑或资金周转不开?还是别的原因。今天我们已无从得知。但从那淡定的行文看,就连二副帑滩和雇佣有十名工人都写得清清楚楚,不难看出卖主的诚意与决心。

七年之后,即道光十四年三月初八(1834),滩灶户李敬儒的滩契是这样的:"立卖滩契者李敬儒,今因帑项无措,将自置杨家大河西小在册帑滩一副,人工八名,四至开后。烦中合,情愿卖与同益陈名下永远为业……内接认第四五六限帑银四拾两,合钱叁佰贰拾吊。除此项作封帑之用……所有本身帑银,另有帑滩抵纳……"这里,也先后四次用上了"帑"字,也是道光年间最后一张用帑银开荒而卖出的滩契。至此,在以后的清中、后期及民国年间,再也没有"帑银"和"帑滩"的滩契出现。

在封建社会里,盐税是重要的财政收入,也是支用军饷的主要来源。帑滩的出现,是官府扶持、鼓励人们开置盐滩的有力杠杆。虽说帑银只在嘉庆和道光两个朝代实行，今天看来，却在一定程度上满足了滩灶户筹措资金、发展生产的需求，刺激了人们开荒置业的积极性，促进了汉沽民族工业的飞速发展，是当时经济发展、社会变迁的缩影。

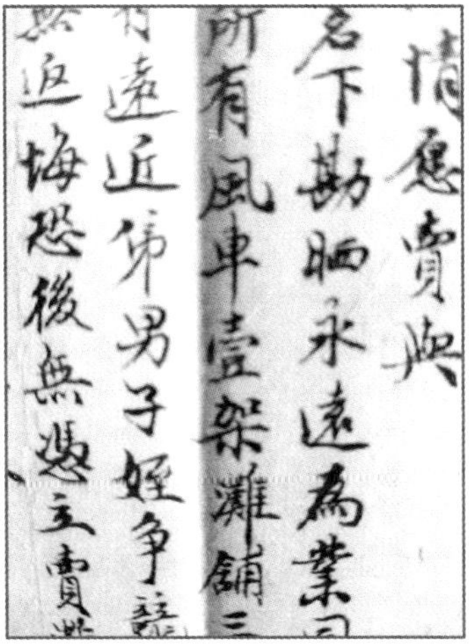

图 3　风车滩契(局部)

二、风车滩

道光年间（1821—1850），汉沽广袤的盐田开始使用水车进行提水。这种体积庞大、由下而上提水的木质龙骨水车，替代了传统的二人用绳子系上柳斗打水的方式，为以后使用八面篷车，即风车提水奠定了基础。

光绪元年(1875)，汉沽许多的盐滩上开始使用硕大的风车，它是充分利用海边的风能制作的风车，人称大将军。人们把船上的风帆移植到盐滩的风车上，风车上有八面篷布，底下有轴，旋转起来风力很大，提水速度极快，有效地提高了生产力。人们形象地叫它“大将军八面威风”。风车的应用促使各个小盐滩必须扩大成大盐滩。于是，在开置大盐滩的同时，又产生了各小盐滩相互合并的现象。这种安装了风车的盐滩叫“风车滩”。由于盐滩面积过大或其他原因，随之出现了滩灶户因无力斟晒而进行交易的“滩契”。

风车滩的提法，最早可追溯至光绪二十六年四月二十四日(1900)的一份《归并滩契》里：“立归并滩地契人张沂澜、张淇澜、张泗澜、张渤澜，今有祖遗应分大柳沽滩并坨子地四分之一，于光绪二十年租与堂叔文荫名下，勘晒十年为满……所有大柳沽坨子地与滩铺地基、风车两架尽在价内。”

宣统三年，滩灶户李义昌在滩契中写道：“立卖滩契人李义昌，今因正用乏手，将父置在册官滩一副，人工六名，坐落李家大河，滩名对篓，烦中说允，情愿卖与王乐善堂名下永远为业。言明时值价银洋壹仟贰佰圆整，其洋笔下交足无欠。所有滩涂中沟壕池埝、卤坑、冰窖、大小水圈、风车一架俱全、大小石礴两个、尺木寸土、空地一切俱在卖价之内……宣统三年二月二十二日(1911)。”“风车一架俱全……”这是在汉沽出现的最早带有“风车”字眼的滩契，可见风车在汉沽出现的历史年代之早。在以后的滩契中，还出现过“风车两架”的描述，这是根据盐滩面积大小所设置的。

进入民国时期，因绝大部分盐滩均设置了风车，海盐的产量大幅度增加。但受军阀混战、税目繁多等因素的影响，海盐严重滞销，滩灶户贫富悬殊差距逐渐拉大，导致卖滩立契现象不断出现，影响了生产力的发展。这时许多滩契中在提到所留财产项中都包括风车。中华民国七年十一月初四那天(1918)的一份滩契中这样写道“立卖滩契人李义张文瀛，今将自置官滩一副……所有滩中风车一架……俱在卖价之内……” 这种拥有风车的状况在汉沽一直延续至新中国成立后。

立租滩契人李彭寿，今将自置北沟二〇一号，滩名东三号半副(原滩系与李明伦伙有二分之一)，因无力经营，经中说允，情愿租与李明伦名下勘晒五年。自一九五〇年旧历正月十五日起，至一九五五年旧历正月十五日满期……本滩面积、池壕沟埝、风车、滩铺等项一概俱全。

从光绪元年(1875)至1950年的75年间，风车作为滩灶户的重要生产资料，改善了盐工的劳动强度。它不仅是引入海水的生产工具，也是滩灶户的固定资产。彼时，百里盐滩风帆林立，处处可见吱吱作响的风车，成了汉沽盐滩的独特景观。1909年日本出版的《天津志》中记载：“一望无际的盐田，盐层垒垒，到处堆积如山。灌溉盐田风车，帆樯林立，遥看远连天际，隐显在明霞断霭之间，从而使人有大陆的规模宏大之感。”

二、官滩

汉沽的制盐史始于两千年前的两汉时期，真正形成开滩规模还是在清初。据史料记载，新中国成立前的芦台场汉沽盐区就有盐滩358副。这些盐滩的开置，均被编纳芦台场，经登记造册、编号、加盖印章，并定期交纳钱粮，方可准许晒制，时称为“官滩”。

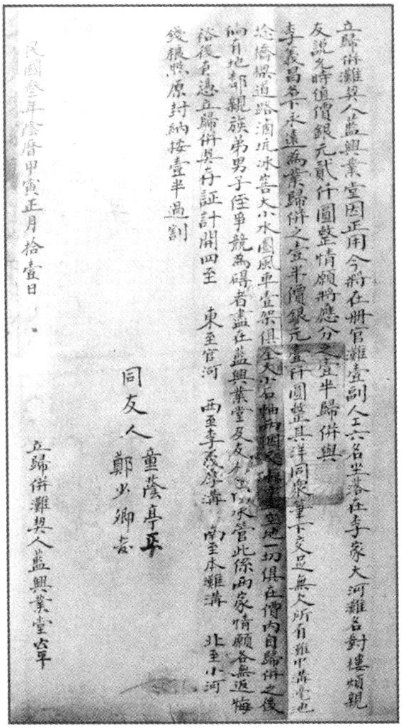

图4 官滩滩契

从顺治年开始，到民国末年300年的历史进程中，官滩的叫法一直延续下来。官滩分自置官滩、祖遗官滩和祖遗在册官滩三种。如顺治十三年八月初五那天(1656)的滩契中写道：“立卖滩文约邵承教，因钱粮无措，将自己官滩一付(副)，坐落张家河，计斗子三付(副)，同中说合，情愿卖与崔名下为业。”这是迄今为止看到的最早的一张标明官滩的滩契。在滩契中，不仅写明了卖滩的原因，还详尽列出了卖滩者所拥有的各种生产资料、滩坐落的位置和具体的成交时间，最后是同中人和卖滩人。从此，这份滩契成了各朝代买卖盐滩的一个模板，滩主争先套用，万变不离其宗。

到了康熙年间，邵瑞周的滩契依然如故：“立退卖契给人邵瑞周，有父遗官滩一付(副)，因钱粮无措，今同侄邵壁、邵盛、情愿退卖与堂叔荣还、堂侄龙章名下过纳粮，永远勘晒为业。”这里的“钱粮”就是滩灶户每年按期必须向官府所交纳的各项费用。部分滩灶户因为无力筹措或经营不善，只好忍痛割爱将滩卖与他人，其中的辛酸与苦楚可想而知！从清代顺治时期开始，康熙、乾隆、嘉庆、道光、同治、光绪直至宣统时期，官滩的称谓一直未变。这是由于盐税是清朝政府的经济命脉，支撑着大清王朝的政治、经济、军事的向前发展。到了民国时期，也依然沿用官滩的叫法，可谓一脉相承。

民国三年(1914)阴历甲寅正月十一日的《归并契》言明：“立归并契人蓝兴业堂，因正用，今将在册官滩一副，人工六名，坐落李家大河，滩名对楼，烦亲友说允，时价银圆二千元正，情愿将一半归并与李义昌名下永远为业。”

三十年后，即民国三十三年四月十八日(1944)的一张《出租滩契约》中官滩的字样依旧赫然在列：“立出租滩契人刘百林堂，将自置在册官滩一副，人工十六名，坐落芦台场南沟第十四号，滩名刮金板，情愿租与郭名德堂名下勘晒，以一年为限……所有三十四年本滩春晒费、一切权益均归业主享有。”

正因为掌握了盐滩的自主权，人们不仅可以做主卖掉所有盐滩,也可以卖掉一半。“立字据人李玉先、李明章,查双方因置买张文瀛自有北沟第九十号娘娘庙滩半副发生争执,致起纠纷,因之涉讼法庭为时将及一裁。兹经亲族出为调整处,双方亦以情关族谊,咸愿容让。其调处办法:关于本半副滩卖主原与李玉先伙有伙晒,明章又鉴于玉先人口繁多,赖此维持家计,故明章情愿将此上项半副义让与玉先购买,以联族中情感……以上办法双方均无异议,插立此字据二纸,各执一纸存留。中华民国三十六年(1947)十月五日。”

解放初期,盐滩依然可以买卖。1950年8月,汉沽崔氏兄弟崔致崇、崔致宏、崔致远将坐落于北沟40号的“祖遗官滩”西滩——卖与李玉存、李克仲、高振起、高振宝永远为业,形成了有效的契约关系。

现在看来,官滩的好处有很多:一是自置或祖遗官滩拥有一定的自主权,没有纠纷任凭自由处置;二是因为已在官府备案和注册,买卖双方仅凭一纸契约即可进行交易,价格自定,省却烦琐手续,以解燃眉之急;三是可以世袭继承,成为一种祖业,为后代所拥有。这无疑是一种标签,也是一个镀金招牌,彰显了盐滩的归属与荣耀,是一个拓荒时代的写照。

新中国成立后,官滩的叫法戛然而止,烟消云散。随后实行公私合营,所有的盐滩归于国有,开启了社会主义建设新高潮的序幕!

四、滩契名称的变迁

顺治十三年(1656),汉沽出现第一张滩契,拉开了开滩置盐自由买卖滩地的序幕。在接下来的250多年里,出售这些盐滩形成的

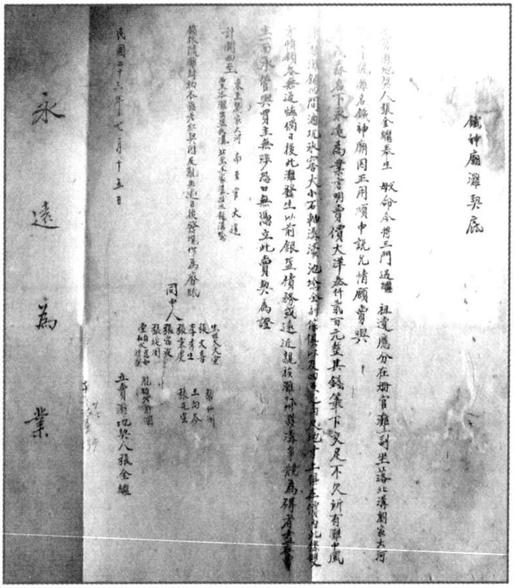

图 5 滩契名称的变迁

文本一直被称为“滩契”，是买卖双方缔结的契约凭证。

宣统元年九月十三日(1909)，滩契的名称发生了变化，原来的“滩契”变成了“卖荒滩契”。表面上看，仅比“滩契”多了两个字，内容上与原来书写的滩契也没有明显变化，但从字面上可以看到具体、可信的买卖关系：“立杜卖荒滩契人李福隆、李福广，今将先父伙置在册官滩荒地基照老沟一副，计人工四名，坐落邵家河土桥(四置开具于后)，因无力修整成熟，烦中说合，情愿卖与崔启元名下为业……”文中的“荒地基照”点名了这副滩是荒芜已久，也是家族中的老照了。

清朝，官滩可以自由交易，盐坨地也可以买卖。当时，滩灶户生产原盐后，需要有大片宽敞的场地堆放原盐，这就是盐坨地。另一张《盐坨地契》很好地佐证了当时买卖的情景。“今立字据邵尽臣，因有先年经本身手自己置盐坨地一条，宽四丈，长十丈。原垫此坨地净化(花)用东钱四百六十三吊正(整)由垫之后，并未应用……情愿将该盐坨地照原化(花)四百六十三吊之钱匀让旭堂永远为业，自便使用之地……宣统四(1912)年二月初五日吉立。”

民国时期，开始陆续出现卖滩契、出租滩契、续租滩契、揽租滩契、字据、立租滩字据、归并滩契、归滩契、出租归并书等字样的滩契。这些以承租、续租、转卖等形式出现的契约，一改过去只标明“滩契”的呆板、单调形式，题目具体、明了，使人一目了然。如《铁神庙滩契纸》和《大铺子滩契底》等滩契，点明了盐滩的所在位置，朴实中透着一种亲切。

民国二十三年(1934)七月十五日，滩灶户张金继立下了《铁神庙滩契纸》：“立卖滩地契人张金继奉生父生母命，今将三门过继祖遗应分在册官滩一副，坐落北沟刘家大河第七十号，滩名铁神庙……钱粮随滩封纳，本滩老红契因反乱失迷，日后发现作为废纸。”

民国七年(1918)，张文成写下《出租字据》，内容如下：“兹因邵家沟迤东往南地界有营城邵润珊君挑挖叉沟一道，与邵家官沟相通引用海水。惟此地界系文成所管，有烦亲友说允，情愿租与邵润珊君历年引水使用。作租价东钱肆吊整，年交年款，议定每年贰月十五日即如数交齐不误。如文成将来开展滩业欲用此沟之水，任凭自便，不准邵君拦阻。此系情愿，绝无返(反)悔，恐口无凭，立此出租字据为证。

租主邵君照此另立缆(揽)租字据一纸，同时互换交存。

中华民国七年戊午旧历三月十五日。”

此外，一张《收符》又让我们见证了民国时期收条的真实面目：“立收符人张文瀛，今收到李玉先名下交来买滩价国币壹仟零捌拾万元整，业经如数收讫。恐口无凭，立收符为证。中华民国三十六年(1947)四月十二日。”

汉沽解放后，开始全面恢复经济建设，买卖盐滩现象大为减少，立写滩契的现象也就此消亡。这种滩契名称变化的现象，也是汉沽开滩制盐发展史的真实写照。通过这一现象，在一定程度上可以管窥我国民族工业发展、壮大和繁荣的历史轨迹与风貌。

五、滩契中的货币

不管朝代如何更迭，作为民间交易凭证的滩契，每一次滩契的缔结，都体现了盐滩的实际价值，都会涉及当时交易的货币。无疑，货币的名称浸润在漫长的历史进程之中，并深深地打下了时代烙印。

顺治十三年八月初五，滩灶户邵承教将自己的官滩卖与崔名下为业，“言定时值价银贰佰玖拾肆两……”这种“时值价银”的货币名称一直贯穿了康熙、雍正和乾隆三个朝代。由此可见，那时汉沽虽说是个小村庄，但依附于在大清王朝的庞大肌体之上，货币流通一直与国家保持高度一致。

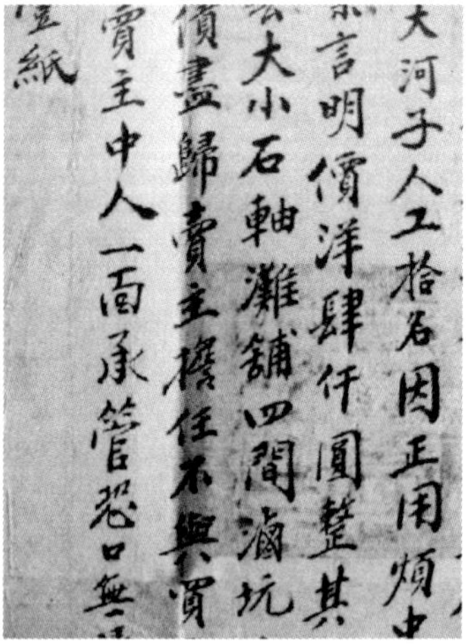

图 6　滩契中的货币(局部)

嘉庆九年，“立卖帑滩契人邵声闻，将自置在册官滩，坐落李家河，共计水斗四副，烦中说合，情愿契卖与李子琴、李兴嗣名下永远为业。言明时值价芦贰仟柒百吊”……从这时开始，“价芦”的货币叫法开始盛行。

在接下来的道光、咸丰、同治、光绪、宣统年间，大量的滩契中的货币大都以“价芦钱”“价东钱”“价钱芦钱”“时值芦钱”“价芦市钱”

“价芦市钱”“价芦平松银”“芦平价”“价银” 等近十种叫法频繁出现，这是当时在宁河县芦台一带市面上流通使用货币的名称。汉沽当时隶属于芦台管辖，官府也设在芦台，所以，以使用带“芦”字的官方货币为交易标准，促进了民族工商业者争相开滩垦荒、置滩制盐，人们都以有无盐滩作为衡量一户人家穷富作为标准。汉沽一时商贾云集，熙熙攘攘，热闹非凡。

民国二年旧历三月(1913)，“卖荒滩地基人张文兴、张文隆，奉母命将祖遗开垦未成熟荒滩地基一段，亦未开垦纳粮。坐落张家大河。烦亲说合，情愿卖与兄文荫名下永远为业。言明时值价洋钱陆拾元整……”从这里开始，滩契中出现了“洋钱”的字眼，此后的许多滩契中都充斥着 “银洋”“价银”“洋元”“大洋”“通行大洋”“通用大洋”等字样。由于时代的发展，到了民国二十七年，滩契中又出现了“国币洋”“国币”等字样。

货币与时代紧紧依存与密切相连。1948 年 12 月 14 日，汉沽全境解放，国私合营陆续开始，滩灶户迎来了新生活。特别是新中国成立后，滩契交易仍有进行。1950 年 1 月 1 日的一张租滩契这样写到：“立租滩契人李彭寿，今将自置北沟二〇一号，滩名东三号半副(原滩系与李明伦伙有二分之一)，因无力经营，经中说允，情愿租与李明伦名下勘晒五年……言明每年租价小米拾石，年交年粮，另有凭条为证。”这里“小米拾石”成了买卖双方进行盐滩交易的一种货币形式。新中国成立初期，我国百废待兴，国家实行的是供给制，“小米”成为一种最好的等价交换物品，为过渡时期的我国经济发展提供了有力保障。

同年 8 月 17 日，一份《字据》表明：“立负责交滩字据人崔致宏，因正用，将祖遗在册官滩一副，坐落北沟四十号，滩名西滩，人工八名，烦亲友介绍，情愿卖与李玉存、李克仲、高振起、高振宾四人名下永远勘晒为业。言明滩价折合二厂五幅大布贰佰匹，其布笔下交清不欠……”这里的货币已用“二厂五幅大布贰佰匹”所代替，留下了那个时代的鲜明特征，成了一种特殊的历史符号，也无疑记录下时代的嬗变，为研究滨海地区社会发展与经济繁荣提供了真实可信的佐证。

（刊于《天津史志》2019 年第 2 期，总第 181 期，2019 年 4 月，第 41—47 页）

作者：王雅鸣，天津地方史学者、作家

附：2019 年王雅鸣公开发表天津文史文章目录

《一代宗师李汉章》，刊于《今晚报》2019 年 3 月 4 日副刊津沽版“人物天津”专栏。

《汉沽首所小学堂》，刊于《今晚报》2019 年 3 月 25 日副刊津沽版。

《果树专家崔致学》，刊于《今晚报》2019 年 5 月 27 日副刊津沽版“人物天津”专栏。

《刮金板滩》，刊于《今晚报》2019 年 9 月 25 日副刊津沽版。

《崔敬伯》，刊于《今晚报》2019 年 9 月 30 日副刊津沽版“人物天津”专栏。

《秀才做〈劝赌歌谣〉》，刊于《今晚报》2019 年 11 月 11 日副刊津沽版。

《帑滩》，刊于《今晚报》2019 年 11 月 20 日副刊津沽版。

《汉沽乡村纪事》系列文章 12 篇，刊于《天津日报》2018 年 12

月14日至2019年3月1日“满庭芳”“周末文丛”专栏。

《汉沽灶首张廷惠》，刊于《滨海时报》2019年3月15日“望海潮”副刊。

《分关单》，刊于《滨海时报》2019年3月28日“望海潮”副刊。

《营城炮台》，刊于《滨海时报》2019年10月29日“望海潮”副刊。

《滩随地名》，刊于《滨海时报》2019年11月6日“望海潮”副刊。

天津机场地区近现代历史建筑遗存的现状及其保护研究

欧阳杰　吕　鸿

一、天津机场建设背景及演进历程

1.机场概况

天津滨海国际机场原名“张贵庄机场”，地处距市中心天津站13.3公里的张贵庄村地区。张贵庄机场在新中国民航发展史上具有举足轻重的地位，是许多重大历史事件的见证地和发生地。震惊中外的“两航起义”便是中国航空公司和中央航空公司员工在1949年11月9日宣布起义，驾机12架由香港北飞天津及北京，其中11架飞机直接飞抵张贵庄机场降落，从而奠定了新中国民航的发展基础。张贵庄机场也是新中国“八一通航”的发生地，1950年8月1日新中国第一条国内航线（广州—汉口—天津航线）在此顺利开通，开启了新中国民航新时代。另外，新中国第一个国营航空运输企业——中国人民航空公司、第一所民航学校、第一个通用航空机构等都先后在天津机场成立，由此天津张贵庄机场被誉为“新中国民航的摇篮”，该机场也是我国现有近现代机场建筑中保留最为完整的内城型机场。

2.建设历程

天津张贵庄机场的建设历程主要分为日伪时期、国民政府时期、计划经济时期、改革开放后的四个阶段。天津机场始建于1939年，当时侵华日军为巩固其在华统治，强行征地达14719亩，最终选定在大津县张贵庄村东北、大辛庄以西、朱家庄（今东丽区朱庄子）以南的大洼建成以圆形场面为主体的大型军用机场。抗战胜利后，国民政府军事委员会接收了张贵庄军用机场。1947年1月，新成立的交通部民用航空局呈请国民政府行政院指定广州、天津、昆明和上海4处为国际民航飞机入境机场，但这时期的张贵庄机场跑道长为3600英尺，仅可供驱逐机及C-47型运输机使用。为此，1947年7月1日新成立的天津航空站于次年编制了《增修张贵庄机场计划书》[①]，规划建设4条交叉跑道（主副跑道各两条，各长宽2150×75m，1500×60m），一期工程按国际B级跑道标准拟延长跑道至2150米长、75米宽（实际建成800米长），并于1948年建成天津航空站建筑（图1）。该单层建筑的平立面呈对称布局，中间出入口的上沿位置镶嵌有“交通部民用航空局天津航空站”和“TIENSIN AIRPORT CAA”中英文字体，屋顶中央设有悬挂国旗的旗杆座，为国民政府民航局在全国仅建成的四座航空站之一，但在新中国成立后因机场扩建而拆除。

①天津市档案馆401206800-J0002-2-000843-049为修机场事致天津市政府的公函（附计划书各一份）。

图 1 国民政府交通部民用航空局天津航空站
〔《民航空运队》半月刊,1948.9(24)〕

计划经济时期的张贵庄机场先后进行过三次大规模的改扩建:第一次扩建工程是在"八一"通航后,为完善机场保障功能和方便维修飞机,1950 年天津空港建设工程处启动了包括两座飞机修理厂房和一座机头库的机务维修区应急配套建设;1951 年 10 月又启动"天津张贵庄机场增建工程",至 1953 年 10 月 22 日完成了跑道延伸工程及滑行道、站坪、停机坪、修机坪和警戒坪等项目;1953 年又建成了 640 平方米的航站及锅炉房等配套设施[①]。第二次扩建工程始于 1955 年,民航着手将张贵庄机场建设为飞行训练基地,为此陆续增建了跑道南端远、近两个归航台和跑道灯光,并修建了教学大楼,宿舍、食堂,增添了水暖、排污、供电等设施。1958 年 12 月 15 日,在原飞行训练大队的基础上成立了中国民用航空局高级航空学校,为此再次启动了历时两年半的"高级航校机场改建工

①政协天津市东郊区(今东丽区)委员会文史资料委员,天津东郊文史资料:中国民航的飞行基地——张贵庄机场,1990 年 9 月。

程”，平整了跑道两端和两侧的安全道，改善了排污设施，迁建了部分围场土堤。第三次扩建工程是张贵庄机场自建场以来规模最大的一次工程建设项目——“7402工程”，该项目主要是为了满足作为首都机场的备降机场和担负大型飞机的训练任务的需求。工程于1974年5月全面动工，1979年1月23日机场正式开放使用。参建的工程兵54师101团和125团先后完成了跑道、滑行道、联络道和客机坪等场道工程，而后1980年候机楼、餐厅和宾馆等配套工程也全部投入使用。扩建后的张贵庄机场已成为能适应各种大型飞机起降的一级机场（表1）①。改革开放后，为了服务地方社会经济及满足民航事业快速发展的需要，天津滨海机场又经历了数次改扩建，现已成为拥有“双楼双跑道”的4E级机场。

二、机场近现代功能区的空间布局及其建筑特性

1.飞行区的演进

天津张贵庄机场的总平面规制演进有序，跑道构型变化丰富，在我国近现代机场建设史中具有代表性。从总平面布局来看，张贵庄机场最初是一座半径为千米的圆形场面，由中间高的圆心渐次向四周低下，以利于排水，场面圆周沿线挖有深沟，用于排涝，兼顾防御。1942年，机场再演进为端部配备掉头坪的十字交叉型主副跑道构型，一条为长1120米、宽60米、厚12厘米的水泥混凝土道面的南北向跑道，而后又再建一条长1000米、宽80米

---

①《中国民用航空志·华北地区卷》编纂委员会编，中国民用航空志·华北地区卷（全三卷），中国民航出版社，2012年12月。

表 1　天津机场历次的大规模建设历程及其特征(作者整理)

建设时序	建设时期	功能定位	建设主体	建设功能区	建设内容	现存历史建筑
1	1939—1942	军用机场	侵华日军	飞行区	建成中间高、四周低,直径 2km 圆形场面;两条垂直交叉跑道(34/16 号水泥砼跑道长宽 1120×60m;07/25 号土质跑道长宽 1000×80m)	三座钢筋混凝土地堡
				航站区	设指挥塔台 1 座,房屋 31 间,飞机窝等其他建筑 19 座。	
2	1945—1949	民用机场;国际民航飞机入境机场	国民政府民航局天津航空站	飞行区	主跑道长宽厚 1070m×60m×15cm; 拟延长跑道至 2150 米、75 米宽,跑道实际已修竣 800m 长	—
				航站区	新建天津航空站;大部分使用房屋为活动房屋,仅固定式房屋 1 栋	
3	1950—1953.10	正班航线(三级机场)	民航局空港建设委员会天津空港建设工程处	维修区	修建飞机修理厂房 2 座;机头库 1 座;水塔 1 座	机头库;2 座维修车间; 新中国成立后第一代航站楼和指挥塔台
				飞行区	取消原东西向跑道, 将南北向混凝土跑道长宽拓展至 2000×60m,加建两侧各 5m 宽的道肩,两端各 300×60m 的安全道,新建一条 15m 宽的平行滑行道,还修建站坪、停机坪、修机坪和警戒坪 56400m²	
				航站区	建成 640m² 的航站用房(包括航站楼和指挥塔台、办公室及锅炉房)	
4	1958.06—1959.10	训练飞行;正班航线;专业飞行(二级机场)	中国民航局	飞行区	主滑行道由 15 米拓宽至 18 米;两端安全道各 400 米,主跑道两侧各 100 米宽的侧安全道;平整飞行区,迁建部分围场土堤	2 座教学楼;行政办公楼;食堂;俱乐部;3 座宿舍楼
				教学区	新建教学楼、食堂、办公楼、宿舍、俱乐部等高级航校教学建筑群	
5	1974.05—1980.01	训练飞行;高级航校;正班航线;国际班机备降场(一级机场)	天津 7402 工程指挥部	飞行区	跑道长宽拓展至 3200×50m, 新建 23m 宽的平行滑行道,新建 6 条联络道及可停放 7 架大型飞机的 84000m² 的客机坪	第二代航站楼;办公楼;餐厅
				航站区	新建可容纳约 600 客人、5500m² 的航站楼及餐厅、宾馆等配套工程	

的东西向土质副跑道。1948 年，国民政府天津航空站编制的《张贵庄机场扩修方案》则提出四条交叉跑道组合的主副跑道系统，而后在计划经济时期又演进为多次拓展的单跑道和单平行滑行道系统，改革开放后再形成单跑道和双平行滑行道系统，至今演进为双平行跑道构型(图 2)。

从跑道尺寸来看，天津机场从最初的无跑道场面演进为拥有长 1000 米的两条交叉跑道，再拓展至 2000 米长的单跑道，最终单跑道延长至 3200 米长；从道面结构来看，机场由碾压土质道面、水泥混凝土跑道，逐步向沥青混凝土跑道演进。天津机场飞行区和跑道构型及其道面结构的演进直接反映了飞机尺寸的加大和机队数量的增长，也折射出近现代航空技术的进步和航空运输业的快速发展。

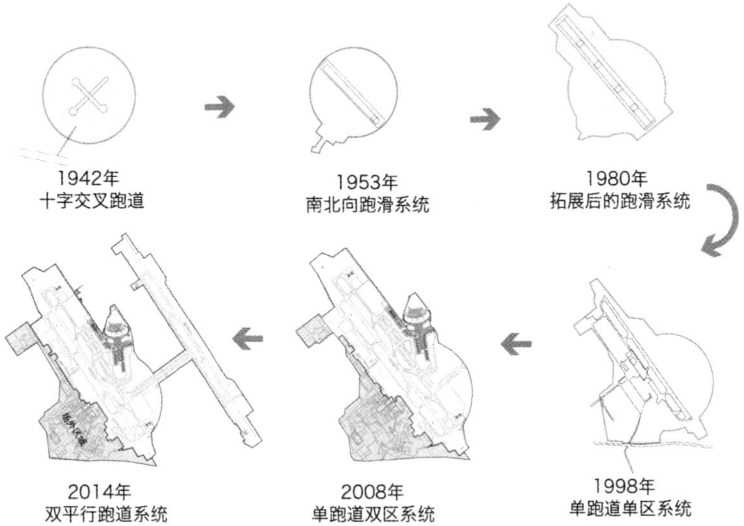

图 2　天津机场飞行区土地利用空间的演进(作者自绘)

2.主要功能区的演进

天津机场历次兴建的主要航站区、飞行区由东向西依次集中分布在机场空侧与陆侧的交接面,且与主进场道路形成密切的功能互动关系。日伪时期天津军用机场的进场道路——张贵庄路是当时天津仅有的铺筑有两条沥青混凝土路面的公路,可从机场南部直通圆形场面中心以及跑道和机坪的,这时期机场内的地面建筑很少。1948 年,国民政府民航局又在机场东南部建成天津航空站,并部分扩展了机场跑道。天津机场在 20 世纪 50 年代建设的维修区、航站区仍沿袭着近代机场在东南部发展的路径,如新建衔接驯海路和张贵庄路的 1 号进场路,主要服务于航站区及教学区。

1974 年，新的航站区布局和进场道路改变了以往各功能区建筑群呈南北向的总平面布局，新建的建筑群与主跑道平行，呈东北—西南向布局,并从天津外环线引入新的客运进场路。新航站区建筑群以中心花园为核心，呈垂直于机场跑道的中轴对称布局。1989 年,张贵庄机场又新建 2 万平方米航站楼及配套工程,在原有建筑西侧与其同向布局。最终天津机场地区形成南北向片区和东北—西南向片区两大片区交错、且泾渭分明的格局(图 3)。

三、天津机场历史建筑遗存的现状分析

1、历史建筑遗存的空间分布和总体特征

天津机场的近现代历史建筑主要是指从 1939 年机场建立之初至计划经济时期建设的、且具有航空业特性的代表性建筑。机场除了未有国民政府时期的建筑遗存之外，至今基本形成了不同阶

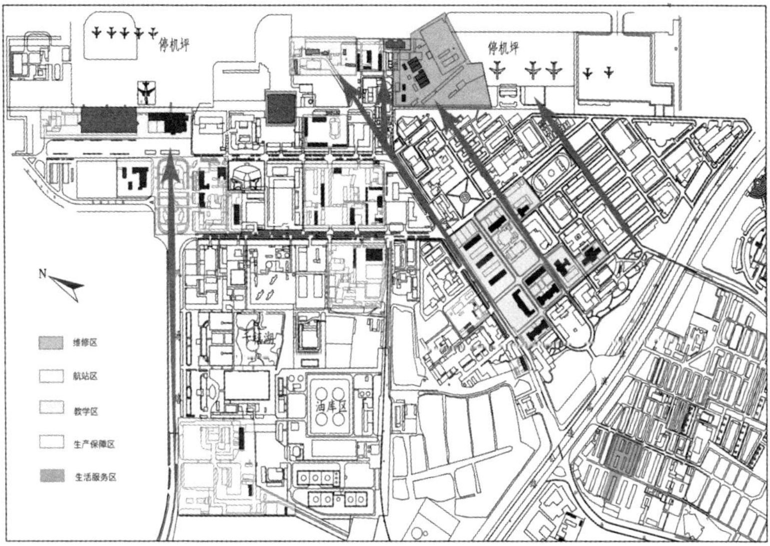

图 3　天津机场近现代历史建筑群的现状布局(作者自绘)

段各具特征的建筑群遗存。根据机场建设历程及其功能分区,天津机场地区主要包括七大历史建筑群:即 1940 年代侵华日军遗留的地堡群、1950 年修建的机务维修区、1958 年启建的高级航校教学区、1953 年建成的新中国第一代航站区和 20 世纪 70 年代建成的第二代航站区，这些具有民航特色的功能区主要分布在机场的陆侧和空侧交界面地区。另外还有生产保障区、生活服务区等功能区机场群。

天津机场是国内少有的历史建筑遗存保留较为完整的近现代机场。从建筑类型来看,为机场正常生产运营而修建的建筑物主要包括候机楼、宾馆、行政办公楼等,为生活服务配套的建筑包括餐厅、宿舍等,服务于生产保障类的建筑包括车间、机库等。从空间分布来看,在机场跑道以南、三号路以北、一号路以西和二号路以东所围合的这一空间范围内，机场生产运营和服务保障类的近现代历史建筑数量众多,且分布集中(图 4)。从建筑结构造型来看,天津机场地区的近现代历史建筑可分为行业特色建筑和一般建筑两大类。机场早期的一般建筑以砖混结构为主,外墙大部分是红砖砌筑的清水墙，屋顶多为红瓦覆盖、桁架支撑的坡屋顶。在1960—1970 年建成的一般建筑主要为低层的平屋顶建筑。

2、重要机场历史建筑遗存的实例分析

日伪时期的地堡

日伪时期，侵华日军在张贵庄军用机场的南北两处建有钢筋混凝土浇筑的飞机堡，并在圆形机场场边内侧建有不少拱卫机场的碉堡，至今机场西跑道东南部的围界内尚遗留有一大两小的三座钢筋混凝土地堡,其主体均已湮没在土堆之中(图 5)。

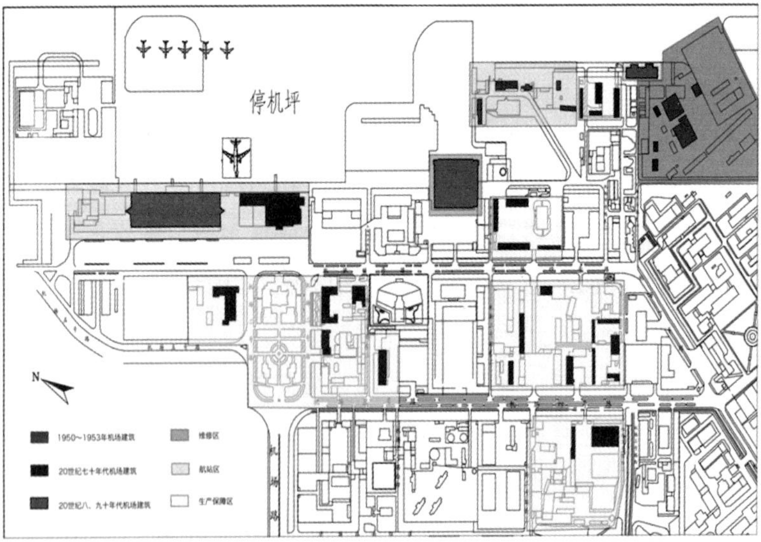

图 4　天津机场近现代历史建筑群的重点分布区域(作者自绘)

机头库和维修车间

现存于中国民航大学校内的维修车间紧邻机场停机坪围界，面朝东南布局。始建于1950年代的维修车间为两栋连续的三跨厂房，中间以小院为分隔（图6和图7）。车间的建筑平面均为矩形，建筑面积约为780平方米，柱网尺寸约5米×12米，均为单层砖混结构建筑，主要由机制红砖实砌的清水砖墙承重，辅以砖柱支撑。其屋顶形式为硬山双坡顶，屋顶之下局部有10米×12米大小的阁楼层，该建筑的屋面、楼梯、阁楼均由木制材料所筑。维修车间屋架形式为跨度较大、加工运输方便且节省钢材的芬克式钢屋架，采用三跨并联使用，单跨为12米，矢量高约3.2米，钢构件为角

图5　1940年代侵华日军遗留的机场地堡（作者自拍）

图6　1950年建设的飞机维修车间正门(作者自拍)

图7　1950年建设的三联排飞机维修车间(作者自拍)

钢,结点为螺栓连接,同时钢屋架下弦杆有横向支撑与四周墙面相连接,以加强建筑的侧向稳定性。现维修车间的主体结构保存良好,墙体无裂缝,仅部分墙砖破损和外墙粉饰脱落。维修车间后期进行了简单的室内装饰和门窗部分改造,现为中国民航大学的土工实验室、金工实验室等。

1950年始建的机头库坐落于维修车间的东面,机库大厅出入口朝向停机坪,其他三面配置机务维修用的辅助房间。大开间的机库正面为不设门扇的开敞式门洞,两侧山墙各设5个窗户,并各自设有侧门;单面坡屋顶及大门上沿披檐采用不对称的三角形角钢桁架结构支撑,并在机库大门上沿设有横向支撑加固,屋架结构上覆盖木质檩条和屋面板(图8和图9)。该机头库是目前中国民航仅存的行业特色建筑,行业历史价值突出。

图8 1950年代建设的机头库侧面(作者自拍)

图9 1950年代建设的机头库正面(作者自拍)

计划经济时期的航空站

天津机场在20世纪50年代、70年代、80年代不同时期兴建的三个航站楼均保留完整,并沿机坪呈线性分布。新中国成立后的第一代航站楼是在1953年仅花45天建成的,该楼是为“八一

图 10 1953 年代建成的航站楼(作者自拍)

通航”后开通的国内正班航线提供配套服务的。天津机场航站楼设计手法现代,建筑呈不对称均衡布局,采用连续的大开窗以及宽敞的候机大厅（图 10)。该航空站集候机室、办公室和塔台于一体,左侧为空间开敞的候机大厅，右侧为内走廊式的单层办公用房,位于中央的指挥塔台主体为三层,其顶层平台上设有五边形的指挥塔亭,环以内倾的玻璃窗,既避免反光,也有利于俯视。整个航空站的民航特色鲜明,标志性强,无处不体现出现代航站楼建筑的特征。

中国民航大学教学区建筑群

20 世纪 50 年代建设的民航局高级航空学校教学区主要包括行政楼、北 2 和北 3 教学楼、北 8 办公楼、教工餐厅(原俱乐部),北1、北 3 和北 5 宿舍楼等,这些布局规整的建筑群为苏联式建筑风格,1957 年 8 月由民航局委托建筑工程部综合勘察院进行勘察,并由苏联专家奥尔洛夫亲临现场指导设计。这些苏式建筑的平面和立面普遍采用中轴对称形式设计，沿用三段式建筑造型和内走廊平面布局。北 2、北 3 教学楼均为工字型平面,采用四面坡屋顶和红白相间的墙面。俱乐部的屋顶平面图则精心设计为飞机造型,可谓是与高级航校主题功能相贴合的“飞机楼”,其他大部分教学建筑的平面设计方正规矩。

四、天津机场历史建筑遗产价值评定

天津张贵庄机场是具有悠久的近现代民航发展历史的内城型机场,时至今日尚有不少具有民航特色的历史建筑群,这些建筑群是近现代中国民航发展的实物见证,具有较高的历史价值、社会文化价值、技术价值和艺术价值,其核心价值在于由上述价值所叠加衍生出来的民航行业特色价值，由此而形成以行业价值为核心的近现代机场历史建筑价值体系。

1.历史价值

在近 80 年的发展历程中，张贵庄机场先后承担过军事航空、运输航空、训练飞行、航空培训、专业飞行等诸多的航空功能及任务,见证了近现代中国军民航事业的诞生、发展和成熟,可谓是我国近现代航空运输业发展的一个缩影。现存的近现代机场建筑群更是较为直观而系统地反映了天津乃至中国近现代机场的发展史,尤其是计划经济时期中国机场建设发展的物化载体。

2.社会文化价值

张贵庄机场在中国近现代民航发展史上地位显著，它既是奠定了新中国民航发展基础的“两航”起义的见证地,也是开启了中国民航新时代的“八一”通航的始发地。“两航”起义员工所形成的“坚持求真务实、敬业奉献,传承爱国情怀”精神始终是新中国民航弘扬发展的职业精神；天津机场地区的历史建筑群也是天津机场发展史和中国民航大学校史的重要组成部分；机场遗存的地堡则是日军侵略中国的铁证。这些民航精神财富和历史建筑具有显著的社会教育意义和民航文化传播价值。

3.技术和艺术价值

天津机场历史建筑在空间尺度、建筑风格、构造技术等方面典型地记录了近现代不同时期机场建筑的建设发展轨迹，反映了不同时期建筑技术发展水平和社会文化的价值取向。例如,高级航校时期的教学建筑群具有典型的苏联建筑风格,其结构坚固,布局严谨对称,建筑造型敦实端庄,具有一定的建筑艺术价值。维修车间和机头库的屋顶结构体系则鲜明地反映出当时的建筑结构技术和行业建筑形制特征。

4.民航行业价值

天津机场地区在日伪时期、计划经济时期、改革开放时期等各个阶段的历史建筑遗存基本完整,机头库、航站楼、指挥塔台和维修车间等各类机场特色建筑也基本齐全。天津机场拥有不同时期、不同类型的民航行业特色建筑，是中国民航现存最为完整的近现代民航史发展的实物见证，也填补了天津近现代工业建筑中航空类建筑遗存的空白，民航行业价值可谓是天津机场历史建筑价值体系中最为突出的价值所在。

五、天津机场近现代历史建筑保护及再利用策略

1.编制近现代机场历史建筑保护专项规划

建议天津市和民航局有关部门联合组织编制《天津机场地区近现代建筑保护和利用专项规划》,并与《天津滨海国际机场总体规划》(新版修编)、中国民航大学校园总体规划进行多规衔接。在充分满足天津航空运输业发展需求的前提下，尽可能保护机场陆侧、空侧交界线地区的民航特色类的近现代历史建筑,尤其是新中

国成立后的第一代、第二代航站区、维修车间、机头库、指挥塔台等具有民航特色的机场建筑可采取异地迁建、局部改建、建筑整体平移、功能置换等诸多方式予以保护和利用,而其他生产保障类或生活服务类的一般性机场历史建筑则在必要时可直接予以拆除。

2.对近现代机场建筑予以分类分级的系统保护

对天津机场地区的近现代机场建筑逐一进行综合价值认定,而后对机场历史建筑予以分类分级保护,并对不同属性、不同区域的近现代机场历史建筑群予以整体保护,同时力争纳入天津市保护性建筑名录。例如,建议在中国民航大学的北 2 号、北 3 号教学楼已经纳入天津市第四批保护性建筑名录的基础上,将相对集中的行政楼、院 8 号楼、教工餐厅以及北 1 公寓一并予以整体保护,由此形成计划经济时期的“高级航校教学建筑群”,并授予其天津市特殊保护或重点保护单位。

六、结论

天津张贵庄机场是我国仅有的少数几个在用的、且历史悠久的内城型民用机场,可谓是中国近现代机场建筑的博物馆。在天津机场持续快速发展而用地又紧张的背景下,如何在发展机场的使用需求和历史建筑的保护之间寻求平衡是非常具有挑战性的,也是当务之急。

资助基金:国家自然科学基金项目:基于行业视野下的近代机场建筑形制研究(项目批准号:51778615)

参考文献:

①天津规划局和国土资源局.天津城市历史地图集[M].天津古籍出版社,2004.

②天津市城市规划志编纂委员会编著. 天津市城市规划志[M].天津科学技术出版社,1994:84-87.

③政协天津市东郊区委员会文史资料委员会.天津东郊文史资料:中国民航的飞行基地——张贵庄机场[M].政协天津市东郊区委员会文史资料委员会,1990.

④《中国民用航空志·华北地区卷》编纂委员会.中国民用航空志·华北地区卷(全三卷)[M].中国民航出版社,2012.

⑤天津市档案馆.档案号 J00054-1-001871 市府令协助部派技士筹设飞机场站一切设备事项[Z].天津市政府,1931.

⑥天津市档案馆. 档案号 J0002-2-000843-049 为修机场事致天津市政府的公函[Z].天津航空站,1948.

⑦天津市档案馆.档案号 J0003-3-003185-099 建筑飞机场[Z].天津市政府,1948.

(刊于刘伯英主编:《2017 年中国第 8 届工业遗产学术研讨会论文集:中国工业遗产调查、研究与保护》,清华大学出版社 2019 年版,第 235—244 页)

作者:欧阳杰,中国民航大学机场学院

吕鸿,中国民航大学机场学院

平津战役时杨柳青镇的环境分析

张林生　冯　立

1948年，东北野战军在取得辽沈战役的胜利后，于11月23日挥师入关，会同华北野战军实施对天津的战略包围，准备发起平津战役。

中共冀中八地委紧急通知津南县委和地方武装，要求全力支援东北野战军。津南县委研究决定，派地方武装津南支队引东北野战军8纵24师70团先头部队夺取杨柳青镇。12月19日，解放军与杨柳青镇国民党守军激战一昼夜，将国民党军的护路第五旅一个团击溃①，俘敌五百余人，残敌一部逃回天津城内。20日，杨柳青镇解放。杨柳青解放后，东北野战军一纵将司令部指挥所设立在此。23日，中共冀中八地委派员接收杨柳青镇，并成立了军事管制委员会(以下简称军管会)。军管会下设宣传股、组织股、工商股、后

①中共天津市委党史资料征集委员会:《天津解放纪实》，中共党史资料出版社1988年版，第99页。

勤股、治安股。军管会成立后立即接收了邮局等要害部门，接收修械所 1 座，军服军鞋 3810 件，各种粮食 9.4 万公斤，小麦 0.9 万公斤。杨柳青镇外的曹庄子火车站、周李庄火车站也被接收。

1948 年 12 月 29 日，中共中央及平津战役总前委决定，由刘亚楼任天津战役前线总指挥。30 日，经平津战役总前委同意，决定将天津战役前线指挥部设在杨柳青镇。解放天津的命令就是从杨柳青镇发出。

那么，当时杨柳青镇的自然、交通、社会、政治环境如何？这些又对东北野战军及后来的平津战役总前委把前线指挥机关设在杨柳青镇有什么影响？对解放天津起到了什么作用？本文根据众多史料以及作者的田野调查，对当时杨柳青镇的自然、交通、社会、人文等环境情况作了记述和研究。

一、优越的自然交通环境

杨柳青主镇区距离天津市区 15 公里，河道、铁路、公路与天津市区连接，交通十分便利。镇区内胡同纵横交错，又有修建于 1940 年的土城墙，城墙外坑塘密布，可以说是一个可进可退、易守难攻之地。

杨柳青镇南临南运河，北靠子牙河，河道交通便捷。张江裁在 1937 年出版的《天津杨柳青小志》中说："卫河（即南运河）由静海属之独流东来抵杨柳青，西边之碾锤（本文作者注：字当作坨）嘴地方作一弯曲，始东直行，画村为南北，东边有口子门，地名河叉（本文作者注：字当作汊），作一小曲而南而东，由天津入海河。""盐河，在村北三里，一名子牙河，一名大清河，滹沱水、漳水、琉璃河、太行山脉东流诸水之所会归,东行入海之尾闾也。”

南运河是京杭大运河的重要组成部分，曾经是漕粮北运的必经之路。杨柳青镇就是因运河而兴。南北物资在这里汇聚、转运,杨柳青段大运河是南北物资、人文交流的重要节点。而子牙河“上流既多,商贩运输亦交通便利,玻璃河之石顺德广平之陶,获鹿之冶,文安,胜芳、三角淀之鱼虾菱藕等,卖谷者、商旅者皆取道於下以赴天津,而杨柳青人每有西方地名在口角上,如王家口、白沟河等,村人类常道之,因盐河之上流交通也”①。

杨柳青镇也是津浦铁路线上的重要节点。津浦铁路是连接中国南北的铁路干线,杨柳青火车站建于清宣统二年(1910),同年 11 月 20 日通车。当时,天津北站到德州之间的 235 公里铁路,从陈官屯到德州的 180 公里线路,钢轨、枕木大部分失散,桥梁破坏了约百分之四十,甚至不少地段的路基已变成了耕地,站房大部毁于战火。②但陈官屯以北至天津北站段有 13 公里的线路仅遭到轻微破坏,且杨柳青车站尚存。

杨柳青镇的公路主要有天津到白沟的津白公路、杨柳青到王庆坨的青坨公路、三元村到独流镇的津独公路等。它们交织成网,在当时已经形成了比较发达的公路交通。

杨柳青镇独特的自然交通环境，为解放天津提供了许多有利条件。

1.利于指挥调度

天津战役的作战方针是“东西对进,拦腰斩断,先南后北,先分割

---

①张江裁著《天津杨柳青小志》,1937 年版。

②天津市西青区政协文史资料研究委员会编《西青文史》第 6 册,1993 年 12 月第 1 版。

后围歼,先吃肉后啃骨头”[①]。津西是战役的主攻方向之一。按照东野首长的统一部署,第1纵队位于杨柳青及以东、以南地区,第2纵队位于杨柳青西北的王庆坨等地区,炮兵部队集结在杨柳青一带。[②]

杨柳青抵近天津城区,距离不算太近,也不算太远。镇区内中部沿南运河北岸一带,形成一个东西向百余米宽、八百米长的鱼脊形高台,尤以估衣街石家大院处最高,其海拔高程达9米。[③]担任解放天津西线指挥的李天佑将军当时就住在位于此高台上的糖坊胡同。而西面主攻方向上南开区的平均海拔为3米,市中心也基本是这个高度。李天佑曾经回忆说:“站在杨柳青的高屋顶上,用望远镜可以看到20多里外的天津市区。”[④]可见,杨柳青的地理位置对于指挥天津战役西线战事是非常有利的。

2.利于物资运输

同时,杨柳青拥有当时相对发达的陆路交通网,从周边地区给前线运输了大量物资。河道也在支前运输中也发挥了很大作用。

虽然时值严冬,但杨柳青及周边地区传统上就有用于冰上运输的冰床,使得来自大清河上游的数百万斤物资得以运输。后来,部队又组织包括杨柳青镇居民在内的破冰大军,用冰镩、大锤等原始工具夜以继日,凿开260公里的河道,使数百运送物资的大船可以直接行驶到杨柳青,将物资送往前线。

---

①王凯捷:《天津方式》,中共党史出版社2007年第1版。

②王凯捷:《天津方式》,中共党史出版社2007年第1版。

③杨柳青镇地方志编修委员会编著:《杨柳青镇志》,天津社会科学出版社2005年10月第2版,第103页。

④中共天津市委党史资料征集委员会,《天津解放纪实》,中共党史资料出版社1988年10月第1版。

3.利于战役演习

解放天津这样的特大城市,解放军并没有现成经验可循,很多具体情况又需要进行实际演练、演习。于是,杨柳青的地理条件、城镇架构就成了战役演习的资源。

部队在杨柳青南运河上进行了攻城模拟演习,为期一周。军、师、团各级干部亲临现场,并组织了可渡河研讨。针对渡河问题,部队在杨柳青民众帮助下实验成功了苇子桥。苇子桥就是把苇子捆成长捆,上面加捆一片木板,由八名战士抬到河边,往河中一推,浮力很大,只需十几秒种,便可架成通过。守敌每日在护城河上派民工轮番打破坚冰,这些冰凌浮在水面,反而增加了苇子桥的浮力,战士可持枪、扛着小炮迅速过河。苇子桥为天津战役独创,为解放天津发挥了重要作用。

部队考虑到在解放天津市区的战役中会发生巷战,而巷战容易失去联络,要求战士必须具有单独作战本领,这就需要部队进行巷战演习。杨柳青镇内里巷错综复杂,为驻杨柳青的主攻部队提供了很好的演习场地。1948 年 1 月上旬,部队在镇东、镇西分作两片为展开巷战演习,昼夜不停,各连队轮番演练。

二、完善的经济社会环境

1.经济基础较好

杨柳青镇区有居民近 7000 户,3 万余人,其中多为务农、经商者及手工业者。杨柳青镇有耕地 7500 多亩,主要种植玉米、高粱、麦子、棉花、豆类。工商业、手工业者共有 292 户,相对发达。这样的经济基础使杨柳青镇对于一段时间内大量部队的进驻,有接纳能力。特别是杨柳青镇内的一些豪宅,成为部队机关、医院的驻地,著名的石家大院也成了军管会办公地，一些部队日常生活用品可以就地采集。在天津战役时,杨柳青军管会还组织了小商贩,为部队提供各类小商品的供应。

2.行政系统完备

其时,镇内共有16个保,又辖马庄、谢庄、李家楼等村,共18个保、186个甲。镇公所为本镇行政管理单位,下设文化、警卫、经济、民政等股。镇内NGO组织发达,救火会(水局)、扫垫会、掩骨会、理门戒烟酒公所遍布杨柳青镇,承担了大量社会职能,如镇内救火会(水局)就有10多个。解放杨柳青时,国民党军队败退时曾经放火烧运河木桥,不等解放军组织救火,本镇救火会就已经将大火扑灭。其他如掩骨会、扫垫会等撑起了政府不管的镇内诸多事务。完备的行政系统和发达的NGO组织,在军管会接管后,很快就可以运转起来,不需要部队付出很多精力,更没有拖部队后腿。

3.教育普及率高

镇区内共有小学10余所、民办职业中学1所,居民文化素质相对较高,能够很快地理解、接受党的政策,理解解放天津的意义,理解军管会提出的各项要求。

在发动群众、宣传政策的过程中,杨柳青的学校、教师成了主力。杨柳青刚刚解放,杨柳青的各个学校就被军管会接收,所有教师由军管会领导安排进行工作。因为学校已经停课,教师们在军管会的组织领导下,建立了宣传组。开始是做高房广播活动,即每到晚上,宣传小组的教师中有几人站在房下,举着小油灯,将解放战争的战况及群众应做的事,向站在房顶的教师一句句地念;房顶上的教师手持白铁做成的喊话筒向四周大声喊话，让居民各户都能听到。白天就用白灰浆，在各街道上书写大型的标语口号，让过路行人观看。为了使各个居民住户都能够了解到中国共产党的政策和解放战争的胜利形势，宣传组的教师还分片入户宣传，动员全胡同的居民，都到某一户去集合，听教师讲述解放军攻占村庄的消息和党的政策，以及人民获得解放的情景。①

同时，杨柳青镇优质民居较多，便于指挥部和所属部队机关的隐蔽和驻扎。1949 年 1 月 7 日，天津守敌获悉平津战役天津前线指挥部在杨柳青，于是华北“剿总”申请由青岛派飞机助战。1 月 9 日下午，距离刘亚楼和指挥部所在的戴家钱铺仅 10 米的北邻佟家被炸，房屋炸塌。为确保安全，指挥部转移到十四街老电灯房，但敌机又在电灯房西十几米处投下炸弹，落入冰封的运河，于是，指挥部又转移到镇西的桑园村。杨柳青密集的民居和群众政治基础，成了保证指挥部安全的重要有利因素。

三、传统的人文环境

杨柳青地处水陆交通枢纽，自古为兵家必争之地，为津西战略重镇，很多重大历史事件在这里发生。当地人民久经大事，既有处变不惊的定力，又在历史的磨砺中养成了朴素的爱国热情和政治觉悟。

当年，太平天国北伐就曾打到杨柳青，并以此为营地向天津展开进攻。太平军在杨柳青多有宣传，一些杨柳青年画艺人甚至加入到太平军队伍。义和团总首领李来中、王觉一曾长期在杨柳青以及

①天津市西青区政协文史资料研究委员会：《西青文史》第 8 辑，张荣山《杨柳青解放初期教师的社会活动》。

周边地区潜伏，并组织策动了义和团运动。义和团骨干领袖张德成、林黑儿都曾路经杨柳青，而距此不远的大南河、高村则是韩以礼、刘十九的义和团文、武场据点。

左宗棠收复新疆时，杨柳青很多居民奔赴西北随军贩运，成为左宗棠军队的民间后勤队伍，称为“赶大营”。几乎杨柳青的家家户户都有人曾经“赶大营”，他们为收复新疆、维护祖国统一做出过巨大贡献。

清末，著名爱国武术家霍元甲曾在杨柳青学习潭腿。1924 年，著名爱国武术家韩慕侠曾在杨柳青官斗局河对岸训练东北军武术团很长时间。

抗日战争时期，中国共产党领导的津南支队活跃在杨柳青及周边地区，打击日寇、铲除汉奸。地下党组织也积极工作，党的地方政权纷纷建立，紧挨着杨柳青就是冀中八地委领导的天津县（1949 年12 月前名津南县）第五区、第六区。抗战胜利后，在这一地区也一直有我们党领导的武工队在活动，进行武装斗争，打击敌军。在杨柳青镇下辖的碾砣嘴村就有隶属于冀中八分区地下军天津手枪队的小分队组织。

杨柳青解放当日，解放军从着火的木桥和运河冰面上跑过，追击残敌，杨柳青的群众高呼加油。解放军主力经过杨柳青时，群众在沿途设立许多接待站，供应开水和各种食物，以为慰劳。军队夜间行军时，百姓也夹道相送，不肯离去。

解放天津的支前工作以杨柳青为中心，军管会成立了支前指挥部，同时，杨柳青军管会及各村还成立支前委员会①。支前指挥部

---

①支前委员会当时又名作战生产委员会，简称战生委员会。

主要负责接收和转运部队所需粮食、柴草、副食品等。借助杨柳青的交通之便利，大量粮食由解放区运来，因接收地仓库存不下，粮食只能存放到野地高处，堆积成了小山。这些交运来的粮食先集中到支前委员会，然后再分发到各部队。支前委员会不但负责供给部队柴草、木料、稻草，以及猪肉、羊肉、咸菜等副食品，还负责宣传党的城市政策和解放军的纪律，动员群众大力支援解放军。杨柳青虽解放不久，但群众支援天津解放的热情很高，很短时间内便就地筹集粮食10.28万公斤、大车512辆、器材42种4033件、担架4033副，动员民夫10763人次。

杨柳青居民还组成担架队，随军到火线上抢救运送伤员；小商贩也组织起来，做好各类小商品的供应；教师也组成服务队，配合医护人员护理伤病员(野战医院设在运河南岸，今十六街)，日夜值班负责烧水烧炕等工作。

1949年1月15日，天津获得解放，包括杨柳青人在内的广大人民群众为解放天津做出了重大贡献。

(本文收录于天津社会科学院、中共天津市委党史研究室、平津战役纪念馆主办的“纪念天津解放70周年”学术研讨会论文集，2019年1月，第350—356页)

作者：张林生，中共西青区委党校

冯立，中共西青区委党校党史研究教育科

宝坻青箱楼

周春召

青箱楼乃清代宝坻王氏家族的藏书楼。清代大学士陈世倌的《青箱楼跋》云:"王北渠司马尝筑堂藏书万卷,顾曰:'贻青以传后'及文孙舜辅世守其书,数十年未或散轶。亦构一楼,名之曰'青箱',寓克绳祖武之意焉。"通过跋文可知青箱楼的构建者是王舜辅。王舜辅,名询,字舜辅,号信斋,王北渠之孙,王枚士子,康熙三十八年生人,乾隆四十二年去世,附贡生,奉天府经历,广宁县知县,诰授资政大夫。

青箱楼的建造时间是在王枚士去世后,查王枚士墓志铭得知其去世于乾隆五年,又乾隆十年青箱楼曾经刊印《宝坻县志》,由此可推断青箱楼的建造在乾隆五年至十年之间。

清钱塘人柯腾的《海烧纪》云:"乾隆壬戌……馆于王司马舜辅家,王君家宝坻四百年,其为人喜文章,藏书万余卷。"乾隆壬戌是乾隆七年,正好是青箱楼初建的年代,这时候青箱楼藏书万余卷。

清代大学士朱硅,其六妹嫁王询幼子王振翊。其在妹死后作

《闻宝坻王室六妹讣二首》:“王郎能谨厚，助子望偏深。勉读青箱籍，难忘画狄心。”自注云:“妹家青箱楼颇有藏书。”朱硅历充两广总督、安徽巡抚等职，嘉庆三年调京任京卿，先后充任兵部尚书、吏部尚书、户部尚书协办大学士、太子太傅、体仁阁大学士等，官高位显。这样一个见多识广的人，评价“青箱楼颇有藏书”，该楼藏书之丰富便可想而知。

青箱楼的藏书基本来源于王北渠的收藏。王北渠，名采，号北渠，其子王枚士，江南常州府海防同知，为官清白。王采生平藏书万卷。说到他的藏书，不能不提到宝坻另一位藏书家崔周田。崔公生前藏书最富，死后其书散失。崔周田是王采的岳父，他的书很有可能被王采收藏。

青箱楼不仅藏书而且印书。目前已知的有清代张伯英收藏的《青箱楼藏帖》一卷，清王询集，乾隆庚午仲春勒成。王询非常仰慕蓟州李孔昭。李孔昭为清初隐士，品行高洁，王询为其刊刻《秋壑吟》一卷，今存国家图书馆。《秋壑吟》中有《酬杜纯一年兄久别相见赠言》《酬同年杜二纯一给事》等诗，是王询与杜立德唱和之作。青箱楼还刊刻了乾隆版《宝坻县志》，这本县志是由时任宝坻知县的洪肇楙主持编纂的，刻印精美，绝少错讹。据洪肇楙所记“余纂修邑志，既刊刻成书……存于北王舜辅家之青箱楼内……凡欲刷印，务集百部内外……就于青箱楼宅内刷印，毕，即收入钤封，慎勿任其搬移涣散”，可知，《宝坻县志》的刻版保存在青箱楼。

根据《清代宝坻朱卷集成》统计，青箱楼建造之前，宝坻王氏只有一人中举，而这之后王家产生了二十多个举人和五名进士。特别是王询的玄孙王祖培，在翰苑多年，官居内阁学士礼部侍郎，其子庆祺为翰林院侍读、弘德殿行走。

青箱楼的藏书除了供本族子弟阅读，宝坻其他家族子弟也得其惠。王询侄王振孙，是宝坻泉州书院的创建者和首任山长，青箱楼亦必会对他的学生们开放。宝坻有好几位诗人也得益于青箱楼，如王殊渥、朱筠、高继珩等。

青箱楼藏书散失的时间不详。1917年，查美咸任宝坻县知事，在宝坻境内已找不到完整的县志刻本，只是从宝坻士绅方毓桐、马信芳家找到"残帙两函，集成全璧"，于是重新抄录，付诸梨枣。说明当时贮藏于青箱楼的《宝坻县志》刻板已经没有了，估计这个时候青箱楼的藏书也已散失殆尽。

（刊于2019年4月15日《今晚报》第12版"副刊·津沽"）

作者：周春召，天津渤天化工有限责任公司

北洋大学与桃花堤地理变迁述略

尹树鹏

现在红桥区每年春天有一个到北运河右堤看桃花的群众踏春活动——桃花节。桃花节始自 1985 年,当时红桥区政府开辟出西沽公园延伸的沿河公园,并命名为“桃花园”。“桃花园”南起西沽公园东侧的沿河地带,北到勤俭道与北运河的交汇处,每当春季桃花盛开,天津市的游人从各处来到此地观赏桃花。游人的主要集合点是北洋桥与光荣道的交汇口,再沿河堤北上。另一路是从光荣道和丁字沽一号路交口处出发,往北偏东走丁字沽南大街去往河堤。整个桃花园与北运河堤相伴,既能赏花,又能赏水。公园桃花的花瓣在春风的吹拂下落在游人的头上,再看看水面的春光非常惬意。虽然人们都称北运河这段河堤叫“桃花堤”,但这只是现在的桃花堤,历史上的桃花堤不在此处。1949 年以前,这段堤坡多为乱坟,尤其是北部白庙村对过的北运河堤旁,有名人张绍增的墓地,树木也仅有槐树和榆树,没有桃树,虽然荒凉,但很清净,也是人们前往丁字沽的堤路。历史上看桃花成为天津一景的原因是从西沽到北洋大学周边地区多种桃花，而且形成了桃花堤。这个堤是大清河故道的河堤，不是北运河的河堤。当时西沽到丁字沽之间都是菜园和农田，只有大清河残存故道保留着的路影。其东岸遍种桃花，使西沽村到北洋大学的这条大清河故道形成了桃花堤，《大公报》《天津志略》及各种游览志对桃花堤都有记载。将这些记载梳理，我们会对桃花的种植者、何时形成规模、何时成为北洋大学一景，何时又形成了看桃花春游这些问题，以及北洋大学早期周边的水文地理环境有一个重新的认识，以还原其历史真面目。

一、西沽武库最早的地图标记

1902 年经袁世凯批准，北洋大学从天津南部的梁园迁至西沽武库，至此，北洋大学有了比较良好的发展空间。此后，北洋大学在西沽武库的基础上进行了重新的规划设计，按照美国理工科大学的蓝本修建了教学楼、实验室等附属设施。清朝末年天津是李鸿章的洋务运动基地，出于军事目的，天津建立了以制造军火为主的机械局、火药局并配合军需修建了几处武库，其中最著名的是西沽武库。清末时期的地图上已有武库标记，它坐落在天津城北的西沽村北，北运河河湾处的一块空地，占地约三百五十亩左右，始建于 1873 年。1871 年春，李鸿章以在西沽筑城(武器库)事，函招周馥由金陵至津，开始筹划，并采纳幕僚刘含芳建议，购置西沽村土地，兴工建设大小库房 200 余楹，作为储藏军火之地，是天津机械局重要的配套设施，故称“武库”，并在其引进的西方军事科技指导思想下进行了一系列建设，包括购买西方新式枪炮，引进人才制造枪炮，建设配套工厂和存储基地。西沽武库作为天津机械局在天津北部的军用仓库,逐年进行加强建设和提升,并有很强的警戒设施和武器。这个位置正好扼守天津通往北京的运河要道,故在1900年八国联军进犯中国时,也成为双方交火地点。

1886年6月，大清总理海军事务大臣醇亲王奕譞到西沽武库巡视,见到该地濒临运河,地形险要,周围有土埂和水渠封闭,库内房屋设施整齐,武器储备充足,很是满意,倍加赞赏。甲午战前,李鸿章还在此处增加了军事功能,曾短期开办水师训练班,试制小型兵船和火药制造车间,另在武库临运河边修韬楼一座,供相关官员在此研习战法。经过多年建设,武库功能日趋完善,韬楼门前楹联有"三百库"之句,可见其规模宏大。近年来一些文章对武库的规模进行了论述。据八国联军占领天津后，英军对天津武库的档案记载，其中《关于在天津附近武库中所发现中国新式军用物资报告单》记录,截至1900年八国联军占领部分武房就有:口径87毫米克伯虏大炮36门、口径70毫米克伯虏大炮66门、口径57毫米诺尔登费尔德式速射机关炮42门、口径47毫米诺尔登费尔德式机关炮42门、口径37毫米诺尔登费尔德式或上海机器局制造42门大炮、口径37毫米速射机关炮10门、30000支具有最新标记的毛瑟枪和曼里彻式来复枪，以及来自德国基尔药房鲁德尔的绷带和药品、使用德语说明的伊斯马赫子弹带、美制弹药和中国制造的弹药，还贮备有几百袋约15吨大米和优质饮用水，总价值约在250万至300万英镑之间。这段数字记载没有精确地特指西沽武库,可能是他们占领了多个武库后的统计。又"武库东面、南面和北面有土墙围着,河在它的西面。墙上每隔一段有射击孔,架设着大炮,是一座堡垒式建筑",有数百名清军驻守。这些文字的记述与一张著名地图标记不符,尤其是河与武库的位置关系。可能是档案原文与作者的表述有拼接的结果，也可能是档案中的宏观数据描述被作者当作了西沽武库的数据。1900 年八国联军占领天津后，德国陆军部立即用西方先进的测绘技术对天津进行了实地测量，并出版了地图。该图是德国远东派遣军陆军大尉哈斯(Hasse)主持，于光绪二十六年至二十七年(1900—1901)实测后出版，精确地标注了武库的位置、规模和周边地理状况，也是天津全市范围内，用近代测绘技术绘制的第一张实测地图，故极有历史价值和研究价值。当时城内狭窄的胡同不能使用测量仪器，只能通过步行测量完成，因此该图较为准确地反映了当时天津地形、地貌特点，后由克里格(Konig)绘制完成，于光绪二十九年(1903)年由德国皇家出版社印制。该图的比例尺为二万五千分之一。在绘制该图时，租界的界线有一部分尚未最后确定，图上还可以清楚地看到濠墙的轮廓。

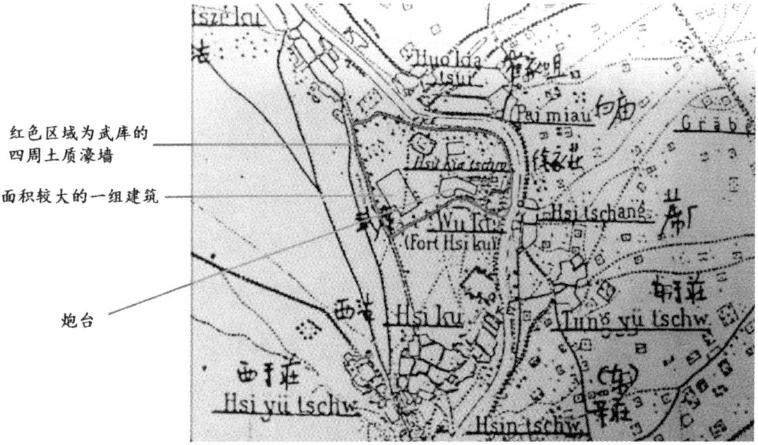

图 1　天津第一张实测地图

该地图用德文拼写的汉语地名，明确地标注是西沽堡垒武库，运河在其东部和北部一个河湾围绕的地方。武库濠墙范围内有一长方形建筑标记和一个倒置烟斗形状的建筑，应是炮台和韬楼。在其北侧，还有一高台，应是邢家台原址。其西侧是西沽和丁字沽之间的大道，南侧、西侧均由壕沟。此图反映出 1902 年北洋大学迁址前的校址地理状况。

二、从西沽看桃花说起

《天津志略》《天津市政概要》和《天津游览志》对西沽桃花都有记载："天津西沽村北洋大学长堤，遍植桃花，每当春晴晓日，往游者有山阴道应接不暇之势。" 不但反映了北洋大学与桃花堤的关系，还间接地表明了北洋大学周边多水的地理环境。翻开天津的历史地图，可以寻觅出这一地区水文地理环境的变迁和桃花堤形成的方位。

20 世纪二三十年代天津经济形势比较好，桃花堤的规模很大，桃花堤里的桃花园成为游人，尤其是北洋学子们抒怀立志的场所，桃花堤也成为北洋学生心中温馨的场所，在许多北洋大学老校友的回忆中总占有一个无法割舍的位置。一位北洋大学的校友在《北洋大学之回顾》中描述校园的环境："前临北运河，后带桃花堤，柳岸桃林，相夹成荫，蔚为津沽名胜之巨擘""校区景色，与国内各大学相比，别具形式，且距天津市区较远，有自然之风景，无都市之烦嚣，同学课余散步，假日野餐，或河边垂钓，随兴所至，都属幽境。置身其间，心旷神怡，实为最理想的学术研究环境。地杰人灵，相应而生。"北洋学子回忆往事，倍牵情思，无时或忘，如在昨夜。《北洋大学校歌》歌词中有："花堤蔼蔼，北运滔滔，巍巍学府北洋高。"学府周围幽雅的环境，造就了一代精英。当北洋学子在堤上意气轩昂，激扬文字之时，各地游人如织，不惮其远，观赏桃花美景。

看桃花是从西沽桃林说起，称其为“桃林”就说明其规模很大，由桃树组成的树林在春季最先开放。此时的柳树刚吐嫩芽，红绿交映，实在迷人。关于桃林是自然形成的还是人工种植的，1927 年 4 月 28 日的《大公报》一篇文章中有了记述：“是什么特殊的风景，然尚可藉作寻春之处。查其处桃林，原为北洋大学由海大道迁移彼时所种。距现在也有将近三十年的历史了。据说较之上海龙华的桃花，有过之无不及。不过因为龙华多了一座庙宇，所以其处的遊人比较着更多一些，这种说法。究竟确否，不得而知，因为我虽在上海住过些时，可是实在从没到龙华光顾过一次。若谈到了桃花的保护。则龙华方面的居民。多以种桃为业，所以十分的爱护，西沽的桃花，照例每年遊人攀折……”它直接告诉我们西沽村以北到北洋大学西侧的桃林是由北洋大学栽种的。因有桃林的美誉，天津杨柳青改良年画创始人阎至阳之弟在西沽村西侧创立桃林小学，该小学为西沽地区最早、规模最大的现代化小学。关于桃林的分布形态，我们从 1928 年 2 月 25 日的《大公报》中又能看出端倪：有位九岁的少年何绍勋，家境殷实，多次专程前往西沽看桃花，并在报上向小朋友们发出去看桃花的号召。九岁的孩子已把西沽桃花道当做最好的风景线了，这就表明他是走在一条充满

春將至矣 何紹勳（年九歲）

今年西沽看桃花 有人招待大家

天津沒有很好的公園可以遊玩、頂好的算是西沽桃花道了、一到春天、二三月的時候、桃花開得很茂盛、各處的學生和小朋友、都喜歡來看桃花、有的來得太早、桃花還沒有開、所以沒有得看、有的來得太晚、桃花已經開完了、所以也沒有得看．他們來的時候很高興、回去的時候很生氣、但是我的運氣很好、我們的家裏就在北洋大學校裏面、我們去看桃花、是很方便的、小朋友呀、今年開桃花的時候、我想預先告訴你們、不用你們白跑好不好呀？請你們在大公報的兒童特刊上留點心罷（西沽北洋大學校何宅）

編者說：弟弟、你這番好意、我先謝謝你、你說叫大家留點心 我更希望你到時也留「點心」、如何、請回答、先贈你糖、哈哈、

图 2　九岁少年在《大公报》上介绍桃花堤

桃花的路上来赏花。通过这篇文章可知,桃花是带状分布。

1928 年 4 月 6 日商治钧在《大公报》上写了一篇《春游西沽》,在这篇文章中,他向我们揭示了如下的地理信息:去西沽看桃林通常走水路最为便捷,很多文献也是记录人们从海河上溯到北运河至西沽。商治钧和 W 君是乘船穿过东浮桥、金刚桥最后到达西沽,达到西沽时已能看见北洋大学的建筑和大钟。如此证明西沽村以外视野开阔而空旷,能直视北洋大学,两点间距离很近。当时没有现在的西沽公园,西沽村北和北洋大学西侧是桃林带。他们二人从西沽上岸,相扶行走约半里地,在桃林里吃了午饭,并且看到了四周的大片麦田。这便进一步证明了桃林是带状,四周全是田地。下午三点,他们才回到北洋大学门前,这也间接说明桃林只延伸到北洋大学附近,再越界往北就没有了。

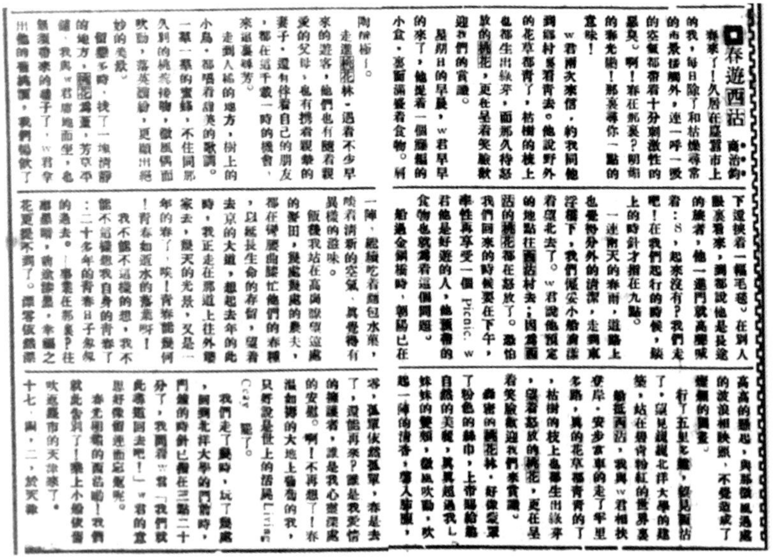

春遊西沽　商治鈞

春來了！久居在塵囂市上的我，每日除了和枯燥尋常的市景接觸外，連一呼一吸的空氣都帶着十分刺激性的塵臭。啊！春在那裏？明媚的春光喲！那裏尋你一點的意味！

W君前天來信，約我同他到鄉村裏看青去。他說野外的花草都青了，枯樹的枝上也都生出綠芽，而那久待怒放的桃花，更在呈着笑臉歡迎我們的賞識。

是朗日的早晨，W君早早的來了，他提着一個籐籃的小食，裏面滿裝着食物。[illegible]下邊挾着一幅毛毯，在別人眼裏看來，[illegible]都說他是長途的旅者，他一進門就高聲喊着：S，起來沒有？我們走吧！在我們起行的時候，鐘上的時針才指在九點。

一連前天的春雨，道路上也覺得分外的清潔，走到東浮橋下，我們僱妥小船[illegible]着向北去了。W君說他預定的地點在西沽村去，因為西沽的桃花都在怒放了。恐怕我們回來的時候要在下午，率性再享受一個 Picnic。W君他是好遊的人，他預帶的食物也就為着這個問題。

船過金鋼橋時，朝陽已在高高的懸起，與那微風過處的波浪相映照，不覺造成了燦爛的圖案。

行了五里多路，[illegible]見西沽了，望見巍巍北洋大學的建築，站在碧青粉紅的世界裏。

船抵西沽，我與W君相扶登岸，安步當車的走了半里多路，真的花草都青青的了，枯樹的枝上也都生出綠芽，望着怒放的桃花，更在呈着笑臉歡迎我們來賞識。

森密的桃花林，好像披罩了粉色的絲巾，上帝賜給[illegible]自然的美貌，真真超過我[illegible]妹妹的雙頰，微風吹動，吹起一陣的清香，滲入鼻腔，陶醉極了。

走進桃花林，遇着不少早來的遊客，他們也有隨着親愛的父母，也有携着親摯的妻子，還有伴着自己的朋友，都在這千載一時的機會，來這裏尋芳。

走到人稀的地方，樹上的小鳥，都唱着甜美的歌調。一幕一幕的實錄，不住同那久別的桃花接吻，微風偶而吹動，落英繽紛，更顯出絕妙的美景。

留戀多時，找了一塊清靜的地方，桃花為蓋，芳草爲褥，我與W君席地而坐，也無須帶來的毯子了，W君拿出他的香檳酒，我們暢飲了一陣，總[illegible]吃着麵包水菓，呼吸着清新的空氣，真覺得有異樣的滋味。

飯後我站在高崗[illegible]望遠處的麥田，幾處幾處的農夫，都在彎腰曲膝忙他們的春耕，以延長生命的存留，望着去京的大道，想起去年的此時，我正走在那道上往外跑家去，幾天的光景，又是一年的春了，唉！青春能幾何！青春如逝水的[illegible]呀！

我不能不這樣的想，我不能不這樣想我自身的青春了：二十多年的青春日子匆匆的過去。…事業在那裏？往那邊[illegible]，前途[illegible]，幸福之花更覺不到了。漂零依然漂零，孤單依然孤單，春是去了，沒能再來？誰是我愛惜的擁護者，誰是我心靈深處的安慰。啊！不再想了！春温如錦的大地上彷徨的我，只好說是世上的落伍[illegible]罷了。

我們走了幾時，玩了幾處，聽到北洋大學的鬧鐘時，門鐘的時針已指在三點二十分了，我問着W君「我們就此尋路回去吧！」W君的意思好像留連而忘歸呢。

春光明媚的西沽喲！我們就此告別了！乘上小船使着吹進塵市的天津來了。

十七，四，二，於天津

图 3　商治钧在《大公报》上的文章《春游西沽》

三、桃花道原来是种满桃树的堤岸

孔仪在1937年3月31日的《大公报》上指出：西沽北洋工学院旁堤上遍植桃花，每年三四月全部开花，报道的五六天后即可吐蕊绽放，即时将游人如织。这里他准确地提到桃花种在堤岸上才叫桃花堤，也就是说西沽桃林是沿堤岸种植的。种植在哪个河的堤岸呢？诸多报道没有指明，我们只能借助历史地图进行解析。

西沽桃花
現已含苞待放
天氣暄暖，各學校及各機關春假在即，天津地爲商埠，可供遨遊之地甚少，本市西沽北洋工學院旁隄上，遍植桃花，每年三四月中，全部開放，紅紫滿堤，人遊其中，如作桃源行，現值春雪之後，各樹全已含苞，五六日後，即可吐蕊，屆時遊人車馬，當有一番盛況也。（孔儀）

图4　孔仪在《大公报》上写桃花堤

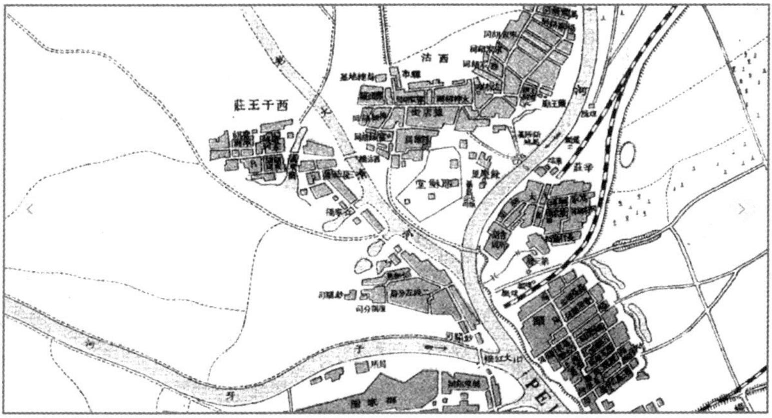

图5　日本出版的《天津地图》

图5是笔者收藏的日本人于1915年出版的《天津地图》，图中明确地标记出在子牙河与北运河相交的河口之上还有大清河和北

运河的交汇河口，故天津人称大清河为“上西河”，称子牙河为“下西河”。图中还标明了一条由天津老城出城北上，过大红桥到西沽再往北，沿北运河堤进京的官道。这条路线兼顾了水、旱两个路径，也是天津最早的进京官道。大清河常年泛滥，其尾闾附近还伴有永定河游荡不定的尾闾，经常在西沽以北地区泛滥。乾隆五十五年(1790)培修千里长堤和潴龙河、大清河、卢僧河等堤，风河东堤及西沽、南仓、海河等垒道(《清史稿·河渠志》)。这是说西沽以北修堤防水灾而形成能走的叠道主要是防患大清河泛滥。大清河在西沽有与北运河的交汇口，故在1917年直隶大水灾以后，大清河在东淀被切断，并入子牙河再入北运河，西沽以北地区只留下干枯的河床和堤坝，堤坝就成了人们走的路。其和北运河的交汇处老河口，现在还留在西沽的地名里。这条由大清河故道及其护堤形成的路就成了西沽村北上的干线。这条干线又延伸到丁字沽，并旁及当时的北洋大学。由此可见，桃花堤当指此大堤。

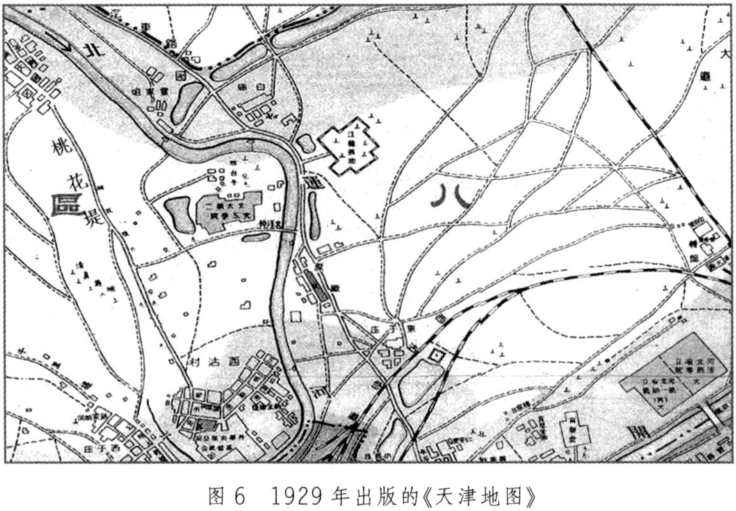

图6　1929年出版的《天津地图》

图 6 是笔者收藏的 1929 年出版的《天津地图》，图中明确地标记出桃花堤的走向,也告诉我们北洋大学的西侧出现了大水坑,其南门也有水坑。对比武库地图可知，北门附近的水坑是原来武库四周濠墙的残存,西部的水坑当为取土所致，邢家台已成村落。

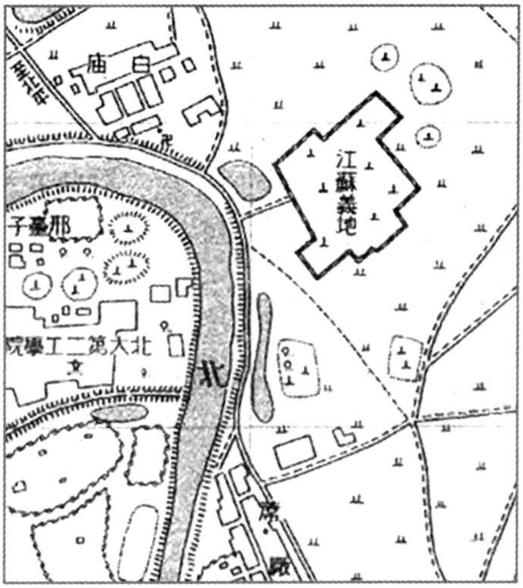

图 7　1938 年出版的《天津地图》

图 7 是笔者收藏的 1938 年出版的《天津地图》，它说明此时的北洋大学已被标识为北大第二工学院,并在旧西沽武库的基础上逐渐地向东建设教学楼,整个校区的面积并没有扩大,而是缩小。校园东侧的北运河右岸堤坡已是坟茔遍地,再往上则是张绍曾墓地,西部随着周边村庄的发展逐渐繁荣。此时“西沽村”是这一空旷地带的唯一地名,北洋大学始终在西沽这个地名的范围里,并因西沽的桃花堤而有了自己的学校风光。20 世纪 50 年代之前,老北洋大学原址南侧一直有水面,正门前有小桥,这也再次证明桃花堤和北运河河堤无缘。

图 8　1928 年以后北洋大学改称北洋工学院

四、看桃花成了北洋大学的开放日

20世纪整个二三十年代是北洋大学平稳发展的时期，培养出的人才已成为中国现代理工科知识分子队伍中的中坚力量，历任校长多为有学术专长的精英教育家。最难得的是这些教育家都有一个执着的目标——用科学技术强国，让科学技术为社会服务，把北洋大学作为一个窗口向人们展示科学技术对推进国家富强的作用，唤醒人们对现代化工业的重视。为此，北洋大学在1928年3月31日通过《大公报》发表了一篇启示文章，标题是“良辰美景——参观学府还可饱看桃花”，吸引人们春天到西沽看桃花踏青之际参观北洋大学，并向社会表态这期间北洋大学将全部开放。文章写道：“本埠西沽北洋大学，自成立以来人才辈出，但以该校当局素重实践主义，不务宣传，故社会明白该校真相者甚少。兹刘校长以当此春光明媚，桃花将开（现已成苞，清明即可开放）为引起社会人士对工业之兴趣起见，特定于清明节前后三日，将该校全部开放，任人参观，现已筹备就绪。三年级之水利实习、矿机实习，二年级之工厂实习、测量实习，一年级之化学实习、物理实习等预科各级则担任招待，此外更有音乐会、武术会、摄影会等等之举行，预料届时必有一番盛况云。”

1928年4月7日，学校以“北洋大学全部开放，今明两日招待参观”为标题，向社会公布了要招待参观者的记者公告，写道：“日来，天气和暖，西沽桃花盛开，北洋大学为引起社会对于工业之兴趣起见，特定今明两日完全开放，招待各界参观，但前昨两日赴该校参观者已不少，本报记者亦于昨日下午前往，承校长刘振华君导观全校,各部招待员实验各种机器及说明机件标本模型等,非常周至。兹记各部主要设备如左,水力实验室:反动力水轮一架、拍而唐水轮一架、离心力抽水机一架、十一马力电动机一架、汽机抽水机一架、压力水罐一个、试水速表一个、水压力试验机一架。工程材料实验室:五万千瓦试验机一架、洋灰试验机一架、一万千瓦长度二十尺试木料机一架、试扭力机一架、测弯曲度及杨氏系数机一架、汽油发动机一架、普通材料实验器具三百余件。制图室:该校制图室共有六座,同时可占二百四十四人,并附有制图用品室一处,晒图室一处,制图用器四千余件。地质实验室及地质标本室:岩石显微镜十架、吹管分析用具三百余件、地质模型二件、切岩石片机一架、磨岩石片机一架、岩石矿物及古生物标本三千九百余件。试金室:试金炉十二座、精细天称六架、普通天秤十二架、轧碎机两架、压薄片机一架、制骨灰杯器一架、矿石选样器二件、各种矿筛十件……”公告还详细介绍了学校的化学设备、物理设备、选矿实验室、冶金实验室、测量仪器室里面的设备及操作流程,还有木工室、机械室、发电厂等几乎涵盖全部现代工业的制造与实验流程。我们之所以费力的搜寻这些文献报道,是为了让大家精确细致地感受当时的北洋大学为国家振兴工业所做的努力。他们把学校办成开放式的学府,已跟上当时先进的美国理工科大学的步伐,又抓住踏青赏春看桃花的季节请大家到学校参观,体现了当时北洋大学在社会责任担当过程中的人文关怀。

五、北洋大学校内的特色建筑

北洋大学的校内建筑既现代,又典雅,教学用房都是简洁、明快的西方现代主义建筑风格,许多建筑材料来自国外。但在校园东南隅濒临北运河堤岸的地方,有一处中西风格结合的团城式院落。该院落于1930年左右建成,曾是北洋大学一处办公地点,桥梁专家茅以升在1945年8月任校长期间在此居住、办公。新中国成立初期,曾任北洋大学副校长、河北工业大学首任校长的潘承孝老校长的办公室也在此处。团城为砖木结构平房,红瓦坡顶,青砖墙面,占地面积939.42平方米。团城外墙上有雉堞,院子正门在南侧。据河北工大有关负责人曹老师介绍,团城为中西合璧风格的建筑,整体似一个中式四合院,而每间屋内却有西式风格的壁炉,这些壁炉如今仍保存完好。20世纪50年代,团城每个房间内还遗留有日本房间惯用的榻榻米,这也间接证明日伪时期,此处为日方管理。

六、去西沽看桃花的后期路线

从地理方位讲,最早的看桃花的主要路线是经运河到达西沽上岸,或由河北大街过大红桥到西沽。1893年,由堤头引河为基础开挖的新开河完工,并在黄纬路北头修建有木桥一座,人们俗称“旱桥”,即现在的京津桥。该桥是为连接京津大道而修建的,这条京津大道到20世纪30年代经过多次扩建维修,其运力远远超过了北运河的水上航线,并拉动了小王庄地区的快速发展。随着中山路地区的日趋繁荣,去北洋大学又有了一条便捷的陆上交通,人们从黄纬路沿小王庄大道,过北洋桥便可直达北洋大学。1935年2月9日《益世报》为此专门发文:“小王庄马路改称大学道,天津市政府。近以欧美各国市内凡通至各大学之马路,率皆命名为大学道。本市亦有仿行之必要,以示提倡教育之意。特规定黄纬路西头,自旱桥西起，经小王庄、席厂，至北洋工学院前木桥止一段马路，命名为大学道，旱桥命名为新民桥，该院前木桥，命名为明德桥。昨已分别函令省会公安局，及市属各机关知照云。”而后，因日寇侵华，华北政局动荡，天津社会形势复杂，此项决定未能落实，但足见北洋大学在天津的社会地位。普通人走这条路，又是一条看桃花的路线。

七、桃花堤的归宿

在 1948 年解放天津的战役中，西沽地区发生了很大的变化。北洋大学位于国民党城防工事的西北角，城防工事挖了一圈濠墙，外侧为壕沟，注满河水，并在濠墙多处设立哨卡。北洋桥东侧为忠孝门，北洋大学成为一个战争防御区。校前门有壕沟，东部有濠墙与北运河相连，北运河河湾过河后挖壕沟将桃花堤平行地包裹其间。西沽周边田地已无，其北部已成为津浦铁路材料厂（现西沽花园）。原有桃花堤遭到严重

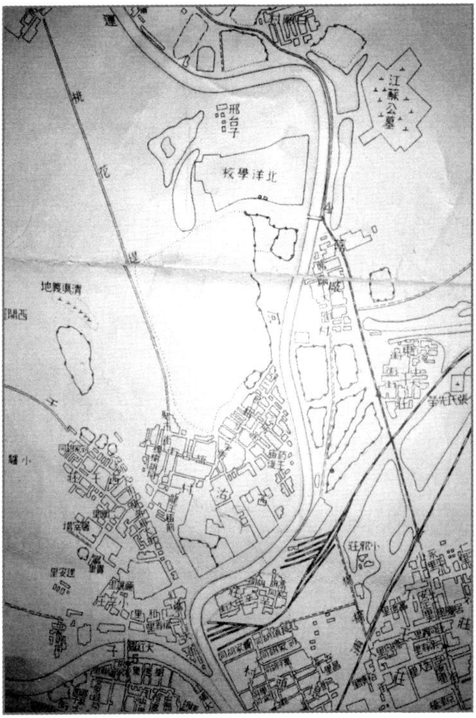

图 9　1951 年出版的邵越崇绘《天津最新地图》

破坏,而后人们看桃花的兴致逐渐消退。至1950年,就仅有桃花堤的路名而无有桃花了,桃花堤已是西沽和丁字沽之间的大道。

笔者收藏的著名地图专家邵越崇绘制出版的《天津最新地图》,1951年出版,它清晰地标出了西沽至丁字沽之间的桃花堤路。1952年丁字沽工人新村开始建设,规划了道路走向,这条桃花堤路的北段成为丁字沽南大街,中段成为与光荣道的交汇处,南段变为红桥北大街。桃花堤连同地名都从地图上消失。

(刊于张世轶、王杰编著:《北洋大学与天津》第三辑,天津大学出版,2019年11月,第1—13页)

作者:尹树鹏,天津文史学者

消失在岁月里的谦德庄义园

孟　国

我出生在谦德庄，上小学在义园前小学。我家胡同西边的那片不大规则的居民区，我们叫它“房后”，其实，正式地名叫“义园后”。所以，我从小就知道“义园”这个词，但“义园”是干什么的，没听大人们说过，自然也就不知道了。不过“义园前”“义园后”这两个地名却深刻地印记在我的脑海里。

义园前是个很热闹的地方，可以说是谦德庄的核心地段。义园前小学、谦德庄小学，以及后来的谦德庄中学，从南、北、西三个方向包围着一个面积挺大的市场，人们叫它“破烂市”，卖什么的都有。而市场东面，过了汕头路叫义园前窝铺，那里除了简易住房外，还有几个书场、跤场。

义园后在谦德庄中学以西，北到绍兴道，南到永安道。义园后没有义园前那么热闹，虽然是个居民区，但只有后来建的义园后大楼算是比较像样的住房。义园后有一所小学，叫永安道小学。小学的斜对面是盲人五金厂，每天上下班时，永安道上常常能看到盲人们三三两两地在大街上行走。这给当时的中小学生提供了很好的作文素材，帮助盲人过马路之类的好人好事常常出现在学生的作文里。

后来我了解到，义园就是当时那些客居天津的外地人去世后，存放灵柩的地方。这些外地人不想葬在天津，但他们又不能被马上运回老家，只能把人先埋在这儿，有机会再起灵运走。可是人越埋越多，一时半时又运不走，占地便越来越大。再者说了，这一埋一起，既费工，又费钱。于是人们便盖仓房存放，棺材多了可以摞起来，等有机会再运回老家入土为安。

新中国成立后，义园也就结束了使命，但义园前、义园后这两个地名却保存下来了，不过也逐渐被人们淡忘了。如今随着谦德庄的消失，义园前、义园后这两个地名也成了历史，但它们和谦德庄一样，都深深地留在了我的记忆中。

（刊于2019年11月2日《今晚报》第7版“天津卫·乐活志”）

作者：孟国，天津师范大学国际教育交流学院

中山门段儿平房记忆拼图

张英林 口述

1952年起,天津先后建设了中山门、西南楼、佟楼、吴家窑、丁字沽、王串场、唐家口七个工人新村。工人新村用同一套图纸,在同一时间段建成,同属国有大、中型企业职工宿舍,当时极大地改善了工人的住房条件,是城市生活的标本样板。为记录这段历史,反映新中国成立后翻天覆地的变化,天津市档案馆、天津市政协文史委共同发起工人新村档案征集活动,得到了广大市民的积极反馈。中山门工人新村是天津建成最早、体量最大的工人新村,时称“天津工人第一村”。张英林自20世纪50年代起,在中山门段儿平房生活了三十多年,他回忆中的生活细节,读来让人感触良多。

清晨锣声催促上早班的人起床

每个段儿里都有一间电话小屋

我小时住的中山门工人新村就是联排式平房,十几间房子组成一排,若干排房子组成一段。每间房子13平方米左右,人字形屋脊、杉松作檩条、苇把子铺顶,上面覆黄土层后铺青瓦。那时我父母

图1 中山门无轨二路老车站

那辈人还年轻，刚结婚孩子少，很多家庭只有一间平房，一间屋子半间炕，大人小孩都在大通铺上睡觉。后来，大部分家庭都有了三四个小孩，如哪家的孩子是五男二女，还招不少人羡慕，但是住房就紧张了。

工人新村段儿平房基本上是按照企业来划分的。如中山门新村的三、四、五段以天津钢厂职工居住为主，六段和前七段以棉纺厂职工居住为主。棉纺厂的职工基本上都是三班倒。每天清晨5点，在中山门六段和前七段街道上，可以听到“咚咚咚……”有节奏的锣声，那是在叫上早班的职工起床了。寂静的清晨，不紧不慢的锣声，几十年后还深深地印在我的脑海中。

住在段儿平房的人都非常熟悉每天早晨准点儿的倒土铃声，铃声一响，家家户户都端个“土箱子”去倒土。土箱子五花八门，有用木头打成的，有旧搪瓷盆，更简单的是用竹子或柳条编的筐。那时的垃圾主要是煤球炉子烧后的煤灰和煤球渣子，其次是少量菜叶，没有剩菜剩饭，也没有各种包装物。用过的醋、酱、油的玻璃瓶子也是一定要反复使用的，可以用空瓶子加钱换整瓶的。糕点盒、罐头盒、旧鞋袜、碎布头、牙膏袋等，都可以当废品卖。

过去人们和远道亲戚朋友联系主要靠书信，遇上急事要打电话、拍电报，就得到邮电局排队，接电话得到每个段儿里的电话小屋去接。小屋里这部电话只能接听，不能打出去，24小时有人值班，来电话找谁,看守电话的人就说:“别挂,我给你喊去!”然后就去×排×号去叫。到院门口,一嗓子“×排×号电话”,半个院子都能听见。送电话不白跑腿,除了收电话费,还视路途远近收送信费。即便如此,大家也从心里感谢送电话的人,对接电话也抱有一种新奇感,因为一般家庭一年也接不了几回电话。

老一辈的产业工人,很多都是从河北省农村来到天津,生活一天比一天好,他们知足常乐,不断教育我们规矩做人、老实干事、团结互助、靠本事吃饭、靠德行立身。他们也有粗犷的一面,对孩子动手打、张嘴骂的大有人在,好像缺少些书卷气,工作之余也爱体育运动,摔跤、武术、杠子、足球玩儿得热火朝天。工人新村出了不少优秀的足球运动员,如孙霞丰、林贵荣、张宝华、王群发、李继明等,不少人进了天津队、河北队、八一队和国家队。天津卫的评书、时调、京剧、评剧、快板等各种文艺曲种,一些老人们说唱起来都是有板有眼、一套一套的,如今在中山门公园里都能听到。

秋冬季节晾菜是一道独有风景

赶上婚席能痛痛快快吃顿大餐

工人新村里住的基本都是产业工人及他们的后代,大家既是工友师兄弟,也是街坊邻居,工作上互相帮助,生活上互相关照,下一代人也在这种团结、友爱、和睦的环境里成长,俨然一个大家庭。一家有事大家帮,一家有难大家扛,一家吵架大家劝。谁家有急事外出可以不锁门,只要不出内鬼,外贼绝难得手。家住段儿平房的孩子群体意识也比较强,无论是本院儿的还是外院儿的,是本段儿的还是其他段儿的,基本都能玩到一块儿。住在一个院,谁家在厂里吃补助,谁家孩子多粮食不够吃,院里的人就会不时送点吃的、用的;哪家孩子该找对象了,院里的邻居也都发动亲朋好友给介

图 2 中山门工人新村博物馆

绍。那个年代三班倒的比较多，送孩子上幼儿园的时间排不开，邻居帮助接送孩子是常有的事。有的家不仅管接管送，还管吃管喝,亲如一家。大了以后,这种情结还保留着,有些人一直交往到老。

秋冬交替的季节，晾菜成了段儿平房一道独有风景。菜市场里,卡车、马车拉来白菜、山芋、萝卜、茄子等当季菜,虽然也要本、要票,但因量大不好储存,就论堆儿、论捆儿地卖。各家的窗台上、墙根下、屋顶、雨厦子、门板、筐盖都成了晾菜的宝地,不仅为冬天有晾好的干菜吃,调剂一下口味,也为家庭节省了开支。

做饭吃饭是独特一景。到了做饭时间,这一家生炉子满院子窜烟，那一家坐锅炒菜满院子飘香，这家炸辣椒油满院子的人打喷嚏,做什么饭、炒什么菜,邻居们一目了然。那时一间房子半间炕,一家人凑一块儿吃饭,就要在炕上放一个小饭桌。夏天时干脆把小饭桌放在院子里，这家的孩子端个碗跑到那家的小饭桌边坐下就吃,是常有的事。正炒着菜的,叫孩子或邻居家孩子到副食店买点油盐酱醋也是常有的事。每家每户都有一个或几个用麦秆编成的菜篮子,用来购买肉蛋菜等食品。同时,菜篮子还有挨个儿(排队)的功能,各家的菜篮子都有自己的记号。

住在段儿平房的人们要想痛痛快快吃一顿大餐,婚席是首选。那个年代,人们还没有经常去饭店吃饭的习惯,再说那时的饭店也非常少。我们这辈人到了婚嫁的年龄时，在家门口搭棚摆桌渐渐风行起来。结婚的前一天要搭棚“落桌”，帆布大棚、台案、大小灶、租借来桌椅餐具都得到位。大师傅自带炒勺、手勺、厨刀、铁筷子等，指挥着“落忙”的人按菜谱改刀、过油、上屉，6 个凉菜、8 个热菜，6 个饭菜准备成半成品，只等转天开炒上桌。那时办酒席都得借用邻居家的房子，也有借用盘碟碗筷的。小规模的置办个三五桌，排场大点儿的十几桌都有。住在段儿平房的人们邻里间都比较和睦，一家结婚成了全院的喜事，得热闹好几天。当时的婚宴用二三十元就能做出一桌比较像样的饭菜，人们在贺喜、落忙的同时也饱了口福，就连剩下的“折箩”分到各家也能再吃上一两天。

那个年代物资比较缺乏，每到当月 25 日“借粮”那天，有的家早晨五六点钟就去粮店排队买粮，要不，中午这顿饭就得想其他辙了。为了尽量不出现粮食断顿的窘况，很多家庭都有一个装干粮的篮子，将蒸好的主食放在篮子里，在房顶檩梁上拴个钩挂上去，吃多少拿多少。饽饽篮子既防老鼠，也防小孩子偷吃。

年轻人结婚嫁妆时兴“三转一响”

节俭之风体现在生活的方方面面

有些双职工家庭下班晚，就不点炉子烧水了，拿着暖壶花几分钱去水铺买开水。每个段儿里都有一两个水铺，屋里有两三口直径一米多的大铁锅用来预热、烧水。铁锅上盖着锅盖，有铁皮的，也有木头的，后面的一半总是盖着，前面的一半可以掀开舀开水，为此就有了那句“水铺的锅盖——两拿着”的俏皮话。

每到春节前，院儿里就热闹起来，家庭主妇们一边蒸馒头、炖肉、炒瓜子、炒果仁儿，一边支大锅用“蓝靛色”为孩子们染衣服。由于都是家庭主妇自己扯布做衣服，那时最时兴而且特别实用的是脚踏式缝纫机。什么蜜蜂牌、牡丹牌，用它给孩子们做衣服又快又方便，家庭主妇省吃俭用攒钱也要买上一台。曾几何时，年轻人结婚的嫁妆就时兴三转（缝纫机、自行车、手表）一响（收音机）了，这也逼着新娘子要学会使用缝纫机。做衣服剩下的布头也不能扔，打糨子、纳底子自己做鞋。我小时候穿的鞋基本上都是我母亲给做的，穿小了补一补给弟弟接着穿。我在家行大，我母亲给我做的衣服都是肥肥大大的。老话"新三年旧三年缝缝补补又三年"，是那个时代的真实写照。

"三转"中的自行车也是比较实用的工具。那时买自行车是要"票"的，各家各户为了给上班的孩子买辆自行车，省吃俭用，不是上班或有急事，出门主要还是步行。那时，坚持几年十几年走路上班的大有人在。我母亲从中山门新村去天钢氧气厂上班，天天来回走 3 公里，一直坚持了七八年。那时，除非去劝业场、百货大楼，因路途较远才舍得坐车去。可有时也为了省下几分钱车费，宁愿走几站路再坐车去。

住段儿平房的人们奉行的节俭之风，体现在生活的方方面面，用老百姓的话说就是要会过日子。段儿平房的孩子们贪玩儿费鞋，因买不起球鞋，很多家庭都会做鞋。为了让布鞋也能踢球，就用皮子给布鞋打个包头，像球鞋那样踢起球来满场飞奔。为了节省煤球，把煤灰揉成煤饼子，贴在墙上晒干再用，或攥成煤球、团成煤饽饽晾晒，也有摊在地上切成棋子块的，不能有浪费。还有不少家庭用粗铁丝做成耙子，孩子们拿着耙子，提着口袋，成群结队到附近的工厂废料堆里捡煤核，就像去完成一件重要任务。

（刊于 2019 年 11 月 29 日《天津日报》第 13 版"人物"）

作者：张英林，天津文史学者

天津五四运动革命遗址亟待保护

张绍祖

《中华人民共和国文物保护法》规定：在中华人民共和国境内，与重大历史事件、革命运动或者著名人物有关的以及具有重要纪念意义、教育意义或者史料价值的近代现代重要史迹、实物、代表性建筑应受国家保护。天津五四爱国运动革命遗址是革命文物，是对广大人民，特别是青少年进行爱国主义教育的重要载体，亟待保护。

一、天津五四运动革命遗址概况

据不完全统计，天津五四爱国运动革命遗址主要有以下18处：

1.直隶公立法政专门学校

学校前身为北洋法政学堂，是我国最早的法政专门学校。清光绪三十二年(1906)，直隶总督袁世凯委黎渊为监督建校，校址在河北堤头村河坝下(今河北区志成道)。1912年改称北洋法政专门学校，1914年改称直隶公立法政专门学校。

图1 直隶法政专门学校校门

图2 残存的直隶法政专门学校礼堂

该校是中国共产党主要创始人李大钊的母校。学校师生积极参加辛亥革命、五四爱国运动、五卅运动、"一二·九"运动。李大钊在十八周年校庆纪念大会讲演中，对母校作了很高的评价:"那时中国北方政治运动首推天津，天津以北洋法政为中心,所以我校在政治运动史上是很重要的。"

2.广东会馆

广东会馆建于1907年。1919年五四爱国运动时,邓颖超等觉悟社成员曾在此义演募捐,演出话剧《木兰从军》《伊藤博文》。现为全国重点文物保护单位。

3.维斯理堂

1919年五四爱国运动爆发后,9月21日,李大钊应周恩来、郭隆真、邓颖超等人的邀请来津。当天上午,他在维斯理堂做了讲演,介绍国际形势、第一次世界大战和十月革命胜利的重大意义,指出了被压迫民族求解放的途径。1920年1月26日至28日,在白色恐怖下,周恩来、郭隆真、邓颖超等觉悟社社员在维斯理堂地下室连续三天召开秘密会议,研究如何进一步开展斗争。会议决定在1月

29日举行更大规模的示威，并决定由周恩来、郭隆真出面领导，邓颖超留守接应，刘清扬南下宣传，对地下工作和后勤联络等也都做了安排。维斯理堂现已被拆除。

4.“觉悟社”成立会址

觉悟社是天津五四爱国运动的核心组织，成立会址在天津东南角草厂庵胡同41号。五四爱国运动时，这里是“天津学生联合会”所在地，也是周恩来为主编的《天津学生联合会报》编辑部所在地。1919年9月16日，周恩来、谌志笃在此主持召开觉悟社成立大会。1919年9月21日，李大钊应邀来天津，当日上午在维斯理堂讲演，下午，被周恩来、谌志笃、邓颖超等请到此进行座谈。周恩来向李大钊介绍了觉悟社的成立经过，李大钊嘱咐社员们要认真阅读《新青年》《少年中国》等刊物上宣传马克思主义的文章，还提议进行一些专题研究，并对觉悟社即将出版会刊《觉悟》表示赞许。

天津市南开区人民政府于1987年曾发文对此遗址加以维修保护，但在21世纪初老城改造时，“觉悟社”成立会址被拆除。

5.北洋大学堂

北洋大学堂为中国第一座现代大学，建于清光绪二十一年（1895），曾因八国联军入侵停办，1902年迁至西沽武库复校，辛亥革命后改称北洋大学校，1914年又改称国立北洋大学。

图3 北洋大学主楼（今河北工业大学址）

1919年五四爱国运动中，天津官立、私立中等以上共10所学校在北洋大学召开学生代表大会，支援北京学生的正义斗争，大会当场决议组织天津学生临时联合会。在声援北京学生游行的队伍中，北洋大学队伍居于最前列。学联四代表之一的北洋代表孙越崎，参加了向省长曹锐请愿的活动，要求北京政府惩办卖国贼曹汝霖。天津最早的革命团体觉悟社的组织者之一是北洋学子谌小岑。天津学生联合会决策机构——评议会的评议长是法科学生张曾让（张太雷）。

6.南开中学

1904年（清光绪三十年）10月17日，著名教育家严范孙和张伯苓为实现“教育救国”理想，创办了天津最早的私立中学——敬业中学堂。1907年在“南开”建成新校舍，改名“南开中学堂”。

图4　南开中学堂(1907)

在五四爱国运动中，该校涌现出周恩来、马骏等学生领袖。1919年7月，天津学联为了更好地开展爱国活动，决定将骨干力量集中办公，都搬进南开中学居住。1919年5月23日至1920年1月29日，天津市计有四次大规模群众集会游行活动是在南开中学操场举行的，南开中学被誉为天津人民心中的红场。

7.直隶第一女子师范学校

学校前身北洋女师范学堂创建于清光绪三十二年（1906）四

月，傅增湘任监督，堂址在天津河北督署西（今河北区天纬路天津美术学院）。1912 年春，学堂改名为北洋女子师范学校，次年 5 月更名直隶女子师范学校。1916 年 1 月，又改名为直隶第一女子师范学校。

五四爱国运动时，天津著名的妇女团体——天津女界同志会就是由该校学生郭隆贞、刘清扬、邓文淑（邓颖超）、许广平等发起组织的。天津最早的革命团体——觉悟社中的女社员也多是该校的学生。

8.直隶公立工业专门学校

直隶高等工业专门学校（简称高工）是天津最早的高等实业学堂。学校初名北洋工艺学堂，创办于清光绪二十九年（1903）二月，初址在天津旧城东南隅贡院及草厂庵庙址。次年九月，学校改名为直隶高等工业学堂（也叫直隶高等工艺学堂），并于 1908 年迁入河北黄纬路新校址。1913 年改为直隶公立工业专门学校。

1919 年 6 月 26 日，天津学联在南开中学瑞亭礼堂开会时，学联主席、“高工”学生谌志笃激动地抽出刀来，向左手手指砍剁，宣言上立刻洒满鲜血。全场学生群情激愤，坚定了斗争的决心。

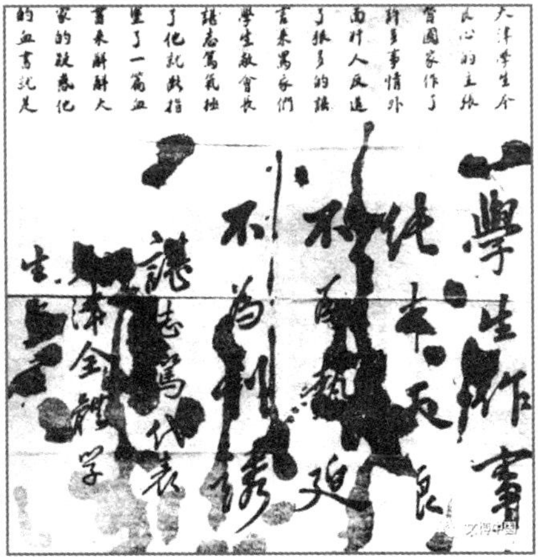

图 5　天津学联会长、“高工”学子谌志笃断指血书

9.觉悟社纪念馆

觉悟社纪念馆原为女星社旧址，现馆址就是当年觉悟社经常集会活动的地方。1982 年修复后，定为天津市市级文物保护单

位，1984年建立觉悟社纪念馆。

10.直隶省公署

公署前身是直隶总督衙门，1912年中华民国成立后，改为直隶省公署。1920年1月29日，各校学生数千人前往金钢桥畔的直隶省公署请愿。慑于人民斗争的声威，公署把大门紧闭，并派保安队把守。周恩来、于方舟、郭隆真、张若名四位代表急中生智，从门下的空隙中挤了进去，准备与直隶省长曹锐展开说理斗争，却遭军警殴打和当场逮捕。军警还暴力驱散了集聚在直隶省公署辕门外的爱国群众，致使50余人受了重伤，造成“一·二九”惨案。

图6 直隶省立第一中学校

11.直隶省立第一中学校

学校（今天津三中）前身为官立中学堂，建于1901年，旧址位于西北城角稽古书院，为天津有名的铃铛阁。1905年校名改为“天津府中学堂”，1913年改名为“直隶省立天津中学校”，1916年改名为“直隶省立第一中学校”。

该校毕业生中有五四爱国运动时期革命家于方舟、韩致祥、安幸生等。马千里校长是爱国教育家，五四爱国运动时期与时子周先生一起任职南开学校，是周恩来的老师，同是天津五四爱国运动的领导人。

12.新生社

1919年10月，于方舟发起组织了新生社。在李大钊的指导下，以省立一中学生为骨干，其中有于方舟、王天麟、韩麟符、陈镜湖、安幸生、李培良等10余人，社址在英租界达文波道(今和平区建设路)芸芳里2号。

1920年4月1日，新生社还创办了《新生》杂志，李大钊将其誉为“带有社会主义色彩”的刊物。1920年秋，在李大钊的关怀下，新生社组织了天津马克思主义研究会，并创办会刊，还曾翻印党中央机关刊物《向导》，寄往北方各省共产主义组织。

13.直隶省立甲种水产学校

直隶水产讲习所为我国首创的水产教育机关，创办于清宣统二年(1910)，隶属于劝业道，假河北黄纬路天津长芦中学堂旧址开课，分渔捞、制造两科。1912年3月，学校迁入河北种植园新校址。1914年4月，改为直隶省立甲种水产学校。

图7　直隶省立甲种水产学校

据1919年5月16日《大公报》载:5月14日下午5时，天津学生联合会假直隶水产学校内举行成立大会，到会者为新学书院、北洋大学、高等工业、育才中学、甲种工业、私立法政、成美中学、直隶第一师范、公立法政、南开中学、官立中学、孔德中学、水产学校等。谌志笃(高工)当选为正会长，马骏(南开)当选为副会长。5月23日该校学生罢课。

图 8　天津总商会

14.天津总商会

天津总商会成立于 1902 年(清光绪二十八年),初名天津商务局。1903 年 4 月,天津商务公所成立,同年 11 月奉令改名为天津商务总会,地点在北城根当行会所(红桥区北马路前进里)。1919 年 6 月 9 日,天津总商会召开董事紧急会议,决定 6 月 10 日全体罢市,12 日晨继续罢市。6 月 18 日,天津各界联合会成立大会在这里举行。1920 年 7 月 17 日,周恩来、马骏、郭隆真、于方舟、马千里等20 余人被释放。天津各界爱国群众在这里举行欢迎大会。天津总商会旧址现已被拆除。

15.江苏会馆

江苏会馆建于清光绪十三年(1887),地点在城内仓敖街。1919 年 5 月 25 日,此处召开了天津女界爱国同志会成立大会,参加大会者约有 800 余人,刘清扬、李毅韬当选正副会长。江苏会馆遗址曾为南开区文

图 9　周恩来、马骏、郭隆真、于方舟、马千里等被释放的 20 余人在商会大门合影留念

物保护单位，在21世纪初老城改造中被拆除。

16.河北公园

河北公园初名劝业会场，始建于1905年（清光绪三十一年），是天津最早向公众开放的公园，1912年更名为天津公园，不久又改称河北公园。1919年5月9日，各界人士在该园举行公民大会，声援北京学生的爱国行动。会场中心悬挂着巨幅对联：振民心，合民力，万众一心；御国敌，除国贼，匹夫有责。学联领导人马骏发表慷慨激昂的讲话，号召人民大众团结起来，奋斗到底，取消二十一条，拒绝巴黎和约签字，收回山东权利。

17.山东路天祥里

1920年7月17日周恩来等全部被拘代表获释，于8月10日左右发起召集一次觉悟社年会。据刘桂升等人考证，当时觉悟社年会的地点就在天津法租界山东路天祥里的一个小楼里，参加这次年会的有14位社员。会议共开了三天，每一个社员都谈了自己一年多来的思想变化和感受。周恩来在会上总结了一年多来天津青年学生和各界救国运动的经验与教训，并指出今后的救国道路。

18.天津新学书院

新学书院于1902年创办，院址在法租界海大道（大沽路原十七中学址）。书院设备完善，附设华北博物院。

1919年五四爱国运动期间，该校组织学生会，负责人是黄书

图10　天津新学书院

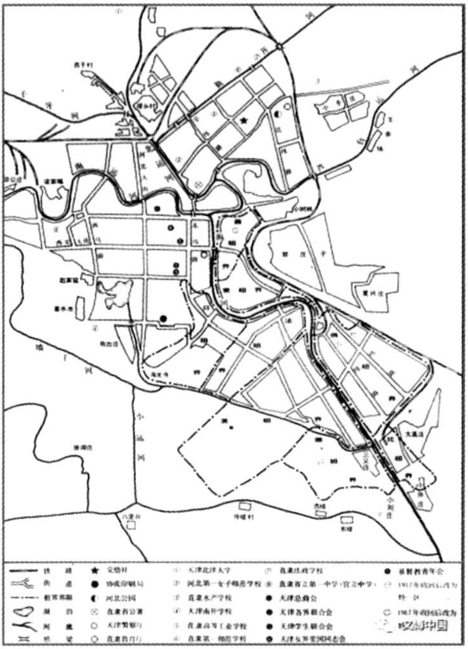

图11 五四爱国运动时期天津形势简图

勋、鲁致得等。学生会组织到街头讲演，做爱国宣传。天津学生联合会曾借学校礼堂召开过重要会议，该校礼堂顶上的天文台室也曾作为天津最早的革命团体觉悟社的社址。

除此之外，根据《五四运动时期天津形势简图》记载，天津五四爱国运动革命遗址还有直隶第一师范学校、直隶教育厅、天津警察厅、协成印刷局、基督教青年会等，还有待进一步挖掘整理。

二、抢救保护天津五四运动革命遗址

20多年来，笔者不断对天津的辛亥革命遗址、五四爱国运动遗址等进行研究和实地考察。

2019年是五四爱国运动爆发100周年。天津是北京的门户，在李大钊的亲自指导下，成为全国最早响应五四爱国运动的城市，发挥了至关重要的作用。因此，天津的五四爱国运动革命遗址理应得到更好的保护与利用。

然而，实际情况如何呢？以上的18处革命遗址，仅有9处保存尚好，分别是广东会馆、南开中学、北洋大学、直隶公立工业专门学校、直隶女师、省立一中、河北公园、觉悟社纪念馆、新生社旧址。维斯理堂旧址、“觉悟社”成立会址、直隶省公署、直隶省立甲种水产学校旧址、天津总商会、江苏会馆、天津新学书院旧址、山东路天祥里旧址等8处遗址已消逝。当下，亟待保护的一处是残存的直隶公立法政专门学校礼堂。

2010年4月，天津市政法干部管理学院李大钊研究会的刘国有、张洪池在校友可珉的帮助下，对河北省立法商学院（前身直隶法政专门学校）礼堂遗址进行了多次考察，并走访了老校友郭万鹏、朱其华，到天津图书馆、天津市档案馆和天津市委党校档案室调阅、查询了有关文件及档案资料，到武警二支队、河北区文管所进行了走访。他们调研后认为：在河北省立法商学院遗址发现的该校残存的礼堂，是在河北省立法商学院礼堂的基础上经整改、加固遗留下来的，对原来的礼堂具有继承性。笔者

图12　河北省立法商学院礼堂内景(1936)

认为残存的河北省立法商学院礼堂是我国最早的法政学校——北洋法政学堂,中国共产党创始人之一李大钊母校的唯一载体,具有重要的历史价值和教育意义,应依照《中华人民共和国文物保护法》对其认定为不可移动文物加以保护修缮,建立"李大钊在津革命活动纪念馆",在礼堂前敬立李大钊烈士塑像。

2018年,中共中央办公厅、国务院办公厅印发《关于实施革命文物保护利用工程(2018—2022年)的意见》。我们应认真学习贯彻其中的精神政策,加大保护天津五四运动革命遗址的力度。

(刊于2019年1月22日、29日《中国文物报》第3版"综合版")

作者:张绍组,河西区政协文史委

附:2019年度张绍祖发表的天津地方历史文化著述

张绍祖编著《天津校歌史话》,团结出版社2019年1月第1版第1次印刷。

《三地学校百年前就已携手发展 曾密不可分的京津冀教育》,2019年2月23日《今晚报》天津卫。

《纪念五四运动100周年五四先驱在津的爱国足迹》,2019年5月4日《今晚报》天津卫。

《天津最早的电影放映》,2019年5月8日《今晚报》今晚津沽。

《新奇的电影广告》,2019年5月13日《今晚报》今晚津沽。

《"蛱蝶"翱翔九十载》,2019年5月15日《今晚报》今晚津沽。

《"电影世家"》,2019年5月20日《今晚报》今晚津沽。

《谢添拉"小牛"上套》,2019年5月22日《今晚报》今晚津沽。

《曾是天津地标住宅区如今要建核心商务区“八大里”说不尽的乡愁》,2019年6月1日《今晚报》,第7版天津卫。

《百年校歌　百年南开》,2019年6月26日《今晚报》今晚津沽。

《“哀告书”中的小滑庄》,2019年7月24日《今晚报》今晚津沽。

《严修为创南开大学夜不成眠》,2019年10月30日《今晚报》今晚津沽。南开大学新闻网载:文摘报(光明日报主办)2019年11月7日第8版转载此文。

《津沽校歌》(一)《维我女师炳津门——“女师”之三首校歌》,2019年10月9日《中老年时报》副刊。

《津沽校歌》(二)《法维国本 商裕民生——“法商”之院歌》,2019年10月16日《中老年时报》副刊。

《津沽校歌》(三)《七十二沽富海田——“水专”之校歌》,2019年10月23日《中老年时报》副刊。

《津沽校歌》(四)《实事求是乃成德之梯航——天津工商学院校歌》,2019年10月30日《中老年时报》副刊。

《津沽校歌》(五)《析津文化我校开其始——“铃铛阁”之两首校歌》,2019年11月6日《中老年时报》副刊。

《津沽校歌》(六)《教育花 第一枝头时雨浓——河北省立第一师范学校校歌》,2019年11月13日《中老年时报》副刊

《津沽校歌》(七)《校训勇勤诚 终身切勿忘——李氏小学堂校歌》,2019年11月20日《中老年时报》副刊。

《张学铭与人民公园》,天津市河西区文学艺术界联合会编辑《西岸风》,2019年第3期,第66-68页。

大众照相馆的“隐情”

张立巍

在天津的历史上，有一家照相馆曾经作为天津地下党的秘密活动站之一，这就是天津大众照相馆。

大众照相馆坐落在天津红桥区西北角大伙巷南口49号，于1941年开业，它是由贫苦青年康俊山利用租住的院北的一间堂屋和西头的两间套间开办起来的。当时，省立第一中学(今天津三中)就在大众照相馆附近，该校学生郭华、刘铁錞经常到照相馆联系照相业务，因此与康俊山结识，日久便成了好友。他们经常帮助康俊山冲洗照片，有时还在照相馆吃住，相处得十分愉快。

抗日战争时期，广大爱国进步青年不堪忍受民族压迫，纷纷寻求抗日救国的途径。郭华、刘铁錞等人秘密组织“黎明读书会”，大家一起阅读进步书籍，探索革命真理，追求奋斗目标。不久，他们与地下党组织建立了联系，参加了党的外围组织“天津市各界抗日救国联合会”，并时常在大众照相馆进行集会活动。康俊山在这些进步青年的影响下，于1946年参加了天津民主青年联合会，转年7

月加入中国共产党。从此,大众照相馆便成为地下党组织的秘密活动站。

大众照相馆处在深宅大院内,地点比较隐蔽,是非常理想的秘密活动地点。1947 年开始,中共中央华北城市工作部天津市政工委书记王文源经常到大众照相馆与刘铁錞等人接头开会。为了保证大家的安全,每到开会时康四嫂(康俊山的妻子)就负责守门放哨,她一边做针线活,一边盯着院里的动静,一旦发现异常情况就立即报警。有一天,正是王文源到照相馆接头的日子,大批警察突然来到照相馆,在前院楼内搜查。康四嫂装作外出买菜,到马路上迎候王文源,及时通报敌情,使王文源得以安全撤离现场。

大众照相馆的暗室设在堂屋摄影室隔壁西屋的南墙前,为了及时了解摄影室和院内顾客的来往情况,康俊山在摄影室与暗室的隔板墙上挖了个洞,镶上了一个摄影镜头,后面放上一块磨砂玻璃。通过这个小镜头,可以看到摄影室以及屋外的动静。读书会和地下党的同志们在暗室里开会学习的时候,可以利用这个小设备随时观察外面的情况。如果遇到敌人搜查等特殊情况,所有人便拿起相纸,装作洗印照片来进行掩护,不露马脚。由于康俊山的精心安排和大家认真细致的工作,这个秘密活动点从未发生过意外事件。另外,康俊山还自制了短波线圈,收录陕北电台新闻供大家传阅。大家在记录的时候一律用薄纸,万一遇到紧急情况,就将底稿吞进肚子里。

1948 年 6 月,为做好迎接天津解放的准备工作,华北局城市工作部指示王文源搞到一张天津城防图。王文源将这个任务交给在国民党天津工务局工作的地下党员麦璇琨来完成。这份图纸是用大张硫酸纸绘制的,按照比例尺准确绘制了道路、河流、桥梁、城防设施、电网、碉堡的方位。这样一张大图纸不加以伪装，很难带到解放区。为此，王文源和刘铁錞来到大众照相馆找康俊山帮忙。康俊山把图纸分解成4块，各缩拍成8寸照片，又经过化学处理，使表面图像消失，裱糊在两张过世老人照片的后面，最后由党的交通员赵岩越过封锁线，将图纸安全送到华北局城工部。

大众照相馆记录了地下工作者的业绩，更为天津的革命事业做出了重要的贡献，永远值得我们铭记。

（刊于2019年3月11日《今晚报》第12版"副刊·津沽"）

作者：张立巍，自由撰稿人，天津地方史学者

老天津的夜市

周利成

近两年，天津大力发展“夜经济”，尤其今年，各区许多颇具特色的室内、室外夜市纷纷开业，即使秋冬天气转凉，有些夜市依旧人流如织、热度不减。那么，80 多年前，老天津的夜市是什么样子呢？

1931 年 11 月“天津事变”后，日租界一片萧条。1932 年 3 月，为繁荣市面，租界当局在整条旭街（今和平路西段）添设夜市，下令各商户于晚间来此摆摊设点，每摊供给一盏电灯，收取五元月租。夜市于 1932 年 4 月 1 日晚 6 时开街，密布的摊贩多达百余家。当年夏日溽热难耐，憋闷的市民大多走出家门来夜市闲逛。摊贩的吆喝声、游人的嘈杂声、电车的脚铃声，交织成一首夜市交奏曲，寂寥已久的旭街一变而为闹市。

租界当局对售卖的货品不加限制，烟灯、烟枪等各种烟具公开出售。更令爱国人士不能容忍的是，这里竟成日本货的倾销场，摊贩所出售的玩具、衣料、皮鞋、日用品、水果、驱蚊烟、樟脑球等，多为日本货。另有一些花红柳绿的妓女穿梭于人群之中，与游人眉目传情、打情骂俏。抗日杀奸团曾于1932年、1933年两度在夜市中投放炸弹，炸死两名妇人。为此，租界当局实行夜间戒严，市民视此为畏途，日租界夜市遂告终结。

1933年春，天津工商界领袖、地方士绅曾开会商议繁荣华界对策，向天津商会、市政府递交增设夜市呈文，但未获批准。1934年3月，天津商会再次呈文市政府，始获核准。于是，当年先后在特别二区、特别三区和南市开办三处夜市。

特二区夜市初设于该界河沿街，北自东浮桥口起，南至三马路口止。因政策优待，门槛低，摊贩也有百余家。此前，河沿是市民最好的乘凉去处，但自设立夜市后，嘈杂喧嚣使附近住户叫苦不迭。在他们的一再抗议下，夜市遂移至电车道上。初时此夜市尚有一些正经生意，后来竟演变成一个赌场，打彩、抄彩、对彩比比皆是，大批赌客如赶庙会般地拥来，赌风盛极一时。后随着社会影响恶劣，民愤极大，警方遂下令禁止。

特三区夜市因地处偏僻，附近商店、住宅亦少，故而即如毗邻的意租界一样，最为冷清。该区当局将摊贩的摊位租费、捐税一律豁免后，摊贩虽有增加，但无奈游客稀少，摊贩生意不好，便在一片叫苦声中纷纷抽身而退。

南市夜市最为广阔，从南市牌坊至天一坊饭庄为东段，从南关大桥至大舞台东为西段。因南市素有娱乐业、赌博业和妓院生意作支撑，故而这里的夜市也是盛极一时，为当时津门夜市中生意最佳者。

老天津夜市，布料、杂货、日用品、零食等一应俱全，因此，刚从公司下班的小职员、劳作一整天的工人、白日操持家务的妇人们，都愿意来夜市逛逛。但大家都知道，夜市往往“货不真且价不实”，所以闲逛的多、掏钱的少。1937 年抗战爆发后，天津夜市遂告结束，至 1949 年新中国成立前，天津再无夜市。

对比今昔，能明显感到今日夜市之和谐、繁荣、美好。夜市，如今已然成为津城夜间一道闪亮的风景。

（刊于 2019 年 12 月 2 日《今晚报》第 12 版“副刊·津沽”）

作者：周利成，天津市档案馆编研处

意租界和回力球场

李琦琳

一、意国花园溜冰场始末

天津地处中国北方，每年都有一段时间气温在零度以下，非常适宜冰上运动。民间早就有冰床、冰橇等活动，但都与农民或渔民的生产生活紧密联系在一起。

开埠之后，西方人的到来，把俱乐部文化也带到这里，随着天津溜冰俱乐部的成立，溜冰场出现了。根据史料推测，天津最早的溜冰场应该出现在1910年前后。1913年12月底，英租界维多利亚道南端的溜冰场，组织了化装舞会，并有军乐队伴奏，参加舞会的人以各租界的侨民为主。

溜冰场造价低廉，布置好场地，用水连续浇就可以形成，后期的维护和管理费用也不多，所以天津冬季溜冰场渐渐火爆起来。

1927年冬，意租界内也开始筹办溜冰场。住在意租界的张杏亭、曾世英等人，为了便利冬季公众娱乐活动，准备组织溜冰场。张杏亭为天津商人，曾世英为华北水利委员会（该委员会办公地点即位于意租界）工程技术人员。在征得工部局同意后，张杏亭选用意国花园的一部分，划地灌水，上面用天棚覆盖，溜冰场就此形成，于1928年1月9日开幕。

这个溜冰场并非公益项目，而是商业项目。由于地处意国花园西部，靠近马可波罗广场一侧，交通便捷，主办方注定有利可图，“意国花园溜冰会”很快就享誉津门。甚至到1928年开春后，人们仍然兴致很高。2月18日晚仍举办了“化装溜冰大会”，溜冰爱好者抓住这冰雪消融前的最后机会，尽情驰骋。

1927年冬季，溜冰场的持续火爆，为以后继续适时开设溜冰场积累了经验。1928年入冬后，前一年的筹办人再次出马，为了造势，先于11月15日在《大公报》上刊发了预告，主要目的是为了做广告。1929年元旦前后，溜冰场再度纳客，此次溜冰场占地约四亩。

在意租界溜冰场之后，天津市其他冰场也陆续形成。1929年12月南开中学、南开大学设溜冰场。1931年1月，溜冰场增至五处，南开中学、英国冰场、日本冰场（位于宫岛街）设在室内，南开大学和中日中学的溜冰场则是露天的。而此后，媒体的报道中意租界的溜冰场却消失了。进入20世纪30年代，天津逐渐形成冬季溜冰场的开办热潮，尤其是1932年天津市立公共体育场建成并利用原有水塘开办溜冰场后，在天津各处开设的冰场达10处之多，滑冰已不新鲜，而且公益性增强、趋利性降低。因此，意国花园溜冰场应该也就停办了。

1933年，在意国花园以南建设回力球场时，曾计划设置室内溜冰场地。但随着1934年回力球场建成开张，经营方把主要精力放到了以回力球比赛为中心的休闲娱乐项目中去了，因为这些项目赚钱更快。

（刊于 2019 年 11 月 12 日《天津日报》第 12 版“满庭芳”）

二、溜冰场的管理制度

意国花园溜冰场作为经营场所，虽然存在时间很短，但是管理制度还是很完善的，尤其是第二年会员制的出现，已十分接近现代社会的商业行为。

1928 年 1 月，主办方即制订《意国花园溜冰场章程》共七条：1.本场定名为意国花园溜冰场；2.中外士女购票入场，一律欢迎；3.门票四角，季票五元（银圆），儿童半价；4.溜冰时间，上午九时至十二时，下午四时至八时；5.入场验票，季票不得转给他人；6.不穿冰鞋者请勿溜冰；7.衣帽物件各自留神，倘有遗失，本场不负责任。为做好后勤保障工作，又制订了《意国花园溜冰场保管条例》：1.本场注意清洁，每日扫除二次；2.本场冰面平整，每周灌水二次；3.本场雇用仆人，管理一切杂事。

溜冰场开业之后备受欢迎。1928 年 1 月，《大公报》同时报道了天津意国花园和北京中央公园、北海公园的溜冰大会，并不无讽刺地称之为“争奇巧”，认为都是贵族式的娱乐。虽然对此看不惯，但“意国花园溜冰会”还是很快享誉津门了。到了 1928 年 2 月底，《大公报》记者笔锋一转，饶有兴致地描摹了溜冰会的场景。开会当晚，会场经过布置，请来工部局乐队现场助兴，参加活动者达二百余人，主人准备了茶点，款待来宾。晚七点，开始溜冰，经过化妆的男女联袂入场，靓丽如云。来宾中华人女士超过半数，欢笑声、冰鞋声杂成一片，一派雍容欣悦之景象。其中武斋洋行之刘姓男子溜冰水平最高，此人化武士装，滑行、旋转如行云流水，毫不迟滞。有一年龄约三四岁的西洋幼女，戴大礼帽，十分可爱。希时髦(Hisnor)小姐在青年组中技术最好，她年方16岁，和蔼可亲，天津话极流利，身材适中，面目俊美，穿翠绿色外衣，缀以黑花，迎风舞动，更显娴雅宜人。希时髦之父也是溜冰健将，水平不逊于刘某，但表演一会儿就退出了。接着进行竞赛，优胜者为学生鲍成麟。溜冰会针对儿童还设有拾番薯游戏，番薯被一姓董之小孩儿首先拾得。至晚九点休息、摄影、颁奖，奖品为糖果。颁奖后，大家余兴未尽，又请刘某单独表演，至十点才散场。

1928年11月15日，溜冰场组织者借《大公报》《益世报》刊发广告，说明冬季要集资筹办溜冰场，参与者于一周内，到义租界三马路六十四号张宅办理，集资款六元，儿童减半，准备向各租界居民征集会员，人数约百人。经过一个多月的筹备，意国花园溜冰会按照预定计划举办。

据《大公报》的介绍，这一年的溜冰场不但搭设天棚，四周还围着芦席，白天开启顶棚采光，晚上则由四排电灯作为光源，入口两侧设男女更衣室各一个。冰场免费供给意国驻津官兵使用，对外发售门票两种，即季票六元、日票四角。溜冰者中西人士各占一半，很多儿童技艺已经很娴熟了，显然这是因为有了前一年的基础训练。时尚的西方女郎甚至袒露两臂，在冰面上飞驰，表现其征服冰雪之精神。

(刊于2019年11月18日《天津日报》第12版“满庭芳”)

三、“天津市立美术馆”的意大利元素

1930年10月24日上午10点，“天津市立美术馆”举行开幕典礼。当时媒体称，这是中国第一个市立美术馆。美术对于社会教育

影响重大,因此在东西洋各国早已被人关注。彼时天津美术馆规模虽小,但是所担负的使命非常巨大。

由于天津意租界的存在,意大利石雕艺术的传播,意大利元素在“天津市立美术馆”开馆之初就已有所反映。

“天津市立美术馆”开幕后,自 10 月 24 日至 10 月 30 日公开展览七天,展品分建筑、绘画、雕刻三大类。雕刻类以西洋大理石雕刻为主。10 月 26 日,天津《大公报》记者发表参观后记,对大理石展品大加赞赏。原来,雕刻品实物大多为马萨公司出品,有的则是从意大利本土运来的。

马萨公司即设在天津意租界的意大利云石公司,由意大利籍工程师马萨担任经理。但见,大理石雕刻光滑润朗,展室墙壁用绛紫色的布做背景,使得空气柔和如烟雾缭绕,更凸显出这些石雕作品的圆润。展品中名为“凝思”“嬉”的几尊人物半身塑像,形神兼备,而取名“鹦鹉”“鸽子”的雕品则显得栩栩如生。马萨为祝贺“天津市立美术馆”的建成,还特别捐赠了《意大利古代雕刻目录》一册和反映意大利大理石雕刻艺术的照片 61 张,丰富了馆藏。

1931 年秋,“天津市立美术馆”举办成立一周年展览,意大利石雕再次登台亮相。

对于此次展览,馆长严智开提前几个月就已开始组织筹备。他从东京带回日本石膏人像及画片,向平津各书画家、收藏家征集展品,布置书、画、石膏人像、工艺、建筑、雕刻等陈列室,又以私人名义,以五千美元作担保,向美国雕塑家征集展品。展期将近,传来九一八事变的噩耗。值此国难当头之际,展览无法如期举行,征集到的美国雕塑只得退还。

到了 10 月 24 日,展览终于可以举办,但展期仅仅三天。展品有石膏人像、中国泥塑、西洋石膏雕型、西洋石刻品等，还陈列中西雕刻照片，共一百八十余件。《大公报》对石刻展品仍然评价很高，称《出浴图》光滑润泽、雅淡温柔，《捉蛇鸟》是“力的表现”。此次展出的意大利雕刻艺术品实行义卖，而且提高卖价。这不是因为水涨船高，而是目的只有一个——利用销售款赈灾。

为传播西洋绘画艺术，“天津市立美术馆”的西画研究所还招收学员，研习绘画，但画室光线不好，创作条件受限。意大利工程师马萨为美术馆设计、监造了一座新画室，新画室于1932年年底落成。媒体专门用“热心赞助”一词形容马萨的此次设计，大概马萨做了一次公益活动。

新画室建于美术馆之西南，高大宽敞，光线充足，是当时国内条件最好的画室之一。其屋顶呈不等边三角形，南面较长，北面为天窗，光线特别充足。室内屋顶为白色，四周则为灰黄色，既美观又便于光线反射。

1932年12月31日下午1点，西画研究所召开学员恳亲大会，同时展览“天津市立美术馆”成立一年以来的馆藏作品，以示庆祝，还举行了联欢会。新画室四周悬挂的学员作品，因旧画室光线不足，无法准确使用颜色，所以全部为木炭素描。开会时，天津市教育局官员、西画研究所的指导教师都勉励学员努力学习，在新画室里提高绘画技艺。

（刊于2019年11月19日《天津日报》第12版“满庭芳”）

四、意大利远东飞行队过津

1919年7月，意大利飞行家决定组织飞行队游历远东，计划从罗马起飞，分别在越南、中国、日本等地降落。12月18日，意大利飞行员在上海江湾跑马场试演飞行成功后，决定北上。由于携带的机件过多，希望沿途经过各处，官方能够妥为保护。直隶省省长曹锐对此颇为重视，下令沿途军警及各车站予以照料。当时，中国政府已从英国购买飞机六架，打算于转年春天在京沪间开辟空中邮路航线。

1920 年 1 月，上海航空协会成立，并举定职员，入会者即包括从罗马途经东京飞抵上海的意大利远东飞行队成员，还积极筹备意大利飞行员抵达上海后的欢迎事宜。戴必乐当时是意大利飞行队总稽查，他与意大利飞行员鹏飞利、工程师笛惠勤先行到沪打前站。他们打算沿着津浦、京奉铁路，乘坐汽车，先行查看北上赴京路线的地形，以便为飞机顺利北飞做好准备。经过与外交部、交通部一番交涉，3 月 9 日，江苏交涉署、直隶交涉署批准了这个计划，并经直隶省长公署发布训令，发给护照。

意大利远东飞行队的来华动向，引起了全国航空事务筹备处处长丁锦中将的关注。4 月 6 日，丁锦携少校鲍午桥、少校徐祖善赴沪，提出航空建设大纲。其中，注重搜罗航空人才办法，共开列四项：一是召集侨居国外的中国飞行家，返华指导；二是聘请外国人中精于飞行技术者，训练华人；三是设立航空学校，培养飞行人才；四是挑选熟谙飞行或从事航空工程者，遣送欧美，练习制造及驾驶技法。丁锦还披露了首批开辟的航空干路，一自北京至上海，二自北京至库伦，中间可在南京、济南等处落地。

4 月 21 日，意大利远东飞行队先遣队的雅时威伊(S.V.A.)式第九号双叶飞机，由意大利飞行员马沙路（Musiero）少尉、马喱嘉(Marerto)少尉驾驶，从越南河内出发，经六小时三十分钟的飞行，抵达广州。意大利驻粤领事富马加利出面，将其接往沙面休息。广东飞机队、飞行协进会、交涉局等为意大利飞行员召开欢迎会后，这架飞机在广州进行了一番表演,后经福州飞至上海,再行飞往胶州湾。此举被誉为“中意两国航空界之交谊”。

5 月 1 日,一架飞机从北京南苑飞至天津,并在天津各处缓缓飞行。原来,这是航空事务处派出的飞机,此次来津,目的是筹备欢迎意大利飞行员来京,为此提前熟悉航路,以便试演飞行之术。5 月 2 日,意大利飞行家佛拉林(也译为费氏,Ferrarine)中尉一行已抵达上海。根据飞行计划,北上赴京津后,他们还将经由朝鲜、日本飞越太平洋而至美国。

意大利飞机预定 5 月 7 日途经天津到北京, 航空事务处派出飞机赴津,在空中欢迎,但意大利飞机并未如约飞来。直到 5 月 17 日,排除万难的意大利飞机才辗转着陆北京。虽然姗姗来迟(另一架意大利飞机仍困在途中),但北洋政府仍为之举办了盛大的欢迎仪式。大总统徐世昌热情地向意大利飞行员佛拉林授予四等文虎章、向意大利技师加八尼利(Caparni)授予蓝色奖章。

中国第一次试行空中邮递, 也是在此期间实现的。一架亨德利·佩治(Handley Page)运输机,装载邮件及十五名乘客,从北京南苑途经廊坊,飞临天津意租界等地域后,降落在天津英商赛马场。京津之间这次破天荒的飞行,被称为“京津间第一次载客航空”和“首次京津航空运邮试验”。

(刊于 2019 年 11 月 25 日《天津日报》第 12 版“满庭芳”)

五、回力球场的建设和发展

回力球运动源自西班牙北部比利牛斯山区的巴斯克城, 为向峭壁掷球弹回对接的一种游戏。传到地中海沿岸国家后,演变成以藤条编成勺形器械，绑在手腕上，用以接发球。后来传到美国和东南亚并成为赌博工具。1930年，中国第一家回力球场由意大利商人创办于上海，开设后获利颇丰。为增加税收，意国商人富马加利筹备在天津开办回力球场，意租界则拿出地理位置最好的租界南部临近海河的意国花园之土地作为场址，由意大利建筑师鲍乃第进行建筑设计。

1933年6月6日，这家股份制有限公司在上海意大利领事公署备案，将球场定名为天津义商运动场（即天津回力球场），并于同日在上海、天津招股，额定资金70万元，共招7万股，发起人认购1.5万股，其余由社会各界认购，股金由华义银行负责接收。1933年9月，该公司发出建筑施工招标公告，于14日两点在上海公司办事处开标，中标单位为上海达昌建筑公司。

1934年9月20日，运动场建成开幕，其中最主要的回力球场部分高47英尺、长175英尺、宽92英尺，内设座椅1600个，楼上包厢两层，共计75个，能容观众1400人。场内装饰豪华，耗资巨大，装电灯35盏，每盏灯相当于1000支烛光的照度，整体建筑装饰费三十余万元，仅球场内击球之墙壁，费用就达三万余元。场内还设有体育场、冬景花园、屋顶花园、跳舞厅、中餐厅、西餐厅，并请来法国人莫拉利作为体育指导，开展拳击运动，举行公开比赛。四楼的舞厅更是邀请中外名家登场献艺，十分火爆。天津人习惯称其为“回力球场”。

回力球场的运动员都是来自意大利、西班牙及南美的职业球员。为吸引中国观众参与博彩，这些球员都被冠以中国古典名著《水浒传》中英雄好汉的绰号，如“笑面虎”杜麦司、“操刀鬼”马贵那、“豹子头”欧来达、“黑旋风”贺南德……这些回力球运动员还组成了篮球队、足球队，经常参与天津本埠的比赛，同时也在运动场内与外埠来津球队进行比拼。

回力球场靠着多种经营,吸引了大批人士前来博彩,很多人因此倾家荡产,因为赌博失败跳进海河自尽的事件屡见报端。为了掩盖丰厚收入背后的罪恶,该运动场也曾多次参与了天津的慈善活动。1935 年 2 月,为赈济冬季灾民,捐款两千元;9 月 15 日,举办水灾赈济赛;12 月 12 日,举办时装大会,门票及时装销售收入,交天津市慈善联合会,作冬赈捐款;12 月 28 日,举办慈善香槟赛;1936 年 4 月 3 日、5 日,举办首次中国时装大会,为天津英侨妇女慈善协会筹集善款。

1934 年至 1941 年,是回力球场经营的黄金期。抗日战争期间,该场被日军查封,发还后不久,意商即将其出售。1949 年后,这里成为天津市第一工人文化宫。八十余年过去了,经历了岁月的洗礼、地震的冲击,它受到了损坏。如今,这里已按原貌修复,并成为天津意大利风情区的一处景观。

(刊于 2019 年 11 月26 日《天津日报》第 12 版“满庭芳”)

六、回力球场的观舞热潮

意租界的回力球场的主要收入,是通过控制回力球赛的胜负,赚取那些做着发财梦的赌客之金钱。吸引赌客来此的,不仅是比赛,位于四楼的宴舞厅,作为其配套设施,似乎更能牵动着人们的眼球。

该舞厅在 1934 年 9 月 19 日(运动场开幕前一晚)就已纳客,这是为庆祝开幕特邀中外各界名流举行的盛大宴会。宴会结束后,即进行交际舞表演。自此,各种西洋舞蹈不断在此登场。

1935年3月，号称“舞榭双星”的中国舞后郑孟霞与搭档陈高聪，首度由沪北上京、津两地表演，返沪后即赴欧美各大城市巡演，此次演出深受京津两地中外人士好评。3月15日及28、29日，双星两次献艺回力球场舞厅，节目有探戈、华尔兹等，郑孟霞还即兴表演了中国剑舞。继郑、陈而来者，为美国人韦恩、卡路德二人，观众称其舞蹈水平较郑、陈二人略胜一筹。

1935年6月，回力球场请来世界著名舞蹈家迦宝文先生与伊芙克萝塞女士，在屋顶花园献艺，为期半个月。紧接着，又自上海请来匈牙利人莱古萨兄妹二人，表演新奇跳舞，如《钢琴上华尔兹》《客利奥客》《波爱玛》等，二人技艺精湛，服装鲜艳，媒体称“堪称三津舞蹈界空前未有之大观”。莱古萨兄妹合同届满后，甘宁姊妹花表演启幕，她们的舞蹈注重东方艺术彩色，动作幽静，音乐和悦，服装淡素，于静美中载歌载舞。

1935年11月30日夜，回力球场舞厅举办“西班牙”夜跳舞大会，仿照西班牙风俗布置舞场。来宾以意大利人居多，其余为法、美、俄等国人，英国人及华人只占五席。莱古萨兄妹再莅津门，除表演各种西班牙舞外，还有女勇士之滑稽斗牛。表演后，赠送来宾小花篮以作临别纪念。

1936年2月1日晚，为欢度中国之新年，回力球场舞厅专门举办“热带舞”大会，用纸扎成芭蕉树叶、菠萝、椰子、香蕉满悬于屋顶，用暗绿色电灯照射，顿成热带风光，墙上绘画各种热带风景。来宾均化妆并着夏装，菜品纯取酸辣口味，以示“热”的象征。大会高潮之时，来宾以麻质草裙悬于腰间，群起而跳胡拉舞。

2月初，特请来意大利舞蹈家哈利丝和罗伯特，每晚登场献艺。二人技术高超、姿势婉妙、步伐纯熟、搭配有方，受到观众一致好评。为答谢津门观众，该搭档于2月21日起，表演最得意之舞蹈中最为罕见之节目“妖魔舞”，再掀观舞热潮。

为了舞者和观众的舒适，1936年夏季的舞厅改至屋顶花园，舞蹈家保布和珍妮的舞蹈，翩翩曼妙，每场完终，毕掌声四起。合同期满后，因各界挽留，又续演两星期。到了秋天，因四楼舞厅重新修缮尚未竣工，舞场临时设在冬季花园内。看来，不管客观条件如何，跳舞是不能停的。1936年9月19日晚，舞厅竣工后重开帷幕，并改名“夜总会”。此次由国外请来保罗和玉娜登台表演，二人领衔的团体曾周游世界，久享盛名，上海百乐门大饭店开幕时，就曾请二人来助兴。两舞蹈家舞艺卓绝，擅长各种舞蹈，再次轰动津门。为避免拥挤，观众需提前预订座位。

1937年的屋顶花园，由美国请来世界一流喜剧歌舞明星哈维和凯瑟琳杨，跳起了滑稽舞蹈。电影里的场景走到了人们眼前，津门名媛仕女踊跃观看。

精彩的舞蹈表演，目的肯定是吸引人们来此消费。但各国舞蹈家轮番登场，精彩节目不断呈现，从另一个层面使得西方舞蹈艺术走进天津，促进了中西文化的交流融合。

（刊于2019年12月2日《天津日报》第12版“满庭芳”）

七、西洋音乐在回力球场的传播

群星闪耀的回力球场舞厅，必然有乐队伴奏，各种音乐自然也由此播向津门。

1935年，舞榭双星郑孟霞、陈高聪献艺津门，即由该舞厅音乐队长佛利姆特为她们专门定制伴舞乐谱，以助双星初次北来之成功。到了8月,回力球场舞厅的西洋轻音乐、跳舞伴奏乐,就已成为天津一些无线广播电台的热播曲目。

这里的乐队并不固定，根据合同约定时间进行更换。如1936年9月12日,就是“罗曼苏纳特”乐队的告别演出。乐队队长罗曼史佳培尔,原隶属于美国名乐队“快乐神仙海斯”,后该团返美,罗则留在天津充任“罗曼苏纳特”乐队之指挥,在津演奏一年有余,深受天津各界欢迎。

罗曼史佳培尔走后,舞厅改为“夜总会”,奥尔斯丁乐队隆重登场。回力球场对奥尔斯丁十分重视,不断在各大媒体的广告中隆重推出,以提高其知名度。奥尔斯丁果然不负众望,一年以后,一场由他担任指挥的交响乐演奏会在回力球场奏响。

这场演奏会筹备了很久，于1937年2月6日下午4点公演。《大公报》记者称,此前这种交响乐队在津演奏仅有两次,第一次是在第一次世界大战之前,第二次距今也有十年之久,故此次盛会,实在难得。

交响乐的演出,仅凭回力球场的乐队是无法完成的,此次交响乐队汇聚了当时天津市所有的知名音乐人,堪称国际交响乐队。其中有美陆军十五连、英军蓝开夏、意国皇家海军、起士林咖啡店音乐师及华人音乐家。曾任天津市工务局局长的杨豹灵的长子杨天一,作为华人中之提琴名手,加入了乐队。为提高演出品质,更请来了世界著名钢琴家李丽亚佛西丝女士，她毕业于巴黎音乐专门学校,早已闻名欧美。筹备完成后,演出门票由英租界中街谋得利琴行出售。

奥尔斯丁领衔的交响乐队共演奏名曲八首。有奥地利作曲家舒伯特的《罗萨蒙德序曲》、b小调第八交响曲《未完成》,俄罗斯音乐大师柴可夫斯基的《第五交响曲》,挪威作曲家格里格的《a小调钢琴协奏曲》，俄罗斯作曲家伊万诺夫的《高加索素描》，最后一曲是意大利作曲家普契尼的《蝴蝶夫人》。

舞厅的乐队不仅演奏西洋音乐，同时也研究中国乐曲。1936 年 2 月，正值新春佳节，在“中国夜”活动中，乐队演奏了《渔光曲》《桃花江》《特别快车》《毛毛雨》等中国来宾喜闻乐见的曲目。场内大贴春联，上书“恭喜发财”“皆大欢喜”等词，并满缀中国产的各种花灯。而菜品则是三鲜水饺、炸酱面、烤鸭，这是特别给西方人来品尝中国年味儿的。一时间，西洋乐与中国曲、外国人与中国餐、中国人与西洋舞，已不分彼此。

（刊于 2019 年 12 月 3 日《天津日报》第 12 版“满庭芳”）

八、意大利音乐舞蹈在天津

一百多年前，意大利的音乐舞蹈就已登陆津门，随着传播的进行，逐渐被天津百姓认知。其传播途径主要有官方主动传播、慈善演出、商业演出。

1918 年，驻津意国领事费干电调驻京义国乐队五十余人，于 5 月 26 日由队官率领，各带乐器，来到天津，听候差遣。此后，来自意租界的乐队，就多次出现在天津的各种音乐会上。1934 年，领事做出了更大的动作，3 月 15 日下午 6 点，意大利驻天津领事租下平安影院，免费放映风光片《意大利的美人和民歌》。影院座位全部坐满，而且围绕场地又站了一圈人，使得平安影院上座率达到了空前的程度。影片介绍了意大利的国土，雅典时代留下的艺术品、建筑、雕刻、威尼斯水乡，而背景音乐就是在曼多林弦上跳动着的南欧民歌。

天津青年会经常进行各种慈善筹款活动，意国兵营乐队屡屡应邀出演。1925 年 5 月,为学生夏令会筹款,天津青年会请来中外音乐大家,举行世界音乐大会。此次共有节目 12 个,第 6 个节目即为意大利音乐及手琴。1934 年 11 月的青年会国际音乐会,意国乐队再列其中。1935 年 5 月,该会再次举办音乐大会,此次由驻津意国兵营乐队演奏的意大利音乐排在 14 个节目之末，为压轴曲目。该乐队共演奏 6 个名曲。在音乐会前，媒体称赞此次的意大利音乐,是以丰富的节目做大会的最后的礼赞。本次热烈、活跃的音乐,演奏了一个多小时。

商业演出中,更吸引广大观众的应该是新奇的舞蹈。1936 年 2 月初,意租界回力球场为欢度中国之新年,特从欧洲请来意大利舞蹈家哈利丝和罗伯特,每晚登场献艺。二人均经过专业训练,技术高超、姿势婉妙、步伐纯熟、搭配有方,受到观众好评。为答谢观众,该搭档于 21 日起,表演最拿手之舞蹈“妖魔舞”,媒体称此为舞蹈界中最为罕见之节目,二人以得意之作再掀津门观舞热潮。

其实，哈利丝和罗伯特来津之前，意大利舞蹈已经在天津上演。1929 年 4 月,俄国文艺团体胡拉胡拉舞团在天津新新电影院演出,大受观众追捧。该团原定每晚只演二幕,后经该院再三与该团商议,才答应每场表演拿手舞蹈五幕,舞蹈为意大利舞、胡拉胡拉舞。此时,意大利舞和胡拉胡拉舞还不为天津人熟悉,但是一经演出,便被认可了,否则电影院不会商谈加演,后来还请来俄国双弦音乐家米卡与舞团合作助演。而在上海,此舞已很流行,人们称之为草裙舞、拐弯抹角舞、双蝶戏花舞等中国式的名字。

(刊于 2019 年 12 月 9 日《天津日报》第 12 版“满庭芳”)

作者:李琦琳,天津市保护历史风貌建筑办公室

历史与社会

起起伏伏：
清末民初天津社团活动蠡测

李学智　迟　慧

清末民初，中国政治局势几经重大变化，与此相伴，反映民众社会参与状况——热情上升或趋于冷漠——的民间社团活跃的程度也起起伏伏。笔者拟对此时期天津民间社团活动起伏变化的经过及个中缘由做一考察，疏漏谬误之处，祈方家赐正。

一、清末社团活动的活跃与停顿

清末近十年中，天津各界人士组建了多种民间社团，积极开展社会改良活动，成为此时期天津社会生活的重要现象。

天足会是清末天津建立较早的民间社团会，天足会的活动，成为清末社会改良活动中令人关注的一景。缠足这一在中国延续了千余年，严重戕害女子身心的陋习，终于受到致命的冲击。

1903年1月，刘孟扬创设“独立天足社”[1]，不久改名“公益天足社”。公益天足社“专以劝诫以后的妇女不准再缠足为宗旨”[2]，并规定，入社不需缴纳任何费用；不但家有妻女者可以入社，及时尚未娶妻或已娶妻而尚未生女者亦可入社；入社后，“家中妇女已缠足者概置不论，未缠者不准再缠，缠未成者即速解放”；社友间“有互相纠查之权，如查有不遵守本社章程者，可公同议罚”[3]。

公益天足社积极开展活动，其组织规模和社会影响在不断扩大。1903年3月，参加者仅20余人，至4月参加者即达30多家，张慰臣等人还在河东十字街设立了分会，“名曰公益天足社支部”，社友达20余人。[4]到1905年，入社者达到130多家。[5]公益天足社积极的宣传活动，加之借助刘孟扬《大公报》主笔的有利地位，使戒缠足活动取得了积极、显著的效果。

时至1911年夏，天津各界人士又组建了天津县天足会，又称津邑天足会。至9月中旬，入会者已达194人。[6]天津县天足会有比较完善的组织机构和工作机制[7]，如1911年8月27日的会议，先由会长陈蔗圃报告天足会近来各项工作进展情况，并讨论决定了

---

①《广告·独立天足社》，《大公报》1903年1月20日。刘孟扬（1877—1943）字伯年，天津人，回族，清末秀才。曾应英敛之聘为《大公报》主笔政。1905年后创办《商报》《民兴报》《白话晚报》等。并曾任天津南段巡警局值日所保长、直隶稽征局局长、天津警察厅勤务督察长、直隶省磁县、永年和天津等县知事。

②《请遵饬劝戒缠足》，《大公报》1904年1月5日。

③《公益天足社改订详细章程》，《大公报》1903年3月16日。

④《纪天足社》，《大公报》1903年4月1日。

⑤《公益天足社刘孟扬敬告众社友》，《大公报》1905年5月31日。

⑥《本埠·职员会纪事》，《大公报》1911年9月19日。

⑦如，设正副会长，设置劝导、筹款、编辑、庶务等股各司其职，协同开展活动，定期开会，由会长报告天足会工作进展情况，商议、决定会中各种问题等。

多项会务:请画家绘制缠足之苦,天足之便的图画,印制发行;发放天足会徽章;各劝导员分赴各女学堂,劝说放足;等等。①

为了更有效地进行宣传,天津县天足会还举行全体会员的"围城马路巡行演说会"。第一次巡行演说于10月11日举行②,并决定以后每月20日巡行演说一次,且"周游小街曲巷"③,以扩大影响。

阅报社则是以开启民智为宗旨的民间社团。清末天津建立了多个阅报社,为启迪民智,开通风气发挥了积极作用。天津最早的阅报社,当属1905年初设立的西城阅报社。7月,又出现了益智阅报社、启文阅报社、日新阅报社等。阅报社内备有多种报章以及一些书籍,"任人入观,不取分文"④。其中启文阅报社设立于东马路一品茶楼附近,地势优越。其章程主要内容包括:各种报纸,阅毕仍放置原处;阅报时不得信口吟哦、高声喧笑;报内常有精细图画,阅者不得裁割携去;不得在原报纸上动笔批写;等等。⑤其规则种种体现了创办者欲以现代文明社会规则引导公众的良苦用心。启文阅报社开办后,往阅者甚多并赢得众多社会人士的好感和赞助,多有各方人士捐款、赠送报刊、书籍,甚至有人"赞借楼房",以表支持⑥,产生了广泛的社会影响。

鉴于吸食烟卷人数日益增多,给民众健康带来危害,郭东潮、汪贡廷等人发起戒纸烟会。其章程规定:本会"以劝导戒吸纸烟,保

---

①《直隶·津邑天足会开职员会纪事》,《大公报》1911年9月2日。

②《本埠·天足会职员会纪事》,《大公报》1911年10月16日。

③《本埠·天足会之游说》,《大公报》1911年10月14日。

④《本埠·阅报社出现》,《大公报》1905年7月5日;《本埠·又一阅报社》,《大公报》1905年7月13日。

⑤《本埠·启文阅报社规则》,《大公报》1905年7月22日。

⑥《天津启文阅报社丁未十二月出入款项造具清册呈览》,《大公报》1908年3月27日。

护身体为宗旨”;“凡同志者无论贫富老幼皆得入会为会员”。1911年10月1日，戒纸烟会在三条石天津自治研究总所召开成立大会,并举定正副会长和各部职员。[①]报名入会者踊跃,至10月底,入会者即达380余人[②],此外,当时天津总商会坐办李星北、商业研究所所长杜小琴等商界人士“以此举不但挽回利权,更能有益卫生”,9月中旬开会时,积极推动“商界戒食纸烟事”,多人当场立誓戒食纸烟,并愿担任劝导工作。[③]

一些有识之士希望借助体育训练养成国民尚武精神，改变国人孱弱不堪的形象,救国强种。1910年12月21日,天津绅商各界人士以“提倡国民体育之举不容缓也”发起成立的天津体育社召开成立大会,此会“以健身卫生为工夫,以保家保国为要义”[④]。《天津体育社章程》规定:本社以招收木埠士农工商及其子弟练习体操、强健身体、振作尚武精神为宗旨;社员以年在二十岁以上四十岁以下身家清白品行端正者为合格。[⑤]体育社于1911年初招收了第一期学员，开始进行训练，以南开中学迤南之地作为进行训练的操场。

1911年3月,清政府学部提出组织体育会,通过体育训练“养成国民健全之体格”[⑥]。由于清政府的倡导,地方官员也给予支持,更使得天津体育社受到各界人士的关注与赞助,各界人士的捐款、

①《戒烟会纪事》,《大公报》1911年10月4日。
②笔者据《大公报》“本埠”“来函”栏统计,此期间入会人士有曹少堂、杜竹轩、卢元林等381人。
③《本埠·戒食纸烟热》,《大公报》1911年9月13日。
④《天津体育社禀巡警道宪转详督宪咨部立案禀文并批》,《大公报》1911年1月25日。
⑤《专件·天津体育社章程》,《大公报》1911年2月18日。
⑥《学部提倡体育会》,《大公报》,1911年3月21日。

捐物络绎不绝[①],报刊舆论对体育社的训练及各项活动也做有相当多的报道。[②]1911 年 11 月至 1912 年 1 月,天津红十字会举行的几次野战救护演习,也均邀请体育会加入其中做军事演习。

此外,清末时期天津还曾有一些民间社团建立并开展活动。如,游学会、天津普通体育社、北洋万国改良会等,兹不一一赘述。上述清末天津民间社团,虽其宗旨及活动内容、形式各异,但其建立和活动的开展均出于各界认识对开启民智,改良愚昧有害的社会习俗的愿望和热情,使津门社会生活中体现出些许温情和某些新的气象。

辛亥革命爆发后,南方诸省的武装起义给予北方社会带来重大影响,"其慌乱尤甚者除北京外厥惟天津。连日以来风声鹤唳,一夕数惊,官商眷属纷纷迁徙,大都奔避上海,以为狡兔之窟。即本地士绅商亦多移居租界,甚且有昼伏夜动者。……遂令士不敢安于校,工不敢安于肆,商不敢安于市,……且鉴于庚子之苦相率作楚囚之泣,或则□粮秣马准备逃难之谋,而赴官商各银号提取存款、换兑现圆成群结队如潮而至"[③]。10 月下旬,"市面恐慌日甚一日,复为沪市各埠影响所及更觉吃紧"[④]。

进入 11 月,社会恐慌所及,"河北经纬路各公馆搬往租界者去其大半",而"今日起事、明日起事"的传言不断,"于是河北及城内

---

①《关心桑梓》1911 年 4 月 21 日;《来函热心公益》1911 年 7 月 4 日。此报道及来函均列有捐款人名单及数额。

②《体育社纪事》,《大公报》1911 年 4 月 2 日;《参观野操》,《大公报》1911 年 5 月 13 日;《体育社纪事》,《大公报》1911 年 5 月 16 日;等等。

③《为本埠人心慌乱正告大吏与居民》,《大公报》1911 年 10 月 29 日。

④《维持市面》,《大公报》1911 年 10 月 30 日。

之住户居民纷纷搬往租界及四乡者更复途为之塞。而经纬路一带至此几无人迹矣”[1]。11月8日，各界人士以本埠大局岌岌可危，在天津县议事会集会，“公同组织维持公安会”。会议公举张君伯苓为会长，张氏“广征大家意见”，与会者纷纷发言，提出各种维持“地方公安”的办法。[2]

天津地方当局一方面发布“安民”告示，称天津周围各处安谧如常，让民众“各安生业，勿轻听谣言，徒自纷扰”[3]，同时加强了对天津的控制，宣布戒严。但革命党人在天津建立了多个机关开展革命活动，并策划了1912年1月29日晚分兵数路攻占直隶总督衙门、天津巡警道署、天津督练公所以及铁路、桥梁等交通设施和电报、电话等通讯机关的武装起义。[4]

在这种情势之下，人们的关注集中于政治变动，困于各种事件的纷扰，上述各种社团多停止了正常活动。如，戒纸烟会虽其日常事务“仍照常办理”，但每个月的例行职员会“暂行停开”[5]，其正常活动陷于停顿。在11月5日天津县天足会会议上，会长陈蔗圃提出，“当此变乱之际，……人心惶惶”，是否暂停开会，请女劝导员也暂且活动，虽多人主张继续开展活动，但实际上此后天足会的职员会即停开了两个多月。[6]设于旧城内仓门口民立第一两等小学堂内

---

①《闲评二》，《大公报》1911年11月11日。

②《维持会纪略》，《大公报》1911年11月10日。

③《督示安民》，《大公报》1911年11月12日。

④这一起义因误发起义信号，各路武装行动不一，虽经激烈战斗但终告失败。

⑤《职员会暂停》，《大公报》1911年12月13日。

⑥《天足会纪事》，《大公报》1911年11月14日；《本埠·天足会纪事》，《大公报》1912年1月19日。

的法政讲习社，“自各省兴兵以来早已停讲。[①]”此时期难以见到各种社团活动的消息道，与此前形成明显反差。

二、民初社团活动的再度活跃与重趋沉寂

1912 年 2 月，南北议和成功，天津各界人士以各种方式庆祝中华民国的建立，表达对南北统一于民国的欣喜之情和对民主共和制度的热情向往。2 月 24 日，北洋女师范学堂、北洋高等女学堂，以及京师女师范学堂与其附属女子小学堂等校师生，共同举行了中华民国女子庆祝共和会。手持小幅五色旗和写有“庆祝共和万岁”小旗的各校学生组成的队伍，在各学堂校旗的引导下环绕旧城东南西北四条马路举行提灯游行，游行队伍一路“口唱爱国歌，沿途施放鞭炮”[②]。2 月 25 日晚，各界人士在广东会馆集合，举行提灯会庆祝共和统一，“周行河北及各租界”[③]。随着社会生活逐渐恢复常态，因政局变动而停止的各种社团的活动也重趋活跃。

4 月 27 日，天津县天足会刊登广告，通告 4 月 28 日下午，天足会在东马路宣讲所召开“本年第一次”全体会员大会，“研究重要问题”，请“全体会员暨各界热心人士届时一准惠临，共谋进行方法”[④]。此日的大会决定，嗣后旧历每月第一个星期日仍在宣讲所开

---

①《讲习社将开》，《大公报》1912 年 5 月 7 日。

②《庆祝会志盛》，《大公报》1912 年 2 月 25 日。《来函》，《大公报》1912 年 2 月 28 日，第 2 张。2 月 12 是旧历辛亥年十二月二十五日，2 月 24 日为壬子年正月初七日。中间的十余天人们在过传统新年，当难以举行公共集会。

③《提灯会志盛》，《大公报》1912 年 2 月 26 日。

④《热心天足者鉴》，《大公报》1912 年 4 月 27 日。

例会一次,研究天足会进行方法。此后,天津县天足会恢复了正常的活动,5 月 11 日在东马路宣讲所召开的大会,除本会会员外,“各界来宾颇形踊跃”[①]。5 月初,法政讲习社的主持者宣称,“现已大局敉平,应即照章开课”,以前主要宣讲君主立宪政体的宪法,设置的“功课门数繁多”,现已多不适用,故研究简化课程,“专注重共和宪法及社会学、经济、财政等”[②],法政讲习社也恢复了活动。

9 月初,戒纸烟会也在恢复活动并决定更名为“中国国民直隶戒纸烟会”,以便扩大范围,且函请各界代表人士劝导民众入会。[③]其后报名入会者多人,且以旅居津门的湖广闽浙人士居多数。戒纸烟会以原先设置在南市某地的报名处多有不便,将办事地点移至法租界大中华邮政局附近一院落内。[④]

与此同时,津门各界人士还建立了许多新的社团。新建立的社团与清末那些社团相较,其值得关注之点在于,民初建立的这些社团活动的主要内容,或进行民主共和思想的宣传,或宣讲法律知识,鼓吹建立法治国家,或进行经济、教育等社会科学知识的宣传等,旨在以此启迪民众,推动民主共和制度的建立和现代社会思想的普及。而这些社团的组织、活动方式明显分为两类:一类是以阅报演说为主要方式,宣传共和民主思想与制度,对民众进行思想启蒙;一类则以伸张民权,监督政府,推进民主共和制度的施行为宗旨。

---

①《来函》,《大公报》1912 年 5 月 12 日。

②《讲习社将开》,《大公报》1912 年 5 月 7 日。

③《戒纸烟会复现》,《大公报》1912 年 9 月 7 日。

④《来函》,《大公报》1912 年 11 月 11 日。

第一类社团主要有启民阅报演说会、开文阅报社、义勇阅报社、夏季讲演会、阅报演说会等。1912 年 3 月 13 日，启民阅报演说会的发起组织者曾栋臣、刘锡三、王槐荪等人“审查章程，公推职员”，商议进行方法。[①]3 月 16 日，启民阅报演说会假西门内美以美会开成立大会，与会者 20 余人。曾栋臣报告成立阅报演说会的宗旨称：本会“以启发国民知识，倡导共和思想为宗旨”，故定名为“启民阅报演说会”。会议推举曾栋臣、吴桂五为正副会长，刘锡三等 9 人为演说员，议定暂以每星期一、三下午 2:00—4:00 为演说时间。[②]其简章主要内容为：本会“以阅报演说启发同胞最新知识，倡导共和思想为宗旨”；“本会会员中以有新知识及政治、法律之观念者，皆可听其自认为演说员”，会外团体或个人有愿入本会演说者，“须先报告其讲题，与本会宗旨相同者方能登台演说，作为特别演说员”；职员会每两周一次，大会每三个月举行一次。此外，演说会“更备有各项报章，凡识字者均可任便阅览”[③]。3 月 30 日，启民阅报演说会正式开幕，“中外各界来宾异常踊跃”。首由会长曾栋臣报告本会宗旨，随后“成美学堂十余人合唱共和凯歌”。然后，演说员刘锡三、徐口川分别演说“共和大义及共和国民应负之责任”。演说毕，“复唱爱国新歌，众皆鼓掌”。之后张伯苓登台，其对发起成立此会者的“热诚”大加赞扬并发表演说。然后《天民报》社李仲韬演说，其解释此会定名“启民”二字的含义，称“共和人民有平等之权利”，

①《本埠·组织演说会》，《大公报》1912 年 3 月 2 日；《本埠·定期开会》，《大公报》1912 年 3 月 14 日。

②《演说会成立》，《大公报》1912 年 3 月 17 日。

③《演说会简章》，《大公报》1912 年 3 月 21 日。

通过演说活动可启发民众,“使人民趋向共和思想”,以挽救时局。演说会至六点方结束。[①]5 月 10 日下午,启民阅报演说会举办特别演说会,到会者 200 人,首由阎华庭“演说目下社会之心理及趋向,……次由天津民报社李君仲韬国家与人民及其地土互相关联,并人民应享权利、应尽义务,解说甚详”。演说完毕,会长曾栋臣称下届仍开特别演说会,“务望各界同胞来会入听,共襄盛举”[②]。启民阅报演说会规模较大,活动频繁,引人关注。

义勇阅报社也建立于 4 月间。此阅报社由西沽公理教堂会正徐滙川主持建立,4 月 28 日晚举行第一次特别演说大会。徐滙川首先说明设立义勇阅报社重要意义,然后请张伯苓进行演说。张氏认为,“中华民国建设须以道德为基”,在演说中痛切直陈专制制度之种种弊端,提出“人人须敦道德,肩义务,群策群力,共挽颓风,而为铁血革命家之后盾”。听讲者 700 余人“群相鼓掌”[③]。

建立于 7 月间的夏季讲演会,关注的问题则更为广泛。此讲演会章程称:“本会以利用暇暑从事学问阐发,理术宏深造诣为宗旨”,邀请各学科专家担任讲演,内容包括“美国共和之精神、英法地方自治谈、法律精义、经济概论、西洋教育、地方工程卫生、社会学”等。夏季讲演会自本年 7 月 16 日开讲,至暑假期满日停止,讲演时间为午后二时至五时。[④]

此外,还有几个以阅报演说为内容的社团也在筹备或酝酿成立,开展活动。2 月下旬,尤先舫、闫华庭等人发起组织游行演说会。

---

①《本埠·演说会开幕》,《大公报》1912 年 4 月 2 日。
②《演说会纪事》,《大公报》1912 年 5 月 26 日。
③《演说会纪事》,《大公报》1912 年 5 月 1 日。
④《讲演会简章》,《大公报》1912 年 7 月 15 日。

其宗旨宣称,中国已成为中华民国,“必须化除南北意见,融合汉满回蒙藏五族成为一大团体,合力共作,以图国利民福”①。2月27日,河东小关开文阅报社诸发起人开会,审核该社所需各项目经费并研究一切进行方法②。4月间,刘兰轩、龚云波等人亦发起建立一阅报演说会。此阅报演说会“昼则阅报,夜则演说,以启发人民知识为宗旨”,不日开办。③

以伸张人民权利,促进共和政体为宗旨的这类社团中,以天津公民会最为令人瞩目。3月31日,天津公民会召开成立大会,到会约300人。大会选举钟世铭为会长,王守恂、阎宏业为副会长,并选定评议、调查等各部职员。公民会是以学界人士为主发起而组成的社团,但绅学工商各界均有人加入,公民会各部职员绅学工商各界亦均有人入选。④《公民会章程》的主要内容为:“本会以监督政府,促进共和政体之完成为宗旨”;“凡中华国民赞成本会宗旨者皆得为本会会员”;“凡会员宜因其地位能力之所及考察关于共和政体之各种问题,随时报告本会以备鼓吹进行”;“本会附设公民讲习社,专讲美法共和宪政,会员得随意入社听讲”等。公民会的会场设于仓廒民立第一小学堂,事务所则暂假东马路劝学所。⑤其会附设有公民讲习社并计划创办《公民报》,公民讲习社订于5月17日开讲,但《公民报》因一时经费难筹,后决定暂从缓办。⑥5月5日公民

---

①《组织演说会》,《大公报》1912年2月26日。
②《阅报社会议》,《大公报》1912年2月28日。
③《演说会出现》,《大公报》1912年4月28日。
④《公民会出现》,《大公报》1912年3月26日;《公民会纪事》,《大公报》1912年4月2日。
⑤《公民会章程》,《大公报》1912年4月3、4日。
⑥《公民会启事》,《大公报》1912年5月14日;《公民会茶话》,《大公报》1912年4月23日。

会开会，雷振声、刘觐臣等相继演说，其内容为“共和国进行手续”，之后商议本会各项进行事宜。[1]5月17日公民会开会讨论外省人在本省任官职问题。会议提出，“以前外省人在本省服官，腐败者极多。今既共和，宜即改良，不可再用外省人员。如本省举人，应由本会担负完全责任”。但讨论多时，未能得出解决的办法，决定以后再开会续议。[2]

此外，这一时期组建的这类社团还有直隶公会、直隶民会、四乡自治公会等。1912年3至4月间，直隶公会、直隶民会相继建立，此两会均“以巩固共和基础，伸张人民权利为宗旨”[3]。7月12日，四乡自治公会召开成立大会，会员到者60余人。会议选举李学曾为会长为，杨泽濡、苏士选为副会长，并选举出评议员、调查员、交际员、庶务员、会计、书记等各员若干。[4]

相形之下，这一时期建立的以从事社会改良为宗旨的社团相较清末则大为减少。1912年6至7月间，曾栋臣、王槐荪、刘锡三、刘栋臣等人发起建立改良实进会，其会以“实行改良家庭婚丧礼式，矫正风俗并提倡教育、慈善事业，增进人民道德知识，扶持社会进步”为宗旨[5]，并拟在会内设置婚丧、家政、进德、教育、新剧、济贫、医术、体操音及编辑、演说等部以推进各项会务进行。[6]8月21日，诸发起人开会，决定改会名为天津风俗改良会，“以先从改良婚

①《公民会开会》，《大公报》1912年5月7日。
②《开会原因》，《大公报》1912年7月23日。
③《民会出现》，《大公报》1912年4月5日。
④《会员选定》，《大公报》1912年7月14日；《续举改期》，《大公报》1912年7月18日。
⑤《组织实进会》，《大公报》1912年7月9日。
⑥《组织实进会》，《大公报》1912年7月18日。

丧礼式为入手”①。

民初天津这种社团重新活跃的情况并未能持续较长的时间，由于民初政局动荡、社会秩序的混乱，社团活动很快重趋冷寂。

民国南北统一，以袁世凯为首的北洋军阀官僚控制了民国中央政权，蛮横任性，翻云覆雨，各种影响国家稳定、社会安宁的事件纷至沓来，政局动荡，政党林立，各种社会政治力量纷争搅扰，这一切给社会造成剧烈的震荡，民国建立带给民众的欣喜和国家前途的热望，随着国家政治局势变迁而趋于冷漠与失望。人们看不清国家的前景，各界人士对于社会改良及其各项公益事业的热情明显下降，各社团活动趋于冷寂的结局实难避免。

首先是京津保士兵哗变使天津商民蒙受重大损失，给社会生活造成剧烈震动。2 月 29 日夜间发生的北京兵变很快波及天津，3 月 2 日晚九点多钟，“北京乱兵到津，由新车站起沿路放火抢掠，直至估衣街、宫北一带，骎及东南城角。交通断绝，电话不通，但见火势蔽天，枪炮之声不绝，半夜以后尚未熄灭”②。随后天津即处于戒严状态，“官绅会议维持办法，除警道加添岗警及探访间局、保卫局、体育社、水团、商团加添军火，一律戒严外，并由官家发给各商号手抢五千枝、快枪五千枝，又由商号联合自行在本埠某洋行购买现货手枪四千支，以资自行防”③。有评论称：“自共和宣布以来，官绅士商民各界今日开会、明日开会，曰庆贺共和也；今日提灯、明日

---

①《改良会成立》，《大公报》1912 年 8 月 22 日。

②《本埠乱耗》，《大公报》1912 年 3 月 3 日。此后，《大公报》以《×纪乱后之余闻》为题连续刊载 10 篇报道，对兵变详情和造成的损失连续进行了详尽报道。

③《津邑戒严》，《大公报》1912 年 3 月 3 日。

提灯，曰庆贺共和也，是真能点缀升平矣”，而曾不几日，“演出此等惨剧，此果谁之责欤”[1]！“北方自庚子以后地方糜烂，元气大伤，经十年之生聚招徕，始能有此现象。然革命事起以来，金融阻滞，商业凋□，已有朝不保夕之势，乃战局甫定，惨祸横加，此端一开，后患曷已！”[2]此后，天津总商会及各界人士为索取赔偿，挽回兵变所造成的损失，与有关方面进行了长时期艰苦的交涉。同时，直隶都督改委，南北达成的协议，其后直都人选纷争不已，几度变换；而直隶省议会忽而筹备改选，忽而宣称解散，纷扰不已。民初政治局势的种种乱象对天津社会生活造成严重危害——政局动荡，社会不稳，人心厌倦，社会改良活动何从进行。

对于民初的乱象种种，有评论描述为：“忽而改举总统，忽而争议国都，忽而国旗招飐，忽而瓦砾纵横。同一都督，忽而推举，忽而攻讦；同一军队，忽而文明，忽而野蛮；同一人物，忽而操莽，忽而华拿。……陆离光怪，如观电影戏，一刹那间现出无数幻景。”[3]“观现今时局，有最可虑之一事，则稍有骨气之人不愿与闻国事，而殃民无耻之徒弹冠而来，以肆行其把持权位之故智是也。且今之贤者，不惟不愿投身政界也，即代表民意之参议员亦相率去之若浼焉。是岂共和成立国民皆存厌世思想欤，无亦大总统之亲小人远贤有以激之耳循是道也。”[4]

此时期，当局者对于民间社团的社会参与也抱有警惕与保留，对其建立与开展活动持消极乃至压制的态度。前述尤先舫等人组

---

①《闲评》，《大公报》1912 年 3 月 6 日。
②《言论·敢问政府何以回复北方秩序》，《大公报》1912 年 3 月 7 日。
③《闲评》，《大公报》1912 年 3 月 14 日。
④《闲评》，《大公报》1912 年 3 月 16 日。

织游行演说会上报当局准予备案的呈请,4月被警道驳回，其理由是:查本埠情形,兵燹之后人心浮动,倘有兵民于演说宗旨稍有不合,该会难免不滋生事端,即各州县地方逃兵土匪尚未一律肃清,到处演说亦有未便。[①]

在民初这样的政治和社会状况,上述恢复活动或新建的社团,除体育社外[②],其活动多未能持续下去,许多社团活动进行数次或一段时间后逐渐归于无声无息。如戒纸烟会在1912年9月积极筹备恢复活动,更名为“中国国民直隶戒纸烟会”,计划重新开展活动[③],但此后并未见其后续活动具体进行如何。启民阅报演说会、天津风俗改良会、公民会[④]等,均存在数月不等后遂不再闻其声息。

三、政治局势与民众社会参与

清末天津民间社团的纷纷建立与积极开展活动，与清廷推行

①《立案未准》,《大公报》1912年4月24日。

②天津体育会成立后,由天津警务负责人杨以德兼任社长,官方的参与乃至把控程度较高,进入民国后也一直受到警务当局的控制,执行警务当局分派的一些任务。1923年天津警察厅将体育社改组为南区警察署第六分驻所，专门负责南开一带的“布岗巡逻”任务,天津体育社方宣告结束(《杨处长拟改组体育社》,《益世报》1923年8月25日;《增设南六区之经费问题》,《大公报》1923年12月6日)。

③《来函》,《大公报》1912年11月11日。

④公民会的情况似乎比较复杂。民初全国多地建有公民会，天津公民会自1912年月3月建立后曾一度比较活跃。1912年10—11月间,有人提出公民会合是否并入民主党的问题,公民会特为此事召开会议,此议被否决。此后公民会仍继续存在并开展活动(《公民会通函》,《大公报》1912年11月1日;《公民会仍旧》,《大公报》1912年11月10日)。时至1913年5月28日,《大公报》仍以《广仁堂访闻录》为题,报道了天津公民会“联合各机关接办广仁堂”一事。

“新政”及“预备立宪”而形成政治局面有重要、直接的关系。庚子惨祸与《辛丑条约》的签订，使清廷已无法再照旧统治下去，被迫实行“新政”，开始在经济、法律、教育、军事等诸多领域进行变革。

1902 年 5 月清廷发布上谕，派沈家本、伍廷芳主持修订现行律例，“按照交涉情形，参酌各国法律，悉心考订，妥为拟议。务期中外通行，有裨治理”[①]。自 1903 年起，《奖励公司章程》《商人通例》《公司律》《各级审判厅试办章程》《集会结社律》《大清刑事民事诉讼法》《大清新刑律》《民律草案》（由于辛亥革命爆发，《民律》未及审议颁行）等先后制订颁行。上述修律制法过程中，各律例均不同程度地吸收了某些近代西方法律原则，成为“中国传统法律现代转型的关键举措”[②]。清廷对政府机构也做了若干变革，如 1906 年改总理衙门为外务部及设立商部（后改为农工商部、巡警部、学部、民政部、度支部、陆军部、法部、邮传部、海军部、军咨府、审计院等），清廷的政权机构也开始向现代社会转变。[③]

1902 年 8 月清廷颁布《钦定学堂章程》，1904 年 1 月又颁布《重订学堂章程》，详细规定了各级学堂章程及管理体制，以法令形式要求在全国推行。与普通学堂并行的还有专业教育，包括师范学堂及各类实业学堂，在学制上自成系统，一套完整的学校制度随之建立。1905 年 9 月，清廷谕令“立停科举以广学校”，延续了一千余年的科举制度宣告废除。随后设立学部，专管学堂事务，并推出奖

①《清实录·德宗实录》，卷四九二，光绪二十八年四月（丙申）。

②李在全：《清末修律制法述略》，《兰州学刊》2017 年第 7 期。

③侯宜杰：《二十世纪初中国政治改革风潮——清末立宪运动史》，人民出版社 1993 年，第 82—83、91 页。

励出国“游学”的各项办法。清末教育领域的变革,特别是新式学堂的建立、发展,使中国教育在结构功能方面发生重大变化,对中国教育的发展产生了广泛深远的影响。[①]

1903年9月,清政府设立商部,倡导商民创办工商企业。随后,颁布了一系列工商业规章和奖励实业办法,如:《钦定大清商法》《商会章程》《铁路简明章程》《奖励华商公司章程》《公司注册章程》等。这些章程规定,允许自由发展实业,奖励兴办工商企业,鼓励组织商会团体。清末奖励工商实业这些章程和做法,客观上对“中国民族资本主义工业的迅速发展,起了一定的作用”[②]。

有论者认为,如果说清王朝在整饬吏治与行政改革方面多为表面文章,“那么在练新军、兴实业、变革教育体制方面还是颇有实效的,出现了一些前所未有的新气象”[③]。而1906年9月开始的将君主专制改为君主立宪政体的“预备立宪”,使清王朝的“新政”进入了变革政治体制的阶段。随着各省咨议局的建立、资政院的建立以及地方自治的推行,各地民间的社会政治热情高涨。“立宪派和绅商学子认为,不待人民之请求,中国的专制政治就迈进预备立宪时期,即向民主宪政过渡的新时期,‘诚古今未有之盛举’仍然热烈欢呼,张灯结彩,敲锣打鼓,开会庆贺。”[④]

在清末的社会变革中,天津无疑走在前列。1902年8月之后,袁世凯以直隶总督兼北洋大臣的身份,在天津进行的所谓“北洋新

---

①田正平主编:《中国教育史研究(近代分卷)》,华东师范大学出版社2009年。
②施仁章:《清末奖励工商实业政策及其影响》,《中国社会经济史研究》1982年第2期。
③郭世佑:《晚清政治革命新论》,中国人民大学出版社2010年版,第90页。
④侯宜杰:《清末国会请愿风潮》,北京师范大学出版社2015年版,第2页。

政”，包括组织建立现代警察机构，维持社会治安秩序；完善市政管理机构，进行一系列市政建设；以及推行地方自治，兴办教育，整顿金融，鼓励开办近代工业，开发海河以北的新市区等[①]，天津在发展工矿企业、修筑铁路、创办巡警、整顿地方政权及开办新式学堂等方面，都颇现成效，并有一些社会改良举措走在其他地区之前。特别是改革监狱制度，创办天津习艺所，将盗杀案的军、遣、流、徒各罪犯收所习艺，而不再赭衣塞道流放边疆塞外，“使拘执足启悔心，执业足供所食，收犯皆有定所”，开创了中国狱政改良之先河。《大公报》报道称，习艺所中，监犯在工匠督率下学习造靴、制衣等工艺，如此“使游惰感知工艺，顽梗化为善良，野无游民，路不拾遗，皆以是为始基矣”。[②]此外，天津在筹办地方自治方面，也有积极的表现。1906 年 8 月，天津即在袁世凯的主持下设立了“以准备地方自治为宗旨的”天津府自治局，制定了《天津府自治局章程》，[③]以“为他日立宪先声”。[④]清廷 1906 年 9 月清廷发布上谕宣布“仿行宪政”后，天津由政府官员与绅、商、学各界人士组成的自治促成会，制定了《试办天津县地方自治章程》，于 1907 年 3 月颁布。[⑤]之后分别于 1907 年 8 月和 1908 年 8 月建立了天津县议事会、天津县董事会，为各界人士参与地方社会事务提供了政治保障和便利条件。

上述清廷及天津地方各项变革的推行所营造的社会环境，对

---

①参见罗澍伟主编《近代天津城市史》，中国社会科学出版社 1993 年版，第 218 页及以下。

②《详记开办习艺所情形》，《大公报》1904 年 7 月 31 日。

③《天津府自治局章程》，《大公报》1906 年 9 月 2 日。

④天津府自治局：《天津府自治局文件录要初编》，天津府自治局 1907 年，第 1 页。

⑤《大公报》1907 年 3 月 30 日。

于各界民众建立社团、开展活动提供了政治条件，是一种推动力量。以天足社为例，改革缠足陋习，维新派人士虽曾著文疾呼，或奏请禁止，但社会反响有限。1902 年 2 月，清廷颁布劝诫缠足上谕称："汉人妇女率多缠足，由来已久，有伤造物之和。嗣后缙绅之家，务当婉切劝导，使之家喻户晓，以期渐除积习。"[①]此后，南北各地"不缠足"宣传与天足活动渐次兴起。[②]1902 年 6 月《大公报》创办后，即连续刊载文章，宣传不缠足的好处，讲解放足的具体办法，推动天足活动。在这些因素中，清廷上谕的推动力量无疑最为有力，天津县天足会在进行游行宣传活动时，走在队伍前边的"会长会员诸君三四十人声称奉旨不缠足"，其后随大旗一面，将清廷发布的禁缠足谕旨书之于上，并挨户散发禁缠足谕旨。[③]又如，1911 年 3 月清政府学部提出组织体育会，通过体育训练"养成国民健全之体格"后，[④]由于得到清政府的倡导，又有地方官员的大力支持，更使得天津体育社受到各界人士的关注与赞助，体育社成立后各方捐款络绎不绝，其活动开展得到社会各方支持。

如此，当历史的脚步进入 20 世纪之时，腐朽颟顸的清王朝陆续推出的各项新政，虽并未改变其专制政治的本质，也难以挽救其没落衰亡的命运，但毕竟使清廷统治下的中国社会出现些许生机与进步，使地处京畿的天津社会浮现些许难得的脉脉温情。其时天津各界民众建立各种社团，积极开展改良活动，即是上述清廷推行

①《清实录·德宗实录》，卷四九二，光绪二十七年十二月(丁巳)。

②杨兴梅：《以王法易风俗：近代知识分子对国家干预缠足的持续呼吁》，《近代史研究》2010 年第 1 期。

③《天足会之游说》，《大公报》1911 年 10 月 14 日。

④《学部提倡体育会》，《大公报》，1911 年 3 月 21 日。

诸项变革及天津地方当局亦奉旨施行之后，出现的社会景象。所谓“北洋新政”，所谓“模范之区”，或并非俱为虚言，以致若干年来“近代中国看天津”的喧呼不绝于耳。

清王朝覆亡，民国建立且南北实现了统一，中国政治发生了巨大改变。随着《中华民国临时约法》及国会组织法、选举法等的颁布，中国迈开了从王权专制政体向现代民主共和国家转型的步伐，天津各界人士纷纷组建宣传民主共和思想的演讲类社团，以及监督政府、伸张民权类社团，积极开展活动。这表明当时天津民众中蕴含着要求实行民主共和制度的思想和愿望。

但是，如上所述，在以袁世凯为首的北洋军阀官僚集团掌控北京政府后，民初的中国政局很快陷于一种动荡状态，而天津受到直接且严重的影响，人们对社会混乱无序心怀不满与疑虑，对国家的前途忧心忡忡。其中一个后果即为导致民间社团的活动在一度恢复且活跃之后，即很快归于沉寂。

〔刊于《天津师范大学学报》(哲学社会科学版)，2019 年第 5 期，2019 年 10 月，第 21—29 页〕

作者：李学智，天津师范大学历史文化学院

迟慧，天津师范大学历史文化学院

困境图存
——抗战后天津市戏曲电影业同业公会

王兴昀

抗战胜利后,1945 年 10 月 2 日国民党天津市政府成立。11 月在国民党天津市社会局监督下,日伪时期成立的“天津市戏曲电影公会”进行改选,抗战前分属租界、华界的大小 84 家剧场组成统一的“天津市戏曲电影业同业公会”(下文简称“同业公会”),由李吟梅任会长。本来天津“电影戏曲事业也随着失地的收复获到解放,各影戏院,刷新门面,加强阵容,以备复兴”①。但是事与愿违,天津各家剧场却在“光复”后,迎来了极为艰难的一段时光。士兵滋扰、物价飞涨、捐税激增等问题,对剧场的经营产生了冲击,如何在困境中图存,成为极为现实的问题。同业公会为了维持同业利益,和天津社会局、天津警备司令部及天津市政府进行了各种艰难的争辩和交涉。

---

①本市电影戏曲事业鸟瞰[J].天津市周刊,1947,1(10):8.

一、取缔无票入场的多方交涉

抗战胜利后，国民党天津市政府各党政机关先后成立，各部军队或驻津，或过境，但是天津的社会秩序却迟迟没能恢复。党政军各部门处于某种“无序”状态，将“接受”变成了“劫收”。

例如在津党政军各机关多以“庆祝”“慰问”“集会”等名义，在剧场举办活动。这些活动往往“在未征得影戏院之同意，即决定日期并制定某院举行免费招待等事项”。而对于剧场来说，“在影院之片商因分账关系往往要求赔偿损失。在戏院因限于角色之包银制度与停演日角色之生活费则概由院方担任。其他水电等消耗尚属末节”。党政机关随意征用、借用剧场，使各剧场“在营业上受有颇大之影响”，而且“各影戏院原系民营事业，此种损失无从索偿，各机关对此似未便任意支配”。同业公会各会员剧场希望同业公会“设法制止以维商业”，同业公会呈请党政军各机关，并希望上级主管部门社会局能通令各机关团体，“在未征得院方同意前，勿再断然支配，否则院方不敢接受”[①]。社会局自身无力约束其他机关，只得呈请天津时任市长杜建时。杜建时对同业公会的意见表示同意，明令机关不得随意征用剧场，并指示社会局制订相应章程。社会局制订了《天津市各机关团体租（借）用各影戏院限制办法》，要求所有在天津“设有办公处所之中央或地方党政军等机关及工商文化等团体”，在举行集会前应先在社会局备案，批准后才能与剧场接

---

①天津市政府社会局局长胡梦华.关于借用各影戏院应先征得院方同意等事致杜市长呈[A].天津档案馆，档号：401206800-J0025-3-007295-019.

洽，各剧场“对未经本局（社会局）备案之机关团体租借院址时不得租用”。[1]此项交涉还算有效，而对天津各剧场影响最大的“点头票”横行问题，同业公会的交涉却显得徒劳无益。

当时许多人随公务人员、军警特别是士兵无票入场观看演出。“容一千人的剧院，虽然上了个满堂座，实际上买票的不过五六百人，稍有势力的看戏全可以不买票，除去他本人以外，还带着亲戚朋友。由于此等有势人之施势，院方不能彻底实行良好的对号入座的办法，也影响了一部分观众的裹足不前。”[2]

同业公会向社会局反映，无票入场“不但妨害商业抑且影响捐收。会中无力制止，此为会务上至感困难之点”[3]。社会局对此无能为力，同业公会只得向负有管理天津地方治安之责的天津警备司令部求助。以警备司令部为首，天津相关职能部门也发觉公职人员和士兵无票入场的行为妨碍社会秩序，如果控制无力可能会影响民心。所以相关职能部门发布禁令，并组织巡查队赴各剧场查处无票观看演出者，试图对“点头票”进行限制。但是自恃有“光复”之功的士兵们，对此却是置若罔闻。

1946 年 9 月初，天津警备司令部再次重申禁令，但 10 日北洋戏院就发生了枪击事件。当日晚，“北洋戏院正演第三本《八仙得道》彩头戏，上座尤盛。十时半，院内正在查票，巡查队因查得空军司令部士兵数人（据受伤王福成称同伙共有六人）与在门口巡查之

---

①天津市政府社会局局长胡梦华.关于请鉴核各机关租用各影戏院限制办法事致杜市长呈（附办法一份）[A].天津档案馆，档号：401206800-J0025-3-007295-023.

②本市电影戏曲事业鸟瞰[J].天津市周刊，1947，1（10）；8.

③天津市戏曲电影业同业公会. 关于具报商业同业公会调查表致社会局呈（附调查表）[A].天津档案馆，档号：401206800-J0025-2-000710-001.

班长因买票问题发生口角。是时突自门外发来枪声,王受伤后犹能跑出院门外,倒于便道中,旋即昏去”[①]。院内倒数第三排最右方观众田云庆右上臂亦被击中。事件发生后，天津警备司令部极为愤怒,“决定今后更加强巡查队之组织及力量，彻底执行维持剧场安宁之职责,对于各部队之官兵及一般公务人员无票入场者,将立时予以制止。如有故违命令及不服巡查队阻止者,决定立予拘捕,并解交警备司令部按照军法从严惩处”[②]。

在警备司令部看来,士兵们“热衷”无票进场,关键在于士兵休闲娱乐放松的机会太少,兵饷不足以支付士兵的娱乐消费。1946年9月底,警备司令部“复又邀集全市戏院负责人,商定星期日早场轮流招待军警观剧办法,即日起实行”,同时承诺:“该部如发现无票观剧者,军人带部惩办,市民则当众处罚。”[③]随后,因“新来津市驻防之第二军,每星期四为士兵休假之期,星期日无暇观剧”,警备司令部和同业公会协商,将“全市电影院分为星期日及星期四轮流加映早场,免费招待。计星期日为中国、光明、河北、华北、东亚、天宫、大陆、权荣、美琪;星期四为明星、华安、天华景、国光、上权仙、开明、天津、上平安、天升”[④]。同时,同业公会为抗战荣誉军人制作“免费入场证三百六十张,交警备司令部转发”[⑤]。继而警备司令部规定:“凡军警观剧除星期日得以免票入场外,一律限制半票入场,以维持剧场正当收入,并示体恤军警之意。”[⑥]即便如此,剧场中还是状况频发。

---

①北洋戏院昨夜惨剧[N].大公报,1946-09-11(5).

②禁止军人无票听戏当局决彻底执行[N].益世报,1946-09-13(5).

③警备司令部严禁无票观剧[N].大公报,1946-09-23(5).

④津影院招待军警[N].益世报,1946-10-13(5).

⑤戏曲电影业招待荣誉军人[N].益世报,1946-12-08(6).

⑥津军警观剧制定优待办法[N].益世报,1947-01-05(4).

1947 年 1 月 27 日晚，伤兵易斌等人在中国大戏院观剧，“不按规定招待伤兵共十四排至十八排座次就座，反而占据他人座位”。巡查队劝阻无效，“易斌率领百余伤兵殴打巡查队员”。警备司令部卢济清副司令正前往观剧，“对此颇为愤慨”，要求对肇事人等“依法从严处罚”[①]。易斌等人被判处徒刑。同日晚，华北戏院又发生手榴弹爆炸案。华北戏院“正在放映国产影片《重见青天》之际，突然于东廊发生巨响，院内一时秩序大乱。在场警察当即发现坐于廊内高座着灰棉军装之一观客肚肠突出，上肢亦被炸断，崩出丈许，另外有七人亦受重伤，血流遍地”[②]。送医后包括士兵及女招待刘秀荣在内共有四人身亡。经查，该士兵为第五补给区司令部独立运输队第四中队士兵李满喜。“至于使手榴弹爆炸原因”，最有可能是女招待刘秀荣与李满喜“因口角而误触手榴弹致使爆炸”[③]。

2 月 1 日，太平戏院发生滋事伤兵身亡事件。太平戏院位于河东地道外，“因在车站附近，故伤兵前往观剧者昼夜不绝”。而“该院迄今尚采男女分座制度，男座在楼下，女座则在楼上”。1 日晚八时五十分，“有伤兵李寿臣等十余人入院观剧，登楼入女座，用手电筒向女客照射。随经茶房劝告，请其下楼入男座。该伤兵等乃与茶房发生冲突，一时秩序大乱”。太平戏院随即报告东区宪兵队，“经派宪兵一人前往弹压，该伤兵等不服，竟将该宪兵殴伤甚重”。此时恰逢四七〇团特务排巡查队经过，于是入院排解。“伤兵等益为蛮横，该李寿臣并欲夺取巡查队之枪。该枪已上刺刀，在争打之际，巡查

①伤兵滋扰剧院[N].益世报，1947-01-30(4).

②本市昨夜一惨剧[N].大公报，1947-01-28(3).

③昭然若揭[N].大公报，1947-01-30(5).

队为取正当防卫，致将李寿臣之胸部刺伤，旋即因伤重身死，其他伤兵见状离去。”[1]4月13日，又有海关工人何茂三在太平戏院醉酒吵闹，“经岗警带往派出所讯办之际，讵有伤兵二人跟踪而至，将户籍警殴伤，并砸碎玻璃”[2]。5月23日晚10时，中国大戏院正在上演《美猴王》时，“突来武装整齐之士兵约三百名，携带武器，强欲入内。与巡查队发生冲突，初口角，继动武，当将巡查队官长一人，士兵三人殴伤，并将院内玻璃、茶杯、椅子等杂碎甚多，一时场内秩序大乱，观众争逃，失落衣物颇多”[3]。

面对愈加严峻的形势，8月15日，天津警备司令部召开整饬军纪会议，“出席军警宪以及戏曲业同业公会等各有二十余单位”。副司令卢济清指示：“一、各军事机关部队对所属官兵加强管教，严予约束，为整饬军风纪治本办法。二、责成各区宪兵队对于各娱乐场所、旅馆、妓院加紧巡查。三、军宪警联合巡查队及荣军纠察队随时出动，遇有不听劝告，不服制止之官兵，即扣押来部，依法惩办。”此外，“荣军观剧仍照前案由戏曲业同业公会统发免费入场券，此种入场券仅限荣军使用，不得转赠他人”；联勤总部各服装厂全体工人“赴各娱乐场所观剧，则一律购票，不得与军警享受半价优待”；由同业公会“转知各戏院一律不设弹压席，另行于场外指定地点为弹压人员休息处所，并须取缔黑票，任何座位军警均得享受半价优待，不得加以限制”。另外约束在津各部官兵“对于警察现场调处均须接受，不得有逾规行动”[4]。从9月5日开始，警

①伤兵滋事误遭刺毙[N].大公报，1947-02-03(5).
②醉汉闹戏院伤兵殴警察[N].大公报，1947-04-15(5).
③中国戏院一场纷扰[N].大公报，1947-05-24(5).
④整饬军风纪[N].大公报，1947-08-17(5).

备司令部“加派军警宪巡查队至各娱乐场所检查。连日共查获无票看戏之军人(内有商民一名)七十五名,经讯明后一律处以重紧闭二日。重紧闭期内不给饭食物,只给开水,并罚劳役,期满后通知原机关、部队领回”①。

9月12日,警备司令部为求得“本标兼治办法”,卢济清副司令再次召集“全市四十余剧场代表及五个宪兵区队、宪兵二十团、警察局、稽查处、军法处、参谋处、军警宪联合巡查队等单位负责人于警备部大礼堂举行会议”。各剧场代表纷纷诉苦,“各剧场白票(即无票看戏)占售出票数之比例数如下:第十区占一二成;第一区占三点五至五成;南市一带最坏,经常占六成以上,最高达八九成”。最后各剧场表示,如果当局能拿出办法来,“保证正常营业时间军人不来看白戏,情愿加演几场招待军人戏在所不惜”。各治安机关负责人发言认为,一方面需要“各部队长官自行约束”,一方面各影戏院须随时报告军人滋事情形,以便取缔。“同时剧场应彻底消除黑票,售票按时间,要公正”。卢济清副司令归结为两点,“一为招待问题,务求在津官兵每周每人能看到一场影剧,此一问题解决,第二点秩序亦好维持”。会上决定:“暂时沿用各影院每星期日上午十二时以前为招待军警宪时间,可演两场电影,其中一部分电影院可余星期四午十二时以前加演早场,招待第二军官兵。”②

此举虽有一定成效,但随着天津当局统治力的日渐削弱,以及往来过境、驻扎士兵的不断流动,种种举措愈发难收实效。1948年1月3日,宝兴戏院演出之际,“有某军士兵一名因争座位与一名清

①警备部整饬军风纪[N].大公报,1947-09-09(5).

②警备部整饬军风纪(11.同上一条文献名相同,请核对)[N].大公报,1947-09-13(5).

洁夫发生口角，经警察调解，于是结怨。该士兵不服，乃集合弟兄二十余人，至该派出所将门窗玻璃等物捣毁，并抢夺枪支”①。鉴于此种情形，天津警备司令部决定借加强春节期间治安的契机组建剧场稽查队。该稽查队成立后，“分发到各剧场去常川驻守，凡是军人无票入场和捣乱公共场所秩序的分子，立时便加以制止和逮捕”②。孰料春节期间再次发生恶性事件。

1948年2月15日，联勤第二被服厂男工刘胜起带妇女四人到良友影戏院观剧。“因为没有买票，曾一度引起冲突，后经人说合了事”。16日下午七时，“刘胜起突率领工人六七十名前往该院，到后不容分说，进门便砸，椅子玻璃窗等都被打碎”。当时良友影戏院经理赵宝善恰巧不在，工人将赵父母打伤，并要挟持而去，之后与管地警察发生冲突，“据说工人中有人上前抢警长的枪，又据说在争抢时枪机被触动，抢枪的工人杨景芝左胸被击伤。其余工人看见已经出事后一哄而散”③，杨景芝当晚伤重身亡。

1948年3月28日，“上午十一点多钟罗斯福路美琪影院招待军警场，有保警、荣军等发生纠纷，并有数人受伤，巡查队赶到将关系人带走。下午七点钟南市上平安戏院尚小云的戏正要上演，场子里突发生纠扰，并有枪声，伤观众两人”④。同业公会似乎感到警备司令部无法维持剧场的正常营业，便立即上书天津市长杜建时，诉称各剧场“时有游军散勇荣誉军人及正规军警以及类似军警人员无票入场，强占座位，并有携带流氓及妇女三五人不购票入场观

①好凶的士兵[N].益世报，1948-01-05(4).
②预筹春节市治安[N].益世报，1948-02-01(4).
③一工人枪下丧生[N].益世报，1948-02-17(4).
④美琪上平安影院多纷扰[N].大公报，1948-03-29(5).

剧，每场竟占售票数十分之六七，并有公务人员滥划座位。无论有无影响营业与秩序，实且妨害于税收。院方对此稍加劝阻，马上致纠纷立至，近且变本加厉，打茶役搅剧场之事无日无之。如上月（3月）二十八日在美琪影院及上平安戏院发生之事故即其例也。上平安之事件幸在院外鸣枪射击，尚伤及观众及职工。设在院内鸣枪，被伤者不知若干人矣。质此之故，本市各影戏院率皆亏累不堪，已有不能支持之势”，部分影戏院负责人甚至提议“集体休业以示消极抵抗”。同业公会恳请政府当局“取缔办法，以策安全”[①]。4月初，天津市政府颁布相关饬令。“津市府因为公务员到各影戏院无票进场，妨碍各影戏院营业，训令各局处转饬所属，严禁无票到各影戏院观剧，并函警备司令部请饬所属严予查禁。”[②]但是4月12日，“又有番号不明之士兵约二百余人在天津影戏院无票占座，不听统一检查组官兵指挥，致发生鸣枪示威，砸毁院方玻璃、椅凳、壶碗等”。各家剧场决定“先请当局设法维持”，若“七日内当局无相当办法，实不得已全体暂行停演，宁可忍痛受停演损失，亦不愿发生意外事故，致危害观众生命，影响社会秩序”[③]。

可是天津军政当局的解决方法仍然是以满足士兵娱乐需求为依据，试图以进一步扩大士兵休闲权益来消弭滋事状况，推出了强化版的“招待场”办法，将“招待场”扩大到一周七天（表1），但也同时规定：“每日早场仅为招待军警，严禁其他人士（包括军警眷属及

---

①天津市戏曲电影商业同业公会.关于制止军警及公务人员在各影戏院无票观剧致天津市杜市长等呈[A].天津档案馆，档号：401206800-J0002-3-002434-022.

②公务员无票禁止看影剧[N].大公报，1948-04-08(5).

③天津市北洋戏院，等.为军人滋事制止有效办法致天津市长杜市长等呈[A].天津档案馆，档号：401206800-J0002-3-002434-024.

表 1　天津各电影院优待军警加演早场日期一览表(上午十时半起)

星期	影院
一	东亚、平安、开明、天华景
二	光华、北洋、天津、上权仙
三	华安、光明、河北、权乐、大陆、美琪
四	亚洲、真光、平安、光华、国光、大光明
五	明星、平安、天升、国民
六	光明、胜利、河北、上权仙
日	明星、天宫、开明、权乐、华北、东亚、北洋、真光、亚洲、天升、国光、大陆、庆云、天华景、美琪、国民

亲友)入场观剧。"①

天津各家剧场对此举颇感无奈，只得再思破解之法，试图以"缓缴捐税"向军政当局施压。"本市各影戏院近来因无票观剧寻衅滋扰者较前为烈,若无具体取缔办法,影响营业与秩序,至深且巨。近悉上海各剧场为抗议滋扰决定在当局无相当办法前,缓缴捐税,或不代收娱乐税。闻实行后,颇收实效,津市影剧公会除于昨电沪声援外,并将采取沪上办法,唤起当局注意。"②天津军政当局对此颇为重视。6 月,天津警备司令部司令陈长捷、天津市市长杜建时发布联衔公告,要求对无票观剧等行为进行严惩。"查电影、戏院乃高尚娱乐场所,为中外人士所汇集,观瞻所系,治安攸关,凡属观众均应共同维护。乃近查有少数不良分子有拒不购票及扰乱秩序情事,殊属不合,亟应严予查禁。嗣后除军警另订优待办法外,倘有故违,决予严惩不贷。仰各凛遵,勿违为要。"③

①关于抄送各电影院优待军警加演早场日期表给市政府会计处的训令（附表一份)[A].天津档案馆,档号:401206800-J0002-001166013.

②无票娱乐者太多[N].益世报,1948-05-28(5).

③天津警备司令部.关于严惩扰乱影戏院秩序的布告[A].天津档案馆,档号:401206800-J0025-3-002434-031.

二、保障剧场收益的多方申请

一般来说，天津剧场票价主要由基本票价和各种捐税两部分构成，税费以外的基本票价为影院的收入。剧场“在规定票价时，即连同各项捐税笼统载在票面，除捐税而外实价不过仅得其半”[①]。同时，剧场运营开支较大，“看着不少的收入，除去了捐税及一切开支之外赚不多少钱”[②]所以如果捐税上涨，剧场方只能随之提高基本票价来保证收益。当然，剧场在售票时尽量协调几方面的数值，将票面价换算为整数，以便观众购票。1945 至 1949 年国民党统治天津期间，为了扩大财政收入，不但娱乐税、印花税税率多有变化，还会临时加征多项摊派、税费。剧场方往往难以负担这些额外开支，多以提高票价转嫁到观众身上。而不断上涨的物价，更使得剧场票价进一步飞涨。

抗战胜利初期，天津物价还较为平稳，但是不久市场物价因通货膨胀、物资匮乏等诸多因素的影响狂涨不已。1945 年 10 月至1947 年 10 月，仅两年时间，天津物价总指数就上涨了 204 倍，剧场票价也随着物价一路上扬。物价问题虽属经济问题，然而这一时期却成为天津市政府亟待解决的严重的政治问题。物价飞涨会使市民产生恐慌心理，引发市民对政府的不满，危及国民党政府的统治。天津市政府为维持民心起见，对城市经济实行行政干预，采取了一些物价管控的应急措施，剧场门票价格也被纳入了物价管控的范围。

---

①为财政局令各影戏院代征娱乐税改征百分之五十同时增加票价事致天津市社会局呈（附比较表等）[A].天津档案馆，档号：401206800-J0025-3-001180-004.

天津各家剧场由天津市社会局管辖,票价定价需要各影院先向同业公会申报,同业公会汇总后向社会局申报,社会局批准后方可施行。卷入了涨价大潮之中的票价在这种制度下,难以及时根据外界环境变化进行调整,而且社会局核准的票价又往往低于各剧场的预期,同业公会和社会局之间关于提高票价问题时常陷入争论之中。

1946年4月1日起,财政局要求随票征收的娱乐捐(税)由40%增为50%,同业公会向社会局申请“拟同时增加票价以资挹注”,但社会局所允许的涨幅同绝大多数剧场的诉求相比有所差距,如表2、表3①。

表2 天津各剧场呈请调整票价比较表(电影)② 1946年4月9日 币种:法币

中西片别	轮别或影院名称	现售票价	呈请改定票价	比较增加数目	核定票价
西片	头轮	400	700	300	600
		500	800	300	700
		600	900	300	800
	二轮	300	500	200	450
		400	600	200	550
	三轮	200	400	500	350
		500			
国片	华安	400	600	200	550
		500	700	200	650
		600	800	200	750
	河北	400	500	100	500
		500	600	100	600
	华北	200	300	100	300
	东亚	200	300	100	300
	上权仙	200	400	200	350

①天津市社会局局长胡梦华.为增加票价等事致天津市戏曲电影业同业公会指令[A].天津档案馆,档号:4012068001946-J0025-001180-007.

②为财政局令各影戏院代征娱乐税改征百分之五十同时增加票价事致天津市社会局呈(附比较表等)[A].天津档案馆,档号:401206800-J0025-3-001180-004.

表 3　天津各剧场呈请调整票价比较表(戏曲)1946 年 4 月 9 日　币种:法币

剧院名称	座位等级	现售票价	呈请改定票价	比较增加数目	核定票价
中国戏院	楼下前排	1200	1600	400	1400
	中排	900	1100	200	1000
	后排	500	600	100	550
	楼上前排	900	1100	200	1000
	特座	1200	1600	400	1400
	一级厢	9000	10000	1000	9500
	二级厢	8000	9000	1000	8500
	三级厢	7000	8000	1000	7500
国民戏院	楼下前排	600	700	100	650
	后排	480	600	120	550

1946 年 5 月,天津“物价即已逐步上升”,票价“遂与一般物价失去平衡”。各家剧院“所有日常应用之水电运费包银人事种种开销较前倍增,若仍照前定价格售票自必入不抵出,势将陷于停闭”,同业公会开会“共同拟议不得不酌增票价,以维营业”[①]。社会局虽然同意涨价,但是涨幅依然难符预期。

从 1947 年开始,物价上涨的幅度已经开始超出了社会局所能控制和预料的程度, 即便社会局批复的票价依旧低于各家剧场的预期,但是已经到了令人咂舌的地步。以电影票为例,1947 年 2 月,电影票价上涨到“国片西片各头轮楼上三千元,楼下二千五百元。二轮二千元,三轮一千五百元”[②]。10 月 25 日,同业公会“呈准社会局,电影票由今日起加价。头轮影院楼上一万四千元,楼下一万三

①天津市戏曲电影商业同业公会.为各影戏院为维持现状拟改票价事致天津市社会局呈(附票价表)[A].天津档案馆,档号:401206800-J0025-3-001180-008.

②天津市社会局局长胡梦华. 为调整各影院票价事致天津市戏曲电影商业同业公会批(附天津市戏曲电影商业同业公会呈)[A]. 天津档案馆, 档号:401206800-J0025-3-001180-019.

千元，军警半价票，楼上下一律七千元"[①]。

1948年2月，头轮西片最高票价已达"楼上三万四，楼下三万二"[②]。到了6月，社会局核定的各轮影院票价，"华安、美琪，十万、十二万；河北、华北，八万、十万；光华、大光明、平安，十四万、十六万；光明、明星，十二万、十四万"[③]。但6月"各物价格高涨平均在三倍左右"[④]，电影票价上涨也是势在必行。到8月，电影票价再创新高。4日，社会局召集外国电影公司驻津负责人和戏曲电影业公会代表会商票价，"决定：(一)六、十两区映演西片影院(平安、光华、大光明等院)票价为一百万、八十万两种；(二)一区西片影院(明星、光明等院)为八十万、六十万两种；(三)各区国片影院分五十万、四十万、三十万三种"。《益世报》发出了"一票百万"的感叹。[⑤]

国民党政府于1948年8月下旬进行"币制改革"，发行金圆券，1元金圆券折法币300万元，并且规定："一切价格均以本月十九日价格为最高标准，不得擅自涨价。"试图以此平抑物价。但是物价的上涨不以政府的规定为转移，同业公会立即"要求回复战前票价，而以金圆券计算。据当时租界存在时，英租界影院每票一元五角，日法租界一元(合现在法币四百五十万、三百万元)"[⑥]。社会局严厉斥责。虽然没能征得社会局的同意，一些影院还是私下提高了票价，被社会局监督小组查获。"平安、亚洲两影院擅自高抬价格，

---

①电影票今加价[N].益世报，1947-10-25(4).

②理发提价连跳三级电影洗澡也都纷纷涨钱[N].益世报，1948-02-07(4).

③电影票价调整[N].大公报，1948-06-01(5).

④外国影片商要求提高各影院票价[N].益世报，1948-07-07(5).

⑤一影百万[N].益世报，1948-08-05(5).

⑥影院要涨价[N].益世报，1948-08-24(5).

各处以停业三日处分，并在各该商号门前张贴布告，俾众周知。”[①]但是随着金圆券开始崩溃，社会局也不得不允许提升票价，即便如此“影剧业方面依然认为赔累不堪”[②]。

每年冬季，天津市政府会组建冬令救济委员会向社会征收冬令赈济款，即冬赈。1948 年 10 月，处于内外困境中的天津市政府将向电影业摊派的冬赈捐，提高到实际票价的 50%，为期 3 个月。同业公会表示反对：“请在筹赈之中兼顾商艰，俾收实效。缘本业在目前表面似乎繁荣，惟以票价限制过低，白票无法取缔，实际营业上已一落千丈。第以本业有辅助社会教化繁荣市面及国家复兴建设宣传之使命，在万难之中仍各勉强营业，否则早有多院停业，风中残烛不堪再受摧残。”[③]而目前“最高票价为金圆券三角三分三厘，除娱乐捐七分四厘又印花税一分三厘外，仅余二角四分六厘，再与影片商对折分账，院方所得不过一角二分三厘。尚有售价一角者，院方所得仅三分五厘许”。影院难以以此微薄的收入，“应付庞大之开支，实为外强而中干”。况且本身影院的赋税负担已经很重。“再就娱乐税而言，津市为百分之三十，较其他都市超出百分之五，并有营业税千分之三十，而票价则反低（上海电影票已售到一元六角）。若再附收冬赈捐百分之五十，种种附加之数高出纯票价数倍之多，无形中突将票价提高。观众势必减少，营业自趋清淡，本业处境当益艰窘，而账款收入亦难期理想。”而且“筹募赈款应向各阶层

①监督小组继续出动商店多家违法令[N].益世报，1948-08-26(5).

②电影加价[N].大公报，1948-10-21(5).

③天津市戏曲电影商业同业公会.为请按往例自行筹借本年冬赈应摊捐款致天津市市长的呈[A].天津档案馆，档号：401206800-J0002-3-002481-044.

入手劝募,群策群力,始赴事功,似不能偏重任何一业,致将乐输变勒捐。且立法院通过娱乐税则规定,娱乐税外不得附加任何捐税,京沪各地向无附加冬赈捐之前例”。同业公会“本人类同情心理对于救济事业仍愿竭其绵薄之力”[①],希望能够减免冬赈摊派。

孰料冬令救济委员会仅仅对方案做了微调,“改为百分之三十期限定为四个月”。同业公会再次呈请天津市政府,认为:“随票附收百分之三十为期四个月与百分之五十为期三个月权衡轻重无所差别”。同时,为了使整体票面价格为整数,“在百分率下代收赈款找零补数,困难颇多”。而且电影业“上年协助冬赈系每整票附加法币一千元,半票五百元,期限原两个月。嗣以各业总收入款数不足,本业曾自动延长一个月,去年本业代收捐款数目相当可观”。因此同业公会希望“在不影响营业之中完成助赈使命”,恳请“收回百分之三十成命,准予根据上年随票附加数目推算代收赈款以期轻而易举,而示体恤”[②]。但是天津市政府认为:“业经提交本府市政会议通过在案,所请应毋庸再议”[③],使得减免冬赈摊派的希望落空。当然,事后天津社会局也还是同意了同业公会提高票价的要求。10月20日,“头轮外国片影院票价最高自三角三加至六角”[④]。

较之演出戏曲和曲艺的场所,各家电影院在调整票价方面却

①天津市社会局局长胡梦华.为增加票价等事致天津市戏曲电影业同业公会指令[A].天津档案馆,档号:4012068001946-J0025-001180-007.

②天津市戏曲电影商业同业公会.关于征收赈款事致天津市市长的呈[A].天津档案馆,档号:401206800-J0002-3-002481-050.

③天津市政府.关于按上年助赈成例等征收赈款给戏曲电影业公会的批[A].天津档案馆,档号:401206800-J0002-3-002481-051.

④电影加价[N].大公报,1948-10-21(5).

有着独特的“优势”。电影票价在基本票价和各类捐税之外，还有着片方的提成。票面价格除去捐税外，“余下的钱，由影院和片商分。普通是对半，遇有特别好的片子，影院分百分之四十到四十五，片商分百分之五十五到六十。国产新片影院百分之四十五，片商百分之五十五；旧片影院和片商各分百分之五十”[①]。而在当时天津乃至全国电影放映业中，占据绝对优势的是外国特别是美国的片厂。

美欧多家电影公司在天津设有办事处，其中尤以美商八大公司即20世纪福克斯、米高梅、哥伦比亚、雷电华、派拉蒙、华纳、联美、环球为最。1946年4月，各家影院在要求涨价未果后，情况为外商片厂获知。各外商影片公司代表向美国驻华总领事要求即刻增加天津票价，他们提出的票价比之前同业公会的申请还要高出一些。美国总领事致函天津市政府外事处同社会局协调票价事宜，社会局局长胡梦华坚持认为：“所请改定票价数目过高，碍难照准。”[②]

1948年6月，天津物价暴涨，“涨风狂飙，月初和月底物价相差三倍多。粮价暴涨影响市民生活，一般薪金阶级的收入，再三贬值”[③]。虽然当局设法平抑，但收效不大。“从事影业的职工，一方面受到营业不振的影响，一方面又受到物价飞涨的刺激，生活感到无法维持”[④]，要求提高工资待遇。7月1日上午劳资磋商中，双方产生分歧，当日全市各影院下午第一场全部停演。7月2日，经过警备司令部稽查处，警察、社会两局及总工会出头调解，劳资双方达成初

---

①刘洪升.冷暖无常的影院业[N].大公报，1948-02-17(5).

②天津市社会局局长胡梦华.为增加票价等事致天津市戏曲电影业同业公会指令[A].天津档案馆，档号：4012068001946-J0025-001180-007.

③劳资纠纷已见开端[N].大公报，1948-07-02(5).

④电影昨一度停演[N].益世报，1948-07-02(4).

步一致。

影院方面似乎试图将工人工资提高的部分转嫁到观众身上。7月6日，同业公会会长李吟梅陪同二十世纪福克斯等九家外商影片公司驻津办事处代表到社会局，声称接到美国总公司来函，“以影片成本均保美金本位，而法币价值日贬，日前已不能维持，如仍按照过去标准售出票价，势将停止影片供应”，要求即行改订各院票价，“比现在的票价一律增加百分之一百五十”[①]，并要求今后票价“按社会局所定的生活指数按月调整”[②]。社会局表示同意，但要求同业公会备文呈请后，召集议价委员会决定。

结语

1945至1949年，天津的大小剧场走过了一段极为曲折的历程。主持光明影院20年的冯紫墀曾言：“国民党伤兵到处横行霸道，军警也动辄寻衅，苛捐杂税名目繁多，往往扣除影片应得成数外，所余有限，几难维持开支，加之税吏百般挑剔，趁机敲诈，变相加税。当时应付极艰。”[③]以同业公会为代表的各家剧场虽然极力振作，但是始终难以挽回颓势，各家剧场多因票务不振，陷入窘境。天津的大小剧场饱受着复杂多变的外界环境所带来的冲击，而冲击所带来的震荡不是单靠各家剧场自身的努力以及天津地方当局的

①电影又要加价[N].大公报，1948-07-07(5).

②外国影片商要求提高各影院票价[N].益世报，1948-07-07(5).

③冯紫墀.我在平安电影院二十年的经历[M]//中国人民政治协商会议天津市委员会文史资料委员会，编.天津文史资料选辑：第32辑.天津：天津人民出版社，1985.

各项措施所能消解的。1949年1月15日,天津战役结束,天津剧场的经营才真正进入了新的发展阶段。

(刊于《艺术探索》第33卷第4期,总第157期,2019年7月,第114—121页)

作者:王兴昀,天津市艺术研究所

2019年度发表天津地方历史文化文章:

《义务戏中的戏曲艺人和主办方——以京津地区为中心的考察(1912–1937)》,《戏剧文学》2019年第2期。

《重返城市后的民国北方昆曲班社》,《戏剧文学》,2019年第5期。

《困境图存——抗战胜利后天津市戏曲电影业同业公会》,《艺术探索》2019年第4期。

《天津曲艺老艺人口述史研究》,《口述史研究(第四辑)》,社会科学文献出版社,2019年9月。

“新记”《大公报》与戏剧副刊

杨秀玲

1902 年 6 月 17 日,《大公报》由文人英敛之创刊于天津,1949 年 1 月 15 日,津版《大公报》宣布停刊。《大公报》对于戏剧戏曲史料的重视程度非一般综合性报纸可比。从“英记”时期的《杂俎》,到“王记”时期的《馀载》副刊,再到“新记”时期的《小公园》《艺林》《游艺消息》《本市附刊》《戏剧专刊》《戏剧周刊》《剧坛》等副专刊,《大公报》几乎没有间断过刊登关于戏剧戏曲的内容。

一、新记《大公报》的“四不主义”

1924 年以后,由于经济来源受到军阀派系的直接控制,报纸萎靡,再加上内容陈腐,人才流失,业务衰落等多种因素影响,造成《大公报》于 1925 年 11 月 27 日暂时停刊。1926 年 9 月 1 日,吴鼎昌、胡政之、张季鸾联合收购了《大公报》的全部资产,以“大公报新记公司”名义,重新复刊。续刊当天,《大公报续刊辞》登出张季鸾署名“记者”的《本社同人之志趣》。重新定位了办报的经营理念，即“不党”“不卖”“不私”“不盲”的“四不主义”，成为新记时期《大公报》运作的核心指导方针，其宗旨就是要做真正独立的、公众的、民营的报纸。与此同时，他们还“约法五章”，完善机构，网络人才，购置设备，加强管理。此后直至 1949 年津版《大公报》停刊，“新记”成为《大公报》历史上最为辉煌的时期，也是梨园史料最为丰富的时期。

新记《大公报》“四不主义”[①] 概括起来讲即：

第一不党，纯以公民的地位发表意见，此外无成见、无背景，凡是行为利于国者拥护之，其害国者纠弹之……

第二不卖，声明不以言论作交易，不受一切带有政治性质之金钱辅助，且不接受政治方面之入股投资，是以吾人之言论或不免囿于智识及感情而断不为金钱所左右……

第三不私，本社同人除愿忠于报纸固有之职务外并无他图，易言之，对于报纸并无私用而愿向全国开放，使为公众喉舌。

第四不盲，随声附和是谓盲从、一知半解是为盲信、感情所动不事详求是谓盲动、评诋激烈昧于事实是谓盲争，吾人诚不明而不愿陷于盲。

“四不主义”的精髓即文人论政，不受约束。体现在《大公报》戏剧戏曲理论和评论方面则是言论独立，不依靠任何财阀，不依靠任何政党。这正是《大公报》取信于民，用之于民的办刊精神。“四不主义”的提出，第一次表明中国职业报人独立意识的觉醒，特别是在

---

①1926 年 9 月 1 日《大公报》。

当时军阀混战的社会背景下，中国报纸只有摆脱政党报刊，跳出纯粹商业目的，进入更高的独立办报阶段，才能走出一条中国报业的改革与创新之路。

吴鼎昌、胡政之、张季鸾三人接管《大公报》后，职责明确，分工有序。吴鼎昌白天在盐业银行工作，晚上忙于报馆业务，负责掌管报馆的经营和纸张购买。胡政之每天一早便到报馆，负责了解发行和广告情况，督促白班和采写人员进行工作，规定夜班编辑集中阅报，对见报新闻亲自把关。张季鸾主要负责编辑工作，他把各地寄来的电稿剪裁分类，重要版面的大小样，亲自审阅，有时还要重写标题。三人配合默契，经常是晚上研究社务、言论以及分担社评写作。当时曾有人提出文人相轻，《大公报》必不长久之说。事实证明，三人合作多年，精诚友爱，出乎通常友谊，每个人都能尊重对方个性，也能各自发挥个性。胡政之在后来的回忆中说："这样在互相尊重的中间，所以在二十年间，才能够由一个地方报办成一个全国性的报，而且在国际上多少得到一点地位。"①

"四不主义"的办刊宗旨，使得戏剧副刊在创办上显示出言论在该报的核心地位，而且在戏剧戏曲史料和评论的数量上较之前"英记""王记"时期独占鳌头，每期均有三四篇文章之多，且篇篇内容充实，立论有据，不做无病呻吟；重要观点则用粗体大号字印出，极为醒目；在编排上，版面活泼，字体多样，整齐严谨，图片较少，显示了言论大报的风范。

---

①王润泽著：《张季鸾与〈大公报〉》，中华书局2018年版。

二、“新记”《大公报》戏剧副刊的创办

新记时期是《大公报》文艺副刊、专刊创办最多的时期，主要有《艺林》《铜锣》《小公园》《戏剧》《戏剧周刊》《游艺消息》《本市附刊》《电影与戏剧》等约十类。创刊初期，编辑部只有张季鸾、何心冷和杜协民三人。何心冷负责本市新闻、副刊兼采编部主任，此人头脑清晰、思维敏捷、文笔犀利。作为采编人员何心冷脚力、眼力、脑力、笔力极佳，他记忆力很好，采访不用笔记，回来后一挥而就。他在《大公报》发表的戏剧文章有《梅兰芳出洋以前和以后》《剧照上的时代性》《蹦蹦戏》《看了戏以后》等。

《大公报》复刊初期，除了天津总部外，还设立了北京、上海两个办事处，很多平沪戏剧界的消息均由这两个办事处寄送电稿。

1926 年 9 月 1 日，《大公报》续刊的第一天，便在第八版开辟综合性文艺副刊《艺林》，由何心冷主编，每日出刊，陆续刊登剧评、剧讯、戏界轶闻之类的文章，如《都门伶工谭》《程砚秋之北返》等。《铜锣》1927 年 3 月 7 日创办，也是一个综合性的文艺副刊，主编何心冷，每日出刊，刊有《看了〈四郎探母〉以后》等文章，但戏剧文献不是很多。《小公园》1928 年 1 月 1 日创刊，由《艺林》和《铜锣》合并而成，仍每日出刊，《小公园》的定位首先是休闲和趣味，同时刊登少量戏剧戏曲的内容。

《大公报》对戏剧戏曲最大贡献就是“戏剧”副刊的创办，从最初不定期的《戏剧》，到后来定期的《戏剧周刊》《大公戏剧》《剧坛》，集中并扩大了对戏剧戏曲文献史料的记录。《大公报·戏剧》1927 年 9 月 1 日创刊，3 日正式出刊，共出 6 期，内容以旧剧为主，还包括

剧讯、戏班史料、评伶等。《大公报·戏剧周刊》1928年1月4日创刊，每周三出版，1929年1月11日改为周五出版。1929年3月改称《大公戏剧》，1930年9月17日恢复为周三出版，同年12月31日停刊，共出151期。《剧坛》于1935年1月1日，由齐如山主持的“北平国剧学会”主办，每日出刊，8月31日停刊。由于其有明确的宗旨，刊载的文章具有很强的系统性、艺术性和学术性，所以在质量上相当于一个戏剧专刊。此外，1931年1月1日以后，戏剧副刊以外的戏剧戏曲资料主要见于《本市附刊》。1934年以后，《本市附刊》登载的戏曲内容更为系统、丰富、精广，偶尔开辟“旧京梅讯”“游艺零讯”“舞榭歌台”“梨园小史料”“旧京剧屑”“北平游艺”等小专栏，介绍戏剧戏曲史料和伶人的演剧情况。

《大公报》戏剧副刊在创办过程中有几位重要人士值得一提，他们是何心冷、萧乾、徐凌霄、齐如山、傅惜华、刘澹云、熊佛西、孟刚等，他们有的是戏剧副刊的创办人，有的是主要撰稿者，其中最值得一提的是徐凌霄和齐如山。

徐凌霄号称“清末民初三大记者”之一，他对《大公报》戏剧副刊做出了巨大贡献。徐凌霄对戏曲，尤其是京剧的熟知度可以从下文中得以证实：

本报现拟于下月添发《戏剧》一门以响阅者，每日有凌霄汉阁主人作品。内容约分剧艺（编制、穿插、情节、歌曲等）、伶艺（做工、唱工、武工、念白）、菊话（剧界旧闻、老伶名伶轶话等）、新闻（剧界消息、戏园剧目及伶工研艺、排戏之新闻等）……[①]

①“本报特别启示”，载1927年8月28日《大公报》。

1928年1月4日，徐凌霄在《戏剧周刊》创刊号发表《述旨》：

本报自去年添设剧评以来，虽承读者加增注意常致好评。而揆诸本意尚多缺憾，因篇幅限制不能充量登载。现值新年度开始，本报扩张版数各种周刊分立之计画，亦已筹备就绪，《戏剧》一周一出成为专刊之性质……①

据此可见《戏剧周刊》的创办，一是强调副刊的"专"，二是强调篇幅的"量"。从1928年1月4日起，《戏剧周刊》刊载的文章不再受篇幅和版面限制，既有短小精悍的短文，也有内容翔实的长论。首刊发表的短文有徐凌霄的《伶艺摘评》，午言的《思潜室剧话》，绍虞的《外国人谈中国戏》，无名氏的《宝莲灯闹学之趣话》。长篇大论有熊佛西的《论剧随笔(一)》、李珥彤的《艺专戏剧系之回忆》、徐凌霄的《岁尾之梨园概述》。此外，还连载夏孟刚的独幕剧剧本《狐狸精》。

徐凌霄著有《皮黄文学研究》等书，他不仅对京剧艺术精通，而且是戏曲理论和评论研究方面的专家，被梅兰芳尊为先生。1927年9月至1930年12月，应天津《大公报》的邀请，徐凌霄两度为其主编《戏剧》和《戏剧周刊》，起初由不定期转为定期，深受读者欢迎。他共编辑出版《戏剧周刊》152期，经常以"凌霄""汉""阁""霄""老霄""老汉""本阁""凌霄汉阁" 等笔名在戏剧副刊发表文章。仅以1927年9月《戏剧》副刊为例，他撰写的戏剧文章共有14篇，包括《念白之艺术》《剧艺之创作》《演剧与说书之关系》《名伶与宗派》《戏词》《艺专停止戏剧系感言》等，在中国戏剧戏曲史上留下了大

①"戏剧周刊述旨"，载1928年1月4日《大公报》。

量宝贵的文字和图片史料。

1935年1月1日，由齐如山主持的“北平国剧学会”在《大公报》主编了《剧坛》副刊，该刊登载的内容基本都与京剧有关。在当天的《开场白》中，齐如山明确指出：

以推阐国剧学理整理国剧文献为职旨，兼行答复国剧之问题，发表国剧界之消息，藉以引起世人之深刻注意，作扩大国剧运动之先声。①

可见齐如山把京剧作为“国剧”推而广之，以此振兴民族精神。《剧坛》主要执笔人是齐如山、傅惜华、刘澹云。首刊发表的文章有齐如山的《由新年说到听蹭戏》、傅惜华的《清廷元日之承应戏》、刘澹云的《跳加官》。另外，齐如山的几个主要著作均连载于此刊上，如《戏班》《脸谱》《中国剧之组织》等。虽然《剧坛》仅存活了8个月，但对京剧文献的贡献不容忽视。

三、“新记”《大公报》戏剧副刊的史料价值

新记《大公报》戏剧副刊登载的戏剧文献，以宣传、研究戏剧戏曲为己任，内容涉及该艺术领域的各个方面，包括剧本、剧艺、戏班、剧史、剧场、伶艺等，最突出的是大量高水平评论文章的发表和史料的刊载，以及演出剧讯报道，是后人研究这一时期戏剧戏曲及其发展史非常重要的理论依据，具有较高的参考价值。

“新记”《大公报》戏剧副刊的史料价值主要体现在以下几个方面：

①1935年1月1日《大公报》。

第一，为后人研究民国时期的戏剧戏曲提供了理论依据。新记《大公报》戏剧副刊的内容大多注重史料性、学术性、趣味性和知识性，从不同侧面记录和反映了当时国内外，尤其是京津地区戏剧戏曲的发展现状。戏剧副刊独特的气质和品质在当时受到广大读者、戏剧研究者和戏剧工作者的欢迎。从最初不定期的《戏剧》，到后来定期的《戏剧周刊》《大公戏剧》《剧坛》，以及不是戏剧专刊，却类似专刊的《本市附刊》，《大公报》对于戏剧戏曲的关注持续了几十年。在内容上既强调动态报道，舞台评论，史料介绍，剧界演变等，还对戏剧戏曲发展进行了系统总结。如徐凌霄的《旧都剧事变迁述概》《旧都剧曲之变迁》等，系统回顾了北京戏剧从清代中晚期到 20 世纪 30 年代的发展历程；佚名发表的《天津剧界嬗变的形势》，则总结了天津 20 多年中戏园分布情况所发生的变化。此外，《大公报》戏剧副刊中关于北平京剧演员到天津演出的消息、报道、评论数不胜数，这些消息报道大多体现在戏剧副刊中的 “京津剧讯”“京华剧讯”“北京剧讯”“北平菊讯”“游艺消息” 中，甚至北平演员到其他地方演出也会跟踪报道。以《大公报》戏剧副刊为依托，我们可以深入考察京津两地戏剧演艺界、理论界相互影响、相互交流、相互补充的情况及其对整个中国戏剧戏曲发展史的影响，对民国时期中国戏剧戏曲的研究是一次重要的挖掘和补充。

第二，“文人办报”精神在于竭诚合作，突出办刊特色。《大公报》秉持“文人办报”宗旨，坚持独立性和思想性，在发展过程中形成了消息灵通、客观准确、敢言并且善言的业务特色，其新闻和评论充满了锐意改革创新的独立精神。这种精神也渗透在对戏剧的报道和评论中。一方面，在版面安排上，突出言论和新闻报道的重要地位。《大公报》中不乏对新旧戏的理性反思，如白林《旧剧精神之管见》，熊佛西《论实验剧剧院之需要》；对于戏剧改良的热情支持和声援，如徐凌霄《戏剧之改革方案》《戏台上下场门口之"便衣人"应速清除》；对戏曲连台本戏的看法，如霄《关于本戏之舆论一斑》；对京津话剧探索的热切关注，如对南开话剧《少奶奶的扇子》的跟踪报道和评论；对外国戏剧的详细介绍，如秣陵生的《萧伯纳的幽默》。这些评论和报道体现出一种新旧并重、中外兼收、理性抑扬的可贵精神，对于京津戏剧去腐存珍、改革创新起到了独特的作用。如果我们能够把《大公报》所起到的这种作用揭示出来，那么将进一步深化对于戏剧发展历史规律的认识，并因此而具备跨学科、跨领域研究的意义。

第三，是开拓戏剧史料新领域、深入发掘报刊中戏剧资料的一个新的开端。在当前戏剧研究进一步深入、"京剧学"等新的重大课题正当发轫的大趋势下，新的戏剧史料的整理和挖掘尤为重要。比之于其他形式的资料，报刊中的历史资料具有更强的时效性和可信度，可以被视为第一手资料，潜藏着巨大的发掘利用价值。《大公报》戏剧副刊的一个重要特点，就是对戏剧发展中某些具体问题的特别关注。比如对京津地区同咏社、荣庆社、奎德社、同德社、庆生社、谷音社、春草剧社、鹦鹉剧社等班社的关注，对如遏云阁、鹤鸣社、永兴国剧社、开滦国剧社等票房的关注，《大公报》都有持续的报道和细致的介绍，我们可以借此研究京津地区班社组织和票房组织的发展。又如《大公报》开辟专刊宣传介绍北平大学艺术学院戏剧系来津演出盛况，在"中国旅行剧团"北方巡演期间，《本市附刊》跟踪报道，陆续发表了《中国旅行剧团昨日公演成绩》《中国旅行剧团导演陈绵一夕谈》《中国旅行剧团将再度来津公演》《关于职业剧团》《中旅短剧感评》等文，均为我们提供了非常珍贵而又可信的第一手史料。以《大公报》为基础，有望对民国时期戏剧发展史中的某些具体问题进行深入研究。

（刊于《戏剧文学》，2019 年第 6 期，2019 年 12 月，第 146—150 页）

作者：杨秀玲，天津市艺术研究所

从《北洋画报》看富连成演出与经营之道

高文超

富连成创建于1904年,其在存续的四十四年间,培养了一大批优秀的京剧人才,是京剧教育史上公认的办学时间最长、造就人才最多、影响最为深远的科班,为京剧艺术的发展做出了不可磨灭的贡献,是“京剧第一科班”,其在戏曲事业上的成就被时人誉为“戏剧中的北大”①。天津作为富连成重要的演出地点,其演出受到天津观众的喜爱与热捧,作为北派摄影画报翘楚的《北洋画报》对富连成的演出情况及经营管理等方面进行了大量翔实的报道,积累了丰富的图片及文字史料,为我们研究富连成演出及经营成功的经验提供了基础,由此可以归纳出富连成的演出与经营之道为后世借鉴。

①秋尘.焦老板的“新科班”与富连成[N].北洋画报,1932年10月29日。

一、富连成的演出之道

《北洋画报》对富连成来津演出进行积极报道，曾开设两整版富连成戏剧专页向大众介绍富连成的情况，热衷于传播推介富连成。其中《戏曲新闻》《剧界锁闻》及《剧讯》等栏目对富连成演出情况的记载更是不胜枚举，丰富的资料显示了《北洋画报》对富连成的重视和推崇，借助史料可以看到富连成取得的成就。富连成由刚开始“不出北平前门之广和楼，偶供人家之堂会而已”，到后来大红大紫，每到天津演出，“必致满座，人谓戏之过瘾无过于此，非虚誉也。”富连成能取得其他科班所不能达到的历史成就，演出能获得大众的热烈欢迎，有着多方面的原因。

富连成之叫座，纯以戏为号召，非以角为号召——其中偶有一二角色可以叫座，终属例外。——每日戏码俱硬。

富连成之戏，出出均可一看，自开场起至大轴止，无过高过低之嫌，较之其他各班头三出不堪入目者不同。

富连成之戏，最重规矩，不许偷懒，嗜戏者可以过瘾，学戏者足以取法。文戏可听，武戏犹可看。

富连成在旧戏界中有地位，名伶之子弟居其大半。先入为主，爱屋及乌，亦为原因之一种。

富连成戏价，比较便宜。①

通过分析《北洋画报》的记载材料，我们可以总结出四条关于

①蜀云.说富连成[N].北洋画报，1931 年 5 月 9 日。

富连成的演出之道，正是这些举措使其演出获得成功。

1.“纯以戏为号召”

观众对于富连成社的演出，目的纯粹，仅是为看戏而看戏。这一点不同于观看名伶的演出，后者为的是看角，从出发点来看，富连成的演出达到了人们观看戏剧的原本需求，为看戏而看戏，非为捧角而看戏。通过《北洋画报》对富连成的记载，我们了解到富连成来津演出频率非常高，天津是其外地演出的一块圣地。虽无名震全国的四大名旦，但是“富连成科班来津出演，连日上座极佳，且诚为看戏而来，非为捧角而来”[①]。这一点要归功于富连成严谨的科班演戏态度，能够让学员掌握最正统的戏曲演出方式，将戏曲的唱念做打表演好，达到“纯以戏为号召”的程度。

富连成演出的戏“出出均可一看，自开场起至大轴止，无过高过低之嫌”。以往各班社在演出中，大都靠角的压轴戏来吸引观众，而开场的几出戏往往质量不高，忘词跑调者也不在少数，观众甚至有“不堪入目”[②]之感。而富连成的戏却一改这样的旧习，从开场至演出结束，每出戏均能保证质量，“为看全部之戏而来，非为某一戏某一角而来”。不少观众更愿意看一整场质量不错的演出，而不想花费整晚时间却只能欣赏一两出表演，选择观看富连成的戏曲是大家的理性选择。

2.“功夫深到，法度谨严”

富连成的演出最符合科班戏之精神，“功夫深到，法度谨严”。

①梦天.科班戏之精神[N].北洋画报，1930年1月16日。

②蜀云.说富连成[N].北洋画报，1931年5月9日。

富连成吸引观众靠的是“从开场唱到散戏，从正角到龙套，莫不聚精会神”①，这种精神正是戏曲演出所应具备的。富连成演员的表演严格、自律、踏实，这是其他名伶或者科班演出所欠缺的。如富连成头科老生四杰之一的阎喜林，对自身艺术精益求精、深入研究，“嗓子虽枯，然有韵味。于因韵极有研究，身段口白，皆有拿手”，且对“于阴阳尖团，非有深刻研究者，决不能致此”，表演起来“方圆规矩”，那些“以油腔滑调取人欢迎者”②与喜林相比，不能同日而语。即便是到剧院演出，富连成演员也要“排队，极形整云”③。此外，演员的衣服都有统一的制服，“向着蓝布大衫，充其量，加一黑布马褂”④。正是这种严谨的科班精神，使他们的表演到位而引人。

有人评价富连成演员的演出惟妙惟肖，美妙歌声难得一闻。《北洋画报》中有一篇报道，名为“宇文”的作者赋诗一首评价自己观看富连成演出后的感受，很有代表性。“悠扬丝管度新声，燕赵悲歌旧有名，粉墨登场空色相，现身说法具深情。艺坛独步富连成，表演传神假亦真，急管繁弦臻奥妙，清歌能得几回闻。”⑤作者从达情、表演、音乐、歌唱几个方面对富连成的演出给予了高度评价，富连成演员用自己精湛的表演得到了大众认可。

3.“迎合观众心理”

富连成在长期的演出实践中，得出了要迎合观众欣赏需求的

---

①梦天.科班戏之精神[N].北洋画报，1930年1月16日。
②洗心.时运不佳之阎喜林[N].北洋画报，1928年9月5日。
③明明.关于富连成消息[N].北洋画报，1930年1月16日。
④蜀云.说富连成[N].北洋画报，1931年5月9日。
⑤宇文.观富连成班演剧[N].北洋画报，1936年7月4日。

认识，投其所好更能获得人们的喜爱。因民国时期经济发展缓慢，人民收入相对较低，所以戏曲票价的高低对观众是否走进剧场有着重要影响。于是富连成在票价上下功夫，“富连成戏价，比较便宜”[1]，这对观众进入剧院观看富连成的演出“最有俾于实际者也”[2]。当然，低票价的前提是低成本，于是富连成给付演员、教师及管理人员的工资都相对较低，有着统一的标准。“该社教师薪金历来只□银五两，直至最近，方始由某君建议改为十元，有则于每日‘卡子’上再开一戏份儿而已。高材生李盛藻之‘饽饽钱’，每日一元五，有夜戏加倍，每月约合百余圆。”[3]这些花销相对名角的演出费用来讲，已经十分低廉了。

富连成也善于利用媒体，抓住观众对演员个人生活充满好奇的心理，通过《北洋画报》对这些“花絮”新闻进行报道。借助这些报道大众可以全方位地了解喜欢的演员，使其形象更加亲民化和立体化。《花花絮絮》中载：

李世芳每天写日记，分公事私事两种。公事如在某戏院演某戏，唱的好不好。私事如今日赴梅师处学习《穆柯寨》，说《宝莲灯》身段。又如对国事的感想。他总怕国家乱，影响他的生存，这小孩真像是杞人忧天。

毛世来是真有心胸的，唯恐人家赛过他。上次李世芳拜尚为师，他哭了两天，后来也拜了，才好了。他在台上能作眉言目语，人说他刁钻古怪，但是下台后，却不多言多语。他现在跟黄元庆

①蜀云.说富连成[N].北洋画报，1931年5月9日。
②零厂.富连成现况[N].北洋画报，1934年11月3日。
③杀黄.富连成琐事[N].北洋画报，1933年11月18日。

最好。[①]

让观众通过“花絮”新闻了解到演员除舞台上大家熟悉的角色之外的情况。对演员个人生活的报道也能满足大家的猎奇心，更能引起观众的兴趣。因此大家在对富连成演员逐渐熟悉后并生喜爱之情，也愿意付费买票听戏。

4.“济济多才”

据《关于富连成消息》载，富连成来津，是中国实业银行租下春和戏院邀其来津演出的，整个演出没有一天不是满座的，在当时是一大盛况。其中“此次出台各角，以李盛藻之老生，叶盛章之三花脸，孙盛武之丑，及赵盛春之武生，为最受欢迎”[②]。富连成演出得到欢迎，根本原因是有着一大批优秀人才，虽无名角，但这些演员却有着相当的实力保证了演出的质量，赢得了良好口碑。这归功于叶氏父子，在教学上“均能守其本分，不越规矩，虽不能作急剧之发展，然行见日益隆盛”[③]，而且富连成大胆起用新人，给年轻人创造大量锻炼成长的机会，培养了济济人才。

富连成自创办以来培养了“喜、连、富、盛、世、元、韵、庆”八科弟子，共计培养京剧各行人才七百余名，每科均有京剧名家成长起来，在京剧人才培养上从未出现断层，成绩斐然。“在中国剧坛上享名最久的科班，首推富连成，是无可讳言的了。造就出的人材，不可胜数……富连成的学生，各门各类中，均有杰出人材。”如喜字辈的雷喜福、侯喜瑞，连字辈梅连芳、马连良、刘连荣，富字辈谭富英、茹

---

①花花絮絮[N].北洋画报，1936 年 11 月 21 日。

②明明.关于富连成消息[N].北洋画报，1930 年 1 月 6 日。

③吴幻荪.富连成致胜之道[N].北洋画报，1936 年 11 月 21 日。

富兰，及至盛字辈叶氏兄弟叶盛章、叶盛兰以及李盛藻、陈盛荪。到了世字辈，“倒可以说是富连成的复兴时代。青衣李世芳（小梅兰芳）聪明伶俐，扮相唱工，真可比美梅兰芳。花旦毛世来（小小翠花），娇小玲珑，一举一动，就是小翠花的风度。武生江世升，稳健大方，做派英俊，其余二百余人，几乎各有专长”[①]。由此看见，富连成所培养的人才，“生徒遍海内。在国剧中，历史悠久，成功甚巨。……济济多才，富连成之历史，益将光荣不磨。为国剧界展异彩也”[②]。如此多的才俊源源不断地涌现，从根本上保证了富连成演出的成功。

富连成的演出以“戏”来吸引人，回到了戏曲的根本。演员表演形象逼真，功夫到家而严谨。管理者善于抓住观众心理，用低票价与高质量的演出来吸引观众，还借助媒体的力量为演员造舆论声势，引起观众兴趣让其乐于走进剧场观看演员表演。富连成演出成功更重要的是它们培养了一大批高质量的戏曲人才，这些薪火相传的年轻人撑起了富连成演出的一片天地。以上演出之道成就了富连成，使“富连成科班到津登台，无日不售满座，极一时盛况”[③]。

二、富连成的经营之道

富连成自成立以来存续兴盛四十四年而不衰，“北平除了富连成之外，没有和他对敌的组织，而且，他们所造出来的戏剧的人才，也的确不少。凡是在舞台上，‘出身行伍的人’，几乎没有一个不是

①阳.富连成的今昔观[N].北洋画报，1936年4月18日。
②墨农.志富连成之后起生旦[N].北洋画报，1934年12月29日。
③明明.关于富连成消息 N].北洋画报，1930年1月16日。

富连成出身。……诚然，它有着光荣的历史和优越的地位”[①]。取得如此卓著的成就除了与它很好地保证了演出质量有关之外，还与管理者懂得戏剧艺术的规律，以人格魅力来管理富连成，在同竞争者的角逐中不断取长补短，以及富连成不断变革以适应时代进步等方面的经营有道相关，使富连成持续进步发展，从而取得巨大成功。

1.德才兼备的管理者

富连成的管理者叶氏父子仁义厚道，同时谨守戏剧规矩，不被外界所迷惑，一直能坚守戏曲的初心。叶春善对于富连成的兴盛，起到了至关重要的作用，为其后的继续繁荣打下了坚实基础。“于众生徒，视人子如己子，循循善诱，谆谆教养，无私无邪，据德依仁，使诸生怀威戴德，乃克永昌。”他德行高尚，所有的学生都能够感受到他的德性，按照他的风格为人处世，所以富连成一直能保持昌盛。即便对于不能塑造成才的学生，叶春善都把原因归为自己的过错，那些不能出科独立生存以养活自己的学员，他都从社里拿钱去资助他们的衣食，甚至随着需供养的人越来越多，导致了富连成“日益食指浩繁，积欠为累”[②]。叶春善把毕生精力用于经营富连成，而自己并没有要求相应的回报。《北洋画报》中记载，叶春善每日所得只为一元五毛的工资，和当时的李盛藻所得相同，并没有因为自己作为社长就获得更多的利益。叶龙章在叶春善去世后，子承父业，遵照父亲的遗嘱，一直按照父亲的原则来管理富连成，使得富连成继续井井有条地经营下去。正是有德才兼备的叶氏父子，富连

①秋尘.焦老板的“新科班”与富连成[N].北洋画报，1932 年 10 月 29 日。

②吴幻荪.富连成制胜之道[N].北洋画报，1936 年 11 月 21 日。

成才能经营得如此成功。

在叶氏父子的妥善经营下，富连成培养的人才像星星之火分散到全国各地，这些人才继续从事教学、演出或管理等工作，将叶氏父子的德行与才能带到全国。如《北洋画报》中1388期详细介绍了喜连成(后改称“富连成”)刚开办时，第一科雷喜福、吴喜水、路喜才、赵喜奎、赵喜贞等六人在出科近三十年后的情况。“(一)路喜明学青衣，今年四十三岁，现改充文场。(二)吴喜永，学老生，今年四十五岁，现在青岛教戏。(三)赵喜奎，学花脸，已于去年死于黑龙江。(一)赵喜贞，为喜奎之弟，学武旦及小生，外号‘云中凤’，已于前年故于上海。(二)雷喜福，学文武老生，今年四十三岁，现在平组班，自为主角。(三)路喜才，为喜明之弟，学花脸及开口跳，外号‘小德子’，今年卅九岁，已改充管事。总观六人情况，喜奎，喜贞昆仲，俱已物故，喜永，喜明，喜才三人，均早不能演唱，改任他职。迄今照旧登台者，仅一雷喜福矣。”[①]他们在全国各地培养了一大批戏曲人才，为民国时期京剧事业的发展繁荣做出了重要贡献。

2.在竞争中求发展

富连成不避竞争，在竞争中努力纠正自己存在的问题。《富连成社科班训词》中“况值讲求自立，正是寰宇竞争”，正是富连成一直秉承的勇于竞争的价值理念，推动着它不断增强自己的实力与影响力。

一是与同行进行竞争。在未有中华戏专之前，富连成没有任何劲敌，而“一句不能唱”[②]的“焦老板”虽不是科班出身却将中华戏专

①炎臣.喜连成小掌故[N].北洋画报，1936年4月18日。

②秋尘.焦老板的“新科班”与富连成[N].北洋画报，1932年10月29日。

经营得不在富连成之下。富连成是科班，中华戏专是学校，名义上各不同，但都是为京剧培养专业人才的地方，二者自然形成竞争关系。富连成是培养戏曲人才的科班，除了做念唱打之外，其他一概不学，而中华戏专在学戏之外，还学基本的科学，本质上相当于新时代的科班。中华戏专有着自己的特长，它免除了体罚，同时“戏曲学校开办伊始，即沿用新法，其每日课程，一如学校，学生不仅能唱戏，且能读剧本，研揣其情理，故于剧场上能体贴入微。是以该校学生问世之初，即驾富连成已往之成绩而上”[①]。有人建议富连成取人之长，要抖擞精神，一较长短，不但不应敌视戏专还要联手促进京剧的发展，“不但在剧艺上力求上进，最好也能如戏专一样，注重学识的训练，袪除一切的体罚……这样，未来的国剧，才会有发达，滋长，改良，向上的机会”[②]。于是富连成学习中华戏专的经验，又加上当局的政策，放弃了“打戏”中“打”的教学方法，开始文明教学。

二是与出科学生竞争。富连成的学生在科七年后一般就要出科谋生，一些比较优秀的学生出科后，一定程度上削弱了富连成的实力。富连成的李盛藻、杨盛春、陈盛荪、刘盛莲出科后，与原先的出科生合作，在“中和”“开明”演唱，与富连成的“广和楼”几欲形成对垒，使得富连成营业受到一定程度的打击。于是富连成采取措施，使得演出上座率渐有起色，“由乃兄隆章继其任，与社中某重要人物，协议计划，谋改善营业方法，迎合观众心理支配戏码，复采纳舆论，擢拔优秀生徒，一反以前一切不良之习。如‘李世芳’‘毛世

①乙威.富连成设识字班[N].北洋画报，1936年8月22日。

②秋尘.焦老板的“新科班”与富连成[N].北洋画报，1932年10月29日。

来'胥在此种策略下,而得稍露头角者也"。在演员服装问题上,富连成也"颇知努力改善。"同时又在票价上做文章,"近自双十节起亦高标大减价,计一角迄二角五分,例诸前此,减至半数以上,实该社新猷中,最有俾于实际者也"①。在竞争中取长补短,大胆变革,富连成的演出日渐兴盛。

3.应时而变

富连成经营取得如此成就，离不开自身随着社会环境的变化及时进行变革的意识。富连成的历史正是近代中国风云变幻的特殊时期,面临着传统与现代的冲突。生在乱世的富连成同样有着旧科班的问题,如对年幼学员的教学,因其未经世事的无知,不能十分到位的体会戏剧的表情达意,于是"打"成了富连成重要的教育手段。此外,"因该社学员之待遇,夜则睡芦席,画则背戏词,打把式,不知文字为何物。"即便是戏剧大王谭鑫培,不免也发生将"甲胄"念为"甲卫(胃)"的笑话,何况当时的年幼学员。后在社会局的要求下,富连成积极改正配合,顺应时代的进步潮流,"为学生购置起叠之铁床,速设识字班,平均学生之劳逸",通过这样的举措,使学员学戏达到事半功倍的效果,"此不仅对学员未来计，于该社前途亦有裨益"②!

富连成正是在德才兼备的管理者带领下，在竞争中学习对方的长处,顺应时代的发展积极求变,采取适宜的经营措施,才能自开办以来立于不败之地，成就了在京剧艺术教育史上的伟大。

---

①杀黄.富连成琐事[N].北洋画报,1933 年 11 月 18 日。
②乙威.富连成设识字班[N].北洋画报,1936 年 8 月 22 日。

结 语

富连成是京剧史上历史最长规模最大造就人才最多的一所科班,为我们培养了一大批戏曲人才,为戏曲艺术教育积累了丰富的经验。《北洋画报》对其演出状况以及经营方式进行了大量报道,保存了丰富而珍贵的史料。通过对这些资料的分析,我们可以管窥当时富连成社演出与经营之道,这些宝贵的经验可为我们当代的戏曲院团及戏曲院校所借鉴,以史为镜,更好地促进当代戏曲艺术的发展。

(刊于《戏剧文学》2019 年第 8 期,总第 435 期,2019 年 8 月,第 114—119 页)

作者:高文超,天津市艺术研究所

天津河北梆子在新中国复苏

甄光俊

已有二百多年历史的河北梆子,从形成之初就在天津兴盛一时。1931 年“九一八”事变后天津市面萧条,人心惶恐,听戏顾曲者日益减少。梆子艺人只得迁往冀中农村,勉强维持生存。1937 年卢沟桥事变爆发,孕育了河北梆子的华北农村多被日寇侵占,梆子艺人生活困苦不堪,有的还乡务农,有的另寻生路。到新中国成立前夕,坚守在天津的梆子艺人已寥寥无几,天津的河北梆子衰败到灭绝的边缘。

何曾想到,天津解放后,经党和政府的大力抢救,河北梆子很快便起死回生,再创辉煌,影响所及超过历史上任何时期。在新中国成立 70 周年之际,笔者以有 64 年从艺经历的专业河北梆子工作者身份,把河北梆子在天津涅槃复生的奇迹,作简要回顾。

一、大力抢救　很快复苏

1949 年 1 月 15 日天津解放后,军管会文艺处立即派出干部,深入到戏曲团体和有社会影响的艺人中间访贫问苦，对天津戏曲界的历史和现状有了深入的了解。特别是军管会有来自冀中的干部，知道当年河北梆子衰落的时候，八路军冀中军区于1946年组织河北梆子艺人成立了梆黄合演的培新剧社，建立后曾经为毛泽东、周恩来、朱德等领袖们作过演出。他们所演诸如《血泪仇》《白毛女》《九件衣》等配合民主革命的新编戏，为中国人民的解放事业做出过积极贡献。冀中第八分区也建立过河北梆子剧团，在民主政权帮助下，把散落在农村的梆子艺人存留下来。鉴于此，军管会对河北梆子有种特殊感情，他们主动帮助艺人解决实际困难，协调恢复剧场演出。军管会干部和蔼亲切，态度真诚，加深了梆子艺人对共产党的感情，艺人们自发地串联起来，从1949年元月22日开始，分别在庆云、中华等剧场恢复演出。新中国成立前已还乡务农或另谋生路的梆子艺人，在他们的带动下，纷纷返回天津重操旧业。与此同时，来自解放区的文艺团体，带来《兄妹开荒》《九件衣》《白毛女》等一批表现革命内容和反映新生活的剧目，梆子艺人们竞相移植演出，为宣传群众发挥了积极作用。

图1　文艺工会派人家访韩俊卿

天津市军管会文艺处（后改为文化局）动员、引导戏曲团体编演表现新生活的现代戏。凡演唱新戏者，享受减税的优待。另外，组织梆子艺人挖掘、抢救濒临失传的优秀剧目，排新文艺工作者记录、整理艺人的口述剧本，几年间记录下不同行当400多出戏，包括台词、表情动作和锣鼓经，以及必要的校勘和注释。文化局从中选出长短剧目总计110出，编为《河北梆子汇编》，由出版社出版发行。其余未刊口述本400出，至今完好地保存在天津市艺术研究所资料室。

二、剧团国营，梆子生存有了保障

1952年10月，中央文化部（今文化和旅游部）在北京举办第一届全国戏曲观摩演出大会，天津市文化局局长方纪带领银达子、韩俊卿、金宝环为主演的河北梆子代表团进京参演。来自全国的23个剧种、88个剧目经过评选，最终天津代表团所演的河北梆子《秦香莲》，由于其批判中举后做了高官的陈世美，贪图富贵停妻再娶；赞颂包公秉公执法、铁面无私，主题思想与当时中央号召进城干部警惕资产阶级糖衣炮弹腐蚀的整肃教育相吻合，被评委们认为具有现实意义。演出结束，扮演秦香莲的韩俊卿荣获一等演员奖，扮演公主的金宝环获二等演员奖，扮演包公的胡满堂获三等演员奖，这些成绩和荣誉，大振了梆子界的威风。代表团载誉返津，在南市大舞台戏院作汇报演出，连续几天场场客满，出现了多年来梆子演出一票难求的场面。

河北梆子进京参加汇演，展露了诱人的艺术魅力。然而，剧团民营，艺人自由搭班，今日合明日分，你来我走，艺术上想提高很难。文化局支持艺人们的迫切申请，报请市政府批准，于1953年7月将民营梆子剧团改制为全市第一家国营戏曲剧团。国营后，文化局按月下拨财政补贴，剧团的剧目生产和艺人们的生活有了保障；文化局向剧团派去专职编剧、导演、音乐和舞美设计人员，每排新戏，编剧、导演、音乐和舞美通力合作，演出质量急剧改善，剧场的上座率直线上升。剧团的业务安排、行政管理也都井然有序，处处体现着国营的优越性。1955 年，剧团携带根据《聊斋》故事编演的《画皮》，到已有 20 多年没有梆子剧团演出过的武汉、南京、南昌、上海等地巡演，舞台上布景、灯光、道具相互配合，乐队在传统的板胡、笛子、笙三大件之外，添加了二胡、三弦、中阮、大提琴等伴奏乐器，青春焕发的河北梆子在当地引起轰动。上海人民美术出版社还把这台戏按剧情拍成一张张照片，编成一本连环画出版发行。

三、多渠道培养接班人

在旧社会饱经苦难的老艺人韩俊卿，进京汇演期间在怀仁堂受到周恩来总理接见，总理握着她的手问："河北梆子在天津恢复得怎么样了？""有没有年轻接班人呀？"总理的话对韩俊卿的思想触动很大。剧团回到天津，她一直在想，剧团虽然国营了，可演员总共才 38 名，平均年龄 52 岁，青黄不接呀！当务之急是要培养接班人。新中国初建，百废待兴，剧团经费有限，艺人们主动提出每周加演一场义务戏，用演出收入培养学员。同年冬季，剧团招收了 8 名少年学员，第二年，增加到 20 名，组成天津河北梆子剧团少年训练队。

1955 年仲秋的一天，河北梆子剧团在第一工人文化宫为市政府的一个会议演出，中间休息的时候，李耕涛副市长把剧团负责人和韩俊卿等主要演员召到休息室，意味深长地说："河北梆子是个群众基础深厚的剧种，不光天津人民爱看，河北人民也爱看。搞好梆子剧团，能联系二百万天津人民的心，也能联系几千万河北人民的心。"当他听说梆子剧团的老艺人自力更生、因陋就简培养少年训练队的情况后，称赞艺人们有远见。几天后，李副市长亲临已经拆除了的南市大舞台戏院残存的二层小楼，梆子剧团团部设在这里。他检查了小学员们的基本功训练情况，听取了孩子们的口头汇报，勉励小学员刻苦学艺、尊敬师长。临别时，他对在场的老艺人们语重心长地说："这些孩子们是河北梆子的希望。把他们培养成材，关系重大，这件事就拜托各位了。"几天后，市财政局给梆子剧团调拨来一批桌椅板凳，让少年训练队学习文化使用。同时送到的还有两架供学员练习身形表演用的穿衣镜，一架练声用的大三角钢琴，以及练功地毯等，一贫如洗的少年训练队开始有了家底。继而，文化局又拨给训练队一笔教育经费，增聘教师，开设文化课。

政府对河北梆子的关心，各级领导对训练队的支援，令梆子剧团的艺人们激动不已，学员们更是深受鼓舞。这些动力，促进了艺术教学的长足进步。1956 年七夕前后，训练队上演了重新改编的《牛郎织女》，这是训练队成立以后排演的第一部大型剧目，唱腔、音乐由新文艺工作者编谱，舞蹈由导演设计，演员都是十几岁的少年，无论是扮演主角还是配角，或唱念或舞打，都虎虎有生气。观众说"他们演得有趣儿，我们看着带劲儿。"

图 2 "小百花"到咸水沽演出，当地群众在剧场外等候入场

当时的训练队只有 46 位成员，排演大型剧目人手有困难。文化局指示梆子剧团，凡有志于河北梆

子事业、具有培养前途的少年，可以随时发现随时录取。此后几年，每年都有几位新人补充进来，其中有些是已有一定基础的业余爱好者，专职教师也随之增多。少年训练队建制渐趋稳定，业务演出也越来越频繁，1957 年全年演出 270 场。

四、“十绝百戏”

1958 年，经天津市委批准，河北梆子剧团于同年 7 月 1 日扩建为河北梆子剧院，原下属少年训练队同时升格为独立的小百花剧团。天津市戏曲学校河北梆子科全体师生并入梆子剧院，一部分师生补充到“小百花”。从此，全国河北梆子最年轻的演出团体在天津诞生了，并且成了天津河北梆子的标志。

1959 年，天津市委为加强对戏剧团体的领导，书记处会议决定，市委、市政府的主要负责同志，每人联系一个市级演出团体。负责联系梆子剧院的市委书记处书记、市长李耕涛，一心想通过实践探索新型剧团人才培养、艺术生产、行政管理等诸方面的规律和经验。他安排剧院原来的一团，以演传统戏为主，把剧院的重点放在培养年轻人上。他为小百花剧团制定的方向是：在百花齐放方针指引下，尝试不同艺术形式和风格的新型演出团体；确立“继承优秀传统、吸收百家之长、不断革新创造、树立独特风格”的 24 字办团方针。他要求小百花剧团三年内做到十绝百戏。所谓十绝，是要掌握十种以上独特表演技巧；百戏，是演出剧目达到一百出。

为了实现“十绝百戏”的目标，“小百花”从各地聘来一批有一技之长的老艺人，挖掘传统剧目，教授特技表演。从 1959 年春天开始，“小百花”与全国几十个艺术单位建立互教互学的协作关系。派

图3 《画皮》演出剧照

学员到山西，跟晋剧院的郭凤英、蒲剧院的阎逢春学习《小宴》《卖水》《火焰驹》，以及翎子、翅子、马鞭等技巧表演；到河北省跟陈素珍学习武安落子《端花》，到石家庄丝弦剧团跟刘砚芳学习老生表演技巧；到河南跟常香玉学习豫剧《拷红》。还曾向川剧、秦腔、京剧名演员学习变脸、水袖、武打等特技表演。经过老艺人的传授和到外地向名家补益，到1961年，“小百花”的学员共学会140多个剧目，翎子、翅子等技巧表演也有了一定的基础。

“小百花”在培养人才方面，采用政治、业务、文化相结合的方法。初创的几年，大力提倡学员记日记；鼓励绘画、作诗、写文章；定期为学员发放大仿本、毛笔；《唐诗三百首》人手一册；学员宿舍里配备二胡、笛子、琵琶等乐器；聘请专职音乐教员，为学员们上乐理课。业务教学则贯彻全面发展、因材施教、普遍培养、重点提高的方针，既吸取旧科班授徒的某些长处，也参考歌舞、话剧、杂技、体育等门类训练学员的科学方法。分别采取师徒制、分科教学、随团学艺等不同的授徒方式，为显露了苗头的专门人才，创造更多重点培养的条件。

五、天津河北梆子在全国剧坛大张旗帜

最能体现新中国建立后，河北梆子在天津再度兴起的实例，是

天津河北梆子剧院小百花剧团。

“小百花”建团不久，接到为来津视察的毛泽东主席演出的任务。当年，作为地方戏曲的演出团体，特别是少年演出团体，这可是千载难逢的荣耀。1958 年 8 月 10 日，毛主席在干部俱乐部小礼堂观看了刘俊英主演的《喜荣归》、傅家珍主演的《泗州城》。

为毛主席演出后仅隔几天，中共中央政治局在北戴河召开扩大会议，小百花剧团奉命到那里为这次会议演出。党中央领导同志以及各省、市、自治区的第一书记，都曾几次观看。一天晚饭后，演员们在西山小礼堂后台化妆，身着短衬衣的周恩来总理独自一人走到后台门前，同迎上前来的剧团负责人以及一些小演员就在院子里随便攀谈起来。周总理询问了剧团的各方面情况，叮嘱小演员们不能光学戏，还要学习文化。总理看到毛主席下了汽车，这才同大家挥手告别，走进剧场。几天后，在海边浴场，周总理把在远处游泳的“小百花”学员们招呼过去，谈起河北梆子剧种和“小百花”的演出。总理说：“四十多年前我在天津读书时，就爱看梆子。梆子家底很厚实，你们要好好继承。”

“小百花”在北戴河期间，还与河北省梆子剧团在人民剧场做了一次联合演出。前边由“小百花”演出《大登殿》，后边由河北省梆子剧团演出《秦香莲》。这台节目演了四个小时，毛泽东主席、周恩来总理都全程观看。

图4 韩俊卿获绽的奖章

1958 年 10 月，在河南郑州举行的全国文化厅局长会议，特邀天津市文化局张映雪局长到会介绍小百花剧团的典型经验。“小百花”为大会作了汇报演出。这为“小百花”

在全国成名,作了先声铺垫。

六、千锤百炼打造精品

在筹建小百花剧团的时候,就着手酝酿建团的献礼剧目,李耕涛市长考虑到小百花剧团是以青少年为主体,便提出以《晋书·荀崧传》和《资治通鉴》等文献史料为背景,编写一台宣传少年有为的历史剧。在集体编写过程中,李市长经常和创作人员一起,对场次安排、情节取舍,甚至一句唱词、一句念白反复推敲。在李市长的直接参与下,这出名为《荀灌娘》的新编历史剧于 1958 年 7 月 1 日“小百花”建团时正式问世。当时任《人民日报》总编辑的邓拓,专程到天津观看了这出戏。他称赞天津不仅出了一台好戏,而且培养了一批大有前途的河北梆子接班人。他挥毫题诗,书赠“小百花”:喜看北曲又翻新,千载灌娘孰与伦;小小百花多异彩,英雄本是少年人。

1960 年 4 月底, 毛主席在天津干部俱乐部又一次观看小百花剧团演出,当看到《荀灌娘》“舌辩周访”一折时,毛主席当即告诉在身边陪同看戏的李耕涛市长:陶侃当时并不在荆州,身份也不是周访的军师。毛主席说:“既然是历史剧, 情节和人物要符合历史真实。”事后,小百花剧团请教了历史学家,对相关内容做了修改。

之后,剧团聘请有真才实学的行家,对这出戏从场次安排到人物设置,从唱腔、音乐到武打和舞蹈,反复进行修改、加工,精益求精。突围脱险、大败杜曾等场,借鉴了杂技的轴辊功、体操里的 360 度转体技巧表演;武打时使用了踏板出场;等等。这些技巧,在今天看来已很普遍,而在 60 年前的戏曲舞台上却是首开先河,十分罕见。又如花园练武、父女议策等场的唱腔、音乐,把梆子剧种里的多种流派有机地糅合到一起，创作了独唱、重唱、合唱、幕后伴唱等形式的唱段。这些艺术形式的出新，丰富和发展了河北梆子的表现力，令人耳目一新。

1959年10月，文化部选调小百花剧团进京，参加庆贺新中国成立十周年献礼演出。在京一个多月，小百花剧团进入各大型剧院演出40余场，观众八万多人次，还在怀仁堂和人民大会堂等处，为党和国家领导人演出。董必武、徐特立、谢觉哉等老一辈革命家，亲临剧场观看并接见演员。梅兰芳、荀慧生、尚小云、张君秋、常香玉、李桂云、郭兰英等艺术家观看了演出之后，或在后台，或到招待所，对演员们进行热心鼓励和指教。共青团中央、中国少年报社、全国剧协分别为小百花剧团举行座谈会、联欢会。文化部副部长夏衍写诗祝贺，在《人民日报》发表。田汉、老舍、张庚、赵树理、马少波、任桂林、林涵表等文艺界著名人士，在首都各报刊发表评介文章，为河北梆子的复苏欢呼，并预言“河北梆子黄金时代即将到来”。中央人民广播电台、北京电台在剧场转播演出实况，唱片社将《荀灌娘》《空城计》等剧中唱段灌制成唱片发行。

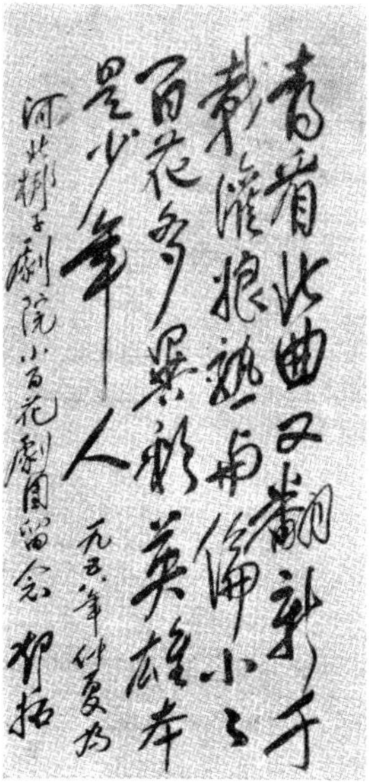

图5 邓拓为『小百花』题

周恩来总理在北京饭店设宴，招待部分献礼剧团。总理对韩俊卿说：“天津培养出个‘小百花’，你们功劳不小啊！”同年11月，中宣部副部长周扬在献礼演出总结大会上说：“天津出了个‘小百花’，解决了河北梆子后继乏人的问题。天津市委做了一件大好事，走在了全国的前面。”

七、将河北梆子的种子播撒在各地

20世纪50年代末，“小百花”应邀北上黑、吉、辽演出。当地报刊几乎每天都有小百花剧团的活动报道或评介文章。满洲里、齐齐哈尔等地以天津小百花剧团为榜样，相继建起河北梆子剧团，派员跟小百花剧团学艺。1962年，小百花剧团赴南方六个月，相继在广州、湛江、柳州、南宁、桂林、长沙、湘潭、株洲、武汉、黄石、郑州、新乡，以及江西九江等城市演出。在广州中山纪念堂演出，五千个座位场场爆满。中共中南局第一书记陶铸，在从化温泉接见小百花剧团演出人员时谈道：“北方的一个地方剧种，在广州取得这样强烈的演出效果，是十分难得的。这说明广东人民是欢迎你们的。”

1949年以前，河北梆子在天津曾濒临绝境，天津解放后在党和政府的大力扶持下很快复苏，一跃而成为天津乃至全国剧坛的排头兵。70年来，一代又一代天津河北梆子艺术家，为弘扬祖国的优秀传统文化，丰富人民群众的文化生活，一直在努力奋斗着。

（刊于2019年10月25日《今晚报》第12版“副刊·讲述”）

作者：甄光俊，天津市艺术研究所

舞台上的"红灯照"

罗文华

1900年的义和团运动,是在帝国主义的不断侵略和压迫下,以农民和破产失业的城乡居民为主体的轰轰烈烈的反帝爱国运动。因义和团声势浩大又多得民众支持,运动规模逐步扩展至华北、东北各省。天津人民首当其冲地处在反抗列强侵略和奴役的最前沿,因而天津地区义和团的发展最为广泛和深入。各地义和团纷纷进入天津,使天津成为义和团运动的中心。乾字团首领曹福田将天津城西靠近南运河的吕祖堂设为总坛口,各团首领经常来此拜坛议事,鏖战老龙头火车站、攻打紫竹林租界和天津保卫战的退敌大计都是在这里拟定的。1985年,吕祖堂建成天津义和团纪念馆。2005年,纪念馆门前广场新建了一尊义和团群雕铜像,下方铭刻着周恩来对义和团的高度评价:"1900年的义和团运动是中国人民顽强地反抗帝国主义侵略的表现。他们的英勇斗争是50年后中国人民伟大胜利的奠基石之一。"

义和团运动期间,广大妇女也迅速组织起来,积极投身反帝爱国运动。其中以由十几岁少女组成的“红灯照”最为普遍，最有影响。当时流行着“男练义和拳，女练红灯照”的民谣。天津地区红灯照的首领，是著名的“黄莲圣母”，人称“林黑儿”。当时她只有二十来岁，国仇家恨，使她非常痛恨帝国主义，以传授医术为名组织红灯照。庚子年(1900)四月，林黑儿到了天津，把船停在侯家后归贾胡同口的南运河岸边，在船上设立坛口，组织了红灯照。许多妇女都前来投奔，林黑儿被尊称为“大师姐”。在义和团的统一指挥下，红灯照在反帝斗争中做了很多实际工作，包括医治负伤团民、为团民供应粮草、传递消息等。在抗击八国联军侵略、保卫天津的战斗中，红灯照不仅做了大量的后勤工作，还在攻打老龙头车站、紫竹林等战斗中冲锋陷阵。八国联军侵占天津，林黑儿负伤被捕后不幸遇害。1982 年，天津市政府重新公布市级文物保护单位名单，位于红桥区南运河南岸、归贾胡同北口的 1900 年黄莲圣母停船场遗址也被列入。

红灯照在反帝斗争中英勇顽强的表现，书写了中国妇女解放史、斗争史上光彩的一页，被后来的研究者比喻为“义和团中的红色娘子军”。红灯照可歌可泣的斗争故事，也被搬上了新中国的戏剧舞台。红灯照题材的舞台作品，比较集中地出现在“文革”结束后的 20 世纪 70 年代后期和 80 年代前期，给广大观众留下了深刻的印象。

1977 年，由中国京剧院四团创作演出的新编历史京剧《红灯照》，受到首都观众的热情欢迎。该剧编剧吕瑞明、阎肃，导演李紫贵，主要演员有杨秋玲、刘长瑜等。其主要剧情是：1900 年 5 至 6 月间，义和团向京津进军。清廷密谕直隶总督裕禄改剿为抚，礼请义和团天下第一坛首领及红灯照首领林黑娘(原型即林黑儿)等率众进驻天津,意欲笼络并驾驭。林黑娘智斗裕禄,开导姐妹,终使清兵开炮助战,取得老龙头车站大捷。后来由于清廷叛卖,义和团各部遭到八国联军与官兵夹攻。林黑娘身负重伤,危急中传信除奸,断后牺牲,掩护年轻姐妹田小雁等突围。在剧中,红灯照战士作战勇敢,刀法娴熟,手执红灯,气概非凡。

京剧《红灯照》是“文革”后第一出名震全国的新编剧目,创作演出阵容强大,社会反响强烈。当时党和国家主要领导人集体观看了该剧,给予肯定和好评。1979 年,该剧获得文化部颁发的国庆 30 周年献礼演出剧本创作一等奖、演出一等奖。全国很多省市级京剧院团到北京观摩学习,山东省京剧团、湖北省京剧团、武汉京剧团、云南省京剧团、南京市京剧团、苏州市京剧团、九江地区京剧团等还在当地搬演了该剧。豫剧、吕剧、淮剧、淮海戏、锡剧、越剧、潮剧、秦腔等地方剧种也纷纷移植演出。随着戏曲《红灯照》在全国的传播,还发行了相关出版物,包括剧本、主要唱段,以及改编绘制的多种版本的连环画。通过这些艺术形式的广泛宣传,全国观众和读者普遍了解了义和团和红灯照,了解了天津人民在中国近代反帝反封建历史上的特殊贡献。

1980 年,中国京剧院四团在天津市第一工人文化宫演出了《红灯照》,受到天津观众热烈欢迎。1984 年,天津市京剧三团排演了九场新编近代历史剧《黄莲圣母》。该剧以清末义和团反帝斗争为背景,选取新的角度,通过剧中主要人物林黑儿、崔云娘、董玉莲三个女性的遭遇和成长,表现红灯照的形成及林黑儿怎样由一个渔家女成长为红灯照领袖“黄莲圣母”的全过程。三团主要演员李经文扮演林黑儿。1983 年,天津市和平区工人俱乐部的业余京剧团排演了新编近代历史剧《大战独流镇》。该剧表现天津独流镇义和团与红灯照会合,除掉了洋教士和赃官。剧情跌宕起伏,演唱慷慨激昂。通过这些专业和业余京剧团的演出，红灯照的故事在天津更加家喻户晓,深入人心。

1982 年,天津歌舞剧院在“海河之春”音乐周演出中推出了一首琵琶协奏曲《剑》。该曲为纪念红灯照女英雄们而创作,作者是王连锁。《剑》以北方昆曲为素材,运用琵琶音域宽广、表现力丰富的优点，结合西洋管弦乐的雄浑气势，再现了红灯照斗争的壮阔画面。乐曲由三个主要部分组成:黑云压城,壮怀激烈;闻鸡起舞,以剑抒怀;血染战袍,奋勇杀敌。整个乐曲以单一主题变奏的手法,用板腔曲体的形式组成。前奏中,首先由管乐吹奏出简短的主题,引出马蹄阵阵、炮声隆隆、刀光剑影的殊死拼杀场面。随后,在深沉的弦乐声中引出琵琶激愤的引子，然后是乐曲三个主要段落的连续演奏。随着引出一段颂歌式的乐段,全曲达到高潮。紧接着在琵琶快速的主题变奏和激越的绞弦声中全曲结束，预示着战斗方兴未艾,为振兴中华而战的斗争仍在继续。全曲形象鲜明,乐思清晰,民族风格浓郁,富于战斗气息,听之令人精神振奋不已。

1984 年 9 月,作为天津市向国庆 35 周年献礼的重点剧目之一的六场民族舞剧《神灯》,由天津歌舞剧院歌舞团在本市公演。该剧取材于天津作家冯骥才的长篇小说《神灯前传》,反映了清末天津地区的巾帼英雄红灯照与帝国主义展开殊死斗争的悲壮故事,具有浓厚的地方色彩。此剧是一部全须全尾的天津戏——天津人写,写天津事,天津人演,在天津演,很有意义。

自从与市歌舞团合作舞剧《神灯》,冯骥才最有顾虑的是,这些生活在现代社会中的编导们,如何能进入晚清那时代的氛围里。恰好当时听说廊坊地区发现了义和团乐曲,于是冯骥才和该剧主创人员赶到廊坊,听到了义和团乐曲的录音。这乐曲给他们的印象强烈又独特,“它一下子把我们拉到那遥远的、神秘的、壮烈的时代中去,这样凄苦、激越、悲壮”。为了加强这种感受,他们接二连三地往廊坊跑,终于来到这乐曲的发现地杨税务公社军芦村大队,并请到了那里的民间音乐会为他们演奏。这音乐会当年的会头叫冯兆来,擅吹一只小管,义和团运动时期做了大师兄,带着本村团众参加震惊中外的廊坊大捷,截击西摩尔率领的第一支八国联军入京。同时他还指挥着音乐会为团民吹歌助威。他把流传在华北农村的民间乐曲,根据情绪内容的不同改造后,分别用在义和团操练、作战、祭祀等不同场合。如今这音乐会的成员,大多是当年义和团乐手们的子侄, 所用乐器也是当年义和团民们使过的,“那敲裂的云锣和磨光的笙管,令人遐想万千。旧黯残损的古物总给人一种发人沉思的历史感……”

关于演奏的实况,冯骥才当时发表在《天津日报·满庭芳·影剧版》上的《寻找那时代的气息》一文中有过生动的描述:“他们的吹奏以《巧跳神》开始。震动心弦的牛皮大鼓一响,马上把我们带到义和团气势威严的阵地里。跟着,随同这铙钹笙管的合奏,恍惚看到团民们迎着飞蝗般的洋枪子拼死前冲的情景。尤其是那只九孔小管,声音凄苦、艰涩、尖厉,好像带着尖儿,直往人心里钻。那吹管的是个矮胖的老农,倒梨样一张脸,由于用力吹而两腮球一般鼓起;他闭着眼,似乎已沉浸在音乐里,那涨红的脸、紧皱的眉心,含着浓重的悲苦与烈性的激愤, 仿佛勾起中华民族受屈辱的岁月里全部的苦楚与磨难……”

民间音乐会还复原了一支《倒提金灯》曲,是红灯照姑娘排刀上法时用的。此曲尤使冯骥才兴奋:“这好像为我们创作《神灯》而发现的！”他认为：“《倒提金灯》曲，分明使我们看到红灯姑娘们活动的神奇壮美的一幕幕了。”冯骥才当时翻遍有关红灯照的史料，也没有发现关于红灯照怎样提灯的记载，便问他们：红灯照为什么要倒提灯？一位名叫杨继昌的老人说，冯兆来曾告诉他，由于红灯照活动在夜间，灯在身后，人影晃动，远看就像神仙了。与冯骥才同行的舞剧《神灯》总导演王堃受到启发，便在剧中设计了“倒提红灯”的舞蹈，收到很好的效果。

《神灯》公演时，《天津日报》美术编辑、舞蹈人物画家朱帆还为该剧画了一幅速写，在本报发表。画上的红灯照女英雄高举红灯，舞姿优美，作为《神灯》中最为生动、最具代表性的一个写照，也作为天津文艺工作者对民族舞剧、对天津历史题材戏剧进行艺术探索过程中的一个剪影。

（2019年12月16日《天津日报》第12版“满庭芳”）

作者：罗文华，天津日报

戈登与戈登堂

张　诚

一、戈登来华

戈登(Charles George Gordon),1833 年 1 月 28 日生于英格兰的伍尔维奇(Woolwich),14 岁进入英国军官学校,毕业后从军,19 岁入英国陆军任工兵中尉,相当于清军的千总,1857 年晋升为陆军上尉。

1856 年,巴夏礼代理广州领事时制造了"亚罗号"事件,挑起第二次鸦片战争。1860 年巴夏礼随额尔金北上,被清政府扣押,发生巴夏礼事件,成为英法联军焚毁圆明园的导火索,第二次鸦片战争爆发。

1860 年 7 月中旬,戈登随斯塔维里将军(Staveley)的远征军前来中国,到达香港时传来英法联军占领大沽炮台的消息。英法联军于 10 月 12 日开始进攻北京,并对这个城市进行了疯狂掠夺。

1.戈登参与火烧圆明园

当时担任英军工兵营指挥官的戈登，后来在回忆参战过程时说:“我们准备了很多炸药,好用于破坏城墙,城墙高达四十英尺,但砖石的质量还是较差的。我们在晚上11点30分,打开了大门,联军占领了北京,当然我们的爆破准备也无济于事。直到23日,清政府才考虑我们的条约条款，并为囚禁期间死亡的英国人支付一万英镑,并为每个战死的英国士兵支付500英镑。额尔金借口英国人在圆明园遭到了虐待,下令将其摧毁,并要他们根据自己的想法处理。因此联军士兵冲出军营,掠夺之后又烧毁了整个地方,以类似破坏者的方式摧毁了最有价值的财产，这是任何人也无法挽回的。在走出去之前,每人还分得了超过48英镑的东西,虽然我没拿那么多，但我已经做得很好了。有人在第二天就以500英镑的价格,出售了一串抢来的珍珠。”(《中国的戈登》)

在《中国的戈登》一书中,戈登还说:“你几乎无法想象我们烧毁的地方的美丽和壮丽,烧毁它每一个人的心都会疼痛;事实上,这个宫殿太大了。我们由于时间紧迫,根本无法彻底掠夺它。众多的金银首饰被视为黄铜一样而烧毁,每个人都疯狂掠夺,这使军队的工作令人沮丧。你几乎不会想到这个住所的壮丽,遭到法国人的巨大破坏。宝座和房间都布满了乌木,它们都是以奇妙的方式雕刻的。各种形状和种类的巨大镜子、时钟、手表、带人偶的八音盒,无法描述的各种华丽的瓷器,各种颜色的丝绸和大量的刺绣,不论是雕刻象牙屏、珊瑚屏还是大量宝藏,以及你在温莎城堡里看到的辉煌和文明,都被法国人以最野蛮的方式,粉碎了所有的东西。”

2.戈登参与划定天津租界

1860年11月8日,这两支军队回到天津,整个冬天它们都一直在那里。戈登所要做的工作,就是让3000英军有令人满意的驻扎条件。另外,他还有时间从事其他的工作,规划租界就是其中之一。

《天津租界史》一书,在描述根据条约为这两个租界划定的地域时写道:“这两位军官在这片荒凉的土地上放置了界石。这个地区内尽是一些帆船码头、小菜园、土堆,以及渔民、水手居住的茅屋,而这些破烂不堪的肮脏茅屋彼此之间被一条窄窄的通潮沟渠隔开,沟渠两边是荒芜的、无人管理的小道。两个租界地区是一些肮脏又有害健康的沼泽地,沼泽四围干燥一些的地方分布着无数座好几代人的坟墓。”(1888年《中国时报》)。

3.戈登在大沽

关于“中国的”戈登,殷德森牧师用实例做了说明:

“戈登上尉带领一连工兵,他们的工作地区在天津城东门外刚过护城河的地方。他给人们的印象是一个具有不知疲倦的活力和不屈不挠精神的人。他常常骑马到大沽去,有40英里路程,总是在当天赶回来;他这样来回不下二十余次。”(1890年《中国时报》)

《中国的戈登》一书中也说:“在此期间,他致力于满足他的军队的需要,有时还到大沽炮台,返回140英里的路程。事实上,他在天津的最长时间,也不会超过两个月。他与他的战友卡登中尉一起骑马前往濠墙外的一次探险之旅—— 一次充满冒险的旅程,他们为此赢得了极大信誉。除了这次经历,以及他的游历和调查外,在天津几乎没留下什么记录。”

在1860年占领期间及其以后,每星期日的礼拜式,主要是由于戈登的大力推动,军队和当地居民在天后宫举行礼拜活动。

关于戈登,他还是富有同情心的。殷德森牧师写道:“举行宗教仪式和做礼拜的场所屡次变更,直到后来一是由于驻军的减少,一是为了方便起见,在军官和常驻商人的合力资助之下,在娘娘宫置备了一间宽大的上等房屋作为礼拜堂。”“在 1861 年夏季和冬季,军队中病人很多。我到医院时,总是看见戈登坐在一些生病的士兵的床边,有时他会把自己的一点美食带来,有时会朗读一本有趣的书,有时会朗诵一段圣经。”

“我当时住在天津老城的中心(仓门口),有好几次他深夜手提灯笼来找我,要求我去看望一些快要死去的可怜的人。他会跟我一块去,在交谈时他总是虔诚地坐着,在祈祷的时候也跪下来。”

军队在天津停留的时间,比预期要长得多,戈登除了前往中国内地、蒙古、太原、陕西等处进行短途旅行外,在天津一直待到 1862 年春天。

4.戈登统帅常胜军

1862 年 5 月,英国第 31 团中的 700 人和第 66 团的 200 人,被命令到上海与太平军作战。由于太平军进展神速,很快就控制了华南地区,他们沿江而下围攻金陵和上海。当时的上海租界,除有英、法二国驻军,还有外国人和官绅为保护侨民和既得利益而组建的“中外会防局”旗下的洋枪队,将校皆用欧美人,由美国流氓华尔统领,花钱雇募的数千洋兵,疯狂向太平军进攻。

1863 年 1 月,英国枢密院训令授权,英国军官可以在清政府军队服役。戈登奉驻华公使普鲁斯和侵华陆军司令迪佛立之命,加入了常胜军。他们协助清军进攻浙东一带,慈溪之役,华尔殁于阵中,英国提督何伯推荐常胜军副将白齐文负责常胜军。常胜军先由英国军官奥伦代为管带,李鸿章认为奥伦是参谋,不宜带兵,遂由英国提督推荐戈登接替。

据1896年9月12日美国《科学美国人》杂志发表介绍《李鸿章》一文中说:“在战斗早期,海军中有一支由沿海地区的外国居民组成的特殊队伍,因在战斗中的胜绩引起了关注。这支队伍的领导者是一位名叫华尔的美国人,后来他的职位交给一位叫白齐文(Burgoyne)的美国人,再之后职位传给了隶属于英国皇家工兵团的海军上尉戈登。这支可敬的军队由数千人组成,在戈登的领导下不断扩张和改进。”

1896年6月14日美国驻华前公使杨约翰在德国《柏林交易报》中说:“戈登在李鸿章的要求下加入了中华帝国的军队,成了一名中校,开始为清朝服务。和他一道的还有几百名英国人,此外还有其他的联军士兵、海滨流浪汉、迷途的羔羊、逃避法律的罪犯、冒险家和那些游荡在亚洲海岸的奇怪的浪人。”

5.李鸿章和戈登

李鸿章,字渐甫,号少荃,清末重臣,洋务运动的主要倡导者之一,也是淮军创始人和统帅。

李鸿章受任之初,形势极为严峻。当时上海是全国最大的通商口岸,华洋杂处,又是江南财富集中之地;淮军抵达时,正值太平军第二次大举进攻,能否守住上海并徐图发展,是摆在李鸿章面前的最大考验。李鸿章牢记曾国藩“以练兵学战为性命根本,吏治洋务皆置后图”的教诲,亲临前线指挥,成功守住了上海。外国军见其战斗皆惊叹。

从1863年2月起,淮军伙同常胜军以上海为基地,向西进犯。

1896年6月14日,美国驻华前公使杨约翰,在德国《柏林交易报》上说:“李鸿章对戈登关爱有加。戈登在1863年曾率领一支中英联军攻占了太平军的很多据点。戈登一直在包里放着本《圣

图 1　穿马褂的戈登(专为慈禧太后拍摄)

经》,只带一根马鞭,亲自带领队伍与敌人厮杀。李鸿章非常喜爱这位与众不同的梦想家。”二人相得益彰,李鸿章兼署五口通商大臣,戈登亦被授为总兵。

6.戈登与苏州大捷

太平军统帅李秀成，以苏州与金陵成犄角之势,亲临苏州布置设防。当时双方的兵力约为 2:1,淮军连同常胜军共 38500 人,太平军则 78000 人。

11 月 27 日，戈登率常胜军攻打娄门外石垒长城,29 日又调集众多大炮猛轰,毁城十余处,兵临城下。清军猛攻,战况十分惨烈。城外李秀成闻警赴援,但屡战屡败;城内谭绍光部,每战犹如致死。官兵上下皆有二心,李秀成知道军心已散,大势已去,为了保全苏州生灵,要谭弃城,但谭不从,李秀成只好痛哭而去。

戈登了解到这一情况后,主张诱降,兵不血刃攻克苏州。

戈登将计划告诉李鸿章,并主动请缨说:如果李鸿章不杀投诚的太平军首领，他会降服所有叛乱者。李鸿章向他保证说不会,但是戈登对此有所怀疑,因此又问了他两三次,而李鸿章每次都说不会伤害他们的性命。于是，戈登才舍身进入太平军堡垒,劝说他们的将领投降。苏州的克复,使江南战场的形势顿时改观,清廷欢欣鼓舞。捷报送到北京,清廷赏李鸿章以太子太保衔和黄马褂。

12 月 14 日，同治皇帝对内阁示谕：“据李鸿章奏，经督率部下军旅攻剿苏州城垣，已将该城克复，览奏实深欣慰。江苏省总兵戈，带领所属洋枪队助剿，足见其洞悉智谋，精于作战之技能，竭其全力，终建殊勋。着即赏给该总兵头等功牌一枚，白银一万两，以示嘉奖。钦此。”

7.戈登为何要杀李鸿章

苏州克复后仅两天，李鸿章就密令杀降。同时，清军在城内大开杀戒，数万守军在毫无戒备的情况下被诛杀。李鸿章的残忍、背信弃义在这次杀降事件中暴露无遗。曾国藩称：“此间近事，惟李少荃在苏州杀降王八人最快人意”。

戈登得到消息后怒不可遏，认为这是最无耻的背信弃义，而且自己还曾信誓旦旦为降将作保，便带了一把手枪去找李鸿章拼命。戈什哈见他手中有枪且面带杀气，赶紧通知李鸿章躲避。戈登咆哮如雷，谁也劝不住，沿城墙追赶李鸿章，李跑至朋友家才躲过一劫。戈登走时留给李鸿章一封信，要求他退出苏州，辞去江苏巡抚一职，以待清廷旨意，否则他将攻击李鸿章，夺回常胜军所得城镇，交还给太平军。

李鸿章杀降的消息传到上海，洋人大哗。在上海的各国领事，认为此举违反了万国公法，且在人道上亦不可恕，因而集会商议是否修正态度，改为中立。会议决定，各国领事各自呈报驻京的公使馆，向清政府总理衙门提出交涉，同时由英国提督柏郎向李鸿章提出抗议。上海的外国领事馆馆员，代表列强及所有外国侨民，签署一项严厉谴责李鸿章的决议，指其杀降是对人性的彻底背叛，并警告说此事很可能使列强不会再帮助清政府，并可能撤回帮清军打仗的洋兵洋将。

8.常胜军解散回国

李鸿章一方面请对中国政局影响颇深的英国人赫德代为调解，一方面在给朝廷的《骈诛八降酋片》中则说“戈登助剿苏城，近来颇为出力”，“不料成功之后，既索重赏仍生衅端。值此时事多艰，中外和好，臣断不敢稍涉鲁莽，致坏大局。惟洋人性情反复，罔知事体，如臣构昧，恐难驾驭合宜。设英公使与总理衙门过于争执，惟有请旨将臣严议治罪以折服其心”。

李鸿章杀降，得到了朝廷的理解支持，经赫德等人的调解，英国方面也制止了戈登的过激行为。此时淮军已兵强马壮，且其中三四万人装备了新式武器，而“常胜军”只有三千多人，实非淮军对手，戈登只得作罢，仅要求李鸿章发一文告，说此事与他无关。对此要求，李鸿章爽快地答应了，双方各下台阶，一场风波总算平息。清廷也赏赐了戈登头等功牌和一万两白银，此事方搁置不提。

李鸿章也没记仇，大大赞扬了戈登的骁勇善战和军事才能，大方地奖赏了他的官兵。同年 11 月，戈登离开上海回到英国。

图 2 查尔斯·乔治·戈登(摄于弗尔茨)

二、戈登为李鸿章献策

1880 年英国派黎本子爵为印度总督，黎本聘请戈登为参谋同往。时间不长，戈登觉得参谋长的意见与己不合，即请解任。适中俄关系紧张，李鸿章假中国海关总税司赫德电报，请戈登至中国商量对策。

1880 年 6 月 17 日《申报》在“ 军事类志 ”中说：“俄国闻戈登启程来华，如芒刺在背，殊不自安。又闻伦敦某西人致香港西报书，则谓英廷初闻中俄失和之事，以为无妨碍中国，所以赫然震怒者，不过虚张觉势而已。”

1.戈登受邀来华

赫德的电报也发了，外界也广为报道，戈登也同意前来，但英国政府却以万国公律“国中军务人员不准其至他国关予战事”为由，禁止戈登来华助战，即无官职亦不在准例，惟可佯作不知。戈登遂辞去英国军职，依然来华。戈登说：“中国人民耐劳易使，果能教练，可转弱为强。”还说“中国海军利于守，船炮之制，大不如小。”

1896年7月18日，法国《画刊》刊登瓦里尼介绍《李鸿章》的文章中说：“等到十五年之后，戈登再次被召回清朝，来阻拦一触即发的中俄之战时，李鸿章在天津等他。见到他之后，李鸿章一把抓住他，与他紧紧拥抱。戈登再次见到这位曾经一起经历过艰苦岁月和光辉时刻的同伴，也不免动容。对这样的两个人来说，生命太短暂，不能用来相互仇恨，而且两个人都有比回忆往昔更重要的事情要做。未来再次黯淡，两位昔日战胜太平军的胜利者商量如何确保和平。戈登的真知灼见和支持，帮助李鸿章在朝堂上占了上风，在最高点保住了这位他曾经想要杀掉的人的权力和名声。”

2.是谁要推翻朝廷

戈登从天津至北京，见到总理各国事务大臣，力陈中国武备不修、战无策，不如迁就维护大局。总理大臣问他：“如事决裂，肯相助否？”戈登回答说：“事如决裂，皇帝肯迁驾内地，鄙人当为中国效力任疆场事。”

戈登回天津见北洋大臣李鸿章，和其讨论战策。李抱怨北京诸大臣主战误国事，还说有某国公使，劝他借戈登力拥兵至京师，黜诸大臣自立为帝。戈登闻之叹曰:“鄙人虽一介武夫,做事何肯卤莽至此耶? ”戈登随后立即启程回国。

外人怂恿李鸿章推翻清朝，不是空穴来风，也不止一次。但1896 年 6 月 14 日,美国驻华公使前杨约翰,在德国《柏林交易报》上论述德国和清朝关系时反倒说是戈登。杨约翰说:“1880 年时,戈登曾再次造访李鸿章，并建议他率军推翻北京的腐朽统治取而代之。但是李鸿章对此计划极为怀疑,或许是害怕沦为印度王公一样的英国傀儡统治者。”

《申报》8 月 8 日从《字林西报》得到信息,说:“英将戈登居北京二日仍回天津,将客于李伯相之幕矣。闻戈登之意,在北京时除俄事以外,见中朝各事皆渐入难处,内外大员意见殊不相合,欲俄事之冰消瓦解,实有悠悠其难之事云。”11 日又说:“戈登到津后,客于李中堂之幕中,宾主相得,惟皆以为与俄终不免于战,而仍劝其不出于战也。然心更悬系于曾侯,如其至俄后不能商议妥洽,则兵端之起实弹指间事,故津沽近日更觉备预不虞矣。”《晋源报》又说,李鸿章日调兵勇四十五队以守各炮台,又租一大栈内可储米二万石。

到底是谁让李鸿章推翻朝廷,是某公使还是戈登? 还是李鸿章假借他人之口? 至今未得实据。不过看李鸿章在庚子时期的表现,他没那个胆,也没那个心。

戈登走了,外界疯传他“与李中堂议论微有不合”,欲遂随航来沪。到上海后,暂居税务司赫德公馆,当有人问及中俄之事,戈登答称:“刻下断不会开仗也”。此时英国政府再次打电报到上海,要戈登迅即回国供职,毋再久在中国。外界认为,此时中俄和战之属尚无定形,而戈登先用于华,则足以启俄人之疑,设俄人迁怒于英,英国反代中国受其祸,英人安肯为此。

《申报》于9月1日报道说英将戈登自津来沪后行旌小住，即附轮而往香港，十七日在港督署中接见宾客，至者络绎，下午又至华医院，华绅亦皆往见，纵谈时事。十八日下午五点钟时，即附公司船回英。

3.戈登论战

据《申报》1880年9月2日透露，戈登在天津时，曾献与李鸿章振兴中国及防御俄人之策：一是中国的军制、军令均应仍旧遵守，俾与黎庶相宜；一是中国人多故优于他国，且百姓惯耐艰辛，所以用后膛枪，只需教使惯用与精修，提点后膛枪而已，其余兵不必多用。至于后膛枪，不论用何样式，皆宜采自他国，惟须用举国合宜之式。

中国自制的后膛枪，技术质量还不过关，应在便利之处多设修理厂；至于后膛枪所用子弹，则宜在运输便利之处自行制作。现在购买的后膛枪样式太多，实为不妥，但每四省用一种样式亦未尝不可。凡是射击距离为二百四十丈的，已经使用熟练了，也就行了；要是买比这个射击更远的，这个价钱，恐怕也就能买半只；就是花一样的价钱，若是教会中国兵熟练使用，亦颇为费时，且士兵仓促使用，恐怕心乱而连过去的都忘记，此种情事各国每每有之。所以只须采购平常的后膛枪，也就是能射击二百四十丈的，又结实又耐用，慎勿轻易采购那种便利、精细的枪。中国兵携带物件稍重一二斤没关系，因为他在本土上行进，不须携带粮食、衣物等。

一是中国的优势是在人数多、运兵速、行李简单、饷廉。佩剑、持矛亦能制敌，假若占据险要，佩剑持矛之人以十敌一；用比它强的后膛枪，精习诸般战法训练亦可取胜，这是人所共知的。佩剑持矛都能克敌，况更有普通后膛枪，不更易操胜算吗？临阵时，中国兵宜多用逼近散战法，其胜算当在运兵神速，在断绝敌人粮食辎重，在夜间佯为讨战，在频频滋扰。

纷扰不休，能使敌人昼夜不眠，久必有疾病，而敌人之数可因之而减，然多方扰敌实为上策。中国人数多，主客之势既分，劳逸之形自异，则其所见亦未可以厚非。若敌人夺我炮台，则不妨暂避，而分兵以扰之；敌人逼近攻城，则先宜迎攻而直捣其后队，砍电线、断援军、截饷道、劫辎重、散置水雷、遥为声势，凡此各策皆行师之要务。

近年来中国讲求海防买船、造炮、购买军火等不惜重金，沿海防御工程侈然大观，惟地势滨海门户孔多，恐怕不能处处戒备，犹虑有事之时有措手不及之势。而那些当官的，还说船炮不可不求精，军火不可不多购，还说不止于海口严为守御，还要在洋面上与敌追战，众策纷纭，但又以军饷、军费筹措艰难而担忧，犹犹豫豫，拿不出一个好的办法；或者忽左忽右无所定见，知其难而不肯轻于一试。干事固不可不知其难，而知其太难，转至畏难而不举，则敌人已到眼前了。

戈登说中国之兵利在速战无俟。敌人入境后事事需安排妥帖才能行动，中国人须与其屡战，不使之有一息喘息之机。

戈登说中国海防在于各口守御，而不在于洋面游攻。敌来攻我，我为主而彼为客，为地利优势，一出海口，即失去了屏障。假如我军全力紧守沿海门户，敌不登岸，则虽敌船布满海中，而与我没多大关系。假如敌不登陆而我反要出海与敌交战，则胜负之券未可预操。而敌见我之船，以众船围攻之，则海口不能为援，肯定不能敌，必至船被掳而人被杀，这样防御手段又少了一个，而海防更有难保之势，故利在守，而不在战。

戈登说船炮不必过于求精，但务求多，取其价廉而可以一易十。既然不必与敌战海，则这些枪炮皆沿海口岸配置，其优势与用之海上就不同了，重量轻就易于使用，而且大家都会使。

戈登说曲射炮的价格，五百门才抵十八吨巨炮一尊。假如有巨炮在海口，固然好看，但见敌船来而施放之，近则其力太大，势必远出敌船之外；远则敌船可以避，就击之不中，百里之外，误差就更大了。而此炮只在一处，别的地方无炮者居多，安知敌船不改道以趋之？所以用五百门曲射炮之价，而购巨炮一尊殊不合算。曲射炮的炮弹从空中而下，敌人不能自护，如落于船面，不论何船触之即碎，则其力亦未始不大，即施放时，可以乘敌之不备，何必舍易图难。

至于重铁甲船及难于料理的水雷皆不宜用，意思都差不多。水雷好的与一般的价格悬殊，中国海口既多，置备宜广，用平常水雷能做到处处布防星罗棋布，使敌防不胜防；倘若非用好的则价格太贵，不能多置，反致敌人有隙可乘。好的水雷，不过是设计灵敏、加工精致而已，而平常水雷虽样子平常，但耐久不坏，其破坏力也不至于太差，相比用之海口尽足制胜，并不是只取其价廉而已。

而其间最为要紧事，就是电报传递消息，也是军中所必须，而历经试办已有成效，且不需假手外人，中国自己就能自造。

此外，戈登还为中国量身打造一个克敌制胜之办法，足以制敌人之死命。即："盖即彼出则归，彼归则复之，故智而稍变；日间与之相持而不与之战，至夜间而用金鼓、枪弹以惊扰之，使之不得安眠；若突出攻击，则由奔回而不与接战，于要隘之处多设伏兵以待之果，其穷追则必堕我伏中；若彼不出攻击则终夜震惊，使不得一刻安眠。如是者，数日敌人昼夜不得休息，而我军或轮班或分队，人多而势壮，以之扰敌而有余，彼欲战而不能，欲息而不得，其有不进退维谷者乎？”

这倒让我们想起了“游击战、麻雀战、运动战”，让我们想起了“诱敌深入，敌进我退，敌住我扰，敌疲我打，敌退我追”。

4.戈登之死

据《张文襄幕府纪闻》之“英将戈登事略”所载：“光绪元年，戈登应埃及王之聘至苏丹。先是，埃及国沿尼罗河南边近赤道之境，总名曰苏丹，皆沙漠荒野之地。然此域土地宽阔，极南近又寻得大湖数处。埃及王曾令英人伯客沙谬往开辟，二年未竣事，辞职去。王聘戈登，仍令往接办其事。戈登在此烟瘴绝域三年，竭力任其事。凡地理之险阻，天时之恶劣，以及土人之悍梗，皆以坚心毅志胜之。”

埃及南部自戈登去后，官吏贪酷虐民，各地农民纷纷起义。于是，英国复将戈登由毛里西亚调往埃及。戈登到达埃及后屡经剿办未克，反被叛军包围。戈登欲率被围官兵出城，然城中有避难官吏及家属万余，戈登不忍弃之，只能固守待援，并致电伦敦求救。戈登被围五月不见援兵至，粮食将尽，仍旧率军民拒守。

1885 年 2 月 6 日《字林西报》号外，说英将戈登近为埃及乱党所败，其所守之地亦被乱党占据。半月之后，伦敦发来确切电报，称戈登前被困于加尔东地方，请英国发兵往援，援兵未到而乱党力攻，加尔东城破，戈登率残部与之巷战，竟为乱党所戕！丧耗传至英国，官民皆哀。

闻戈登死于埃及民军之手，3 月 3 日李鸿章即发电报，致唁驻英中国公使馆，电文如下：“戈登与本大臣素好，且系才能出众之人，前为我国出力，我中国至今抱歉，故本大臣闻此噩耗，心中恍恍，殊深惋惜，特此奉唁，并借贵国失此能人，尤足悲悼。”

三、李鸿章与戈登堂

英租界,是天津各国租界中最早设立的,1860 年由英国皇家工兵上尉戈登划定,同时他还对英租界的开发做了初步设计。

英国人获得的这块地方,东西窄而南北长,西端为海大道,东端为河坝道。戈登在这两条道路中间画了一条中线,为英租界主街,也被人们称为中街,并按照西方人的方式,以最高元首之名命名为维多利亚道。戈登还从南至北在地图上画了很多直线,将英租界分成若干小块,以便根据其间的差异,以不同价格销售。在英租界的南端,有一个大水塘,也是戈登预留的一块地方,作为领事馆的预留地以及与之配套的班房。

1862 年,英租界工部局成立,直接负责英租界的开发和建设,三年时间就将所有地块卖出。英租界依照戈登的规划,逐渐形成了街区,修建了码头,一些地块逐步排干积水,垫高地基,一些好房子也建立起来。

到了 1870 年,英租界已经出现规模,米琪写道:“一则由于随着河坝开始打桩加固,从老海关到利顺德饭店东面铺筑了平坦的马路,一则是由于长长而笔直的中街,路面平坦,两旁有双排的榆树。也由于一些外观漂亮的房屋的出现,租界开始呈现出稳定和令人瞩目的形态。”

1.工部局大楼建成

1887 年,为了庆祝维多利亚女王登基 50 周年,工部局需要一块公共用地作为集会场所,萨宝石洋行的俄国大亨斯塔尔采夫,因此将 1 号地捐献出来,名正言顺地成为董事。工部局遂把这个水塘填平，在此基础上建成花园，这里也因此成为英租界的中心。

当时中街几乎没有什么行人和马车，没有便道，下水道也很差，只有三家店铺，而且还全都是平房。花园四周还没有圈好，多少还有些荒地，只是在打板球时才打扫一下，常常因为垃圾而弄得很脏。花园的北侧被人们当作马术训练场。

1899 年英租界工部局开始在花园的北侧筹建办公大楼。在当时，任何人想在租界里盖房屋，都要从海大道以西的地方买土，来把地基填平、垫高。“排成长队的手推车，运来含有疟疾病菌的泥土，倒在地基上等它晾干，一旦泥土表面干燥了，建房工程就开始了。”工部局大楼在 1889 年建设时，总共花了三万二千两白银。

据《天津租界史》所载：“戈登堂最初的草图是由钱伯斯先生(Chambers)设计的，后来经过像达·芬奇一样多才多艺的工部局第一任秘书长史密斯先生，和在年轻时做过石匠懂得各种建筑知识的德国面包师弗兰岑巴赫(Herr Franzenbach)的修改。”“尽管它在艺术上有大错，诸如哥特式窗户上安装木头窗棂和木架子、雉堞状的城垛和簇叶状的尖塔顶等等，但是从适用方面来说还是不错的。”

1890 年 5 月 9 日英租界工部局大楼建成，21 日《申报》以“洋楼落成”为题进行了报道：“层楼为议事之所，高七丈一尺，中分四层，正面朝南，东西横亘约二三十丈，楼之两旁成八角式，如鸟之张翼，居高临下，可观二三十里，楼房树木青葱，绝以天然图画，择今春落成。”“由英领事官肆筵设席，恭请傅相暨海关道、西国士女一同庆贺。是夜，悬灯烛、放烟火、高扬国徽。傅相欣然命驾率属而来，楼中奏西乐相迎，席间亦奏乐侑酒。”

2.戈登堂的命名

《天津租界史》内称：“这十年中，最重要的成就是市政大厅的建成和开放，这是中国对外通商口岸中第一幢此类建筑。为了纪念戈登将军，经过一段时间后，这座市政厅以戈登堂而著称。”

图3　戈登画像

在1890年5月的开放仪式上，英国工部局董事长德璀琳在大厅里主持宴会，直隶总督李鸿章坐在他的右边，美国驻华公使田贝坐在他的左边。出席宴会的还有海关道、天津道、盐运使、轮船招商局总办以及几位外国领事。

作为工部局大楼建成的贺礼，李鸿章特意赠送了一幅戈登将军的巨幅画像，德璀琳把它挂在一楼会议大厅门口显眼的地方，并建议把会议厅命名为戈登堂，以纪念这个英租界开发的设计者。

正式宣布大厅开放的荣誉，落在李鸿章身上，这位著名的总督发表了热情洋溢的讲话，他最后说：

“我很愉快地接受了由我宣布大厅开放，特别是因为我们相聚的大厅，是以我的一位杰出的朋友的名字来命名的，他的卓越的军事才能，在我经历的战役中首先被我发现。其后，对他在别的国家纯洁而高尚的职业，我也怀着最大的兴趣和钦佩之情关注着。对他的过早逝世，我再次深表悲痛。愿我现在宣布开放的这座大厦，成为戈登与中国关系的永久纪念碑。”

接着，李鸿章将两把扎着灰色和红色缎带的钥匙，郑重其事地交给德璀琳。从此英租界工部局会议厅就被命名为戈登堂，英文名是Gordon Hall。

据一位参加过那次仪式的中国绅士回忆，仪式给他印象最深的，是在讲演将要结束时，由于对朋友戈登将军的崇拜之深切，“这位伟大的总督，竟然热泪盈眶。”

3.李鸿章在戈登堂请客

戈登堂开放两年后的1892年，李鸿章迎来了70岁大寿。鉴于他的地位和贡献，光绪帝和慈禧太后也御赐了寿礼，外国官商也有介寿之文，不可无宾筵之。李家除在督署筵宴群僚外，初八日在戈登堂敬设彩觞宴待外国官商。李鸿章派人送信说，如果能在大厅里建一个戏台，他将带一队人演出中国杂技和戏剧。于是裴令汉就用李鸿章出的钱，在戈登堂建了第一座舞台。

裴令汉是1888年上任的英租界工部局秘书长，负责租界内的房地产勘定，使英租界的市政管理和发展有了新的水平。

李鸿章派人送来了各地送给他的帐子和刺绣品，帐子上面几乎绣的全是鹿，还有“老寿星像”，两者都是对老人尊敬的标志。一个星期后，李鸿章又派他儿子送来些挂毯和帷幕，说是送给工部局的礼物。这些东西，一直到1924年还能在戈登堂里看到。

1892年2月10日晚上，英租界工部局大楼上下四隅遍缀明灯，门外搭牌楼一座，上置云霄纱帘两对，燃灯表里通明。门外及园中皆悬灯树顶，光怪陆离如游鳌山。英、法两租界还在李鸿章行经之路两旁各结巨绳，相离尺许便挂一红灯，绵长约二里，三岔路口则结纱为额，大书“立德立功”“寿民寿世”等字。

2月11日当天，自晨至暮倾城仕女空巷，接踵骈肩几于联袂成帷，租界巡捕先是驱逐闲人清理街道，下午5点李鸿章座驾准时到达。舆旄导前驱从殿后，西乐队候于道旁更唱迭奏，并有练军一哨站队恭迎，此时枪矛森列鸦雀无声，文武各员在大门口排班鹄候。主持人德璀琳将李鸿章接入大厅，各国来宾已提前在此等候。

图 4　戈登堂宴会厅(李鸿章 70 岁生日会场前部戏台)

戈登堂门旁各有一贵宾室,紧挨着两侧入口,进去后靠门口横向摆着一排餐桌,这是今晚的主宾席。当李鸿章进入宴会厅时,中外宾客全体起立,掌声经久不息,之后乐队演奏了乐曲。

李中堂落座之后,外宾按顺序依次入座,在他的左边有 3 位外宾、叶志超和裕长,右边则是 3 位外宾、一位番司及胡□□;他的对面坐着 5 位外宾,以及李道台、吴殿元、罗丰禄、李道台、贾总统、吴镇台。桌子的两头各有一外宾,还有季邦桢和周馥,这桌由他们共同负责。李鸿章的三个儿子、一个孙子和一个翻译也参加了宴会。

献茶即毕,袍笏登场,宴会正式开始。英国驻天津领事布伦南首先致辞,他请大家举杯,祝中国皇帝万寿无疆。然后说:“各位先生,有机会参加总督阁下七十大寿宴会,使我们不仅感到至高的荣幸,也使我们感到无比的幸运。先生们,如果我们还记得,总督大人在漫长的政治生涯中,以他的热情和才干,为四任皇帝做出了卓越贡献。作为一个政治家,他以不断的辛劳,完成了许多艰巨的任务,不但赢得了最高荣誉,也使中国在过去的三十年来,得到世界各国的认可。我们欣喜地看到,像他这样强壮的身体,像这样的精神和活力,很难让人相信,他已是七十岁的老人了。”

“我最诚挚地祝愿,我们尊敬的总督,能够继续长久地为他的国家提供卓越的服务,祝愿他的声名更加伟大,祝愿他的子孙们在将来能取得像他那样的丰功伟业。”

第二个站起来的是坐在左边的李鸿章次子李经迈，他举起酒杯代表父亲，首先祝福各国元首健康长寿，并感谢嘉宾的到来！

干杯之后，李经迈对布伦南说：“首先，我要感谢您和各位先生，我父亲今天很高兴，能与诸位一起庆祝生日，他深感荣幸，并向在座所有外宾，表达诚挚的友情，感谢大家对他七十大寿的祝福，也感谢在他不久前的大病中，诸位所给予的关切和同情。家父要借此机会，公开感谢西医技术和埃尔文大夫，他高超的医术、细致和耐心，令家父、我们全家及我们的朋友们感激不尽。”

最后，李经迈以父亲李鸿章的名义，请全场为埃尔文医生、他的同事们及他们高尚的职业而干杯。

致辞之后，宾主开始进餐，山珍海错罗列盘前，菜单是中西结合轮番上菜。酒以卣盛肴山鼎进，恍似瑶池之会，平添海屋之筹。

酒宴之后，大厅桌椅重新进行布置，外宾已提前拿到准备好的节目单，李鸿章坐在观众席正中观看演出。锣鼓喧天、笙箫彻耳，几疑此曲只应天上有，人间能得几回闻。

戈登堂照明一直用煤气灯，入夜点燃后似不夜城长春园，大楼外煤气灯火起百余盏，更假洋楼以做照壁，上贯天空万点繁星，一轮明月照耀天心。维多利亚大街红灯吐焰，居家铺户亦悬灯于门外，为上元节曾辉十倍。

晚上10点演出结束，李鸿章起身告辞乘舆回署，中外宾客恭送出门，绮筵始撤，宾客尽归。维多利亚花园燃放烟火，观者万头攒动如山如海，但见喷薄而出变幻离奇，随风起灭极宇宙之大观。待玉兔影斜铜龙漏转，街上游人始渐散去。

从此之后，戈登堂里便有了一个戏台，英租界的外国人自发组织的一些社团的演出节目，也从兰心剧院转移此处，之后又建成了新的俱乐部，戈登堂后面的老英国俱乐部，遂改为由英租界民兵所组成的义勇队的司令部。

四、李鸿章不忘戈登

1896 年李鸿章出使欧美，在英国时专程去祭拜了戈登墓。

1896 年 8 月 14 日英国《赛文欧科斯纪事报》报道说：

“李鸿章在周六早上 9 点，离开他在伦敦的临时住所卡尔顿白金大酒店，在随行人员的陪同下，驱车前往特拉法尔加广场。这位大人在广场上戈登将军的塑像前停下来，透过一架歌剧望远镜仔细地瞻仰这尊铜像，之后，对着铜像深深鞠了三个躬。与此同时，他的随行人员也深深地鞠躬。周围的一小群观众对这位经验丰富的政治家发出热烈的欢呼。总督一行人离开后，这些围观的人亲自上前观看那个花环。花环由一圈鸡血石紫苑花编成，上面点缀着一些罕见的百合花、栀子花、千金子藤、晚香玉和可爱的白色豌豆花，作为衬托的是一些各种颜色的叶子。这个花环上还附有一张小卡片，上面的题字是：献给伟大的战士和清朝人民的朋友，李鸿章敬献。”

图 5　伦敦市中心特拉法尔加广场的戈登塑像

李鸿章离开特拉法尔加广场后，驱车前往圣保罗大教堂，在这座神秘的教堂里，他被带往戈登将军的墓地，并放置了另一个花环。这个花环的样式和在塑像前摆放的那个颇为相似。来自戈登之家的几个男孩也出现在戈登将军的衣冠冢附近。

《伦敦新闻画报》在《李鸿章到访英国》一文中说："8月8日，李鸿章阁下以最为优雅的方式祭奠了其一直心怀敬重的戈登将军，也因此彻底唤起了英国民众的热情。当天早晨，李鸿章先生乘车前往特拉法尔加广场瞻仰了戈登将军雕像，并在雕像的基座上，敬献了一个由月桂枝和鲜花制成的花环，花环的致辞上写着：献给伟大的战士和清朝人民的朋友，李鸿章敬献。随员放置花环的时候，他向戈登将军的雕像深深鞠了一躬。之后，李鸿章先生乘车前往圣保罗大教堂，会见了纽博尔特教士，并围绕着黑色大理石制成的戈登将军衣冠冢，举行了一个小型的宗教游行仪式。之后，一个华丽的花环被安置在了坟冢上，这次李鸿章先生鞠了两个躬。他对戈登将军的虔诚祭奠和简约庄重的礼仪，对于英国人来说实在是太难忘了。"

（刊于2019年5月至7月《今晚报》第7版"天津卫·乐活志"，有删节，此为全稿）

作者：张诚，老照片收藏家、天津文史学者

甲午之殇

周醉天

一、一衣带水的中国和日本

我们一直说中国和日本是“一衣带水，同文同种”，可为什么近代以来战争不断，到今天还因历史问题而剑拔弩张。要想看清楚中日两国的恩恩怨怨，我们需要先梳理一下历史上的中国和日本。

中国进入农耕文明的时候，日本还是一片荒蛮之地，而古代中国称呼日本为“倭”，这也是中国的皇帝正式册封的，倭国的国民也欣然接受的。几千年来中国一直是日本的老师，尽管这个学生时有咸鱼翻身之心。

中日两国第一次战争，发生在白村江(今韩国西南部的锦江)，史称白村江战役。当时朝鲜半岛存在三个小国：新罗、百济、高句丽，都是受中国册封的藩属国，百济联合高句丽企图依赖日本的势力消灭新罗，新罗即向大唐朝廷求援。公元660年，唐高宗李治派大将苏定方率13万大军，大败百济，俘获国王义慈，王子扶余继为王，并遣使日本，请求援助。

此时，日本刚开始一次改革，小有成绩便想与大唐掰掰手腕，于是派兵参战。公元663年8月，日军万余人乘千余艘战船，气势汹汹向朝鲜进发。唐朝大将刘仁轨、杜爽率七千余人乘大型战船170余艘已经先期到达。两军在白村江不期而遇，经过27、28日两场大战，唐军焚毁日军战船400余艘，日军死伤无数，大将朴市田来津战死。百济国被消灭，残部投降。

日本天皇吓得够呛，不但花费巨资构筑防线，还派出使节示好。公元665年日本遣使参加大唐泰山封禅，公元669年遣使祝贺大唐军队在朝鲜半岛取得彻底胜利。祝贺对方战胜自己，这样的事，也只有日本做得出来。以后，日本对大唐毕恭毕敬，认真学习，但心里依然决心超越大唐。

一仗管千年，日本敢于再次与中国开战，那是一千年以后的事情了。在这期间发生的一些事使日本对中国越来越不敬了。首先是蒙古大军消灭了宋朝，却没能征服日本，这让日本对华夏民族开始鄙视了。后来明朝开国皇帝朱元璋给日本下国书，日本不但不来朝贡，反而把使者脑袋给砍了，朱元璋说大话要消灭日本，却最终也没有发兵。

一千年很快过去了，1840年英国的舰队来了，鸦片战争，中国战败。强大的中国战败，给日本国民的震撼是巨大的。1853年7月8日，美国的舰队来到了日本，日本人没有抵抗，和美国签署了“不平等条约”。

此后，我们还在自欺欺人地当老大，结果又有了第二次鸦片战争,中国又一次战败。1861年辛酉政变,慈禧和奕䜣上台,这才开始了中国的开放改革之旅。

统治日本600年的幕府被推翻了,以明治天皇为首的新政权诞生了,新政权锐意改革。1868年4月15日,明治天皇颁布《五条誓文》,开始了日本的改革图强之路。

1871年,日本政府代表团赴欧美考察。伊藤博文在考察报告中如此写道:“我东洋诸国现行之政治风俗,不足以使我国尽善尽美。而欧美各国之政治、制度、风俗、教育、营生、守业,尽皆超绝东洋。由之,移开明之风于我国,特使我国国民起速进步至同等化域。”之后,日本开始了全盘西化的改革。

而我们呢,有太多的硕儒、犬儒、贪官、清流、忠臣,有那么厚重的文化、书籍、典章,于是我们讨论太久,讨论太多,有太长时间用于讨论,最后,我们的方针是:中学为体,西学为用,简称“中体西用”。当我们的士大夫慷慨陈词地指责西方机器属于“奇技淫巧”,伤害民生、开挖煤矿会破坏风水的时候,日本已经开始大规模的引进西方专家、技术和设备了。

一千年以后,一衣带水的中日两国,又用什么来检验不同的改革之路呢?

二、对峙在朝鲜

中日的第一仗就是因为朝鲜。一千年以后,朝鲜又出事了。

1882年,朝鲜发生“壬午政变”。清政府决定派吴长庆带兵赴朝平叛,随吴长庆入朝的有幕僚张謇,还有入伍不久的袁世凯。清军日夜兼程,迅速进入朝鲜,平息了叛乱。日本觊觎朝鲜已久,也借故派兵入朝，但为时已晚，只好与朝鲜国王谈判，要求赔偿，并要求开放口岸和驻军。直隶总督兼北洋大臣李鸿章批准了这个协议。1884年12月朝鲜又发生甲申政变，清军在袁世凯的带领下，打跑了已经占据皇宫挟持国王的日军。此仗引起中日交涉，伊藤博文来到天津与李鸿章谈判，双方签署了《天津会议专条》，约定双方向朝鲜派兵要知会对方。伊藤博文要求李鸿章处罚袁世凯，但被拒绝。袁世凯在这两次平叛中表现优异，并由此发迹，出任大清朝廷总理朝鲜通商事务大臣。1888年李鸿章建立了北洋海军。

袁世凯以大清朝驻朝鲜总理通商大臣之职，苦心经营十年，维持了两国的宗藩关系。然而在这十年之中，大清朝的洋务运动与贪污腐败同生共长着，日本的勒紧裤带与赶超中国齐步前进着，终于，经过30年的努力，又经过10年的努力，日本的国力和舰队都赶超了中国，而中国依然蔑视日本。

1894年，朝鲜东学党发难，政府军节节败退，遂向清政府乞援。日本嘴上说希望清政府派兵入朝平叛，实际上是诱使清政府出兵，然后日本就可以借机出兵，占朝鲜，战大清。清政府没有识破日本的阴谋，于是派直隶提督叶志超和太原镇总兵聂士成率两千余士兵于6月6日开始进驻朝鲜牙山，安营扎寨，准备镇压朝鲜反政府武装，同时根据1885年中日《天津会议专条》通知日本。但是6月11日，朝鲜政府与反政府武装达成和解。

“中国向朝鲜出兵！”自6月4日起，日本《东京日日新闻》《每日新闻》《自由党报》等报纸都以通栏标题发布了这一消息。在日本国会议员、政府官员、战争狂人等的鼓动之下，全国掀起了战争狂热。进而，日本向朝鲜派兵。自此，中日两国均派出大量作战部队，在朝鲜境内对峙，大战一触即发。

三、一触即发

一百多年以来，都说晚清积贫积弱，似乎这是晚清屡打败仗的全部原因。但是近年来的研究表明，晚清中国的 GDP 是世界的前几名，甲午年时还是第一名；天津机械制造局、江南造船厂、轮船招商局、开平煤矿等近代工业，为社会创造的财富是可观的。有的说北洋海军是世界第八，甚至有的说是世界第四。所以从宏观上讲，从第二次鸦片战争以后开始的自强、求富和洋务运动使清朝经济得到了很大发展，积贫积弱说是不成立的。

然而经济发展不等于军力强大，经济发展只是为军力强大提供了一个很好的基础，要想军力强大还需专注于建设军事。

明治维新以后，面对日本的上升势头，李鸿章要给他们点颜色看看，于是先后有了两次海军出访。与其说是出访，不如说是示威，其实也是在作秀。

1886 年 7 月，北洋水师建设初期，丁汝昌带领“定远”“镇远”等六艘军舰访问日本。龙旗招展，威风凛凛，耀武扬威，日本人是真的羡慕嫉妒恨。这还不算完，留港期间，日人参观者众。然而，大清水师官兵上岸观光竟与日人及当地警察发生大规模械斗，双方各有死伤。你开着军舰到我们家门口，还打架，并打死了人，日本人心中一定充满了仇恨。

1891 年丁汝昌第二次率领北洋水师访问日本。日本官民再一次登上大清军舰，近距离仰望了雄伟的大炮和塔楼。日本法制局局长宫尾崎三在日记里写道：“巨炮四门，直径一尺，为我国所未有。清朝将领皆懂英语。同行观者（指一起登上军舰参观的日本官员——笔者注）在回京火车上谈论，谓中国毕竟已成大国，竟已装备如此优势之舰队。反观我国，仅有三四艘三四千吨巡洋舰，无法与彼相比。皆卷舌而惊恐不安。”

大清北洋水师两次访问日本，给日本带来了巨大压力，同时也给日本明确了目标，那就是建设一支足以对抗北洋水师的海军，成为日本官民的最高使命。日后，日本做到了，大清的官民是否为这两次出访而懊悔呢。

北洋水师第二次访问日本，给日本人以震撼以压力的 1891 年，大清户部决定自本年起两年内，暂停南北洋购买洋枪洋炮、船只、机器。

然而在该年，日本天皇却颁布诏书，号召全国人民不惜一切代价，建立一支强大的海军，天皇还带头捐银 60 万两。在天皇的带领下，日本国民纷纷解囊捐款捐物，其标杆就是北洋水师，就是北洋水师的“定远”“镇远”。针对于此，日本购买了“岩岛”“松岛”“桥立”三艘海防舰，还有我们“熟悉”的“吉野”号巡洋舰，那原本是我们订购的，我们不买了，都被日本买走了。到甲午海战前，日本海军在数量和吨位上已经与北洋水师持平，而在火力上，先进性上，更在军官素养、士兵训练方面，都已经全面超过了北洋海军。这也正是日本敢于挑起战争的原因，也是我们不明就里输掉战争的直接原因。

不专注军事建设，就算是国家经济崛起了，也不一定能够打赢对外战争。国家间的博弈，不仅仅是经济实力的博弈，更是军事实力的博弈。用访问来示威，只是表面文章，是作秀，重要的是积累真实力。

甲午战败，是做表面文章的悲剧，是作秀惹的祸。

四、态度决定一切

1894年是甲午年，7月25日，丰岛海面上，大清北洋舰队“济远”舰和“广乙”舰，遭遇日本三艘军舰“吉野”号、“浪速”号和“秋津洲”号。日军不宣而战，向大清军舰开炮。“济远”舰管带方伯谦还在观察，忽遭炮击，幡然醒悟，这不是要打仗了吗？于是仓促上阵，命令开炮还击。

海战中，“广乙”号遭受重创，逃跑途中搁浅自沉。“济远”号曾有一发炮弹命中“吉野”号甲板，并且穿透甲板，击中军舰的心脏部位——机器舱，在日舰舰长已经绝望的时候，忽然发现这是一发臭弹，没有爆炸（后经检查，这颗炮弹根本没有装火药）。而“吉野”打到“济远”舰上的炮弹却爆炸了，还炸死人了，方伯谦舰长害怕了，命令逃跑，并命令挂上白旗，却莫名其妙地挂的是日本旗。

“吉野”号加速追击。中午时分，两舰距离越来越近，“济远”舰上的中国军人是勇敢的，水手王国成见“吉野”不断逼近，方伯谦藏匿舱中一意逃跑，遂操后炮，瞄准“吉野”号，连发四炮，打中“吉野”前甲板，并在甲板爆炸。这样，“济远”终于逃脱。而方伯谦居然在战事报告书中谎称击毙日舰司令，日舰悬挂龙旗逃跑。

历史总是充满了戏剧性。此时中国方面还租用了一艘英国船“高升”号，满载一千余名清军向朝鲜驶去。忽然，前方发现日舰，“高升”号人心惶惶，然而，该“日舰”驶过时并没有靠近，并且还将日本旗帜降下来又升上去，以示致意。“高升”号上的人们悬心放下，放心大胆地驶入丰岛水域。他们不知道的是，那艘向他们降旗致意的军舰，不是日舰，而是挂日本旗逃跑的“济远”号。当“高升”

号继续前行的时候，再次遇见悬挂日本旗的军舰，那可是真正的日本军舰“浪速”号。“浪速”号对并不抵抗的“高升”号发射鱼雷，6门右舷炮向“高升”号同时猛射，“高升”号爆炸起火，快速沉没。日舰士兵向在水中求救的中国士兵开枪射杀，持续长达一小时之久。

在陆地上，还是这一天，在朝鲜成欢地区，有清军聂士成部2000人驻守。日本陆军第五师团混成旅团4000人，向清军发起攻击，清军聂部激战三日终因寡不敌众于28日败走平壤。

这一天，是光绪皇帝的生日，紫禁城内，张灯结彩，祝寿大典如期举行。

这一天，日本万人空巷，庆祝丰岛、成欢初战告捷，他们终于打败了天朝上国。

8月1日，中日两国同时宣战。

中国说：朝鲜是我藩属国，倭人挑衅，“迅速进剿”“拯韩民于涂炭”。

日本说：中国干涉朝鲜内政，日本出兵是为促成朝鲜独立，维护东亚和平。

战争双方向来都有自认正义的理由。

中国的皇帝做了什么呢？舒舒服服过完了生日，闻听此事，大为光火，指示李鸿章：赶紧把他给我灭了。然后指令总理衙门赶紧把地图拿来，他要看。

日本的天皇在做什么呢？在举国欢庆打败中国的兴奋之中，天皇发出了敕令，为了打赢这场战争，发行军事公债5000万日元。

大清的官民：“倭人不度量力，敢与上国抗衡，实以螳臂当车。以中国临之，直如摧枯拉朽。”于是，各地举子们纷纷上书光绪皇帝，不仅要拒敌于国门之外，甚至还有建议朝廷派兵跨海远征，用拖网渔船攻入日本本土，堵塞港口。

日本的官民：节衣缩食，勒紧裤带，踊跃认购战争公债。不到一个月的时间，政府就募集到 7694 万日元。这对于一个人口不足四千万、平均日工资不到 0.15 元的日本来说，意味着什么？

对战争的态度，往往决定了战争的胜败。

五、最后一刻崩溃

1894 年 6 月以来，入朝集结的中国军队有叶志超部的芦榆防军 2000 人，盛军卫汝贵部 6000 多人，毅军马玉昆部 2000 人，奉军左宝贵部 2000 人，练军丰升阿部 2000 人，总计 14000 余人集结于平壤。

李鸿章任命叶志超为前敌总指挥，卫汝贵不服，叶志超也觉得不妥，于是向李鸿章辞官。李鸿章命令：不准辞官，其他主将应同舟共济，切勿各存己见，不服调遣。

叶志超无奈，只有混日子了，于是由他发起，几位主将轮流坐庄喝大酒。主将如此，士兵一定上行下效。而日军正在全力准备平壤决战。

9 月 14 日午夜，日军 16000 人分四路，星夜兼程向平壤扑来。饥饿疲惫的日军没有遭遇清军的伏击，顺利抵达预定战斗位置。

15 日凌晨 3 时，平壤战役正式打响，战斗在 3 个战场同时展开。

大同江南岸船桥里，马玉昆、卫汝贵部与日军第 9 混成旅展开激战，清军依据有利地形，坚固堡垒，拼死抵抗，白热化时，白刃肉搏，日军无地形之利，又是饿着肚子战斗，战至下午 3 时，清军取得胜利,将日军击退。而日军先头进攻部队的3个中队,除一名少尉幸存外,其他军官全部战死,日军损失惨重。

平壤西线日军第5师团在大同江一侧,被驻守的清军芦榆防军隔江炮击,因炮火猛烈,日军始终无法过江,双方隔江对峙。

最激烈的战场在平壤北、宣武门外的牡丹台,日军集中了7800名大军分东西两路向牡丹台进攻。牡丹台位于平壤城北,台高5丈,是俯瞰全城的制高点,也是宣武门的屏障,是敌我双方的必争之地。日军不顾一切以全部炮火向牡丹台外围堡垒发起狂轰滥炸,经过5小时的炮火,4座堡垒被全部摧毁,牡丹台陷入三面受敌的境地。日军一边向牡丹台顶继续炮击,一边架起十几道云梯,使用人海战术,前仆后继,终于,占领牡丹台,宣武门也立刻陷于日军炮火攻击之下。

站在宣武门上的左宝贵,知大势已去,换上黄马褂,戴上双眼花翎的红顶帽子,亲手点燃大炮,向日军发起攻击。炮战中,弹片飞进左宝贵肋下,他裹伤再战,又被枪弹击中胸部,左宝贵战死在宣武门城楼上。宣武门失守,清军立刻陷于被动,但是双方实力与局面依然相当,清军还占据三个城门,并以逸待劳,给养充分,取胜机会依然是对等的。然而叶志超害怕了,他要逃跑。他命令士兵在城头打起白旗,想为自己的逃跑争取时间。日军马上发现了叶志超的企图,遂安排了阻击。

晚8时,天空乌云密布,叶志超下达了撤退命令。9时许,天空下起瓢泼大雨,万余清军,成群结队,蜂拥而出,拥挤在狭窄的道路上,向北狂奔而去。脚下是无比泥泞的道路,两侧是日军从容的枪炮射杀,天上是无情的大雨。清军被射杀无数,被自己人践踏无数,一场不用战斗的大溃败,就这样开始了。

狂奔五百里,叶志超逃到义州,卫汝贵逃过了鸭绿江。平壤,拱手相送。平壤之战,溃败在最后一刻。

9 月 16 日拂晓,进入平壤的日军士兵惊呆了:满街都是清军丢弃的大炮、枪支,无人看管的战马东游西逛。日军缴获大炮三十五门,枪支一千余支,子弹五十余万发,马车一百五十余辆,战马二百五十余匹,行军帐篷一千余顶,金砖银锭六百余公斤,还有粮食将近五千石。

日军士兵狼吞虎咽的饱餐了一顿,要知道,他们已经饿了一周,这仗要是再打一天,他们就饿昏了,还怎么能打赢战争呢?就在他们将要饿昏的时候,就在他们自己都不知道明天的仗该怎么打的时候,他们却不战而胜了。

这一天,我们的朝廷在干什么呢?满朝文武聚集在太和殿,正在讨论慈禧的徽号。礼部官员在朝堂上高声宣布:"经众位大臣集议,太后徽号为:慈禧、端佑、康颐、昭豫、庄诚、寿恭、钦献、崇熙皇太后。"万岁之声响彻朝堂。

六、在第一时间逃跑

清军逃回鸭绿江西岸,10 月 10 日宋庆被任命为"总统",负责鸭绿江沿江防御。经过了一个月的布防,集结了 80 多个营,近 3 万人马,各种火炮 70 多门,兵力不少于日军,还有险可守,以逸待劳。但是这长长的沿江防线,依然被日军轻易突破。10 月 24 日日军发起渡江战役,26 日进入九龙城,鸭绿江防线崩溃。此时日本陆军兵分两路,一路突破宋庆的鸭绿江防线,一路在花园口登陆。

10 月 24 日,最先登陆的是日军间谍,但被清军抓获,清军是知道日军在花园口登陆的，守将连顺急电奉天将军裕禄，请求增援。裕禄回电无援可增，自行阻敌。连顺与金州总兵徐邦道、大连湾总兵赵怀业联名致电盛宣怀，盛宣怀转呈李鸿章，李鸿章令他们各守营盘。于是当日军登陆，在宽阔荒芜的海滩上艰难地从海水里跌跌撞撞走出来的时候，清军俨然像是在看戏，错过一连十余日反登陆作战的大好时机。

日军的第一个目标：金州。无奈金州城墙太高太厚，日军炮火奈何不了，最后炸开城门，经过激烈巷战，守城清军被迫撤出。素有“辽东半岛雄镇”之称的金州，只抵抗了 3 小时。

日军的第二个目标：大连湾。大连湾有山海护佑，地形险要，易守难攻。守军 3300 人，前后六座炮台，大号加农炮近 40 门，各种行营炮 80 多门，贮备的各型号炮弹 246 万发，子弹 3381 万发，不愧为“北洋精华”的要塞。除人数少于日军以外，一切扼守要塞的有利条件全在清军手中。

面对这样的形势，日本陆军非常慎重，制定了几套攻城方略，但还是没有把握，又请求日本海军助阵，这才开始进攻。然而日军的谨慎真是多余，在他们 11 月 6 日开始进攻之前，清军便撒开丫子跑了，开进大连湾的日军只剩下清点战利品了。

大连湾守将总兵赵怀业，当得知日军在花园口登陆时，第一时间把军粮卖了，卖粮款装入自己腰包，然后把家眷家私运往烟台，金州求援士兵找到他的时候，他正在码头指挥搬运自家细软。当他自己的事情准备完毕，日军开始进攻时，他逃跑的速度远远超过了日军推进的速度，并由此得一绰号——“赵不打”。

日军指挥官站在大连湾的炮台上，信心十足地说：“倘若此炮台为我所守，以一个中队可挡得住百万之敌！”日本各大报纸迅速使用了这句话。

日军第三个目标：旅顺。白银堆砌的港湾，号称“东方直布罗陀”，这是李鸿章花费十年心血、耗资一亿两白银筑成的铁打的堡垒。东南西北四个炮台群，20多座穹窖式、露天式炮台，140多门野炮、榴弹炮、加农炮、山炮、机关炮组成的庞大炮群，充足的弹药和军粮，一个前敌总办，七个总兵，33营12000名士兵。李鸿章放言，可坚守三年。对于旅顺的坚固程度，日军当然也是了如指掌。

然而，人连湾甫一失守，旅顺最大的官，前敌总办龚照屿就率先逃跑，坐着鱼雷艇逃到烟台，被山东巡抚李秉衡扣押，并扬言要就地正法，经龚照屿苦苦哀求，方才准许其回旅顺出战。龚照屿被释放后，并没有回旅顺，而是继续坐着他的鱼雷艇直奔天津。他居然来到了李鸿章的总督官邸，给李鸿章气得大骂一顿，厉声呵斥：“星夜回访，敢再离开旅顺一步，定斩不饶。”龚照屿赶紧跑回旅顺。

11月21日，日军向旅顺发起攻击。炮声一响，旅顺的最高指挥官龚照屿再次登上鱼雷艇逃跑。这一次他逃到烟台没敢明目张胆地上岸，而是打发随从找登莱青道刘含芳要了一件御寒的皮袍，逃回安徽老家去了。

主帅临阵逃跑，前线七总兵群“龙”无首，互相推诿谁也不愿出头。看到主帅逃跑，军心大乱，军官士兵逃跑者众，临时“总统”姜桂题试图以双饷留住军人，然此计无甚效果。一天激战，炮台一个个失守，疲惫不堪的日军决定休战，准备转天清晨进攻清军驻守的最后一个炮台——西海岸炮台。入夜，狂风暴雨大作，阵地里的清军内心崩溃了，逃命吧，一个声音引起了连锁反应，轰然一声，清军冲出炮台，跑进漆黑的暴风雨之中。

22日清晨，雨过天晴，太阳照样升起，清军阵地已经空无一人。

李鸿章炫耀能坚守3年的“铁打的旅顺”，只支撑了24小时。

接下来便是惨绝人寰的旅顺屠城。4天之内，一座新兴的繁华都市，2万多人被屠杀，只留下36个人，他们每人头戴一顶尖尖的大白帽，上面用日语写着“此人不可杀戮”，他们是日本人特意留下来掩埋尸体的。

七、文化觉醒不彻底的失败

1889年，光绪19岁，大婚。皇帝大婚当然是国家大事，铺张之盛彰显了当时确是经济繁荣。

随着慈禧依约还政，光绪亲政了，这是慈禧垂帘听政时的承诺，光绪大婚，即要撤帘还政。随后几年，给慈禧寻找一个修养之地，成了一件国家大事，于是就有了修颐和园的项目。花了多少钱？现在有几本账，说法不一，但花钱是肯定的。慈禧归政，给她修个园子休闲也没有什么不对，但是国家为此而不惜挪用海军军费就不应该了。

1894年是慈禧60大寿，那一定又要庆贺一番，这是我们的孝文化所致。孟子曰：“事，孰为大？事亲为大。”就是说天下什么事情最重要？当然是事亲，就是怎样安顿父母。这就是孝道，是孔孟思想，是中华文化的特性。这种特性，使中华民族屹立几千年而不倒。所以不仅慈禧，就是任何一个中国人对于老人的寿诞都是非常重视的，这是孝道的要求，这就是儒家所倡导的礼教治国的社会。

皇家的生日当然隆重，更何况是六十大寿。在中国的传统文化中，六十是一甲子，祝寿的规模与形式都超过以往，也属情理之中。康熙皇帝的六旬大寿和乾隆皇帝的八十大寿都曾举办大规模的

“万寿庆典”活动。仅仅就慈禧作为皇太后而言,办一次规模盛大并隆重的六十庆典,也符合中国文化传统。

不过,这场大寿竟然成为清政府压倒一切的头等大事。早在光绪十八年(1892)十二月初二日,光绪皇帝即颁下上谕,提前两年进行准备。光绪对于实权在握、高高在上的慈禧的花甲寿诞不敢有丝毫怠慢。

在中日战争一触即发的关键时刻,光绪皇帝却不得不率领朝臣大张旗鼓地为慈禧准备寿诞。庞大的颐和园工程不断地吞噬着王朝的财政收入,举国兴办如此规模宏大、豪华铺张的寿诞,巨大的开支犹如压在光绪身上的一座大山。在慈禧寿诞铺天盖地的准备过程中,清军与日本军队的海陆作战屡遭败绩。

七月初一日(8月1日)中日正式宣战。八月十八日,黄海大战,北洋海军损失惨重。九月二十六日(10月24日),日军渡过鸭绿江,侵入辽南,向大连、旅顺进犯。

十月初十日(11月7日),是慈禧寿诞的高潮,庆典宏大的规模,令参与庆典的翁同龢瞠目结舌,而这一天,日军攻占大连,屠城旅顺。北京的宫中慈禧却在升殿受贺,大宴群臣,赏戏三天。

当一个王朝把最高统治者的寿诞看得比民族兴亡还重要的时候,这个王朝就走向了毫无希望的穷途末路。据后来史料披露,日本政府之所以选择光绪二十年发动这场侵略战争,原因之一就是:“日知今年慈圣庆典,华必忍让。倘见我将大举,或易结束,否则非有所得,不能去也。”

一直以来,学界拿光绪大婚和慈禧庆寿说事,已经说了一百多年了,然后把责任推到光绪、慈禧个人身上,我以为这太过肤浅了。说到底,我们没有认真地从文化上进行反思,并且还被我们的文化束缚了手脚,我们没能向日本那样彻底地向西方学习,还在固守自己的传统文化,来一个中体西用。我们没有看到的是,正式古老的巨大体量的文化,拖着中体西用的后腿,处处掣肘,时时消磨,不断地消耗着洋务运动的成果。因此,文化的非彻底觉醒,才是甲午战败的本因。

八、无所作为的宣传战

甲午战争中日两国同时宣战,光绪皇帝的宣战诏书讲:朝鲜是我们的藩属,现在有内乱,朝鲜请中国出兵平息内乱,这是中国和朝鲜内部的事情,与别国无关,日本不应出兵。

日本明治天皇的宣战诏书说,朝鲜是一个独立国家,现在中国侵犯了朝鲜的独立,所以我们出兵帮助朝鲜巩固独立;其次,对中国宣战是为了保护朝鲜改革开放的成果;第三,不断地强调东亚和平、世界和平。

光绪说的是事实,但是招人反感;日本天皇说的,纯粹是胡说八道, 但是对欧美列强的胃口。这样两份东西呈现在世界媒体面前,谁将获得同情,不言而喻。

当时,有很多西方媒体向中日两国提交了随军采访的申请,两国政府和军方都不批准。后来日本军方同意西方媒体随军,随军记者多达 114 人,还有 11 名现场素描记者、4 名摄影记者。日本在战争中做了很多新闻策划,比如让西方媒体看日军如何优待俘虏,如何照顾战地百姓等,并通过他们传播到全世界。而中国不仅不允许随军采访,还有两个西方记者因为错走到中方阵线,被砍了头。战争中的第三方报道,对中国之不利也就可想而知了。

当时中国媒体成为政治工具，而不是一个独立的公众信息平台。中国报刊报道“牙山大胜”就是假新闻。假新闻多了，媒体失去公信力，后来当“旅顺大屠杀”报道出来时，外国人便不相信了。李鸿章战后接受《纽约时报》采访时就对中国报纸编辑说假话表示遗憾。

甲午战争期间，日本面临两次大的危机公关事件，一是“高升号事件”，一是“旅顺大屠杀”。这两次日本都成功进行了危机公关，扭转了局势。

“高升号事件”发生后，李鸿章认为日本因此得罪了英国，中国将获得一个非常大的同盟者。英国舆论也确实一片哗然，军方甚至要求政府对日进行军事报复。日本政府非常恐慌，首相伊藤博文得知消息后，把海军部的人叫来痛骂了一顿。但是他们马上启动了危机公关。

日本外务省有一个法制局，专门研究国际法，危机公关的基础就是法制局迅速拿出法律方面的意见，给公关指明方向。随后政府下达给驻英公使的公关原则是：第一装傻，不知道是英国船；第二态度好，向英国政府表态，如果责任在日本海军，日本绝对承担所有责任，然后指令驻英公使向英国媒体和国际法专家行贿。于是，《泰晤士报》等主流媒体上，便出现大量为日本辩护的文章。日本政府的危机公关全面开展了三个月，到当年 11 月，英国法院最后裁定，“高升号事件”中日本没有过错，中国政府要赔偿英国怡和洋行和英国人民所有的损失。“高升号事件”至今还是西方国际法的“经典”案例。

“旅顺大屠杀”被美国记者克里曼在《纽约世界报》上报道出来。日本政府紧急采取对策：首先指责记者报道失实，其次请美国驻日本公使到中国进行现场调查。日本的媒体也开始动员一批西方媒体人，说这个屠杀即便真的发生了，也是对中国军队残害日本战俘的一种报复。当时日本的传媒也大力将日军描绘成仁义之师，同时宣传清军如何残暴，日军所处决的不是俘虏或平民而是罪犯。最后美国公使在提交给美国国务院的报告中认为，记者的报道虽然真实，但是“态度过于极端”。日军在战争中极尽残忍，而在战斗结束后却装出一副仁义之师的模样作秀于世。在占领威海卫后，日军给中国战俘提供医疗服务，然后释放，全程都在随军记者的见证之下。日军还把自杀身亡的北洋舰队司令官丁汝昌的灵柩礼送回去。这两点都非常有效，被英国国际法专家当作日本走入“文明国家”的标志之一。这样在日本危机公关之下的国内外媒体舆论，很快就淡忘了“旅顺大屠杀”的真相，转而津津乐道于日军的表演秀了。

大清呢？无论是嘴上还是笔上，我们都无所作为。

甲午之战，我们不仅输在战场上，还输在“嘴头子”和“笔头子”上了。我们根本不懂得还有一场宣传战。

九、当无奈变成无耻的时候

北洋海军 1888 年建立以来，由于为慈禧修建颐和园的缘故，再也没有购买军舰，而日本则在看到北洋水师的强大实力后，决定勒紧裤带买军舰。所以他们的军舰虽然比我们买得晚，但是更加先进了，军舰的航行速度、舰上速射炮的速射时间、连续速射的数量都优于北洋水师了。

那么，我们为什么就不能倾举国之力与日本来一场生死对决呢？看一看甲午战争的最后一幕吧。当日本的联合舰队把北洋舰队堵在刘公岛的港湾里，一次次炮击的时候，我们的援军迟迟不到，最后的答复是到不了了。这说明我们的指挥系统也出了问题，调动不了军队，调动不了援军，那么战争只能以失败告终。

刘公岛的多数士兵要求投降了，我们的指挥官下令将军舰炸沉，以免落入日军之手。但是，士兵们拒绝服从命令，因为他们害怕将军舰炸沉会激怒日军，使得日军拒绝受降，而将战斗进行到底。哎，大难临头，大敌当前，士兵不是为政府拼死牺牲而是要带着军舰向敌人投降，真不知道是士兵无耻，还是政府可怜。

命令已经传达不下去了，指挥官绝望了，怎么办？只有自杀成仁了。丁汝昌自杀了，还算保留了一点尊严。北洋水师投降了，北洋水师的10艘军舰降下龙旗，挂上了日本旗。但是，这还不是最后一幕。投降的清军指挥官，在签署完降书后，又向日军递交了一封信，信中这样写道：

"广丙"舰属于广东舰队，因此没有参与战斗。去年春末，李中堂校阅海军，即调"广甲""广乙"诸舰共来北洋，及校阅完毕，将要回粤，赶上两国战事爆发，因而暂时留居北洋。现在"广甲""广乙"已经坏沉，粤东三舰只残留"广丙"一舰了。广东军舰不关今日战事，若全舰队沉坏，将有何面目见广东总督？愿贵官垂大恩，收其兵器统炮，以虚舰返还，则感贵德无量。

这封信表明了，与日本联合舰队作战的中国海军是北洋水师，广东水师的三艘军舰是偶然停留在这里的。现在，被日本打沉两艘，俘获一艘，广东水师与此次战役无关，如果一艘也不能返还的话，我们将没有脸面见广东总督，所以请求尊贵的日本军官开恩，将军舰上的枪炮拆下来没收，把一个虚壳的舰船返还给我们，我们将感谢贵官的大恩大德。

这是一封多么无耻多么丢人的信啊！

日本军官露出了轻蔑的微笑，随手将这封信递给了随军记者，记者很快就将它刊登在日本的报纸上，于是，大清朝的军人，受到了全日本官民的嘲笑。真是丢人呢！

从这封信中，我们除了读到无耻，还读到了政府统治力的软弱。当人们无法节制慈禧动用军费修建戏园子的时候，当人们不敢阻止慈禧过生日的时候，人们的无奈就会变成无耻，向外敌投降，就变成某些人的一个选项。

这是一个国家、一个民族最为悲惨的时刻。愿这个时刻，永不再来。

（此文为中国近现代史史料学学会、天津师范大学环境与地理学学院联合主办的“纪念甲午战争125周年学术研讨会”交流论文稿，2019年8月1日）

作者：周醉天，天津文化地理研究中心研究员

天津都统衙门政府(1900—1902):津门史上的重要两年

杨涛羽

一、导论

1900年是世纪之交的一年。这一年,在中国近代史上,也有着重要的意义。义和团运动在这一年进行得如火如荼,而清政府对其的支持态度也招致了西方列强的不满,从而引发了八国联军侵华,史称"庚子事变"。作为毗邻北京的港口城市,天津可以说是受义和团运动和庚子事变影响最大的地方。1900年夏,义和团参与者将位于天津的外国租界包围。西方列强进而发兵至天津城,以解救被围困的西方侨民。清朝士兵、西方入侵军以及义和团拳勇在天津城内展开了激烈的搏斗与厮杀。这一系列冲突所带来的是大量的人员伤亡以及大规模的建筑毁坏。[①]

①*Hosea Ballou Morse*, *The International Relations of the Chinese Empire* (London; New York; Bombay; Calcutta, 1918), vol.3, 215, 243, 245; Rogaski, Hygienic Modernity, 165-166.

面对西方帝国主义军队的入侵，天津城内的官员大多逃之夭夭。在没有中央政府机构的情况下,联军司令提出要设立一个管辖天津城的临时政府。1900 年 7 月 16 日,天津都统衙门(又称"天津临时政府")成立。该政府机构最大的特点在于,它是由一个来自多个国家司令所组成的军事委员会所管理的。起先,这一委员会是由来自俄国、日本以及英国的军事代表所组成;日后经过列强间一系列的博弈与协商,法、德、美、意等国的军官也都参与加入该委员会之中。在军事委员会之下的是几个行政执行部门:巡捕局、卫生局、库务司、司法部、公共工程局以及总秘书处和汉文秘书处。都统衙门的管辖范围主要包括天津城里,后于 1901 年拓展到周边的村郊一带。然而,于 1900 年前建立的各国租界以及兵营则不在其控制范围之内。①

都统衙门在天津的殖民统治有两年之久：自 1900 年 7 月至 1902 年 7 月。对于这一机构的研究,海内外学者从不同角度,已多有论述。②我这篇小文并非关于都统衙门的又一专题研究,而是思考都统衙门在城市史、史学史等领域中的多重意义。我将这些意义分为三个大类来讨论:1. 都统衙门在天津城市发展历史中的意义;2. 都统衙门在史学史中的意义;3. 都统衙门在比较研究中的意义。

---

①*Morse*,P292–293;*Decennial Report of Imperial Maritime Customs*,P579–582;《八国联军占领实录———天津临时政府会议纪要》1900/07/30,天津社会科学院出版社,2004 年版,第 1–3 页。(后文如再引用该书,为行文方便,省略书名)

②国内研究,比较值得关注的有:任云兰,《都统衙门时期天津公共环境卫生管理初探》,《中国社会史研究》,2009 年第 6 期;以及刘海岩,《庚子八国联军都统衙门与天津政权的归还》,《历史教学》,2005 年第 9 期;海外学者中,最有名的当属罗芙芸(Ruth Rogaski)的 *Hygienic Modernity*.

二、都统衙门与天津近代化

尽管都统衙门只有短短两年的历史，但其在天津近代化、城市化进程中所扮演的角色则不可谓不重要。这一点，无论是像褚仁逊（清末天津士人）以及 Charles Condamy 这些亲身经历过临时政府统治的人士，还是诸如雷穆森（O. D. Rasmussen）这样的后来者都有类似的表达。后者甚至声称，"天津在（都统衙门治下）一年内取得的成就要超过之前五个世纪的总和"。[①]那么，都统衙门统治天津的两年中，究竟在哪些领域为该城市的现代化、城市化做出过贡献呢？美国知名政治学学者詹姆斯·斯科特（James Scott）在其论著 Seeing Like A State 中指出，现代国家管理的一个重要准则是提高国家管理下的"可见度"（legibility）。所谓提高可见度，就是将复杂的社会现实转换为抽象、简洁且从行政角度而言便于管理的形式。[②]城市规划与城市管理便是提高可见度这一原则的完美体现。笔者认为，这一理论可以很好地被用来分析天津临时政府治下对于天津城市的重塑以及对于城市居民的管理。

都统衙门首先着手的是清除环绕天津的城墙。早在西方人来到天津之前，天津就以威严的城墙著称。17 世纪中叶路过津城的荷兰使团就曾赞叹："天津的城墙极为厚实，皆有 25 英尺之高，瞭望塔、炮台无一不全"。[③]但这一印象在八国联军侵华之时早已不复存

---

①*O. D. Rasmusse*, *Tientsin*: *An Illustrated Outline History*, P226.

②*James Scott*, *Seeing Like A State*, *Yale University Press*, 1999, 2-3, P53, 55.

③*Rasmussen*, *Tientsin*, P9.

在。都统政府的委员会希图拆除天津周边的城墙主要是基于卫生(为保证通风)和安全(在联军攻打天津时,义和拳民多躲避在城墙之后对其进行袭击)原因。1900 年 11 月 26 日,委员会向北京的联军报告,要求拆除城墙,在得到联军的批准后,委员会将这一工程交给了私人承包商。拆除城墙的工作进行得极为顺利:1901 年初,大部分城墙便都被拆毁。①

除了拆除城墙之外，都统衙门一项更艰巨的任务是要拆除天津城内外的多个炮台。这一决策不仅来自联军司令的要求,也被明文列入《辛丑条约》。②与拆除城墙相类似的是,都统衙门依旧将该工作交给其麾下的工程部，而后者依旧将这一工程承包给了私人承包商。拆除炮台可以说是消除了都统政府以及联军的一个心腹大患,但是其过程却远没有拆除城墙那样顺利。直至都统政府解体的前夕,其委员会仍对该工程何时可以竣工十分关心。最终,在该政府将政权交还袁世凯之时，天津城内外的大部分炮台都已经被清除了。③

都统衙门对于天津城的形塑,不仅体现在这些拆除工程上,还体现在其建筑工程上，其中最明显的一个例子就是对于天津城道路的拓宽和修缮。天津城内在 20 世纪前多以狭窄的街道为主,针对这一问题，都统衙门指出，对于道路的拓宽和顺直显得极为重

①1900 年 11 月 26 日,第 97 页;1901 年 1 月 11 日,第 139-140 页。

②*The Encyclopedia of the Spanish-American and Philippine-American Wars:A Political,Social,and Military History*,edited by *Spencer C. Tucker*,*ABC-CLIO*,*LLC*,2009,P950.

③1901 年 9 月 6 日,第 408-409 页;1901 年 11 月 11 日,第 479 页;1902 年 7 月 25 日,第 751 页。

要:这为天津城内以及天津与北京之间人与人、物与物的交通提供了极大的便捷和效率。这一工程首先针对海河沿岸的道路展开,而另一条环绕老城区的道路也随之开工,这两条道路后来相交,给了城内交通一种循环干道的风格。[①]除此之外,都统衙门的工程部还对城内两条主干道进行大规模的拓宽与拉直,为此还特地向上海工部局借到了轧路机。[②]

都统衙门对于天津城区的改造不仅体现在对城市外貌的重塑之上,还体现在其所创立的制度之上。在都统衙门成立后不久,建立城市警备系统就被提上了日程。要知道,在20世纪之前,城市秩序的维护与管理主要依靠的是社会力量,政府衙门只在其中起到很有限的作用。[③]都统衙门组织的警察力量主要有两个组成部分:外国警察与华人巡捕。外国警察多从各国士兵中抽调,华人巡捕则由地方士绅组织成立。建立巡捕制度一开始的目的是为了扫清义和团运动在天津的残余势力,但随着地方形势的稳定,这些巡捕所承担的责任开始逐步扩大化,不仅负责司法及治安,还负责交通、卫生等公共职务。[④]这样一来,政府对于社会层面的控制就进一步扩大了。值得一提的是,当袁世凯于1902年接管天津之后,这一巡捕制度得以保留下来,巡捕改称为巡警。这也是警察制度第一次在中国城市的非租界区域中得到确立。

都统衙门对于天津城市发展一个最为显著的影响是在公共卫

---

①*Decennial Report of Imperial Maritime Customs*,P584.

②1901年8月7日,第373页;1901年11月18日,第485页。

③*Joseph Esherick ed.,Remaking Chinese Cities*,P9

④这样的事例在《八国联军占领实录》一书中比比皆是。

生这一领域。就这一问题而言，中外学者皆有讨论，我在此仅仅做一概述。都统政府对于城市卫生的管理可以说是事无巨细，大到城市排水系统、防疫机制以及丧葬问题，小到对于垃圾的处理和建立“官厕”（即公共厕所），都在都统衙门的管理范围之内。[①]上面所提到的巡捕，在公共卫生领域也扮演了不可或缺的角色。无论是垃圾和粪便的处理，还是对性工作者的检查，都在这些巡捕的职权范围之内。此外，当1902年天津暴发霍乱时，都统政府甚至成立了“防疫警署（epidemic prevention police）”。美国学者罗芙芸就在她的书中指出，天津在都统衙门统治的这两年中是所谓的“卫生现代性”发展的一个转折点，因为这一时期标志着“政府对卫生进行直接干预、管理”。[②]

综上所述，都统衙门在其治下的两年对于天津城市的近代化进程很大程度上起到了积极作用，无论在城市外观的改变上，还是在现代制度的创立上，皆是如此。尽管这些并不能抹去都统衙门所带来的暴力以及对津门士人心理上的创伤，但其积极影响也应当得到肯定。天津士人褚仁逊的《闻见录》中的诸多记载就是很好的例证，这些记载有对都统衙门暴行的愤慨，但也有对其进步意义的肯定。[③]而《近代海关十年报告》中将都统政府的政策描述为一场“行政革命”，也并不是完全没有道理的。[④]

---

①有关这一问题的更详细的讨论，见任云兰，《都统衙门时期天津公共环境卫生管理初探》，《中国社会史研究》，2009年第6期，第127-131页。

②*Rogaski*，*Hygienic Modernity*，P167.

③储仁逊：《闻见录》，卷六至卷八。

④*Decennial Report*，P579.

三、都统衙门在史学史中的意义

都统衙门从本质上而言是一个殖民政府，但是它具有一个与其他政府形式截然不同的显著特点：都统衙门的执行委员会是由来自多个国家的军事首领所组成的。因此，各项事务政策并不是由一国统领，而是由这些军事首领相互调和、协商、甚至博弈来达成的。都统衙门的这一特点无论是在中国历史之中，还是在世界历史之中，都可以说是极为罕见且特殊的。可能与之最为类似的是上海公共租界的工部局，但是工部局并非是由军事首领构成，而是由商人、纳税人组成的，而且后来也允许华人参政。此外，工部局是否可以被视为一个殖民政府的问题，学界还尚无定论。[①]而都统衙门治下的天津城，同时也是研究殖民史一个不可多得的典例。具体而言，当时的天津城，老城区及周边地区由都统衙门所控制，除此之外，还有1900年前所设立的英、美、法、德、日几个租界，而在1900年至1902年间，意大利、俄国、比利时、奥匈帝国也都加入其中，在天津获得属于各自的租界。

正是这些特殊性使得这一时期的都统衙门及其治下的天津城有着重要的史学史意义，尤其是构建与西方一些史学领域对话的机会。首先，对于这一问题的研究可以深化并拓展有关“殖民城市”(colonial cities)的理解。整体而言，对于殖民城市的研究在西

---

①这一方面最好的研究之一，参见：*Isabella Jackson, Shaping Modern Shanghai: Colonialism in China's Global City. Cambridge: Cambridge University Press*, 2017.

方学界经历了两个较为明显的阶段。第一个阶段,殖民城市被视为"现代性的实验室(laboratory of modernity)",这样的视角主要关注西方殖民者是如何将西方关于城市规划、建设的观念与实践移植于这些殖民城市之上。[①]近年来,这一观点多为学界所批评,原因是其没有考虑殖民城市原住民(indigenous)在城市建设、变化及发展中的作用。因此,近年来有关殖民城市的研究多将这些城市视为"相交的场域(sites of encounter)"。主要是说城市的发展以及城市空间的生产(production of urban space)是一个殖民者和被殖民者之间互动、妥协、甚至争夺的结果,而非殖民者单方面将其观念与政策强加于被殖民者之上。[②]但值得注意的是,这些研究所围绕的基本上是殖民者与被殖民者之间的双边关系。因此,尽管都统衙门统治下的天津是一个不折不扣的殖民城市,但是上述这些观点如果直接用来理解都统衙门治下的天津,都是不甚完整的。

另外,对于都统衙门及其治下天津的研究可以丰富对于双边帝国主义或跨帝国主义关系的讨论(inter-/trans-imperial relations)。近年来,西方学界的一些学者提出,如果之前有关殖民史的研究是要打破殖民者与被殖民者之间的二元对立(binary),那么今后的研究要更多的关注这些殖民权力之间的互动,包括竞争、合作

---

①更为详细的讨论,见 *Brenda S.A. Yeoh, Contesting Space: Power Relations and The Urban Built Environment in Colonial Singapore* (*Oxford: Oxford University Press*, 1996), P4-9.

②这其中一个较为典型的研究,见 *William J. Glover, Making Lahore Modern: Constructing and Imagining a Colonial City* (*Minnesota: University of Minnesota Press*, 2008), xx.

以及知识信息的网络共享。因此,研究东南亚史和非洲史的一些学者已经都开始关注所谓的双边或跨帝国主义关系。①笔者认为,对于都统衙门以及天津的研究恰好可以与此趋势形成对话。第一,上述这些研究多关注帝国主义国家之间或者其代理人之间的互动,而没有关注像都统政府这样的一个特殊的跨帝国主义组织机构。第二,双边或跨帝国主义关系与城市发展和形塑之间的联系还没有得到任何深入讨论。而最为重要的是,所谓双边帝国主义或跨帝国主义关注的多是两个帝国主义国家之间的关系,而都统衙门治下的天津则提供了一个更为多边多元的帝国主义国家之间互动的关系。

所谓的多边帝国主义互动问题,在学界并非没有得到一点关注。一些西方学者就注意到了多国联军攻打天津之时相互间的矛盾。②中国学者方面,万鲁建的文章将都统衙门时期英、日、俄三方的关系视作日后日俄战争和英日同盟的前兆及缩影。③但其实,在这一方面可以继续挖掘的话题不胜枚举。笔者在阅读《八国联军占领实录》以及其他各国的外交文档中就发现,各国对于在津租界的

---

①*Augusto Espiritu*,"*Inter-Imperial Relations*,*the Pacific*,*and Asian American History*," *Pacific Historical Review 83*,*no.* 2(*May*,*2014*):P239-241;*Anne Foster*,*Projections of Power* (*Durham and London*:*Duke University Press*,*2010*),ix-x;*Volker Barth and Roland Cvetkovski*,"*Introduction*," *in Imperial Co-operation and Transfer*,*1870-1930*, eds. *Volker Barth and Roland Cvetkovski*(*London*:*Bloomsbury Academic*:*2015*),7,14.

②*Susanne kuss*,"*Co-operation Between German and French Troops During the Boxer War in China*,*1900/1*:*The Punitive Expedition to Baoding*," in *Imperial Cooperation and Transfer*,P210-211.

③万鲁建,《试论八国联军侵华中的争斗与合作》,《社科纵横》,2013年28卷第4期,第90-92页。

领地问题纠葛,龃龉不断,也有相互妥协让步的情况。

另外,各国巡捕之间的关系也显得十分微妙,一些日常生活中的琐事争端有时候会升级为国家之间的矛盾。这其中都统衙门所扮演的角色也值得进一步探究，该临时政府有时与各国租界当局合作,开展工程。鼎鼎有名的海河工程局的设立最初就是都统衙门与各国租界当局合作的产物。而有的时候在租界当局之间出现龃龉时,都统衙门又会适时承担一个调解的角色。都统衙门内部也充满了权力纠葛：各国军事首脑在权力的分配以及如何管理天津城方面要不断地相互协调、让步、争夺。此外,天津本地历史上即以产盐著称,因此各国势力在津对于盐业的把控与争端也值得关注。这些都有待学界的进一步考察。

四、都统衙门在比较研究中的意义

根据上文所述,在都统衙门的统治下,天津的城市肌理发生了极大变化。如果我们把这些变化置于一个比较视野下,那么会对我们理解临时政府治下的天津城产生什么不一样的影响呢？首先,如果我们略读同一时期世界其他地区的城市发展的话，就会发现天津城在 19 世纪末 20 世纪初的变化与其他城市的发展变化有着较为明显的类比性。可以说自 19 世纪中叶以来,世界各地——尤其是西方国家——的城市发展多受法国巴黎的奥斯曼主义(Haussmanization)的影响。这一城市规划理论主要关注对中世纪旧建筑的拆除、拓宽城市中的林荫大道、提高城市交通,以及将周边的郊区部分吸纳到城市中来。这样做的目的,不仅仅是为了提升城市内外的交通、城市内部的卫生环境,也是为了形成对城市更好的控制与监管。[1]在这一时期的欧洲城市中，对于中世纪城墙的拆除是其城市发展成型的一个重要标志：1860 年的比利时安特卫普和西班牙的巴塞罗那，1870 年的荷兰阿姆斯特丹，以及 1878 年的意大利维也纳等等。[2]与此同时，一些非西方国家的城市也将其城墙拆除，比如说当时还受奥斯曼帝国统治的萨罗尼加城以及中国读者更熟悉的苏州城。[3]此外，交通条件的不断完善、路况的改善，以及人、物之间往来便捷性的提高也都在东、西欧并行发展。[4]最后，警察制度在这些城市中的发展也大大改变了国家与社会之间的关系。警察扮演了规训城市人口、改革市民社会以及监控公共行为的职责。[5]

上述这一比较方式是较为显性的，实际上还有一种更为隐性的比较方式，或者是华志坚(Jeffrey Wasserstrom)所说的“不完美的

---

①*Patrice Higonnet, Paris: Capital of the World* (*Cambridge: Harvard University Press*, 2002), P188.

②Mark Mazower, Salonica, City of Ghosts: Christians, Muslims and Jews 1430-1950(New York: Vintage Books, 2006), P225.

③*Mazower, Salonica, City of Ghosts, 225*; Peter Carroll, Between Heaven and Modernity: Reconstructing Suzhou, 1895-1937(Stanford: Stanford University Press, 2006), P90.

④参见 *Fritzsche, The Fin-de-Siècle World*, (*New York: Routledge*, 2015), P32; *Gabor Gyani, Identity and Urban Experience: Fin-de-Siècle Budapest* (*Wayne, New Jersey: Center for Hungarian Studies and Publications*, 2004), P11; *Patrice Higonnet, Paris: Capital of the World*(*Cambridge: Harvard University Press*, 2002), P188.

⑤*Gyani, Identity and Urban Experience*, P49-51, *Mazower, Salonica, City of Ghosts*, P224-225；中国的警察制度也在同一时段发展起来，见 *David Strand, Rickshaw Beijing: City People and Politics in the 1920s* (*Berkeley: University of California Press*, 1989); *Fredric Wakeman, Policing Shanghai*, 1927-1937 (*Berkeley: University of California Press*, 1995).

类比”(imperfect analogy)。[1]这一类比方式将都统衙门治下的天津和1900年在巴黎召开的世界博览会纳入一个分析框架中。这样的类比看似有些吊诡,但这二者实则有着很强的类比性,因为它们某种意义上都是世纪之交时帝国主义世界体系的一个微观缩影。在罗列具体的类比性前,我需要简单介绍一下1900年巴黎世博会的情况。1900年的世界博览会于1900年4月至11月在法国巴黎召开，其主旨在于总结过去的一个世纪所取得的成就以及如何在未来的一个世纪中取得进一步的发展。巴黎世博会的两个展览部分与我们这里的类比很有关联：各国殖民地的展示以及各国展览街道(Rue des Nations)。各国展览街道就位于塞纳河畔,世界上的大多数资本主义强国皆于此设立亭宇，宣传本国在科学技术上取得的成就和做出的贡献，而这些亭宇建筑也使西方各国得以宣传本国在建筑方面的造诣与进步。与此相类似的是,各国殖民地的展示则成为殖民主义各国宣扬其海外殖民扩张成果的地界。这类展示在某种程度上是一种权力关系的显示:一方面,殖民者将被殖民人口展示为落后、野蛮但又可以被改造的人群,从而展示殖民者的优越性;另一方面,西方资本主义列强通过展示国内的科技、建筑以及海外殖民地的数量和规模同样在进行着一番对比与排序。[2]

那么，都统衙门治下的天津和世纪之交的巴黎世博会的类比是怎样的呢？首先,帝国主义列强之间的竞争关系在这两个场域中

①*Jeffrey Wasserstroom, Eight Juxtapositions: China Through Imperfect Analogies from Mark Twain to Manchukuo*(*Melbourne: Penguin Random House Australia*, 2016).

②*Alexander C. T. Geppert, Fleeting Cities. Imperial Expositions in Fin-de-Siècle Europe*(*Basingstoke/New York: Palgrave Macmillan*, 2010), P62, 78, 85-87, 96.

都有所体现:世博会期间,列强通过展示国内发展成果和海外殖民地来相互争雄,而在天津,这更多地体现在其对于租界界限以及临时政府治下权力的争夺。第二,巴黎世博会期间,列强之间在展示各自国家成果时虽然表面上处于一种并列平行(juxtaposition)的态势,但其内部的等级秩序却也清晰可见,而在天津,虽然各国租界也各自为政,处于一种并行状态,但它们之间的等级强弱也依其规模、发展程度、管理水平而有所显现。第三,都统政府的很多政策从本质上而言都是西方殖民者"文明使命(civilizing mission)",这一话语的体现,其目的是将西方所谓的"进步的"观念与做法传播到天津这个当时被认为"落后"的地方,而巴黎世博会本身也有着同样的潜在内涵,世博会组织者在展示全球秩序中不同文明的等级时,也在潜移默化地将这种观念渗透给参观人员。最后一个要考虑的问题是:这些类比的意义何在呢?我们在写作或讲授世界史时,如何探讨 1900 年这一世纪之交的年头?1900 年是标志着新一轮殖民主义的暴力(例如都统衙门治下的天津)还是一派欣欣向荣、和平繁盛(例如巴黎世博会)?再者,这样的类比会提醒我们关注研究时容易忘却的"同时段性(coevalness)"。其实,一个多国军事政府和一届世界博览会有着很多千丝万缕的联系与可比性。另外,这一类比可能会帮助我们理解殖民主义本身的多个面相,并非只是军事统治、政治镇压与经济掠夺,其实其中可能还有更多更为细微、不甚刚性的要素。

五、结语

都统衙门对于天津的统治仅有短短的两年,但其意义无论在天津城市史、世界历史还是史学史领域中都是值得思考、耐人寻味的。这篇文章的一个写作动力是作者希望与读者、研究者以及教学者共同反思长久以来占据我们思维模式的“侵略—反侵略”“殖民—反殖民”“现代化—传统性”“进步—落后”等一系列的观念的合理性。正如我对都统衙门的多重意义的梳理所指出的,这些观念作为分析模式而言,是有很多局限性的。今后的历史研究,我们更需要的是一种更具创造性、更多元而又更兼容并包的思考模式。这里关于都统衙门意义的讨论也只是我个人的一些反思,以飨读者,仍待方家指正。

(此文为2019年8月24—25日上海师范大学都市文化中心、上海师范大学人文学院主办的“从‘抗战’到‘二战’:纪念第二次世界大战爆发八十周年学术研讨会”交流文稿)

作者:杨涛羽,美国加州大学尔湾分校

五四时期的天津回族

——纪念五四运动 100 周年

尹忠田

五四时期，天津回族的爱国行动不仅表现在以马骏、郭隆真、刘清扬为代表的学界，而且，还表现在商界、宗教界。天津回族以高度的民族自觉，投身到这场轰轰烈烈的爱国运动中。尤其是在支援山东、声讨马良的行动中，天津回族人民立场坚定、爱憎分明，彰显出回族正直、正义的民族特征。

1919 年 5 月 4 日，震惊中外的五四爱国运动在北京爆发了。翌日，天津《大公报》《益世报》争相报道了北京的消息。天津各界人民闻讯后义愤填膺、同仇敌忾，纷纷声援北京学生的爱国行动，学界首当其冲。“当时正在天津南开中学、直隶第一女子师范就读的马骏、郭隆真以及已担任小学教员的刘清扬等回族优秀青年，立即投身于运动行列之中，成为运动中最具影响力的回族代表人物。”[1] 学

①邱树森主编：《中国回族史（下册）》，宁夏人民出版社 1996 年版，第 768 页。

界的爱国行动，点燃了全市人民的爱国激情，代表各个阶层的爱国团体不断涌现，随后成立了天津各界联合会，将全市人民的爱国行动引向纵深。天津回教联合会亦加入了天津各界联合会[①]，带领回族人民与全市人民一道，投身到这场爱国运动中来。天津回族人民的爱国思想和爱国热情，得到充分的体现，以实际行动捍卫国家主权和领土完整，不惜牺牲宝贵的生命，显现了回族人民的爱国正能量。

一、爱国学生的优秀代表马骏

马骏（1895—1928），字遹泉，号准台，回族，吉林省宁安县（今属黑龙江省）人。1895 年 9 月，马骏出生在一个回族家庭。1903 年，马骏在家乡读私塾，不久即转入当地的清真寺小学，于 1912 年考入吉林一中。1915 年，马骏来到天津的南开学校读书。此时正值五四运动爆发，马骏的爱国热情毫不保留地被激发出来，“马骏是当时的一位优秀的学生领袖”[②]。不论是上街游行，上访请愿，还是集会演讲，他事事冲在前面，处处起到模范带头作用，带领爱国学生运动全面开展起来。

1919 年 5 月 6 日，天津中等以上学校的学生代表 24 人聚会，决定成立天津学生临时联合会，各校代表选举学生临时联合会职员，马骏当选为天津学生临时联合会副会长。5 月 12 日，顺直省议会发起召集绅、商、学、报各界在省会会场开会，发起成立直隶各界

①天津社会科学院历史所《天津简史》编写组编著：《天津简史》，天津人民出版社 1987 年版。

②马惠卿：《五四运动在天津》，载《近代史资料》1958 年第 2 期。

公民联合会，马骏当选为联合会总干事。从此，马骏作为学生领袖带领爱国学生投身爱国运动，一马当先，奋勇向前。

6月5日上午10点钟，天津学生联合会组织全体爱国学生在南开学校操场集会，召开第一次爱国运动大会，议定上街游行、讲演，并赴省公署请愿，要求电请北京政府，释放被捕的北京学生。“马骏副会长，领导全场学生群众，以气宇轩昂的姿态，春雷贯耳般的洪亮声音，宣读六项誓言：誓保国土，誓挽国权，誓雪国耻，誓除国贼，誓共安危，誓同始终。”[①]马骏等5位学生代表面见省长曹锐，提出三项要求：请对学生讲演勿加干涉；请省长致电中央释放北京被捕的学生，并将青岛争回，将二十一条取消；请准开公民大会。曹锐拒绝了爱国学生的要求。马骏及爱国学生群情激愤，一致表示争不出结果绝不复课，并要求商界以罢市来支援学生的爱国行动，不达目的绝不罢休。6月8日下午1点，天津学生联合会决定第二次赴公署请愿，此次请愿大获成功，坚定了全体学生的爱国意志，并为全市公民大会的召开打开了局面。

6月9日下午1点，天津各界联合会在河北公园（今河北区中山公园——笔者注）召开“六九”公民大会。在大会上，马骏讲道：“本日开会最关紧要者，有两种目的：一为要求商会罢市，电请政府严惩卖国贼，以平民怒；二为保护各省爱国学生，不得妄加蹂躏。倘政府无正当办法，誓死不能开市、上课云云。”[②]公民大会公推马骏等7人到天津总商会，要求商界罢市，以便再向政府要求惩办卖国

---

①刘清扬：《回忆五四时期的马骏》，载中国社会科学院民族研究所、中央民族学院民族研究所回族史组编：《回族史论集》，宁夏人民出版社1984年版。

②1919年6月10日《益世报》。

贼及保护学生。商会表示,可先致电中央,限二日复电,否则即行罢市。"马骏等代表即回公园报告,事经公民大会否认,要求商界即刻罢市,不然全体均往商会要求。马骏等再回商会声明公民大会否认之情形。"[①]商会不得不接受公民大会的积极要求,决定次日罢市。

6月11日,在请愿无果的情况下许多商号纷纷开市营业,马骏等学生代表立即到商会反对开市,要求继续罢市。马骏质问商会开业理由,商会诸人无言以对。商会一董事诘问马骏,是何处人?天津有无财产?马骏知其心怀歹意,即挺身而出,大声言到:"本人是吉林人,天津固无财产,请问性命与财产孰重?学生等虽无财产牺牲,愿以性命报国家,为诸君后盾。"[②]马骏言毕,即以头颅触石阶,立即血流如注,不省人事,至一小时后方苏醒。商会同仁对马骏如此意志感佩不已,一致表示,12日仍一律罢市,与学界取一致行动,誓不食言。

天津各界联合会为支援山东各界的爱国斗争,多次请愿,坚决要求解除山东戒严令,惩办济南镇守使马良。但请愿团成员多次被捕,斗争形势严峻而又尖锐。值此艰难时刻,马骏组织的第四批请愿团整装待发了。8月28日,马骏等天津的请愿代表,联合北京、山东各界代表共计三四千人,分别聚集在新华门、西苑门、福华门。军警依仗人多势众,迫使请愿团离开新华门,把全体代表包围至天安门前。马骏把天安门前变成讲演的战场,宣传爱国思想,揭露北洋政府的腐败,从气势上战胜了敌人。军警要逮捕马骏,同学们为了保护马骏,把他围在人群中间,不让他露面。军警就用皮鞭、枪托毒

①1919年6月10日《大公报》。
②1919年6月12日《益世报》。

打学生。马骏不忍学生们被打，挺身而出，大声喊道："我就是马骏，你们不要打人，要逮，就逮我好了。"马骏说道："同学们！不必害怕，我们这次请愿是抱着牺牲的决心而来的，他们是逮不尽爱国青年的，我们还要坚持奋斗下去！我们爱国无罪，早晚总会释放被捕的代表！"因为这次斗争，大家都称马骏为马天安[①]。

9 月 25 日，为发起筹备全国各界联合会之事，天津各界联合会代表马骏、刘清扬二人抵沪。11 月 10 日，在马骏、刘清扬等人的多方奔走、积极组织下，全国各界联合会在上海正式成立了。马骏被推选为驻沪常任理事，领导并统筹全国各界的爱国行动，对爱国运动向纵深发展起到了极大的推动和促进作用。

11 月 16 日，在福州，日本暴徒枪杀正在进行抵制日货宣传的爱国学生及爱国警察，制造了骇人听闻的"福州流血惨案"，轰动全国，震惊中外。日本还调来军舰在我国近海游弋，激起国人极大愤怒，爱国运动再次掀起新高潮，抵制日货运动在全国各地普遍开展起来了。12 月 12 日，马骏回到天津，组织各界联合会讨论抵制日货办法。会议由马骏主持，首先讲述了"福州惨案"日本人的横暴情形，并提出抵制日货的四条办法。1920 年 1 月 23 日，天津地方政府派出警察上街殴打和逮捕爱国学生，查封爱国团体，禁止各界人民的爱国活动。24 日，马骏为了营救被捕的学生而被捕，天津学生的爱国行动遭到严重的打击。马骏善于演讲，他在狱中以《演说学》《警厅拘留中的批评》《研究问题的办法》等题目，给大家做了报告。[②]

---

①天津社会科学院历史所《天津简史》编写组编著：《天津简史》，天津人民出版社 1987 年版，263 页。

②杨怀中著：《回族史论稿》，宁夏人民出版社 1991 年版，第 482 页。

7月17日，在社会各界爱国人士的呼吁下，以及被捕代表的顽强斗争下，天津政府不得不把拘禁近半年之久的被捕代表全部释放。马骏在狱中蓄起了很长的胡须，朋友们称他为“美髯公”[①]。

二、巾帼英雄郭隆真

郭隆真（1894—1931），原名郭淑善，又名嵌瀋、林一，女，回族，直隶（今河北省）元城县（今大名县）金滩镇人。郭隆真在少女时代，就对《女儿经》《女戒》《列女传》等封建传统典籍极其反感。长大后，她为了反抗家庭为其安排的包办婚姻，决意摆脱封建婚姻的束缚和压迫，出走家庭，外出求学。

1913年，郭隆真来到天津，到直隶第一女子师范读书。1919年5月4日，五四运动在北京爆发。5月5日，消息传到了天津，直隶女师的爱国学生们立即行动起来，“郭隆真首先站出来，主动联络各学级同学，要求大家联合起来，反对日本帝国主义的侵略，要打倒卖国贼，我们也要参加爱国活动”[②]。她发起组织成立了天津女界爱国同志会，率领演讲队队员在街头巷尾，甚至到郊区农村演讲，劝说民众不买日货、商店不卖日货，发动妇女参加斗争。

天津女界爱国同志会成立后，参加到天津各界联合会的一致行动中，不论是上街演讲，集会游行，还是上访请愿，郭隆真总是一

①刘清扬：《回忆五四时期的马骏》，载中国社会科学院民族研究所、中央民族学院民族研究所回族史组编：《回族史论集》，宁夏人民出版社1984年版。

②天津市委、天津市妇联编：《邓颖超与天津早期妇女运动》，中国妇女出版社1987年版，第550页。

马当先，冲在前头。“在天津进行多次的群众大游行，总是首先由女界同志会的妇女队伍作前驱，一遇阻碍或发生冲突，郭隆真烈士便带领妇女群众冲上前去，以防备军警殴打男同学。在做冲锋前卫的斗争中，虽忍受枪托和木棍殴打，以及冷水浇头的摧残打击，隆真烈士坚持苦斗，绝不后退。”[①]在五四运动中，包括女界爱国同志会在内的天津各界联合会经常联合北京、山东等地的爱国团体，采取联合行动。郭隆真作为天津各界联合会的代表，曾经先后两次赴京请愿，两次请愿，两次被捕。

8 月 23 日，郭隆真作为天津各界联合会代表之一赴京，与北京、山东等地代表联合到总统府请愿，要求惩办枪杀爱国群众领袖的济南镇守使马良，并解除山东戒严令。郭隆真第一次被捕，她拒绝回寓所，愿与男代表患难与共。在社会舆论的压力下，及各地爱国团体要求释放被捕代表的呼声中，被捕代表被拘一周后获释返津。“在火车上大家总结了请愿斗争经验教训，研究了今后行动步骤。郭隆真提议，今后天津学联会和女界爱国同志会应更加紧密合作，成为组织和推动天津爱国运动的核心。她的提议得到大家的赞成。并商谈了成立‘觉悟社’问题。”[②]10 月 1 日，全国联合为山东问题再次在新华门前请愿，郭隆真第二次被捕。被捕后，她向沿途围观群众发表演讲，虽然几乎被判处死刑，但她始终毫不畏惧。全体代表被非法关押 37 天后，于 11 月 7 日获释。

在天津各界声援“福州惨案”时，郭隆真率领女界爱国师生到

---

①刘清扬：《郭隆真烈士传》，《近代史资料》1958 年第 2 期。

②天津市委、天津市妇联编：《邓颖超与天津早期妇女运动》，中国妇女出版社 1987 年版，第 626 页。

省属请愿，并与马骏、刘清扬等人作为善后办法起草委员会委员，具体拟定了抵制日货办法[①]。

1920 年 1 月 23 日，天津学联及各界爱国人士为争取外交胜利、抵制日货成功，赴省公署请愿，20 名代表被捕。1 月 29 日，天津各校师生再次集会，游行至省公署，要求释放被捕学生。反动的军警用枪托、刺刀、水龙头镇压爱国学生，不但不放人，反而又逮捕了郭隆真、周恩来等 4 位学生代表。这是郭隆真第三次被捕。郭隆真在狱中与男代表并肩战斗，同敌人展开面对面的斗争，要求公开审理。她拟写了爱国无罪的《申辩书》，义正词严，批驳了反动当局横加的莫须有的罪名。她参加了绝食斗争，给反动政府以压力。在绝食斗争中，郭隆真因停食停水而造成咽喉肿痛，却毫不退缩。在全国各地各界爱国民众的罢工、罢市、罢课等活动的压力下，天津地方当局于 7 月 17 日释放全部被押学生及各界爱国人士。天津各界以极其隆重的形式欢迎郭隆真等 24 名代表胜利归来。

三、中国妇女运动的先锋刘清扬

刘清扬（1894—1977），女，回族，天津人。1894 年 2 月 15 日，刘清扬出生于一个普通的回族家庭。父亲刘长发，以推小车卖羊肉维持一家人的生活；母亲冯氏，勤俭持家，相夫教子。“刘清扬是‘五四’时期特别活跃，具有组织才干、鼓动才能和自我牺牲精神的女界代表人物。……她无论在何种会议上发表意见，或是在反帝爱国

①邱树森主编：《中国回族史（下册）》，宁夏人民出版社 1996 年版，第 773 页。

的实际行动中,都站在斗争的最前线。”[①]刘清扬是中国妇女运动的急先锋,她为国事而奔走。在五四运动中,她的爱国热情及爱国精神以实际行动得到充分的体现。

1911年,刘清扬进入天津直隶第一女子师范学校读书。在学期间,刘清扬经人介绍加入了同盟会,那时,她还不到十八岁。在此期间,她劝说她的大哥刘孟扬赞助同盟会成员白雅雨反动滦州起义,起义虽然失败了,但刘清扬在斗争中锤炼自己,革命意志更加坚定。

1919年5月4日,五四爱国运动在北京爆发了。翌日,消息传到了天津。直隶第一女子师范的学生们行动很快,连续两天开会。刘清扬受邀参加会议,大家一致同意郭隆真提出的成立妇女爱国团体的倡议。5月25日,天津女界爱国同志会在天津城东门里的江苏会馆召开成立大会,公推刘清扬为会长。

6月18日,天津各界联合会在天津总商会内召开成立大会。到会的有天津绅界、商界、学界、教界、报界、女界、回教界等各界代表61人,刘清扬作为女界代表参加大会。6月25日,刘清扬参加了天津各界联合会评议部在天津商会的会议,会议讨论公决推选代表8人赴京请愿,刘清扬提议,“女界亦应派代表随同晋京请愿,藉资联络北京之女界”[②],提议得到大会通过,增加女界刘清扬等两位女士代表,赴京请愿代表实为10人。

为抵制日货,天津各界联合会评议部多次召开会议,商讨奸商

---

①胡霭立、鲁开荣:《中国妇女运动的先驱者刘清扬》,载《天津文史资料选辑》第40辑,天津人民出版社1987年版。

②1919年6月27日《益世报》。

在抵制日货之时不顾国家利益，售卖日货。刘清扬提出抵制日货积极办法十四条，大家认为刘清扬所提办法甚为详妥，故交调查科采择。女界在女子师范学校开总务、评议联席会，由刘清扬作报告，就抵制日货问题，决定作第二次大游行。又研究家庭讲演之出发等办法，讨论多时，决定先从城内着手，然后再次第向外扩充展开。这次会议还讨论研究通过了改组女界爱国同志会的章程问题。

为支援山东人民的爱国行动，要求取消山东戒严令，严惩镇守使马良，刘清扬、马骏、郭隆真等人赴京请愿，请愿代表全都被逮捕，由总统府押至京师警察厅。该厅常处长以与刘清扬同教为由，将刘清扬约出，劝令回寓。刘清扬说："我此番是奉母命救国，且男女同为国民，理应与男界同受甘苦，即便死于厅内，我等亦甘心。再说即将我们捕来，我们就是罪人，好等候打官司，绝不能出去，谢谢处长这番好意。"[①]常处长没有办法，因想起与刘清扬的三哥刘铁庵相识，遂电话约请刘铁庵前来相劝，熟料刘铁庵不来，后用常处长的汽车将刘铁庵提来，与刘清扬、郭隆真等四位女代表见面，常处长又竭力劝说，刘清扬说："我们女界此是初次在社会上做事，决不能比男界少走一步，即或死，我们亦在里头。代表等从此一定要与我们全国女子做个榜样，以免将来被男界之轻视。家兄虽来，想亦不愿令我偷安于一时而做一女界万世之罪人也。"说毕，鞠躬而退，常、刘二人亦无可奈何。刘清扬虽然身陷囹圄，但她坚贞不屈、不怕牺牲、顽强斗争的精神，令人感佩！《天津各界联合会告全国同胞书》概云："此次直、鲁代表赴难，女界居五分之一，而刘清扬

①1919 年 8 月 29 日《益世报》。

女士当被捕时，政府已谕令保释，刘誓死不从，民气如此，国事或尚可为。巾帼如此，须眉更当奋起，愿吾全国同袍投袂而起，勿居人后也。”①

9月25日，天津各界联合会派代表刘清扬、马骏等人赴上海，参加筹备组建全国各界联合会等事宜。会上，刘清扬、马骏二人多次发表演讲，指陈中国回教徒在教育上与实业上努力之必要，及对于国家与社会之应有义务。议论精辟，闻者无不动容。

12月10日，天津男女学校合组的新的天津中等以上学校学生联合会(简称:新学联，笔者注。)在天津北马路总商会召开成立大会。这个新的天津学生联合会，是由旧学生联合会和女界爱国同志会合并组成的，是为了有利于学生运动的统一领导，统一行动，是学生运动走向解放、进步的坚固集体，刘清扬当选为新学联总务委员会委员。

12月16日，新天津学生联合会出版委员会开会，对《天津学生联合会会报》进行改组，将日刊改为周刊、半月刊，刘清扬被推选为学界评议员。在周恩来、马骏、郭隆真、时子周等学生代表被捕后，刘清扬化装离津，先后在南京、上海、广东、香港等地，报告天津学生遭受到的迫害，呼吁全国各界声援营救天津被捕代表，宣传爱国运动，主张女子解放，并进行爱国募捐活动。刘清扬奔走国事，得到各地人民的大力支持。天津地方政府迫于压力，不得不把被关押半年之久的请愿代表于7月17日全部释放。8月5日，刘清扬从沪返津，受到各界的热烈欢迎。

①1919年8月28日《益世报》。

四、天津回族商人抵制日货行动

五四爱国运动爆发后，天津回族各界民众积极投身到这场史无前例的爱国运动中来，随着运动的深入开展，抵制日货成为运动中的又一高潮。在抵制日货运动中，天津的回族商人表现出高度的民族自觉精神，以高度的民族自信、民族自强的意志，积极投身到抵制日货运动中，以实际行动诠释着回族的爱国主义情怀。

回族商号恩义成号为抵制日货致函天津《益世报》："益世报大主笔先生台鉴：外交失败，痛心疾首，凡我人民皆当爱国。值此未决裂之先，唯有抵制日货，挽回权利为万一之补救。连阅贵报登载各界人民爱国之义举，稍有心肝莫不钦仰而激愤。商等即系国民一分子，亦应勉尽爱国之天职，除将敝号所有日货一律拣出抛毁，誓不再用仇货。向仰贵报主持公道，维持国权，伏祈登入来函，以期唤起我回教爱国之商民，群起而抵制之，是所祷盼。此颂著祺。回商恩义成号同人谨叩。"恩义成号不但自己抵制日货，而且还登报宣传，扩大影响，"以期唤起我回教爱国之商民，群起而抵制之。"

回族穆文华、穆文友兄弟，组织救国十人团，提倡国货，抵制日货，并按月储金，希望能唤醒国人共同救国为响应。同时，他们还致函天津《益世报》："益世报大主笔台鉴：敬启者，鄙等鉴于青岛失败，目裂发指，自思职任卑微，诚恐无济于事，是以组织救国十人团，互相诫勉，以提倡国货，抵制日货，按月储金，以做个爱国团体之援应为宗旨。嗣后对于救国之事，虽肝胆涂地，赴汤蹈火所不计也。贵报爱国深热，谅必赞同，伏祈登著篇末，以期唤醒国人共挽危厦，是为致祷。此请义安！天津救国十人团穆文华……穆文友谨叩。”字字恳切,催人泪下,令人动容。

回族正兴德茶庄为首的七家茶商,声明茶叶商标纸亦不用日货:“现在吾业茶品纯粹国货以外无可抵制,仅有商标纸片、少数纸张,业经调查明确,存数已在商会注册,自此会议日止,商标纸片本行不准再购,印刷采用原料,以致外客,亦不许代购代印,否则查出评议,公决科罚。”[①]正兴德茶庄在天津茶叶行业中是首屈一指的行业翘楚,在其带动下众茶商共同声明抵制日货。

在五四运动中,天津回族民众参加爱国运动的例子举不胜举,不能尽述。他们以国家主人翁的身份,自觉自愿地投身到爱国运动中来,彰显了回族优良的爱国主义传统和家国情怀。

五、天津回教联合会的爱国行动

为声援五四爱国运动,由回族知识分子张绍山、时子周、马仲三等人自发组织的天津回教联合会成立了。天津回教联合会是天津回族群众早期自发组织的爱国团体,它产生于五四运动初期,在组织和领导回族群众与各界人民一道,参加反帝反封建的斗争中,发挥了积极的作用。

1919 年 6 月 18 日,天津各界联合会成立,天津回教联合会代表张绍山被推选为演说科干事,时子周则参加评议部的工作。自此以后,天津回教联合会代表事事不甘人后,无论是集会、游行、演讲、请愿,皆有代表参加。

---

①1919 年 7 月 25 日《益世报》。

12月17日，直隶全省警务处处长兼天津警察厅厅长杨以德呈北京政府内务总长的密折中，将天津回教联合会提名在27个颇有影响的进步团体之列。

12月20日，天津国民大会召开，天津回教联合会代表张绍山在大会上慷慨陈词，作了生动的讲演。

1920年1月29日，上海《时报》对天津回教联合会亦作了一些报道，更提高了天津回教联合会在全国各地的知名度。

张绍山作为天津各界联合会演说科干事，对演说科的工作认真负责，献言献策。早在1919年7月5日天津各界联合会演说科召开第二次例会，讨论讲演团诸事宜。“清真教界张绍山君报告：昨假(假通借，笔者注。)公立第三小学议定假地讲演，闻讲演员已有二组，自本星期五，先自清真西寺起，然后再谋进行。”[①]星期五是穆斯林的聚礼日，人民聚集在清真寺内，在这个时间、地点、环境中讲演，讲演会起到事半功倍的效果。此外，张绍山还慷慨解囊，自费印刷，赞助讲演科证书百张。以张绍山为代表的天津回教联合会的成员，为了救国，尽心尽力，不惜资财，表现出了回族的爱国热忱。

时子周在五四爱国运动中十分活跃，他当时在南开学校任教。“时子周以回教团体代表身份参加了天津各界联合会，被推为评议员，又经各界联合会的推举，参加国民大会为一委员。在几次示威游行大会上，他担任讲演，针对当时巴黎和会和日本侵略中国以及反对中日直接交涉等问题，以其清楚的口齿，慷慨陈词，激动人心。”[②]

①1919年7月6日《益世报》。

②刘及三、谢天培：《时子周其人》，载《天津文史资料选辑》第44辑，天津人民出版社1988年版。

1920年1月，时子周与马骏、郭隆真以及周恩来等同志先后被关押在天津警察厅、天津地方检察厅，长达半年之久。时子周在被押期间，一方面与代表们共同对反动当局展开绝食斗争，一方面参加共同组织的读书会，开展文化学习活动。时子周在被押的代表中是年龄较长的一位，他在大家面前谈笑风生，能说能唱，虽然身陷囹圄，犹能表现出革命的乐观主义精神。

天津回教联合会及其成员在反帝反封建的斗争中，立场坚定，爱憎分明，尤其在支援山东、声讨马良的行动中，表现得更为突出。1919年8月间，《马良残害爱国群众的罪行》《马良残杀爱国人民的经过》等文章，先后刊载于《天津学生联合会会报》《益世报》等报纸。8月11日，天津《益世报》刊载了《天津回教徒摘匾痛斥马良》一文："本埠清真教界，以马良在山东摧残民气种种不法情状，实有背立教之本旨。昨召集大会议决，将渠前在清真大寺、南寺、北寺各处匾额一律撤去，以示深恶痛绝之意云。"天津回教联合会谴责马良道："近津沪新闻大书特书，纤细靡遗。其所谓解散团体，禁止开会，责打男学生，辱骂女学生，侦探四出，邮便火车，严加束缚。最痛心者以热诚救国志士苦刑，逼迫诬认莠民煽惑等罪状，枪毙三人。……何以此种惨无人道，丧心病狂之举，而出于吾辈最亲慕最景仰之人？此真大惑不解者也。……胡乃为虎作伥，冒天下之大不韪，公然与国民宣战。……后人读中华亡国史者，将唾骂而指之曰马良。"天津回教联合会代表全体回民，对马良的反动罪行，愤怒谴责，用词严厉，态度鲜明，立场坚定，爱憎分明，彰显了天津回教联合会的正义性，表明了天津回教联合会是天津回族群众早期自发组织的进步团体。

在五四爱国运动中，天津各界回族群众积极参与其中，为民族复兴做出了自己的贡献。五四运动时,面对国家和民族生死存亡之时,一批爱国青年挺身而出,全国民众奋起抗争,奏响了爱国主义壮歌。历史表明,爱国主义自古以来就流淌在中华各民族的血脉之中,是中国人民和中华民族维护民族独立和民族尊严的强大精神动力。

(刊于《回族研究》2019 年第 3 期,2019 年 9 月,第 13—18 页)

作者:尹忠田,天津市历史学研究会会员

铁蹄下的无声呐喊

——沦陷时期天津木刻运动及其民族情绪表达

王振良

2015年9月8日，“铁蹄下的青春——杨大辛与1943年津京木刻展”在天津美术学院美术馆开幕，年届九旬的杨大辛先生亲临现场并参加了相关学术讨论。这次展览和研讨的举行，重新引起人们对沦陷时期天津新兴木刻运动的关注。

中国新兴木刻运动始于1931年，是在鲁迅先生倡导下发展起来的，天津为全国最早响应的城市之一。1932年，杨元等年轻的木刻艺术爱好者，组织成立天津木刻研究小组（即平津木刻研究会天津部），并得到鲁迅先生的关怀指导。1935年1月，第一回全国木刻联合展览会自平移津，在天津市立美术馆和三八女子中学先后展出。同年，天津木刻研究小组在《庸报》开办《当代木刻》（后改称《熔炉》）周刊，发表木刻作品和理论文章。1937年天津沦陷，天津木刻运动一度沉寂，但暗夜的星火并没有熄灭。约1940年，杨元在河东中学教美术课时，传授了木刻艺术技法，其后木斋中学、市立三中、志达中学，也都增开了相关课程。1941年初，《新天津画报》辟出“木刻专页”,对木刻艺术普及起到相当推动作用。当时,较活跃的作者有杨元、李平凡、金力吾、李培昌、白浪等十余人,杨大辛先生(时名杨鲍)就是这一时期加入木刻艺术创作队伍的。

坚持木刻创作并发表作品之外，杨大辛先生还参与了活动的组织——与北京《艺术与生活》月刊协调,刊发“天津木刻作者及其作品”;与北京《吾有友》三日刊协调,开辟“木刻专页”介绍天津木刻作品;而影响最大的,则是其操办的津京木刻展。

1943 年 1 月 1 日至 3 日，津京木刻展在天津旧法租界巴黎道(今吉林路)举行,具体地点在基督教青年会分会所礼堂。活动展出了天津作者 8 人(平凡、子密、于鲁、杨鲍、王岗、宋野榛、白浪、金力吾)的作品 63 幅,北京作者 11 人的作品 45 幅。

虽然历史地来看,津京木刻展因为无法公开报道,在当时影响十分有限,但这次声息不大的展览,仍可视作天津木刻运动发展的一个高潮——在日伪当局的严酷文化封锁下，一群二三十岁的年轻人(杨大辛先生尚不足二十岁),冒着生命危险发出了无声呐喊。从木刻艺术发展史的角度看，今天我们或许可以苛责这些作品艺术上的稚嫩，但其内容的深刻性却不容怀疑，其延续民族传统文化、促进民族意识觉醒的意义不容低估。正如杨大辛先生在《寒凝大地发春华——记抗日战争时期天津的木刻创作活动》(收入《乡情漫笔》，中国人民政治协商会议天津市委员会文史资料委员会编,2011 年 5 月印行)中所说:“就全局而言,虽然刺痛敌人而有所不安,却很难说在社会上产生多大的冲击力;但处于那种恶劣窒息的环境,却如一泓清澈的小溪,一股和畅的春风,一丛油绿的禾苗……沁人心脾,萌发生机。”

每当民族危机严重的时期，各种文艺形式都会形成或大或小的高潮,但这种高潮也有共同的弱点,就是除了极为个别的例外,大都内容胜过形式,艺术上相对粗糙。津京木刻展举行的 1943 年,正是抗日战争最艰苦时期,作为沦陷区大城市的天津,日伪文化统治也强化到了无以复加的地步。在公开表达受到严格审查甚至野蛮禁止的时刻,民族情绪的隐晦表达就显得十分重要。津京木刻展在这种背景之下,就犹如暗夜中的一枚火种,给沦陷区民众以民族生存的希冀。

新兴木刻艺术在天津曲折发展的同时,华北沦陷区文学也走过几乎同样的道路。天津的新文学作家和通俗文学作家,都拿出了经得住历史检验的作品。著名作家和评论家关永吉以《牛》《风网船》等小说,揭起了华北"乡土文学"的旗帜,把笔触探入沦陷区的广大农村,直接启发了民族意识的觉醒。而最值得研究者深思的则是,关永吉小说的取材,与津京木刻展的作者们不谋而合——底层民众尤其是农村民众的苦难生活。武侠小说大师还珠楼主、宫白羽、郑证因、朱贞木和言情小说大师刘云若,也都在天津沦陷时期迅速崛起,缔造了中国现代通俗文学的最高峰。天津武侠小说的兴盛,固然有"燕赵豪侠地"的环境背景,而更多的则是沦陷区社会环境被禁锢窒息的时刻,有良知的知识分子在维持生存之前提下,为保存中华文化所进行的有效努力——无论是还珠楼主等笔下的传统武术乃至儒释道思想,还是刘云若笔下的天津民风民俗,此时都已经化作民族生存的符号。正是在这一意义上,杨大辛先生等推动的天津木刻运动,与其他文学艺术潮流合上了节拍,幻化为中华民族最危险时刻的无声呐喊和一线曙光。正是基于这样的认识,对天津沦陷时期进步文学艺术的曲折发展,实有必要予以深入研究和重新认识。

从杨大辛先生的回忆文字里，我们也不难看出当时进步文艺发展上的艰难和思想上的可贵。他在《新兴木刻运动在天津》(收入《津门古今杂谭》,天津人民出版社,2015 年 9 月第 1 版)中谈到,津京木刻展上“展出的木刻作品,大多以揭露劳动人民的贫困生活与悲苦遭遇为题材,在敌伪政权的统治下能搞成一次这样的木刻展,也是冒着很大风险的。后来听说日本特务机关觉察了这次展览,并对政治背景进行过追查”。

历史的确像是乱麻,拉开足够时空距离之后,这才能够逐渐理清。对其中的是非臧否,也才能够日益客观。关于沦陷时期天津新兴木刻运动的评价,期待着史料的进一步挖掘整理。

(刊于 2019 年 4 月 15 日《天津日报》第 12 版“满庭芳”)

作者:王振良,天津师范大学新闻传播学院

赶大营"钱柜"背后的故事

金彭育

宣统元年(1909),赶大营"津帮第一家"文丰泰的创始人安文忠见时局不稳,就将全部经营交给三弟安文玺,回到天津另谋生财之道。他和郭巨卿、金恩弟、张云峰等人在大胡同街口一座2层楼的门面房开设了洽源银号。当时定股金为40万元(每人每股10万元),并在农工商部注册。银号放款严格,存款不担风险,因此在社会上有"铁桶银号"之称谓。实际上,"洽源银号"的部分资金来自"赶大营",转过来,放款又为"赶大营"服务,相当于"赶大营"的"钱柜"。

值得一提的是,郭巨卿、金恩弟、安文忠三位董事,既是同事,还是姻亲。第一董事郭巨卿,名体忠,天津金融界名人。从1905年到1926年去世,一直担任英商汇丰银行第二任华账房。他去世后,继任者是他的儿子郭心铭。当时,东门外南斜街最有名的大户是郭家。据《天津郭氏宗谱》记,郭氏祖籍徽州,明永乐初年来津。约1840年后在南斜街建宅院,占地约20亩,有20多套院落,房屋150余间，俗称“郭家大院”。新中国成立后，郭家大院一部分改为民居，一部分由南斜街小学使用，地震后拆除。

第二董事金恩弟（品三），有的报刊文章曾写金桂山，又名品三，其实这是两个人。金氏系望族，清康熙年间自浙江绍兴迁津，亦儒亦商，代有著名文人，著作亦多流传。金家大院在“五大道”，地址为常德道 57 号，共有五幢楼。除后楼外，临街的四幢楼，分别居住着金氏十三世药王庙支系四兄弟：八爷金恩荣（1864—1940），字桂山；九爷金恩弟（1867—1941），字品三；十爷金恩科（1872—1931），字筱泉；十二爷金恩藻，字雨生。解放初期，金氏房子售出，现为冶金总公司。

金恩弟是我的太爷爷。他从小在家塾上学，在自家商店学买卖。家长金八爷安排他任“洽源银号”的董事。在安文忠的撮合下，金恩弟之子金鸣谦（季光），与郭巨卿的四侄女郭士钗，结为秦晋之好。他们就是我的爷爷和奶奶，我是他们的长子长孙。我没见过太爷金恩弟，但在我爷爷的书柜里，见过他画的扇子，扇面的画名为“兰竹清趣”，上有他的钤印，还有一枚闲章。“文革”前还看到过他的一册簿本线装书《品三诗钞补》。而安文忠与金恩科也是儿女亲家，安文忠的二子安桂萼娶了金恩科的四女金德琴为妻。

洽源银号自 1909 年开业，经营存款、贷款、汇兑、支票和本票业务，规章制度严格，执行有力，发展平稳，信誉良好。客户间的钱款往来主要依据存款记载，其实就是相当于现代的存取款单据。“学买卖的”主要是外地口音的年轻人，进银号需有“人保”和“铺保”，吃住在店里，一般是三年学徒。其工作内容是站柜台和干“跑街的”。所谓“跑街”是外出业务，还包括取折子、送折子。“折子”是对账单，也叫存款簿、回执。洽源银号还有一项规定，董事一律不参与经营，不设董事长，不要“三爷”（即少爷、姑爷、舅爷）。而聘任有能力的外姓人当经理，洽源银号当经理时间最长的是张玉珍，他打得一手好算盘。到了1912年，发生了“壬子兵变”。1912年3月2日，正值农历壬子年正月十四，新车站（现天津北站）枪声四起，从北京驶来的列车上，大量乱兵冲出车站，会同津城乱兵，在大经路（现中山路）上掠抢烧杀，劝业会场和造币厂被哄抢后付之一炬。乱兵还到了汇集众多绸缎庄、皮货商、银号、银楼、首饰铺的大胡同、估衣街，洽源银号也被乱兵抢劫后焚烧。1913年，洽源银号房子得到整修，经营也越来越好。到了1931年后，日本人大搞“华北自治”，大量商品在大胡同倾销，洽源银号的金融业务举步维艰。1937年后，日本占领天津期间，成立了所谓“中国联合准备银行”，天津所有银号业务都要到该银行进行交割。1941年后，联合准备银行成立了“交换科”，每天统计天津所有银号业务盈亏情况，这使洽源银号的金融业务大受影响。由于董事金恩弟、安文忠在20世纪40年代初相继去世，银号经营困难，勉强维持到1945年初倒闭。

（刊于2019年9月9日《今晚报》第12版“津沽·副刊”）

作者：金彭育，天津市保护风貌建筑办公室

我在广泰兴的二十年

李楚坡 口述　李树德 整理

图1　李楚坡初到广泰兴时

当年，广泰兴在天津算数得上的大百货商店。我于1936年春进入天津广泰兴线店，当时17周岁，到1956年公私合营，转入天津百货公司，在广泰兴整整干了20年。我在广泰兴先后站过柜台售货，当过保管员、采购员，最后几年当会计管账。下面根据我个人亲身经历，讲一讲广泰兴的发展历史、用人之道和经营情况。

一

广泰兴位于西门里大街靠近西门的地方，店面坐南朝北。我进入广泰兴时，它已颇具规模，在城里乃至西头一带很有名气。

广泰兴大约在1925年前后开业，出资人姓李，是杨村人，经理叫祁辅臣。广泰兴最初的名字叫“广泰兴线店”，虽说叫“线店”，实际上经营的是百货，后来改称“广泰兴百货线店”，再后又改称“广泰兴百货店”。

广泰兴最初开业经营时，只有一间小平房做门面，当时主要是卖煤油，也兼卖百货，是个小店，只有几位店员。经理祁辅臣精明能干，他虽然识字不多，头脑却很好，善于观察事物，自己也非常勤快。他的“口喃账”是一绝，又快又准，无论顾客买多少种商品，他一张口就能准确说出总钱数，连零头都不会错。

经过祁辅臣十年的经营，商店有了很大的发展，到20世纪30年代初，就有一定的规模了。1935年前后是它的全盛时期，雇用店员60余人，那时扩大了门面，又盖起了楼房，三楼三底，三间大门脸，楼后还有一个300多平方米的库房。

二

1937年7月7日卢沟桥事变爆发，全面抗战开始。7月29日左右，日本飞机对天津狂轰滥炸，从广泰兴的楼上就能看到六七架日本飞机对天津市政府(现在的金钢公园一带)轰炸。全市的一切商业活动被迫停滞。祁经理对大家说，谁愿意回家就回家，每人给5元钱的路费，当时一直在下雨，每人还给了一双胶鞋。绝大多数店员都回原籍老家去了，广泰兴也停业了。当时南下的交通运输也停止了，我步行五六天，也辗转回到河北盐山的老家。

回家四个多月，已经接近年底的时候，我接到祁经理的来信。他在信中讲，广泰兴百货商店已经恢复营业，并让我马上回店工作。父母、大哥、妻子都鼓励我回津。当时汽车、火车已正常通行，我便顺利回到天津。同事们也差不多都回来了。

那时天津已经完全在日本人的控制之下，从表面上看，工商业依然正常运行。我到市面上看看，还是那么繁华，特别是劝业场、南市一带，依然灯红酒绿，歌舞升平，大烟馆、戏园子、妓院、饭庄生意火爆，真是“商女不知亡国恨，隔江犹唱后庭花”！

1939 年天津还遭受了一次大水灾。这次水灾除了自然原因，日本军队为了抵挡抗日武装，到处决堤放水，也是一个原因。8 月 20 日中午吃过午饭，我与几个同事站在西门脸，想得到一点关于洪水的消息，到下午 3 点，就听到了水声，犹如牛叫一般，不到 4 点，大水就从天津南面涌入市内。时间不长，和平路、劝业场一带水深就达一丈以上，形成一片汪洋。城厢一带地势较高，水少，西门里大街两边都被逃水灾的人挤满了。广泰兴二楼也住满了东家的家属。大水期间广泰兴停业了，大部分店员都回了老家。天津被泡了一个多月，大水才渐渐退去，这时已到中秋节了。

在十四年抗战的岁月里，中国老百姓受尽了日寇的欺凌和奴役。爱国之心人皆有之，我和师兄弟们，每晚 10 点以后偷听重庆中央电台的新闻广播。中国军队把日军打退到什么地方、歼灭多少敌人，听了这些消息，深受鼓舞。每日里盼啊，盼啊，盼到 1945 年 8 月 15 日，日

图 2　抗战胜利一周年与同事合影(前排右二李楚坡)

本宣布无条件投降，天津全市人民欢呼雀跃，喜气洋洋，可盼到过太平日子了。我与师兄弟在“七七”九周年还去照相馆合影留念，纪念抗战胜利。

三

好景不长，没过多久，老百姓的心就凉了下来。国民党的军队毫无纪律可言，特别是伤兵，自以为抗战八年有功，经常到商店买东西不给钱，吃饭不付账，还经常砸戏园子，搅得民不聊生。广泰兴就经常被伤兵骚扰，每有伤兵进到商店，经理就得赔笑脸，点烟倒茶，给他们几块大洋，或者到附近给他们买些烟酒，打发他们一走了事。当时经理给店员们定的原则是：伤财不伤人，一切损失柜上承担。在那几年里，广泰兴倒是没有发生过大的事故。当时社会治安相当混乱，到 1948 年，经常下午 6 点全市戒严，闹得人心惶惶，物价一日几涨，民不聊生……

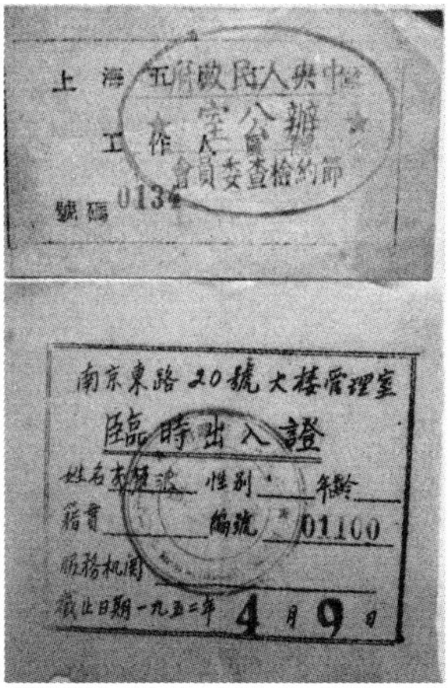

图 3　1952 年，中央决定从天津市抽调一部分工会干部到上海协助工作，李楚坡被抽调参加“五反”工作队，图为李楚坡的“五反”工作证

1949 年 1 月天津解放，人们迎来新生活。新中国成立后，广泰兴根据当时人们的生活状况，增添了大众化的商品，减少了高档的商品。

在党的组织领导下，各类工会组织纷纷建立，包括中国店员工会。我参加了店员工会，并当选为百货业第七组织工作委员会委员。

到1953年，政府实施了调整商业的政策，私营商店得到了扶助，广泰兴零售业务有所发展。1955年春季政府安排批发商转业，广泰兴批发业务停办，将资金投入天津市投资公司，人员由国家分配。到1956年零售部分也实现了公私合营，合营时共有24位职工，资方人员和全体店员都走上了新的为人民服务的工作岗位。我被分配到天津百货公司。

四

我进入广泰兴时，祁经理已经60多岁，他治店很严，个人也兢兢业业。他就住在店里，每天早晨7点开门，营业到晚上9点，始终不离商铺。

一年四季，店里的职工都是早晨6点起床，7点开门营业，晚9点关门，一天要干十几个小时。早晨学徒得搞卫生、擦玻璃，冬天还要把炉子生好。一年365天，除了春节放假五天外，平时没有放假的日子。广泰兴有严格的店规，除了一般商店都有的，比如顾客进店要笑脸相迎，店员站柜台时，只能站立不能坐着等，还有几条其他商店没有的规矩：

一、商店工作人员，无论是经理还是一般店员、学徒，一律剃光头，不得留头发。

二、一年四季，无冬历夏，都要绑腿带，不得散着裤脚。

三、职工不能带家属，有家属的留在老家，不得带到天津。按店里规定，到店三年后，每年有四十天的探亲假，分一次或两次享受都可以。

另外，在我进店前的学徒都不叫名字，按姓氏和进店先后排行，如李大、李二，王大、王二等，一直往下排。自从我进店以后，才改叫名字。

1938 年祁辅臣经理病故，副经理贾瑞玺接任经理。新经理对涉及店员个人的事情不像祁经理管得那么严。因为我在学校一直留着分头，剃了个“秃瓢”很不习惯，于是就和几个师兄弟商量说，咱们把头发留起来吧！他们都同意，贾经理也没有干涉，渐渐大家都留起分头来，最后有的副经理也留了起来，祁经理不准留头这一条就算破了。破了这一条后，绑腿带子的事也就好办了。炎热的夏天还要绑着腿带子，谁都感到厌烦，所以有一个人带头不再绑，大家纷纷效仿，这条规矩也就破了。

广泰兴用人的标准是，必须诚实可靠，有一定的文化水平，能算账，能接待不同层次的顾客。经过一两年的培养还要具备到各处办事的能力，可以独当一面。

祁、贾两位经理在雇用店员方面，坚持了两条，一是坚决不用本市人，只用外地人。他们认为，外地人无家务牵挂，又肯吃苦，吃住在店里，便于随时调遣。二是资方的亲戚一个也不用，也就是“买卖家不用三爷”。所谓“三爷”就是姑爷、舅爷和少爷，用了这三种人，经理就无法管理了。

店里雇用人和解雇人就是经理一句话。除每年的春节是解雇人的时间点之外，平日看你干得不好，或者有毛病，随时都可以解雇。店里人员流动性很大，走几个来几个是常有的事，所以上上下下，大家都小心谨慎地干好自己的事情。

由于广泰兴所用人员诚实可靠，经理又对店中经营情况心中有数，所以账目管理就从简了，不搞烦琐的账目，以及日清月结之类的事情，只是到了年终才盘点结算，这样可以节省不少人力和精力。店员也绝不偷拿商店的财物,一旦发现被解雇不算,背上不可靠的坏名声,再找工作就难了。

五

在广泰兴店里,学徒和出师之间的界限,分得不是那么清楚。学徒第一年在商店门外卖煤油,再来了新人就替换下来。再就是给外地来的“老客”往客栈送货,主要送到北门里小宜门货栈,常常是两个人抬着去,有时对方买的货多,一天要送很多趟,工作比较繁重。

为了让店员们增强体质,有一段时间,商店的经理请了一位教武术的赵佐尧先生,赵先生是河北饶阳人,他教些拳脚和剑术等,我们几个师兄弟也跟着学。

广泰兴店里的伙食不错,早饭是馒头、稀饭,如不愿意吃,可以自己花钱到街上买着吃;中午饭常是稻米饭、鲫鱼汤,外加豆腐粉丝白菜;晚饭吃面食,多数情况是大饼、锅贴、馒头,菜肴也比较多,什么季节吃什么,也能吃到快鱼、螃蟹、对虾这些海产品。广泰兴对面是城隍庙鱼市,鱼贩子就把鱼虾送上门来,螃蟹都是整麻袋地送,一般晚饭总有几个菜。那时的螃蟹、对虾、海参并不值钱,很便宜。每年到腊月二十三以后,店里就换饭,一直到正月二十五,菜不用说,晚饭还有酒,随便喝。

那时的绸缎庄、棉线庄、钱号吃得更好。经理们不怕店员吃,吃饭花钱很有限,再说他们都明白一条道理——“吃谁向着谁”,职员们一卖力气,就可以赚更多的钱,发财的还是老板。

当时职工们的工资很少,学徒期间没有工资,出师后每月工资也只是几块钱。我进入广泰兴第一年时，大哥还给了我十块钱作生活费。职工的收入主要靠年终的馈送，馈送的多少，第一要看商店赢利多少，第二看你干得如何。

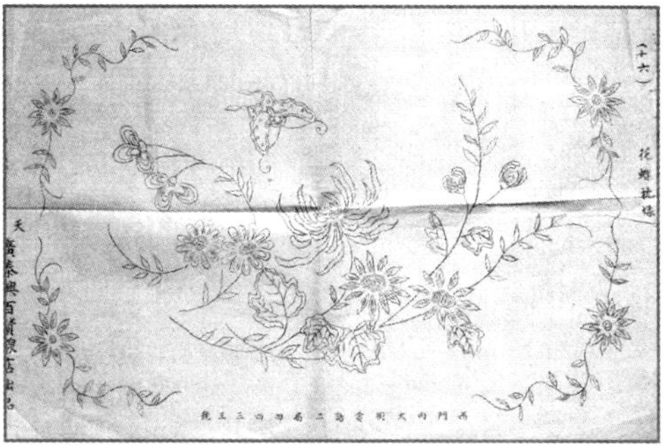

图 4　广泰兴花蝶枕样

馈送有公开的，也有秘密的，秘密送的谁也不暴露，暴露后对自己不利。例如，1939 年天津大水退去后，我从老家回到广泰兴，经理不再让我站柜台，分配我管库房，也就是现在的保管员。我把商品摆列得井井有条，管理得有条不紊，经理说我有魄力、勤快，到转年春节，馈送我 80 元，比一年的工资都多。

六

广泰兴主要经营化妆品、针棉织品、搪瓷器皿、鞋料、毛线、小百货等。那时的百货店不经营绸缎布匹、服装之类的东西。经理思想很明确，生意搞得好不好，进货是关键，所以那时卖的化妆品大部分是进口货。

这些进口的化妆品都是从白衣巷胡同和归贾胡同的明记、天成、益华新、东兴栈等处批发来的。那时这些店在日本大阪都有常驻采购人员，所以也叫“来货家”。广泰兴也派有常驻上海、青岛的采购人员，在上海主要是进汗衫、背心、袜子、绒衣、百货等，在青岛主要是进胶皮鞋等，以上两地的这些商品在天津都很畅销，当然也要在本市工厂进货。由于广泰兴有信誉,进货可以先不付款,到一定时期再结算。如果需要贷款也很方便,开户银行有六七家之多。广泰兴经营得好,资金充裕,银号都愿意贷款给它。每当进货用款时,只要向银号打个招呼,用多少钱都没有问题,因此店内商品就很充裕。

广泰兴在经营方面,既有门市销售,又有批发,两者的业务量大约是一比二。门市销售的商品因其质量好,式样新颖,吸引了许多顾客,门市部常年应接不暇。

广泰兴特别注重服务态度。首先是店员的仪表,广泰兴到 1955 年公私合营时,也没有雇用过一位女店员。这些男店员,服装干净整齐,头发梳理整齐,胡子经常刮,不能胡子拉碴,更不能留八字胡,站柜台时都要免冠。店员都以亲切的态度接待每一位顾客,对常年买东西的老顾客还要让座倒茶。遇到顾客看过商品没有买时,经理总要问店员顾客没有买的原因,是嫌价格高,还是嫌质量差,或者是品种不对路等等,这既便于考虑以后进货的问题,又考查了店员的业务能力。

广泰兴一年要搞几次大减价,主要是卖些残次品,并在群众中大造声势。因为店里卖枕头套和各种颜色的丝线比较多,还专门印制了各种图案的枕套绣花样子, 免费赠送给购买枕套和丝线的顾客。

七

广泰兴的批发业务搞得很红火, 有专人去客栈联系外地的客商。那时外地的客商大多住在针市街一带的客栈里,认识一两户之后,他们就相互介绍。广泰兴的货销售地区非常广,除河北省沧州、静海、盐山、唐山等地外,其他省有山东济南、德州、青岛,河南郑州、开封、洛阳,陕西西安、宝鸡等,最远的到新疆迪化(乌鲁木齐)。

广泰兴对外地来的客商招待得非常热情周到,每当他们来津时,总要宴请一两次,客商们也可以在店里吃饭,这样对开展业务起了很大的作用。那时每天都要打包发货,通过铁路外运,多时一天要打五六十个包裹,少时也要发十几个。

其中,给我留下印象最深的是从新疆来的"老客",他们绝大多数来自万里以外的迪化。新疆的客商多是赶大营过去的津西杨柳青人,多年来一直销售天津货物。这些客商总是成群结队到天津来进货,有时就吃住在广泰兴店里。他们每次的进货量很高,都是错季进货,销路相当好。后来随着抗战爆发,内地与新疆的交通受阻,广泰兴与新疆客商的生意往来也就中断了,但同其他地区的批发业务一直维持着,直到1955年广泰兴停办批发业务。

另外,广泰兴还通过工商界知名人士边洁清等人,同东亚毛纺厂建立了包销抵羊牌毛线的关系。为此,广泰兴在和平路大庆里内建起出售抵羊牌毛线的专点,立字号为隆安祥。市内外任何商店销售抵羊牌毛线,都要到隆安祥进货才行。这是广泰兴一宗很赚钱的生意。

广泰兴每年年终要盘点,计算盈亏,近千种商品都要做出进货、销售、库存的清单。一般是两三个人共同盘点,到后期由我负责列清单。盘点完毕,春节也就快到了。春节店里放假五天,在这几天里,多数店员要回家过年,留在店里的店员利用这几天探亲访友、打牌看戏,或者参加一些其他的娱乐活动。店里留有值班的经理,而且厨房照常开伙。

假期一过，正月初六开市，大家基本都能按时到店——新一年的工作，又开始了。

(刊于2019年2月25日《今晚报》第12版“副刊·记忆”)

作者：李树德，廊坊师范学院

南开大学与“永、久、黄”团体
——近代中国的一次“产学研”合作

周 持 潘子聪

民国初期,在中国北方最大的现代化城市天津,出现了两位值得所有国人永远铭记的爱国者——著名爱国教育家、南开系列学校的创始人张伯苓先生和中国民族化工业奠基人、著名爱国实业家、“永、久、黄”团体的缔造者范旭东先生。一位教育家、一位实业家,看似在事业上不会出现交集,但正是他们二人携手,演绎了中国近代教育史和科技史上的一次“产学研”大合作。

一、“产学研”联合的高等教育学阐述

高等学校在社会中具有培养人才、发展科学和服务社会三大职能。作为社会中知识分子云集的组织,高等学校在教学、科研之外还应更多地发挥智库作用,凭借自身优势为社会服务。“产学研”联合就是高等学校服务社会的重要方式之一。在高等教育学理论中,“产学研”联合的规范化称谓应当是“教育—科研—生产

联合体”[①]。这种三者结合的联合体模式,缘起于19世纪末的美国。1862年,美国国会正式颁布了《莫里尔法案》以促进本国农业科技教育。[②]该法案同后来的《哈奇农业试验站法案》《史密斯-利弗农业合作推广法案》共同确立了高等院校实行教学—科研—推广三结合。

我国产学研结合的真正兴盛是1989年春,国务院发布《国务院批转国家教委等部门关于深化改革鼓励教育科研卫生单位增加社会服务意识的通知》一文,制定了鼓励高校兴办科技产业和开展生产经营活动的优惠政策和扶植高校推进此项工作的相关措施,自此,高校同企业、社会合办各种科研、生产联合体,校办科技产业也迅速发展。但在此之前近半个世纪的1938年,中国高等教育界的巨头——私立南开大学和中国民族化工业的魁首——“永、久、黄”团体就在抵御日寇侵略的紧要关头进行科研、生产等方面强强联手,共渡难关,完成了一次伟大的“产学研”合作。

二、范旭东:重视科研的实业家

1915年12月7日，位于天津塘沽的久大精盐厂正式投产运营,结束了中国人几千年食用粗盐的历史。1924年8月13日,经过6年的艰苦准备,永利制碱公司正式投产,到1926年6月29日,在侯德榜博士、美国友人G.T.李等中外化工专家的不懈努力下,生产出了纯碱,打破了西方国家对索尔维制碱法的垄断。范旭东先生为

①潘懋元:《新编高等教育学》,北京师范大学出版社2009年版,第432页。

②吴式颖:《外国教育史教程》,人民教育出版社1999年版,第394页。

久大、永利这两大民族化工企业的运营倾注了全部心血,并取得了巨大成功,为国为民造福。而这些并不是偶然的,在范旭东先生的企业管理思想中,有以下几点奠定了他中国近代化工第一人的地位。

(一)科学精神和实业思想

多年的化工企业管理工作使范旭东先生深刻感受到,要想建成中国自己的化工企业,使中国不在盐、碱、酸等化工产品方面受制于西方国家,单凭一股子蛮劲是不行的,必须重视制造型企业的科技建设,必须重视科技人才,也必须培养务实的科研、工作态度。他自称他的企业是“书生事业”,科学研究是企业的“本底子”。[①] 1934 年,在范旭东先生的倡导下,“永、久、黄”团体制定了四大信条,亦即其最核心的企业文化:

1. 我们在原则上绝对的相信科学;
2. 我们在事业上积极地发展实业;
3. 我们在行动上宁愿牺牲个人顾全团体;
4. 我们在精神上以能服务社会为最大光荣。[②]

可见,范旭东先生和他的“永、久、黄”团体始终将科学精神和实业思想放在企业发展的首要地位。

正因为其重视科研人才、重视企业科研工作,久大和永利才汇集了侯德榜博士、孙学悟博士等化工界精英学者。但范旭东并不满

---

①陈霞、高尚荣:《范旭东实业精神对高职教育的启示》,《和田师范专科学校学报(汉文综合版)》2006 第 4 期,第 47 页。

②莫玉:《范旭东:中国民族化工业奠基人》,中国时政经济出版社 2014 年版,第 149 页。

足于此，1922 年，哈佛大学化学博士、南开大学理学系筹建者孙学悟加盟久大的化学实验室，范旭东先生将该实验室从久大独立出来，单独成立黄海化学工业研究社，聘请孙学悟博士为社长。这是中国的第一个化学工业研究机构，也是中科院化学工业研究所的前身。1927 年，范旭东先生还在北京创办了静生生物研究所，专门从事植物研究活动。1928 年 9 月 20 日，中国的第一份企业刊物《海王》正式出版，这是“永、久、黄”团体的共同内部刊物，几度更名发行至今。《海王》成为“永、久、黄”团体，特别是黄海化学工业研究社的学术交流平台，化工技术、企业管理等方面的学术研究成果多在上发表，职工可相互学习、借鉴、探讨。

（二）实业救国的爱国思想

中国近代资本主义工商业一直在帝国主义、封建主义和官僚资本主义这三座大山压制下艰难发展，“永、久、黄”团体也不例外。西方国家为了能向中国出口其精盐、洋碱等工业用、民用化工产品，通过生产、销售等各种渠道扼杀“永、久、黄”团体。

以英国卜内门公司为例，卜内门有限公司集团是当时世界五大公司、英国四大公司之一，以生产洋碱起家。1900 年卜内门公司在上海设立驻华总公司，专门经营化工产品，其产品几乎垄断了整个中国，尤其是独占了中国的洋碱市场。“永、久、黄”团体的崛起对于卜内门公司而言是一个极大威胁。由于当时中国的盐税由英国控制，中国盐务稽核所的会办为英国人，英国政府通过盐务稽核所会办颁布《工业用盐征税条例》，抬高纯碱的原材料——工业用精盐的税金，增加永利制碱厂的成本，并趁火打劫想收购永利制碱厂，参与永利的生产和研发，向永利派出商业间谍，甚至在日本市场同永利打起了价格战。如果没有一颗战胜困难的恒心、一颗为国家化工事业奉献的爱国心，是难以战胜如此强大的对手的。

三、张伯苓：重视实践的教育家

作为南开系列学校的创建者，张伯苓先生有着自己的一套教育理论。这套教学理论总结起来就是南开系列学校的校训——允公允能，日新月异。正是在这八个大字的指导下，才促成了南开大学与“永、久、黄”团体的深度合作。

（一）重视学生“完全人格”的塑造——允公

所谓“完全人格”，即对学生德育、智育、体育三者进行共同培养而不偏废，尤其重视学生人格的养成和爱国主义、责任意识教育。张伯苓先生提出，“办大学之目的在信学以致大，学以易愚，学以救国、救世界，学能求真理又能改善人格。”①在张伯苓先生看来，心怀祖国、心怀天下应该是高等教育的本质目的所在。

（二）重视教育与社会的关系，培养学生为社会服务的能力——允能

张伯苓先生始终重视教育与社会的关系，主张教育要为社会服务，贴近社会对人才的需求。他倡导学生要关注社会动态，无论是学校还是学生，都要“知中国、服务中国”。1928年春天，他在制定

①张伯苓：《办大学之目的》，崔国良：《张伯苓教育论著选》，人民教育出版社1997年版，第107页。

《南开大学发展方案》中生动形象地将这一理念称为“土货化”的办学思想，并详细解释称“土货化者，非所谓东方文化精神，乃关于中国问题之科学知识，乃至中国问题之科学人才。吾人为新南开所抱之志愿，不外‘知中国’‘服务中国’二语。吾人所谓之土货化的南开，即以中国历史、中国社会为学术背景，以解决中国问题为教育目标的大学。”①

张伯苓先生还注重学生实际工作能力及学科知识应用能力的培养。1929 年 6 月 21 日，张伯苓先生在英国爱丁堡与南开在英留学的同学共同进餐时曾说：“中国教育最大之缺点，为只知用脑而不知用手，故为纸上谈兵。现状中国所需要的人才，是须手脑齐全者。”②

（三）重视学生创新能力的培养——日新月异

在培养学生科学、务实的学习、工作态度的同时，张伯苓先生也强调实际工作中创新的重要作用，尤其是在振兴实业的过程中积极创新。1924 年，张伯苓先生在南开学校中学部高级修身班上层演讲时曾说：“盖自吾从美洲回国，知中国现在之要，首在增进物质文明，不然，则为世界进化中之落伍者，欲图与之争衡不可也。然增进物质文明之法，吾以为不在提倡科学，而在振兴实业，财赋一足，则自能从容从事于科学之发明矣，此点由各国之历史及现状均可

---

①王祖林、黄义武：《张伯苓“知中国、服务中国”的办学理念及其启示》，《安康学院学报》2010 年第 2 期，第 102 页。

②张伯苓：《1929 年 6 月 21 日在爱丁堡与南开留英同学共餐时的讲话》，崔国良：《张伯苓教育论著选》人民教育出版社 1997 年版，第 187 页。

证明之。吾今岁内校中诸事均已妥协，乃努力于此。”①

正因为上述“允公允能，日新月异”这八个大字，南开才在烽火狼烟的危急时刻挺身而出，利用自身优势帮助“永、久、黄”集团发展民族化工业。

四、烽火狼烟中的“永、久、黄”团体和南开学校的西迁

1937年，全面抗战爆发，北平、天津告急，永利、久大和南开均遭遇浩劫。“永、久、黄”团体和南开均被迫选择暂时远离沦陷区，迁至中国西南部。

（一）南开西迁过程

1937年7月28日凌晨，日军在天津市区发动事变，天津市区沦陷，史称“七·二八事变”。据张伯苓先生三子张锡祚先生回忆，日军在一日一夜之间先是炮轰，再进行飞机轰炸，最后兵车进入南开校园，将南开大学、中学、女中、小学四部用火烧毁。面对这样的惨剧，张伯苓先生说：“我深信中华民族是不会灭亡的，南开学校是为了救中国而产生，因为救中国而遭到强敌所嫉，因此被炸、被烧、被毁，这都是意料中的事。只要中华民族存在一日，南开也必存在一日，我们继续的努力干吧！”②

早在1936年，张伯苓先生就在重庆设立南开中学的分校南渝中学。在天津南开学校本部被毁后，南渝中学便成了南开学校得以

---

①张伯苓：《振兴实业，增进物质文明》，崔国良：《张伯苓教育论著选》人民教育出版社1997年版，第119页。

②张锡祚：《先父张伯苓传略（附手稿）》，南开大学出版社2016年版，第47页。

存续的象征，并更名为重庆南开中学。1938 年，国民政府教育部下达命令，北京大学、清华大学、南开大学合并为西南联合大学。张伯苓先生任西南联合大学常委。

(二)“永、久、黄”团体的西迁过程

1937 年 8 月 7 日，塘沽沦陷，永利和久大被日军占领。日本人要强行购买这两个工厂，被范旭东先生严词拒绝。在此之前范旭东先生已经做好了“宁为玉碎，不为瓦全”的思想准备，电告李烛尘先生拆除两厂设备，退出工厂。南京城郊有永利的硫酸铔厂，因为硫酸是制作炸药的重要原材料，而永利硫酸铔厂源源不断给前线中国军队输送炸药，受到了日军的重点关注。1937 年 8 月 21 日、9 月 27 日和 10 月 21 日，日军三次轰炸位于南京城郊的硫酸铔厂。11 月下旬，范旭东先生指示将“永、久、黄”团体西撤汉口。1938 年 3 月，“永、久、黄”团体陆续西迁到重庆，在四川省落稳脚跟。

五、南开对“永、久、黄”团体的帮助

黄海张伯苓先生的三子张锡祚先生曾说，张伯苓先生与范旭东先生本身就是老朋友，而且黄海化学工业研究社的社长孙学悟博士原先就供职于南开大学理学系，这些都成了南开大学与“永、久、黄”团体合作的基础。张伯苓先生和南开大学在人力、物力等各方面都对“永、久、黄”团体竭尽所能进行帮助。

(一)住所方面的帮助

远在 1927 年，范旭东先生就在重庆设立了永利的分支机构和

货栈,但此次大规模西迁导致了“人多地狭”的局面。“永、久、黄”团体初来乍到,没有地方安身,科研人员也没有实验室可用,更不用说留出地方来存放大量的科技档案和精密仪器,整个“永、久、黄”团体顿时陷入困境。此时张伯苓先生主动站了出来,将重庆南开学校的教学楼芝琴楼和几排宿舍借给“永、久、黄”团体用作宿舍,缓解了“永、久、黄”团体成员住宿紧张的问题。[①]这客观上使“永、久、黄”团体的技术人员可以居住得稍微舒适一些,安心从事科研和生产工作,支援抗战。

抗战期间西南地区各单位用地、用房紧张的问题,通过各高校及研究机构西迁后的境遇就可见一斑:南开大学加入的国立西南联合大学成立后,暂时在昆明各处租赁房屋作为校舍——理学院校舍在大西门外昆华农业学校;工学院在拓东路迤西会馆、江西会馆、全蜀会馆,工学院学生宿舍为盐行的仓库。后来修建西南联大校舍,梁思成、林徽因夫妇亲自担任设计师,但设计出来的建筑物因资金问题几易其稿。最终校舍除了图书馆、食堂是砖木结构和瓦屋顶外,其他建筑一律为砌成土墙、上盖茅草顶的平房,只有部分教室和校长办公室用的铁皮屋顶。[②]以同济大学为代表的一批高等学校和科研院所共上万人则迁到了只有三千多常住人口的四川省南溪县李庄镇。李庄镇的禹王宫、南华宫、紫云宫、东岳庙、祖师殿分别化身成了同济大学的校本部、理学院、图书馆、工学院、医学院。中研院史语所、中央博物院筹备处、中国营造学社、中研院社科

---

①张锡祚:《先父张伯苓传略(附手稿)》,南开大学出版社2016年版,第182页。

②岳南:《南渡北归:第一部·南渡(增订本)》,湖南文艺出版社2015年版,第182页。

所等科研院所也在李庄安家落户。[①]此时,西南联合大学本身用房、用地十分紧张,教师、学生住在茅草屋中,各科研院所也是为了房屋问题绞尽脑汁。张伯苓先生在如此窘迫的情势下将自己的校舍借给"永、久、黄"团体,体现了在外寇面前中国人爱国、团结、无私的精神。

(二)人才方面的帮助

1932年,张伯苓先生与当时年轻的化工专家、南开大学化工学科的创始人一起创办了南开大学应用化学研究所,这一研究所的名称中"应用"二字,体现了南开大学理工类院系主动联系社会,贴近中国工业现实的一种表现。正如《应用化学研究所报告书》中所言:"我国学校与社会之间,夙称隔阂。隔阂之意,盖谓学科与国情不合,而学生之所学,非即其将来之用也。"[②]该研究所以张克忠教授挂帅任所长,张洪沅任研究主任。应用化学研究所建有专题研究室、化工实验室、普通实验室、分析实验室、酵母培养室、天平室、图书资料室等部门。可以说该所在近代中国的化工研究领域实力数一数二。应用化学研究所坚持的原则是"教学与科研并重""研究与生产并举"。

1938年2月,永利碱厂决定在四川省犍为县五通桥老龙坝建立永利川厂,该厂也成了华西化工业的基地。在永利川厂建设的前前后后,都有张克忠教授的身影。1947年4月,南开大学在天津复

---

①岳南:《南渡北归:第一部·南渡(增订本)》,湖南文艺出版社2015年版,第234-235页。

②南开大学校史编写组:《南开大学校史(一九一九—一九四九)》,南开大学出版社1989年版,第206页。

课，张克忠教授重返天津，任南开大学工学院院务兼化工系主任，还继孟广喆之后担任过工学院院长。当时化工系是工学院三个系中最大的系，1947 年有学生 150 人。在做好教学、科研工作并兼顾如此多的行政职务的同时，张克忠教授依然没有忘记永利碱厂，没有忘记“永、久、黄”团体，依然挤出时间为“永、久、黄”团体做一些工作。[①]

六、南开大学——“永、久、黄”团体“产学研”合作的功绩

抗战期间将重庆设为陪都，并将清华大学、北京大学、私立南开大学等知名学府转移至西南地区，同济大学、社会科学研究所、中国营造学社、“永、久、黄”团体等公立私立高等院校、科研院所、企业也相继迁往西南地区。作为中国抗战的“大后方”，西南各省在承担为抗战提供各种支持的重任的同时，也获得了一次在工业、教育、思想文化等各方面水平大幅提升的难得机遇。

南开大学同“永、久、黄”团体的合作，不但为“永、久、黄”团体在西南地区的发展奠定了良好基础，更为“永、久、黄”团体培养了一批高水平的化工人才。人才的不断积累、技术的不断革新，使“永、久、黄”团体不断焕发新的活力，1949—1952 年的 3 年间，永利碱厂产量增加 1.24 倍，1952 年纯碱产量 91700 吨，1952 年公私合营后，纯碱产量平均每年增加两万吨。[②] 西南地区的近代化学工业

---

①天津市档案馆，天津市和平区档案馆：《天津五大道名人传略》，天津人民出版社 2008 年版，第 85 页。

②天津市地方志编修委员会：《天津简志》，天津人民出版社 1991 年版，第 300 页。

也实现了从无到有的过渡，为当时发展相对落后的西南地区带去了近代化工企业和近代化工人才。同时,二者之间的合作也为今后高等学校“产学研”合作提供了良好的范式。

（此文为天津社会科学院、中共天津市委党史研究室、平津战役纪念馆主办,天津社会科学院天津历史文化研究中心、历史研究所、文学研究所承办的“纪念天津解放70周年”交流论文,2019年1月,第248-255页）

作者:周持:天津市北辰区档案馆保管利用科

潘子聪,天津市东丽区档案馆征集接收科

北洋大学复名纪闻

何德骞

北洋大学自1895年建校以来,迭经沧桑兴替、饱受战乱干扰,其间学制变更、分科划系、院校调整、易名迁校从未间断,直到1945年抗战胜利教育复原,天津北洋大学方才开始恢复正常。

1948年4月,时任北洋工学院院长的李书田在《五十二岁的北洋大学》一文中介绍,“三十四年(1945)八月抗战胜利,教育复员,本校经教育部准于复员,告一段落时恢复,至三十五年(1946)春,教育部改聘王宠惠、陈立夫、王正廷、凌鸿勋、李石曾、茅以升为本大学校长。……一年以来,工学院先后设置土木,水利,建筑,采矿,冶金,机械,航空,电机,纺织,化工等十学系”。同时恢复战前之研究所和1920年以前之法学院,并添设管理学院,继续完成战前已建一半之图书馆的修建,1948年天津北洋大学校址仍为西沽旧地。北洋大学复名,校方延聘各学科国内外达学硕儒,教授阵容极为强盛,各学科名师云集,诸如:张国藩、刘福泰、李书田、张玉崑、杨天祥、何广文、耿述之、张含英、常锡厚、邓曰谟、刘锡英、徐庆春、李登科、萧连波、王秉周、誉文德、高家宝、刘云浦、吴文煜、甘怀新、王钦仁、张湘琳、李恩波、张永立、马纯德、张崇计等等不胜枚举。著名原子核能专家钱三强也被聘请到化学楼开设专题讲座，一时学生蜂拥而至，盛况空前。

天津北洋大学校刊《积极建设》一章全面介绍了复校的各项举措。

（一）扩充宿舍添浴室

本校复员以来，人数迭增，校舍不敷，致原有教室及办公室之一部，竟临时拨作同学庋榻之用。拥挤情形，令人有《安得广厦》之叹。本校训导总务两处，为此曾选作筹划。近已商得中南北化学厂同意，拨借楼房及大厦各一所。并于本月之初，动工整修。又将校内原有廊房，加以改建、轮换、重修。以上房舍，均拨作同学宿舍之用，均可容二百余人。又学校以时届暮春，天气转暖，所有旧浴室设备，亟应分别添修。闻亦于本月八日，开始动工云。

（二）添购图书

据图书馆本年二月通告：该馆曾于去年春季开具大批书单，交由本校呈请教育部核给外汇以资购置图书，辗转数月，未经核准。两月前，始奉教育部令，拨给本校美汇七千五百元。嗣经教务会议通过，扫数购书，并函请上海中央银行总行开发纽约汇票五纸：该汇票业于上周寄到。当即由该馆转寄美国五大书店，并附去图书订单多份，添购理工各系最近出版之新图书杂志一千余册。两个月内，书刊即可到校云。

（三）便利员生交通

本校僻处津郊，交通梗阻，员生每因实验，或赴市区各厂参观等,需用汽车之处甚多,而本校向无校车之设,兹经总务处向平津区敌伪产业处理局接洽,将黄河水利工程总局拨交之卡车一辆,座车两辆,以廉价售让本校公用,已承该局允准,刻正在估价中。又向物资供应局,华北办事处接洽,拟购吉普车一辆,亦正在研讨价位。上项车辆日内购妥,将经常行驶于本校与市内办事处之间,将来员生可无跋涉之劳。

(四)补救本校电力

本校机械工厂为学生实习主要部门,时常需电。而供给近两千人之饮水亦需电力吸引。晚间教授预备课程,及学生温习功课与职员办理公务,尤需灯光普照。唯津市商电不济,每逢停电,则校内全部工作无形停顿,影响极大。经向资供应局华北办事处洽准,拟价七十五开艾柴油发电机两套,以补商电之不及。刻正在估价,俟购到即行安装以济急需。

(五)恢复旧日风景

本校从前以桃花称盛,抗战胜利后,桃树尽被砍伐,满目荒凉,非复旧日风光。本年植树节,各苗圃洽得桃树三千株,分别植校内隙地。不数载,而风景依然如昔年之盛。

北洋大学不仅恢复了校名，而且把在抗战期间停办纺织工程系加以规复扩大。因原纺织工程设备在敌伪时期被盗,卖于天津泰兴纺织厂(一度归北平大学工学院纺织系接管并使用)。1948 年 2 月 27 日钟世铭代校长电呈南京教育部朱家骅部长。文称:“国立北平大学工程院既未恢复其变相之北平临时大学第五分班，去年曾已奉明令归本校接收,此项产权,自然已归本校继承。”“北平市无纺织厂，而天津市有大纺织厂十余家之多，今后华北纺织工程教育，自应在津发展”的理由最为合适。在北洋大学与北京大学交涉移交过程中，胡适校长慨然应允，但在移交过程中多有延搁（河北平津敌伪产业处理局在北洋大学复名前已提前接管）。1948 年张含英校长再呈教育部长朱家骅，重申“窃以本校地居我国纺织业中心之天津，又为华北设有纺织工程学系之唯一国立大学”，理当优先配置纺织机械工厂以作学生实习之用。

朱家骅部长对北洋大学师生、校长不断恳请归还泰兴纺织厂的合理诉求非常重视，遂与行政院长翁文灏议妥：准予在暑假期间交与北洋大学“整修布置”以应秋季开学不误应用。

在归还泰兴纺织厂全部设备及房地产权的交涉中，王宠惠校友甚为出力相助，1948 年 7 月行政院命令：“前平大工院毛纺机业经行政院核准归北洋，并指令平津敌伪产业处理局照拨”。张含英校长代表全校师生致函行政院表达谢意。同年纺织工程学系正式开课，主任教授：吴文焜；兼领主任：李书田；专任副教授：高家宝、秦华新。

1948 年纺织系招生，报考五八九人，录取十九人，获得奖学金者共三人。

是年，天津北洋大学共设理学院、工学院，两院并筹设管理学院。

总之，1948 年后北洋大学已全部恢复教学。亟当视为北洋大学中兴阶段。

〔刊于王杰、张世轶编著：《北洋大学与天津》（第三辑），天津大学出版社 2019 年版，第 286—288 页〕

作者：何德骞，天津地方史学者

试论平津决战中毛泽东与天津战役的几个问题

张连杰

解放战争时期的平津决战（国民党方面称之为平津会战），是中国人民解放军东北野战军与华北军区的部队及一部分当地的武装人员联合起来，在北平、天津和张家口等地与国民党军队所进行的一次重要战略决战，前后历时64天，共歼灭和改编敌军52万多人，基本上解放了整个华北地区。天津城是我国首都北京（平津决战时期名叫北平）的东大门，其战略地位和军事价值极为重要。平津决战时期的毛泽东，非常关注天津战役，曾对之倾注了大量心血和主要精力并作出了不少的重要指示和精准指挥，致使平津决战的进展非常顺利且取得了辉煌的胜利战果。

平津决战中天津战役中的天津城战役，发起于1949年1月14日10时，结束于1月15日15时，共历时29个小时，全歼国民党守军13万多人，活捉了其最高军事长官兼警备司令陈长捷，直接催化了北平的和平解放。从某种程度上可以说，天津战役（包括天津城战役）是平津决战中的最重要战役。有鉴于此，笔者不揣浅陋，拟从社会历史背景、毛泽东的重要指示和精准指挥以及重要意义和主要作用三个方面，来分析平津决战时期的天津战役中的一些相关问题，以此抛砖引玉并求教于学术界的方家们与同行们。

一、平津决战中天津战役的社会历史背景

解放战争时期的国共两党大决战期间，1948 年 11 月 2 日，沈阳解放，辽沈战役（国民党方面称之为辽沈会战或者辽西会战）胜利结束。随着辽沈战役的结束和淮海战役（国民党方面称之为徐蚌会战）的打响，以毛泽东为核心的中共中央军委开始将主要注意力转向关（指山海关）内的广大地区，以统筹考虑华北地区和华东地区这两大战场。其中对于华北战场的计划是：缓攻归绥（指呼和浩特）等，为东北野战军的挥师入关作战扫清外围并创造条件。1948 年 11 月 9 日，“停止攻归绥……待东北我军南下攻平津时再攻归绥。”[①] 此时此刻，华北地区的傅作义军队和蒋介石的军队等国民党军队已成为惊弓之鸟。

傅作义已开始计划收缩、集中兵力守卫北平、天津和张家口等地，并沿其铁路线摆成了“一字长蛇阵”，其目的是打算在形势不利时撤回绥远老巢。但傅作义到底是守？还是逃？如果是逃，是南逃？还是西窜？他似乎还处于举棋未定的情况之中。毛泽东等综合考虑、判断后认为：“傅作义正徘徊于平、张（指张家口）、津、保（指保

---

①中国人民解放军军事科学院毛泽东军事思想研究所年谱组编：《毛泽东军事年谱 1927—1958》，广西人民出版社 1994 年版，第 692 页。

定)之间,对坚守平、津或西退绥(指归绥)、包(指包头)似尚未下最后决心。"为了避免刺激傅作义的军队西撤,以毛泽东为核心的中共中央军委决定放弃攻打归绥,其目的是"抑留傅的部队于平、张、津、保地区,以待我东北主力入关协同华北力量彻底歼灭该敌"[①]。

1948 年 11 月 7 日,毛泽东获悉傅作义前往南京的消息后,就华北地区国民党军队的新动向进一步综合分析后认为:"(1) 固守平津,如敌取此项方针对于我们是有利的。(2)放弃平津,傅作义率他自己的几个军退回绥远,蒋系各军撤至南京一带。如蒋、傅采此项方针对于我们有不利之处,但可不战而得平津。(3)放弃平津,蒋、傅两系均撤至南京一带,如敌采取此项方针,对我利害各半。望你们(指平津决战中中国人民解放军的各位主要将领)各方密切注意平、津、张家口、唐山、锦西、葫芦岛蒋、傅两系军队的动态。"[②]这样的分析是完全正确的和恰如其分的!真可谓是高屋建瓴、一针见血!这充分说明了毛泽东真不愧为一位伟大的和非常有远见的军事战略家!

以毛泽东为核心的中共中央军委,总揽当时的全国战局后认为:抑留傅作义的军事力量于北平、天津地区,且就地加以歼灭之,将对我方在此后的进一步作战中最为有利;平津决战中的中国人民解放军应设法稳住傅作义的军队,并切断其南逃或者西撤的道

---

①周恩来:《抑留傅部,停攻归绥,夺取太原》(1948 年 11 月 9 日),中共中央文献研究室、中国人民解放军军事科学院编:《周恩来军事文选》第 3 卷,人民出版社 1997 年版,第 525 页。

②《中央军委关于对蒋介石、傅作义动向的分析致林彪、罗荣桓、刘亚楼等电》(1948 年 11 月 7 日),中国人民解放军历史资料丛书编审委员会编:《平津战役》,解放军出版社 1991 年版,第 52 页。

路，以便为东北人民解放军的主力挥师入关作战能够争取到一定的时间；然后再将北平、天津、新保安和张家口等地的各点之敌分割、包围之，以使其不能收缩和集中，最后再从容攻击、消灭或者改编之。

1948年10月31日，以毛泽东为核心的中共中央军委，作出了分割、包围天津地区的决定；11月16日，毛泽东又电示林彪等率领东北人民解放军，早日入关并尽快包围唐山、天津和塘沽；11月29日（这一天是平津大决战的开始日），毛泽东再电示林彪和刘亚楼，要放弃攻打两沽（即塘沽和大沽这两个沽）的原定计划，并集中5个纵队猛攻并拿下天津地区，天津战役（1949年11月29日这一天也是天津战役的开始日）也开始了。

1948年11月22日，东北人民解放军主力部队约10个纵队共80多万人，分别由冷口和喜峰口等处，以极速的动作迅疾开进关内；11月23日，东北人民解放军的一部分军队，秘密入关、挺进到冀东地区。11月24日，毛泽东电令杨成武率领华北人民解放军第三兵团的两个纵队包围了张家口，而另一纵队则插入到张家口和宣化之间，阻断这两地之间的联系，以等待东北人民解放军的主力到来，联合发起平津决战。

华北人民解放军，按照毛泽东的指示和遵照中共中央军委的指挥，按时到达预定的作战地域后，迅即占领和控制了张家口周围的怀安、柴沟堡和周家河等地，并最终切断了敌军西逃绥远的退路。1948年11月25日，华北人民解放军第三兵团的相关部队由绥远东部地区向东进发；11月29日，这支部队的第一纵队，踏着薄冰、忍着刺骨的寒冷、涉过齐腰深的洋河，占领了宣化与张家口之间的沙岭子，拦腰切断了张家口、宣化两地敌军间的相互联系。

1948年11月29日,国共两党之间的平津大决战正式拉开了序幕!

总之,辽沈战役胜利后,国内的军事形势发生了深刻而重大的转变。1948年11月29日,东北人民解放军和华北人民解放军的主力部队,根据中共中央军委的决定,联合发起了平津决战。12月11日,毛泽东亲自起草了《关于平津战役的作战方针》,并电示林彪、罗荣桓和刘亚楼。在天津战役中,毛泽东还"为中央军委起草复林彪、罗荣桓、刘亚楼电:同意你(一九四八年)十二月三十一日十二时电对天津情况的估计及布置"①。

1949年1月10日,由以毛泽东为核心的中共中央和中央军委作出了相关的重要决定后,便成立了由林彪、罗荣桓和聂荣臻三人所组成的中共平津前线总委员会,林彪担任书记,规定平津大决战期间的我方所有军事、政治、经济、财政、货币、粮食、文化、外交、党务以及其他各项重要工作,均由其负责和管辖。以上所论述之内容,便是解放战争时期平津大决战中天津战役所发生的社会历史背景。

二、平津决战中毛泽东对天津战役的重要指示和精准指挥

对于天津战役,毛泽东在其发动之前、打响之前、开始之后和战斗进行之中,所发出的电报竟多达十多份,甚至有时在一天之内就发出了两份电报。毛泽东对之所发电报的内容主要有:对平津决战前和决战中情况的判断与分析、调兵遣将并分割包围敌军、为天

---

①中国人民解放军军事科学院毛泽东军事思想研究所年谱组编:《毛泽东军事年谱1927—1958》,广西人民出版社1994年版,第723页。

津战役调配干部和配备党政机构、确定作战方针和采取作战方法、对战役战斗中诸多问题的重要指示和精准指挥以及对于战役进行中“谈”与“打”的运筹帷幄等。

在平津决战的战场上，国民党的军队“至一九四八年九月以前,也仅仅是维持住了平、津、保、唐、张家口以及承德等几个大据点,至于这些大据点之间的交通线,早已不能保持畅通了。从一九四八年九月起，由于人民解放军相继在东北和南线发起规模巨大的辽沈战役和淮海战役，因而华北的国民党军在战略上很快地便形成了完全孤立的状态”[①]。以毛泽东为核心的中共中央军委认为：这“对于(平津决战的)大局极为有利”[②]。

1948 年 11 月 18 日,以毛泽东为核心的中共中央军委断然地作出了东北人民解放军主力迅速入关的决断:“望你们（指林彪、罗荣桓和刘亚楼等)在发出出发命令后出发,到冀东指挥。”[③]毛泽东还非常正确地作出决定:“你们(指林彪和罗荣桓及其指挥下的东北人民解放军)仍应静候后续兵力到达,准备实行隔断平、津,包围唐山,歼击芦(台)、塘(沽)之计划。”[④]11 月 28 日,毛泽东“为

①侯镜如,梁述哉,黄翔,刘春岭:《平津战役国民党军被歼纪要》,中国人民政治协商会议全国委员会文史资料委员会《平津战役亲历记》编审组编:《平津战役亲历记 原国民党将领的回忆》,中国文史出版社 1989 年版,第 2 页。

②《中央军委致林罗刘,程黄,杨罗耿,杨李,并告聂薄滕电》(1948 年 12 月 10 日),中共中央文献研究室编:《毛泽东传 1893—1949》(下),中央文献出版社 1996 年版,第 898 页。

③《中央军委致林罗刘电》(1948 年 11 月 18 日),中共中央文献研究室编:《毛泽东传 1893—1949》(下),中央文献出版社 1996 年版,第 896 页。

④毛泽东:《准备隔断平津,包围唐山,歼击芦台塘沽之敌》(一九四八年十二月八日),中共中央文献研究室编:《毛泽东文集(一九四八年一月——一九四九年九月)》第五卷,人民出版社 1996 年版,第 219 页。

中共中央军委起草致程子华、黄志勇并告林彪、罗荣桓、刘亚楼电:为不使傅作义早日警觉起见,你们暂在原地待命,在三天内不要动。"①

1948年"十二月初,在唐山、滦县一线的第八十七军、交警第三旅等亦被迫撤回塘沽"②。12月11日,毛泽东通盘考虑后,便代表中共中央军委起草致林彪、罗荣桓电,即《关于平津战役的作战方针》。这一方针指出:"张家口、新保安、怀来和整个北平、天津、塘沽、唐山诸敌,除某几个部队……在依靠工事保守时尚有较强的战斗力外,攻击精神都是很差的,都已成惊弓之鸟,尤其你们入关后是如此。"③

毛泽东根据上述的判断,便对平津决战乃至于天津战役作出了具体的部署:"从本日起的两星期内(十二月十一日至十二月二十五日)基本原则是围而不打(例如对张家口、新保安),有些则是割而不围(即只作战略包围,隔断诸敌联系,而不作战役包围,例如对平、津、通州),以待部署完成之后各个歼敌。尤其不可将张家口、新保安、南口诸敌都打掉,这将迫使南口以东诸敌迅速决策狂跑,此点务求你们体会。"④且"唯一的或主要的是怕敌人从海上逃跑。因此,在目前两星期内一般应采围而不打或割而不围

①中共中央文献研究室编:《毛泽东年谱　1893—1949》(下卷),中央文献出版社2005年版,第404页。

②侯镜如,梁述哉,黄翔,刘春岭:《平津战役国民党军被歼纪要》,中国人民政治协商会议全国委员会文史资料委员会《平津战役亲历记》编审组编:《平津战役亲历记　原国民党将领的回忆》,中国文史出版社1989年版,第7页。

③《中央军委致林罗刘,程黄,杨罗耿,杨李,并告聂薄滕电》(1948年12月10日),中共中央文献研究室编:《毛泽东传1893—1949》(下),中央文献出版社1996年版,第898页。

④毛泽东:《毛泽东选集》第四卷,人民出版社1991年版,第1365页。

的办法。”[①]

在完成以上的部署后，毛泽东还制定出了攻击的次序“大约是：第一塘芦区，第二新保安，第三唐山区，第四天津、张家口两区，最后北平区。”[②]毛泽东在布置严防北平和天津的国民党军南逃的同时，还一再查询天津战役中攻克塘沽的可能性；他还要求东北人民解放军迅速切断塘沽与天津之间的联系。毛泽东又指示：“攻击塘沽的迟早，以我军由大沽或塘沽附近是否可以炮击塘沽海港和完全封锁塘沽来作决定。”[③]

还有，1948 年 12 月 11 日上午 9 时，毛泽东“为中共中央军委起草致林彪、罗荣桓、刘亚楼电：东北野战军主力十二月二十日至二十五日数日内即取神速动作，以六个纵队包围天津、塘沽、芦台、唐山诸点之敌。以两个纵队位于廊坊、杨村诸点，以五个纵队插入天津、塘沽、芦台、唐山、古冶诸点之间，构筑两面阵地，防敌逃跑。我们的真正目的不是首先包围北平，而是先包围津、塘、芦、唐诸点。”[④]

1948 年 12 月 25 日，毛泽东“为中共中央军委起草致林彪、罗荣桓、刘亚楼电：‘为防天津敌人在塘沽敌人被歼时或被歼后向南面突围，请以一个纵队位于天津、静海之间。’”[⑤]后来，在平津决战

---

①毛泽东：《毛泽东选集》第四卷，人民出版社 1991 年版，第 1365 页。

②毛泽东：《毛泽东选集》第四卷，人民出版社 1991 年版，第 1366 页。

③《中央军委致林罗刘电》（1948 年 12 月 21 日），中共中央文献研究室编：《毛泽东传 1893—1949》（下），中央文献出版社 1996 年版，第 900 页。

④中共中央文献研究室编：《毛泽东年谱　1893—1949》（下卷），中央文献出版社 2005 年版，第 415—416 页。

⑤中共中央文献研究室编：《毛泽东年谱　1893—1949》（下卷），中央文献出版社 2005 年版，第 424 页。

战局上和天津战役中发生了一些变化。根据实际的变化情况，毛泽东便变更计划且还又明确地指示林彪："放弃攻击两沽（指塘沽和大沽这两个沽）计划，集中五个纵队准备夺取天津，是完全正确的。"[①]这充分反映了毛泽东军事思想相关内容中的原则性与灵活性相结合、相统一的原则与方针。

在天津战役的准备之中，1949 年 1 月 3 日，毛泽东"为中共中央军委起草致林彪电：'请令刘亚楼研究在攻击天津时，是否有办法使工业区避免破坏或减少破坏的程度。'"[②]1 月 6 日至 8 日，毛泽东"就攻打天津尽量减少对学校、工厂破坏事为中央军委起草致林彪电：进攻天津时，还应注意减少对学校的破坏。除敌占据学校顽抗、非用战斗手段解决不可以外，尽量使用劝降方法解决。同日，另电告林彪、谭政：如果天津其他区域的敌军均已解决，仅剩下工厂区的敌军而又有可能采用劝降办法解决时，则采用劝降方法，以便减少对工厂区的破坏。"[③]

在天津战役的发动、打响之前，1949 年 1 月 11 日，"（毛泽东）为中共中央军委起草复林彪、聂荣臻电：'同意命令傅方代表限天津敌先头部队至迟须于十三号十二时以前开出，否则我军将于十四号开始进攻，并向傅方代表指出，我方怀疑傅方借谈判拖延时间，故天津方面必须依照指定时间开出城外……（傅方）军队出城，

---

①《中央军委致林刘电》（1948 年 12 月 29 日），中共中央文献研究室编：《毛泽东传 1893—1949》（下），中央文献出版社 1996 年版，第 901 页。

②中共中央文献研究室编：《毛泽东年谱 1893—1949》（下卷），中央文献出版社 2005 年版，第 429 页。

③中国人民解放军军事科学院毛泽东军事思想研究所年谱组编：《毛泽东军事年谱 1927—1958》，广西人民出版社 1994 年版，第 723—724 页。

只能携带随身枪弹'"[①]。

1949年1月14日，天津城的陈长捷及其守军拒不投降（即：天津的国民党军队奉命拒绝和平解决）后，中国人民解放军便奉命发起总攻——对天津城东西对进、拦腰截断以及先分割后围歼；这一战役是非常激烈的，五个主攻军从天津城的西、东和南三个方向，攻入城区后又纵深穿插，耀华中学被攻下后残敌投降。1月15日，人民解放军攻占天津，共歼灭其守军13万多人，解放了这座华北地区的第一大工商业城市和海河两岸的二百多万人民。

1949年1月21日，以毛泽东为核心的中共中央军委起草了致林彪、罗荣桓、刘亚楼、谭政并转其所属的中国人民解放军的贺电。天津战役的胜利，充分说明和具体体现了毛泽东精准的运筹帷幄技能和高超的军事指挥艺术，且进一步表明了毛泽东相关领域的军事思想理论丰富、发展与创新了马克思列宁主义的军事思想理论。

三、平津决战中天津战役的重要意义和主要作用

平津决战前后，其战局可谓是瞬息万变，必须捕捉住稍纵即逝的不可多得的宝贵战机。平津决战发起之前，以毛泽东为核心的中共中央和中央军委还远在西柏坡；虽然相隔很远，但毛泽东非常重视平津决战中的情况以及天津战役的准备和进行工作。平津决战

---

①中共中央文献研究室编：《毛泽东年谱 1893—1949》（下卷），中央文献出版社2005年版，第433页。

及其天津战役的结局可谓是：中国人民解放军方面及时地抓住了战役时机，正确地确定了战役方向，恰当地采取了作战方针。

在平津决战以及天津战役中，攻占天津城是一次大规模的和关键性的大城市攻坚战；毛泽东军事思想中的战役决战思想这一军事思想理论的具体实施，是天津城战役能够取得胜利的关键所在，它创造了解放战争时期人民解放军在最短的时间内攻占和解放国民党军队重兵集团坚固设防的大中城市的先例，并成为人民解放军大中城市攻坚战的经典杰作和崭新纪录。“不论在何方说来，决战阶段的斗争，是全战争或全战役中最激烈、最复杂、最变化多端的，也是最困难、最艰苦的，在指挥上说来，是最不容易的环节。”①

平津决战中天津战役和天津城攻坚战的胜利，其战役、战斗成果是非常辉煌的和令人兴奋的，其重要意义和主要作用主要包括以下三点：第一，它是解放战争时期毛泽东的军事战略思想理论的具体体现之一——解决敌军的“天津方式”。②第二，它促成和催化了北平和谈、和平解决北平这一局面的尽快到来。第三，它标志着基本上解放了平津地区，并大大加速了全国其他地区的解放进程。

在平津决战中的天津战役中，相对于此后不久所发生的通过和谈而和平解放北平与解决北平问题的“北平方式”而言，这种敌人不投降、就坚决消灭之的战斗方式，毛泽东把它称之为“天津方

---

①毛泽东：《毛泽东选集》第一卷，人民出版社 1991 年版，第 215—216 页。

②在辽沈、淮海和平津三大决战之后，毛泽东明确地提出了用天津、北平和绥远三种方式解决敌军及其残余势力的问题。即：天津方式、北平方式、绥远方式这三种方式。

式”,即:“用战斗去解决敌人,例如解决天津的敌人那样,仍然是我们首先必须注意和必须准备的。”[①]也就是说:使用战斗的手段和战争的方法,在短时间内干净、彻底和全面地消灭敌人的军队,从而完整地攻占与解放大中城市的这一方法或方式。这是毛泽东军事斗争光辉思想在解放战争时期的具体体现。

1949 年 1 月 10 日,淮海战役胜利结束;1 月 15 日,平津决战中的天津城解放,这沉重打击了傅作义并促成了北平问题的和平解决。“一天,消息忽然传来,说天津警备司令官陈长捷派来的谈判代表已返回(天津)市区,48 小时如不投降,我军便要攻城。当时的形势正是淮海战役胜利结束,平津两地的敌人已成惊弓之鸟。”[②]

其实早在 1948 年 12 月 15 日的时候,傅作义就委派其亲信崔载之(《平明日报》社的社长兼总编辑)和李炳泉(中国共产党的地下党员)一道出城,与东北人民解放军的代表等进行谈判。以毛泽东为核心的中共中央军委对之作出指示:“你们仍可不断与傅作义电台联系,以利侦查傅之动向。”12 月 19 日,“(毛泽东)为中央军委起草致聂荣臻并告林彪、罗荣桓、刘亚楼电:你们可以从各种线索与傅作义、侯镜如等进行谈判和分化,但我们的基本方针是彻底解除他们的武装”。[③]

---

①毛泽东:《毛泽东选集》第四卷,人民出版社 1991 年版,第 1424 页。

②阿庚:《在解放天津的日子里》,《党史博采》1999 年第 1 期(1999 年 1 月 15 日),第 23页。

③中国人民解放军军事科学院毛泽东军事思想研究所年谱组编:《毛泽东军事年谱 1927—1958》,广西人民出版社 1994 年版,第 717 页。

1948年12月下旬,新保安(12月22日)和张家口(12月24日)的傅作义的军队相继被歼(新保安战役歼灭了其嫡系主力第三十五军且张家口的解放又断绝了其西退之路)。1949年1月7日,傅作义随之便派其代表与张东荪(燕京大学的教授且担任民盟北平负责人)去中国人民解放军平津前线总司令部与中共方面进行第二次会谈。1月17日,塘沽解放,傅作义的北平守军已经完全没有了退路,这便最终促使其接受中共方面和平解决之的方案。真可谓:"不到(万)不得已时,他(指傅作义)不可能轻易接受和谈。"①

在平津决战中的人民解放军节节胜利的有利形势下,以及中共地下党、开明人士的劝说和社会舆论的强大压力下,1949年1月17日,傅作义派遣王克俊、阎又文和崔载之等与平津地区的人民解放军代表苏静等,具体商谈了和平解放北平的具体实施方案。1月19日,双方拟定出了《关于和平解决北平问题的协议》。1月21日,双方代表正式签字。1月25日,傅作义的军队开出北平城外。1月31日,东北人民解放军四纵开进北平城,北平终于和平解放,平津决战胜利结束。

总之,天津城和古都北平的解放,完整地保护和保存了古都北平的珍贵文物。平津决战连同辽沈决战和淮海决战这三大决战的胜利,使得国民党军的精锐部队几乎丧失殆尽,从而为全国其他地区的解放和新中国的成立准备了条件、奠定了基础。此后,中国人

---

①崔月犁:《争取傅作义将军起义》,蔡惠霖、安枫、孙维吼等编:《崇高的使命——忆战斗在国民党营垒的岁月》(上册),军事科学出版社1990年版,第155页。

民的革命战争在全国的胜利局面已经基本确定，这大大加速了全国解放的进程和新中国的提前成立。

（刊于湖南第一师范学院马克思主义学院、武汉科技大学马克思主义学院和《人民英雄网》编:《全国“毛泽东、人民英雄与新中国”学术研讨会暨第二届“人民英雄研究论坛”论文集》,2019年9月,第45—50页）

作者:张连杰,唐山师范学院教育学院

解放天津的六场硬仗

张 鑫

一、东局子一仗是攻城预演

天津战役发起前，国民党守军外围据点是我军发起总攻的绊脚石。当时，国民党守军有1个团在被称为“津东屏障”的东局子顽抗坚守。当时东局子南北长约1公里，东西宽约半公里，外围筑有土墙，挖有外壕，城垣内外布设地雷，每隔30米到40米筑有地堡，在一些隐蔽低洼处埋设许多地雷。敌人妄图凭

图1 昔日东局子

借坚固阵地死守，阻滞我军攻击天津城垣。

1949年1月7日5时前，攻击东局子的部队进入指定阵地。因雾大能见度差，延至11时30分开始攻击。战斗打响后，敌人躲在明碉、暗堡里向我进攻部队扫射。敌人在暗处，我军在明处，部队伤亡很大。

当年攻打东局子的东野7纵57团5连文书王国英回忆："全连134人，攻克东局子后，包括炊事员在内，只剩下了37人，牺牲了97人。我的战友们死得惨呀，我是亲眼看着3排郝排长不幸撞上敌人的美式化学雷，他全身立刻燃烧起来，最终烧成了火球。"经过近5个小时的战斗，1月7日下午4时，东局子战斗全部结束。东局子一仗是一次攻城预演，取得了一些经验。特别是埋设地雷之多在之前历次战斗中都未曾遇到。大家想办法，经过反复试验，找到了多种对策，在后来的战斗中，部队很少有因触雷而伤亡的指战员。

二、三分钟突破民权门

民权门是天津东北的重要门户，担任突破民权门的是东北野战军第8纵队24师70团尖刀1连。

1949年1月15日，在炮火准备15分钟后，爆破组即开始趁着烟幕行进至敌前沿开辟通路。他们在15分钟内连续炸开了纵深50米的11道障碍物，成功地开辟了一条通路。架桥组不顾敌密集火力射击，在壕外侧抬桥直向护城河奔去。因过于暴露，伤亡很大，但仍将桥抬到了河边。他们见河内水已结冰，遂踏冰通过外壕，炸毁了民权门左侧的8号地堡，冲向民权门，占领了一个碉堡，为突击部队铺平了道路。

10时45分,该连突击1排如猛虎一样扑向敌阵,70团1连仅用3分钟就突破了民权门。旗手钟银根将该师首长战前授予尖刀1连"杀开民权门"的大红旗插到民权门的城头。钟银根双腿被炮弹炸断,伏在旗子旁,用尽全身力量几次扶起红旗。当他再一次竖起红旗时,又被炮弹炸断了旗杆,他又一次负了重伤,昏迷过去。他醒过来后,忍着剧痛爬到红旗旁边,双手抓住旗杆,两肘撑地,再次把红旗竖起来。当他一次次从昏迷中醒来时,他想到的就是不让红旗倒下,红旗在,阵地就在!在全连指战员的英勇奋战下,1连很快突破了民权门,为后续部队打开了通道。

三、拿下西营门跨越护城河

1949年的天津和现在不一样,周围是易守难攻的水网地带,国民党守军环绕全市挖了一道宽十米、深三米的护城河。

为了阻止我军向天津城逼近,在三元村附近引南运河水至护城河,并关闭护城河陈塘庄、赵各庄水闸,阻隔其入海通道,使护城河水深保持在3米。环城土墙上构筑红砖水泥立式大型碉堡,重点方面每隔30米设一座碉堡,一般的每隔50米设一座碉堡。国民党军队妄图凭借复杂地形、坚固工事和13万多兵力进行固守。

"不打无准备之仗"是我军克敌制胜的法宝之一。在战前准备工作中,通过发动群众,召开"诸葛亮会",只用了3天时间就创造了芦苇桥、汽油桶桥、门板桥、梯子桥等十几种渡河工具。

总攻开始后,1纵的炮兵将西营门附近城墙打开了一道30多米的豁口,摧平了一座大型钢筋水泥碉堡,突破口附近的火力点和障碍物基本被摧毁。然而在西营门附近的大堤上,敌人残存的几个火力点仍在喷着火舌,阻止我军接近。我战车连几辆坦克立即集中火力进行压制。

担任西营门突击任务的东北野战军第1纵队1师发起冲击后,在护城河上架起的浮桥几次被敌人的炮火打断。战士们纷纷跳下护城河,在结着冰的水里架起了人桥,让突击队迅速通过。我军在西营门打开了突破口,实现了战前的作战计划。

四、不到两小时攻克海光寺

海光寺是敌人核心区的主要据点之一,过去曾是日本兵营,工事坚固,驻有敌92、94两个军的留守处。当时东野1纵1师3团、8团和6纵17师49团三个团先后插到了这里。3个团主动协调动作,共同向该据点发起攻击。3团从北进攻,40分钟攻下了据点内的制高点;49团连续爆破,突进海光寺;8团从南面围歼敌人。不到两个小时,全歼据点内的敌人,攻克海光寺。

在战斗中,坦克2连指导员张云亭指挥的1辆坦克冲在最前面。他一边指挥坦克来回冲击,多次接引步兵;一边亲自操作火炮协同机枪手压制敌火力点。由于夜间观察困难,全车只剩两发炮弹和一梭子机枪子弹。为了让

图2 我军攻占海光寺

最后的弹药发挥最大的战斗效果，张云亭不顾个人安危，打开坦克炮塔顶盖，将头探出坦克外指挥射击。坦克成功摧毁了敌人的一个火力点，掩护步兵夺取了敌人据守的建筑物，但张云亭不幸中弹英勇牺牲。战后，张云亭被追认为“特等坦克功臣”。

五、东西对进会师金汤桥

在突破西面的城垣后，东北野战军第1纵队1师2团8连于当夜11点钟左右打到了金汤桥边。他们很快就攻克了天津警察局，俘虏了局长李汉元。李汉元颤抖着说：“没想到！没想到！贵军真是神速。”

在桥头，战士们听见从东马路方向传来嘈杂的人声。模糊的人马越来越近了，趴在前面担任警戒任务的战士于志福忍不住大声问：“谁？”对方回答说：“26师的。”既然“礼物”送到门口，当然就得“笑纳”了。赵连长拉着腔向对方说：“好吧，你们先过来一个人联系。”对方走了过来发现有点不对头，被我方人员一下拉住。突然，四周响起一片喊声：“站住！缴枪不杀！”走在后边的两个连敌人只打了一阵枪就跑了回去。随后，敌我双方展开拉锯战。

图3　金汤桥会师

"守住！坚决守住！兄弟部队快上来了！"赵连长喊着。就在这时，东北野战军第2纵队5师16团1营3连也攻到了金汤桥。敌人见势不妙，放弃了抵抗，我军牢牢控制了金汤桥西桥头。

从东向西突击的东北野战军第7、第8纵队，突破民权门后，部队像潮水般地涌进市区。到达金汤桥时，被东桥头敌人地堡阻拦，战士王青山在火力掩护下4次爆破，终于炸开了地堡。7连战士詹德友第一个冲上桥头，将红旗插在金汤桥的东桥头。

激战至15日5时许，8纵71团7连指导员终于在歼敌180余人后胜利攻占金汤桥东桥头。这样西进的7纵、8纵与海河彼岸东进的1纵、2纵兄弟部队在金汤桥胜利会师，实现了"东西对进，拦腰斩断"的战前部署。

六、活捉陈长捷29小时解放天津

图4 攻占国民党天津警备司令部

国民党天津警备司令部位于现在的八一礼堂附近。1949年1月15日凌晨5时许，我军突击部队进至敌人的核心区边沿。副连长徐恒吉带领2排，首先冲入敌司令部北门，但他身负重伤，倒下了。副排长邢春福高喊一声："跟我冲！"全排一拥而入冲进了楼房。战士们从楼下打到楼上，又从楼上打到楼下，不一会儿就俘虏了50多个敌人。正在这时,天津地下党、陈长捷的警卫连连长王亚川跑来说:“不要管俘虏啦,快到地下室抓司令官去。”

得知陈长捷等正躲藏在院内的地下室,邢春福率战士王义凤、傅泽国冲入地下室。王义凤等人高举手榴弹威严地命令:“放下武器,解放军宽待俘虏!”有几个家伙吓得直哆嗦,举起手来哀号着说:“别打啦,我们投降! ”正要把这些人带出地下室时,傅泽国、王义凤注意到一扇挂着军毯的房门里面有嚷嚷声,就一个箭步冲了过去。冲进屋内,见几个军官正在撕毁文件。在微弱的灯光下,里面有三四个将军,其中一个胖胖的、中等身材的就是陈长捷。

王义凤上前收缴他们的手枪,一个将官说:“弟兄们,我们交枪,最好请一位军官来,我们交代一下,通知部队别打了。”随后,邢春福向上级汇报了活捉陈长捷的消息,副营长朱绪清也带来了国民党司令部的电话员、无线电员二人,命令陈长捷当场下令通知所属的天津守军“立即停止抵抗,全部投降”。15 日下午 3 时,经过 29 个小时的激烈战斗,天津这个坚固设防的华北最大的工商业城市解放了。

(刊于 2019 年 1 月 12 日《今晚报》第 7 版“天津卫·乐活志”)

作者:张鑫,平津战役纪念馆

我参加了解放天津战役

刘连余 口述 姜茂树 整理

受访人:刘连余

出生年月:1926 年 9 月

文化程度:没上过学,在部队扫盲班学习过

身体状况:耳聋说话口齿不清,虚弱行动不便

当年住址:河北省丰润县宣庄镇大神堂村(今属天津市滨海新区)

现在住址:天津市滨海新区汉沽街坨北里(汉沽盐场家属大院)

图 1 作者正在采访刘连余老人

采访人:姜茂树

采访时间:2014 年 2 月 20 日至 2018 年 8 月 2 日多次采访

采访地点:天津市滨海新区汉沽街坨北里

我 1926 年生于河北省

丰润县宣庄镇大神堂村(今天津市滨海新区汉沽大神堂村),今年93岁。现住在天津市滨海新区汉沽街坨北里八号楼2门103室,是汉沽盐场家属宿舍大院。

参军立功

我的身体还算是可以,就是耳朵很聋,那是因为当年在部队时我是重机枪射手,多次参加战斗,让枪炮的声音把耳朵给震聋了,一般人的说话我听不清楚,记忆力也减退了很多。

我出生在(大)神堂村一个贫苦渔民家中,小的时候总是跟着妈妈到村子东边的盐滩里捡粪、拾草。那个时候,常遭到日本鬼子指使的盐警追打。记得15岁(1941),我被日本人强迫拉去到北山(蓟州区)那里修建军用公路。鬼子非常凶残,常辱骂、毒打咱们中国人。同去的我们村的人就挨过小日本子的毒打和辱骂,叫人看了心里很难受。也就是从那个时候开始,我的心里就埋下了仇恨日本侵略者的种子。修完公路回村以后,我就去找李焕文的铁龙部队(也叫盐民游击队),由于他们的行踪是很秘密的,一连找了几个村庄也没找到。后来打听到铁龙部队的消息,就又到萝卜坨村、大泊村、毕家圈村等找到河北省丰润县九区区小队王小友(汉沽萝卜坨子村人)队长,要求参加区小队。因为年纪小,人家没答应。

到了1947年的秋天,共产党丰润县政府人员来村秘密动员青年参军,支援解放战争的宣传后,怀着坚决参加人民军队、为解放全中国而战斗的决心,毅然报名参军。我随带兵人员来到丰南县的张庄子村集结。两个月后,我们从唐山市的开平区穿越敌人封锁占领区,到达河北省遵化县(今遵化市)的罗头村,参加新兵团集训。

1948年春，我们新兵团开赴东北的四平市，我被编入东北野战军的四十五军第八纵队一三五师（师长丁盛）四〇四团三营机炮连重机枪一排三班。

1948年9月12日辽沈战役开始，东野总司发出“清扫外围，攻克锦州”的作战命令。我们的部队接到任务，清除通往扼守锦州城要道之一的敌薛家屯据点。那里驻守的国民党军队，是一个有着精良美式装备的团。天空有飞机轰炸，地面有大炮、机枪封堵。战壕密布、碉堡坚固，易守难攻。

战斗打响后，四〇四团很快突破敌前沿阵地。战斗中，重机枪正射手牺牲，班长陈金柱立即任命我为正射手。

当部队进攻到锦州城外的北大梁时，敌军的炮火更加猛烈和疯狂。不幸，一块炮弹碎片飞来，插到了我的脑瓜顶上，血流不止。卫生员跑过来，紧急救护并让我撤下战场。当时我坚决不同意，说轻伤决不下火线。经过包扎之后，就这样带着弹片，我立刻重返战斗岗位。敌暗堡火力十分凶猛，接连几组爆破的战友都牺牲在敌人碉堡前沿，冲锋受阻。在这紧急时刻，步兵七连长张树河与机炮三连长刘大柱决定：命令我火速打掉敌火力点。我强忍剧痛迅速架起重机枪，子弹准确射进敌暗堡的枪眼。爆破组乘机一跃而起炸毁暗堡，杀开一条血路。锦州刚解放，部队又接到紧急命令：立即出发，

图2 刘连余正在为作者讲述参加辽沈战役时头部负伤的经过

去支援“黑山阻击战”。在这次战斗中,由于我受伤不下火线,发挥了重机枪的作用,被上级批准入党并荣立大功。

奔赴平津

1948年的冬天,东北全境解放。我军取得辽沈战役的伟大胜利后,党中央及时部署平津战役。

当年的12月初，师长丁盛率领一三五师从东北的鞍山出发，经河北省的冷河口入关,到达丰润县后立即发起解放唐山的战斗。国民党驻唐山的军队,在我人民解放军的强大攻势下,早已闻风丧胆,无力抵抗。我军很快攻占唐山城。在玉田县修整三天后,部队继续行军,到达河北省丰南县,从丰南县又转到玉田县的鸦鸿桥,然后再奔向宁河县的小海北村宿营。由于连续急行军,我们太困太累了,刚听到原地休息的命令,大家就坐到了地上,有的咕咚一下子就躺下睡着了。炊事班的人员马上埋锅做饭,当时吃的是小米饭、炒白菜,喝的是大锅菜汤。经过一天的休息后,部队又开始急行军,经过东堤头绕道天津外围的宜兴阜前沿阵地。部队刚进入指定位置,通讯员就传来上级挖交通战壕的紧急命令。记得我们是连夜行动的,师里按全员分配,以连为单位每人一米长。战壕宽约一米半(要求两副担架来回跑动互相不碰撞)，深度是以把挖出来的土堆在战壕两边,连里最高个子的战士站直不露脑袋为准。还得把粘壕挖到离敌人前沿阵地约五十米的地方，上级要求我们三天三夜的时间必须完成。

那个时我们都是年轻力壮的小伙子，又是经过战场考验的战士,有一股天不怕地不怕的虎劲儿。部队带的修野战修工事的镐和铁锹太小、太轻了，而且大冬天的，土地冻得邦邦硬的，一镐下去只是一个小白点儿。我们的连长就找老百姓借他们的大铁镐、大铁锹，这下子就快多了，大家在大冬天里干的满脸是汗，浑身直冒热气，结果我们提前完成任务撤出阵地。那时候的战士们，盼着解放天津的情绪相当饱满，激动地真是“嗷嗷叫”。

在我们挖战壕时，守城的国民党军不断向我们的阵地打炮。敌人打炮时我们就躲在提前挖好的“猫耳洞”里，等炮声一停或不太密集了，我们又开始干活。为掩护挖战壕的部队，我军也用60炮、82迫击炮等武器还击敌人。

在大部队还没到达时，村干部就领着前头部队的人挨家挨户号房子(方言，找房子的意思)，并嘱咐各家各户：子弟兵来了大伙儿腾出房子，要把抗烧热了，把洗脚水烧好。当我们这些当兵的一进屋就觉得特别暖和，等把脚泡进热水里的时候，更觉得心里热乎乎的。我们就更加自觉严格地遵守部队纪律，不能损坏老百姓的任何一点东西。在宜兴阜前沿，我们部队在那里驻扎了半个月左右。住的是民房，吃的是小米干饭熬白菜，每天都在练习匍匐前进、怎样隐蔽、在交通壕里怎样前进等战前准备。

平津战役的前线指挥部，设立在杨柳青镇的一座大庙里，总指挥刘亚楼就在那里指挥作战。在进攻天津前夕开始清扫外围和攻城准备时，上级发出命令：不许损坏老百姓一间房子，不准伤害一个老百姓，没有命令不准开枪、打炮，宁可部队有伤亡也决不能伤害百姓，一定要严格执行“三大纪律八项注意”等，连里天天组织我们认真学习。

在天津战役总攻之前的那些日子里，师长丁盛命令司号员用军号召集连以上干部到宜兴阜前沿阵地连续参加“军事民主会议”，征求和集中大家的意见，把好的主意、办法记下来，让大家仔细研究讨论，制定作战方案。

总攻开始

图3　刘连余立功证明书

1949年1月14日上午十点钟，随着前线指挥员刘亚楼总攻命令的下达，解放天津的战斗打响了。我们在地下党交通员的带领下，迅速地向前开进。那些带路的地下工作者，脑袋上戴着大号的“羊皮帽子”，脖子上系着“白手巾”作为联络标志。他们按着早就拟定好的方案，采取接力式分段推进的办法，带领我们一站一站地向前突击。

我们四十五军从东面进攻，一三五师担任城东主攻尖刀师，四0四团为尖刀团，三营七连是尖刀连，“肩负着把会师的战旗插上金汤桥的重大使命”。

四十五军经过侦查等得到的情报，准确地找到了突破口。我们一三五师奉命攻下国民党军牢固控制、附近民房很少的天津第七纺纱厂。那个炮火打得真够猛烈的呀！

上级给我们下达的任务，一三五师城东的主攻路线是：民族门—民权门—小树林—老龙头火车站—金汤桥。

战斗进行得非常激烈，我们的战士英勇顽强，个个都是嗷嗷叫着往前冲，很快就突破敌人的城防工事，攻入了城内。当我们一三五师突进到民权门时，公路两边用土砖窑改造成的暗堡中射出了密集的子弹，形成一张强大的交叉火力网，严密封锁住道路。国民党军的火力太强大了，压的我们抬不起头来，部队的伤亡很大，我们被迫停止进攻。首长来到前沿观察情况后，紧急调集来坦克，组织又一次强攻。在坦克车的掩护下，我跟着像潮水一样的部队冲了上去。就在这时，一颗子弹穿透了我的右鼻孔后，又窝在上嘴唇不动了。

我咬着牙齿，忍着疼痛，继续跟着冲锋。当突击到金汤桥附近时，插旗组的战友高擎战旗直扑桥头。突然，从河坡下的两处暗堡中射出了凶猛的火舌，牢牢封锁住大桥，我眼看着几组插旗手战友英勇牺牲了。部队又一次被迫停止进攻。紧急时刻，连长张树河（原连长刘大柱已调出）命令已负伤的我火速支援。我和战友抬起重机枪，很快接近了前沿阵地，迅速找好战位架起机枪。张树河连长一摆手，我就使用平时训练的“1、3、5、7、9”的点射方法，向暗堡的枪眼一阵精准点射，对着我们部队正面的敌人抢眼，立时就哑巴啦。张树河连长指挥我，要狠狠压住这个抢眼，不让他们有一丝的还手机会。我瞄准那个枪眼，一口气连续猛射，从那个枪眼里再也没打出过一颗子弹。连长一看机会来了，就朝爆破组挥手，命令他们迅速出击。临时任命的第三插旗组组长李连生，带着一名战士乘势跟进。就听轰隆一声巨响，敌人的碉堡被炸掉了，插旗组的战友飞跑着把战旗插上了金汤桥。我们这些负责掩护的战士，也紧跟着冲上了金汤桥，和战友们抱在一起喊着、闹着！

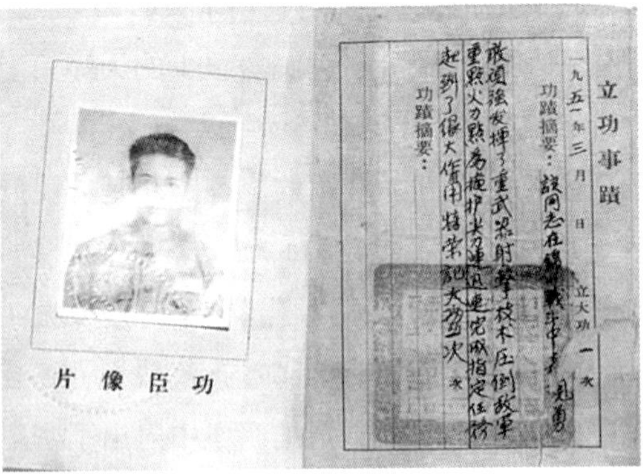

图 4 刘连余立功证明书

攻城大军如潮水般涌来，在此处胜利会师！

天津，这座华北地区的大城市，从此回到人民的怀抱！

打下天津城不久，就要过年了，上级命令留下部分维护城市秩序和安全的部队，其余作战部队全部撤出天津城。我们一三五师撤到王庆坨，驻在天津与北京之间的地带等待命令，随时可向北京方向前进，支援那里的围城部队。

攻下天津城以后，部队把我们这些伤病员送到当时驻扎在王庆坨村的师部卫生所进行治疗。

回忆战友

1949 年 9 月，东北野战军南下。我在湖南的衡保战役中，因作战勇敢，表现突出，被上级从副班长提升为班长。

1950 年，我在广西参加剿匪战斗，被任命代理副排长。我带领部队两个班和地方武装一个排，执行搜捕匪首“莫十八”的战斗任务。在奋力追击逃跑的匪首时，我边追边高喊让他投降。匪首回头疯狂射击，我当场将匪首击毙，缴获六轮式手枪一支，还在他的家中搜出枪支、弹药等。

1951 年初，四十五军继续在广西剿匪，我们机炮连驻守薄白县大红村，追剿国民党封的“华南救国军总司令”曾宗荣。上级让我带战斗人员进入大荣山搜剿，当搜寻到曾宗荣的母亲和妻子后，我们耐心宣传我党的方针、政策，让他敦促曾宗荣尽快自首。经过多次与曾宗荣的母亲、妻子谈话和教育，曾宗荣已有意与我们的干部见面。就在这时，因国民党叫嚣要从福建方向窜犯大陆，上级急令正在剿匪的部队速归，我们的任务由其他部队接替。

图 5　刘连余获得的奖章(部分)

1951 年,我被上级正式任命为排长。后四十五军和别的部队合编,改为五十四军,由军长丁盛率领入朝参战。部队夜间从辽宁的凤凰城出发,跨过鸭绿江大桥进入朝鲜战场,打击美国的空降部队和西海岸的美军登陆部队。不久,我被选送到五十四军速成学校,还担任了区队长,在朝鲜战场学习政治、军事知识,作为后备干部随时输送到前线部队。

1954 年我转业回到家乡,后到长芦汉沽盐场工作。

人老了,有时经常想念当年的战友。

第三插旗组的组长叫李连生,是河北省丰南县李付庄子人,在解放天津的战役中他立了功,被提升为排长。另一人由于年头儿太长了,只记得他是浙江省人。战友李连生复员后回到他的家乡,我们那时还有过联系。1976 年唐山大地震时他被夺去了生命,但是他的两个儿子,在地震后的 1977 年还来汉沽看望过我呢。我们的连长张树河,是从七连调过来的。他的老家是河北省玉田县鸦鸿桥镇窝洛沽村。他爱护士兵,关心我们的生活,常鼓励我们勇敢作战,对我们特别好,至今我还非常想念他呢。战友赵克星,是汉沽洒金坨村人,2008 年,带着老婆来汉沽看望过我。

战友陈庆俊,河北省汉沽农场大泊村人,2005 年为我负伤的情况做过说明。

(刊于沈岩主编:《天津解放那一天》,人民日报出版社 2019 年版,第 77—85 页)

作者:姜茂树,天津市汉沽水泥厂

援建，天津电建义不容辞

张辉

1957年，北京电业局承接了援助蒙古人民共和国苏赫巴托热电厂建设工程。以此为始，到1978年底，华北电力系统共承接蒙古、越南、马里、苏丹、阿拉伯也门、柬埔寨、几内亚、赤道几内亚、阿尔巴尼亚等9个国家的发电、输变电、配电及附属工程等34个援建项目。其中，以无偿方式援建4项，以无息和不附加任何条件的长期贷款方式援建30项。这其中天津电建参与了多项工程。

20世纪五六十年代，援外工程项目是一项严肃的政治工作，关系到国家的形象和声誉，工程项目的管理者，不仅要关注企业的经济利益，更要重视自身的政治责任和社会责任。不同于国内项目的施工管理特点，援外项目管理是一项周密、细致、复杂的综合性工作。在受援国政府和人民的大力支持下，华北电力系统新建火力发电站5座，装机12台，总容量2.167万千瓦。

在天津电建成立之前，公司前身京电二处、京电四处的前辈两次援建蒙古电厂，建成火力发电厂2座，装机4台，占华北电力系

图 1　天津电建援建的蒙古首都乌兰巴托第二发电厂

统建厂总数的五分之二、装机总数的三分之一。

公司首次走出国门奔赴蒙古国的时间为 1958 年，这是根据 1956 年 8 月 29 日中、蒙两国政府协定，无偿援助苏赫巴托热电厂，安装 2 台罗马尼亚制造的 3000 千瓦汽轮发电机和 3 台上海锅炉厂制造的 20 吨/时链条炉。为保证电厂无源启动，还装有 1 台 200 千瓦柴油发电机。由电力工业部基本建设总局筹建。1956 年 8 月北京电力设计分院工作组赴蒙选厂，1957 年 4 月完成扩大初步设计，10 月底完成施工图设计。1957 年 6 月，正式成立北京电力基本建设局援蒙工程筹备组；1958 年 5 月，选派 162 人组成施工队伍赴蒙。1958 年 12 月竣工投产，并移交蒙方。

第二次征程是根据 1958 年 12 月 29 日中、蒙两国政府协定，以长期贷款方式援建乌兰巴托第二发电厂，安装 2 台 6000 千瓦汽轮发电机和 3 台 35 吨/时链条炉。由北京电业管理局筹建。1959 年 4 月北京电力设计院工作组赴蒙选厂，12 月完成扩大初步设计，1960 年初完成施工图设计。1961 年 2 月，组织了 450 人的施工队伍到蒙古施工，并在乌兰巴托市成立驻蒙电力工程处。1961 年 11 月建成发电，12 月 27 日移交蒙方。蒙古人民共和国大人民呼拉尔主席团和部长会议对中国工人、工程技术人员及行政管理人员给予表彰，并为其中 80 名援外人员分别授予“劳动红旗”勋章、“北极星”勋章和政府奖状，曲受东、陈洽明等同志荣获了蒙古大人民呼拉尔主席团一级勋章，赵燕田等同志荣获了蒙古大人民呼拉尔主席团勋章。

公司正式成立之后，1965 年公司员工再次远赴蒙古，这是 1958 年 12 月 29 日中、蒙两国政府协定的补充项目，施工时间则推迟了六年多的时间。这个项目中方以长期贷款方式援建蒙古东哈拉电厂，计划安装 3 台 750 千瓦汽轮发电机组和 5 台 10 吨/时链条锅炉，由北京基建工程公司筹建，北京电力设计院设计。1960 年 5 月至 1963 年 3 月，电厂选址、设计等工作完成。工程于 1965 年夏季开工，设备、材料发至工地，中方 100 名施工人员进入现场，电厂计划 1968 年 1 月建成投产。当时，天津电建已经成立，公司选派了 83 名职工奔赴现场。1967 年 2 月，蒙古政府单方面拒绝中方援助人员入境，并在一些非生产问题上制造困难，致使工程被迫停工。停工时，工程已完成总工程量的 62.5%，2 台机组具备试运条件。经与蒙方多次交涉，于 1968 年 6 月 14 日按工程现状正式移交蒙方。

此外，华北电力系统还多次援建亚非国家的输电线路项目、变电站项目，大修电站、机组项目，以及城市设施公共配电工程，天津电建也广泛参与其中。

图 2　天津电建职工与外国专家在施工现场

1965 年 1 月，几内亚金康送变电工程开工建设，架设 3 条 30 千伏高压输电线路,建设 3 座 30/6.3 千伏降压变电站。同年,公司派出汽车司机、汽车修理工 5 人参加建设。这 5 名员工还同时协助了几内亚巴马科古马塞古纺织厂自备电厂建设,1966 年回国。

越南太原电站 1963 年 12 月建成,装机容量 1.8 万千瓦。该电站电力设施遭到破坏后于 1971 年至 1974 年由华东电力设计院和华东电管局承担了援助修复任务。1971 年 5 月,公司派往太原电厂 4 名职工,援助该厂抢修发电机。

1975 年,根据中马两国政府 1970 年 12 月 21 日经济技术协定,以无息和不附带任何条件的贷款方式援建马里卡迪短波对外广播发射台备用电源工程,安装 883 千瓦/630 千瓦柴油发电机 1 台。1975 年 6 月,公司 10 余名职工与兄弟单位技术骨干组成 17 人的技术组,到该工地进行技术指导并组织施工。1975 年 11 月 25 日建成发电,1976 年 1 月 22 日工程移交。

1977 年 11 月 29 日,公司 7 名职工与第六机械工业部 406 厂人员组成 13 人技术组赴马里,对已运行 8 年的马里纺织公司自备电站 4 台 883 千瓦/630 千瓦柴油发电机进行大修,1979 年 9 月 7 日抢修工程全面结束。8 年之后,公司 1 名职工再次到该电站,协助机组运行工作。

公司最后一项援建任务是根据中国水利电力部修复金边第二发电厂工程技术组与民主柬埔寨工业部修复电厂项目组于 1978 年 8 月 17 日签订的《修复民主柬埔寨金边第二发电厂补充会议纪要》,援建金边第二发电厂 35 千伏升压站工程,计划安装 6.3/35 千伏变压器 2 台,总容量 1.6 万千伏安。公司施工人员拟于 1979 年 1 月 9 日赴柬埔寨做施工准备,后因越南入侵柬埔寨,援建工作被迫中止。

在浩瀚如星的电力建设史,追寻天津电建先辈的远征足迹,那些闪亮于异国的电力明珠，无疑是天津电建对不发达国家最早的电力支撑,也是我国老一代电建人最真诚、最欣慰的“青春杰作”,将永远铭记在共和国的史册上。

(刊于《天津电建人》,2019 年第 2 期,第 16—17 页)

作者:张辉,收藏家、地方史学者

文化与民俗

南开大学图书馆与古籍书店

曹式哲

今年适逢南开大学图书馆建馆一百周年。当我接得馆方的《南开大学图书馆建馆一百周年纪念文集》征稿启事时，倍感荣幸，同时又回忆起十年前的一桩往事：2009年盛夏，我应馆方之约撰写了《南开大学图书馆与古籍书店》，此文后收入《南开大学图书馆建馆九十周年纪念集》。领取样书时，副馆长穆祥望女士表示，希望我能够在建馆一百周年之际再度撰稿，续写新篇。我不假思索，欣然允诺，心想还早着哩，岂料十年弹指一挥间。阅过征稿启事，感到撰稿时间不很宽裕，所幸十年来，我在阅读写作之余留心搜集了若干文献资料，又采访过多位知情人，掌握了一些具有历史价值或参考价值的信息和线索。现择其要者梳理成篇，以飨读者。

鉴于本文所涉实为《南开大学图书馆与古籍书店》的拓展和补充，遂拟题为续篇，以示两文连贯互补、前后呼应之意。为与《南开大学图书馆与古籍书店》相统一，续篇凡涉“天津市古籍书店”一律简称“古籍书店”。

古籍书店的前身是新华书店天津分店古旧门市部，1956 年 6 月 1 日在劝业场对面的和平路 317 号正式开业。1978 年更名为古籍书店。南开大学图书馆与古籍书店数十年的业务合作和传统友谊即是从这一时期开始的。然而据我所知，古籍书店某些老职工与南开大学图书馆的业务关系却可以追溯到 1954 年至 1956 年的公私合营阶段，甚至更早。这里有古籍书店前副经理王振声先生致笔者函（2012 年 1 月 12 日）可证："解放前，除商务印书馆、中华书局等出版了《四部备要》《四部丛刊》等丛书外，天津古旧书市场大多是靠一些小商小贩们辛苦经营。记得刘熙刚、王振永、呼智生等人都曾腰夹小布包，每天早晨去南开大学（后来还有天津师范学院）等高校推销新收进的古籍类图书。为排个等候，有时还发生过争执呢！公私合营后，他们成为同事，按照单位分工各自做流动供应工作，便不再有上述争利的事发生了。"[①]虽然这段文字所披露的仅仅是 1956 年以前书业个体在南开大学等高校图书馆推销古旧书活动的一个侧面，却也是书业早年与高教系统业务互动的忠实记录。遥想当年，书业与南开大学图书馆的业务往还必定丰富多彩，生动有趣，只可惜相关记载稀见，因而弥足珍贵。

值得称道的是，1956 年以来，这些昔日的书业个体转型为国营书店职工后，依然在为延续和发展书业与南开大学图书馆的业务合作和传统友谊、为社会文化事业的进步贡献着力量。以下依序介绍表现突出的古籍书店"三杰"，即王振永先生、张振铎先生、雷梦辰先生三位书业前辈。

---

①见《津门书肆二记（上）》光明书局条"整理者按"，载雷梦辰著、曹式哲整理：《津门书肆记》，天津古籍出版社 2014 年版。

王振永先生(1923—1982),原籍河北省束鹿县(今辛集市)。十四五岁时进津谋生,在劝业场三楼藻玉堂学徒。1958年起,进入新华书店天津分店古旧门市部,历任营业员、流供员,业务表现有口皆碑,专业水准公认一流。有《贩书随笔》一篇存世(原载《天津文史资料选辑》第五十二辑)。

1958年至"文革"前夕,王振永先生一直担任古籍书店的流供员,所负责的对口单位即包括南开大学图书馆,工作业绩非一般流供员可比。古籍书店的职工们注意到,王振永先生送往南开大学图书馆的线装古籍退书率极低,基本上是百发百中,其中自有玄机。众所周知,南开大学图书馆着重收藏地方志和清人文集,并且注重对外文书刊和外文工具书的选购,使南开大学图书馆馆藏形成特色,殊不知其现有馆藏的部分地方志和清人文集即来自古籍书店,其中还有王振永先生等流供员的一份功劳。就说地方志的推销吧,王振永先生每次必是先行查阅馆藏目录及有关工具书,了解地方志的出版及馆藏情况(有哪些地方志,缺哪些地方志),然后再将馆内缺藏的地方志陆续送达。此乃有的放矢,岂能不百发百中?妙绝的是,竟然连同发票一并送达,他有这个把握。馆方采编人员见状颇为惊奇,不禁发问:"王先生,您怎么知道我们馆缺这些书?"王振永先生胸有成竹地回答:"你查去吧,你们馆肯定没有这些书。"经查果不其然,令人称绝,一时传为美谈。又有一次,王振永先生送某部线装古籍到南开大学图书馆,采编人员告称馆内已有收藏,不再需要,王振永先生却说:"我这部书属于另外一种版本,应该留下。"最终依然将书留下。依我之见,此类事说奇不奇,王振永先生的专业水准、业务能力、敬业精神倒是由此可见一斑。

南开大学图书馆前馆长来新夏先生毕生与书业结缘,对书业有着真切的了解和深厚的感情。关于这方面的内容,阅过来新夏先生的四篇随笔《我与古旧书》《藏书的聚散》《我的线装书》《旧书店》即可见其端倪。《我与古旧书》(原载2009年7月29日《天津老年时报》)所录尤详,作者写道:“我因有点版本目录学的基础知识,所以常受冯老(作者注:即南开大学图书馆前馆长冯文潜先生)的委托,帮助馆里采购古旧书。我不仅借此过目不少古旧书,还结识几位古旧书业的行家,如张振铎、王振永、刘熙刚(作者注:原文误为“刘锡刚”,后同此)等人。”说来这三人都是古籍书店的老职工,张振铎先生曾任古籍书店副经理、经理多年,刘熙刚先生曾经是专跑南开大学图书馆的流供员，他二人与来新夏先生熟识是情理之中的事。关于王振永先生,作者更是情有独钟,不吝笔墨,他深情地写道:“振永和熙刚主要跑南开图书馆,振永和我有更多的私交,所以经常到我家来聊天，有时拿些好版本书给我看。有一次送来两种《书目答问》批注本:一是天津藏书家刘明阳的批注本,一是邵次公的批注本。我连夜过录,数日后始归还。这一过录引起我广搜《书目答问》批注的兴趣。历时半世纪,终于完成《书目答问汇补》一书,利人使用。当这一著述即将在中华书局出版时,我不能不感谢他的友情,也不能不归功于古旧书行业从业人员对我的启示。想到当前古旧书业的衰微和从业人员与读书人的远离,不禁感慨系之,令人黯然神伤!”我很感慨,能够将古旧书业务做到王振永先生这种程度的,不要说时下,当年怕也并不多见吧!看来,无论是谁,但凡做过好事，人们总会记得的。王振永先生向来新夏先生竭诚推荐古旧书,最终促成《书目答问汇补》的问世,当然不是为了博得好感或赚取感激之情。我以为,王振永先生以书交友,以书助友,以书惠友,其境界、其襟怀、其志趣、其水准、其贡献早已超越了流供员的工作规范,这其实是一位具有数十年职业经历、职业素质、职业道德、职业情操的老一辈售书人的必然表现。

据王振声先生回忆,20 世纪 60 年代中期，南开大学图书馆研究室的朱鼎荣先生经常到天祥市场二楼古旧书门市部库房为馆方选购古旧书,与流供员王振永先生十分熟悉。在王振永先生的协助下,朱鼎荣先生不但为馆方购得不少颇有教学、科研参考价值的古旧书,而且为自己也选购了一些合用的书籍,后在此基础上完成了某些著述。朱鼎荣先生素知王振永先生好抽烟斗，为表达感激之情,曾经特意购买一些上好烟丝送给王振永先生。二人为书结缘,私交亦不错。雷梦辰先生所撰《近代天津私人藏书述略》[1],对近现代天津 52 位藏书家有简要介绍，其内有关朱鼎荣先生的内容 200 余字,兹照录如下:“朱鼎荣,字鼐侪,江苏淮安县人,清光绪三十年(1904)生。天津南开大学商学士。新中国成立后,任职天津南开大学图书馆。喜藏书,以实用为主,尤好金石书籍,并收藏碑帖旧拓本为多。1948 年秋,傅忠谟(傅增湘之子)家藏善本书一批,委托朱氏代售,朱氏将书售予北京文渊阁、修绠堂、来薰阁、多文阁四家,其中有宋版《苏诗》、宋版残本《周礼》四册等,价 1400 元。其著述有《石墨一勺》《历代碑帖汇考》《金石书籍提要》《唐宋画家人名辞典》等。”

我有幸拜读过王振永先生所撰《贩书随笔》,印象深刻。此文前附雷梦辰先生小序:“王振永,河北省束鹿县人,受业于藻玉堂,在其业师王子霖(作者注:原文误为“王子林”)和姚佩琳熏陶下,鉴别

①载《天津文史资料选辑》1996 年第 1 期(总第六十九辑)。

古籍版本的造诣颇高。新中国成立后在天津新华书店古籍门市部时，经其鉴别之善本书甚夥。王振永在古旧书事业中钻研不息，酷嗜成瘾，书店每得有线装古书，都要设法一观为快，遇罕见之书并随笔记之。王与笔者莫逆之交有年，进入国营之后又是同事。1982年3月，王振永持其笔记叹曰：‘我已老矣，恭赠老弟留念。’捧读其文，多为1958年记载的所贩之书，反映了是时之善本书在天津流通和归宿之概况。余不劫美，按其笔记誊录一册，恭为校正一遍，遂将原笔记奉还。兹乘业余之暇，按笔记中之顺序，厘为是篇，供关注天津文化事业调查者参考，并希读者指正。”这篇小序简述王振永先生籍贯生平、志趣爱好、业务功底，以及《贩书随笔》的由来与评价，为后人解读王振永先生其人其文提供了重要参考。内文8000余字，系王振永先生1958年的售书记录，包括版本鉴别、作者考证、纸别藏章、序跋凡例、版式插图、内容提要、基本评价、推测提示、评点按语、来历去向、售出日期、售书金额、售归单位诸项，不厌其烦，颇见功力。所涉书籍除少数宋版外，多为明清善本古籍。其中记载售归南开大学图书馆明清善本古籍八部（依序第七部：《孤树裒谈》五卷，明李默著，明万历二十年游朴校刊本，清至现代对此书是否李著有争议。1958年以500元售归南开大学图书馆。已入选《国家珍贵古籍名录》），居售归单位六家之首。售书金额则为了解1958年天津古旧书市场行情提供了可靠依据。《贩书随笔》对书业文化史研究的参考价值不可低估。

张振铎先生（1920—2017），祖籍河北省黄骅县（今黄骅市）。1934年经乡亲介绍到天津大罗天古玩市场古香斋文物店学徒，次年2月转至东门里文运堂学徒。1956年6月起，出任新华书店天津分店古旧书门市部主任。1978年起，先后出任古籍书店副经理、经理。1986年11月退居二线，任业务顾问，直至1988年4月正式退休。著有《医学著述源流“三字经”》（原载《古旧图书业务知识》，河北省文化局编，1962年印行）、《古籍刻工名录》（上海书店出版社，1996年10月第1版）。

来新夏先生曾经介绍说：“张振铎有很丰富的古旧书知识，特别对刻工有研究。我曾在我所主编的《津图学刊》上发表过他研究明代刻工的文章，现已九十高龄犹矍铄善谈。”（《我与古旧书》）这番话引发我查阅《津图学刊》的兴趣，决心一探究竟。阅后汇总如下：

《清代刻工名录》（一），计68条，朝代：顺治、康熙、雍正（个别刻本仅标示“清初”），原载1988年第1期（总第十八期）《津图学刊》。

《清代刻工名录》（二），计160条，朝代：乾隆、嘉庆、道光，原载1988年第2期（总第十九期）《津图学刊》。

《清代刻工名录》（三），计187条，朝代：咸丰、同治、光绪、宣统，以及民国，原载1988年第3期（总第二十期）《津图学刊》。

《明代刻工名录》（一），计50条，朝代：永乐、成化、弘治、正德、嘉靖、万历（个别刻本仅标示“明初”），原载1989年第1期（总第二十二期）《津图学刊》。

《明代刻工名录》（二），计75条，朝代：嘉靖，原载1989年第2期（总第二十三期）《津图学刊》。

《明代刻工名录》（三），计72条，朝代：嘉靖、隆庆、万历，原载1989年第3期（总第二十四期）《津图学刊》。

《明代刻工名录》（四），计70条，朝代：万历，原载1989年第4期（总第二十五期）《津图学刊》。

《明代刻工名录》(五),计 75 条,朝代:万历,原载 1990 年第 1 期(总第二十六期)《津图学刊》。

《明代刻工名录》(六),计 150 条,朝代:万历、泰昌、天启、崇祯、南明永历,原载 1990 年第 2 期(总第二十七期)《津图学刊》。

综上所述,《明代刻工名录》计 492 条,《清代刻工名录》计 415 条,二者共计 907 条。每条大体收入刻本书名、卷数或回数、编著者、刊刻年代、刻工姓名、书铺名诸项,可供版本研究者考核版本之用。

明清刻工名录在《津图学刊》连载后,张振铎先生又将其略加修润增补,并与唐五代及宋元(含辽金)刻工名录合而为一,遂成《古籍刻工名录》。著名版本目录学专家沈燮元先生为之撰序称:"天津张振铎先生致力于古籍版本之学,从事古籍工作数十年,编辑成《古籍刻工名录》一书,上自唐代,下迄清季,可称详备。是录焉,依日积月累之功,非一蹴可就之业,又非见多识广者不办。余深其艰巨。此著既录刻工姓名,亦录书铺之名。工有流动,铺则稳定,工名难记,铺号易志。某书某地某铺所刻,不能仅据刻工之籍贯以定一书之刻地。著录店主姓名,则便于考证刻书之地,较可信也。"序文既有对全书内容的概括,亦有对其实用价值、学术价值的肯定。阅过《古籍刻工名录》,我有两点感受:其一,张振铎先生从整理刻工名录的角度介入古籍版本研究,视角独特,成果显著,泽及学界,此其贡献;其二,该书所涉卷帙众多,整理工作浩繁,非功力深厚、定力过人者难以胜任,因而令人钦敬。人谓古籍书店老职工业书凡数十年,经眼过手的古籍刻本无数,所言不虚。

昔日王振永先生助力来新夏先生完成《书目答问汇补》,而后来新夏先生又力推张振铎先生将明清刻工的整理研究成果公之于世，堪称南开大学图书馆与古籍书店数十年业务合作和传统友谊的又一段佳话。

雷梦辰先生(1929—2003),原籍河北省冀县。1944年投奔远在北京琉璃厂通学斋经营书业的六舅孙殿起先生。1944年至1945年1月,先后在北京琉璃厂富晋书社、隆福寺东雅堂学徒。1945年2月至1949年2月,在天津天祥市场二楼茹芗阁学徒。1960年5月起,进入新华书店天津分店古旧书门市部,历任营业员、收购员。1990年3月退休。著有《清代各省禁书汇考》(书目文献出版社,1989年5月第1版)、文集《津门书肆记》。

不论是私营书店时期,还是国营书店时期,古籍书店老职工的收售业务每有得意之笔,雷梦辰先生自然也不例外。在其数十年的业书生涯中,经眼了许多善本古籍,凭借着自己的鉴定能力,也曾收售过一批有价值的古代典籍。在与南开大学图书馆多年的业务交往中,就有过引以为荣的经历。他介绍说:“我同南开大学图书馆老馆长冯文潜联系密切。数年来,我先后为南大送去七八十种清代版本的地方志，以及我在山东买到的清朝一位亲王写给皇帝的奏折,奏折内容涉及义和团的情况。冯文潜先生病中在家里接待我,对我深表谢意。”[①]雷梦辰先生的经营理念透视出的做人标准和处事原则耐人寻味。他认为:“搞学问的离不开卖书的,卖书的离不开搞学问的。卖书的必须懂书,并且窥知读书人的心理需要,主动提供图书目录和线索,介绍有价值的学术资料,使读书人受益——这才是高层次的书商。当年梁启超先生住在天津意租界时,藻玉堂书

---

①《书林有路 学海无涯——雷梦辰与古籍版本鉴定》,载章用秀著:《珍宝文玩经眼录》,天津人民出版社1995年版。

店的王子霖替他采购了一批又一批的图书，为梁老先生的学术研究提供很大的便利，梁老先生也将王视为朋友。我个人也本着这个原则与学者交往。我从不把自己与读书人之间看作是一般的买卖关系，而是尽可能为他们服务。我尊重他们，他们也尊重我。”①“我的书应该卖给谁，不应该卖给谁，我心中有个尺度。我始终坚持，善本书一定要卖给那些真心需要它、保护它、收藏它的人，不是谁给钱多就卖给谁。有收藏价值的文化典籍，外国人给多少钱我也不卖，我只把它卖给国家图书馆和研究部门。经营中那种认钱不认人、重利不重德的做法，我极不赞成。新中国成立以来，我先后为北京图书馆、南开大学、天津大学、历史博物馆、艺术博物馆、群众艺术馆采购了数以千计的图书资料，却一本也未曾卖给外国人。直到今天，我还保留着国内一些图书馆寄给我的表扬信。”②雷梦辰先生既深知业书者所肩负的文化使命，又理解读书人对书籍的心理感受，其内心深处早已将业书者与读书人的灵魂融而为一。这是一位可爱可敬的书业前辈。

在这里，我想再介绍一位曾经在南开大学图书馆修复过线装古籍的古籍书店老职工杨富村先生。

杨富村先生（1915—1983），本名杨永维，字富村，原籍河北省枣强县。年少时进津谋生，曾经在东门里文运堂学徒，与张振铎先生系师兄弟。1940 年 1 月至 1949 年 8 月，受出资人之聘，出任天祥

---

①《书林有路 学海无涯——雷梦辰与古籍版本鉴定》，载章用秀著：《珍宝文玩经眼录》，天津人民出版社 1995 年版。

②《书林有路 学海无涯——雷梦辰与古籍版本鉴定》，载章用秀著：《珍宝文玩经眼录》，天津人民出版社 1995 年版。

市场二楼茹芗阁经理。有弟子二人，其一即为雷梦辰先生。1960年5月，进入新华书店天津分店古旧书门市部，任营业员，直至1979年3月退休。

杨富村先生不但经多见广，颇识版本，而且心灵手巧，擅长线装古籍修复，在古籍书店与另一位长于此技的张世顺先生齐名。古籍书店前经理穆泽先生对杨富村先生、张世顺先生修复线装古籍的技艺水平评价颇高，他认为："在修复、装订线装书方面，张世顺、杨富村技艺精湛，皆业内之高手，一时之瑜亮。张世顺的绝活儿是写得一手漂亮的仿宋字，补写缺字缺页，几可乱真。杨富村则在古籍鉴定方面更胜一筹。"①王振声先生对杨富村先生亦赞曰："杨富村的古旧书修缮技术精湛，天津市前副市长、著名藏书家周叔弢曾经点名要杨富村为其整修藏书。杨富村的'金镶玉'手艺能够为线装古籍增辉添色。"②据我了解，举凡在线装书专营店有过学徒经历的古籍书店老职工，大都学习过线装古籍修复技术（当属"必修课"），而杨富村先生、张世顺先生在线装古籍修复方面确有过人之处。1961年和1980年，在古籍书店领导的支持和见证下，杨富村先生、张世顺先生曾两度纳徒，先后带过四男一女五名弟子，而今徒亦带徒，可谓代有传人。历年来，经杨富村先生、张世顺先生修复的线装古籍难以胜数，从传承方式、操作特征、技术水准、知识内涵、历史贡献、认识价值诸方面衡量，称二人为非物质文化遗产项目"古籍修复技术"代表性传承人，绝无疑义。据杨富村先生之女杨世爱女士、杨世新女士回忆："1980年，刚刚退休的父亲应聘在古籍书

---

①《津门书肆二记（下）》庆记书局条"整理者按"。
②《津门书肆二记（下）》维新书店条"整理者按"。

店装订组(时在文庙)重操旧业,还带过施维民等三个徒弟。1982年,父亲经来新夏先生介绍到南开大学图书馆修补古旧书,同时在一轻局职大讲授古旧书修补知识。”[①]穆泽先生亦证实:“1982年,张世顺回原籍养老,杨富村则应聘到南开大学图书馆修补、装订古旧书,又忙碌了一阵子。”[②]杨富村先生病逝于1983年年底,因此在南开大学图书馆工作的时间至多一年。

最后须提及的是《中国历代家训丛书》(以下简称《丛书》)重新出版之事。1995年7月至1997年12月间,由于种种原因,我参与策划并与同事许大年先生担任责任编辑的这套《丛书》(夏家善先生任主编兼策划,南开大学图书馆方面的整理、注释者有夏家善先生、王宗志先生、贺恒祯先生、夏春田先生、穆祥望女士、贺杨柳女士)仅出版了前六册(后六册有五册的编辑加工业已完成),这是我一直感到十分遗憾的事。多年来,我始终觉得对不住《丛书》的整理、注释者们。值得庆幸的是,此事竟然又迎来了转机。天津古籍出版社慧眼识珠,于2014年9月间通知我准备重新出版《丛书》,同时托付我与《丛书》当年的整理、注释者们取得联系。得知此讯,我欣喜万分。遗憾的是,由于老母病重,我始终未能参与其事,而由夏家善先生与当年的整理、注释者们同心合力,在2016年6月至2017年8月间将《丛书》十二册全部出齐。缓缓翻阅着崭新的《丛书》(封面设计简朴大方,内文版式依旧如初),我如释重负。虽然晚了二十多年,却总算了却我一桩心事。感谢夏家善先生不忘旧谊,在《后记》忆及往事,肯定了我与许大年先生的辛劳付出。现将这次

---

①《津门书肆二记(下)》维新书店条“整理者按”。
②《津门书肆二记(下)》庆记书局条“整理者按”。

有始有终的真诚合作记录在案，以志纪念。

《南开大学图书馆与古籍书店》并续篇之成，全靠生动鲜活、翔实可信的史料支撑，为此，我不会忘记并且必须感谢南开大学图书馆诸多朋友、古籍书店诸多同事不烦其烦、始终如一的支持与帮助。他们或借阅、赠阅我各类书籍资料，或协助我查阅各种书刊文献和史料信息，或欣然接受我的采访，热情介绍相关人士的职业经历、轶闻趣事，或不辞辛劳，两度协助打印文稿，使我终能如期脱稿，不负馆方所托。这些人士是：南开大学图书馆方面的夏家善先生、李广生先生、刘建岱先生、江晓敏女士、穆祥望女士、王刚先生、惠清楼女士、施薇女士、贾朝霞女士、贾睿女士、张君香女士、任爱萍女士；古籍书店方面的穆泽先生、王振声先生、赵春山先生、施维民先生、杜景顺先生、胡建昌先生、孔令琪先生、杨荣海先生，以及张振铎先生之子张金钊先生。两文之成，既是南开大学图书馆与古籍书店数十年业务合作和传统友谊的历史回顾，又是馆店两家2009版、2019版互动合作和深情厚谊的生动体现。

值此南开大学图书馆建馆一百周年之际，谨以此文表示由衷的祝贺。同时祝愿久负盛名的南开大学图书馆在新时代取得新成就，获得新发展，亦祝愿馆店两家几代人数十年来通力筑就、精心呵护的业务合作和传统友谊在新时代续写新篇章。

（刊于南开大学出版社编：《南开大学图书馆建馆一百周年纪念文集》，天津古籍出版社、天津教育出版社，2019年10月，第33—40页）

作者：曹式哲，天津市古籍书店

冯文潜对图书馆建设的贡献及其办馆思想研究

惠清楼

南开大学图书馆始建于1919年,至今已有百年历史。1952年,冯文潜先生被南开大学校委会任命为图书馆馆长[①],成为南开馆建馆以来的第6任负责人。此前南开馆因为规模较小[②],负责人皆称图书馆主任,所以可以说,冯先生是南开馆历史上的首位馆长。出任馆长后,面对当时百废待兴的困难局面,不畏艰难,兢兢业业,筚路蓝缕,为南开图书馆的发展壮大做出了巨大的贡献。他在位11年间,图书馆的馆舍增加了近20倍,藏书增加了3.2倍,工作人员增加了4倍[③]。更为重要的是,他还为图书馆留下了嘉惠后人且影响深远的先进的建馆理念与合理有效的规章制度。

①南开大学图书馆编:《南开大学图书馆建馆八十周年纪念集》,天津:南开大学出版社1999年版,第86页。

②据统计,至1951年,南开馆馆舍面积为3034平方米,工作人员仅十六七人,藏书约20余万册。见南开大学图书馆编:《南开大学图书馆建馆八十周年纪念集》第85页。

③南开大学图书馆编:《南开大学图书馆建馆八十周年纪念集》,第91页。

冯先生早年留学欧美，学贯中西，博古通今，是中国近代兼通文史的著名学者。同时，他也是南开图书馆历史上十分重要的开创者甚至是奠基人。对于他在这方面的贡献与图书馆学思想，目前还较少受到关注，虽已有一些文章谈到他在图书馆建设中所做的一些工作[①]，但多为事实的叙述，基本缺乏学理层面的探讨。诚如其哲嗣冯承柏所言，少量介绍他的文章，仅仅把老先生写成活雷锋[②]。有鉴于此，本文将在已有研究的基础上，利用相关的回忆录、档案和纪念文集等资料，对冯文潜先生在南开图书馆建设中的事迹做一梳理，并进而对他的办馆思想做一探讨。这不仅仅是为了表达我们对冯先生所做贡献的纪念，更是希望借此对当今的图书馆建设有所裨益。

一、冯文潜及其南开图书馆建设工作

冯文潜（1896—1963），字柳漪，河北涿县（今涿州市）人。1912—1917年，就读于天津南开中学和大学预备班。1917—1920年，于美国衣阿华州格林奈尔学院学习，主修，副修历史，获学士学位。1920—1922年，在美国芝加哥大学研究院学习，获硕士学位。1922—1928年，在德国柏林大学研究哲学和历史。回国后任职南京

①比如，刘光慧：《冯文潜与南开大学图书馆》，《图书馆工作与研究》2001年第二期，第39—41页；尚晓层、王尧：《化作春泥更护花——记南开大学原图书馆馆长冯文潜教授》，张毅主编：《南开大学图书馆建馆九十周年纪念文集》，天津：南开大学出版社2009年版，第341—346页；张峰：《大学图书馆馆长研究》，合肥工业大学出版社2007年版，第164页。

②2003年7月29日，他在接受尚晓层、王尧采访的录音带中表达了这样的意思。

中央大学哲学系，1928年加盟南开大学，历任南开大学哲学系教授、西南联大哲学系教授兼代系主任、南开大学文学院院长和外文系教授兼图书馆馆长等职。讲授西方哲学史、美学、柏拉图哲学、逻辑学、德语等课程，培养了一批西方哲学史人才。发表的美学论文有《中西建筑漫谈》等。[①]他于1952年9月18日出任南开大学图书馆馆长，直到1963年4月30日去世，任馆长职11年[②]。

作为一个老南开人，冯先生几乎将毕生的精力奉献给了南开，他对南开大学所做的贡献无疑是非常重要而且多方面的。在其人生的最后11年中，他倾全力投入到了南开图书馆的建设之中，取得了卓越的成绩。然而学界对此却较少关注并给予研究。故谨此从图书资源建设、规章制度建设、馆舍及其空间建设和员工队伍建设等四个方面对他在南开图书馆建设方面所做的工作做一叙述。

（一）图书资源建设

受南开图书馆曾遭日寇轰炸等因素影响，冯先生出任馆长之前，馆藏图书仅20万册。因此尽快丰富馆藏资源，成为摆在冯馆长面前的当务之急。然而，当时新中国刚刚成立，百废待兴，学校建设经费有限，一时也难以拿出大量资金用于图书资源的购置。为此，他积极谋划，多管齐下，在用好有限的资金，购买新书旧典的同时，充分利用各种信息渠道和人脉资源，寻求捐赠以富馆藏。魏宏运先生回忆说，冯文潜、郑天挺、雷海宗原来就是老朋友，1952年院系调整后重聚南开，经常在一起聊天谈心，“多次谈到应该设法争取天

---

①张岱年主编：《中国哲学大辞典》，上海：上海辞书出版社2010年版，第884页。
②南开大学图书馆编：《南开大学图书馆建馆八十周年纪念集》，第86页。

津社会名流捐赠其藏书。他成功了，周叔弢捐赠了一大批书。卢家①也有书捐来，徐鹤桥等也有捐赠”②。1952年到1963年间，南开馆先后接受的捐赠有王子长③、万国权④、徐鹤桥、周立枝、谢国桢⑤、陈钧、周叔弢、严家祯、杨石先刘崇瑜夫妇等先辈的中外文书刊、古籍、舆图、卷轴。他们中有商人政要，亦有专家学者，所捐之书种类各异，却都品质不凡。

其中军需商人徐鹤桥赠南开图书为单一古籍类，共计158种643函6800册。其中明版书有13种之多，康雍乾间的古籍也有10多种，善本合计近30种。杨石先、刘崇瑜夫妇50年代末赠书，1961年4月初步整理完毕，中外文图书期刊1243种3138册，其中古籍图书近百种，即有明版善本，亦有和刻线装，还有历史学家刘崇鋐的旧藏，以及杨石先校长题签钤印的珍善本插架，史料价值、艺术价值均非寻常。周氏孝友堂1950年代赠送藏书300余箱给南开大学时，学校派图书馆主任董明道先生和时任文学院院长的冯文潜教授一起去验书交接，1954年周叔弢先生又赠送南开馆中外文图书千余册，包括线装书746册、中文平装书196册、中文期刊183

---

①卢木斋家。

②魏宏运:《南开大学图书馆谈往》,南开大学图书馆编:《南开大学图书馆建馆八十周年纪念集》,第144页。

③1952年12月11日,有关王子长的捐赠图书目录就整理完毕。有字画、碑帖、中日文平装书、中文线装书,共计:1647册,88函13夹板,69张,91页、15幅、19件。其中古籍236种,87函13夹板,1343册。

④万国权(1919—2017),吉林农安人。早年毕业于中华大学工商管理系。曾任天津利中酸厂股份有限公司经理,天津利中酸厂副厂长,天津市河东区工业局副局长等职。中国民建会会员,赠书32种298册。

⑤曾就读于天津南开中学,1949年于南开大学历史系执教,教授明清史、目录学等课程,1957年调任中国科学院历史研究所明清史研究室研究员。

册、西文日文书200册、碑帖32册。[①]

他不仅积极对外寻求捐赠，自己也以身作则，尽力捐赠图书。1962年，书商送来版本和文献价值均十分珍贵的《盐政志》，索价800元，在馆里同仁就是否购买此书有分歧的情况下，冯馆长自掏腰包购买该书并捐献给图书馆。张绍垣先生在目录卡片附注该书的文字如下：

此为冯馆长赠书，该书初藏于湘潭袁氏，有"古潭洲袁卧雪庐珍藏"一印，旋归天津研理楼名律师刘明阳，有"研理楼刘氏藏"、"刘明阳王静宜夫妇读书印"等章，年来刘氏藏书散出甚多，我馆收购亦不少，就中如《袁永之集》等，亦曾出六百五十元大价，以视此《盐政志》未免小巫见大巫矣！此本版刻清朗，触手若新，明著明刊，允为上驷之选，幸为冯老所得，持赠我馆度藏，化私有为公物，非全心全意为人民者，曷克臻此，佩服佩服！[②]

该书版本特别，至今世存只四部，洵可宝贵。此外，馆藏中还有冯馆长1954年赠送的一部《张船山诗稿》，为藏书家吴崇喜旧藏，钤印有 "船山""张问陶""吴崇喜字仲怿号心樵""文父真赏""文父审正""文父过眼""青宫少保""鹿泉心赏"[③]等。"张问陶堪称乾嘉之际卓然独立的一代诗豪。其诗学理念与创作实绩既不囿于古人的樊篱，也无意附和任何流行的风潮。"[④]该书无论版本价值、资料价

①周与良：《记南开大学图书馆的周氏藏书》，南开大学图书馆编：《南开大学图书馆建馆八十周年纪念集》，第129页。

②南开大学图书馆善本书目卡片567.4/834附注。

③钱埔之，字鹿泉。江苏无锡人。清代收藏家、目录校勘家。

④胡传淮：《清代遂宁张氏家族诗人初探》，载胡传淮主编：《张问陶研究文集》，北京：中央文献出版社2009年版，第143页。

值，还是收藏价值都很高，为南开独家馆藏品。

而在图书购置方面，在资金有限的条件下，如何在尽可能提升馆藏质量的基础上，更好地为教学和科研做好服务，已成为当时图书资源建设亟待解决的问题。为此，冯文潜先生提出了种多册少的藏书建设方针。这一思想主要体现在他于1956年派人参加全国第一次高等学校图书馆工作会议时所提交论文《我馆坚持种多册少的藏书建设方针》中。他认为，馆藏图书应该体现人类知识体系的完整性，在具体的藏书实践中，在横向与纵向两个方面保证图书建设的完整性，多语种，含古今。比如，在50年代学习苏联的大背景下，不仅有俄文图书的购买与受赠，还有英文、德文、法文等书籍的收藏①，同时还注重几为时代抛弃的中文古籍特藏资料的购买。在强调多快好省建设社会主义的历史时期，节约经费是重要的倡导，但冯先生遇到奇书古画，既不拘泥于副本，亦不囿于书价，文后附表部分列举了其顶着压力收藏善本古籍的情况，有些书而今成为南开馆的独家馆藏或者国内珍本②。从表中亦可以看出冯馆长在购买古籍方面依旧坚持知识体系的完整性。同时期大量的图书购价都比较低，表中选了数种低价书籍用来对比一批高价购入被同事做附注嫌贵的善本书，其中以天津名律师刘明阳的旧藏为大宗，冯馆长一方面坚持自己的认知，一方面对不同的声音采取包容的态度。张绍垣先生在善本卡片里，对书籍购价有很多次的附注。如今

---

①比如冯文潜馆长以2000元购藏的原法租界图书馆10000多册法文图书。冯承柏先生言，法国现代小说鼻祖们的作品很多藏于其中。

②比如1957年购入的《迦陵词稿》、1958年购入的《孤树裒谈》、《御制诗文集》等书，均为南开大学的独家馆藏，都入选国家珍贵古籍名录。

看,南开古籍善本的半壁江山是冯先生构筑的。当时为确保藏书质量,冯馆长亲自选订外文原版书刊和线装书,笔者曾经在颜惠庆赠外文善本 History of Venice 书中见到一夹纸,上面是冯先生的亲笔:“The History of Venice by Panto Paruta 1658 年,应改做珍本 Ra,冯文潜 1960.3.23”①。也部分印证了冯馆长在具体事务方面的专业素养与以身作则的工作风格。

(冯文潜)1958—1963 年南开馆购入部分善本古籍图书价目表

书名	作者	函册	版本	著录编号	著录年月	购价(元)	备注
《方建元墨谱》6 卷	(明)方建元	8 册 1 函	明万历间刊本	132490	1958.1	300	刘明阳研理楼旧藏。编目附注:“贵”。
《九宫大成总目》不分卷	(清)周祥钰等		五色抄本	156114	1958	70	刘明阳研理楼旧藏
《惠天牧集》2 卷	(清)惠士奇	1 册 1 函	清乾隆间精刻本	156196	1958	7	刘明阳研理楼旧藏
《玉牒宗室》	(清)内府	5 册 1 函	内府抄本	156166	1958	50	努尔哈赤弟弟穆尔哈齐家谱
《许文穆公遗文》不分卷	(明)许国	4 册 1 木匣	明万历间写刻本、初印本	155348	1958.1	500	藏书家焦竑等校阅
《袁永之集》20 卷	(明)袁袠	8 册 1 函	明嘉靖二十六年刻本	155452	1958.3	500	刘明阳研理楼旧藏。编目附注:“贵”。
《孤树裒谈》5 卷	(明)李默	5 册 1 木匣	万历二十年刻本	156684	1958	500	藏书家吴重熹校
《传道日记、附日记述略》2 卷	雷鸣夏	22 册 2 函	写本	156540-41	1958	100	历史学家雷海宗的父亲的日记
《无闻堂稿》17 卷	(明)赵	12 册 2 函	明隆庆六年刻本	184508	1959.12	380	编目标识:“稍贵”。

①南开大学图书馆外文善本 Ra945.3/P259。

续表

书名	作者	函册	版本	著录编号	著录年月	购价(元)	备注
《钦定词谱》40卷	(清)内府	20册2函	清康熙五十四年刊本	184753 184754	1959.12	150	编目标识:“稍贵”。
《紫钗记》2卷	(明)汤显祖	2册1函	明万历间刻本	188454	1960	90	编目附注:“书价昂贵”。
《霜红龛集》20卷附《墨迹册》	(清)傅山	4册1函、1折15开	清康熙间刻本	188679 188680	1960	500 50	刘明阳研理楼旧藏
《齐乘》6卷释音1卷	(元)于钦	6册1函	明嘉靖本	188455	1960.3	600	编目附注:“各家未见著录的是珍品。但馆藏有清本云云,故不值。
《梦窗词集校勘记》	张尔田	1册1函	手抄本	188666	1960.4	4	稀见本
《悔生诗钞》不分卷	(清)王灼	1册1函	稿本	189911	1961	0.4	
《齐云山人文稿》4卷	(清)洪符孙	4册1函	稿本	189607	1961		藏书家缪荃孙旧藏
《赖古堂印谱》4卷	(清)周在浚等	4册1函	清康熙六年套印本	189497	1961	80	
《草屋杂谈》2卷	(明)杨勖肖	2册1函	清抄本	189613	1961	60	张绍垣先生就版本核定,目录卡片附注:“请示冯馆长亦云然”。
《彭刚直李文忠手札合册》	(清)彭玉磷 李鸿章	1函1折本14通	手札原件	189619	1961	16	彭刚直与曾国藩、左宗棠并称大清三杰,近代海军奠基人。
《谷遗诗存》不分卷	(清)李宝章	8册1函	稿本	147298	1962.10	160	编目附注稍嫌浪费。
《南雷文案》10卷、外1卷、续1卷、诗历1卷	(清)黄宗羲	4册1函	康熙	147289	1962.10	200	编目附注:“稍贵”。

续表

书名	作者	函册	版本	著录编号	著录年月	购价(元)	备注
《笠泽丛书》4卷、补遗1卷、续补遗1卷	(唐)陆龟蒙		清依元本刻	147290	1962.10	50	编目附注:“稍贵”。
《箕子外纪》3卷	(明)徐命膺	1册1函	明崇祯间朝鲜刻本	157389	1957–1958	200	独家馆藏
《苍霞草》20卷	(明)叶向高	8册1函	明万历本	156394	1963.1	240	兼具版本与史料价值。

备注:表内书目的选择有几个标准:1.善本。2.卡片附注大都说书好,但稍显贵。3.品种多样,词谱、墨谱、家谱、印谱,诗文集、方志、日记、小说、丛书,同时兼顾版本的多样性,刻本、稿本、抄本、套印本。

图书资源的建设离不开编目整理,大量购置或捐赠的图书,只有尽快地得到编目和整理,才能被读者利用,发挥其服务教学和科研以及传播知识的价值。然而,当时图书馆的工作人员人手有限,素质参差不齐,若只是依靠图书馆自身的力量,很难实现尽快编目上架的要求。对此,冯先生根据当时的实际情况,利用大学有大量专业师生的条件,开门办馆,内外结合。在充分依靠馆里的专家的基础上,积极引入馆外相关院系资源,来进行编目整理工作。比如,1958年三四月份,与历史系的师生精诚合作,在图书馆设置跃进书库,请广大师生对馆藏18万古籍图书做了简单的四部编目,参与此次活动的历史系负责人是郑天挺教授,编目工作完成之后于4月23日召开了移交大会,来新夏老师作了总结报告。7月,图书馆利用暑假时间组织部分历史系师生对周氏“孝友堂”赠书进行了整理和编目①。

在冯先生的积极谋划和领导下,南开图书馆的图书资源建设

①南开大学图书馆编:《南开大学图书馆建馆八十周年纪念集》,第88页。

取得了巨大的进步,1959 年, 校领导总结图书馆 10 年来的发展时说,每年入藏图书以 7000 余册速度在增加,1962 年止,馆藏图书达 70 万册[①]。

(二)规章制度建设

当时,南开图书馆虽然创办有年,此前由于战争等原因常常处于流动之中,加上规模有限,相关规章制度的建设相当薄弱。有鉴于此,冯先生上任以后,根据实际情况,努力进行规章制度的建设,使之渐趋完善。他在制度建设方面所做的工作主要有:

1.发动师生参与的图书采购、荐购制度。图书的采购直接关系到馆藏质量,图书馆虽设有专职的采购人员,但仅仅依靠图书馆自身的力量, 显然知识面有限, 难以保证馆藏图书的全面性和系统性,也很难满足师生教学和科研的实际需要。冯先生吸收国外图书馆建设的先进理念,充分调动广大师生的积极性,建立了由师生共同参与的图书采购和荐购制度。历史系的魏宏运先生曾就此回忆说:"建国初期,北京琉璃厂、东安市场、西单商场、隆福寺、天津天祥商场、劝业场楼上旧书摊很多,冯老鼓励教师为图书馆购书。我有逛书摊的癖好,给图书馆买进不少书籍。海关册(Foreign Trade of China ,Reports and Returns or Each por)和北洋政府公报是我和来新夏先生在东安市场书摊上发现的。我给冯老打了电话,冯老立即作出决定,并用汽车运载到学校。"[②]为编制教学参考书单,派

①南开大学图书馆编:《南开大学图书馆建馆八十周年纪念集》,第 91 页。

②魏宏运:《南开大学图书馆谈往》,载《南开大学图书馆建馆八十周年纪念集》,第 144 页。

人到院系调查,了解用书情况,同时,采购师生所需新书[①]。

关于当时图书的荐购,经济学院的魏埙老师在回忆中说:

我是从事《资本论》、现代资本主义经济和经济理论的教学与研究的,需要大量的外国书刊资料,这只能靠图书馆来提供。图书馆就让我从外文期刊中选订。选订时,并不是单纯从我个人的需要出发,而是从整个经济学院诸系所、诸学科的需要来考虑的。[②]

2.图书资源的共享制度。1953 年 1—2 月,冯先生提出统一管理全校图书资料的建议。1954 年 10 月,制定《南开大学各系资料室暂行规章(草案)》,至此,各系资料室开始从图书馆提借书刊,全校资源共享开始启动。

天津资源共建共享:与天图分工合作,分专类购书,南开大学图书馆专门购藏清人诗文集与方志,而天图则把购书的方向定在明人文集。即节约了经费又资源互补。

馆际互借:1956 年 4 月,与北京图书馆(国家图书馆)及一些高等院校图书馆建立馆际互借关系。“凡是我所需要而图书馆没有的外文图书,图书馆即通过与北京图书馆馆际借书来设法满足。”[③]

3.借阅服务制度。为了更好地为读者服务,冯先生逐步领导创立了一系列高效而且人性化的借阅服务制度。早期的图书借阅采用登记的办法,效率较低而且容易出错。1956 年开始,对此进行了改革,在图书上粘贴纸袋,放置两张卡片,一张在个人名下留馆、一

①南开大学图书馆编:《南开大学图书馆建馆八十周年纪念集》第 90 页。

②南开大学图书馆编:《南开大学图书馆建馆八十周年纪念集》第 153 页。

③魏埙:《祝贺南开大学图书馆建馆八十周年》,载《南开大学图书馆建馆八十周年纪念集》第 153 页。

张随书供读者参考借还日期，开始双轨借阅制度。据赵霖老师回忆，几十万册的中外文书包括线装书，每本都要下架，制副卡，再上架，馆员们自己干的同时，还向参加此项工作的学生介绍操作程序，组织同学完成任务[①]。1958年，开始采用小版胶片印刷卡片、书标等，快速而且规范。[②]

与此同时，逐步实行了诸多人性化的服务制度。比如，从1957年11月开始，实行每天开馆的制度。从1961年5月开始，开展送书上门服务，用小推车将书送到需要的系所。从1962年6月开始，建立新书通报制度，图书馆在大中路布告栏内开辟"新书通报"专栏，每月两次通报所购以及所编的新书，同时征询各方意见，不断改进新书介绍工作。

(三)馆舍和图书馆空间建设

1956年，随着馆藏资源的日渐丰富，原有的木斋馆越来越不能满足图书增藏需要，为此，学校决定在马蹄湖西侧选址建新馆，由冯先生具体主持建馆工作。接受任务后，冯先生亲力亲为，从建设方案到具体的施工，都倾注了大量的心血。当时规划的建馆地址是一块洼地，洼地建馆需要他处取土奠基，为了节约工费运费等建设经费和保证工期顺利进行，冯馆长提出了前方取土、后方建馆的办法，保证了图书馆的顺利建成。[③]1958年10月，用时两年位于新开湖畔的新馆落成，前方湖水新开，碧波馆影，裕如天成。该馆馆舍整

①赵霖：《难忘的岁月》，载《南开大学图书馆建馆八十周年纪念集》第163页。
②南开大学图书馆编：《南开大学图书馆建馆八十周年纪念集》第88页。
③魏宏运先生2003年接受尚晓层、王尧采访时回忆，参见。

体呈工字形，苏式建筑，宽敞明亮，面积8800平方米，可容藏书百万余册，设有阅览座位1000余席，在当时堪称一流[①]。

同时，冯先生在图书馆的空间布局的设置上，也多有贡献。1953年初，为加强管理的科学性与合理性，设馆长办公室。1956年，开始设教师阅览室，陈列各种中外文工具书、百科全书万册以上，方便教师参考利用，助推教学科研工作。1956年3月，设显微胶片阅览室，同时扩大学生参考室。1958年迁入新馆后，文艺类图书首次实行开架借阅。1958年12月，成立装订室，解决报刊装订和破旧书刊的修补问题。[②]同时成立期刊股，实行包括采购、编目、阅览在内的期刊统一管理体制。[③]1960年4月成立理科借书处，部分理科图书实行开架借阅。1960年11月，成立内部资料室，保存不宜公开传播的图书资料。馆长办公室、教师阅览室、学生参考室，到文理科借书处的分开以及部分图书的开架借阅，都有系统服务、分层次多角度服务的理念贯穿其中。

(四)员工队伍建设

冯先生出任馆长后，开始员工数量较少，后来队伍逐渐壮大，达到七八十人。人员虽然增加了，但工作人员的文化素质普遍较低。“员工大多是工农兵干部的家属，没几个大学毕业的人”[④]。在他

---

①南开大学图书馆编:《南开大学图书馆建馆八十周年纪念集》第88页。

②有关古籍修复的工作亦有开展，笔者2018年10月在《新元史》一书的内袋卡片中，看到有“何崇山修理，1959年1月31日”文字，采访陈生玺教授知何崇山是图书馆专门请来修复古籍的临时工。

③南开大学图书馆编:《南开大学图书馆建馆八十周年纪念集》第88页。

④2003年7月29日，冯承柏在接受尚晓层、王尧采访时说，笔者听了当时的录音。

任期内工作过的员工，先后晋升为研究馆员的只有 2 人，副研究馆员 6 人[①]。队伍的文化层次由此可见一斑。如何带好这支队伍，加强员工的队伍建设，成为冯先生着力需要解决的问题。冯先生注重在实际工作中提高员工的业务素质，从采编、排卡、书刊上架、流通阅览、到书库的卫生，随时检查，确保工作流程舒畅，从而保证有效地为教学科研服务。同时，对生活困难员工解囊相助，解决后顾之忧。对于业务尚缺乏自信的员工予以鼓励和具体的专业引导[②]。

为了弥补现有人员知识结构上的不足，采用聘请临时工的方法来加以补充。比如，根据陈生玺先生回忆，在 1959 年至“文革”期间[③]，图书馆有个临时工何崇山[④]，负责古籍修复。何是旧书店的学徒出身，不仅会修复古籍，还颇懂古籍版本，自己编目时还时有向其讨教的经历；今年 90 余高龄的退休职工魏淑英老师说自己 1959 年入馆时就跟随何崇山学习古籍修复[⑤]。

（五）对外交流工作

当时向苏联学习的历史背景下，我们从一些档案资料里可以看到冯先生与苏联相关图书馆馆长的往来信件之函稿与译稿信

---

①南开大学图书馆编：《南开大学图书馆建馆八十周年纪念集》第 624—625 页。

②尚晓层、王尧：《化作春泥更护花——记南开大学原图书馆馆长冯文潜教授》，载张毅主编：《南开大学图书馆建馆九十周年纪念集》天津：南开大学出版社 2009 年版，第 344—345 页。

③据雷梦辰回忆，何崇山 1955 年在南开大学图书馆修复古旧书籍，见雷梦辰：《直隶书局创办始末考》，见雷梦辰：《津门书肆记》，天津古籍出版社 2014 年版，第 225 页。

④何建岗(崇山，衡水人)，琉璃厂会文斋李善祥弟子。曾任北京直隶书局经理，新中国成立后迁居津门。

⑤2018 年 9 月 30 日，笔者电话采访魏淑英老师。

息，多次受赠图书，也回赠对方书刊，从冯先生列举的清单里，不难发现他选赠对方的书刊都具有不错的品质，不是应景之作，可见，他对待有限的对外交流机会也非常重视。

1959年7月15日予苏联科学院基本图书馆的复函稿，是感谢对方赠送的53种俄文期刊，并告知对方，来年教学计划并无大的变动，如上刊物，请"源源惠寄"。1960年5月冯先生给苏联科学院中国学图书馆的函稿，依旧是感谢对方14种图书的惠赠，并附清单回复。1960年10月，冯先生给莫斯科基本图书馆馆长的复函稿，主要是纪念十月社会主义革命43周年馈赠对方礼物：《明清扇面画选集》和木偶雕刻。1961年12月19日的函稿，回复对方"我校目前没有出版学术性的图书和刊物，无法奉寄。我馆过去寄给你们的四种期刊计：新华月报、文艺报、剧本、世界知识。在1962年度，我们想再加寄下列七种期刊，计：光明日报、哲学研究、经济研究、新建设、北京周报、中国建设。你们是否需要？希早日示复为荷。"①。1957年10月的统计数字显示，苏联科学院及列宁格勒（今彼得格勒）科学院先后赠南开大学图书馆书刊共计2421种。

二、冯文潜办馆思想

从前面的论述中可以看到，冯文潜先生在其生命的最后11年中，为南开图书馆的建设，殚心竭力，成绩卓著，不仅使其展现了此前"未曾有的新气象"②，而且也为其后来的发展奠定了良好的基

---

①南开大学图书馆档案资料1959—1963年12月。

②魏宏运《南开大学图书馆谈往》，载《南开大学图书馆建馆八十周年纪念集》，第144页。

础。这些成绩的取得应该与其实际的工作能力有关,但更为重要的无疑是建立在他有关图书馆工作先进而合乎实际的思想认识基础之上的。关于冯先生的办馆思想,迄今尚未有人做过系统的梳理,故此,在上文论述的基础上对此做一总结。

首先在认识上,他对图书馆作用和意义有着高屋建瓴的定位。也曾担任过南开图书馆馆长的冯承柏先生,[①]后来在回忆他父亲时曾谈到,父亲对于图书馆学的认知是站在人类知识体系的载体和中国国家现代化途径之一的这样的高度上的。[②]这一思想的形成显然与他早年的留学经历有关。西方发达国家先进而数量众多的图书馆和博物馆,让他感到图书馆、博物馆是国家现代化启智的重要渠道。他认为,国家的现代化依靠国民的现代化,而开民智、促现代化的重要载体就是博物馆与图书馆。故此,积极投身博物馆、图书馆学事业,也就成了其一生追求现代化的体现。作为一个著名的学者,冯先生晚年能够全力投入到南开图书馆的建设之中,无疑是跟他的这一认识密切相关的。

其次在办馆理念上,在坚持学术性和专业性的基础上,突出图书馆的服务功能。大学图书馆不同于一般的公共图书,服务对象主要是从事专业教学和科研的广大师生。冯先生有清醒的认识,在南开图书馆的建设中十分重视它的学术性和专业性。比如在图书的购置中,不仅利用自己在文史方面的深厚学养,购置存藏了一大批版本和文献价值兼具的珍善本。而且还特别注重调动广大专业教师的积极性,建立了由专业教师参与的图书采购和荐购制度。与此

①1990—1997 年任南开大学图书馆馆长。

②2003 年 7 月 29 日,尚晓层、王尧采访冯承柏先生录音带。

同时，他认为馆藏图书应该体现人类知识体系的完整性，因此在图书的采购中，特别注重知识的系统性和完整性，确立了种多册少的存藏原则。而且他留学海外多年，对于现代图书馆与各学科的关联以及图书馆各部门之间的关联互动亦有清醒的认知。1952 年院系调整时候，图书也随相关专业的调整而调拨，南开工学的图书调拨天大，商学资料调到河北财经学院，南开从文理工商四大学院变成文理两学院。先生从馆藏图书体系必须科学完整的理念出发，认为工商是一种实践的学科，是不可缺少的，应该少量调拨。至于法学书籍，坚决不让调拨，比如馆藏美国地方法院报告，是北洋的旧藏，坚持南开馆留存[①]。1959 年 8 月，因为院系调整，调拨河北财经学院图书一批，在此过程中，冯馆长坚持知识的系统性，仅选拨 989 册图书出馆[②]，最大限度地保证了南开经济研究所旧藏的整体留存[③]。正是出于这种对学术性和专业性的坚持，使南开图书馆馆藏质量得到了一定程度的保障。

馆藏图书的重点不在于藏，而在于用，只有最大限度地为广大师生所利用，才能更好地发挥图书的价值和意义。冯先生在图书馆的建设中非常注意突出它的服务功能。他就任馆长后，无论是在空间布局的设置上，还是相关的规章制度方面，都非常显著地体现了他的这一思想。设置教师阅览室，开架放置了大量的工具书和基本典籍，为教师的教学和科研提供了极大的便利。另外他所创立的每天开馆制度、送书上门制度和新书通报制度等，都充分地体现了图

---

①2003 年 7 月 29 日，尚晓层、王尧采访冯承柏先生录音带。

②见《南开大学图书馆图书登记簿》30 号本。

③2003 年 7 月 29 日，尚晓层、王尧采访冯承柏先生录音带。

书馆的服务功能。

最后,在具体的实践中,他总能采用实事求是、因时因地制宜的方针。冯先生出任馆长伊始,面临着基础薄弱、资源有限等诸多困难。他不畏艰难,根据当时的实际情况,因时因地制宜,采取灵活多样的措施来克服困难。比如,资金有限的情况下,他适时地提出了积极寻求捐赠的办法,获得巨大的成功。面对图书馆人手有限、员工文化素质普遍较低的不利局面,他采取措施,努力调动广大师生的积极性,让他们参与图书的采购、荐购和编目等工作,不仅保证了图书馆工作的专业性,而且也极大地提高了图书馆的工作效率。

三、结语

冯文潜先生是中国近代学贯中西、精通文史的重要学者。1952年,他受命出任南开图书馆的首任“馆长”,面对当时的诸多不利条件,他不畏艰难,筚路蓝缕,呕心沥血,倾全力投入到了南开图书馆的建设之中,直到其生命的尽头。他担任馆长11年,在图书资源建设、规章制度建设、馆舍和空间布局建设、员工队伍建设以及对外交流合作共建等方面,做出了许多重要而富有成效的工作,不仅极大地推动了图书馆的快速发展,而且在馆藏资源、规章制度和馆内空间布局方面留下了诸多宝贵的遗产,为南开图书馆后来的进一步发展奠定了重要的基础。

通过考察冯先生的办馆实践,可以发现,他的工作之所以能够取得成功,很大的因素在于他拥有先进而符合实际的办馆思想。主要体现在以下三个方面:首先在认识上他往往能够从开启民智,实现民众现代化的载体的高度来认识图书馆的功能和意义；其次在办馆理念上，在坚持学术性和专业性的基础上，突出图书馆的服务功能；最后在具体的实践中，他总能采用实事求是，因时因地制宜的方针。

〔刊于《南开学报》(哲学社会科学版)，2019 年第 5 期，第 25—33 页〕

作者：惠清楼，南开大学图书馆古籍特藏部

百年守素 且行且吟

——从《南开大学报》“新开湖”副刊百期管窥南开的精神传统

韦承金

最近这些年,“大学精神” 是中国高等教育界乃至社会上热议的话题。“精神”为什么那么重要? 从大处说,我们中华民族五千多年文明沿袭不断,原因固然有许多,而中国人的精神是贯穿古今的生生不息的力量源泉。而对于一所百年老大学来说,其成长自然离不开这所学校一代代教师、学生积累起来的精神传统。

个体的精神“支流”又是如何汇入一所大学的精神之“干流”呢? 大学老师、学生的精神状态又是通过什么媒介能观察到? 我以为,探寻一所大学的发展史,离不开关于这所大学的各种校史资料;而探寻一所百年大学的文化血脉、精神传统,则绕不开鲜活体现了这所大学教师及学生精神状态的校报文艺副刊。

在南开大学迎来建校 100 周年之际,《南开大学报》“新开湖”副刊也迎来了创刊 100 期。我们不妨来翻一翻这一份文艺副刊……

一、“大学”与“精神”

在大学里，最受尊重的是学人的学问与修养。我们可以从“新开湖”副刊上读书随感、学术随笔或治学经历一类文章中，品味南开人质朴睿智、博大精深的学养境界，诚恳扎实、刚毅笃定的治学精神和汲汲骎骎、月异日新的生命精神。

数学大师陈省身先生在《人生·数学》中说：“把奥妙变为常识，复杂变为简单，数学是一种奇妙有力、不可或缺的科学工具。人生也是一样，越是单纯的人，就越容易成功。”“人生是一种乐趣，一种创造。生活的动力就是不断寻找和发现乐趣。”这篇散文逸笔草草、言简意赅，体现了一种朴素而天真、质简而深邃的学养和人生境界。

读书治学是要讲究方法的。历史学家来新夏先生在《闲话读书》里，以答客问的形式，深入浅出地向读者介绍他 80 年的读书治学心得：“立足于勤，持之以韧，植根于博，专务乎精。”中科院院士、无机化学家、教育家申泮文先生在耄耋之年才开始学电脑，凭借多媒体教科书软件获得国家级教学成果一等奖，他还用专业知识在博客上“怼”方舟子。在《我学外语》一文中，申老向青年学子介绍学习英语的经验。这是南开人的诚恳扎实、坚韧笃定的治学精神。

中国古典诗词大师叶嘉莹先生在讲授古典诗词时经常强调“修辞立其诚”，她认为“真正伟大的诗人，是用生命来写自己的诗篇、用自己的生活来实践自己的诗篇”。叶先生发表在“新开湖”副刊上的《谈我与荷花及南开的因缘》《九十回眸》等散文、演讲稿，通过介绍自作诗词的心路历程来回顾自己的求学治学经历，其诗词和解说都体现了学贯中西的学识和诚朴的人格境界。

读书为学之要,在于博览群书、融会贯通而变化气质、提升精神品格。在"新开湖"副刊上,不乏南开知名学者面向后学者的"经验之谈"。比如,中国古典小说戏曲研究专家宁宗一先生在《经典与经典的阅读》中认为,阅读经典作品是一个人精神成长的必由之路。而天天与书打交道的编辑出版家刘运峰教授则在《读书 治学 做人》一文中,总结了近现代著名学人、教育家的读书治学经验。

此外,《〈郑天挺西南联大日记〉序》(郑克晟)重温了一代联大学人的筚路蓝缕、刚毅坚卓,《还历史之"原"》(罗宗强)为追求"历史实感"所探讨的文学思想史研究方法,体现了作者求真求通的治学精神。《品味赫胥黎的散文》(倪庆饩)、《品老舍味儿》(范亦豪)、《苦难选中这母女作喉舌》(谷羽)、《特瓦尔多夫斯基:索尔仁尼琴的"伯乐"》(龙飞)、《秦亡谁之罪》(陈生玺)、《丰碑之础——梅兰芳的艺术成功之道》(陶慕宁)、《与陶渊明生活在桃花源》(程滨)、《电影的观看之道》(刘忠波)、《此世的超越》(卢兴)、《沽上访书略记》(刘芃)等读书访书、治学求学随笔,都在字里行间体现了作者真诚的求知精神。

一流的大学要有文化的积淀,更要有开放、包容的办学理念,追求真理的精神。"新开湖"副刊一些文章体现了南开人多元、开放、包容的理念,悲天悯人的情怀,求索前瞻的思维和敏思求新的精神状态。

社会学教授杨心恒先生对著名教育家梅贻琦先生的名言"所谓大学者,非谓有大楼之谓也,有大师之谓也"有深刻的理解和论述。在《大学、大楼、大师》一文中，杨心恒发问：为什么中国现在有的是大楼却少大师呢？他对中国教育中存在的“往学生头脑里灌输”的教育方式和教育界层层不断的评审制度表示反思，对某些歧视知识分子的社会现象表示忧虑。

追求真理离不开学术争鸣。近年来，“国学热”的推动下，有些学者呼吁高校把国学设为独立的一级学科，对此，中国古代思想史研究专家刘泽华先生在《关于倡导国学几个问题的质疑》中提出异议，认为“学问是个人的事，由个人自由选择，建立学科就比较复杂”“对传统文化的价值判定要有分寸，不宜过分夸张”“即使有所继承也只能是在分析、再创造中吸取某些养分”。

文学院教授张学正先生《忆“百花” 话“争鸣”》一文，通过对1949年以来文化发展的曲折历程，并结合数千年来世界各个国家、各个民族的文学发展史得出结论：“承认并尊重文学艺术的多元性、流动性，这才是‘百花齐放，百家争鸣’的本质与本义……如果社会能有一个‘宽松、宽容、宽厚’的环境，则百花齐放、百家争鸣的文艺大繁荣时代将指日可待。”

在《新版〈红楼梦〉的“三大遗憾”》（张圣康）、《“大学之道”与学术创新》（李锡龙）、《寻找你的另一半》（刘畅）、《中国“新穷人”的焦虑与网络消费的狂欢》（周志强）、《如何能让我们抵达学问》（胡学常）、《道成丹青》（吴克峰）、《莫让诗词“热”一时》（刘佳）等随笔中，作者们都面对生活和工作、学习中观察到的新问题，提出自己的思考，其中不乏在社会上产生很大影响的创见。

“新开湖”副刊上的回忆先贤、感念师友的文章，体现了南开人对师道的尊崇，并矢志传承与发扬前辈优秀南开人留下的宝贵精神财富。

经济学家杨敬年先生在《我的人生历程与经研所的五位老师——何廉、方显廷、张纯明、李锐、陈序经》一文中，回忆了与几位恩师的往来：“南开经研所的特色是，师生关系密切，感情深厚，老师们不但教书，而且育人。”

历史学家王敦书教授在《师恩重于山——雷海宗的最后十年》一文中，概括自己与恩师雷海宗先生的关系：“父亲之交，师生之恩。受教恨短，勉承师学。凄凉送终，情同父子。”

现当代文学研究专家张铁荣教授在《难忘恩师李何林》中，再现了恩师李何林先生的教诲：“他说：‘你要读《鲁迅全集》，只读一遍不行，要针对问题反复读，还要看当时的资料，看别人的研究文章，看了以后要思考，要想一想他说得对不对，不对就要纠正，要说自己的话！’”

而哲学系陈晏清教授回忆同事刘文英教授的《悼念文英》一文，那惺惺相惜的情谊之中，蕴含着学为人师、行为世范的师道尊严：“他的学术研究都是开拓性的，都是扎扎实实的。他有把中国文化推向世界的雄心，又有把自己关在书房里坐冷板凳的耐心……文英的为人，归纳起来就是一个‘实’字：真实，老实，朴实，扎实，诚实。”

此外，《陈省身与穆旦——南开园里的文理双星》（郭晓斌）、《南开园里的“联大”老人》（王昊）、《忆恩师霁野先生》（常耀信）、《旧句新吟忆恩师》（李剑鸣）、《父亲是一位教师》（王兰仲）、《怀念我的父亲许政扬》（许檀）《书生情谊》（焦静宜）、《开显历史之大美》（刘刚、李冬君）、《张圣康老师》（祝晓风）、《师恩永恒》（田本相）、

《徐清，别走，咱们再聊聊天》(李润霞)等文章，都鲜活刻画了南开先辈学人的风范。一所大学的精神传统使身在其中的老师和学生都受其鼓舞、激发，同时这些老师、学生因受到鼓舞而激发出各自的特质，又给予大学的精神传统不断地充实乃至生生不息。

“新开湖”副刊上关于南开校园各时期学习生活场景的回忆文章，体现了大学以其无形的精神“场域”陶铸了一代代学子、影响着身在其中的每一名师生。

物理学家吴大猷先生、植物生理学家殷宏章先生分别在《十年的南开生活》《南开十年》里回忆了20世纪二三十年代的生活场景，再现了多姿多彩的南开早期校园生活。张伯苓、老舍、姜立夫、饶毓泰、邱宗岳、李继侗等著名教育家、大师在他们笔下如跃纸上。

文学家曹禺先生在《我与南开新剧》中回忆南开生涯对自己的影响：“在这短短的，对我又似很长、很长的6年里，新剧团扩大了我的眼界，决定了我一生从事话剧事业……我的青年时光可以说是在这个极可爱的团体里度过的。”

古典文学研究专家张怀瑾先生则对西南联大的求学岁月难以忘怀：“除了完成公共必修课，中文系的教授每学期轮流开设各种不同的选修课……给我影响最大者，是我在三年级选修罗膺中先生开设的《楚辞》(上)，闻一多先生开设的《楚辞》(下)。”(《学〈楚辞〉的契机》)

著名语言学家邢公畹先生哲嗣邢沅在《杨校长家的小花园》一文中，回忆了20世纪40年代到80年代间南开大学东村的逸事，杨石先、王玉哲、华粹深、杨敬年、吴大任、郑天挺等学人鲜为人知的生活轶闻在他笔下娓娓道来。

从中国人民大学毕业，后来到南开大学法学院执教并居住在南开大学北村的周长龄先生，在《北村之恋》中描述了20世纪八九十年代南开精神“场域”对他的影响：“决定我人生15年来心迹走向的，当属北村“精神”二字了！譬如北村晚上那窗的灯光，不正是那两代学人‘精神’的发光吗？”

作家韩小蕙、赵玫分别在《学术人生庄谐有致——致南升老师》《唯有读书——忆南开岁月》中，回忆了改革开放初期进入南开求学的难忘经历。数学家龙以明的《我们如此之幸运》、学者武斌的《我的心留在了南开》、知名媒体人陈建强的《美好的日子》、作家黄桂元的《咱们的“诗魂社”》、青年学者汪梦川的《迦陵学舍海棠雅集序》，还有阿阳的《“陈老板”的幸福生活》、佚名的《南开气度》、冀宁的《一宿》、莫训强的《〈南开花事〉的来历》、方向华的《南开园，自行车》、张志伟《我与迎水道相识的十年》……也都再现了改革开放以来各年代的南开生活场景。“新开湖”副刊上这类校园生活回忆散文，涵盖了整个南开大学的百年历史，从不同侧面描绘了这所百年学府的校园生活史。而文章作者，都各自受到南开精神“场域”的影响，同时，又在文章道出自己心中的南开，传扬给众多读者。

“新开湖”副刊上记录南开人日常生活点滴的散文诗歌，或感旧怀人、或托物寄兴，或深情贯注、或怡然自得……未必与“南开”有关，却都从不同侧面体现了南开人丰富多姿的精神生活和内心世界。

天文学专家、八旬老教授苏宜在《母亲 妻子 女儿》一文中，讲述在历经战争、经济困难时期的几十年坎坷中，一家人相濡以沫的故事，文笔朴厚而饱含深情。

文学院教授耿传明在《楝子花开》一文中，重温儿时故乡楝子花开的清爽、明净的早晨，回忆里有篱笆墙上的豆角、慵懒的虎斑猫，充满生趣；无独有偶，青年学子曲维民的《童年里有株槐树花开》回忆了童年里的槐树花香和一个与槐树花有关的友情故事，平淡而有味。两文文笔俱是简朴而隽永、令人回味无穷。

韩籍南开博士李贞玉在《韩国胃 中国味》一文中，讲述自己在中国从品味地方特色小吃到吃遍鲁川粤闽苏浙湘徽八大菜系的经历和体验，并比较中韩饮食文化的异同，文笔生动风趣。

《1977，改变命运的那次高考》（周荐）、《阿姆斯特丹的“贡多拉”》（何杰）、《故乡琐记》（李向阳）、《春泥》（朱赢）、《重访谭嗣同故居》（吴丛丛）、《草木有情》（黄华勇）、《做冬不拉的老人》（李悦）等散文，或关于故土风物、怀人忆旧，或关于异域风情、旅行随感，都在一个个故事里体现了作者各具特质的情怀和内心世界。

此外，还有许多诗歌佳作，如《论诗绝句十七首》（李剑国）、《我愿做一潭湖水》（李国忠）、《水调歌头》（李东宾）、《阅读穆旦》（宋智勇）、《献诗》（赵长东）、《浪淘沙慢》（东山）、《摸鱼儿》（曲天舒）……记录下了各自生活中兴怀感发的瞬间，鲜活反映了作者的感情和志趣。

值得一提的是，“新开湖”副刊上少量文章的作者，并非南开大学的老师或学生，但他们刻画了南开的精神面貌，令南开的形象愈加丰富鲜活。著名数学家丘成桐先生的《祭省身先生文》、著名作家席慕蓉的《心灵的飨宴——叶嘉莹先生的诗教》、著名诗词家周大成先生的《鹧鸪天·南开园赏荷》,即属于此类。再如,著名红学家、古典文学研究家周汝昌先生在南开中学求学时,国文老师是孟志孙先生,他的《缅怀业师孟志孙先生》感人至深,诗的序言说:“先生往矣,德泽永在邑里,南开精神,先生其一楷模也。”

“新开湖”副刊作者面广,精品多多,不一而足。我以为,一所高等学府的精神特质,正是由这所学府的每一个具体的老师和学生的精神状态来体现的。诚如著名学者陈平原先生所言:“学校办得好不好,除了可以量化的论文、专利、获奖等,还得看这所大学教师及学生的精神状态。”

古人云“文以载道”。我以为,就个体而言,一个人的文章、言论是其精神状态的重要载体。反过来说,一个人的精神若是很有影响力,其文其言必然能够得到传扬。所以鲁迅说:“从来不朽之笔,须传不朽之人,于是人以文传,文以人传——究竟谁靠谁传,渐渐的不甚了然起来。”西方彦哲则认为,人类在精神上有一种超越有限、追求无限以达到永恒的一种精神渴望,叫作“终极关怀”,而哲思与审美观照恰是人类“终极关怀”重要的两种方式,文学作品正是能够体现哲思与审美观照的重要形式。

大学的精神,不是呼之即来的,其形成和传承的过程,是一种人文的过程,是不断积淀的结果。我坚信,校报文艺副刊的优秀作品,经得起岁月长河的“浪淘沙”,并将有助于这所百年学府的大学精神历久弥新。

二、“桥梁”和“窗口”

如果说扎实的专业知识能使大学教师站稳讲台、使大学生走出校门充满底气的话，那么，我以为，唯有更高层面的、基于所学专业又超越其专业的视野，才能使一个大学的课堂充满灵气、大气。大学教育不仅在于学科知识教学，更在于“传道”、育人以“变化气质”，学科知识的传授是“技”的层面，而只有超越了专业知识关切到人的思想、素养的视野，才是“道”的境界。

有“中国现代副刊之父”“副刊大王”之誉的现代著名编辑家孙伏园先生认为，副刊作品应力求“避去教科书或讲义式的艰深沉闷的弊病”。为此，他认为“文学艺术这一类作品”，理应是副刊的“主要部分，比学术思想的作品尤为重要”。孙伏园又说，“文学艺术的文字与学术思想的文字能够打通是最好的”，而就“文艺论文艺，那么，文艺与人生是无论如何不能脱离的”（孙伏园：《理想中的日报附张》，1924 年 12 月 5 日《京报副刊》第 1 号）。孙伏园先生的这些经典论述，道出了中文报纸诞生以来许许多多副刊编辑所共同追求的理想和目标。《南开大学报》“新开湖”副刊自然也是以文学艺术类作品为主。其整体风貌，恰因其作者主要是大学的教师、学生等——可以说是学人、知识分子群体，故而其文章的整体风格与孙伏园先生“文学艺术的文字与学术思想的文字能够打通”这一副刊理想颇有暗合之处，“新开湖”副刊上许多文章本身就是有关人生经历的回忆与感怀，一些文章虽然不谈论自己的人生，然而其中体现作者的人格精神也是与人生息息相关的——这就意味着，其中的优秀作品对读者的人生当有所启发，其教育意义自不待言。

因此，高校校报文艺副刊重要的一个特点在于，它其实也是大学的“第二课堂”。而且，这个课堂不仅仅是面向其中某个专业领域的师生，更要面向全校所有专业领域的师生，这就要求副刊文章要超越学科知识的探讨，上升到哲思与审美观照，成为读者能够理解接受的文学作品形式。正因为如此,“新开湖”文艺副刊可以说是无形中承担了师生精神交流的“桥梁”和传道育人的“熏陶”之功能,成为展示师生的精神风貌的一个窗口。

校报有很多读者,很多老读者一直坚持读每一期《南开大学报》,编辑部时而会收到一些读者直接或间接的反馈。比如有一回,我接到一位读者的电话,电话那头是苍老的语调:“早晨翻报纸,看到周报(《南开大学报》前身为《南开周报》,老读者习惯沿用老称呼)副刊发了杨教授的一篇文章,谈了一些问题,谈得很好。文笔老练,思想深刻,好文章!周报的面孔终于有了一些改进。作为一名南开老教师,作为周报老读者,我感到非常欣慰,我为南开高兴。”后来才得知,这位读者是大名鼎鼎的经济学家熊性美先生。他读到的那篇文章,所探讨的并不是他的专业领域的问题,但通过校报副刊这个“桥梁”,两个不同专业的大学教师得到互相共鸣、鼓舞的效果,这对彼此的学问无疑是起到了切磋琢磨、互相促进的作用。

《人民日报》驻天津记者站采编部原主任、《今晚报》副总编辑陈杰在《校报:校园精神史的标记》一文中说:“‘今天/我们流泪了/可那不是忧伤/是歌唱/今天/我们分别了/可那不是遗失/是珍藏’,读到此,我的泪水夺眶而出。读到的,是最近《南开大学报》上的一首题诗……《南开大学报》是一份优秀的校报,它的版式风格疏朗大气,留白讲究,特别是近期的‘新开湖’副刊,文采蕴藉,晶亮剔透,名家多多,精品多多,值得深读。”他认为“校报是校园精神史的标记”“没有任何报纸可以取代它在私人空间的位置”。

校报副刊老读者、老作者,南开大学社会学系杨心恒教授在《南开人读南开报》一文中说:“我看得较多的是副刊版,因为杂文、散文、随笔、诗词、歌赋都登在这版,间或也有研究报告在这里发表。我管这版叫抒情版和成果版。人是有思想感情的，接受外界刺激，有所反应，总想以各种文学形式抒发出来，这对作者和读者都有好处，《南开大学报》就提供了这个抒发感情的地方。”这位老教授还对他所不认识的青年后学的文章不吝给予赞赏：“最近看到一位年轻人在《南开大学报》上发表的一篇散文，境界很高，构局巧妙，语言朴素，读了之后，浮想联翩，心灵受到一次洗礼。”校报副刊的作者，有很多是像杨心恒教授这样的知名学者、作家，也有很多是像杨教授所提到的思想深刻、文采斐然的“年轻人”。

许多老作者对校报副刊有很深的感情，每有佳作，总是将校报副刊作为首发媒体。这些佳作还不时被校外知名报刊转载，如来新夏先生的《闲话读书》，于 2008 年 9 月 26 日首发于校报副刊，后来被《博览群书》杂志转载，又于 2009 年被《新华文摘》杂志转载。还有不少优秀作品曾被《天津日报》《今晚报》《天津教育报》等报刊转载，扩大了这些佳作的社会影响力。我想，这也是大学以“学问”和“精神”服务大众精神生活的一种体现。

很多在校的大学生读者，读到校报副刊上的精彩文章，不时会在微博、微信上分享。不久前我就接到一位同事转给我一幅微博的截图，是外国语学院的一名学生在微博上“晒”校报“新开湖”副刊上龙飞教授撰写的一篇分析苏联文学作品的随笔。这名学生当时正在修读相关内容的课程，读完这篇文章后觉得作者关于某位作家的思想和人生经历的阐述很精彩，见解深刻而深入浅出，让他（她）得到非常大的思想启迪和教益，自言很感动，所以发微博分享“点赞”。类似这样的故事很多……我想，副刊文章的这种感染力，大概可以从一个侧面体现了校报的育人功能。

南开校歌中有一句“美哉大仁，智勇真纯。以铸以陶，文质彬彬”,讲的不正是一个熏陶、熔铸的道理吗？正如有学者所说的,熏陶是不教之教，是最有效也最省力的教育，好的素质是熏陶出来的。亦梅贻琦先生所谓:“学校犹水也,师生犹鱼也,其行动犹游泳也,大鱼前导,小鱼尾随,是从游也,从游既久,其濡染观摩之效,自不求而至,不为而成。”我以为,大学的理想状态,就应当让青年学子从明师“游”,在其熏陶之下自然而然地成长、成才。

三、“湖畔行吟”的由来

南开大学校园内有两处人工湖,新开湖和马蹄湖。“新开湖”字面之意是指新开挖的湖,又因校训中有“日新月异”句,故而这个湖名又寓意着“新的南开”“日新月异之南开”。其北侧是老图书馆,南侧是大中路和东方艺术大楼,西南面是第一主教学楼,西侧是第二主教学楼,湖边种着的法国梧桐,四季风景各异,连同四周楼宇,倒映在湖面上,风景十分怡人。每天都有很多青年人来湖边散步,或者坐在湖畔看书、聚会。

新开湖东面不远处则是南开大学最早的湖——马蹄湖，这里种着一池荷花。荷花被古人喻为“花之君子”,所谓“清水出芙蓉,天然去雕饰”“出淤泥而不染”“香远益清”，说的是荷花朴素自然、高洁脱俗的品格。马蹄湖一池荷花是许多南开人内心深处的“情结”,所以有一年南开师生校友在网上进行公开投票，荷花高票当选为南开的“校花”。可以说马蹄湖、新开湖一带是南开园里最有人文气息的所在。所以,这两个湖被誉为“南开的眼睛”“南开大学最具灵魂的地方”。

“新开湖”副刊百期走过的近二十年,也是我与南开有交集的二十年——这可是我最美好的年华啊。近二十年间,几乎天天都经过新开湖和马蹄湖畔。一开始觉得,那些来来往往的人,似乎每天都是不一样的。但久而久之,我发现了一些总会出现的熟悉面孔。每天总有那么大约十位老先生结队漫步于新开湖、马蹄湖畔一带,他们衣着朴素,举止与普通路人似乎没多大区别。偶尔远远看见他们一起讨论着什么,时而扼腕叹息、时而又相视会心一笑,间或有个别老先生,各自沿着湖畔独自行走,有时还一边独自低声吟哦着,目光深邃而从容……这些神态,让我觉得这些老人又似乎与普通路人不太一样。

后来我才渐渐了解到,这些每天结队漫步湖畔的老先生多是南开的老教授,而且多是校报副刊的老作者:郝世峰先生、张学正先生、郑克晟先生、米庆余先生、任家智先生、季绍德先生、张菊香先生、张象先生……我记得,早些年有时能在湖畔遇见杨敬年先生、申泮文先生、来新夏先生、朱一玄先生、戴树桂先生等,不过他们不参与结队漫步。杨敬年先生身体不便,靠轮椅出行,而申先生则经常骑着自行车路过……这些早晨漫步湖畔的老教授,走过身边,有时能听到有些老先生哼着一些若有若无的曲调,漫不经心,有时灵感来了,写篇散文、诗歌,发在副刊上与读者共享同乐。

有的老教授,一边在湖边散步,一边还顺手将地上偶尔出现的生活垃圾拾起来扔到垃圾桶(此事曾受到社会媒体的关注、报道)。而漫步于马蹄湖畔的著名古典文学研究专家王达津先生,则被东方艺术系学生唤作"那个大爷"拉来当作写生的模特(王红:《我请达老当模特儿》)。

这些年,因为在校报编辑部工作的关系,我有幸接触到许多这样的南开老教授。他们未必都是很有名气,然而对于教书、做学问都甘于“坐冷板凳”，在别人看来很清苦，他们却是甘之若饴、乐此不疲，生活虽清苦，讲台上却颇有一种“精神贵族”的风范。比如，来新夏先生在20世纪80年代给学生授课时，给学生、现已是著名学者的刘刚、李冬君的印象是：“他洁白似云，高蹈如鹤，哪像刚从‘牛棚’里出来的？身上为何没有受煎熬的痕迹，神情何以没有气馁的样子？头发一丝不乱，裤线根根笔挺，一开口便金声玉振，一抬头就眼高于顶，真是‘岩岩若孤松之独立’，如魏晋士醉眄庭柯，目送归鸿。”（《开显历史之大美——再拜来新夏师》）来先生一生笔耕不辍，晚年更是在“难得人生老更忙”中度过的，然而在来先生夫人焦静宜的回忆中，来先生也是自得自在的：“先生在忙碌中生活井然有序，平时上午在电脑前读书写作，下午自娱看报待客，饮食起居，情趣怡然，还不时小有新意”。（《他在余霞满天中走进历史》）

再比如张圣康先生，平时写了影评、随笔，都是亲自送到编辑部，都八十岁的老人了，我不止一次跟张先生建议，“您下次打个电话我骑车去取一下就可以了，不用麻烦您走那么老远的路”。老先生答道：“嗨，不远嘛，几步路，到湖边遛个弯儿，顺便就送过来了，不麻烦，一点都不麻烦。”末了还不忘叮嘱我：“我只是写了给你看看而已，不一定要发表，千万别为难。”张先生从不催稿，记得有一篇影评因为我的疏忽差点遗漏了，最终隔了一年多才在校报上发出来。我给张先生送去样报后，老先生只是憨憨一笑：“我都差点儿忘了有这么一篇，哈哈。”正如张先生学生、中国社科院文学研究所编审、作家祝晓风先生在《张圣康老师》一文中说的：“性格的散（散淡），学术兴趣的漫，加上为人处世的淡，可以说是张老师几个特点……他保持了一个普通知识分子的本色，一介文人的淡泊与正直。这也是中国传统文人的风骨。”“张老师是个普通的知识分子，但是个觉悟的人。这是超越物质层面的智慧,需要非凡的境界和决绝的勇气。”孔子有言:“一箪食,一瓢饮,在陋巷,人不堪其忧,回也不改其乐。”“新开湖”副刊的不少作者都是像颜回这样的。

湖畔的故事,还有一件令人难忘的是:2004 年 12 月 3 日晚,数学大师陈省身先生与世长辞, 数千名手持蜡烛的南开学子自发聚集新开湖畔,默默为大师送行。星光点点,烛光点点,泪光点点,都映在新开湖里,这景象让我非常感动,第一次觉得这湖是如此之博大、如此之深邃……

新开湖畔,人来人往,一年又一年。那郎朗晨读声、朗诵声,是青年学子们的踽踽前行、上下求索;那叮叮咚咚的六弦琴分解和弦伴着的那沙哑歌喉里,是青年学子们的悲欣慷慨、且行且吟。每次从他们边上走过时,我的心里头便有一种莫名的温暖涌了上来。

百年守素,且行且吟。百年来,多少人从这所大学的校门进进出出……大多数南开人的心事,如同新开湖畔的晚风,未必都能够在世间留下什么痕迹,也许只是曾在某个不经意的夜晚,进入故事主人的梦中。

机缘巧合,适逢南开大学建校百年,《南开大学报》“新开湖”办满百期,一部“湖畔行吟集”就这样应运而生了。这份校报文艺副刊,不可能留下所有南开人的姓名,正如许多南开人的故事都消失在湖畔的风中了一样。与近二十年来约二百万字的副刊作品相比,这本“选粹”也显得有点儿薄。我只是尽己所能,希望这本“新开湖”副刊作品选集,能折射出南开百年博大深邃的精神传统。而这个传统,对于此时此刻正走在新百年路上的南开人,对于关注高等教育前途命运的社会各界同仁,也许是不无裨益的吧?

书稿付梓之际,忽然记起几年前的一次偶遇:那时我正走在编辑部门口楼道里，我们新闻中心的前辈摄影师李星皎伯伯与一名中年男子边聊边向我迎面走来，走到我跟前，这位中年男子好似早就认识了我一般，上来就拍我肩膀，笑着问："小韦啊，你在编辑部待了有几年了吧？""八九年了吧。"我回答说。心里有些抱歉：我一定是在哪里跟这位先生见过面，可是我竟一时想不起来他是谁了。这位中年男子接着我的话茬，以半认真半玩笑的语气说："小韦我跟你说啊，在我们编辑部，九年可是个'坎儿'。你看，陈建强在这里待了九年，去《光明日报》了；你看，我也是在这儿待了九年……"后来我才知道，这位就是传说中的校报副刊前辈"胡编"胡学常老师，我虽久闻胡老师的一些逸事，但我确信此前与胡老师素不相识，但他竟径直那么熟络地跟我聊起天来，真是奇人。也可见，校报副刊的前辈们一直在默默关心着这份报纸，即便只是初次见面，对后辈编辑却是毫不生分，令人感动。

当然，每个人的因缘不同。无论处在怎样的"坎儿"，我总珍惜当下的每一刻。恰因为一直还在校报编辑部编副刊，故而我如此之幸运—我有幸在年复一年的人来人往中，听到"新开湖"畔的那些"行吟"声，高远而深邃、余音不绝如缕，仿佛从茫茫亘古中来、向遥远未来而去……

〔本文分为"上篇""下篇"连载于2019年12月15日《南开大学报》(总第1394期)第3版(副刊版)、2020年1月1日《南开大学报》(总第1395期)第3版(读书版)。报纸限于版面，略有删节。此为南开大学微信公号2019年12月20日所刊发的完整版〕

作者：韦承金，南开大学新闻中心《南开大学报》

“别有中华”

——张伯苓七十寿诞纪念文集的编纂过程及其学术意义

张昊苏　陈　熹

作为近代教育史上的重要人物，南开大学创校校长张伯苓（1876—1951）的生平活动与教育思想已得到相当程度的整理与研究，而张伯苓本人及南开系列学校所受的美国影响也已逐渐进入教育史研究者的视野。但较少人注意的是，张伯苓在接受美国影响的同时，其三次美国之行对西方世界也产生了相当的影响，且其影响及于并不仅限于美国学界的中国观。其中，为祝贺张伯苓七十寿辰而出版的纪念文集 *There Is Another China: Essays and Articles For Chang Poling of Nankai*（《别有中华：献给南开张伯苓校长的纪念文集》，旧译“另一个中国”，下简称《别有中华》），既是张伯苓对美影响的重要体现，又是近现代中国文化影响西方的特殊一页。通过本书的编译与研究工作，希望以此促进近代教育史与南开校史的研究，并为即将到来的南开百年校庆献礼。

一

抗战刚刚结束的1946年，适逢张伯苓七十大寿。该年3月，张伯苓赴美治病，受赠哥伦比亚大学名誉博士学位，并得到美国各界名流、旅美南开校友、在美中国名流等的热烈欢迎。1948年，在中美学界名流的推动支持下，纪念文集《别有中华》正式出版，汇集十三位学者的十二篇论文，除胡适外均为对中国、对南开大学有相当了解的美国教授，这堪称张伯苓生平最令人注目的一次涉外活动，同时也是中美文化交流史上一件值得深入关注的学术事件。

张伯苓自抗战时即有前列腺症，时常便血，欲求根本治疗，计划赴美国医治。1946年3月18日，张伯苓自沪赴美，11月15日去美回国。张伯苓在美期间度过了七十大寿，除旅美南开校友云集祝贺外，美国学人对张伯苓亦颇致意。也正是在这样的背景下，张伯苓受赠美国哥伦比亚大学名誉文学博士学位。及其甫一去美，加州大学伯克利分校名誉学位委员会亦同意授予张伯苓名誉法学博士学位，惜伯苓未克再度赴美受赠。张伯苓在美期间，亦致力于获取美国资金援助，为南开复校提供支持，纪念文集的编纂，盖亦与其争取美援有密切关系[①]。

据现有资料可知，纪念文集的主事者为张彭春，他至晚于1945年12月组建了编辑小组，邀请肖特威尔、胡美、孟治为编辑小组成

①张伯苓国外募款计划，参见《南开大学复兴筹备会议（四则）》，载王文俊选编：《南开大学校史资料选（1919—1949）》，南开大学出版社1989年版，第88页。

员。胡美在 1945 年 12 月底邀请顾临参与撰稿。1946 年 3 月,张彭春在纽约与肖特威尔、克伯屈、胡适再度讨论纪念文集编纂问题。至晚在 4 月,康德利夫加入撰稿者行列,并随后完成为张伯苓贺寿的文稿,这一完稿——发表的过程与胡适撰写评传大体同步,《中国杂志》亦对此做了专题的介绍。这一时期编辑小组或许亦联系不少学者请求撰稿,应包括国内《教育通讯月刊》提及的杜威、孟禄、司徒雷登,美国《中国杂志》所刊的广告提及的肖特威尔、杜威、霍尔康柏等。纪念文集的书名初拟为"五十年之新中国"。所谓"五十年",即指 1895—1945 年。这一时段除具有"凑整"的意义外,还代表甲午战争——抗日战争时段中国走向现代化的过程。值得注意的是,1928 年的《南开大学发展方案》中也明确指出"南开之创办与中国之革新,同以甲午之败为动机",因此"南开之演化,实吾国革新运动历史之缩影",除合乎此处的文集命名外,也早就是张伯苓的夫子自道。我们推测,或因张伯苓寿诞已过,而供稿、出版方面仍存困难,因此纪念文集的出版时间不断拖延,直至 1948 年才得以刊行。然而到 1948 年,"五十年"之所指已嫌不够切实,因此书名也调整为"别有中华"。

二

《别有中华》收录文章十二篇,其篇目、作者及内容基本情况如下:

1.《序言》。作者:司徒雷登。

2.《张伯苓:一代师表》。作者:胡适。

3.《近五十年的历史》。作者:费纳克。

4.《中华民国之演进》。作者:霍尔康柏。

5.《国际关系》。作者:昆西·赖特。

6.《南开经济研究所》。作者:康德利夫。

7.《转变中的经济》。作者:约翰·奥尔查德、多萝西·奥尔查德。

8.《科学教育诸方面》。作者:顾临。

9.《对西方农业的贡献》。作者:卜凯。

10.《医学今昔》。作者:胡美。

11.《一位学者的肖像》。作者:恒慕义。

12.《新旧道德哲学》。作者:霍金。

纪念文集的作者多为东亚问题专家或社会活动家，在美国享有崇高学术声誉与话语权,与中国社会各界乃至张伯苓、南开学校亦多有较密切的往还。亦即,撰稿人皆为对中、美两方面均能产生重要影响的学界精英。以十二位知名专家共同为张伯苓撰写纪念文集,其象征意义可以想知。正如包华德所指出的那样:“纪念集指出这样一个事实:在混乱的政治军事事件后面,还存在着另一个中国,富于人情而趋向进步,那才是活生生的重要事实。”①张伯苓的道德事业与南开学校的艰苦奋斗,正是“别有中华”的最好代表。换句话说,诸撰稿作者也正是以全面介绍“另一个中国”的方式,致敬张伯苓的生平与功业。当时,张伯苓虽已身受政府职位,然而美国人对张伯苓的关注与敬意仍集中于其教育事业，虽然间或与张伯苓论及国内、国际之政局大势，但很少在正式场合提及其政治活

①包华德主编,沈自敏译:《中华民国史资料丛稿译稿民国名人传记辞典(第一分册)》,中华书局1979年版,第104页。

动。如前揭肖特威尔致费肯藻信中,即认为张伯苓乃作为“杰出的中国非官方人士”而在“教育界或非政治界”①具有最高地位,故应有受赠荣誉博士之资格,而哥伦比亚大学的授予颂词亦仅言其教育家身份。

这一编辑思路的特殊文化意义与政治意义,当时美国学界之书评已有明确的分析,如一篇书评即指出:“一个人的品质能唤起另一个世界里十数知识分子的致敬,这可以看作是向他所来自的民族的真诚敬意。”

纪念文集对张伯苓及南开学校的介绍,首先是对张伯苓本人的推崇。其中胡适所作的《张伯苓:一代师表》一文,如前文所述较早即被译成中文。这篇文章因成文时代早而含有不少独有资料,至今已经成为研究张伯苓、严修以及南开学校的重要基本资料,司徒雷登《序言》此前的关注相对较少,但亦曾得到简单的绍介。司徒雷登以燕京大学校长的身份,出于其在华办学之亲身体会,对张伯苓办学的努力表示极大的同情与钦佩。他指出张伯苓是兴办私人教育的先觉者,同时赞赏他面对复杂局势与动荡时代中表现出来的英勇气魄与灵活手段。司徒雷登并特别指出“近年来有好几次,每当张伯苓博士与我相见,他即说他独能理解我灵魂的痛苦,正如我独能理解他的。”“自我初与他相识,他的生命就已成为我的启迪,以其乐观,以其卓识,以其一以贯之的热忱,以其一尘不染的正直。我珍视他的友谊,以为是我在中国生活中一种深切的欣慰。”以司

①梁吉生、张兰普编:《张伯苓私档全宗(下卷)》,中国档案出版社 2009 年版,第 1120 页。

徒雷登的特殊身份地位，而浓墨重彩地与张伯苓知己相托，这种评价所能造成的社会影响是可以想见的。

其次是对南开学校事业的介绍。在《别有中华》的有关文章中，以《南开经济研究所》最为重要。作为经济学家，康德利夫指出，由十九世纪英格兰发展起来的西方经典经济学理论是高度抽象并经过逻辑简化的，无论以何种研究形式，这些理论都不能拿来教学或者指导经济实践，否则后果将是灾难性的；仅仅以中国的情况来替换欧美公式内容同样行不通，因为经济理论的应用必须重新思考，甚至有必要构建新的分析模型，才能理解中国的情况。在这个层面上，康德利夫大力赞赏南开经济学的成绩，因为它从实际出发，为中国现代经济学教学与研究做出了特出的贡献。在张伯苓的支持下，南开于1930年由何廉负责成立经济学院，1934年在社会经济研究委员会的基础上成立南开经济研究所。在何廉领导下，南开经济研究所将研究重点放在中国实际经济问题的研究上。在城市经济方面，南开对天津物价指数进行研究，并在1935年起编辑后来名声大噪的学术年刊《南开指数》；康德利夫将南开经济研究所称为"经济学实验室"（economic laboratory），允为恰当。

何廉以及南开经济学的表现正是张伯苓以及整个南开的教育精神一贯的体现——"土货化"。1928年2月，《南开大学发展方案》制定颁布，明确提出以"'认识中国'、'服务中国'为鹄的"[①]的"土货化"办学方针。这种切重中国国情和社会实际需求的精

①王文俊选编：《南开大学校史资料选（1919—1949）》，南开大学出版社1989年版，第39页；梁吉生著：《张伯苓年谱长编（中卷）》人民教育出版社2009年版，第10页。

神，正在何廉时代的南开经济学研究所发展中得到最恰到好处的实践。

康德利夫谙熟中国情势，他指出中国人所需要的现代化指导,只有中国人自己才能胜任——这正是张伯苓眼光与事业的卓越之处。不唯如此,康德利夫更在南开的经济学实践上看到更大的意义。康德利夫指出经济学不只是一门技术,它的可贵乃在于背后指导它的哲学。正是在这个层面上,通过把握南开经济学的发展方向,康德利夫认为张伯苓表现出令他赞赏的哲学,那就是收摄外国知识而做作自己独特的实践，这亦是对整个世界的贡献。文中论及:“中国有甚多可得于现代化者,而世界有甚多可望于一个自由、独立、强大的中国者。它(世界)不需要另一个美国或者另一个俄国。它需要一个可以保持中国特性、又利用美俄知识的新中国。唯其如此,其他国家才能利用中国的经验中蕴含的智慧,从中受益。”康德利夫认为张伯苓的一生事业正是践行了这种理念,而将其传递给共事的年轻一辈。康德利夫这种评价,可说代表了西方知识分子对张伯苓事业的最高评价,而道出了南开教育精神的恒久价值;同时,张伯苓及南开的教育实践引起康德利夫对整个“中国价值”的思考,这也展现了近现代教育交流的另一种可能性。

如果说,司徒雷登、胡适的颂扬还是更多地集中于张伯苓本人及其代表的中国精神，那么康德利夫则更敏锐地看到了另一个侧面——张伯苓及南开学校代表的“另一个中国”,已经具有了产生世界影响的能力，并使得美国精英人士对战后中国可能的世界贡献有更高的期望。而这不仅是《别有中华》所收其他文章的宗旨所系,亦在当时学术界得到了相当重要的反响。

三

《别有中华》出版于 1948 年，今检索当年各大英美期刊，在 1948—1949 年间有书评七篇。书评中对张伯苓的评价都甚高，除了“南开大学的创立者”、“南开大学校长”等描述外，一般都称“伟大的中国教育家”、“中国特出的张伯苓”等。评论指出，《别有中华》“盖为第一部向中国学者致敬的西方书籍”。

《别有中华》虽为纪念张伯苓寿辰而作，内容实关乎中国文化、政治、教育等各方面，各书评也确实将它作为介绍中国的资料进行评论，选评此书的多为政治学、经济学、和外国事务门类的期刊，其中不乏历史悠久的著名杂志。在这样一本因祝寿而起的书中综合谈论中国，即可见张伯苓在当时中国的特殊代表意义。一篇评论说道：“一个人的品质能唤起另一个世界里十数知识分子的致敬，这可以看作是向他所来自的民族的真诚敬意。”这无疑是肯定了张伯苓在当时中美交流中的重要象征地位。

不少书评提到本书相较当时许多介绍中国的出版物的更可贵之处，这不只是因为作者阵容的知名与专业，更因为《别有中华》在当时相当罕见地对 20 世纪中国现代革命的各个基本方面作广泛的介绍，这是当时一般书籍和铺天盖地的关于中国的报道鲜有触及的，评论者写道：“此前未有更真实的关于中国的专题研讨出现。”

对于这部书的价值，评论认为在于揭示中国恒久的价值与贡献。所谓“中国的价值”，自然是站在英美为代表的西方社会角度，然而联想到本书是因张伯苓及南开而起，这种中国教育实践与“中国价值”之间的微妙关系，今日正可以表明张伯苓及南开教育在当日的特殊意义。鉴于本书涉及的中国话题之广与作者专门程度之深，有评论认为《别有中华》“难以在短时间内拜读”，也有评论认为本书并不是一部面向一般大众的读物，而更适合教授远东现代史的教师、专门研究者或图书馆架藏。

四

同时特别应当注意的是，在中国近现代教育史与文化史上，西方以知识传授、教育机构设立、教学体制立范等方式长期较为强势地主导中西教育的交流；除了中国人在外求学任职获得西方承认及少数思想家批评西方教育之外，中国在教育与文化上对西方的回应形式较少，造成的影响亦极为有限。而正是在这样的历史背景下，张伯苓与同仁以其卓具见识的教育哲学，以及在南开办学中成绩卓著的实践，得到美国学界肯定与重视，甚至由此引发对“中国价值”讨论，不得不说，《别有中华》是近现代中西教育交流史上具有非凡意义的一页。《别有中华》“盖为第一部向中国学者致敬的西方书籍”，出版的一年内得到书评七篇。书评多发表于政治学、经济学、和外国事务门类的重要期刊，故除表彰张伯苓在中美交流中的象征性意义外，特别看重本书对中国研究的学术价值。考虑到战后中国政局的特殊情况与中美两国的微妙关系，《别有中华》的美国影响及其政治价值得以进一步彰显。而在二十世纪前半叶那个风雨飘摇的时代，“像中国古代文明这样根深叶茂的复杂有机生物也可能枯萎”，于危急存亡之秋，以张伯苓为代表的教育家煦育多士，造就新民，照亮了中国的未来，其当代价值更值得我们深思回味。

（刊于[美]司徒雷登、胡适等著，张昊苏、陈熹等译：《别有中华：张伯苓七十寿诞纪念文集》，南开大学出版社，2019年4月，前言第1—10页）

作者：张昊苏，南开大学文学院

陈熹，哥伦比亚大学博士生

历尽劫波终完璧 经世济民耀千秋

——南开经济研究所专藏的故事

林红状

一、由来

1937年7月29日，南开大学惨遭日军轰炸。硝烟尚未散尽，一位外籍女士冒着生命危险进入南开大学校园，声称要寻找私人物品。便有日本人问她：“经济研究所到哪里去了？他们的东西呢？”日本人要找什么东西呢？背后又有怎样的隐情？让我们通过文献资料，跨越历史时空，共同探寻南开人与书的故事。

1926年，何廉先生获耶鲁大学博士学位，接受张伯苓校长邀约，担任南开大学商学院教授。他以留学带回的图书期刊，在学校分配的教工宿舍内建立私人图书室，这就是南开经济研究所专藏之滥觞。翌年，他创办南开社会经济研究委员会，即后来享誉海内外的南开经济研究所的前身。私人图书室归入委员会图书室，最初设于秀山堂，再迁至木斋图书馆一楼的研究所办公区。民国时期，研究所组织机构屡经变迁，经历了南开社会经济研究委员会、经济学院和商科研究所经济学部等阶段。为表述方便，本文统称为南开经济研究所，简称研究所。

在何廉先生的主持下，研究所通过私人寄存、经费购买、实地调查、社会征集和机构交换等方式，不断充实藏书。最珍贵、最具特色的当属实地调查撰写的报告和搜集的社会经济资料。研究所创建不久，就向各地派出调查员，从河北、山东两省开始，北起东三省，南达广东，西到四川。全面抗战爆发时，尚有调查员在广东顺德工作，直到广东沦陷才撤离。这些具有很高研究价值的一手资料存放在图书室。截至 1936 年 9 月，藏书达到 20410 卷(册)，兼有中、日、西等多个语种。

二、抗战前后的坎坷经历

专藏中有关东北、华北调查资料及东北研究会书籍，揭露了日本对中国东北、华北的侵略。日本侵略者对此觊觎已久。九一八事变后，天津日租界的日本人频繁参观南开大学。时任秘书长黄钰生回忆："他们(日本人)什么地方都要'参观'，课堂、实验室、学生宿舍、图书馆，特别是设在图书馆里的经济研究所，因为那里有关于东北和华北的经济资料。"

1932 年至 1936 年，日本人策划了 3 次"津变"，因驻天津保安队的奋力抵抗，均以失败而告终。1933 年 1 月，日本加紧侵华，逼近长城各口，南开大学曾将科学仪器及经济学院和学校图书馆重要藏书转移至天津租界。经济研究所从未放松警惕，每次时局变化采取应对措施。方显廷先生写道："自九一八之后，历次的变动，我们总是不惮烦，把图书要件由一条早通英租界的马路运存租界”。陈序经先生描述了当时的情形：“记得有一次，在敌人威胁天津很厉害的时候，方显廷先生与数位同人，为了避免敌人的注意与师生的恐慌起见，每天早晨三时左右在冷过冰点与雪高数尺的时候，自己装包，自己运送到安全地点。”

1936年底，何廉到南京国民政府任职，方显廷继任代理所长。卢沟桥事变第二天，方显廷从北平（北京）来的朋友口中获悉事变，立即收集报纸相关报道以了解详情，分析时局变化。作为杰出的经济史学家，他敏锐地意识到：战争已经爆发并可能迅速扩大，立即决定将书籍转移到安全地点。先是征得法国传教士同意，提供法租界耶稣会开办的工商学院（旧址在今天的天津外国语大学）作为暂存处，再动员全所负责统计和事务性的工作职员，昼夜不停地将书籍文件装箱，共装127箱。日军炸校之前，除少量个人未及归还书籍资料，专藏已全部转移到了安全地点，免遭兵燹之厄。

为了解校内情况，以采取进一步措施。研究所一位教授的夫人是外籍人士，自告奋勇进校打探消息。考虑到日军对外籍人士还有所忌惮，无奈之下，只能冒险一试。故出现了本文开头的那一幕。

值得一提的是，由于战时经费短缺，研究所被迫裁员，免除了所有事务性和统计工作职员，但仅保留了图书馆员，为南迁转移提供可靠的人员保障。

1938年底，局势渐趋稳定，南开大学启动劫余书籍南迁。暂存法租界的经济研究所专藏在天津工商学院沈诚斋教父和开滦矿务局王崇植经理的帮助下，安全运出天津。计划由海路经上海、香港，中转越南海防，再由陆路运往昆明。

运抵越南海防时，一切有条不紊，还按计划进行。通过南开校友陈文耀，存于交通银行后码头海关仓库。张伯苓校长致电重庆外交部、财政部、财政部部长孔祥熙，申请：①河口至昆明段运费由滇越公司提供半价优惠。②图书、仪器经过越南（当时为法国殖民地）与中国之间的蒙自海关时，法国方面免验免税放行。

不料日军逼近海防，在海防集结的大批物资急需转运内地，滇越铁路运力骤然紧张。押运人员迅速抢运书籍资料，在滇越铁路公司副经理克来日（Clerget）先生的帮助下，大部分安全运送到昆明，仍有37箱来不及运出而落入敌手，主要是连续出版物，如“海关贸易报告及统计册”（又称《中国海关全书》）。

战时，研究所跟南开大学一起并入西南联大。不久，国民政府教育部允许各大学恢复研究院所。经济研究所在重庆恢复，办公地设在南开中学忠恕图书馆。1940年秋，抢运出来的90箱图书从昆明出发，经公路由贵阳运往重庆。

陪都重庆及周边地区随时面临日军轰炸。从政后的何廉仍与南开保持密切联系，以在假所长的身份为学校和研究所工作。为保障图书安全，何廉借用长江南岸汪山一所住宅设立书库并制订借阅规则。汪山书库有配套完善的办公生活用房，为查阅文献人员提供食宿。位于南开中学的研究所图书室本部备有一套目录卡片，每月定期汇齐借书单交汪山书库，有专人负责借还。

1941年8月22日，南开中学遭轰炸，研究所“办公室门窗颇多毁损”，30日下午，何廉汪山私人寓所被炸全毁，其长子身亡，家庭女教师重伤，何廉在内的多人轻伤。汪山书库幸免于难，经此一劫，研究所拟建防空书库。随着太平洋战争的爆发，日军空袭势头减弱，这个计划就搁置了。

1947年，何廉求助民生公司总经理卢作孚帮助调拨船位，代为运输人员物资,使10余名师生及60余吨图书顺利、安全运抵上海,再北运至天津。其时,研究所“所藏有关经济学书籍之丰富,全国恐怕仍是无出其右的”。

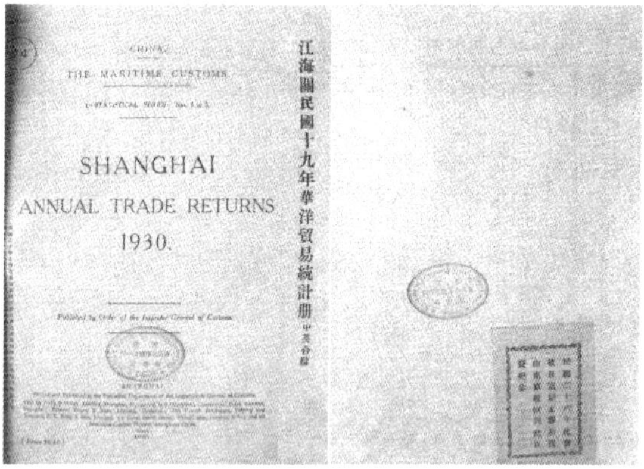

图1 抗战胜利后从日本东京运回的被劫掠书籍,扉页上粘贴了标记:“民国二十六年此书被日寇劫去,胜利后由东京收回刊此以资纪念。”

抗战胜利后,为交涉取回被劫掠书籍,时任教务长兼经济学院院长、经济研究所所长陈序经前往越南河内、海防一带与投降日军交涉,获悉藏书已被运回日本东京。学校委托国民政府外交部驻日代表团调查。

1948年,从日本东京运回的第二批被劫掠书籍抵达天津。报道称:“全部共八十多箱,其中不少珍贵书籍,如《中国海关全书》,从一八六二年第一卷起全部保存,这一套书国内只有三部。”至此,抗战前南开经济研究所藏书终于完璧。因战争滞留海外的图书资料也陆续运回。截至1949年,中西文图书总计约28000余种,64000余册。

三、各界对专藏价值的认同

无论是在民国时期,还是在21世纪的今天,经济研究所专藏的价值都为海内外各界人士所瞩目。

民国时期，南开经济研究所专藏就在海内外享有盛誉。1931年，著名经济学家、伦敦经济学院R.H.汤尼（R·Tawney）教授来华期间曾到访研究所，在方显廷等人的协助下，利用专藏资料，撰写了权威著作《中国的土地与劳力》（Landand Labor in China），在国内外学界产生很大反响，曾多次再版。时人评价："这是外国人考察中国问题最深刻最彻底最有启发性的一本书。"亦可窥见专藏资料之重要价值。

南开经济学人所取得的成就得益于专业、系统和特色的藏书。何廉、方显廷两位同时位居"民国四大经济学家"之列，也是费正清《伟大的中国革命》一书仅提到的两位中国经济学家。他们移居海外后，天各一方，晚年撰写回忆录时不约而同地高度评价图书室藏书。南开经济学人利用调查资料与最新出版书籍，以中、英两种文字撰写论著，在研究所主办的周刊、月刊、季刊直到年报、专刊发表，为教学编写教科书和参考资料。还参与政府工作，结合研究得出的结论，提出切实可行的建议，为战时国民政府制订经济方针政策献计献策。

著名经济学家厉以宁先生指出：20世纪四五十年代，南开大学能成为国内在研究当代西方经济学方面处于前列的高等学府之一，同方显廷先生的功绩是分不开的。方先生的贡献亦应包括藏书建设。1941年，方显廷利用洛克菲勒基金会资助赴美，为研究所购买了一批关于"凯恩斯革命"的最新书籍。正是有了这批珍贵的专题书籍，日后研究所才将研究生的培养方向确定为经济理论和货币问题。

20世纪50年代院系调整，经济研究所一度被取消，专藏整体移交学校图书馆。国内某重点高校当即要求调拨专藏全部图书为

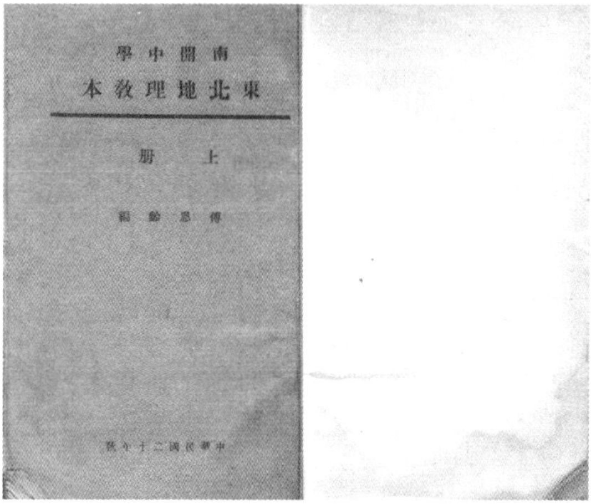

图 2　南开经济研究所专藏中的《东北地理教本》书影

该校使用。时任南开大学图书馆馆长冯文潜详细掌握了专藏藏书情况，郑重提出：南开大学经济研究所在国内外享有盛名，而该所藏书为该所几辈人精心搜集所得，为南开大学所特有，非一般经济用书，不宜分散。而且，南开大学更应保护这批藏书，形成自己馆藏的特点。

改革开放以来，一批海外汉学家以经济研究所专藏为资料，撰写学术论著，成为各自领域的领军人物。如日本上智大学顾琳(Linda Grove)教授(曾任该校副校长)的20世纪中国乡村工业研究、美国俄亥俄州辛辛那提大学关文斌(Kwan ManBun)先生的近代天津商人研究、耶鲁大学教授罗芙芸(Ruth Rogaski)的天津公共卫生史等。

张伯苓教育思想研究会的李溥、董润平等老师曾遍寻国内各大藏书机构，最终才从专藏中找到久违的《东北地理教本》，并再版发行，向抗日战争胜利70周年献上南开人特有的一份厚礼。再次彰显了张伯苓校长的教育救国思想、南开学校“知中国，服务中国”的宗旨、南开人强烈的爱国心和社会责任感。

斗转星移，时光荏苒，南开经济研究所专藏仍不断焕发出新的生机和活力。2016年,经济学院王玉茹教授的“近代中国经济指数资料整理及数据库建设”,获批国家社科基金重大项目;校图书馆申报的《南开经济研究所藏民国经济期刊汇编》入选“2017年民国时期文献整理出版项目”;校出版社申报的《“南开指数”及相关经济资料汇编》入选“2018年度天津市重点出版扶持项目”。

(刊于2019年4月15日《南开大学报》第1380期第3版“读书”)

作者:林红状,南开大学图书馆

严修著作概览

陈　鑫

严修不仅是天津乡贤，也是近代中国重要的教育改革者。他一生擘画学务，推动科举改革与废除，参与晚清教育变革的顶层设计；亲手创建了包括南开系列学校在内的大批新式学校，被尊为南开校父；晚年专心化育桑梓、传播文明，对家乡天津的公共文化建设、文脉传承做出了重要贡献。严修是中国传统士人中较早主动钻研西学和新式教育者，是三千年未有之大变局中守正开新的典型代表。

研究严修的生平、思想，梳理其一生的思考与实践，对理解中国近代史、教育史、社会文化史、知识分子史都有着重要价值。要开展相关研究，首先需要从解析严修本人的著述开始。然而遗憾的是，严修生前并未编订文集，去世后亲友虽有过初步整理，但也未形成真正的著作集。为此，我们决定编辑整理一部《严修集》，弥补缺憾。经过五年多的搜集梳理，终于辑为是编，可以说这是严修著作第一次集中出版面世。

这部《严修集》虽然只有两册，篇幅不算甚巨，但文体异常丰富。实际上，严修一生写下了大量珍贵的文稿，包括诗文、对联、奏折、批牍、日记、书信、读书札记等，同时他还主持起草了众多公牍文书，制定了不少重要制度章程，参与发起了一系列启事公告等。这些文稿既包括重要的著述、文件，也包括不少诗文唱和，具有很高的思想价值、文学价值和史料价值。此前这些文献只有少部分经过整理，绝大多数或散见当时各类报刊、图书之中，或收藏于档案文献之中，或尚以手稿形式保存。

此次结集，我们将严修著作分为十个部分，分别为奏折、文集、诗集、联语、诗钟、歌谣、公牍文书、呈启函电、科举文献、自定年谱。另有附录，包括朱卷履历、贵州碑记、传记资料、著作序跋。下面一一简要介绍。

一、奏折

严修奏折包括两部分，分别为贵州学政奏折和学部奏折。

贵州学政奏折共 6 件，上奏时间为 1894—1897 年，内容是向朝廷报告职务交接、考务情况等，述及对贵州学风的考察和整顿学务的思路，其中最重要的是《奏为时政维新请破格迅设专科敬陈管见事》，即请开经济科的奏折。这些奏折可见于朱批档案，也可见于天津图书馆藏严修本人保存的稿本。

学部奏折共收录 20 件，上奏时间为 1906—1910 年，既有严修以学部侍郎个人名义上奏的，也有学部诸堂官联名上奏的。个人奏折内容最重要的是《奏为陈重臣去位关系国家大局宜谋补救之法以定人心事》，即谏言摄政王留任袁世凯的奏折。学部堂官联名奏折则均是关系晚清教育改革的珍贵文献。按当时制度，有关本部公事的重要奏折都是尚书、侍郎联衔署名。严修在部四年，这样的奏折很多。特别是学部成立之初的一年多时间，尚书荣庆兼任协办大学士、军机大臣，不常在部内办公，学部很长时间只有严修一位侍郎主持工作。荣庆对西学、新学又并不熟悉，诸事多倚重严修。所以这一时期的重要奏折，多为严修主持拟稿。不过如将严修在任期间的全部学部奏折都收入《严修集》中，似乎也未必妥当。因此在编辑过程中，我们经反复考虑，决定根据严修日记、自定年谱及相关史料，选择一部分起草过程相对明晰、内容具有代表性的奏折，收入本集，并将相关信息写为题注，待日后研究更加深入，再继续选录补充。目前选录的奏折内容包括奏请宣示教育宗旨，创设学部及各省学务官制，选调教育人才，遴选提学使，议定考验游学毕业生章程，议定女子师范学堂、女子小学堂章程等。这部分奏折分别录自朱批档案、《学部官报》《学部奏咨辑要》《政治官报》及严修手稿。

二、文集

严修曾在日记中写道："好著书者必不通。"也许是出于这种顾虑，所以他敏于行而讷于言，从未想以著作名世，一生所写文章不过百余篇，且生前未做整理。唯将贵州学政任上著述编为《黔轺杂著》，但也不曾出版，稿本现藏于天津图书馆。严修生前只有少量文章发表于报刊，记述祖父、父亲事迹的《严氏两世事略》印有单行本。

严修逝世后，好友林墨青主持的《天津广智馆星期报》面向社会征集遗文，编为《严先生遗著》。《遗著》所收以诗文为主，大约是按收集到的时间先后进行罗列，并未做进一步整理。不过这已为本次编集文集提供了最初基础。《遗著》之外，尚有不少文章散见各处。所幸严修有日记和草稿存世。严修写信、做诗文联语等一般都在固定的册子上拟稿，这样的草稿册共保存有60余本，现藏于天津图书馆。每册封面题写有某年信草字样，因此本书征引时均简称为信草。根据日记和信草按图索骥，可以掌握严修写作的基本情况。

本集收录文章90余篇，每篇具体写作日期都尽力根据题署和日记、草稿进行了标注。《严先生遗著》中所收文章本次全部录入，如一篇文章有不同版本，一般都进行了对校。凡严修为他人著作所写序跋，如能找到原书，都根据正式印行的版本录入。凡所见他人著作中引录的严修著述、包括他人代笔严修署名的著作，均收入本书并加以说明。有的文章目前只见于严修保留的草稿，其中内容较为重要的，虽非定稿，有的甚至并非完篇，我们也尽量根据草稿录入，以供读者参考。

文集中近半数为严修所写序跋，这些文章不仅评点他人著作，且常常直陈严修本人思想。此外有10余篇记述故人往事的传记文章，如《记李文忠师》《陈表叔竹轩公传略》《张君明山事略》《林澄女士事略》《亡侄事略》《宋君伯方小传》等，对于了解严修生平、近代天津人事颇有助益，且感情细腻，具相当文学价值。《谕贵州学子》《学部整顿事宜三则》《天津敬业中学学生毕业训词》《容止格言》《家训》《预拟丧礼》等则反映了严修的教育理念、文化理念。

三、诗集

严修是天津近代诗坛的代表人物，城南诗社创办者。他自幼学习作诗，八岁通律，九岁作对，直至去世前以《自挽诗》总结生平，可以说终身与诗相伴。不过与他对作文的态度相似，严修也并未着意于诗名,诗作常常不事雕琢。他曾谦虚地说,自己的诗“聊学盲人打鼓词”,又说自己是“打油钉铰派”。新文化运动期间,严修曾笑问诗友王守恂:现在人崇尚新体诗,有位专做新诗的人说我的诗和新体诗很相近,这是为什么?王守恂表示,原因很简单,您的诗“情真、理真、事真,不牵强,不假借,不模糊,不涂饰,如道家常,质地光明,精神爽朗”,诗作达到这个境界,还有什么新旧古今的区别呢?严修在欧美日本游历期间创作了许多诗篇,融合中西新旧,颇具特色。作家曹聚仁认为,严修“摄取新意境,遣使新词语,运用新语法,不受旧律的拘牵与旧意境的束缚。其《入美杂诗》,所用现代术语及外国人名地名之多,并不在后来著名的胡适《送梅觐庄往哈佛大学诗》之下”。可见严修的诗歌在新旧文人中都获得一定的好评。

诗言志。严修的诗作反映着他的心灵史。比如,他曾以“晏安况味真无赖,剽窃工夫浪得名”“苞苴事业污人易,袍笏文章问世难”表达对征逐科举、宦途的厌恶。以“知耻方能成大器,有才便不畏虚声”“男儿胆气须磨炼,要向风波险处行”表达自己勇敢探索的决心。以“有约环瀛纵游后”“两度瀛山采药归”“丈夫有志事四方,读书万卷行万里”等表达考察世界、寻找救国良药的志向。以“庠序莘莘人艳说,吾心功罪未分明”表达对办学事业的反思。即使是与友人的唱和中,他也以“河清人寿嗟何及,但祝神狮睡早醒”“晚年事事不关心,犹念神州怕陆沉”,写下忧国之思。在赠外国友人诗中,以“生存物竞有时定,至竟终须合大群”,写下世界大同的愿景。

现存严修诗作主要见于《严范孙先生古近体诗存稿》。编辑者陈中岳(字诵洛)为严修晚年诗友、私淑弟子。严修去世后,陈氏致力搜集编纂其诗作,得800余首,以年为序,编为《诗存稿》。本次诗集主体仍以此为基础。但因该书编于作者身后,在当时的条件下不免存在部分时序误置、文字错讹、作品缺漏的现象。对此,我们根据严修日记和草稿对时序进行了修正，尽可能考索出每首诗写作的时间,重新进行排序。暂时未考得日期者,则依《诗存稿》中年份置于当年之末。同时,根据《严先生遗著》、日记、诗作草稿及其他资料进行校勘和辑佚,共补充诗作 40 余首,对不同版本文字有异者出校记加以说明。

四、联语

严修一生创作了大量联语，现在能见到严修最早的作品是他 1874 年十五岁时写给母亲的挽联。对联创作伴随严修一生,从中可看到他的社交网络和对人对事的态度，有些作品具有很强的艺术性。严修生前曾整理所作近 100 副对联,辑为一册,题为《自撰联语》。不过其时距他去世尚远,收集也并不完整。本次整理以此为底本,根据《蟫香馆别记》等略做补充。此外,严修草稿中还保存大量联语底稿,尚待进一步发掘整理。

五、诗钟

城南诗社雅集除了作诗唱和外,有时还行诗钟之戏。诗钟是一种文人游戏,即规定题目、格式,要求在很短时间内做出两句联语。现存严修的诗钟作品较为集中地保存于《蟫香馆诗钟》。该书由编辑者杨传勋于 1933 年将所藏严修作品影印而成。当年城南诗社于河北省立图书馆活动,杨氏为图书馆工作人员,常任记录之役,因珍爱严修手迹,“虽片纸只字,未尝弃掷”。严修去世后,杨氏出其所藏百余联,影印成册,以资传诵。

诗钟格式有嵌字、分咏、合咏等。比如《“亭·药”六唱》是指要将

“亭”“药”两字分别嵌入上下联的第六字。“碎锦格”嵌字题是将一句诗或一个词散嵌于上下联中。如《“旗亭画壁”碎锦》，严修便作：“亭前柳共春旗转；画里龙防破壁飞。”“五杂俎”则是将“一二三四五”嵌入。如严修所作：“五君四杰无双誉；一祖三宗不二门。”分咏题要求上下联分别描写一件指定事物，如《诗·钟分咏》即上联咏诗、下联咏钟，《折扇·荷叶》即上联咏折扇、下联咏荷叶。合咏要求上下联共咏一物。

《蟫香馆诗钟》原未对内容进行排序，本次整理将同一题目的诗钟作品集中在一起，将题目不详的作品统一列于最后，以便通过目录进行检索。在《蟫香馆诗钟》之外，严修尚有不少诗钟作品的草稿存世。与对联相同，这些作品尚待进一步整理。

六、歌谣

歌谣是严修创作的一种特殊文体，严修喜爱孩子，这些歌谣主要是写给小孩子的。其中《教女歌》《放足歌》在当时社会上流传较广，《教女歌》曾有单行本出版，从中可以看到严修家庭教育和女子教育的思想。本集共收录10首歌谣，这些歌谣得以保存主要依靠严修后人的记录和口述。口传的《教女歌》比公开印行的版本多一段内容，与之相伴尚有一首《教子歌》。《放足歌》2首及《为孙辈所作歌谣》6首也均录自严氏后人回忆文章和口述。

七、公牍文书

这一部分收录的是严修在贵州学政任上和直隶学务处任上所行公文和批牍。

贵州学政的公文与批牍保存于严修自己整理的《黔轺杂著》稿

本。公文主要内容包括严修在贵州发布的观风告示、观风题、劝学告示、请设官书局咨文、官书局章程、学古书院肄业条约等,集中反映了严修这一时期的教育思想。学政任内不仅要巡考全省各府,兴办学务,同时还要处理学额、学籍、学田相关事务及与举贡生监相关的案件。贵州学政批牍即反映了处理这些事项的情况,是有关清代学政职权的重要史料。

直隶学务处公文与批牍主要录自《北洋官报》与《教育杂志》。公文包括发总督袁世凯的呈文、发各属的札文等,内容涉及设置学务处内部办事机构、创设劝学所制度、推行官话字母、拟编《教育杂志》、设立各类学堂、选送游历游学绅董等直隶学务处重要举措。严修任学务处总办期间,恰是新旧教育行政制度过渡阶段,学务处与学政双轨并行,学务处负责与兴办新式学校相关事务,学政负责与旧科举相关事务。学务处批牍即反映了这一时期新学务需要处置的各类问题,如办学、捐资、投考、入学、出洋游学以及牵涉学董、学校、学生的案件。

学部侍郎是严修教育行政生涯的另一重要任职,也应有相应的公牍文书。其中上行的奏折已收录于前篇。其他由严修批示或主持拟定的公文,由于相关档案暂不开放,此次未编入集中,未来再进一步整理。目前仅自《蟫香馆别记》中辑出《学部整顿事宜三则》一篇,收入本书文集部分。

八、呈启函电

本部分为呈禀、启示、告白、公开信及部分函电。与公文不同,这部分文献并非出于职务身份,而是以个人名义发表。严修作为近代学界代表人物和士绅领袖,牵头发起或参与发起了众多公共事业，相关文献包括《呈请立案捐办天津民立小学堂公禀》《呈请立案捐设半日蒙学堂公禀》《国语研究会征求会员书》《劝募内国公债演剧布告》《崇化学会捐启》《救灾同志会启事》等。清末民初各方势力纷纷邀请严修出山，严修均予以婉拒，相关函电也收录于这一部分，如辞任度支大臣函电、辞任南北议和代表函电、复教育部总长蔡鹤卿（蔡元培）、致段执政（段祺瑞）电等。此外，本部分还收录了严修的公开信如《忠告日本撤兵》《为力请保留学产事致褚玉璞电》《关于划分天津市区范围的意见》，以及告白如《告南开学生》等。呈启函电资料较为分散，目前从报刊、草稿、馆藏等处共收集到30篇。

九、科举文献

科举文献收录了三部分内容。前两部分为严修本人乡试与会试朱卷中的考卷，第三部分是严修在贵州学政任上所出的院试试题。严修参加的乡试会试，考的是传统的四书五经、八股文及试帖诗。他主持的院试则在八股试帖之外特别强调了经古题、策论甚至算学。

严修长期以来对八股之学深感厌恶，“明知救时才俊必不出于八股试帖之中”，但学政职任所在，又不得不组织考试。严修心心念念的是如何转变学风，因此，在时文、试帖之外，他尽可能在部分考试中用策论引导学子通古今之变。比如提问“历代舟师之制”“自唐至明兵制得失”“汉代边防”等，显然是让学子反思甲午战败，乃至晚近积弱之势。他引导学子研究历史上的变法改革，评论战国时的商鞅、赵武灵王，分析西汉贾谊《陈政事疏》是否可行。

通过题目，严修还引导学生对西学、洋务不必心存偏见。他让考生“论泰西各国强弱”“论西学之用与用之之法”“论洋务”“论化学之用”,作出自己的思考。他告诫考生,算术在上古属于“六艺”之一,是士的基本素养,今人不可耻习算学。严修多次将算学题作为选考内容,鼓励学子加以钻研。

科举考试能否选出有用之才,是严修一直在思考的问题,这也反映到考题之中。严修在贵州主持的第一场考试,便以“‘科举之士不患妨功’论”为题。这说明他试图找到辞章之学与事功之学的平衡点。后来他又以宋儒对科举的讨论为题,问:宋神宗时,王安石和苏轼曾就改革科举进行过一次辩论,谁的意见更有道理。又问:朱熹的“贡举私议”和司马光的“十科举士法”内容分别是什么,能否加以申论。他还曾考查学生对学校、书院制度的了解程度,如问“明代学校之制”“书院之名昉于何时?历代规制若何”,引导学子反思教育制度存在的问题。

十、自定年谱

严修六十岁时作《自定年谱》,虽然简略,却是夫子自道,勾勒了生平主要线索,也可见谱主本人的取择,是严修著作的重要一种,也是重要的研究资料,值得深入揣摩体会。

严修六十岁以后的生平简谱,即《严范孙先生年谱补》,在其去世后由私淑弟子高凌雯补作。《严范孙先生自定年谱》与《年谱补》曾于 1943 年刻印。本集将《年谱补》附于《自定年谱》后一并收录。

在正文之外,本集还收录了附录四种:

附录一为严修朱卷履历。朱卷的考卷部分已收录于本书“科举文献”中。履历也是朱卷的重要组成,是反映严修家族情况、师承情况最集中的一手史料。此部分录自严修会试朱卷。

附录二为贵州碑记。收录了严修即将离开贵州时，贵州学子孙熙昌所撰《去思碑》碑文及学古书院山长雷廷珍撰写的《誓学碑缘起》。誓学碑即去思碑。雷廷珍认为各地去思碑颇多，不足以表达严修的恩泽，希望诸生以此石自砺、立石表誓，“则严公虽去，知诸生学成有日，或足藉舒注念诸生之雅意”，因此将去思碑改为誓学碑。两篇文章记录了严修在贵州的教育事业和贵州学子的感念之情。原碑踪迹尚未觅得，这两篇碑记转录自严仁曾增编、王季礼辑注、张平宇参校的《严修年谱》及刘泳唐选辑《蟫香馆使黔日记选辑》。

附录三为传记资料。是严修生前和去世后不久人们撰写的传记、行状、墓志等，共收录 7 篇。其中《严先生事略》《蟫香馆别记》《诰授光禄大夫学部左侍郎严公行状》《天津严范孙先生别传》作者陈宝泉、陈中岳、高凌雯、王斗瞻都是严修故旧、弟子，《清故光禄大夫学部左侍郎严公墓碑》作者卢靖为严氏姻亲，都对严修的生平十分熟悉，《严先生事略》的初稿还曾经严修过目。《教育家严修小传》录自沃丘仲子（本名费行简）著《现代名人小传》，邢兰田《严修传》则录自国民政府国史馆编辑的《国史馆馆刊》，两篇作者与严修并不相识，传记内容也存在一定讹误，但反映了当时不同界别人物对严修的认识。

附录四为著作序跋。严修去世后，亲友收集整理出版了部分著作、手迹，包括初步搜集严修诗文的《严先生遗著》、编辑严修诗作的《严范孙先生古近体诗存稿》，影印严修手迹的《景印蟫香馆手札》《严范孙先生遗墨》《严范孙先生手札》（分别为赵元礼、陈中岳、陈宝泉藏严修书信），严修注释张之洞诗集的手稿《严范孙先生注广雅堂诗手稿》，影印的部分诗钟、日记《蟫香馆诗钟》《蟫香馆使黔日记》，以及《严范孙先生自定年谱》（附年谱补）。这些书籍都有序跋，介绍出版情况、回忆与严修之间的点滴往事，对了解严修著述很有帮助，因此我们将这些序跋作为附录收入《严修集》中。

在严修著述中，日记和书信是非常重要的内容，其相关整理工作目前也在同步进行。不过因为日记、书信体量庞大，且全部整理完成仍需一定时日，本集暂不收录。相信将来应有机会陆续面世，以飨读者。

以上是对《严修集》主要内容、编辑情况的介绍。限于水平，整理中难免存在疏漏，尚俟方家指正。

（刊于陈鑫、杨传庆整理：《严修集》，中华书局2019年版，前言第2部分）

作者：陈鑫，南开大学党委宣传部

天津博物馆早期历史给我们的启示

郭　辉

天津博物馆到今天已经建立100周年了。回眸百年历史,天津博物馆早期的许多创举和管理经验,至今仍对我国博物馆的发展有着现实的借鉴意义。

一、世界博览会催生的博物馆

近代以来,天津作为北洋重镇和直隶省府,在“教育救国”和“实业救国”大潮的推动下,大量有识之士齐聚于此,纷纷倡办教育和实业,以挽救民族危亡,并逐渐形成了亦绅亦商的“绅商”和从事新式教育的“学绅”两大社会群体。[①]作为新派绅士,两大群体密切联系,在天津近代社会转型和发展中扮演着十分重要的角色。严智

---

①马敏:《官商之间:社会巨变中的近代绅商》,天津人民出版社1995年版,第97页。

怡、李琴香等就是其中的典型代表。作为直隶实业厅工商科长和直隶商品陈列所所长，严智怡认识到普通博物馆（而非专门博物馆）“其天职，盖在阐明文化，发扬国光，以辅助学校教育、社会教育之不逮，所负之使命至重大也。”[①]萌生了在天津筹建综合性博物馆的想法。1914 年冬，严智怡受委派赴美国旧金山参加巴拿马万国博览会。以此为重要契机，他有意识地调查学习美国各博物馆的陈列方法和组织机构等。“除布置展出工作外，还组织考察各国博览会的展出，还远赴美国东部考察博物馆、美术馆以及农业机构，还和一些博物馆建立资料和展品的联系”。[②]自美国归来，严智怡“携回印第安人用品等物”[③]，“将在津筹设博物院，用为陈列品”。[④]正巧此时直隶巡按使公署教育科科长李琴湘方与商品陈列所技士华学涑研究创办博物院办法。与严智怡不谋而合，于是协力进行。

1916 年 2 月，直隶巡按使公署教育科、天津县劝学所及省立各学校，向直隶省巡按使朱家宝提出申请，创办博物院，“定名为天津博物院，委托直隶商品陈列所代为筹备。”[⑤]严智怡具体承担天津博物院的筹建。同年 4 月，天津博物院筹备处在直隶省商品陈列所成立。1918 年 6 月 1 日，天津博物院在河北公园开成立展览会。[⑥]天津博物院由此正式成立。展览会完全仿照美国巴拿马万国博览会

---

①严智怡:《发刊辞》,《河北博物第一博物院半月刊》,第 1 期第 1 版,1931 年 9 月 25 日。
②陆惠元:《天津博物馆五十年沧桑录》,《天津文史》第 32 期,2004 年 12 月版,第 106 页。
③中国博物馆协会:《河北博物院沿革及概况》,《中国博物馆协会会报》第 1 卷第 5 期,1936 年 5 月,第 21 页。
④严智怡:《本院沿革要略》,《河北第一博物院半月刊》第 1 期第 4 版,1931 年 9 月 25 日。
⑤严智怡:《本院沿革要略》,《河北第一博物院半月刊》第 1 期第 4 版,1931 年 9 月 25 日。
⑥《大公报》,1918 年 6 月 2 日第三张。

的格局，内分陈列馆、武术馆、游艺馆、演说坛和余兴部（演出杂剧），并附设茶社。在两个月展期中，参观人数达 28900 余人，游艺馆也有 15000 人光顾，社会反响较大。[①]虽然天津博物院不像浙江省立西湖博物馆直接由 1929 年在当地举办的西湖博览会催生而来，但是它却是一个因世界博览会（1915 年巴拿马万国博览会）催生的博物馆，[②]并在博览会性质的直隶商品陈列所中孕育成长起来，[③]这在中国还是首例。此后，天津博物馆曾于 1928 年 11 月更名河北第一博物院，1935 年 1 月更名为河北博物院。1935 年 5 月18 日，博物院作为创始机关会员同其他国内博物馆一道发起创建了中国博物馆协会，为我国近代最早成立的公立综合性博物馆之一。

二、率先在我国博物馆实行理事会（董事会）制度

天津博物院在严智怡、李琴湘倡导下，以直隶巡按使公署教育科、天津劝学所及各学校的名义发起创办，并呈准直隶巡按使朱家宝，“取省立各学校常年经费百分之二，为博物院开办经费，复月取其经费百分之一为经常费。”[④]1920 年 7 月，实业厅又通令所辖实业机关，各以其经费百分之一，按月补助博物院。[⑤]1922 年直隶实业厅在厘定天津博物院章程时指出：天津博物院“本无经费，搜集

①涂小元：《天津近代博物馆概览》，《天津文史资料选辑》第 105 页

②余慧君：《与世相接——严智怡与天津博物院的诞生》，《新史学》27 卷 3 期，2016 年 9 月，第 70 页。

③陆惠元：《天津考工厂是中国第一个博物馆》，《中国博物馆》，1987 年第 1 期，第 85 页

④严智怡：《本院沿革要略》，《河北第一博物院半月刊》第 1 期第 4 版，1931 年 9 月 25 日。

⑤严智怡：《本院沿革要略》，《河北第一博物院半月刊》第 1 期第 4 版，1931 年 10月 10 日。

物品，采制标本，印行图书，拍照器物，以及修缮购置、薪金所需，皆赖机关、个人扶助维持，或赠物品或助金钱，集腋成裘，始克成立。"[①]可见天津博物院是一座由政府牵头开办，新派绅士倡导，并充分吸纳社会力量参与的"公办民助"的博物馆。[②]上海博物馆的陈端志先生在其1936年出版的《博物馆学概论》更特别指出，天津博物院的创建为"直隶政学各界联合进行，是为吾国政府与人民合作举办博物馆之始。"[③]出于"公办民助"特性的考虑，于是组织成立董事会，"凡补助经费之学校、机关、团体或个人捐助资金物品价值至二百元以上者，推为本院董事，共负监督指导之责。"[④]1922年9月24日，天津博物院董事会成立。开第一次全体董事大会。[⑤]到1937年全面抗战爆发前，博物院董事会曾召开四次董事大会，产生四届常任董事会。分别为：1922年9月24日，召开第一次全体董事大会，公推严智怡为院长，华学涑为副院长及常任董事九人，此届常任董事名单无从可考。1930年7月，召开第二次全体董事大会，公推严智怡为院长，姚彤章为副院长，常任董事为齐国梁、李金藻、董如奉、张锡周、李凤石、张厚璋、邓庆澜七人。1933年7月，召开第三

---

①《河北博物院沿革及概况》，《中国博物馆协会会报》第1卷第5期，1936年5月，第22页。

②据1936年中国博物馆协会出版的《中国博物馆一览》记载，天津博物院此时更名为河北博物院，性质为公立，经费来源为省款补助、各学校补助及临时捐助。经常费全年11366元。见中国博物馆协会：《中国博物馆一览》，1936年，第48页。

③陈端志：《博物馆学概论》，上海市博物馆1936年版，第26页。

④《河北博物院沿革及概况》，《中国博物馆协会会报》第1卷第5期，1936年5月，第22页。

⑤严智怡：《本院沿革要略》，《河北第一博物院半月刊》第2期第4版，1931年10月10日。

次全体董事大会，公推严智怡为院长、姚彤章为副院长、举常任董事为齐国梁、董如奉、李凤石、邓庆澜、张锡周、孙壮、李金藻、张厚璋、魏元光九人。1936年7月26日，第四次全体董事大会，推举姚彤章为院长，严智开为副院长，常任董事为齐国梁、魏元光、董如奉、邓庆澜、张锡周、张厚璋、李金藻、李凤石、王汉章九人。[①]其中齐璧亭、魏明初、董杏村、邓澄波、张用陈、张德孙、李琴湘、李凤石、王汉章等人长期担任常任董事，严智怡、姚彤章相继任院长，华学涑、严智开曾任副院长。天津热心教育和文化事业的知名商绅、学绅及收藏家纷纷被吸纳充任天津博物院董事或馆长、副馆长。他们不仅赞助博物院经营经费，还捐赠或寄陈个人藏品，从而形成了一个因博物馆而建构的城市文化精英人际关系网络。[②]

三、国际化的办馆理念，突出的人类学研究

天津博物院秉持国际化与多元化的理念，与国外博物馆进行广泛的交流。早在1923年，天津博物院正式开馆不久就与法国巴黎博物院、英国皇家博物院交换图书，开始与国外同行交流。[③]1923年9月19日，天津博物院给法国保罗先生去信，并将天津博物院的出版物寄去，希望“广为传播，引起贵国学者对于敝国文化之研

①郭辉：《天津博物馆早期董事会制度初探》，《博物院》，2018年第3期，第16页。

②余慧君：《与世相接——严智怡与天津博物院的诞生》，《新史学》27卷3期，2016年9月，第94页。

③《河北博物院沿革及概况》，《中国博物馆协会会报》第1卷第5期，1936年5月，第22页。

究。”[①]秉持这种理念，天津博物院藏品搜集、展示与研究不囿于本国，还涉及埃及文字、两河流域楔形文字、世界各大洲民族人类学等相关内容。特别是人类学文物的展示与研究成为天津博物院的一大特色。严智怡在筹馆时期就从美国带回印第安人用品，其动机就是“印第安人，人类学者谓与黄种同源，以文化低落，日就式微，近殆绝迹于世，公取其风俗事物，昭示国人，观者宜知所警惕”[②]。严智怡如此重视人类学正是与社会达尔文主义有密切关系，他正是要提醒国人，在进化论下，若不求文明进步，就会被淘汰。并且博物院在充分注意收集美洲的印第安人、因纽特人，非洲的索毛利人、沙拉人，澳大利亚的毛利人以及南洋群岛上各族实物材料的同时，还充分研究和征集分布在我国境内的藏族、苗族、黎族、瑶族和大小凉山彝族有关社会生活和风俗习惯的实物材料及照片。为我国在人类学方面提供了一系列知己知彼，比较研究的实例。因此严智怡“不仅是我国博物馆历史上第一位放眼世界征集印第安民族文物的博物馆人”，[③]更是“我国博物馆历史上第一个究心民族文物的博物馆人”[④]。

四、发挥区域博物馆特性，重视本区域的藏品征集和研究

著名植物学家、教育家、中国植物分类学的奠基人胡先骕先生

①《天津博物院给法国保罗先生去的信》，1923 年 9 月 19 日。
②《故院长严持约先生纪念专号发刊词》，《河北博物院画刊》，第 97 期第 2 版，1935 年 9 月 25 日。
③宋伯胤：《究心民族文物第一人——严智怡》，《博物馆研究》，1987 年第 1 期，第 5 页。
④宋伯胤：《究心民族文物第一人——严智怡》，《博物馆研究》，1987 年第 1 期，第 4 页。

曾指出:“省立博物院则首以陈列地方之文物与自然界产品为职志。河北博物院自民国二十年秋发刊《半月刊》以来,对于兹二者之搜集刊布,至为美备。”“以一地方创立之博物院而有此盛大之举,甚可喜也。”[①]天津博物院作为较早成立的区域博物馆和省署综合性博物馆,非常重视本区域的古迹古物调查的藏品搜集。1918 年,巨鹿县发现深埋地下达 800 多年的宋代古城。1920 年,天津博物院派李祥耆、张厚璜前往巨鹿县进行考古调查,收集出土陶瓷文物资料。1921 年,天津博物院又派李祥耆从内丘县搜集金承安二年石狮一对。1933 年 9 月至 12 月,严智怡借巡查河北各县县政之便,分三次赴定兴、涿县、良乡、三河、保定、易县、涞水、徐水、井陉、平山、灵寿、正定、定县、新乐等 14 县调查古迹古物、搜集照片拓片。并委托河北省建设厅各视察员代调查沧县等 31 县的古迹古物。[②]为促进本区域文物古迹和自然产物科学知识的普及,从 1932 年 7 月 10 日《河北第一博物院半月刊》第 20 期起,博物院在馆刊中开始设专栏介绍“河北习见之树木”。到 1934 年 2 月 25 日《河北第一博物院画报》第 59 期开始又增加“河北习见之鱼类”栏目。到 1936 年 5 月 25 日《河北博物院画刊》第 89 期又介绍“河北习见之灌木”。1934 年,严智怡撰写的河北 14 县古迹古物调查报告也在院刊上对外公布。为扩大河北地区自然标本的收藏与采集,博物院还曾向国立北平研究院生物部征集动植物标本,向实业部地址调查所征集河北岩石矿物标本。[③]1935 年 1 月,博物院与静生生物调查所达成技术

①胡先□:《生物专号序言》,《河北博物院画刊》第 121 期第 1 版,1936 年 9 月 25 日。
②《河北博物院沿革及概况》,《中国博物馆协会会报》第 1 卷第 5 期,1936 年 5 月,第 23 页。
③《河北博物院沿革及概况》,《中国博物馆协会会报》第 1 卷第 5 期,1936 年 5 月,第 23 页。

合作办法，并于是年7月与静生生物调查所联合会派研究员赴磁县、邢台、邯郸、广平等县采集植物标本，并委派本院技术员到平山、灵寿、磁县等县调查古迹、采集植物标本。[①]1936年9月25日和10月10日，河北博物院院刊连发两期《生物专号》，刊载此次联合调查的植物采集报告和河北动植物资料。1937年，河北博物院赠给天津市立第一民众教育馆在平津地区采集的植物标本就多达60种。[②]可见，博物院在采集河北省自然标本方面取得了突出成绩。

五、庞大的典藏和展陈体系

天津博物院在建馆之初就建立了庞大的典藏和展陈体系。据1917年10月，天津博物院筹备处编辑发行的《天津博物院陈列品说明书》记载，分天然和历史两部。天然部包括动物类、植物类、矿物类三个方面，对陈列品产地、性质、功用及对人类之关系进行介绍。历史部包括美术类、货币类、人种风俗及古迹风景类、文字类、掌故类、科举类、纪念类、礼器类、宗教类、武器类、陶瓷类，对其时代、沿革等加以详考。[③]1931年10月25日公布的《本院征集物品分类及手续》对藏品征集门类又进行了扩充，分为动物、植物、矿物及岩石、化石、礼器、货币、简书、符牌、玺印、陶瓷、武器、舟车、建

---

①《河北博物院沿革及概况》，《中国博物馆协会会报》第1卷第5期，1936年5月，第23-24页。

②《本院重要纪事》，《河北博物院画刊》第137期第4版，1937年5月25日。

③天津博物院筹备处：《天津博物院陈列品说明书》，直隶教育图书局印书处印刷，1917年10月。

筑、日用器、衣服、佩饰、农具、渔猎器、工用器、方伎用器、宗教用器、丧葬婚娶用器、古迹风景相片、民俗相片、世界人种风俗、度量衡、掌故、纪念、其他共29项①。1936年出版的《中国博物馆协会一览》中所列藏品仍为自然、历史两部，但根据实际情况又进行了局部调整。自然部分动物、植物、矿物、岩石、化石共5项；历史部分文字、骨器、石器、陶器、瓷器、玉器、礼器、武器、掌故、科举、巨鹿出土宋代器物、货币、宗教、人种风俗、古迹风俗共15项。②博物院典藏和展览体系涉及内容范围十分广泛，理念超前，分类严谨科学，非常符合现代博物馆藏品分类和管理办法。宋伯胤先生对天津博物院这种收藏和展陈体系给予了高度评价，并特别强调：天津博物院将在中国传统观念中并不认为是文物的许多项目，如农具、渔猎器、工用器、方伎用器、宗教用具、丧葬婚娶用具、古迹风景、民俗像片、世界人种风俗等列入其中，"这样富有创新精神的劳绩应该在中国博物馆史上占有一页"③。

六、突出的出版和社教工作

严智怡认为："文化之普及，非宣传不为功，欲广宣传，必以印刷品为唯一利器。"④因此天津博物院非常重视出版和宣传工作。早

①《本院征集物品分类及手续》，《河北第一博物院半月刊》，第3期第4版，1931年10月25日。

②中国博物馆协会：《中国博物馆一览》，1936年，第48页。

③宋伯胤：《究心民族文物第一人——严智怡》，《博物馆研究》，1987年第1期，第7页。

④严智怡：《发刊辞》，《河北博物第一博物院半月刊》，第1期第1版，1931年9月25日。

在1917年天津博物院筹备处就刊印了《天津博物院陈列品说明》，并广为发行。1918年6月1日，天津博物院成立展览会时，又刊行成立展览会临时日刊和广告，对成立展览会进行了全方位的宣传。在当时经费十分紧张的情况下，博物院又于1919年出版了《天津博物院座头鲸说明书》，1920年出版了《簠室殷契类纂》，1921年出版了《国文探索一斑》，此外还有《秦书八体原委》《秦书集存》《巨鹿宋器丛录》《汉党锢刻石残字印片》等书。即使在1924年后军阀混战，博物院被军队占领期间，仍于1925年组织出版了《簠室殷契征文》《儿童动物图谱》等书。并开创"金石拓本落石"（今日拓片）之法，比当时通行的影印法印刷效果精良，被称为"印刷界的一大进步"。[①]1931年9月25日，博物院又正式出版《河北第一博物院半月刊》，小八开本，每期四版。1932年11月25日第29期时改名《河北第一博物院半月刊画报》，1933年9月25日第49期时改名《河北第一博物院画报》，1935年1月10日第80期时改名《河北博物院画刊》，直至1937年7月25日终刊，共出版141期。该刊一月两期，分自然与历史两大部分，涵盖动植物、化石、民俗、文玩、书法绘画、甲骨等，少量涉及野外调查、古建筑介绍等。内容丰富，门类齐全，知识面涵盖广泛。

在社会教育方面，天津博物院自建馆之初，就以辅助学校教育为己任，对学校团体施行参观免票制度，并在每年双十节、元旦、清明节儿童节等实行免票开放。为进一步推动博物院的社会教育，从

①马冬青、任海燕：《河北第一博物院及其出版的刊物》，《文物春秋》，2006年第6期，第58页。

1936 年 4 月开始到抗战前，博物院还组织了五场讲座活动，介绍“益农动物”“中国货币沿革概况”“传拓的方法”“造树和植树”等内容。这些讲座主题通俗易懂,不仅普及了科学知识还贴近了博物院与民众的距离。

七、结语

习近平主席曾指出:“不忘本来才能开辟未来，善于继承才能更好创新。”在信息化社会快速更迭与旅游文化深度融合时代的到来的今天,回望天津博物馆早期历史,许多举措和理论实践“很值得关心我国博物馆的人认真思考”,“是如今探索今天博物馆改革的一份可资借鉴的历史档案。”[①]在如今仍有着现实意义。

(刊于《开放与共享:博物馆学理论与实践新探索》,人民教育出版社 2019 年版,第 58—65 页)

作者:郭辉,天津博物馆

①宋伯胤:《究心民族文物第一人——严智怡》,《博物馆研究》,1987 年第 1 期,第 7 页。

天津市政协委员捐献文物事略

卢永琇

中华人民共和国成立后，天津各界人士捐献文物的义举频出，在20世纪50年代和80年代前后形成过二次捐献高潮，他们向国家捐献的文物，丰富了各博物馆的馆藏。在政协前身的各界代表会议的委员中和天津市政协委员中捐献文物之人也是屡见不鲜。1949年，召开了天津市首届各界代表会议，其中主席团成员的周叔弢（同时担任各界协商委员会委员），各界协商委员会委员杨石先，是最早一批捐献文物的代表人士。天津市首届各界代表会议主席团成员的何启君，天津市首届天津各界代表会议《劳资关系处理办法》审查委员会杨建庵（在天津第二届各界代表会议时任各界协商委员会委员），在其晚年，捐献了自己的珍藏。1955年天津市政协第一届会议召开。担任天津市政协第一、二界委员的冯文潜，担任天津市政协第一、第二、第三届委员的王襄、担任天津市政协第五、第六届常委的王福重、担任天津市政协第五、第六届委员的孙奇峰等人都捐献了自己所藏。下面以捐献文物时间为序进行叙述。

一、周叔弢带头捐献文物

周叔弢是中国北方民族工商业的代表人物。1949 年 1 月担任天津市首届各界代表会议主席团成员。1949 年 9 月以后担任全国政协第一、三、四届委员会委员，第二届全国委员会常务委员。1983 年 6 月至 1984 年任全国政协第六届委员会副主席。他一生致力于文物、古籍的收藏，20 世纪 50 年代和 80 年代，周叔弢将包括古籍、书画、敦煌遗书、历代玺印等的毕生收藏捐献国家。

据天津市地方志编委会《大事记》记载，1950 年，天津市副市长周叔弢将家族"孝友堂"三代珍藏图书 360 余箱，共 6 万余册赠予南开大学文学院，其中以明版南藏和百余种丛书最为珍贵。1952 年，周叔弢在天津率先捐献，将清宫旧藏敦煌艺术宋治平四年(1067)《摩阿般惹波罗蜜经》、明宋克《急就章》卷、明项圣谟《且听寒响图》、明钱贡《城南雅逸图》卷等 7 件文物捐献给天津文化事业管理局。

1953 年 2 月 13 日，周叔弢捐献善本书籍 715 种，计 3673 册又 2 卷 59 页，拨交北京图书馆入藏。

1981 年周叔弢再次捐献 1262 件文物。同年 3 月 8 日　天津市人民政府在干部俱乐部召开"周叔弢、张书诚同志捐献文物图书授奖大会"。中共天津市委、市人大常委会、市人民政府、市政协、国家文物局等同志出席大会。胡启立市长出席并讲话。3 月 11 日　《周叔弢、张书诚先生捐献文物展览》在天津市艺术博物馆开幕。市长胡启立及各方面领导来馆参观。

最令人感动的是周叔弢首次捐献文物。当时中华人民共和国刚刚成立,天津市还没有对外开放的博物馆,天津市文化局接收旧博物馆的藏品也不多。周叔弢想到了捐献书画给国家,起个带头作用,影响身边的收藏家捐献所藏,为新建立的共和国文化事业贡献力量。我们在他的日记中可以看到对此有记录。1952 年 8 月 29 日《□翁日记》中写道:"到市文化〔局〕看艺术展览。我决定将我收藏字画最好的捐出,希望起带头作用。"随后,9 月 3 日又记:"古代艺术展览会开幕。当场我献出:(1)宋景德年写经;(2)元陆居仁《苕之水》卷;(3)明宋克《急就章》卷;(4)明文徵明书《盘谷序》卷;(5)明文伯仁《潇湘八景》卷;(6)明项圣谟《且听寒响图》卷;(7)明钱贡《城南雅逸图》卷。"

这段看似简单的记述,包含了大收藏家的断舍离,包含了弢翁无限的爱国情怀。这七件宋元明时期的作品,年代久远保存完好是古代书画精品,它们或为清宫旧藏,或是敦煌遗书,或是名人墨卷,或是史书名珍,可谓是市值千金。捐出这么高级别的收藏,可见弢翁的赤诚之心。

其中明项圣谟作"且听寒响"卷,有乾隆、嘉庆、宣统三帝御印,著录于清代乾隆、嘉庆两朝编纂的宫廷收藏著录文献《石渠宝笈续编·御书房》,曾是清宫御书房的珍藏。现在这些藏品都是天津博物馆的一级文物。

弢翁的捐献义举带动了众多收藏家捐献文物:徐世章后人捐献徐世章收藏古书画、古玉、古砚 2749 件、徐世昌家属捐献西周太保鼎等西周青铜重器 4 件、任凤苞捐献"天春园地方志"2500 种 2 万余册。等等这些捐献在五十年代形成了天津收藏家捐献文物的第一次高潮,周叔弢带头捐献文物可谓功不可没。

二、杨石先捐献稀世古墨

杨石先是著名化学家,曾任南开大学校长。1949 年天津市首届各界代表会议各界协商委员会委员。

杨石先出生于书香世家,家中藏有很多古籍善本图书。新中国的成立,使人到中年的杨石先感受到了巨大的活力。1952 年,55 岁的杨石先将家藏的古墨等文物和善本图书捐献给刚成立不久的新中国。杨石先捐献的古籍善本图书,皆入藏南开大学图书馆,捐献的文物皆归入天津市文化局,拨交入藏于当时的天津历史博物馆,今藏天津博物馆。

墨是消耗品,亦损坏。名人制作完整的古墨更为少见,就更显珍贵。明代有两大制墨名家:程君房和于方鲁,他们二人的激烈竞争,推动了制墨业的发展。清代初期,于方鲁的墨制品已十分稀少。杨石先先生捐献的明于方鲁“妙歌宝轮”墨,保存至今已约 400 多年,其正面彩绘佛教宝轮图案,背部描金模印各种乐器,寓意美妙的歌舞,工艺精良,艺术水平极高,侧面有阳文楷书款“方于鲁制”,该墨在清《四家藏墨录》著录,是传世明代彩墨珍品。现为国家一级文物。

杨石先先生捐献的其他墨品,也是无价珍宝,除了方于鲁、程君房、汪中山、吴天章、曹素功等制墨名家的作品外,一些皇室御用墨品,更是世所罕见。如清乾隆“丁巳御墨”,朱砂制成,质地缜密,磨制精细。形体作亚字形,正面金字书“御墨乾隆丁巳年制”,并有金印“世掌丝纶”;另一面描绘庭院农舍,古树长廊,舍内一妇抚婴,一童奉茶,一派祥和景象。朱墨是用天然朱砂、石英、雄精、蛤粉等矿物原料配以“广胶”精制而成,具有用不退色,千载存真的特点。

三、冯文潜捐献家祠和地方文献

冯文潜早年曾留美，后为南开大学外文系教授、校图书馆馆长、天津市历史博物馆馆长。天津市政协第一、二届委员。在20世纪50年代末,向天津历史博物馆捐献文物,包括了名人信札等地方文献;地毯、风筝、木版印画等地方工艺品,以及天津地方著名画家的绘画等,共计175件。

冯文潜捐献的陈靖画山水屏幅(一堂十二幅),是开津门山水一派先河的清代画家陈靖的代表画作。陈靖山水画既得清初王原祁的苍浑沉雄,又有元代黄公望的气清简远,可谓清润高雅,功底深厚。冯文潜的捐献收藏在博物馆里,成为天津博物馆地方美术的重要历史资料。

冯文潜作为南开大学图书馆馆长、天津历史博物馆馆长,对天津地方历史文献有其独到的历史视角与收藏眼光。他重视名人信札在历史研究中的作用,收藏有大量的各类人物与严修的通信,如瑞芳、杨治熙、刘登瀛、恩藻、赵元礼等人至严修的信札共30余通。冯文潜捐献的这些信札收藏在博物馆里，成为今天学者研究严修和天津地方教育、文化的重要史料。

冯文潜与杨石先有着相同的留学美国的经历，又同在南开大学任职,是志同道合的好朋友。关于捐献文物给国家,他们也是意愿相投,并流传有一段佳话。1952年杨石先捐献古墨分两次进行。第二次是在1952年的9月14日,通过好朋友冯文潜先生,将“曹素功极品佳墨(青麟髓)文物共 一匣七块”转交天津市文化局。天津市文化局在 9 月 17 日开出了收据，并在 9 月 22 日发出了公函。我们可以通过杨家保存完整的收据中寻访到这一过程。

四、王福重捐献王懿容旧藏甲骨

王福重是天津耀华中学副校长。全国政协第五、六、七、八届委员，天津市政协第五届、第六届常务委员会委员的。她在 1961 年 6 月 8 日将自己珍藏的祖父王懿荣所藏殷墟甲骨 300 余片，全部捐献给天津市人民政府，1963 年 12 月 31 日入藏天津历史博物馆，今藏天津博物馆。

王懿荣是最早发现和认识到甲骨价值并加以购藏、研究的学者之一，被称为“甲骨文之父”。王懿荣于 1900 年殉国之后，其所藏约 1500 片甲骨大部分卖给了刘鹗，其他的由王氏后人继承、保存。

王福重捐献的王懿荣旧藏甲骨，数量多，历史文献价值高，入藏博物馆后，许多是国家珍贵文物，被胡厚宣《甲骨探史录》、郭沫若《甲骨文合集》等著录。在天津博物馆 2019 年 10 月 1 日开幕的，为庆祝中华人民共和国成立 70 周年举办的展览《殷契重光——纪念甲骨文发现 120 周年特展》中，展出有王福重捐赠王懿荣旧藏甲骨 10 件。

五、王襄捐献殷墟甲骨

王襄曾任天津文史馆第一任馆长。他是著名的金石学家、甲骨学家，著述颇丰，担任中国科学院历史研究所《甲骨文合集》编辑委员会委员。其书法高古，善大篆、小篆。王襄任天津市政协第一、二、三届委员。

王襄的甲骨收藏时间早，数量多，且多为殷墟出土，文字内容丰富，世人共知，在20世纪三四十年代，他已是一位知名的收藏家。王襄一生中多次面临高价诱惑，但都不能使他心动，出售珍藏的甲骨。王襄是我国第一代甲骨收藏家和甲骨文专家。他刊行有关甲骨的著作达几十种。其研究成果，至今仍为甲骨学界所引用。

这位珍爱甲骨、研究甲骨的收藏家、学者，在新中国成立以后，将自己一生的收藏无私捐献和出让给国家，表达了他对国家的赤诚之心。1951年10月22日，王襄毅然决然向天津文化局出让甲骨831块。原天津市艺术博物馆馆长云希正，回忆亲历王襄甲骨入藏时说道："我有幸参加了这一工作，和王老有过直接接触，去过城里大刘家胡同王老家。当年市文化局开给王老的油印本接受文物收据，还是我亲笔所写。记得王老出让甲骨是定向出让，和把一批珍贵文物捐献国家，再由国家发给一些奖励没有什么区别。出让价格也是文化局负责同志和王老很快就商定了，王老未提出任何异议，认为交给国家，由博物馆保存就是目的。"

1965年王襄病逝，家属遵其嘱，于当年9月15日，将王老全部遗稿、书法作品和原藏的较完整、刻辞数字较多的甲骨15片以及腰牌、封泥、陶文、砖瓦、旧砚等文物共483件，捐献给国家。

王襄文物捐献国家后，天津市文物保管委员会和天津文史馆等单位联合在辽宁路艺林阁二楼举办了《王襄遗作及捐赠文物展览》，展览将王襄捐献15片重要甲骨首次公之于世，引起轰动。商"旬壬申夕月有食"卜骨是王襄捐献甲骨的代表。它刻于商代武丁时期，记载"壬申夜月有食"的情况，是世界上关于月食最早的完整记录。

六、何启君捐献郑板桥绘画

何启君是天津市首届各界代表会议主席团成员，任常务主席，离休后于1982年向国家捐献了一批颇具价值的文物，如今收藏在天津博物馆。

何启君1949年起在北京、天津工作，开始喜爱文物。以他一贯的钻研精神，研究收藏喜爱的字画、瓷器等。1982年又将自己的珍藏，包括清各朝官窑款瓷器，古代绘画、版画，以及徐悲鸿、张大千、齐白石绘画等，共计82件无偿捐献国家，入藏进天津市艺术博物馆，今藏天津博物馆。

何启君的捐献，艺术价值价高，入藏博物馆后，大多为国家三级以上珍贵文物。郑板桥《竹石幽兰图轴》，是郑燮在清乾隆二十七年(1762)70岁时绘制的，画面墨笔绘修竹、兰草和巨石，左上方题诗"竹石幽兰合一家，乾坤正气此间赊。任渠霜雪连冰冻，苍翠何曾减一些。"何启君还捐献有郑板桥题画册、清代康熙年间版画"耕织图"、乾隆款豆青釉鼓式罐、康熙款青花缠莲盘、乾隆款青花海水龙盘、乾隆霁红盘、雍正斗彩团花碗等。这些古代艺术品，经常在天津博物馆的展览中展出，不仅给观众中国传统文化艺术的熏陶，也是一位革命老战士爱国捐献文物的物证。

七、杨建庵捐献珍贵古画

杨建庵是首届天津各界代表会议《劳资关系处理办法》审查委员会委员，在天津第二届各界代表会议时任各界协商委员会委员。

杨健庵1986年将黄慎人物画册、汉代虎符、唐代兔符和鱼符、肖宗像、汉代嵌金银丝铭文铜带钩等24余件文物捐献天津历史博物馆。其中以黄慎人物画册尤为珍贵。

黄慎生(1687—1770)是清代中期"扬州八家"之一的画家,以诗、书、画三绝著称于世,并形成了自己独特的写意人物画风格,是中国人物画史上卓有成就的画家。杨建庵捐献的黄慎人物画册,共有画幅十页,画为绢本设色人物,画幅为24.9×24.5(CM)。该册墨色清润,赋彩淡雅,生动逼真,具有较高的艺术水平。画册包括了讽刺题材的《有钱能使鬼推磨》和《家累》;反映社会生活的《渔家乐图》和《丝纶图》;神话传说、历史故事题材的《洛神图》、《郭橐驼种竹图》和《漂母饭信图》;表现文人士大夫的《陶令重阳饮酒图》、《琴趣图》和《西山招鹤图》。从《丝纶图》的年款"庚子九月写于绿书天屋"可知,此册作于康熙五十九年(1720),黄慎时年三十四岁。画册中《有钱能使鬼推磨》和《家累》笔触细腻,色彩淡雅,极具观赏性。《有钱能使鬼推磨》中,使钱者手捏一枚铜钱,赤发獠牙的小鬼儿甘愿为其驱使团团转磨儿。《家累》中,瘦骨嶙峋的中年男子,苦脸愁眉,拽扯着全家费力向前。两幅画图,生动道出了"钱能通神(鬼)"和养家糊口之艰难,揭示了封建社会的阴暗和民生窘困。这两幅作品被誉为是中国美术史上的人物漫画珍品和精妙佳作。具有如此艺术价值的明代绘画,杨建庵没有留给五位子女,而是选择捐献国家,着实令人钦佩。

(刊于2019年10月14日《人民政协报》第7版"宝藏")

作者:卢永琇,天津美术馆

以乾隆为中心初探静寄山庄的书画收藏

张　伟

一、引言

静寄山庄原址坐落在天津市蓟州区盘山南麓，乾隆九年(1744)乾隆下令建盘山行宫，同年已成“清泉为带树为屏，卜筑栖云几架厅”[①]。乾隆十年(1745)正式命名盘山行宫为静寄山庄。乾隆九年(1744)至嘉庆二年(1797)54年间乾隆驻跸静寄山庄30次，[②]多数为拜谒东陵或来往避暑山庄中途游玩，时间多集中在春秋两季，其间乾隆在静寄山庄留下来大量的诗句与书画题跋，命词臣画

①清高宗，《清高宗(乾隆)御制诗文全集》，北京：中国人民大学出版社1993年版，337页。

②朱蕾，王其亨，《避暑山庄“姊妹篇”——天津蓟县盘山行宫静寄山庄考》，《山东建筑工程学院学报》，2005年第3期。

家等描绘盘山景色，并把清内府部分书画庋藏于静寄山庄之中，是构成清宫书画收藏最鼎盛时期的一部分，也是天津最早的大规模官藏书画记录。但道光八年(1828)，道光下令停修盘山行宫，盛极一时的静寄山庄便就此衰败，记载物品多注明“朽破”或挪到京城。①

随着清内府书画收藏的增加，乾隆在鉴赏整理的基础上开始编纂书画著录。释道书画著录于《秘殿珠林》，一般书画著录于《石渠宝笈》，各有初编、续编及三编。静寄山庄庋藏书画著录于《石渠宝笈》三编，此著录成书于嘉庆二十年(1816)。

静寄山庄所藏书画在《石渠宝笈》三编共著录了61件(见附表)。主要分为：一、乾隆、嘉庆御笔，有临摹及创作两类；二、历代名人书画；三、清代臣工书画。与清内府其他地方所庋藏的书画相比较，静寄山庄所藏书画数量、质量并不出众，但静寄山庄所藏书画其中许多涉及盘山景色的诗句及绘画创作，以及驻跸静寄山庄时对书画的题跋，所以还是具有一定的研究价值。静寄山庄与其他清内府收藏地点一样，也有类似于“乾清宫鉴藏宝”“重华宫鉴藏宝”具有庋藏地方属性的印玺，即朱文“静寄山庄”印(图1)，在许多曾经藏于静寄山庄的书画上都可以见到这方鉴藏印。

图1 静寄山庄 朱文方印
(清 弘昕 川岳腾辉 私人藏)

---

①第一历史档案馆，奏销档、黄册、清册、内务府档之巡幸及行宫、军机处录副奏折、陈设册。

二、独爱子昂

乾隆对于传统的儒家文人文化十分痴迷，尤其对于古物鉴藏，特别是书画鉴藏的兴趣非常浓厚。绘画《富春山居图》子明卷、书法《快雪时晴帖》的题跋可以看出乾隆对于书画的喜爱近乎疯狂。

在王亦旻《弘历皇子时期书法学习经历考》一文中有乾隆皇子时期临写的赵书[①]，在《石渠宝笈》《秘殿珠林》中著录了大量乾隆临摹赵孟頫的书法作品，如《石渠宝笈》中有临《陶潜诗帖》《纨扇赋》《洛神赋》《雪赋》《归去来辞》等，《石渠宝笈》续编中有临《绝交书》《急就章》等，临仿赵孟頫绘画的作品亦不少。

可见，在众多古代艺术大师之中，乾隆独爱赵子昂，不仅不遗余力地搜集赵孟頫的书画作品，进行鉴定真伪、品评优劣，还在闲暇之余亲自临仿，虽然作品的艺术水平无法与赵子昂比肩，但作为一位皇帝，在忙碌政事之余，其书画绘画水平还是合格的。乾隆在出行期间，不忘把子昂作品随箧出行，方便赏玩和临仿，《石渠宝笈》三编中静寄山庄著录的第一件作品就是临仿赵孟頫的“竹石兰菊”题材的作品——《乾隆临赵孟頫书画》，画中有一兰、二古树、三竹、四菊，并用行书题诗一首：

绿叶映朝旭，俗尘无地来。
屈曲自成态，虽同桃李颜。
宁看春痕透，疏枝聚翠云。
风月四时足，可人相对闻。[②]

---

①王亦旻，《弘历皇子时期书法学习经历考》，《故宫博物院院刊》，2014 年 3 期。
②《石渠宝笈三编》静寄山庄一。

此幅作品作于乾隆十四年秋(1749)静寄山庄四面芙蓉书屋中，乾隆从塞上回京驻跸静寄山庄期间，在展玩赵孟頫作品时渐生画意，感叹“田盘苍翠，横扑总案与笔光墨彩相映，疑松雪当年未必有此胜赏”。[1]诗作中反映了静寄山庄的迷人景色。卷尾有蒋溥、梁诗正、汪由敦、嵇璜、董邦达、钱维城、张若澄等人的题跋。从《石渠宝笈》初、续二编中看，赵孟頫并没有兰、古树、竹、菊于一幅作品之中的题材，可见乾隆并不是像临仿赵孟頫《红衣罗汉图》那样完全忠于原作，而是进行有创造性的意临，掺杂了自己对于子昂绘画的理解。从著录中看有可能临仿的赵孟頫作品是现藏于故宫博物院的《秀石疏林图》、[2]台北故宫博物院的《窠木竹石图》[3]两幅作品，《窠木竹石图》在《石渠宝笈》列为下等，随箧出行的可能性较小。因此临仿的对象极可能是《秀石疏林图》(图2)，不知道乾隆在临仿时是否理解并融入赵孟頫书画同源之意：

石如飞白木如籀，写竹还于八法通。

若也有人能会此，方知书画本来同。[4]

图2　元　赵孟頫　秀石疏林图　现藏于故宫博物院

---

①《石渠宝笈三编》静寄山庄一。

②《石渠宝笈》，清文渊阁四库全书本，卷八。

③《石渠宝笈》，清文渊阁四库全书本，卷三十。

④《四库全书》，子部，艺术类，书画之属，书画题跋记，卷六。

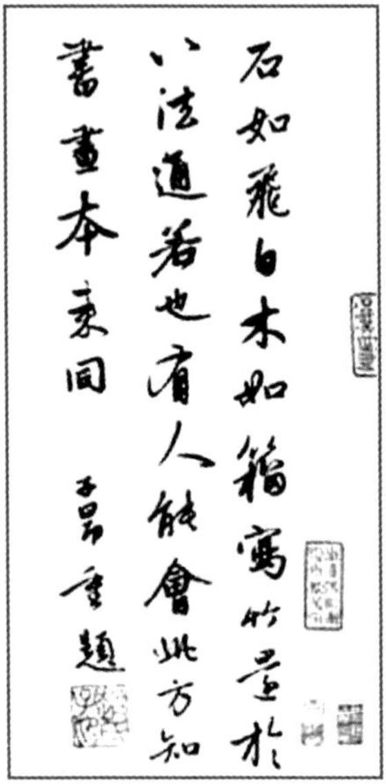

图3 元 赵孟頫 秀石疏林图 局部
现藏于故宫博物院

静寄山庄中藏有一件赵孟頫所书《绝交书》，这件作品曾是清代乾隆年间天津书画鉴藏家安岐的家藏。安岐，生于1685年10月10日，卒于1746年或前一年，朝鲜人，号麓村，晚号松泉老人；长期生活在天津；所居沽水草堂，在天津城东南，又有古香书屋，为其所藏书画名迹处所。安氏在其著录《墨缘汇观》记录了三件《绝交书》。著录内容见下表：

表1 《墨缘汇观》著录中的三本《绝交书》

版本	《墨缘汇观》	著录内容	清内府著录	现藏地
安岐本	法书下卷	余见赵文敏所书《绝交书》凡三本，一孙退谷侍郎所藏本，今在梁氏，一平湖高氏绿绢本，具不及此卷。	《石渠宝笈》三编静寄山庄一	
孙退谷本	续录	行草书，纸本，真不佳，孙退谷藏本。	《石渠宝笈》卷三十，并刻入《三希堂法帖》	不知下落
绿绢本	续录	行草书，绿绢本，真。无题识。	《石渠宝笈》卷四十四	故宫博物院

这三本《绝交书》先后进入清内府，分别是安岐本，著录于《石渠宝笈》三编，款“延祐七年二月十九日”（图4）；绿绢本，著录于《石渠宝笈》卷四十四，款“延祐六年九月望日”（图5）；孙退谷本，著录于《石渠宝笈》卷三十，无年款（图6）。

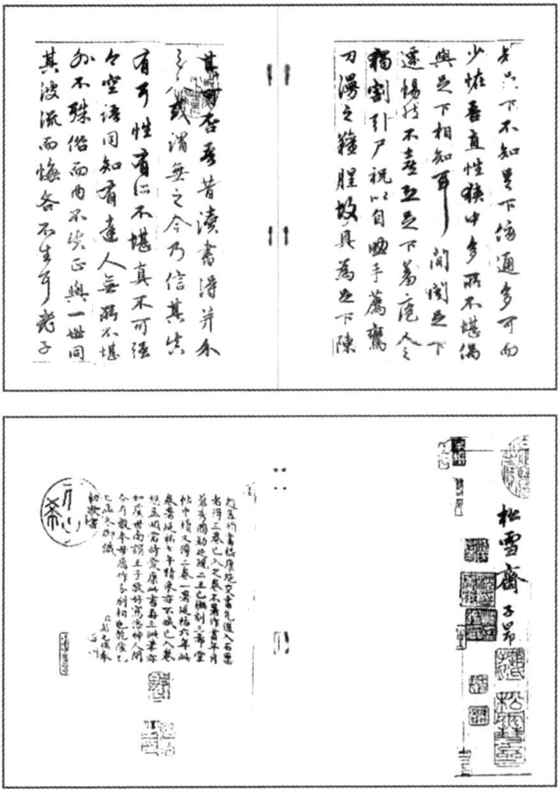

图 4　元 赵孟頫 绝交书(安岐本 曾藏于静寄山庄)局部

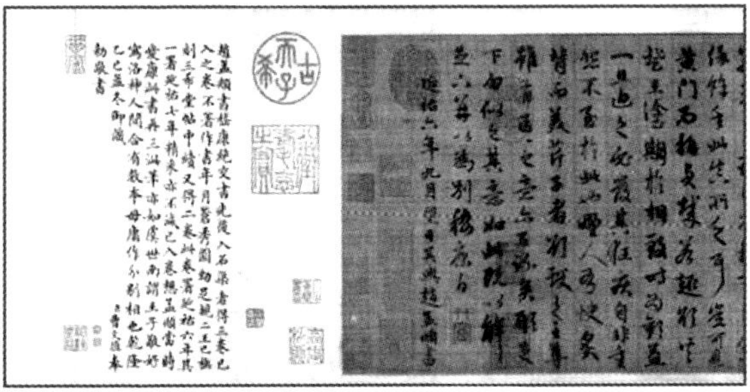

图 5　元 赵孟頫 绝交书(绿绢本)局部 现藏于故宫博物院

图 6 《三希堂法帖》卷 19,1914 年拓本,《绝交书》拓本

乾隆题绿绢本《绝交书》说:

赵孟頫书《嵇康绝交书》,先后入石渠者,得三卷。已入之卷不署作书年月,苍秀圆劲,足规二王,已摹刻《三希堂帖》中。续又得二卷。此卷署延祐六年,其一署延祐七年,精采亦不减已入卷。想孟頫当时爱康此书再三泚笔亦如虞世南谓王子敬好写洛神。人间合有数本,毋庸作分别相也。乾隆乙巳孟冬御识。臣曹文植奉敕敬书。①

乾隆说因孙退谷本先入内府,所以刻于《三希堂法帖》中,也就是安岐认为“不佳”的本。乾隆这样说便是解释为什么不佳的版本刻入《三希堂法帖》,显然他对三本的优劣是清楚的,安岐也认为《墨缘汇观》法书下卷著录的《绝交书》,即静寄山庄所藏好于其他两本。

乾隆又把题在绿绢本上的内容题在了静寄山庄所藏的安岐本上,同样也在乙巳年(1749)孟冬由彭元瑞书。综合王连起先生在《谈〈三希堂法帖〉所刻赵孟頫书》一文②和 2018 赵孟頫国际学术研讨会其发言的意见,认为赵孟頫三本《绝交书》均为伪作。从字面上

①《石渠宝笈三编》,静寄山庄一。

②王连起著:《赵孟頫书画论稿》,故宫出版社 2017 年版,第 118-137 页。

看，乾隆认为三本《绝交书》皆为真迹，乾隆是判断有误的，看似对《绝交书》真伪盖棺定论，但是有一个问题需要注意，乾隆时期收入内府的书画有许多是由词臣如张照、梁诗正作为中介的，特别是安岐所藏藏品大部分是由沈德潜作为中间人。从“人间合有数本，毋庸作分别相也”中看当时应该对于《绝交书》真伪有过讨论，而且乾隆应该看出其中问题，所以出于保护身边大臣的考虑，以免被扣上“欺君”的帽子，乾隆便让人们不要再讨论真伪，三本都是真的。

除了赵孟頫作品之外，静寄山庄还藏有一件赵孟頫之子赵雍的绘画作品《番马图》。赵雍（1289—1369），字仲穆，以父荫入仕，官至集贤待制、同知湖州路总管府事。其书画继承家学，《番马图》下落不明，但从现存赵雍的人马作品中看，和其父赵孟頫的作品水平还是有一定的差距的。

二、即景印证

乾隆出行有携带书画随行的嗜好，闲暇之余进行赏玩、题跋。这是乾隆附庸风雅的一面，如同米家书画船、倪瓒书画船一样书画随篋出行，同样也在彰显一位满族皇帝对于汉文化的统治力，这是有政治的意味在其中的；其次，“即景印证”，类似于董其昌携带《潇湘图》等作品出行，途中展卷欣赏、印证实景，抒发心中意气。《富春山居图》子明卷上就有很多乾隆在出行途中“即景印证”的痕迹。面对盘山的秀丽景色，乾隆感叹“早知有盘山，何必下江南”，因此在驻跸静寄山庄时，便对书画作品进行题识、赋诗和创作书画作品。

在《石渠宝笈》著录的《唐宋元名画大观》中的陆广《丹台春赏》有乾隆在静寄山庄驻跸时留下的题识：

此帧悬崖松石，宛然田盘天成阁中所见，使身历其地着意为之，或未必及此，而陆生无心暗合造物，若预设斯境以待之印，合处直为快绝。乾隆丁卯春，静寄山庄题[①]

陆广，生卒不详，元代画家。字季弘，号天游生。师法黄公望，《丹台春赏》高 63.4 厘米，宽 25.3 厘米，被溥仪携带出宫后转运至长春伪皇宫，后下落不明，此作在流入清内府之前被安岐鉴藏过，在安岐曾评价此图：

图作崇山绝壑，高峯复岭，上一丹台，其屋宇楼观，殊有思致；溪边一人乘艇仰眺。其树石皴法，大类子久，笔墨清润超逸，足称精品。[②]

乾隆评价此图与盘山的天成阁的风景十分相像，甚至不到此地，观此图便身临其境。天成阁在盘山天成寺附近，从董邦达《盘山十六景》中可以看到(图 7)，天成寺附近地势险要，周围悬崖峭壁，松林密布，与乾隆题识、安岐著录描述的“悬崖松石”地理风貌一致，也验证了乾隆书画随箧出行，“即景印证”的雅好。

图 7 (清)董邦达 盘山十六景图 局部 现藏于辽宁省博物馆

①《石渠宝笈》，清文渊阁四库全书本，卷四十二。
②(清)安岐著，《墨缘汇观》，清粤雅堂丛书本，名画下卷。

陆广《丹台春赏》题识于乾隆十二年(1747),这一年乾隆在盘山的题识非常之多，特别是《御笔盘山图》(图 8) 题识 12 次,整幅作品共计题识 34 次,占整个作品所有题识的三分之一还多,题识时间跨度从乾隆十年(1745)到乾隆五十八年(1793),长达 48 年之久。《御笔盘山图》作于乾隆十年(1745),金粟山藏经纸本,高 162 厘米,宽 93.5 厘米。注明在静寄山庄所题为 1 处,此时乾隆拜谒东陵后驻跸于静寄山庄之中。(图 9)

图 8 (清)御笔盘山图 现藏于故宫博物院

为何乾隆十二年 (1747)乾隆在《御笔盘山图》上留下了如此多的题跋与诗句？首先,乾隆是非常喜爱此幅作品,傅申先生在《乾隆皇帝〈御笔盘山图〉与唐岱》一文中认为此图为唐岱代笔，[②]不管真正作

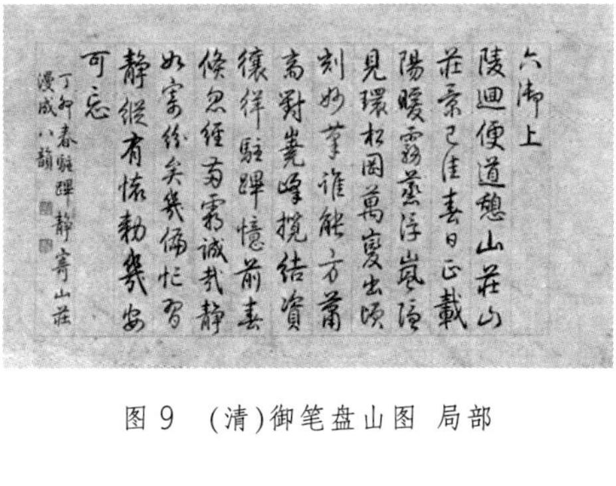

图 9 (清)御笔盘山图 局部

①傅申,《傅申书画鉴定与艺术史十二讲》,杭州:浙江大学出版社 2017 年版:367 页。

者是谁，乾隆对此幅作品投入了很大热情，不停地题跋，直至无题跋空间为止，这和《富春山居图》子明卷是一样的。其次，乾隆集中在乾隆十二年（1747）疯狂的题跋此图的主要原因是，前一年（1746）刚刚完成了作为文化大一统象征之一的书画收藏的大一统。这里不得不再一次提起天津的安岐，安岐于1746年左右下世，其大部分藏品没入清内府。安氏藏品数量多、且质量极高，不仅撑起了清内府书画收藏的半壁江山，而且他的作品加入后完成了清内府书画收藏大一统，即“三希堂”和“四美具”齐聚与完璧。“三希堂”是乾隆书房，在乾隆十一年（1746）收藏了晋朝大书法家王羲之的《快雪时晴帖》、王献之的《中秋帖》和王珣的《伯远帖》而得名，其中王珣的《伯远帖》是安氏旧藏，“四美具”出自谢灵运《拟魏太子邺中集诗序》：“天下良辰、美景、赏心、乐事，四者难并。”四美其中有顾恺之《女史箴图》、李公麟款《蜀江图》《九歌图》《潇湘卧游图》，这四件曾是明代顾从义旧藏，董其昌认为是顾氏所藏绘画中最佳的四件，其中《女史箴图》是安岐旧藏，丙寅年四

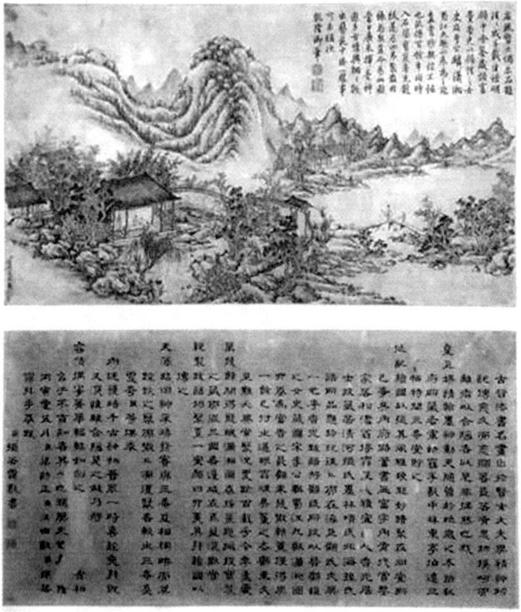

图10 （清）董邦达 四美具图册页 想藏于天津博物馆

美重聚，乾隆命董邦达绘制《四美具图》页（图 10）和《四美具合照幅图》轴。此时的乾隆信心满满，对于书画的热情想必达到了巅峰，那么在转年春天疯狂题跋《盘山御景图》便是原因所在。

三、对景翰墨

“即景印证”后乾隆会对优美的盘山景色进行描绘、赋诗，并用自身强大的影响力命令臣工作画，创作心中之盘山景色，彰显乾隆的艺术品位，留下了很多关于盘山风景的作品，构成了静寄山庄书画收藏的基础，不失为所谓文人描绘盘山的艺术景观。

乾隆十六年（1751），乾隆首次南巡时两度游览苏州寒山的千尺雪，并赋诗称“独爱吴之千尺雪”，[①]回京后即在北方御苑仿建，之后依次在北京西苑、热河避暑山庄和盘山静寄山庄修建三处。静寄山庄“千尺雪”修建于乾隆十七年年（1752）春，同年冬乾隆在静寄山庄绘制了《御笔盘山千尺雪图》并题：

壬申冬十月重游盘山，爱千尺雪之胜，既为之记，坐盘石，面清泉，写成是图，复命词臣董邦达、钱维城分写西苑、热河千尺雪，而吴之寒山则属之张宗苍，装成四卷，藏之精舍，因并纪之，御笔。[②]

卷后还有乾隆御书《盘山千尺雪记》，此记刻入静寄山庄山崖之上。在癸酉年十月再题此图：

---

①清高宗，《清高宗（乾隆）御制诗文全集》，北京：中国人民大学出版社 1993 年版，第 356 页。

②《石渠宝笈三编》静寄山庄二。

飞泉落万山，巨石当其垠。汇池可半亩，风过生涟沦。白屋架池上，视听皆绝尘。名之千尺雪，遐心企隐人。分卷复合藏，在一三来宾。境佳泉必佳，竹炉亦可陈。俯清酌甘冽，忘味乃契神。披图谓彼三，天一何疏亲。[①]

从上可知乾隆不仅自己对景翰墨，还命词臣董邦达、钱维城在静寄山庄绘制热河千尺雪，命张宗苍绘制苏州寒山寺千尺雪，并藏于静寄山庄之中。这些词臣会与乾隆随行，在路途与乾隆笔墨交流，其创作绘画作品的风格也属“四王”一脉，书学更是源于子昂，颇符合乾隆的审美趣味。

董邦达（1696—1769），字孚存、争存，号东山、非闻，浙江富阳人。清代官员、书画家。官终礼部尚书，谥文恪。好书、画，篆、隶得古法，山水取法元人，善用枯笔。其所绘制的《千尺雪图》有乾隆御书引首“秀写蓬瀛”，后有乾隆行书长跋。

钱维城（1720—1772），字宗磐，一字幼安，号纫庵、茶山，晚号稼轩，江苏武进人，清朝官吏、画家。乾隆十年状元，官至刑部侍郎，谥文敏。经董邦达指导，遂成名手，供奉内廷。其所绘制的《千尺雪图》有乾隆御书引首“趣印神皋”，后有乾隆行书长跋。

张宗苍（1686年—1756），字默存，今江苏苏州人。师承清代娄东画派的传人黄鼎。所绘制的《千尺雪图》有乾隆御书引首“韵传别墅”，御题“寒山千尺雪”。除此之外静寄山庄藏有弘旿、王原祁、蒋廷锡、张照、郎世宁等臣工的书画作品。

①《石渠宝笈三编》静寄山庄二。

四、余论

天津蓟州的静寄山庄留下的不只是断壁残垣，还有乾隆及大臣描写盘山诗作、书画等作品。乾隆时期书画收藏是中国古代内府收藏书画最为鼎盛的时期，静寄山庄书画收藏无疑构成这其中的重要一环,静寄山庄的兴盛与衰落是清王朝的一个缩影。清末由于外国侵略者的掠夺与破坏,以及近代中国的时局动乱,清宫所收藏的书画经历了几次浩劫,静寄山庄所藏的书画也不例外,许多流往海外或下落不明,甚为可惜。

天津古代的书画收藏虽然不能和明代吴门、华亭那样具有群体效应,但同样有安岐、水西庄查氏这样的大的鉴藏家。乾隆丙寅后由于大部分古代书画没入清内府,此后清朝便没有像梁清标、高士奇、安岐这样大的书画鉴藏家,官藏与私藏书画属于此消彼长的关系,而静寄山庄的书画收藏恰恰可以填补天津古代书画鉴藏的空白期,虽藏品不如故宫各个庋藏地点所藏书画质量高、数量多,但作品收藏极具蓟州特色,体现了盘山的风景与艺术鉴赏、艺术创作、书画收藏与庋藏之间的互动关系,是研究盘山地方史的宝贵资料。

(刊于《中国美术》2019 年第 2 期,总第 53 期,第 98—105 页)

作者:张伟,天津美术馆

附表　静寄山庄所藏书画目录

序号	作品名	类别
1	乾隆临赵孟頫书画	乾隆、嘉庆御笔
2	乾隆绘盘山千尺雪图	
3	乾隆临王羲之十一帖	
4	乾隆临王羲之十一帖	
5	乾隆临苏轼诗帖	
6	乾隆书上方寺诗	
7	乾隆书哀明陵三十韵	
8	嘉庆游盘山云罩寺记	
9	宋蔡襄墨迹	历代名人书画
10	元赵孟頫行书绝交书	
11	元赵雍番马图	
12	明文徽明画吴山秋霁图书杜甫秋兴八首	
13	明陆士仁松溪仙馆图	
14	明董其昌临苏米书	
15	明董其昌临米友仁云山图	
16	集锦书画宋董源画山水明祝允明书秋水篇合璧	
17	明李因画花卉	臣工书画
18	弘旿画江山拱翠	
19	弘旿画川岳腾辉	
20	王原祁岁寒三友图	
21	蒋廷锡春菘写生	
22	张照书圣主亲耕田颂	
23	张照书圣主视学讲经书赋	
24	张照临米芾帖	
25	钱陈群书韩愈山石诗	
26	励宗万书乃贤南城咏古诗考	
27	刘统勋书梁武帝书评	
28	蒋溥画双清图	
29	李世倬画静寄山庄十六景	
30	董邦达画西湖十景并书乾隆御制西湖十景诗	

续表

序号	作品名	类别
31	董邦达画乾隆御制西湖泛舟诗意	臣工书画
32	董邦达仿古山水	
33	董邦达画山水	
34	董邦达画千尺雪	
35	董邦达画苍严红树	
36	董邦达画山川出云	
37	介福临米芾帖	
38	观保临米芾帖	
39	裘日修书乾隆御制盘山诗	
40	钱维城画山水(四册)	
41	钱维城画山水(一册)	
42	钱维城画千尺雪	
43	钱维城深树茅堂图	
44	钱维城泰山图	
45	钱维城画杏花	
46	关槐画夏山积雨	
47	关槐画松鹤仙严	
48	盛惇崇画林峦雪霁	
49	王炳画山水	
50	张宗苍画千尺雪	
51	卢湛东篱高隐图	
52	余稚乔松双鸮图	
53	叶履丰叠嶂层云图	
54	孙阜仙源春色图	
55	金廷标春元瑞兆图	
56	金廷标听泉图	
57	金廷标虎溪三笑图	
58	徐扬画人物	
59	方琮画松泉幽馆	
60	郎世宁画花鸟	
61	郎世宁桃花山鸟	

捐建北京公共图书馆备忘录(1912年4月)

艾略特访华报告《和平之路》附录

高　鹏 译

致卡内基国际和平基金会诸位先生:

我们——以下全体署名者,一直关心中国教育现状,现荣幸地向卡内基国际和平基金会提交如下备忘录。

中国革命是一场推翻专制政府的运动。在专制统治下,生命与财产得不到保障。特别是官员和高等商人阶层,期待建立一个公正平等的法治政府。这个政府的法律需由受过一定程度教育的人民代表制定,并且对统治者和被统治者、富人和穷人、受教育者和文盲一视同仁。

最终,建立一个强大、统一、稳定的国家政府,以保护全体人民“追求生命自由和幸福”的权利。共和运动须在民众中逐渐传播教育,以及西方法律秩序和法制自由理念。

我们相信,经过若干年,这样一座美式的免费公共图书馆可以有效地促进一个良好政府的持续进步;因此,我们一致恳求贵基金会现在自主建立和扶持该图书馆,且最终将其交给中国中央政府或华人委员会。

该图书馆可能需要具备一些一般美国公共图书馆没有的功能,我们冒昧地简述我们所构想的机构。

1.应设于首都北京,北京长期居住着众多现任和候任官员,已有并且将建立诸多重要的教育机关,还有众多使馆和新闻总部。

2.对于北京来说,应该有昼夜开放的免费阅览室,藏书涵盖农业、采矿、贸易、经济、地理、商业、卫生、公共工程、政府、公共管理、国际法和国际争端的司法判决等主题。

3.应允许京外读者将存满一年的非参考书外借至多二十天,需付邮资。

4.应由专人挑选、翻译、编辑和散发包含上述第二条中任何或全部主题的传单和手册,依次向中国报纸和期刊、教育机构、政府官员,以及有需求的民众,无偿分发。

我们有信心,这样的机构会逐渐在中国产生巨大的影响力,进而在整个东方都产生巨大的影响力;它将有效促进良好的政府以及工商业繁荣,从而促进世界和平。

幸甚,启者

此致,敬礼

表 1

姓名	职业	地址
顾维钧[①](哥伦比亚大学)	内阁秘书	国务院
曾广让[①](宾夕法尼亚大学)	国务总理秘书	国务院
YC Lung(宾夕法尼亚大学)	总统秘书	总统府
汝人鹤[①](哈佛大学)	总统秘书	总统府
蔡廷干[①](哈特福德高中)	总统海军秘书	总统府
唐荣禧[②](哈佛大学)	东北林业巡查	农林部
杨文濂[①](阿尔巴尼商院)		留学生同学会
王景春[①](耶鲁大学、伊利诺伊大学)	交通部	汇文大学,北京

续表

姓名	职业	地址
梁赉奎[1]（麻省农学院、康奈尔大学）	农场主管	北大
Li Chien Luan[3][4][5]（哥伦比亚大学）		天津
LC Chu（耶鲁大学）		北京
孙嘉禄[6]（康奈尔大学）	交通部	北京
吴乃琛[1]（加州大学、威斯康辛大学）	北大商科学长	北京
TE Ing[7]（宾夕法尼亚大学）		北京
项微尘[8][9]（哥伦比亚大学）		北京
罗昌[10]（牛津大学）	交通部	北京
孙多钰[1]（康奈尔大学）	吉长铁路主管	长春，满洲
钟文耀[11]（耶鲁大学）		上海
PAC Tzan	美国大学俱乐部名誉秘书 总统英文秘书	外交部，北京
张煜全[1]	外事室 华北美国大学俱乐部前名誉司库	外交部，北京
叶可梁[1]	北大农科学长试验站站长	北京
WL Chun（西点军校）	上尉，参谋	陆军第三镇参谋部
WC Chen	北京日报编辑	北京日报社
朱神恩[1]（加州大学）	财政学堂政治经济学教授	北京日报社
PH Linn	北京日报编辑	北京日报社
赵仕北[12]	临时参议院广东省参议员	北京
徐景文[1][13]（费城大学）	牙医	天津葛罗路 23 号， 北京莫理循大街
吴□灵[14]（康奈尔大学）	电气工程师	京奉铁路
谢作楷[1]（麻省理工学院）	采矿工程师	北京
关瑞麟[15][16][17]（耶鲁大学）	中国铁路总公司	天津
颜德庆[1]（李海大学）	交通部	北京

我们以下署名的华人曾先后在美国接受过教育，我们由衷支持和认可致卡内基国际和平基金会备忘录，望在北京捐建免费公共图书馆。

唐绍仪　国务总理(哥伦比亚大学)

王正廷　工商总长代理(耶鲁大学)

王宠惠　司法总长(耶鲁大学)

表 2　图书馆备忘录补充署名者

姓名	职业	地址
施肇基[①]	交通总长	北京
颜惠庆	外交次长	北京
严复	北大校长	北京
蔡元培	教育总长	北京
范源濂	教育次长	北京
莫理循	泰晤士报通讯员	北京
熊崇志[①]	唐山路矿学堂校长	
唐介臣	清华学堂校长	
刁作谦[①]	总统秘书兼翻译	北京
戴乐仁	新学书院校长	天津
王劭廉	北洋大学校长	天津
严修	前学部侍郎	北京
金雅妹	北洋女医院、女医学堂监督	天津
李佳白	尚贤堂校长	上海
张伯苓	私立南开学校校长	天津
伍连德	外交部医学顾问,陆军军医学堂副监督	天津
朱淇	北京日报编辑	北京
张毓书	工商总会名誉会长	北京
康士铎	民视报编辑	北京
丁家立	北洋大学前校长,清政府教育顾问	天津
Sung Chi Chiu	商人	天津

附:英文原文

To the Trustees of the Carnegie Endowment for International Peace

Sirs

We, the undersigned, all of whom are or have lately been concerned with education in China, have the honor to present to the Trustees of the Carnegie Endowment for International Peace the following memorial.

The revolution in China is a movement to substitute for a despotic government, under which neither life nor property was secure, especially in the official and higher commercial classes a government under just and equal laws, enacted by representatives of that portion of the people which has received some measure of education, and binding alike on rulers and ruled, rich and poor, educated and illiterate.

For ultimate success in establishing a strong, unified, and stable national government, under which the right to "life liberty and the pursuit of happiness" will be secured to the whole population, the republican movement must rely on the gradual diffusion, among the Chinese people, of education and of Western ideals of order and liberty under law.

We believe that the safe progress of good government in China might be effectively promoted, year after year, by a free public library conducted in Peking under the American plan; and we therefore unanimously and earnestly request the Trustees to establish and maintain such a library under their own direction for the present, but with the ultimate intention of transferring it in due time to the Chinese Central Government or to a board of trustees resident in China.

In as much as the library might well have some functions not commonly exercised by American public libraries, we venture to describe briefly the institution we have in mind

1. It should be placed in Peking, the capital city, where many office holders and candidates for office will always be living, where several important educational institutions already exist, and more are likely to be created, and where the legations and the headquarters of the press correspondents are established.

2. For Peking it should maintain a free reading room, open day and evening, and a good collection of reference books on such subjects as agriculture, mining, the fundamental trades, economics, geography, commerce, sanitation, public works, government, public administration, international law, and the judicial settlement of disputes between nations.

3. It should also permit any book, which has been in the library one year, and does not belong to the reference collection, to be borrowed for home use, during a period not exceeding twenty days, provided the borrower, if living outside of Peking, pay the postage.

4. It should also, through a special officer, select, translate, edit, and circulate leaflets and booklets containing useful information on any or all of the subjects above mentioned (cf 2), the distribution being made gratuitously, first to Chinese newspapers and periodicals, secondly to educational institutions, thirdly, to appropriate government officials, and fourthly, to private persons on request.

We feel confident that such an institution would gradually acquire great influence in China, and hence in the whole Orient; and that it would effectively promote good government, industrial and commercial prosperity, and thus, the peace of the world.

We have the honor to be, Sirs

Yours respectfully

Name	Occupation	Address
VK Wellington Koo (Columbia)	Secretary of the Cabinet	The Known Yuan Peking
Tsang Kwong Sheung (Penn)	Private Secretary to Premier	The Known Yuan, Peking
YC Lung (Pennsylvania)	Private Secretary to President Yuan	Office of the President, Peking
Jen H Jee (Harvard)	Private Secretary to President Yuan	Office of the President, Peking
Tsai Ting Kan (Hartford High School)	Naval Secretary to the President	Office of the President, Peking
Hugh GH Tong (Harvard)	Forest Inspector to Manchuria	Board of Agriculture
Victor L Young (Albany Business College)		Returned Students Club
Ching Chun Wong (Yale and University of Illinois)	Ministry of Communications	Peking University, Peking
Liang Lai Kwei (Massachusetts Agricultural College and Cornell University)	Head of the Agricultural Station	Peking University
Li Chien Luan (Columbia)		Tientsin
LC Chu (Yale)		Peking
KL Carlos Sun (Cornell)		Board of Communications, Peking
NT Woo (California and Wisconsin)	Director College of Commerce Peking University	Peking

Name	Occupation	Address
TE Ing (Pennsylvania)		Peking
Witson S Shan (Columbia)		Peking
Lo Chong (Oxford)	Board of Communications	Peking
TC Sun(Cornell)	Director of Kirin Chang chun Railway	Changchun Manchuria
Mun Yen Chung (Yale 83)		Shanghai
PAC Tzan Honorable Secretary North China American College Club		
	English Secretary to the President	Waichiao Pu, Peking
Yu Chuan Chang	Attache to the Foreign Office	
	ex Hon Treasurer North China American College Club	Waichiao Pu,Peking
Koliang Yit	Dean of College of Agriculture and Director of Experiment Station	Government University, Peking
WL Chun(West Point)	Captain, General Staff	General Staff (3rd Bureau), Peking
WC Chen	Editor of the Peking Daily News	Peking Daily News, Peking
Luther M Jee (California)	Professor of Political Economy College of Finance Peking	c/o Peking Daily News Office Peking
PH Linn	Editor of the Peking Daily News	c/o Peking Daily News Office Peking
Chao S Bok	Senator for Kwang Tung	Peking
	HB Kingman (Philadelphia) Dental Surgeon 23 Rue du Baron Gros Tientsin	Morrison St Peking
Wu Kuei Ling (Cornell)	Electrical Engineer	Peking Mukden Line
Tsok Kai Tse (Massachusetts Institute of Technology)	Mining Engineer	Peking
Julian Kwan(Yale)	CG Railways	Tientsin
Yen TeChing(Lehigh)	Ministry of Posts and Communications	Peking

We the undersigned comprising Chinese who have at one time or another been educated in America desire to express our hearty support and cordial approval of the Memorial to the Trustees of the Carnegie Endowment for International Peace for the establishment of a free public library in Peking

Tong Shao Yi Premier Columbia

Chengting T Wang Acting Minister Industry and Commerce Yale

Wang Chung Hui Minister of Justice Yale

Supplementary List of Signers to the Library Memorial

Sao Ke Alfred Sze

Secretary of Communications

Peking

WW Yen

Second Secretary of Foreign Affairs

``

Yen Fuh

President Government University

``

Tsai Yuen Beh

Secretary of Education

``

Fan Yuan Lin

Second Secretary of Education

``

George Ernest Morrison MD　Correspondent of the London Times ``

S Sung Young

President Tongshan Engineering College

Tong Kaison

President Chinghua College

PKC Tyau　Interpreter and Secretary to President Yuan Shih Kai

JB Taylor

Principal of Anglo Chinese College

Tientsin

Wang Shoh Lian

President Pei Yang University

``

Yen Shiu

Former Vice Minister of Education

Peking

Yamei Kin MD

Superintendent Pei yang Woman´s Medical School and Hospital

Tientsin

Gilbert Reid DD　President International Institute of China

Shanghai

Chang Po Ling

Principal of Nankai Middle School

Tientsin

Wu Lien Teh MD

Deputy Director Army Medical College and

Medical Adviser to the Foreign Office

Tientsin

Chu Chi

Editor of the Peking Daily News

Peking

Chang Yu Shu Honorary President General Chamber of Commerce Peking

Kang Shih To

Editor of the Chinese Daily Minsupao

Peking

Charles D Tenney LLD Former President Pei Yang University and

Adviser on Education to the Imperial Government

Tientsin

Sung Chi Chiu

Merchant

Tientsin

（刊于梁吉生、张兰普编:《张伯苓教育佚文全编，人民教育出版社 2019 年版，第 30—36 页）

作者:高鹏，张伯苓研究会

参考文献

①北京清华学校. 游美同学录[M].北京:清华学校. 1917.

②Harvard Alumni Directory[M].Boston:Harvard Alumni Association,1919:713.

③The Harvard University Catalogue [M].Boston:Harvard University,1907.

④North China Hong-list:With Supplements for Harbin,Mukden,Newchwang and Tsingtao:1919[M]//N.C. Advertising Company. 1919:43.

⑤Directory of Chinese Government Railway Officials[J].Journal of the Association of Chinese & American Engineers,1921,2(3):26.

⑥ Bieler S. Experimenting with Democracy [M].Patriots or Traitors:A History of American Educated Chinese Students. New York;Taylor & Francis. 2014:159.

⑦University Of Pennsylvania General Alumni Society,Maxwell W J. General Alumni Catalogue of the University of Pennsylvania,1922[M].The University,1922:955.

⑧Powell J B. Who's who in China [M].Shanghai:The China weekly review,1926:299.

⑨洪振宁. 项骧先生传略:“微尘无界”的“洋状元”[N].温州日报,2017 年 7 月 5 日.

⑩Char T-Y. The Bamboo Path:Life and Writings of a Chinese in Hawaii[M].Honolulu:Hawaii Chinese History Center,1977:222.

⑪Rhoads E J M. Stepping Forth into the World:The Chinese Educational Mission to the United States,1872-81[M].Hong Kong:Hong Kong University Press,2011:139,301.

⑫新会县地方志编纂委员会. 新会县志[M].广州:广东人民出版社,1995:1162.

⑬Wright A,Cartwright H A. Twentieth century impressions of Hongkong,Shanghai,and other treaty ports of China:their history,people,commerce,industries,and resources[M].London:Lloyds Greater Britain publishing company,1908:568.

⑭ Wu L. A List of Returned Students in Peking [J].The World's Chinese Students' Journal,1909,4:362-8.

⑮刘慧英. 遭遇解放:1890-1930 年代的中国女性[M].北京:中央编译出版社,2005:252.

⑯Bishop L G. Alumni Directory of Yale University:Graduates and Non-graduates 1920[M].New Haven;Yale University. 1920.

⑰ Chinese Bigamy Case [M].The North -China Herald & Supreme Court & Consular Gazette. Shanghai;North -China daily news & herald. 1913:710.

译者:高鹏,天津张伯苓研究会

2019 年发表文章目录：

百年前天津各界致美国慈善家的《捐建中国医院请愿书》.中华医史杂志. 2019,49(3):183–191.

Celebrating IAS Past President Kenneth Hsu's 90th Birthday. International Association of Sedimentologists Newsletters 286:4

捐建中国医院备忘录(1912 年 8 月 1 日).张伯苓教育佚文全编. 梁吉生,张兰普编. 北京:人民教育出版社. 2019:37–40

饮用水硝酸盐与癌症死亡率相关性的仿真分析. 计算机仿真. 2019(6)

“刊”“报”过渡时期的代表性出版物《北洋官报》
——以外部呈现为中心的考察

杨莲霞

《北洋官报》是直隶总督兼北洋大臣袁世凯于 1902 年 12 月 25 日(光绪二十八年十一月二十六日)在天津创办的近代形态的报刊,1912 年 2 月 12 日(宣统三年十二月二十五日)休刊①,是清末最具代表性、报龄最长、最有影响的地方政府官报,也是中国历史上第一份邮发出版物。其内容以政府公报为主,即便设置栏目前后有变,但宫门钞、奏议录要、公牍录要、选报(各省新闻)、译报(各国新闻)等栏目一直存续,比较真实地反映了晚清时期中国的政治格局、经济情况、文化走向、社会变化、观念演变、风俗变革等,也比较系统地介绍国外的情况,起到了“开风气之先”的作用。其印制机构北洋官报局集编辑、印刷、发行于一体,出版《北洋官报》及其副产

①该出版物 1912 年 2 月 23 日-5 月 22 日(第 3054-3143 期)报刊名称为《北洋公报》,1912 年 5 月 23 日-11 月 20 日(第 3144-3329 期)报刊名称为《直隶公报》。

品之外，还印制书籍、图画、五彩商标、邮税印纸、银钱券约、月份牌、告示等。

《北洋官报》的创设和发展既得益于清末新政的开展，也成为清末新政推行的重要途径。《北洋官报》积极展示、反映、报道和宣传新政，形成了基于官方媒体之上的新政话语体系，表现出官报与新政之间复杂的互动关系。

一、《北洋官报》创办的社会历史背景

官报作为一种媒介，是社会政治经济生活中不可或缺的信息传播手段和舆论工具；同时，官报也有其特殊的生成环境和发展条件。

（一）内忧外患催生新式舆论媒介

鸦片战争以来，在西方列强的冲击下，中国激烈动荡和裂变，特别是1898年维新变法失败后，中国的内忧外患愈加严重，国内改良派大受打击。加之，八国联军侵华及《辛丑条约》的签订，清政府大厦将倾，根基松动。

从外部环境看，19世纪后期以来，列强对中国的侵略愈发变本加厉。甲午战败不仅彻底打断了洋务运动以来的发展进程，而且使得日本对中国的威胁越来越大。20世纪初，随着《辛丑条约》的签订，列强瓜分中国的图谋未能得逞，但对中国的内政外交产生强大的挫伤力。

列强欲瓜分中国，促使朝野人士欲导变法图强，而“创设新政，其最著者，例如设制造局一备军械，创招商局以事航利，练军队以

固国防,兴学校以培人才”[①]。而且编译书籍、创办报刊也成为朝野人士传播文化、启迪民智的重要手段,再加上知识分子群体忧心如焚。为了救亡图存,革命派主张推翻帝制,改良派主张维新变法。但是,无论是对革命派而言还是对改良派来讲,报刊都是他们的主要宣传工具,都是他们争取民意的介质。而清政府内部的顽固派们则力求保守,不求进步。这种内忧外患,激发了新式舆论媒体的诞生。正如王天根所云:“经甲午国耻的打击,报纸激荡成重要的传播媒介。”[②]

(二)清末报刊舆论的初兴

报纸对于近代中国的重要性不亚于一场革命,因为,报纸不仅只在较短的周期内传递信息,也在某些层面上扩大了受众群体,更在很大的程度上达到了舆论引导的效果。《北洋官报》创办的出版学背景,当从外报的传入、中国传统官报的发展、民报的迅速崛起及印刷技术的发展等角度进行剖析。

1.外报的传入

外国期刊的雏形可追溯到8世纪在欧洲出现的“手抄新闻”[③],英文“报纸”(newspaper)本意就是“新闻纸”。“15世纪西方印刷术产生后,欧洲很快出现一些由4-16页纸张组成的,记述各地战况、奇闻、案件、灾情等内容的活页型印刷品。”[④]德国是期刊出版的发

---

①曾虚白:《中国新闻史》,三民书店1966年版,第103页。
②王天根:《晚清报刊与维新舆论建构》,合肥工业大学出版社2008年版,第6页。
③陆本瑞:《外国出版概况》,辽宁教育出版社1996年版,第36页。
④陆本瑞:《外国出版概况》,辽宁教育出版社1996年版,第36页。

源地,1588年,法兰克福印刷商米夏埃尔·冯·艾青格尔出版的《书市大事记》(*Book fair memorabilia*),是历史上第一种有固定名称且定期、连续出版的报刊。据不完全统计,到18世纪末,外国期刊的年度出版数已达1000种。

相比较而言,中国近代报刊出版略晚。新式报刊传入中国前,唯一具有报刊属性的连续出版物只有《京报》。而同时期的英国,在19世纪初已出版了150多份报刊。近代以来,随着传教士等外国人进入中国及西学东渐的不断深入,传统的中国报刊出版行业受到极大冲击,与此相伴随的则是外国人在中国创办报刊的不断增加。中国处于西人可以随便办报而华人不能办报的窘境中,这对民众心理和社会思想都有所影响。如中法战争中,《申报》和《字林西报》等西人报刊不断宣扬“输金议和”等观点,从而误导民众。清政府认识到报刊在连接中外和沟通朝野上的积极功用,试图创办官书局和报馆。

2.中国传统官报的发展

19世纪中国时局巨变,面对西学和新式报纸在民众中影响力不断增强的现实,清政府幕僚开始主动迎合,创办官办书局和报馆,以襄实务。并且,清政府上层也有改变中国传统官报方式的意识。1876年,时任上海道台的冯□光年捐资2万两创设求志书院,并用道库银创办《新报》。因冯道台办《新报》是在任期内,也因办报经费来源于道库,可谓19世纪70年代中国官方创办的新式官报,国人谓之“官场新报”,外侨则称为“道台的嘴巴”。1898年,在维新派的推动下,光绪帝颁发了中国最高统治者首次“恩准”报刊出版自由的诏令——“准许自由开始报馆”,但人们还未来得及享受、体验这种自由,接踵而至的百日维新使各地兴起的报刊纷纷遭遇停刊禁令。戊戌变法期间,《时务报》和《国闻报》影响巨大,清政府不仅将《时务报》改为《时务官报》,由康有为督办,而且明令各地官员切实兴办报纸。据统计,自《北洋官报》起,“清政府至少办有一百零六种官报,分别由中央以及地方各级军政机关创办”①。

3.民报的迅速崛起

据戈公振先生研究,我国民报之产生,以1873年在汉口出版之《昭文新报》为最早,次为1874年在上海出版之《汇报》、在香港出版之《循环日报》,1875年在上海出版之《新报》,及晚此10年在广州出版之《广报》;它们均为“当时深悉外情者之所为,惜国人尚不知阅报为何事,未为社会所见重耳”②。《循环日报》更因地处香港,“清廷无法压制,不少文章敢于直言不讳、鞭挞时政、贬谪达贵,对当时传输西学、变法改革、抗敌图强颇具影响”③。直到1895年甲午中日战争时,强学会创办的《中外纪闻》与《强学报》,先后在京沪刊行,《万国公报》《时务报》等报刊成为发表政论、鼓吹变法和介绍西学的主要途径。虽然《时务报》等被迅速封禁,但在其影响下,民智渐开,大批知识分子开始创设报馆,讲论时政,一时间“学会林立,报刊盛行”④。而后,《时务日报》等“接踵而起,一时报纸,兴也勃焉”⑤。

①王敏:《应对新式传媒无方与清朝的覆灭》,上海社会科学界联合会等编:《辛亥革命与中国近代化学术讨论会文集》,上海人民出版社2012年版,第285页。
②戈公振:《中国报学史》,上海古籍出版社2014年版,第90页。
③叶再生:《中国近代现代出版通史》(第一卷),华文出版社2002年版,第373页。
④汤志钧:《戊戌变法史》,上海社会科学院出版社2003年版,第307页。
⑤戈公振:《中国报学史》,上海古籍出版社2014年版,第90页。

4.印刷技术的发展

官报、民报、外报雨后春笋般的印刷、发行,与近代中国印刷技术取得的突破性进展和交通运输业的迅猛发展密不可分。

"印刷"的革新并不简单是印刷工艺本身的革新,尤其是印刷以机械化生产之后,它牵涉到诸如工艺技术、资金成本、发行方式、市场份额及运达渠道等多个方面的配合。单就技术而言,涉及制版、拼版、油墨、纸张等层面,它与文化成果生产的技术能力等密切相关。

19世纪中后期雕版、石印、铅印等多种印刷技术应用于报刊印刷领域,"嘉道间,报纸多木版印刷;咸同间,始多铅印,但印机甚陋,每小时只印一二百小纸;光宣间,石印机与铅印机输入日多,报纸每日可出数千大张,然所用犹普通之印书机也。近来报纸销数大增,为缩短时间计,乃不得不用印报轮转机,每小时可印四大张者万份"①。但仍然以雕版印刷使用最为广泛,不仅中国传统史书的印制,甚至江南制造总局翻译的化学、物理等质学领域书籍的出版、印制,也都是以雕版为主。

除雕版印刷以外,晚清时期更流行、更活跃的是石印技术和铅印技术。

石印技术最主要应用于画报的排版、印刷。据曾任《申报》馆主笔黄式权的《松南梦影录》记载:"石印书籍,用西国石板,磨平如镜,以电镜映像之法,摄字迹于石上,然后傅以胶水,刷以油墨,千百万页之书不难竟日而就,细若牛毛,明如犀角。"②石印之术不仅

①戈公振:《中国报学史》,上海古籍出版社2014年版,第352页。
②葛元煦等:《沪游杂记·淞南梦影录·沪游梦影》,上海古籍出版社1989年版,第118页。

印刷速度快，而且避免了描摹雕刻过程中的变异，“蝇头小字笔画清楚，印出来的作品纤毫毕具，能把画家的细致笔触与恢宏场景逼真再现，自然远胜雕版，因此带来了画报和石印书籍在晚清的繁荣”①。另外，石印书“印速快、印刷量大”②，而展现出现代新闻舆论传播速度快、影响面广的力量，这在雕刻印刷几乎是不可能的。

活字印刷技术原本由我国宋代毕昇最先发明，代有革新。但在雕版印刷的强势之下，中国的活字印刷未能广泛应用，而且由于排版、拆版、印制等一系列技术工艺上的配合问题悬而未决，至 19 世纪末，书籍印刷数量极少。后来，大规模机械化的铅字印刷在不断的尝试中逐渐进入可以生产的地步。从单字字模的制造、机器铸字、排版的精密度与坚固性、机械印刷的速度和质量到最后的装订式样，西方活字铅印技术的中国化过程展开。“到了 19 世纪 70 年代前后，多数中文报纸已经改用铅字印刷。差不多在 80 年代，金属活字已经在中国得到了广泛的应用。”③可以说，晚清的印刷能力已经不是雕版主导印刷技术的时期所能比的。

西式印刷技术传入中国，使中国出版物的印刷速度明显提升，印刷工效大幅提高，印刷数量迅猛提升，对晚清报刊印制、科技新知传播、舆论媒体构建奠定了基础。

---

①陈纲：《印刷术在晚清的剧变及其原因分析》，《中国出版》2010 年第 8 期，第 68 页。

②霍启立：《晚清民初的印刷技术与文化生产》，载《华东师范大学学报》（哲学社会科学版）2008 年第 5 期，第 59 页。

③陈钢：《晚清媒介技术发展与传媒制度变迁》，上海交通大学出版社 2011 年版，第 37 页。

二、《北洋官报》的创办者与创办地

(一)创办者袁世凯

作为新政的重要推手，直隶总督兼北洋通商大臣李鸿章在八国联军侵华及与之相伴随的屈辱条约《辛丑条约》签订后两个月内撒手人寰。袁世凯接任直隶总督兼北洋通商大臣。“今后承李鸿章之遗产者，厥惟袁世凯。世凯，鸿章所豢养之人也。方在壮年，初膺大任，其所表见盖未著，今难悬断焉。但其人功名心重，其有气魄敢为破格之举，视李鸿章或有过之。至其心术如何，其毅力如何，则非今之所能言也。而今日群僚中，其资望才具，可以继鸿章之后者，舍袁殆难其人也。”[①]袁世凯在那个特殊的历史时期一跃成为中外瞩目的、朝廷倚重的实力派人物。

清廷于1901年1月30日(光绪二十六年十二月初十日)下诏要变法图治，“法令不改，锢习不破，欲求振作，当议更张，著军机大臣、大学士、六部九卿、出使各国大臣、各省督抚，各就现在情形，参酌中西政要，举凡朝章国故、吏治民生、学校科举、军政财政，当因当革，当省当并，或取诸人，或求诸己，如何而国势始兴，如何而人才始出，如何而度支始裕，如何而武备始修，各举所知，各抒所见，通限两个月，详悉条议以闻。”[②]袁世凯作为直隶总督兼北洋大臣上

---

①梁启超:《李鸿章》，红旗出版社2015年版，第97页。

②王彦威、王亮辑编，李育民等点校整理:《清季外交史料》(6)，湖南师范大学出版社2015年版，第2810页。

奏条陈革新主张，提出十条[①]新政举措，其中一条主题为“开民智”，他建议：“似宜通饬各省，一律开设官报局，报端恭录谕旨，中间记载京外各省政要，后附各国新政近事以及农工商矿各种学术。遴派公正明通委员董司其事，由省局分发外邑村镇，俾各处士民均得购览。并申明报律，将一切雌黄不经之说，暨干犯忌讳之词，概行禁除，专以启发民智为主，庶几风气日辟，耳目日新。既可利益民生，并可消弭教案。迨官报盛行，购阅者众，且可抵制各处托名牟利之洋报。纵各洋报馆未能一概禁闭，而销售渐滞，主笔者自有戒心，亦不敢再逞无稽之谈，以惑民听而乱人意矣。”[②]从此条陈中可以看出袁世凯对官报的创设有着自己的主张，目的是启发民智，进而收“益民生”“弭教案”“抵洋报”之效，表达了他对官报体例规划、官报功用的主张和设想。《北洋官报》创刊号《序一》对此有另一个层面的解读：“夫私家之报，识议宏通，足以觉悟愚蒙者，诚亦不少。独其间不无诡激失中之论，及或陷蛊愚民，使之莫知所守。然则求其所以交通上下之志，使人人知新政新学，为今日立国必不可缓之务，而勿以狃习旧故之见，疑阻上法，固不能无赖于官报也。今设《直隶官报》(《北洋官报》，笔者注)，以讲求政治学理，破痼习，□智识，期于上下通志，渐致富强为宗旨。”[③]可见，袁世凯希冀通过自上而下的革新来助推新政，其后，袁世凯将创设官报作为其推行新政的一项重要举措。

---

①包括慎号令、教官吏、崇实学、增实科、开民智、重游历、定使例、辨名实、裕度支、修武备十条。

②《遵旨敬抒管见上备甄择折·光绪二十七年三月初七》，《袁世凯奏议》，天津古籍出版社 1987 年版，第 272 页。

③《北洋官报》1902 年 12 月 25 日(第 1 期)《北洋官报·序一》，第 4 版。

毋庸置疑，出版物的出版需要场地、责任人、资金、机器、技术人员。清末官报的创办也需要具备这些必备要素，对《北洋官报》而言，这些出版活动的要素，也多依靠袁世凯得以落实。

（二）创办地天津

《北洋官报》诞生于天津并非偶然。天津地处渤海口岸，是近代北方的通商口岸，与上海遥相呼应。直隶总督兼北洋大臣驻地，意味着自 19 世纪 60 年代以后兴起的洋务运动中诸多“自强求富”的洋务举措，大都在天津率先实践和开展，诸如铁路的修建、电报的架设、新式学堂的建立等等。八国联军侵华之后，天津再一次成为新政的实验场，许多颇具试验意义的政治制度与举措纷纷得以建立。朝廷自上而下展开的政治、文化、思想变革对天津地方社会与晚清政治走向影响深远。

关于天津的地理形胜，有“环城皆水也，昔人称为九河尾闾。北拱神京，南控诸夏，东连沧海，西望太行。自通商以来，中外轮舶，咸集于此。近者，电报通乎五洲、铁路连于汉口，诚哉海上之咽喉，畿南之屏障也。”[①]这样的记载。畿辅之地意味着它是中国政治版图的核心地带，传统的拱卫京师的军事职能在义和团运动后清政府军事自强运动中得到强化；衔接河海的交通枢纽，使天津以海运漕运为代表的交通业较为发达，作为交通运输业后起之秀的铁路运输也颇具规模，“惟天津为南北通衢”[②]；电话、电报等通信设施建设也

---

①来新夏主编：《天津皇会考》，天津古籍出版社 1988 年版，第 139 页。

②《恭报抵津日期接收地方情形折》，《袁世凯奏议》，天津古籍出版社 1987 年版，第 621 页。

在全国居于排头兵的位置。

1860年,天津被辟为通商口岸后,列强势力迅速涌入,作为北洋的腹地,自1870年以来,天津一直是清廷官方改革的试验区与中心区,政府在这里设立租界,创办洋行,开展贸易。这是天津在晚清政治版图中地位第一次获得提升。

综观各种因素,无外乎是1860年开埠之后的新形势对于天津传统定位的冲击以及清廷面对冲击所做出的应变。天津共有英、法、美等九国租界,面积之大,国内少有。与此同时,大量国内官僚、商人和买办也来到天津活动,使得天津成为北方开放的最前沿和最大的金融商贸中心,中国第二大经济城市。“天津一口距京甚近,各国在津通商,若无大员驻津商办,尤恐诸多窒碍,拟请于牛庄、天津、登州三口,设立办理通商大臣,驻扎天津,专管三口事物。”①而且洋务运动与天津开埠发展几乎同步,天津逐渐成为洋务运动的中心区域。清政府设立了海关道负责海关和税收事务,使得天津成为中国国际交涉的中心。1902年,直隶总督兼北洋大臣也改驻天津,天津迅速成为北方中心城市,在外交方面有时甚至比北京还为重要,成为“北方商务之中心,当时新政之试验场也”②。“隶总督为袁世凯,颇热心于改革。故光绪二十七年③冬,即首有《北洋官报》之刊行。”④

清末时期,天津作为中国北方的新闻中心、出版舆论阵地和重

---

①吴慧元等编:(同治)《续天津县志》(卷6),1870年(同治九年)刻本,第18页。

②戈公振:《中国报学史》,上海古籍出版社2014年版,第40页。

③应为“光绪二十八年冬”。

④戈公振:《中国报学史》,上海古籍出版社2014年版,第40页。

要商埠,西方文明得以在此捷足先登并被广泛传播,上述报刊的出版,说明在这样的出版氛围中,《北洋官报》的创办既有技术、人力、读者、舆论场方面的支持,也是《北洋官报》从酝酿到实际辅助印梓的社会因素。

三、《北洋官报》的装订形式

清末时期,报纸和期刊,都属于定期出版物类型。报纸指以刊载新闻和时事评论为主的定期向公众发行的连续出版物,而期刊(杂志)则指以刊载文章和评论为主的定期或不定期成册连续印行的出版物。两者皆有固定名称(刊名),按卷、期或年、月顺序编号,每期的开本、版式基本相同。

然而,在 19 世纪西方近代报刊输入中国之初,报纸与期刊两种新式媒介的装订形式是不清晰的,清末民初的报纸,多为书装订成册的,“它兼有新闻报道之内涵而又颇似于后世之期刊”①。故可将清末民初创办的报刊,从其刊期、开本、装订形式及其内容来看,更接近于期刊,与其说是报,莫如谓之刊。戈公振云:“报纸与杂志,普遍包括于定期刊行物名义之下,正以其形式内容及对于社会之作用,有许多相似之点也。且特殊之报纸,如政治学术团体之机关报等,以及普通日刊报纸之副张,均往往含有杂志的浓厚色彩,可见二者渐相接近。”②再如梁启超主编的《时务报》及清末各地创办

①左玉河:《中国近代学术体制之创建》,四川人民出版社 2008 年版,第 486 页。

②戈公振:《中国报学史》,上海古籍出版社 2014 年版,第 4 页。

的诸种官报，均为装订成册的出版物，并非严格意义上的报纸。但报纸与期刊毕竟是两种不同性质的传播媒介。1904 年 3 月 11 日于上海创刊的《东方杂志》，是我国近代史上第一本正式以“杂志”命名的大型综合装订成册的“杂志中时期最长久而最努力者”①。

北洋官報

宮門抄

图 1　第 904 期双面印刷单页之第一页

各國新聞

要件

图 2　第 924 期双面印刷单页之第一页

清末的报纸和杂志在形式上和内容上界限不清，杂志往往称“报”，而报纸也常常使用杂志的书本形式。19 世纪末至 20 世纪初，中国境内办的刊物，仅有《中外杂志》《东方杂志》等极少数刊物称杂志，其他“刊物”大都称“报”，如《新闻报》《申报》《新民丛报》《万国公报》等。其中，《新闻报》《申报》无疑属于报纸，而《新民丛报》《万国公报》则装订成册。

①戈公振：《中国报学史》，上海古籍出版社 2014 年版，第 134 页。

此外，随着新式印刷术传入中国并得到广泛运用，有些报纸开始改为单页印刷，内容也以刊发新闻报道和评论为主，遂与期刊逐渐分家，成为独立之新式媒介。不过，有些报纸在装订形式上还穿插有装订成册和散页出版两种形式。比如，《北洋官报》第1-901期装订成册，第902-924期（1906年1月27日至1906年2月22日，光绪三十二年正月初三至光绪三十二年正月二十九日）为两张双面印刷单页，字号很小，版式密集（如图），从第925期（1906年2月22日）开始恢复1906年之前的版式，且对此做了说明："本局自今年官报改为两全张[①]，取材较富，但恐阅者不便拆订，自二月初一日起照旧装订成册，篇幅较前加倍，总期改良求精，以副阅报诸君之意，其学报每五日一册，特此声明。"[②]

然而，从对比"第904期双面印刷单页之第一页之部分内容"和"第905期双面印刷单页之第一页之部分内容"及清末报刊的装订形式，大32开，竖排铅印，当时还采用了不少铜版照片。封面或头版除刊名外，也有日期、期号、社址和目录。可以发现两条线索：一、从全局看，清末是中西文化交流碰撞的窗口期，装订形式既有传统的线装的痕迹，又有西洋的洋装和散页印刷的形式。二、从局部看，即便双面印刷之散页《北洋官报》，其版式前后也是有区别的，比如第905期（1906年1月30日）有"本日官报目录"而第904期（1906年1月29日）则没有目录（如图）。在当今的出版领域，每期报刊的栏目、版式只在年初做调整，中途调整则不符合规矩；另，现如今，无论是报还是刊，都应在固定的位置安排当期的目录。

---

①实际也有三张散页并加附张的情况存在，详见"《北洋官报》的页面布局"。

②《北洋官报》1905年2月22日（第925期）"封面告白"，第1版。

北洋官報

宮門抄

图 3　第 904 期双面印刷单页之第一页部分内容

北洋官報

宮門抄

上諭

图 4　第 905 期双面印刷单页之第一页部分内容

由此可见，中国的报、刊都在摸索中逐渐走向规范、走向分化。

四、《北洋官报》的封面设计

与其他报刊类似，《北洋官报》的报头也排置于第一版。但并不拘泥于位于《北洋官报》的上端（如 1903 年 5 月 30 日，第 74 期）或右侧（如 1908 年 11 月 17 日，第 1904 期），而是做灵活处理。报头被排置于上端者，则被置于上端正中，由右向左横书报名；报头排置于右侧者，则被置于右侧靠上的位置（如第 1904 期），直书报名。但也有极个别情况（比如第 2681 期）。

北洋官報

聖諭廣訓

图 5　第 74 期封面

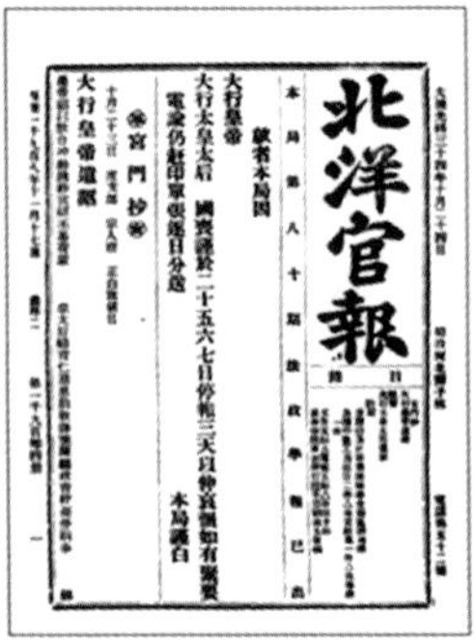
北洋官報

大行皇帝

宮門抄

图 6　第 1904 期封面

图 7　第 2681 期封面

与《政治官报》的报头由光绪帝亲笔题写不同的是，《北洋官报》的报头则是官报局根据需要进行字体字号设计，比如第 74 期及第 925、1098、1200、1275、1442、1890、1904、1916、1962 期等。并在特定日子对特殊设计或套色印刷，以引起读者注意。

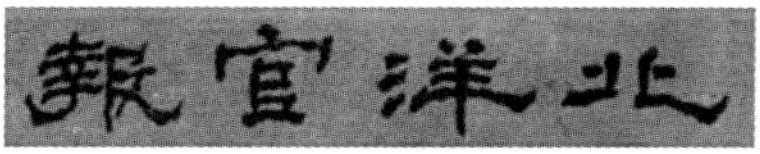

图 8　第 3 期报头

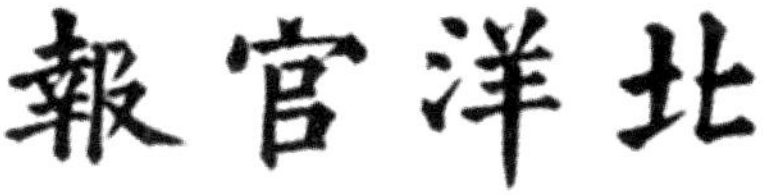

图 9　第 74 期报头

图 10　《北洋官报》多期报头

因《北洋官报》每年年假（腊月二十六日至正月初五日）暂停出版，正月初六日继续出报：“现因年假于明日起暂停十天，准明正初六出报。”[①]所以，从封面告白看不出官报对元旦（春节）当日的庆祝，但是能从报头和封面告白上看出《北洋官报》对慈禧太后生辰纪念、光绪皇帝生辰纪念及宣统帝登极、宣统纪元等。比如光绪三十年十月初十是慈禧太后七旬寿辰，《北洋官报》天头印制记录“普天同庆”，刊头题字用篆书，并在版心中央篆书书写“万寿无疆”，类似的情况还有：

爱新觉罗·载湉（光绪帝）出生于六月二十六日，《北洋官报》第

①《北洋官报》1908 年 1 月 28 日（第 1619 期）“封面告白”，第 1 版。

普天同慶
北洋官報
萬壽無疆
光緒三十年十月初十日
第四百七十册
本局開設天津河北獅子林

图 11　第 470 期封面

1098 期（光绪三十二年六月二十六日，1906 年 8 月 15 日）、第 1442 期（光绪三十三年六月二十六日，1907 年 8 月 4 日）、第 1788 期（光绪三十四年六月二十六日，1908 年 7 月 24 日），为了纪念光绪帝的万寿庆典，其封面刊刻有 “普天同庆”“中国万岁”“万寿无疆”等祝福语。第 1442 期封面填有“中国万岁”的献寿图下为几乎占 1/4 个版面的篆书“万寿无疆”，再下面则排有活动安排：“本日恭逢皇上万寿圣节，官场特在公园演戏祝嘏，并于津海关道属内接待各国官商司镇道暨府厅州县及文武各同寅均于二十五日齐赴公园筵宴观剧共展庆忱，并穿蟒袍补褂以肃典礼。”光绪三十四年六月二十二日《北洋官报》刊载“皇上万寿无疆颂词”的内容如下：“惟清缉熙，发祥流庆，圣德同天，诞隆骏命，育姒孕姚，业光列圣，翼训璇宫，覃敷宪政，敕法维新，万流仰镜，函夏无尘，天符蹑景，惠浸萌

普天同慶
北洋官報
萬壽無疆
宮門抄
本日目錄

图 12　第 1098 期封面

北洋官報
萬壽無疆
宮門抄

图 13　第 1442 期封面

北洋官報
普天同慶
萬壽無疆

图 14　第 1788 期封面

生，川珍岳贡侯其袆而乾坤金鼎。”这样的设计、类似的内容，在《申报》《大公报》等报刊上是没有的，体现出官报的官办属性及主办者为清政府服务的责任和义务。

十月初十日是慈禧太后的生日。《北洋官报》第1200期（光绪三十二年十月初十日，1906年8月15日）、第1545期（光绪三十三年十月初十日，1907年11月15日）、第1890期（光绪三十四年十月初十日，1908年11月2日）都以不同的形式庆祝这一特殊的日子。《北洋官报》第1200期封面刊刻有“普天同庆”“万寿无疆”等外，还载有“皇太后万寿无疆颂词”。

普天同慶

北洋官報

萬壽無疆

图15 第1200期封面

普天同慶

北洋官報

萬壽無疆

图16 第1545期封面

北洋官報

图17 第1890期封面

次年当日《北洋官报》（1908年11月15日，第1545期）封面也一派繁荣祥和的气氛。靠近天头处印刷有“普天同庆”四字，其下是添加有寿桃的绿营军旗，再其下则为菊花和锦鸡拥簇的手写“万寿无疆”，版面最下面则是“皇太后万寿颂”。

光绪三十四年十一月初九日，在光绪帝逝世后20天，溥仪登基。当日（第1916期，1908年12月2日）《北洋官报》之封面在形式上、内容上和印制上都呈现了庆祝和祥和的气氛。本期封面多了两

图 18　第 1916 期封面

图 19　第 1962 期封面

面上添加有寿桃的绿营兵旗和二龙献寿图环绕的“亿万斯年”，位于两幅祝寿图下的则是“宣统纪元颂词”。内容上来说，封面版心刊登有“普天恭贺”“大清宣统”“登极大庆”，并刊发有“宣统纪元颂词”。从印刷上来说，本期封面彩色印制。《北洋官报》封面显要位置刊刻有“普天恭贺”“大清宣统”“登极大庆”：“本月初九日恭逢皇上登基大典，是日督署悬彩，阖城文武均穿吉服一日，大帅上午十点钟赴龙亭行朝贺礼，本日上午十一点半钟，各国官商齐赴督署恭贺，至十二点半钟止。”

溥仪登基，宣布次年（即 1909 年），为宣统元年。1909 年元旦后宣统元年正月初六日的《北洋官报》除了告知阅报人“本报因年假后积件过多，特于今日择要增刊三页”，还告知读者“所有戊申年目录，俟明日起陆续补登”。为了纪念宣统纪元，此日《北洋官报》之封面在形式上、内容上和印制上都呈现了庆祝和祥和的气氛，封面多了两面上添加有寿桃的绿营兵旗和二龙献寿图环绕的“亿万斯年”，位于两幅祝寿图下的则是“宣统纪元颂词”。

此外，在元旦庆典、庆祝立宪等重要时间节点，《北洋官报》也都有相应的外部呈现。

北洋官報

恭賀新禧

恭賀新禧

北洋官報

图 20　第 1275 期封面　　　图 21　第 2681 期封面

五、《北洋官报》的页面布局

前已论及，除 1906 年 1 月 31 日（第 902 期）[①]至第 924 期（1906 年 2 月 22 日）这近一个月 23 期左右的《北洋官报》为双面印刷散页（见《北洋官报》第 906 期第 1–2 张），其他时候均为线装装订成册的杂志式报纸（因《北洋官报》创刊时出版周期为隔日出版，后改为除年假及特殊时日外每日出版，而期刊或曰杂志的最短周期为周刊），由此也可概括其开本为 32 开，排版方式为竖排繁体，机器铅印。故此，如果对《北洋官报》的版面布局应该分两种情况进行介绍。

①因各地皮藏的《北洋官报》阙如 1906 年 1 月 27 日（第 898 期）及 1906 年 1 月 30 日（第 901 期）、1906 年 1 月 31 日（第 902 期）《北洋官报》，故此处无法统计，也不可详细说明北洋官报从 1906 年 1 月 30 日、1906 年 1 月 31 日还是 1906 年 2 月 1 日（第 903 期）开始调整了装订形式、版面设计和栏目排版形式。

北洋官報

图 22 《北洋官报》第 906 期第 1–2 张

第 903 期至第 924 期每张散页《北洋官报》都分四层排版。在单页码的左上角、双页码的右上角标有代表页码的“一”“二”“三”“四”“五”“六”（如图）。首页报头下从右向左依次排有“光绪三十二年正月二十日”“西历一千九百六年二月五号”“礼拜一”“第九百七册”；第 2–5 页页眉处从右往左依次排有“光绪三十二丙午年正月二十日”“北洋官报”“第九百七册”；第 6 页仅在右上角标注页码。

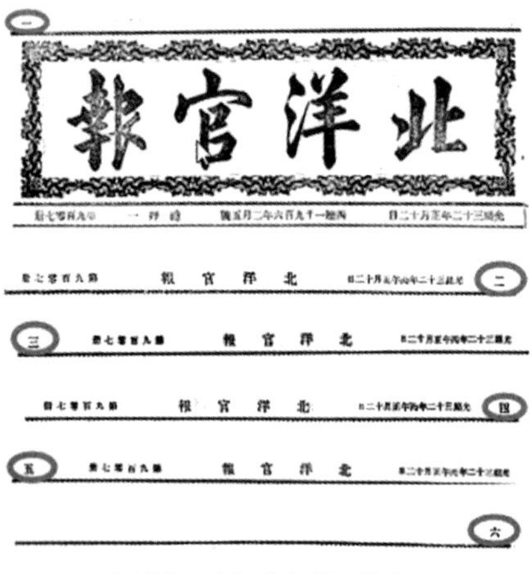
北洋官報

图 23 《北洋官报》报头

正文之前有“本日官报目录”“本局售报价目”“本报代派处”及“今日另出附张随报分送”等带有宣传营销性质的内容。接下来则是依据“宫门抄”“奏议录要”“折片摘要”

“文牍录要”“译电”“京师近事”“本省近事”等栏目的具体内容。另外，附张正面部分的内容主要包括“白话”栏目和“杂俎”栏目[第907期“白话”栏目为“巴司嘎拉演传”以白话文的形式介绍法国格致学家巴司嘎拉（今译为“巴斯卡”）的生平及其贡献；“杂俎”栏目则以文言文的形式介绍了美国最富之堂——纽约、德国最合金——基玛留姆及水蒸气涨力之公式]，背面则为《北洋官报》之副产品之一《北洋学报》之宣介材料——“甲辰全年《（北洋）学报》汇编一百种子目”及包括“考工厂添备小彩票广告”“彩票规则”“井上病院广告”“福星客栈”“天津银号广告”等“告白”。在显要位置刊发能够引起读者兴趣的内容及刊物自身推介内容，足见《北洋官报》还是非常在乎读者感受并利用刊物本身进行舆论引导的。

从这几十期双面印刷之大张散页《北洋官报》之版面布局及简单的栏目分布可见：散页之《北洋官报》，在形态上更接近于近代意义上的报纸：一、几乎在每页之页眉处排布报纸之报头、期数及印刷日期（星期）等；二、在首页关键位置介绍与出版机构、出版物营销有关的官报之目录、北洋官报局售报价目、《北洋官报》代派处及以白话文形式介绍的科学家的传记、以文言文形式刊发的科学普及类短文及包括彩票、医院、客栈、银行在内“告白”之内容之《北洋官报》附张，近代报纸之宣传营销理念贯穿其间。

除了上述几十期《北洋官报》外，其他3000余期《北洋官报》都是装订成册的。

按《详定直隶官报局暂行试办章程·总则》：“官报间日一出，每份一张，每张内分八页，计八张（页，笔者）装订成册。”[①]据此，则断

---

①《大公报》1902年9月26日“详定直隶官报局暂行试办章程”，第2版。

定《北洋官报》为杂志式报纸封面告白除标注刊名外，也有日期、期号、社址和目录。又因，从第 925 期开始恢复 1906 年之前的版式，官报又恢复到原来的字体字号等呈现形式及装订成册，便于读者阅览并将相对独立之学报、附录部分结集成册。

图 24 《北洋官报》栏目

《北洋官报》第 925 期版式变化，目录至于报头左侧，报头下方标注农历日期，官报局地址（天津河北狮子林）、电话（第五十二号）和学报出版情况（本年第四期学报已出），目录后接排官报具体内容，栏目名称字号变大，且有加有装饰以示强调和区分。期数及页码置于版心外装订线处。但报刊栏目与 896–924 期相同，仍为“宫门抄”“奏议录要”“折片摘要”“文牍录要”“译电”“京师近事”“本省近事”“各省新闻”“各国新闻”“要件”“附张”，附张白话，文言文均有，白话较多。

装订成册的杂志式《北洋官报》一期多少页？即便不是一成不变的，但也有规律和可循。不同时期，页码略有调整。早期，以第 3 期（1902 年 12 月 29 日）为例，总计 20 个双面印刷之页码，正文之前两个正反面印刷之《北洋官报》内容如下：第一页正面封面告白页；背面上下两层排版上部占版面的 1/5，其内容为“《北洋官报》第三册目录”，下部占版面的 4/5，其内容为“《北洋官报》发行凡例”。第二个正反面印刷之《北洋官报》内容正面为“祈年殿之图”；背面为“祈年殿图说”。正文部分占 16 个页码之正反面印刷之《北洋官报》,起始页码从“一”标示,第1至第4页包括“《北洋官报·序四》”“宫门抄”“语官二”“奏议录要”“本省要闻”“学务要闻”等内容。第5、6个正反面印刷之《北洋官报》分别为“选报”和“译报”的内容。这两张均为另起页排版,且都有两种页码标注形式,“选报”正面页眉处的“三”表示此为“选报”第3页;“选报”背面页眉处的“第三册五”表示此为第3期第5页。“译报”正面页眉处的“三”表示此为“译报”第3页;“译报”背面页眉处的“第三册六”表示此为第3期第6页。“选报”“译报”顺延第1期和第2期的页码。第7、8个正反面印刷之《北洋官报》内容分别为“农事浅说”“教务白话”。这两页均为另起页排版,且都有两种页码标注形式,“农事浅说”正面页眉处的“三”表示此为“农事浅说”第3页;“农事浅说”背面页眉处的“第三册七”表示此为第3期第7页。“教务白话”正面页眉处的“三”表示此为“教务白话”第3页;“教务白话”背面页眉处的“第三册七”表示此为第三期第8页。“农事浅说”“教务白话”跟“选报”“译报”一样,顺延第1期和第2期的页码。广告占一个正反面印刷页,未标注页码。最初出版的《北洋官报》还带有明显的图书出版的痕迹,即封面、目录后页码另起,但到后来,《北洋官报》之封面、目录等非正文信息也占页码,正文页码顺延封面、目录等页码。这在报刊出版史上也是一小小的进步。

到1903年3月5日(第31期)“选报”“译报”栏目改为“各省新闻”和“各国新闻”,因第930期内容阙如,不知具体哪一期栏目发生这种变化,但各省新闻的内容选自其他报纸,各国新闻的内容也选译自国外的报纸。

封面告白:天头为报名“北洋官报”,从右往左排版顺序和内容依次为:订口处为五号宋体“大清光绪二十八年十一月三十日”、版心内内容为“恭录圣谕广训”，切口处为五号宋体“本局设在天津狮子林集贤书院”。

而当时的《内阁官报》的页面布局等也很相似。该报共16页，由宫门抄、事由单、法令、折奏、示论和广告六项内容组成。该报长25厘米，宽19厘米，16开大小。封面正中印有“内阁官报”四个竖排大字，左侧印有“内阁官报条例摘要”，右侧印有“宣统三年十月初四日星期五，第九十三号，内阁印铸局发行”，并注有社址“东长安牌楼王府井大街”和电话“东局二百〇一号”。足见，这种形式在当时官报范围内还是比较普遍的。

《北洋官报》除了正规的出版内容和篇幅外，经常还有大量的附页、单页存在。分析其原因，很大程度上是因报纸版面排版完成后，又有重要的内容需要添加，只能以单页的形式出现。1904年7月24日（第354期）中的“广告”就说明了这一点，“本报纪事向加句读，惟每日上版后或有要电、新闻。辄因逐句用点排比需时不及入报，实深歉仄。今自本册起删除此例。其紧要节目仍加用珠点以期醒目。如此一变通间庶于最新消息得以随时刊布，想亦阅者所深许也”①。

结　语

从《北洋官报》的装订、封面版式设计、图案内容、关键词的字体字号设计及重点内容可以总结出如下特点：

①《北洋官报》1904年7月24日（第354期）“本报广告”条，第1版。

一、以《北洋官报》为模板的清末官报之排版、印制机构，通过对官报封面文字、图片、色彩、版面设计等符号的设计来传递信息，注重视觉效果。版式疏朗，富于变化，细节处做了一些精巧处理；封面的文字设计具有多样性和多变性特点，字体稳重醒目，构建了信息传达的视觉桥梁。生动直观、通俗易懂不仅是封面本身的显著特点，也是官报易于沟通编者与受众的桥梁。这是报纸最大的特点，也是有别于其他媒介的最明显特征。报纸的其他特点都是以这一特点为基础的。

二、从新闻价值方面，《北洋官报》封面告白与当时的社会新闻、时事新闻相关的内容，体现出其信息量更大，时事性更强，新闻价值相对更高。从事件的发生日期及官报的刊发时间可见作为清政府舆论喉舌的《北洋官报》新闻的时效性，从其结构生成和特点都离不开时代的大背景，也可以部分程度上反映出近代报刊封面告白与国族想象、近代报刊封面告白与阅读模式的变迁，从另一个角度透视出清末官报与近代社会、文化转型的密切关系。

三、共同构成了《北洋官报》报纸内容的仪式性空间，暗示了皇权秩序在新式《官报》中的象征性存在。清末民初，报刊的文字传播成为中国最主要的舆论传播模式，直到20世纪下半叶广播、电视、互联网的出现，报刊的这种地位才被取代。因此，清末民初时，报刊最具舆论宣传和鼓动效果。在清末，对于朝廷而言，报刊是积极的建言者和政治运动的推动者；报刊还是朝野的沟通者和中外主要信息的汇总者。另外，晚清以来思想与行动渐趋激进的倾向，报刊舆论在其中扮演着非常重要的角色。

四、“报”“刊”之间形式内容上界限不清的状况逐渐改善。印刷上的差异开始体现，“报”更加注重向洪文报道和评论，开始采用单页印刷的方式,装订上穿插有装订成册和散页两种形式。《北洋官报》到了后期,除了正规内容外,还附加了大量的单页、附页。

《北洋官报》作为直隶地方政府的机关报,在内容与形式上都具有近代新闻事业的特征,有一定的进步性,比较真实地反映了晚清时期中国的政治格局、经济情况、文化走向、社会变化、观念演变、风俗变革等,也比较系统地介绍国外的情况,起到了"开风气之先"的作用。在栏目设置上,《北洋官报》具有传统与现代,中央与地方,官方公报、新闻报纸与学术期刊等属性,从而也折射出清末官报出版之"传统中变"与"变传统"这一特质。

(刊发于《中国出版史研究》2019 年第 1 期,第 71-86 页)

作者:杨莲霞,天津理工大学马克思主义学院

天津民国小报拾零

侯福志

一、沈浮主编《国强报》副刊

《国强报》为4开小报，创办于1928年2月15日（详见1934年出版的《天津市概要》），1937年7月停刊，是一家生存了20年的小报。地址在南市荣吉街天一坊饭馆隔壁，由杨绍林主办，著名电影导演沈浮（原名沈哀鹃）、袁无为等先后担任主编。

國強報

別開生面的珠寶店

魯豐兄弟珠寶公司

張垣空氣突緊張

—馮玉祥果被部下包圍—

馮玉祥不忘抗日

將於最近期內恢復失地

張雷兩代表昨已回平

我國外交形勢轉佳

解決辦法

化毒丸

天元堂參茸藥

法租界分設節

新張各貨一律大減

天祥屋頂遊藝園

图1 《国强报》

据孙新源先生的《沈浮

从天津〈国强报〉踏入影界》一文载，北洋军阀统治时期，为了生存，《国强报》利用人们迫切需要了解时局的心理，每天编造一两条突出的所谓“电讯”，并配以各大军阀头目的铜版照片，受到读者热捧，每天发行量超过四五千份。1928 年，军阀混战局面结束之后，《国强报》失去了卖点，杨绍林研究后，决定进行转型，由原来主打新闻，向经营副刊方向转变。他约请青年作家沈哀鹃(即沈浮)担任主编，除保留该报第一版、第四版要闻和本市新闻版面外，将第三版、第四版两块版面整合成一个大的副刊，分别在报头上冠以“都市的显影”“鲜货店”两个刊名。在内容方面，涉及电影故事、戏剧小品、都市随笔、津味小说和津门掌故等方面的内容。在体裁方面，有随笔散文、小说连载和文艺评论等不同文学样式，其中每期都要连载 2 部长篇小说，著名小说家李燃犀的长篇小说《降龙记》即于 1933 年初在该版上连载。除沈浮外，《国强报》还聘请郭伴海、卢粹言两位编辑协助沈浮编辑副刊，这两个人都是高手，这也是《国强报》畅销不衰的重要原因。

沈浮酷爱电影，20 世纪 20 年代，天津先后出现“天津”“北方”“新月”“渤海”等 4 家电影制片厂，沈浮在担任《国强报》副刊编辑期间，曾考入了天津影片公司，并在渤海影片公司兼职，这期间参加了幽默片《大皮包》的拍摄。1933 年，上海联华影业公司聘请沈浮担任《联华画报》编辑，因沈浮在津具有从事电影业的经历，加之他有广泛的人脉，而被联华聘为编导，名字就用“沈浮”这两个字，此后沈哀鹃这个名字就不再使用了。沈浮离津后，杨绍林又聘请袁无为担任副刊编辑，仍以卢粹言、郭伴海为助手，袁无为的作风与沈浮不同，他的审美趣味较低，使副刊内容趋于黄色，这与杨绍林的价值观颇有距离，因此，不久袁无为就被迫辞去主编一职。由卢、郭二人担纲。这二人按照沈浮的做法，继续深耕副刊，使《国强报》继续保持了旺盛的生命力。一直到“七七事变”后，《国强报》才被迫停刊。

沈浮主编《国强报》，在天津报业史上书写了浓重的一笔。

（刊于2019年11月4日《今晚报》第12版“副刊·津沽”）

二、《天津时报》的“大罗天”

《天津时报》出版于1920年，地址在意租界大马路（今建国道）40号。

关于这张报纸的情况，笔者曾查阅了《新天津指南》《天津市政府概要》《天津快览》等民国史料，可惜没有相关记载，今人编辑的《天津报海钩沉》一书亦没提及。笔者收藏的样报是1934年12月24日出版的，这天的报纸在报眉上写着“出版十四年第五千零八十八号”，笔者据此推断，该报出版于1920年，当时已经出版了14年，这可能是当时天津出版时间较长的一家报纸了。

天津時報

留滬各要人
將開時局會議
胡北上期在明年一二月

图2《天津时报》

这份报纸是4开小报，第一版、第四版是要闻版和本市新闻版，主要是各地发生的重大事件以及本市发生的抢劫、盗窃、伤害一类消息。第二版是小说、评书专版，每期连载二三部小说，笔者所见即有雅浓著社会小说《情海遗恨》，冷公著言情小说《摩登小姐》等。另有评书连载，有吉评三讲述的《清义明侠》，武书彬讲述的《精忠全传》，孔鹤翔讲述的《彭公案》等。

第三版是综合性副刊，副刊名字很有意思，叫"大罗天"。众所周知，大罗天是天津著名的游艺场，旧址在今鞍山道原天津日报社。也许是为突出副刊休闲娱乐的风格特点，故给副刊起个游艺场的名字。大罗天副刊的主编是"徐刺儿"，单从名字上看，肯定是笔名，这或许也可以给这家副刊带来一定的喜剧效果。"大罗天"的第一个小栏目是"想说就说"，是让大家发言的地方，每期有二三篇短文。这个栏目刊载的文章都是杂文，如有一篇《女人是不是人》短文，提出了妇女解放的问题。作者认为，过去的妇女都是大门不出二门不迈的，她们除了做家务，外面的世界与她们无关，致使她们失去了做人的义务。那么妇女到底是不是人？作者的回答是：妇女就是和男人不一样的人，既然是人，就应当做人的工作，若攒在"贤妻良母"的圈子内，以为自足，那无异于是一匹马，给男人拉一辈子的车。"大罗天"的第二个栏目是"雨丝"，专门刊载现代诗，是青年人宣泄情感的园地，这个专栏由"绿窗社"（诗社）主编。除上述栏目外，还有剧评、随笔栏目。有一篇《风雪的大街》，描写了暴风雪来临时，给作者所带来的负面情绪，因为"月份牌的纸片，也由初一、十五地消失了，已醒的人们，知道天气寒冷，又要过年了……美丽的小鸟没有了，鲜艳的香花儿没有了，风消失了和煦的太阳。"但作者，只是慨叹时光如流水，并没有泯灭内心对美好生活的向往，他希望春风能够吹拂"似少女般的树木"，以迎接春天的到来。这篇随笔，内涵丰富，语言清丽，读起来有一种特殊的美感。

另据著名学者、《天津日报》副刊部主任编辑罗文华先生介绍，20世纪90年代初，《天津日报》曾有一个著名的周末综艺副刊，名字也叫“大罗天”。这或许是历史的巧合。

（刊于2019年11月6日《今晚报》第12版“副刊·津沽”）

三、《天津晶报》模仿上海《晶报》

《天津晶报》创刊于1929年4月10日，地址在新车站（今天津北站）昆纬路骏骥里10号，发行人陈眉翁（公）。另在上海宝山路升顺里16号设立办事处，由陈季德、朱伊人担任负责人。

《天津晶报》初创时为3日刊，每期4开4版，随报附赠《小晶报》一份，每期2版，出刊半年的时候，发行量已逾3万份，其中本市销售2万份，外埠销售1万份。自1934年8月1日起改为日报，每期增至1张半，另附不定期增刊。

这份报纸每期4版，第一、第四版均为广告，涉及医药、布匹、绸缎、食品、化妆品等。第二、第三版是副刊，多是名人的轶事、艺人的花边新闻以及文化简讯，反映了当时社会的生活状态和社会乱象。如广东籍商人、天津怡和洋行买办陈祝龄绑票案发生后，“租界上稍有身价之人物，以及各大洋行买办，无不大起恐慌，闻某买办已雇有保镖者两人，英租界十九号路四十三号大墙，自昨日起又添了一个手枪

天津晶報
克圖利洋行
送
中原公司
Zeiss Ikon Cameras
君欲得好衣料
麗華綢緞莊

图3 《天津晶报》

卫士，以防不测，尤以英法租界上之太太小姐，小心翼翼，非男子挽臂，不敢独出，盖亦防绑匪之垂涎也。”

有意思的是，《天津晶报》每期都有由“老朱”（朱伊人）采写的来自上海的消息，并与上海出版的《晶报》在内容和版面设计上颇多相像。《晶报》创办于1919年，由浙江嘉兴人钱芥尘创办，余大雄担任主编，是民国时期上海著名的小报之一。因每3日出版1期，又创刊于3月3日，遂取名为“晶”，这是3日刊的一种模式，开创了上海乃至全国报刊史之先河，此后多年，3日刊小报在沪上风行一时，并直接影响到《天津晶报》的创办。

关于这家报纸的特点，1929年10月7日出版的第50期上，有一篇由胡如冰撰写的《颂津晶》加以概括，读来颇为有趣。原文如下：

春江有沪晶，沽上有津晶。莫道报章小，内容美而精。出版仅三月，居然名大成。南海与北洋，销逾三万份。社长陈眉公，当世之英俊。人人都道津晶好，要知历尽几艰辛。若非眉公心坚定，从何得睹此津晶。每隔三日刮目看，期较兮愈精神。嗣再精益更求精，何难直达最上乘。且我津晶宗旨正，的是民众好舌唇。不为威武曲，不被铜臭熏。一本记者之天职，有事不平则大鸣。肩上监督社会责任，那（哪）怕满地棘与荆。愿我津晶永不朽，如月之恒如日升。眉公若问颂者是何人，只道小丑名如冰。

1929年10月20日，《天津晶报》另出版一张16开每期4版的《小画报》，由美术家高龙生、陆泪魂主编，桃林纸蓝色套印，每逢星期六出版一次。关于这张画报的特点，1929年10月1日刊登在《天津晶报》第二版上的广告，作了如下介绍：“内容并不偏重‘贵族式’，其内容包罗万象，样样都能刊入《小画报》。”

（刊于2019年11月11日《今晚报》第12版“副刊·津沽”）

四、罗明佑与《天津华北画报》

《天津华北画报》是一张4开型彩色电影画报，创办于1928年1月3日，地址在英租界华北电影公司（平安电影院）内，创办人罗明佑。

罗明佑，1900年出生，香港人，著名电影艺术家。1918年，毕业于广东高等师范学校，之后考入北京大学法学院学习。翌年，在北京开设真光电影院，课余兼任经理。1927年建立华北电影公司，任总经理。1929年，他在天津、太原、济南、石家庄、哈尔滨、沈阳等地所拥有的影戏院已达20余家，控制了北方5省的电影放映和发行事业。

天津是罗明佑电影事业的重要基地，其所在的华北电影公司在天津拥有5家电影院，分别是平安电影院、光明大戏院、皇宫电影院、河北电影院、蛱蝶电影院。其中，平安电影院是中国北方地区第一家引进有声电影的电影院。它从美国引进有声电影机，于1929年12月31日开始，专演有声电影。其播放的第一部有声影片是由福克斯出版的《歌舞升平》，“未演出之前即引起津城轰动，皆以先睹为快，演出之

图4 《天津华北画报》

后，莫不为之惊奇”。另据报载，有声电影机在当时的价格是每台3万元，租赁一部有声电影较无声影片至少高出5倍，因此，平安电影院播出有声电影，“实为天津娱乐业之大革命，华北影界之新纪元也”。

随着电影业的发展，迫切需要做好宣传工作，为此，罗明佑创办了《天津华北画报》，该画报以电影发行广告及外国明星介绍为主要内容，设计新颖，形式活泼，格调高雅。每期都推介平津两地华北电影公司所属各大影院，并配发影院建筑图。所涉及的影星，如卓别林、白兰蒂等。尤其是有关无声电影大家卓别林婚变的消息，更是长篇累牍。

为纪念平安电影院播送有声影片这一历史时刻，1930年1月1日，《天津华北画报》出版了套红印刷的“新年专号”，除在第一版发表罗明佑的纪念长文外，还在第三版辟有一个专版，介绍最新有声电影《歌舞升平》。按照该文介绍，美国南方少年名叫乔治的，卖了林产，带着五万美金，到纽约某戏院寻找他的情人丽莱。丽莱是歌舞班里的舞女，那时正在后台。乔治找到她后，亲了个嘴，然后就诚惶诚恐地向她求起爱来。影片里的丽莱能歌善舞，“她那浅笑双窝，令人魂意也消”，饰演丽莱的演员，其说白、歌唱、表情、舞蹈，无一不佳，受到观众热捧。

《天津华北画报》为周刊，每逢周日出版，是20世纪二三十年代颇具特色的电影画报，1937年7月，该画报因日本侵略而倒闭。

（刊于2019年11月13日《今晚报》第12版“副刊·津沽”）

五、“开门袁”与《天津晓报》

据1934年出版的《天津市概要》载，《天津晓报》创刊于1932年11月15日，地址在南市大舞台东，社长袁无为。

过去，在天津报刊界，有“开门袁、关门李”的说法，这里的袁指的就是袁无为，李是指李燃犀。据《天津报海钩沉》载，袁无为是天津报界名人，最早在《国强报》副刊当编辑，后在《大中华商报》任主编。因为他在报界多年，交际面广，许多小报创办时，多请他去当经理、主笔或编辑等职务，报社成立后，他又转往另一家小报帮忙创立。当小报维持不下去的时候，大多数小报又请李燃犀收拾残局，故有“开门袁、关门李”之说。

《天津晓报》也是常所说的4开小报，第一版是新闻版，与别的小报不同，这家小报的第一版都是本市新闻，并没有其他全国性新闻，也没有政治新闻。如有一则新闻，是说“轰动一时的枪杀日人宫樾之”土匪“王庆红，年三十岁，业经县驻军将其捕获，已起解来津，交由五十一军军法处审讯多次，本人供认不讳。闻已绑赴小王庄刑场，执行枪毙云”。这则新闻中的所谓“土匪”，很有可能是抗日杀奸团成员，报纸在报道时或许是故意隐晦吧。

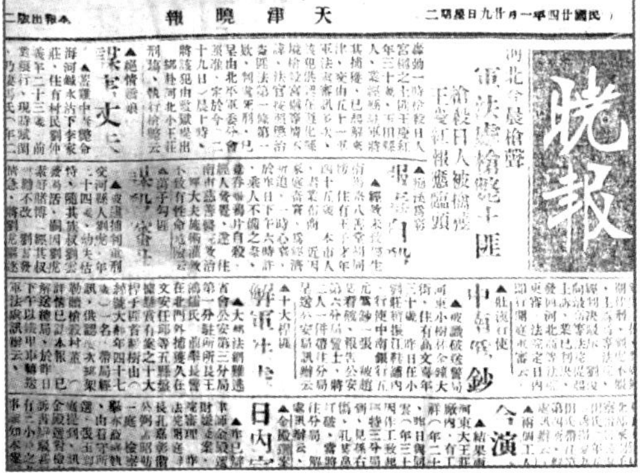
民國廿四年一月廿九日星期二

天津晓報

晓報

图5 《天津晓报》

第二、三、四版都是副刊。这在民国小报中也是少有的。其中第二版是杂文版，所谓“嬉笑怒骂皆成文章”。如笔者在1935年1月29日的报纸上，看到了几篇杂文，读来颇为有趣。如有一篇署名陈疯子的文章，题目是《也算挨骂》，因为作者经常在文章中，说一些别人不爱听的话，故会招来臭骂声。于是作者这篇文章里自嘲地说：“这臭而不可闻的牢骚挨骂的疯话，吾相信，写出来之后，旁观者定有一人骂吾。然而存满一肚子的闷气，非得发泄不成，结果还是本着不挨骂长不大的主义，不管它什么是骂街，吾是徐聋子宰猪，满没听哼哼。”

第三版是“娱乐场”，由吉人主编。多是电影、曲艺和戏剧人物的演出消息或花边新闻。有一篇《董桂芝值得称坠子皇后》一文，介绍了董桂芝的艺术特点，认为她人品、艺术极佳，非乔清秀能比，堪称皇后。还有一篇《话剧勃兴天津市》一文，介绍了中国话剧团天津公演后，引起了一场话剧热，涌现出了“青玲”“非非”等话剧组织。朱萍、郭清泉等青年知识分子，拟成立天津市清华话剧团，并已召开四次筹备会议，不日将正式挂牌。

第四版设有两个栏目，一个是“花茶馆”，是妓女或影院女招待卖艺之广告，每期都推介十几位妓女。“花茶馆”栏目，再次印证了袁无为低俗的编辑倾向。难怪他在担任《国强报》副刊编辑时，曾因为过于低俗而被主 编杨绍林辞退。另一个栏目是小说连载，每期有两部小说，笔者所见有春痕编著的武侠小说《施公案》，元真讲述的实事小说《醒世图》。

《天津晓报》是一家影响很大的报纸，一方面是因为主编和各版编辑都是报界名人，另一方面，也与这家小报独特的版面设计有关，能够拿出3块版面开设副刊，这在所有小报中实不多见，足见这位“开门袁”的大智慧。

（刊于 2019 年 11 月 18 日《今晚报》第 12 版“副刊·津沽”）

作者：侯福志，天津市规划和自然资源局名城保护处

故纸丰富的《天津日报》

罗 丹

走过70年的《天津日报》,历史悠久,文化厚重,记载其历史的相关故纸也十分丰富,这在全国同类报纸中显得非常突出。

天津是我国最早出现近代新闻业的城市之一。19世纪80年代开始,一批有影响力的中外文报纸如《时报》《京津泰晤士报》《国闻报》相继创刊。天津开埠特别是洋务运动后,信息传播与印刷技术迅速革新,为新闻传播提供了有力保障。同时由于天津的特殊地位,中西思潮在此碰撞,外来势力宣扬主张,爱国民主人士呼吁救国存亡,中国共产党领导革命斗争,工商业机构传递贸易信息等,都加速了新闻业的壮大,天津很快成为北方新闻宣传重地。百年来,天津出现了《大公报》《益世报》等重要报纸,严复、梁启超、张季鸾、胡政之、范长江等著名报人。繁盛的天津报业,给这座干事创业的城市留下丰富的文化遗存。

《天津日报》于1949年1月17日创刊,至今已整整七十载。《天津日报》始终积极引导新闻舆论,围绕城市工商业建设和经济社会发展进行全方位报道,贴近各年龄段和各行各业人民生活,是广大读者的良师益友。同时根据时代需要,在内容形式等方面不断推陈出新,创下中国报业史上多个“第一”,在天津乃至全国新闻发展历程中,占有十分重要的位置。70年来,《天津日报》发行的各种印刷品,成为解读报纸本身乃至了解整座城市历史的重要依据。

报纸是新闻传播、文化交流的平台,集报是收藏,也是对历史的记录。集报,一方面重点收藏大型会议、突发事件当日报纸,另一方面围绕报社和报纸本身发展变化,收藏创刊号、号外版以及纪念性事件当日报纸。如《天津日报》1999年10月2日出版的国庆50周年庆典版面,创下了全国报业反映国庆五十周年庆典新闻版数之最。谈到《天津日报》的社址变化,文献资料和回忆类文章中,最常提及鞍山道54号,但这之前的社址并不容易查到,这些内容可通过报纸出版信息获取一二。在创刊号上,报头下方印有社址为罗斯福路373号,现和平路与丹东路交口东南侧。此处原为《天津民国日报》社址,后由《天津日报》接管使用。时隔不久,社址迁至多伦道272号,并在社址下方印有经理部在罗斯福路205号,后取消了经理部一栏。由此可知在鞍山道54号社址之前,至少还存在过两处正式社址。

《天津日报》报头曾两次由毛泽东题写。天津大学校名中“天津”二字,即采用首次题字拼缀而成。1964年10月1日,《天津日报》首次使用毛泽东第二次题写的报头。这对地方报纸而言,意义非凡。更为重要的是,毛泽东题写的“天津”二字,逐渐成为代表天津的文化符号,在本市的各大单位、重要基础设施名称上有所体现。

在头版版式设计上,初期行文遵循竖排右书习惯,报头及出版信息置于顶部中间。20 世纪 50 年代后期开始，与当今版式趋于一致。一些日期的头版，为烘托某主题或刊登大幅照片，有将报头置于顶部右侧、底部右侧和底部中间的情况。除黑白外，版色也常根据头版主题设置为套红等方式。这些报纸对集报者同样具有较高的收藏价值。

在票证收藏市场上，《天津日报》相关票证多集中于创刊初期。如一张本市订阅报费收据，票券上边缘有撕取痕迹，而下方裁剪平整，可知整票应分上下部分，此票为顾客留存联。根据票面信息显示，订阅者为天津市交际处岳阳道招待所。天津市交际处为当时天津市政府下设部门。地址栏为岳阳道 83 号，前有“(十)”的标记，代表当时此处在第十区内。订阅期限为 1949 年 6 月 18 日起一个月，右侧加盖“书报费”和“人民券”印章。人民券是中国人民银行券的简称之一，相对于人民票、人民钞等名称，人民券有一定的书面色彩，当时多用于公文、报刊和票据结算中。票据下方盖有《天津日报》发行部的收款时间戳和天津市人民政府财政局的核讫章。此类订报收据另有天津邮政管理局发行的多种版式，不再加盖《天津日报》公章，但仍保留李克简、杨明辅等《天津日报》早期领导的印鉴。早期的订报收据内容丰富、信息详尽、规制严谨，对历史考证有一定的参考意义。

此外，作为承印机构，早期《天津日报》承印所发票、发单同样值得研究。在创刊号第四版版尾，有承印所的简介，上方印明“书志表册·账簿传单·信笺名片·印刷美观·取费低廉·交件迅速”，后注地址和电话信息。收藏市场可见 1949 年 8 月 30 日发票一种，绿色印刷，票幅较大，印件名称一栏书写有铅笔、钢笔尖、书钉、黑墨等，可见承印所当时同样经营文具一类。左上方粘贴中华民国印花税票,上加印“华北税务总局暂作贰圆”的改值说明。票尾盖“天津日报承印所营业部”业务章,章内刻有地址为罗斯福路254号,而创刊号上显示承印所地址为万全道178号。或为搬迁,或为不同办公地点,有待考证。

2005年,国家邮政局发行了天津日报报业集团成立三周年纪念邮资明信片。全套为三十张,附带红色硬质包装。明信片用照片的形式,记录了《天津日报》发展各个历史阶段的珍贵瞬间和精彩报道,如铅字时代排字车间、世界首张玻璃报纸、雕刻“天津日报”的距今10.5亿年以上的叠层石、“全明星之夜”中澳篮球对抗赛等。每张明信片左侧连有副片,上有三周年纪念标志和说明文字,后附天津日报大厦图案的60分邮资,具有较高的欣赏和收藏价值。

还应该提及的是,天津日报社新闻研究室编写的《新闻史料》,这本内部刊物从1982年至今已出版四十余辑。其中刊登众多关于新闻传播史、新闻理论研究等名家名篇。倘若能将此套文献搜集完整,公开出版,会是对这座城市百年报业回顾、研究和发展的锦上添花。

(刊于2019年2月22日《天津日报》第16版“满庭芳”)

作者:罗丹,天津戏剧博物馆文庙博物馆管理办公室

陆文郁与天津方言研究

谭汝为

陆文郁(1887—1974),中国生物学画派创始人,天津文史研究馆馆员,书画名家、天津城市文化研究名家,诗人兼散文作家。陆文郁先生祖籍浙江山阴,系南宋伟大爱国诗人陆游的22代嫡孙。他自幼苦学力文,勤奋好学。在青少年时代,深受北洋新政和辛亥革命的思想影响,坚持中国传统文化与世界文明相结合的治学与科研路数,思想活跃,求知欲强,深入钻研。其人悟性极高,触类旁通,学识渊博,视野开阔,贴近现实,打破学科藩篱,不断开拓进取。其科研实践,可谓多学科、多领域,涉及生物学、美术学、博物馆学、教育学、历史学、地理学、新闻学、编辑学、方志学、社会学、诗学,以及诗文、书画、民俗、方言、饮食等众多的学科领域。在天津城市文化研究方面,呈现出“文章始高蹈,万类困陵暴”的磅礴气势。最近由天津人民出版社出版的陆文郁手稿《遽庐集》近70万字,全部细笔工楷誊抄,极具书法之美,可见治学之严谨。

《遽庐集》收录《天津方言一斑》,系作者1930年前后为天津

《广智星期报》所写，计1060余条；后又补充了390余条，总共列举了天津方言词语1450余条，分为天文、气候、时间、节气、节俗、地理、居室、亲属、称谓、职业、婚姻、人体、生育、丧葬、性情、社交、法律、社会世相等方面。《天津方言一斑》系天津方言词语的分类集成，具有简明词典的性质，仅列词义与词条，释语简练明快。例如："虹霓曰绛，电曰闪，雾之弥漫者曰雾气腾腾，露曰露湿，雹曰雹子，霰曰饭拨落，雾凇曰树挂"等等，三言两语，点到为止。

陆文郁先生虽祖籍浙江，但天津生，天津长，对天津城市文化谙熟于心。例如有关地形地理的天津方言词语——郊野曰"开洼"，(城)郭曰"墙子"，乡(村)曰"乡下"，亦曰"庄上"。菽麦梁谷之田曰"地"，瓜田曰"瓜地"，蔬菜之田曰"园子"，掘井见水之处曰"泉眼"，关塞曰"卡子"，坟茔曰"坟地"，丛丘曰"乱葬岗子"。……去北京城，曰"上京"。津东沿海河各村镇，统曰"海下"。津沽曰"天津卫"，亦曰"本地"。津南数十里郊野统曰"卫南洼"。津城北各村镇曰"北乡"，城南各村镇曰"南乡"。围城马路曰"四马路"。租界一带统曰"下边"，城市周近统曰"上边"。由津东沿海河各村镇来津，曰"上来"；反之，曰"下去"；由津西或津北各地到津，曰"下卫"；反之，如去津西之杨柳青或津北之杨村，则曰"上杨柳青"或曰"上杨村"。——对天津地理方位"上边""下边""上来""下去"的集中诠释，映衬互补，使读者获得清晰的整体概念，避免了一般方言词典按音序或偏旁排列词条致使内容零散支离的缺憾。

关于居民所操职业的口语称谓，林林总总，如数家珍——有官职者曰"官儿"。士曰"文墨人"，亦曰"念书人"。诗书门第曰"书香人家"。农家曰"庄稼人"，亦曰"种地的"。盐商曰"商纲"。盐店卖盐者曰"挖盐勺"。商人曰"买卖人"。商家照顾柜台者曰"穿木头裙子"。

以房产为业者曰“吃瓦片”。工人曰“手艺人”。卖菜佣曰“挑锅卖菜的”。泥水匠曰“泥瓦匠”,亦曰“做(绉)活的”。肩重劳力者曰“粗卤人”,亦曰“拉粗耙子的”,亦曰“扛大个儿的”。医曰“医生”。卜曰“算卦的”。星曰“算命的”。巫曰“顶神的”,亦曰“看香的”。相曰“相面的”。相地曰“看风水的”。伶曰“唱戏的”,亦曰“戏子”。业贱务者曰“下三滥”。无所事事而到处闲散者曰“打油飞”。盗窃入宅者曰“小偷儿”,随人窃物者曰“小绺”,入宅劫夺者曰“名伙”,道中劫夺者曰“劫道的”。——犹如在我们面前展示一幅天津卫市井众生的群体长卷。

《天津方言一斑》保留了数量众多的方言俗语,例如——不识重轻,曰“中着不着的”。‖以诽语讥人,使不相睦者,曰“激事拢对儿”,亦曰“调三伙四”,亦曰“串老婆舌头”。‖讥诈作人情者,曰“虚饱澎闷”。‖讥不识喜怒,曰“不识好脸儿歹脸儿”,亦曰“不知眉眼高低”。‖全不听从,曰“满没听啼”。‖讥无稽之谈,曰“胡诌白裂”。‖讥多人同时同一趋向者,曰“起哄”,亦曰“齐上扈家村”。‖讥口不实言,曰“打花花哨”,亦曰“打瓜皮酱”,亦曰“打八卦”。‖讥人之伪作多识者,曰“自充明公”。‖讥以言语引人入彀曰“顺说三国”,亦曰“说的天花乱坠”。‖讥好为诳语者,亦曰“除了唾沫,没实话”。‖讥人之纣而言必行者,曰“吐个唾沫就是燎泡”。‖讥扶不起者,曰“死狗扶不上墙头去”。‖讥务商之不与人通问者,曰“出门认的柜上,回家认的老婆。”‖形人之懒而互支吾者,曰“大懒支小懒,一支一瞪眼”。‖状暖炕之舒适者,曰“棉被热炕大枕头”。‖谗佞者,亦曰“溜捧奉承敬”。‖病之不治者,曰“干痨气臌噎,阎王请下客(读且)”。——这些天津方言民俗词语,有相当一部分,对于今天的读者来说,可能是闻所未闻的,如“虚饱澎闷、满没听啼、齐上扈家村、打瓜皮酱、自充明公、溜捧奉承敬”等口语词语,生动传神且谐趣横生,令人忍俊不禁。

《天津方言一斑》只是陆文郁整个学术大厦中的一间小阁楼,但窥斑见豹,一叶知秋,仅由此即可窥见陆公对天津民俗文化的熟识与喜爱,其观察之细,积累之厚,表述之严,语言之畅,以及举重若轻的学风,娓娓如话家常的文风,值得我们很好地加以总结、领悟、借鉴、学习。因为踵武前贤,垂范后昆,是天津城市文化传承生生不息的动力。

(刊于2019年10月28日《中老年时报》“副刊”版)

作者:谭汝为,天津师范大学国际教育交流学院

释静海方言之义·存乡邦文化之源

——《静海方言俚语释义》简评

魏暑临

静海王强先生积数十年心力，著成《静海方言俚语释义》一书，近由中国商务出版社出版。我初读一过，认为本书有三点长处。

第一，搜罗宏富、功在乡邦。

不管方言的研究如何进步，方言本身在退化则是客观的事实。天津方言的很多词汇和发音对于当代人，尤其是年轻人来说已经很陌生，一些熟语已经被忘却。静海方言是天津方言的重要组成部分，词汇、语音等方面同中有异，也存在一些以音达意、一词多义等情况。本书对汇集、保留、梳理、研究静海方言有极大的开创意义，是静海方言的资料库，体现了静海方言的智慧和丰富，体现了静海文化的雅俗和包容，是乡邦文化存续的有效载体和见证，对研究天津方言和本土文化有重要的实用价值。

第二，释义准确、尽情尽理。

例如“咸淡味儿”一词，属于常用口语，但是一般人大概会解释为“饭菜的滋味”，而本书解释为“菜肴的基本口味”，“基本”二字具体得当、反映实际。

又如“傻宝贝儿”一词，本书解释为“对他人乖张言行表示讽刺的话”，“乖张”二字十分恰切，因为被称为“傻宝贝儿”的行为，或可笑、或可恼、或令人无奈、或令人怜惜，总而言之是出于“乖张”。

我想，语词释义的最佳理据是极近于生活中使用的实际，而越是司空见惯的口头禅，解释起来却常常不容易那么精准，姑举此二例，以见一斑。

第三，义项全面、(地域)特色鲜明。

如“一个萝卜一个坑儿”一词，本书列出三个义项：

①指人特别诚实，意同“一步一个脚印儿”注释②。

②岗位与人数相等。

③民俗之一。按照静海的习俗，在起坟的时候每起走一具尸体就在原来的地方放置一个萝卜，并念一句“一个萝卜一个坑儿”以图吉利。

对于该词，一般人只知义项②，义项①已属少用，而义项③尤具静海地域特色，且一并记录了当地丧葬民俗。

又如“上怕初二雨，下怕十六阴”一词，本书解释为“每月的初二和十六如果天气不好，都会造成半个月的天气不好。静海有‘不怕初一下，就怕初二阴’‘不怕十五下，就怕十六阴’之说。”一并记录静海民谚，则是一地风俗智慧之痕迹所在。

有人认为研究方言的重点是研究语音，但是我觉得语音固然重要，而从方言俚语使用的实际角度和词义的存续、研究角度讲，作为一部辞书，释义更为重要。本书既名为“释义”，又在此领域收获甚大，对静海方言乃至天津方言的研究，以及相关民俗的研究，提供了很好的资源。

（刊于2019年11月12日《天津日报·静海文汇专刊》）

作者：魏暑临，天津市第二中学

“李半朝”家族

陈兆军　阮洪臣

一 、“无李不开科”

清代，宝坻县（今宝坻区）科举兴盛，进士人数 54 人排在顺天府第四位。宝坻子弟多勤奋向学，通过科举之路成为国家栋梁。林亭口镇的“李半朝”家族就是典型的科举世家。李家以儒为业，耕读传家，在长期的发展过程中形成了良好的家风学风。由于十三世李双全的超众之才，白手起家；十四世李盛枝的洛阳贩布、获利丰厚；特别是十五世李伟的力田服贾、勤俭治家，家族日益昌盛起来。

李伟培养四子，四子登科，均做了官员。长子光前，安州训导；二子光先，工部郎中，江西赣州知府；三子光里，江西吉安知府；四子光庭，湖北黄州知府。李伟有谪孙 22 人，一时人才济济，金玉满堂。其中进身最高、功名最大的是同治皇帝老师李菡。此时，李家进入“科第称踵接、衣冠如云开”的全盛时期，从此成为宝坻历史为数不多的科举世家。

李家文风昌盛，不仅是宝坻科举世家，也成为官宦世家和文化世家。据记载，从乾隆五十四年（1789）李光先得中举人起，到光绪三十年（1904）李湛田得中进士止，前后长达一百多年，李家共出举人24人，进士10人。为官者78人，其中县丞29人，知县21人，同知府1人，知府17人，中书1人，主事4人，郎中3人，侍读1人，尚书1人。因李家仕宦众多，一时称盛，朝野遂有“李半朝”之说。

单看进士方面，李家有祖孙进士（李菡与李桂联）；父子进士（李藩与李德增）；兄弟进士（李藻与李萼）；亲弟兄四人进士（李藩、李菡、李莼、李庄）；李萼联捷进士，道光五年（1825）为举人，道光六年（1826）中进士。

以上可知，李家的科举考试能力确实很强。在北方各县中，一个家族能出10位进士，这并不是一件容易的事！因此宝坻乡间传说“一个朝廷里的官员，有一半是李家的人”和“无李不开科”。长期以来，宝坻民众都以为“李半朝”之说是民间对李家的吹捧，然而有资料显示，“无李不开科”之说并非来自宝坻，而是来自京城。根据李光庭女婿王懋官《养云主人六旬以前年谱杂记》记载：“光绪元年乙亥，二十九岁，这一年冬天，聘定宝坻林亭李恭人为室。注云：乙卯举人，原任黄州府朴园先生光庭之九女，李文恪公（李菡，官至工部尚书）之嫡堂妹，兄弟十三人，贡士四，举人五，族人甚众，无试不捷，都中有‘无李不开科’之誉。”

（刊于2019年5月27日《今晚报》第12版“副刊·津沽”）

二、"李半朝"家族与林亭口

宝坻"李半朝"家族，祖上为官宦家族，祖籍河北省盐山县。六世到十五世这段，因社会动乱，李氏家族中鲜有为官者。明朝末期，李家开始从盐山县迁移。

1638年至1643年，盐山县两遇兵乱，连遭焚烧破坏，被掠被杀的十有八九，冻饿而死的十有八九，逃脱弓箭之危的半死不活的幸存者仅二十之一二。乱世之下，人们为了生存而外迁。李光庭在东凤窝"李氏宗祠"中写道："余家自遭明季兵燹。太高祖仲银公由昌平州流离迁徙到宝坻县城东六十里之张五店家。高祖讳应时，以耕为业。曾祖双全公，少勤耕稼、艰苦备尝、衣食渐冲，居乡多隐德，遇星家言宜西迁。于是初迁东丰窝(今东凤窝)再迁林亭镇。"

李家开始迁居的带头人为十一世李天顺、李天光兄弟。李天光字仲银，这就是为什么林亭口李家又被称为仲银家族的原因。李天光兄弟二人首先到了北京昌平，之后李天光便来到宝坻，落户八门城镇张五店村。后来十三世李守贵时，李家东迁东凤窝再迁到林亭口镇。宝坻林亭口镇是李家的发祥之地。可以说，林亭口成就了李家，李家的兴盛进一步推动了林亭口的发展。

李家对宝坻和林亭口感情深厚。李光庭所写的《乡言解颐》就是最好的证明。他撰写本书就是告诫儿孙，久居京城切不可忘记家乡。该书记录了宝坻与林亭口的人物风俗。林亭口镇位于宝坻境内东南部，是京东古镇，人文荟萃、经济领先。为此，李光庭总是自豪地说"林亭巨镇"。

据史料记载，林亭口镇始建于明朝永乐年间。相传，明成祖朱棣迁都北京时，一些随从人员在此安家，日后逐渐发展。明朝时期的林亭口镇曾以龙街形象出现，下设龙头、龙须、龙爪、龙尾等自然格局的村落成为南下天津卫，北上北京城的水旱码头。商贾云集、四通八达，文人骚客汇集，吟诗作赋，崇尚文化，曾有“一京二卫三林亭”之说。林亭口水路便利、人烟繁庶、寺庙林立，李家曾大力重修镇上文昌阁。

不仅李家选择定居林亭口镇，也有一些重量级人物像大学士杜立德、湖广巡抚刘殿衡、大学士蒋砺堂等曾在林亭口镇寓居过。这些重要人物从地缘因素方面对李家的兴起起到了重要影响。

总之，林亭口镇相对优越的自然环境形成了浓郁的地域文化环境，这里有诗书经史的文化积累、人才辈出的激励和感召、联世官宦的政治渊源、姻亲师友的网络群构，地域自然气质与人文积淀营造出一种浓郁的乡邦文化。

（刊于2019年5月29日《今晚报》第12版“副刊·津沽”）

三、帝师李菡

李菡在“李半朝”家族中官职最高，政治上最有作为。他是李家科举顶峰时期的代表人物和核心人物。李菡（1796—1863），字丰垣，号滋园。父亲李光先，母亲赵氏。李菡娶妻卢氏。卢氏亦出身官宦之家。李菡岳父卢圻为官颇有政绩。李菡有五子二女。五子李德良、李德坊、李德城、李德垣、李德堂皆入仕。

嘉庆戊寅科，李菡中举人，道光壬午科进士，选庶吉士，授编修。后来官职一路擢升，最后，于同治元年（1862）擢工部尚书。同治二年（1863），李菡去世，谥号“文恪”。同治四年（1865），安葬于林亭口东风窝。

李菡在家是孝子，在朝为忠臣。李菡平生有三大优点：首先，李菡性情恬淡，为人敦厚，事亲至孝。侍奉父母三十年，色笑无违。其父李光先去世后，他哀毁尽礼。其次，李菡乐于助人，特别是在教育方面。同族或者姻亲子弟其才可嘉者，李菡都给予鼓励和资助。在子女教育上面，李菡要求严格。乡试、会试的学子来向李菡请教学问，李菡乐此不疲。最后，李菡在国家大政方面严谨老成。涉及国家大政方针，李菡都严于律己，十分注意保密原则。他在条陈时事后，立刻削其稿本，涉及国家大事的话不向家人透露。正因李菡这样性格，所以朝廷一直对这位三朝老臣委以重任，宠信有加。

李菡为官四十余年，历仕道光、咸丰、同治三朝。三代皇帝与慈安、慈禧两宫太后、恭亲王奕䜣都对李菡褒奖有加，认为其做事谨慎，可担重任。咸丰皇帝生前多次与李菡谈起李家家事，过问李家子弟情况。李菡做过同治皇帝经筵讲官，二人有师生情分。李菡去世后，皇家给予其高度评价，并谕赐祭文和碑文。同治皇帝爱屋及乌，推恩功臣子弟。李家子弟之所以能在政治上有所作为，与皇家关注与支持有重大关系。同治五年(1866)十二月《清文宗实录》修成，同治皇帝对当年专勘稿本的官员给予奖励。“稿本副总裁原任工部尚书李菡，均着加恩赐祭一坛，李菡之孙内阁中书李桂攀，着赏加六品衔，以示朕推恩懋赏，嘉奖勤劳至意。”

(刊于 2019 年 6 月 3 日《今晚报》第 12 版“副刊·津沽”)

四、李家的家风家教

李家科举兴盛，其家族对教育的重视起到了至关重要的作用。

在李家兴盛过程中，十三世李守贵、十四世李盛枝和十五世李伟起到了至关重要的作用。李守贵农闲时候主要是贩布，他为人心地善良，"居乡多隐德"。李盛枝子承父业，二十八岁时一个人去河南洛阳贩布，挣了很多钱，于是渐渐富裕起来，这为李家日后的崛起打下了坚实的经济基础。但是，李盛枝三十五岁时英年早逝。这样一来，家庭的全部重担压在了李守贵身上。李守贵极其注重教育，于是聘请明师教育自己的孙子李伟，传授"治家立身之道"。

李伟接受了严格的私塾教育。他本人亦非常好学，自己在书房写了一副对联：治家以勤俭为本，立身以孝悌为先。

这副对联本身就蕴含着深刻的家风传承。它是李家先辈行善立身的总结，是李家兴盛的精神内核。李伟知行合一，身体力行，遇到族中贫困的子弟都予以帮助，让他们勤俭持家。这期间，尽管整个家族还有未能接受读书教育的子弟，但是没有游手好闲之徒，都能各有常业。

当时，李伟主持的李家已经成为宝坻富户。至于李家财富积累到何种程度，资料并没有相关记载，但是可以通过两件小事推断。首先，李伟的祖父病危时，专门嘱咐用白金二百两作为丧葬费。其次，李伟的老师李明月家境贫困，临死时将儿媳妇、年幼的孙子托付给李伟。李伟对待老师的儿媳、孙子非常好，供孩子读书、结婚，视若己出。李伟临死时，给老师孙子五百两白金、六百亩好地。

李伟从二十八岁开始经营家务，治家之余，喜欢看书。他读起来不分寒暑，还常常于冬夜为儿孙口授四书。常言道，家长是孩子最好的老师。李家先辈的风范操守深深影响了后辈子弟。命运垂青李家，伴随着经济实力的提升，李家对入仕的渴望越来越强烈。李家要想复兴祖上的官宦之家，没有比科举更好的方式了。李伟对儿子们的举业十分重视，在孩子们小时候就聘请名师为他们授业。其子李光庭晚年回忆，“冬夜课读，必四鼓方息”，可见当年李家兄弟读书之刻苦。

（刊于2019年6月5日《今晚报》第12版“副刊·津沽”）

五、政声清扬

李家子弟因科举取得成功，纷纷入仕为官。不管是出任京官还是治理地方，他们大多数都体现出良好的行政能力和道德操守。在官德上，始终恪守清正廉洁、慎言慎事、勤政爱民的为官准则。

道光六年（1826），李莼考中进士后，按规定“归班铨选”（指有爵禄者就闲待选）。其父李光庭专门教育李莼：“莼儿成进士归班铨选记恩示之--联科甲第证前因，流品从来重出身。俟命不为檄幸计，待铨同是受恩人。文章报国才非易，清白传家吏尚循。依旧读书勤学苦，面墙可以莅斯民。”“君子居易以俟命，小人行险以檄幸”，出自《中庸》。李光庭诗中这句“俟命不为檄幸计”，透露出儒家思想已经深入李家人心，抱定君子务本方为道。对于李莼考上进士，李光庭很高兴；而对候补待选之事，他劝儿子利用此机刮垢磨光。李光庭本人就经历过铨选，1823年春天外放湖北黄州知府，因身体患病，同年十月回京养疴。

李菡之所以在政治上建功立业，离不开李家良好的政风。李光先，李菡父亲，曾任江西赣州府知府，署理吉安赣州兵备道。据李菡门生方浚师《蕉轩随录》记载：“宝坻李公，吾师滋园先生之尊人也……循声卓著，为政不尚苛刻，尝题赣州府署大门楹帖云：‘礼防于未然，惟愿人人自化；弊去其太甚，无庸事事更新。’存心如此，宜其炽昌厥后也。”

李光里，李菡三叔，江西吉安知府。据徐世昌《大清畿辅先哲传》记载：“乾隆五十四年拔贡生，官献县教谕。文庙不修，出五百金为士子倡。不受诸生贽，遇寒士辄佽助之。李光庭，李菡四叔，湖北黄州知府。据《黄州府志》记载：“李光庭字朴园，宝坻人，道光初黄州知府。听断明决，政理刑清。未久以病去任，黄人思之。”洪良品在《湖北通志余》记载：“宝坻李朴园先生光庭以内阁侍读出守黄州，清介自持，才及一载，即乞病归里。先生在黄州有楹帖云：‘清心以尽心，意外升沉皆定数，办事勿多事，个中界限要分明。’足见与民休息之意。”

（刊于 2019 年 6 月 10 日《今晚报》第 12 版“副刊·津沽”）

作者：陈兆军，天津市宝坻区大白高中
阮洪臣，天津市宝坻区林亭口镇

“西大人”和他的房东

李瑞林

一、“西大人”设行营在傻王家

1858年夏秋之际，第一次大沽口海战失败后，清朝廷派钦差大臣科尔沁亲王僧格林沁来天津巡视海防，命随行武官、一品大臣西凌阿主持修缮加固大沽口、北塘和营城的炮台。

西凌阿把“行营”设在营城庄，住在叫傻王家的泥土房。傻王名叫王密，其祖上随燕王朱棣扫北，因患病留居营城，后以打鱼为生。在营城庄西头盖了几间泥草房用来居住，自喻“花果山”。西凌阿奉命督修炮台，王家草居便作为其行营。

王家让出正屋给西凌阿和侍卫居住，西厢房给大人当厨房，自家人住进了东厢房。傻王家人看到来来往往的大小官员都给西凌阿下跪后才低头说话，觉得住房人官爵小不了，一家人精神紧张，做事都小心翼翼。而西凌阿对王家人非常平易，不让王家人见面下跪,也不行礼,让王家人称其为“西大人”即可。

油灯下,“西大人”偶与王家人叙家常。王家人经常把从蓟运河打上的新鲜鱼提另熬给“西大人”吃。日子久了,“西大人”与房东一家人建立了深厚的感情。

二、“傻王”为县太爷们求情

修筑炮台需要大量人力物力,有了银两,要变成炮台,还需要在人员、物资供应上花精力操持。加固炮台的民工生活遇到了困难,西凌阿为此召开京东八县知县会议。

一天早晨,知县陆续到了傻王家的门外,纷纷下马跪地待旨。傻王看到后跟“西大人”说:“大人,有县太爷跪在路边……”

话还未说完,西大人大声斥道:“谁的县太爷?”

傻王发觉自己说错了话,马上下跪说:“是我,是我的县太爷。”

“请起。”西大人忙问“什么意思?”

“我是说县太爷们久跪路边,怕身体经受不住,想让您发令,让他们进屋。”

“按你说的办。”事后,西大人夸傻王心善如菩萨。

三、一串佛珠

第二次大沽口海战取得了辉煌的胜利,西大人要回京城。临走时要交傻王房钱。傻王连说:“大人能住我家是祖上造化,求之不得。哪里还有收房钱之说,没有这事。”

西大人又提出给傻王拨银两盖几间房子,傻王又连说:“西大人啥事别费，大人给我盖房子，小民担待不了。”

西大人也是血肉之躯，想到王家人的关怀、体贴，很受感动。又从身上摘下一串内嵌佛像的透明佛珠送给傻王。佛珠是印度进献给咸丰皇上的，咸丰皇上赐奉给了外甥西大人。

傻王根本不敢接受。

西大人把一串佛珠戴到傻王脖子上，告诉傻王是个念想，又写了一张字条，交给傻王，说以后有事可以按地址去找。傻王一家把西大人赐的两件礼物一直作为宝贝珍藏。

1939 年汉沽发大水，平地二三尺深，死尸横浮。傻王家族二十余口人也都饿得有气无力，处在奄奄一息的境地。傻王后世孙提出“不能守着财宝饿死人，救命要紧”。

经全家商量，用这串佛珠换了两斗（50 斤）小米吃。

四、一张纸文握生杀性命权

傻王在营城西庄头的西坞埂整理出一块荒芜地作坟茔地，还种了些大庄稼。有村霸邵欲卿从此经过，见从河边打鱼人的筐中跳出一条鲤鱼，又有人顶一口铁锅从此过河，恰时辰逢晌午，认为此景正是风水先生所讲“鲤鱼跳龙门、头戴铁冠帽”的难觅之吉祥现象，便强占此地为自家坟地。傻王阻拦无济于事，整天心中闷闷不乐。冬天收河后，带着西大人的地址，揣上干粮，带上盘缠去了京城，以探视“西大人”为由，顺把此事说叨说叨，让西大人出个主意，把坟地收回。

傻王把坟地事告诉了西大人。两天后西大人交给傻王一张纸文，上面印有龙形图，让傻王交到宁河县衙门。傻王不识字，也不知纸上写的是什么,也不敢问,揣在怀里就从京城返回。路过河西务傻王住进客栈。同屋有一位读书模样的人,傻王和他寒暄以后让其看了纸文,读书模样的人吓出一身冷汗。告诉傻王大意,这是一张皇旨。如按旨上写的去做,有人命官司,将有人家遭抄斩。傻王听了也吓了一激冷。他还是慢慢地冷静了下来,暗暗告诉自己:受再大的委曲,也别整出人命来。担心结下冤仇给子孙后代找麻烦、造孽,自己摁下了此事。

王家人一直精心保存着这张皇旨到"文革"前,孩子们把皇旨上"北至(蓟运)河,南至荒(荒指至北塘河口的荒蛮地域)"的旨令当成了民谣,随时脱口诵。

被称为"河王"的傻王王密,传承为王福才、王福友,王福元迁徙到蔡家堡村。

(刊于《滨海工会通讯》2019 年第 4 期,2019 年 8 月,第 45 页)

作者:李瑞林,天津文史学者

老天津卫记忆中的年味儿

王和平

春节，是非常喜庆、团圆的日子。以前过春节，那叫有味道，虽然这些老事儿已经成了“故事”，但回过头来品味过往那些记忆中的细节，尤其令人难忘。都说年味儿淡了，那就让我们看看70多岁人记忆中的年是嘛样儿的。

一、贴年画才叫过年了

图1 贴年画

以前过春节，临近年关，大街上一些卖杂货的店铺，在门口拉上几根绳子或者铁丝，挂起五彩缤纷的年画，老人们叫它“年画棚子”。过去，天津人偏爱杨柳青年画，那幅有胖娃娃、莲花、鲤鱼的“莲年有余”，销量最大。尤其是喜庆的“缸鱼”,人们买回家去,贴在水缸上,寄托对连年有余的向往。

“年画棚子”也卖图案吉祥的“炕围子”,回到家,在土炕(床)周围贴上一圈,家里立马焕然一新,显得十分干净整洁。

二、置办鲜花与绒花

天津南运河边的大园、小园、大觉庵村,土肥水美,鲜花种植尤其闻名,竹枝词里写道“小园相与大园邻,相逢都是卖花人”。

每年过了腊月十五, 从水阁大街到东门里头道牌坊前后,从“西头”来的装满鲜花的小车挤满了这条街道。那花车用“草把”围着,蜡梅、迎春、一品红、绣球、石榴……含苞乍放,花骨朵和叶子像挂着鲜灵灵的露水。此时的花市上,人来人往,熙熙攘攘,好不热闹。

有首儿歌唱道:“新年到,新年到,闺女要花,小子要炮……”这闺女要的是头戴的绢花、绒花。娘娘宫门前有家老字号,叫“玉丰泰花店”。每逢腊月,那才叫摩肩接踵,顾客盈门。

三、看小人儿书就当看春晚

到了腊月的最后几天,是小人儿书铺最忙碌的时候,这是因为孩子们来租书过大年了,花上三四毛钱,租上二三十本书,要看到过完年才来还。

小人儿书铺内容很丰富,有古今中外的历史故事、寓言传说、神话故事。如《岳飞传》《林海雪原》和根据电影、戏剧改编的《追鱼》等等。墙上贴的小人儿书的封面，很好看，花花绿绿的。有的小人儿书铺还请来画画的，把热门的小人儿书封皮，画成大大的宣传画，招揽小顾客。

图 2　借小人儿书

四、炒干货买杂拌儿糖

过去，每个居民区都有一个点心铺，我们门口的点心铺叫胜利香。腊月里，凭副食本可以购买“杂拌儿”，就是有一个大笸箩，把干货干果掺在一起，什么瓜子啊、花生啊、核桃啊、柿饼子啊，都有。你别看东西不起眼，里边的含义真是特别深奥。比方说，花生寓意子孙满堂，葵花籽儿寓意好事连年，核桃寓意和气生财，柿饼子寓意万事如意……总之，每种东西都得有个说法，要给人们带来吉祥如意的祝福。那时，买来的“杂拌儿”是要接待客人用的。晚上，把冲洗干净的大号砂粒加入大盐，在炉子上翻来覆去炒热，把花生或者葵花籽儿放进去，“哗啦啦，哗啦啦”地来回翻炒，弄得满屋子都是焦煳味儿……闻着这味儿，就说明“年”快到了。

五、糊灯笼只等除夕玩

进了腊月，一有时间，孩子们就围着大人忙乎，干嘛呀，糊灯笼。

图 3 打灯笼

那时，富裕人家都是到娘娘宫的年货市场去买灯笼。荷花灯、鸭子灯、长圆玻璃灯、方玻璃灯……那才叫眼花缭乱。不富裕的人家就自己动手糊灯笼。又是裁纸，又是熬糨子，又是扎架子，那才叫不亦乐乎。自己家做的灯笼各具特色，绵羊灯，白兔灯，白菜灯，萝卜灯……五花八门，各有千秋。

到三十儿晚上，孩子们就排着队，打着纸灯笼一边串胡同，一边不停地高唱“有打的灯笼都出来呀，没有打的灯笼抱小孩呀，金鱼拐子大花篮啊——”“打灯笼，烤手来，你不出来我走啦——”小孩越聚越多，灯火辉煌，俨然一道亮丽的风景。

（刊于 2019 年 2 月 2 日《今晚报》第 7 版“天津卫·乐活志”）

作者：王和平，地方史学者

天津金鱼红胜火

由国庆

金鱼起源于中国，古人畜养金鱼素具历史，北宋时代的大诗人苏舜钦、苏东坡就非常喜欢杭州六和塔附近的金鱼，并留下赞美诗句。金鱼实为野生鲤科鲫鱼的特殊变种，当时俗称“金鲫”。到了南宋，人工培育金鲫兴起，鱼儿变得更加优美。后来，因鱼色红且鳞片闪烁若金，所以俗称为“金鱼”。

一、“歪打正着”广传名

天津自明代永乐年设卫筑城，乃兵家重地，起初人们闲玩偏好不免粗狂。清代以来，得天独厚的区位优势让天津城市经贸迅速发展，富户人家渐次增多。再有，京津地近唇齿，皇城生活对津地的影响不可小觑。清中叶，满汉文化进一步融合，养金鱼的风气在宫中大兴，相形之下各地多呈“金鱼贡”珍品，宫中且有御用“鱼把式”。京城的达官显贵纷纷附庸效仿，进而辐射京津民风民情。道光二十

图1 纺织品老商标上的《金鱼图》，品牌取名寓意蒸蒸日上，财源广进

八年(1848)我国首部《金鱼图谱》问世,老百姓养鱼赏鱼开始进入盛期。与此同时,天津有钱有闲的人茶余饭后也愈发喜欢上了养金鱼消遣。

鱼儿离不开水。天津虽地处九河下梢,但水质大多一般,然金鱼往往以怪为美,津地河水养金鱼或多或少有点“歪打正着”的感觉。水让金鱼在形体、色泽方面产生了不少出乎意料的异常变化,尤其招人喜欢。老天津的金鱼品种多彩多姿,如双眼上翻的“望天”、两眼突出的“龙睛”、头带肉瘤的“狮头”与“虎头”、仅头顶红而全身洁白“红头”、透明鳞的“珍珠”、眼带罩的“泡眼”、鼻上有肉瘤的“绒球”、杂色鳞的“五花”等,都可谓上品。

玩鱼的人多了便有了买卖两旺的市井。清末至民国年间,天津西头西大湾子、梁家嘴南运河边、河北新车站(北站)附近、陈家沟一带、广开墙子河边、特一区(旧德租界)马场道等处有二三十家专卖金鱼的摊店。胡同里也常见挑挑子卖金鱼小贩,挑子一头是扁圆的提梁木桶,盛放金鱼(有的桶里分格放游不同品种);挑子另一头是荆条筐,筐里(加稻草防磕碰)装玻璃鱼缸。小贩的吆喝余声袅袅:“卖大小金鱼儿嘞——”“大金鱼嘿——小金鱼呀——蛤蟆骨朵儿,大田螺螄嘞——”老舍的话剧《龙须沟》里有个程疯子,那人叫卖颇似旧年卖小金鱼的吆喝声。

天津与河北文安近在咫尺。文安古来洼淀多,自然环境良好,当地最早从苏杭、京津引进鱼苗,经培育蓄养大获成功,成为著名的“金鱼之乡”,文安金鱼又广销京津沪,天津民间的部分金鱼、鱼商就来自文安。20世纪二三十年代,天津是南北商贸的重要枢纽,且连通外洋,天津金鱼的美名缘此驰誉全国并出口到欧美及日本等地,曾有年出口量15万尾的记录。干鱼虫的外销量也不少。天津,可谓名副其实的中国北方金鱼输出地。不仅如此,津地养鱼能手辈出,后来还传移影响到上海、广州等地。

二、金鱼俗雅有奇人

俗世出奇人,说玩花鸟鱼虫养金鱼但凡玩精玩成“把式”了,也许就能扬名立万了。天津卫就不乏这样的人物。民间传说,清代中叶老城西门里二道街有个“金鱼张”,他畜养金鱼贩卖金鱼的本事高人一筹,天长日久获利发家,乃至成为富户,不仅盖起了大宅院,还开了戏园子。

论玩家,总会应“人外有人,天外有天”那句俗话。据1936年版张次溪编著的《天津游览志》中介绍:“天津喜欢养金鱼的首推前津浦铁路局长唐丽生,平生养鱼最多。”唐丽生痴迷此道,在四十多年间花费了十万多元大洋,陆续从各地高价访求罕见精品鱼,畜养数百盆之多,一时传为美谈。唐丽生故去后的1927年,唐家将金鱼捐赠南开大学,学校在南湖(南马蹄湖)东侧辟地特建丽生园。据1931年版《天津志略》记载,南开大学中“尤以丽生园金鱼为平津一带所罕见,甚有三十岁之老鱼”。志书中《名园》一节也谈到该园,称“纪念唐丽生先生而名者也”,同时表述,园中有数千尾金鱼,珍贵品较

图2 南开大学丽生园旧影

多，如蓝色鱼、紫色鱼、老虎头、龙睛鱼、五花丹凤等，慕名前来观赏的人络绎不绝。

清末民初天津有位文苑高手与金鱼息息相关，他叫梅振瀛。梅家乃名门望族，梅振瀛是光绪十四年（1888）戊子科优贡生，随即成候补知县。他诗书画样样精通，所绘金鱼、竹兰等最为活灵活现，人送雅号“梅家鱼”，与晚清的虚谷、翁小海同为画金鱼的名家。

文史掌故大家郑逸梅很喜欢金鱼，早在1935年6月就在上海《申报》发表过《金鱼一夕谈》等。当时，沪市金鱼界名流吴吉人、邱良玉等都是郑逸梅的朋友。上海文化出版社1956年出版有吴吉人编写的《金鱼》一书，其中刊有郑逸梅的一些补白。

郑逸梅不仅关注到天津“梅家鱼”，对丽生园被日寇炸毁也表示痛心。他在《南开劫火殃及金鱼》一段中写道：“北方谈到金鱼，大家都推南开大学所蓄的为最佳。舒尾似张扇，鳍采斑斓，长至一尺有余，不在清宫之下。西洋学者前来参观，看到金鱼的奇丽称为‘东方的圣鱼’。不料卢沟桥事变，敌人肆暴，南开文物，尽付一炬，无辜的金鱼，也牺牲在炸药弹火之中了。”郑逸梅在这段补白中先谈及清宫颐和园所养的稀罕金鱼，又说推翻帝制后便要首推天津金鱼了。作者将南开金鱼与皇家金鱼予以关照比对，足见唐丽生所遗金鱼的价值所在。

三、年年有余鱼多子

图 3 杨柳青年画《金鱼多子》

说到老天津最红火的小金鱼市场，当数娘娘宫、宫前集市，堪称家喻户晓的福地。通过清代文献可知，这里售卖小金鱼至迟在乾隆初年已形成规模，尤其是新春佳节前后的生意更加火爆。究其原因，一是养金鱼在津有极高的人气基础，二是真挚向好的民俗心理使然。

娘娘宫元代建庙，圣母娘娘乃护海佑生之神，天长日久，天津百姓以淳朴的心理不断将老娘娘的职能延展扩大，陆续加塑宝像，祈福、求子、求财、求顺等各有所拜。比如刚过门的新媳妇常常马不停蹄到送子娘娘面前“拴娃娃”，盼早得贵子传宗接代。金鱼多子(籽)是习性，如此，娘娘宫中的金鱼更多了一道灵性光环。《金鱼多子》不仅是我国传统吉祥图，天津杨柳青年画中也有同题作品。再有，“鱼”通“余”，寓意年年有余，生活富足。金鱼俗称锦鱼，民俗中“金鱼摇尾”比喻财源广进；“塘”谐音“堂”，蓄养金鱼预示金玉满堂。杨柳青年画不仅有名作《莲年有余》，还有几样同题的《金玉满堂》图。例如画中绘一美少妇正抱着孩子观赏金鱼；绘两个童子在两缸金鱼前嬉闹等。画意对“求财”与“求子”民俗心理的表达显而易见，类似信俗在天津民间相沿成习。

人们觉得老娘娘身边的金鱼是大吉大利的象征，所以竞相在宫里宫外买小金鱼。金鱼耐寒，新春庙会上大鱼盆里蓄养的鱼儿欢游着，捞进玻璃鱼缸里更是鳞光闪闪，再配上水藻(金鱼藻专属一科，非普通水草），自彰显盎然生机。鱼缸是必需品，有的高档鱼缸里还吹有一个（玻璃工艺）五彩玻璃球，旧年也有人专门来宫里定制鱼缸。

民国时期，娘娘宫为增加庙堂收入，将多处殿阁、院落出租给商户，山门里牌楼下正是售卖金鱼的旺地。卖金鱼的商贩照章交租，牌楼下常年摆放大缸、大盆，蓄养各色金鱼。当时宫里所售金鱼的部分货源来自城西梁家嘴一带。值得一提的是，宫门外海河水质较差，而宫中多井，其水清亮甘美，有利养鱼。

1931年2月16日农历除夕一早，天津《益世报》记者到娘娘宫游览，见庙里已很热闹了。买小金鱼的商贩深谙百姓心理，于是“满缸满盆置诸院中，向游者兜售。”刊发于同一时段的《统一国历后二十年腊尽春回宫南宫北观》述评中也认为新年买金鱼有取富贵有余之意。再读1936年版《天津游览志》中的《庙会》篇，文述娘娘宫“大门以里，很大的院落里，百货杂陈，许多小贩在这里摆摊做生意，卖绢花和小儿玩具，以及金鱼等物的不一而足。”殿中拜了娘娘，宫里看了热闹，市上买了金鱼，真就“带福还家”过大年啦。

四、要买头盆鸭蛋鱼

“元日晴光画不如，灵慈宫外斗香车。琉璃瓶脆高擎过，争买朱砂一寸鱼。”清乾隆初年杭州诗人汪沆到天津（客居水西庄）参与编修地方志，陆续写下百首《津门杂事诗》。当时，汪沆为考证核实娘娘宫的始建年代，曾入庙考察相关碑文，新春庙市的热闹市井与小金鱼的欢动也引起他的注意，特作如上《岁朝灵慈官》一首，他同时在诗注中说：“天后宫旧名灵慈宫，岁朝闺人咸走集焉。宫前有鬻小红鱼者,以琉璃瓶贮之。”诗中的“元日”与“岁朝”即新年正月,“琉璃瓶”即玻璃瓶。正如作者所见,过大年上香拜庙的游人摩肩接踵,争相购买金鱼求吉利,可又怕玻璃鱼缸被碰到,所以高高举起。汪沆细腻传神的文笔为天津“金鱼诗”开创了(目前已知的)先河。

天津诗人樊彬生于嘉庆元年(1796),自幼聪慧,青年时就被一些名流赞誉“有国士之目”。樊彬著有《问青阁诗文集》《津门小令》等,其中的《津门小令》最为脍炙人口,用“忆江南”词牌写出了津沽大地的勃勃生气与人文风情。其中有道:“津门好,天后庙开时。铁马珠悬红线络,金鱼瓶映碧玻璃,灯市上元期。”这首《小令》写于嘉庆二十三年(1818),值得注意的是,樊彬笔下的鱼缸已不再称“琉璃”,而改用“玻璃”二字。“灯市上元期”即正月十五上元节灯会。金鱼与年景又一次被诗人点亮。

晚清津门文人周宝善(楚良)的《津门竹枝词》在表述地域风土人情方面客观写实,通俗近俚,他同样关注过新年娘娘宫的金鱼买卖:“儿女欢欣眄岁除,娘娘宫里众纷如。玻璃缸子红绳络,要买头盆鸭蛋鱼。”这里的“鸭蛋鱼”是说金鱼的品种相貌,鱼身圆圆如蛋。“买头盆”的意思是抢购大年初一头一缸金鱼,类似烧头炷香民俗,皆为图好彩头大吉利。

图4 清末年间娘娘宫内“百谷朝宗”牌坊下售卖小金鱼的摊子

“称体衣裁一色红,满头花插颤绫绒。手提新买金鱼钵,知是来从天后宫。”此为清末民初天津诗人、城南诗社成员冯文洵在《丙寅天津竹枝词》里绘声绘色的描述，文中的“金鱼钵”即小鱼缸。新春佳节，老天津女人爱穿红装，头戴红绒花红绢花，高高兴兴地去拜娘娘，祈福求喜后再顺便拎一缸小金鱼高高兴兴回家转，所以路人都知道是刚从娘娘宫回来的。

顺便一说，民国时期以娘娘宫为龙头的天津金鱼市场所售品种大致有草金鱼、文种金鱼、龙种金鱼、蛋种金鱼四类。文种的为不鼓眼、有背鳍的，如狮子头；龙种的眼凸（似龙眼），有背鳍；蛋种的身形如蛋，眼不鼓，无背鳍，如虎头。这也是当时京津地区按明清时代传承下来的传统分法。娘娘宫的金鱼买卖风俗历时久，大致持续到新中国成立初期。

五、澄浆泥盆金不换

工欲善其事，必先利其器。养金鱼，鱼缸是关键之一。一般人小打小闹养几尾乐呵乐呵哄孩子玩，有个小玻璃鱼缸、小瓦盆就足以了。若想多养且玩出彩儿来，则必须准备专门的澄浆泥大盆或大木海。

用鱼盆养鱼是天津民间玩家的传统方式。首先，旧年养鱼没有人工充氧一说，澄浆泥盆、木海的特点是透气性好、隔热、隔寒、易挂苔。别小瞧那青苔，对金鱼皮肤黏膜有保护作用，它滋生的浮游生物还可为鱼提供营养，同时能调节水温和水质。这样的水俗谓“活水”，金鱼在活水中才色艳身壮不易生病。再者，盆中的小水域有利金鱼保持短圆的体态。

普通瓦盆用料杂质多，泥中含沙，做工不精，但算物美价廉吧。澄浆泥盆属高档品，从制盆层面说，澄浆泥仅选土制泥就需经掘、

图 5　20 世纪 30 年代初吴吉人著《金鱼饲养法》

运、晒、推、舂、磨、筛，以及三次清水坑澄清、沉淀、过滤、晾干等复杂工序。制盆前还要每日搅泥，讲究历经寒暑八九个月后才能用来做盆（也是做蟋蟀罐、砚台的好料），耗费人工不可谓不多。做大鱼盆尤其需要娴熟技艺，几十斤泥料从踩泥、上台、旋坯、拉坯、翻沿，到塑钉、装饰等环节，纯手工一气呵成。上好的鱼盆薄胎、阔底、鼓肚、翻边、质轻，看上去平、稳、正、圆。老鱼盆外壁装饰突出钉钮，大致有乳钉（鼓钉）、联峰乳钉、虎头、髻鬏、寿字、蝙蝠、盘长等样，煞是好看。另外，有的成品盆还需经传统炭熏着色。

旧年津城周边有不少窑厂制作鱼盆，烧澄泥窑讲究用枣木柴，它硬度高，易升窑温，所出木灰对澄泥纹理的形成也有独特作用。津产鼓式澄浆泥盆有敦厚沉稳、大气凛然的貌相，尤其是带虎头钉钮、万福捧寿纹样的鱼盆更是名声在外，备受各地玩家青睐。老北京也有著名的同顺窑、永利盆窑、东兴盆窑、同兴盆窑等，有的“同顺窑”款识旁还标“东直门外安家楼西”字样。该窑鱼盆也多被贩运到天津。那时候，鱼盆一般成套卖，有四套盆、八套盆、十二套盆不等，因为质轻，一大套盆仅用一手就能拎起来。一个好工好料好模样的大盆售价不便宜，往往要两三元大洋，甚至更多。

养金鱼的木海好似浅木盆，多用柏木、杉木制，形圆或椭圆，稍大的直径达 1.2 米至 1.5 米。另外，老天津富户人家中有时还有豪华“鱼桌”，样子像八仙桌，木框架是紫檀的，或红木或花梨的，再在几面镶玻璃，木框与玻璃用鱼鳔黏，不怕水。鱼桌蓄水养金鱼比赏画赏花还爽眼。

昔日比较讲究的大宅院里常放着一两个大鱼盆、鱼缸、木海，鱼盆上要加铁丝网罩，以防猫、鸟来袭。冬日，大小合适的鱼盆也便于搬运入室。玩家日复一日悉心打理调养，堪比日课。再看那水里散着水藻，游着金鱼，鱼儿歪歪扭扭的样子实在可爱。偶有花猫跳到盆沿，或有秋叶落于水面，惊得金鱼迅疾游到深处。涟漪动静，虚实变幻，闲人俯视观望，真可谓金不换的清趣与陶然。

六、民生民乐故事多

老年间，天津过日子讲究的人家养金鱼也不买次货，好品种的鱼儿放游到一尘不染的玻璃缸中，缸里再添几许金鱼藻，还要为小缸架上雕工精致的硬木托架。冬日的窗前，暖融融的阳光照着鱼缸，金鱼灵动，水藻碧绿，相映成趣，为居家闲情平添了品味。

若买小金鱼为哄孩子玩，便宜乐即可。有些走街串巷卖金鱼的小贩也抓住这种心理，所以趸货时往往搞些“下手货”，比如背鳍像一根刺的，比如鱼身发育不良的，也就是俗称“扛枪的”或“没吃饱的”那种，当然廉价。哄孩子嘛，不见得玩多久鱼就“翻白儿”了。

别急，小孩们还会有免伺候的蜡制金鱼可玩。做这小玩意时用对合式、径寸大小的金鱼造型模具，在模子中灌一点热蜡油，然后扣紧摇晃几下，蜡油便附着在模子内壁，待凉打开，一个中空的小蜡鱼便活灵活现了。为了不让金鱼在水中歪斜，可在鱼肚下粘一丝线，线头再拖个米粒大小的铅疙瘩垂于水底。卖玩具的小贩常会卖这种小鱼，有时还捎带好看的石子、塑料水草等，孩子们买回家“养”在玻璃瓶子里，摆在桌上也挺好看。三伏天家长哄孩子玩水，有时也会在澡盆里放几个小蜡鱼、小蜡鸭，权当消暑一乐。

正月十五闹花灯，天津人最喜欢红彤彤的金鱼灯笼。按老例儿，当舅舅的一定要送盏灯给小外甥，最好是鸭子灯、金鱼灯，取“外甥打灯——照舅（旧）”之意，期盼一切照旧大吉大利富富有余（鱼）。再瞧街面上，随处可见宫灯、鱼灯、龙灯、楼船灯、跑马灯，再听胡同里的孩子们唱：有打灯笼的快出来呀，没打灯笼的抱小孩呀，金鱼、拐子（鲤鱼）、大花篮呀……金鱼灯笼大多用红玻璃纸、红纱粘糊，黑眼或金眼硕大，红鳞似火，摇头摆尾（头身尾三节活动），煞是喜庆耀眼。

民国时期天津出了个“灯笼王”，他就是王继昌，来自“花灯之乡”河北胜芳。20 世纪 20 年代王继昌初到天津，他继承父亲王玉树的制灯技艺，在生活中也注意观察金鱼、鸭子、兔子的生活习性，所制金鱼灯、鸭子灯等无不栩栩如生，广受欢迎。

图 6　胡伯翔绘 1932 年月份牌广告画《乐在其中》

老天津人不仅平常爱养鱼，似乎时时处处忘不了金鱼。比如很多人爱用画着金鱼的餐具，小到酒盅、茶盏，大到菜盘、海碗。金鱼有画在瓷碗外壁的，也有画在碗内的，有红鱼绿草的，有一色青的。喝碗水，鱼在水中游；吃碗饭，鱼在饭里头，真乃富富有余了。

老广告画家擅长捕捉民生热点，为商家做推销。1932 年新年之际，英美烟公司印行了一幅月份牌美女广告画，用来宣传天津公司的大前门牌、哈德门牌香烟，以及上海公司的华芳牌（烟盒上印明星潘雪艳肖像）香烟。此画为名家胡伯翔所绘，画中时髦美人烫着卷发，粉面朱唇，双目恬静，身着湖蓝色蕾丝喇叭袖衬衣，外套深蓝色高领旗袍，戴水晶项链，仪态端庄。重要的看点是，她左手轻托，右手柔提着（带绳套的）一缸小金鱼。鱼儿一红一墨，在清亮水中欢游，恰与美人之静形成巧妙对比。通过广告画可知，蓄养小金鱼在当年可谓时尚雅致生活的突出标志，画家也将“手提新买金鱼钵”的动作与拴系细节表现得清清楚楚。

（刊于2019年2月8日《今晚报》第8版“副刊·记忆”）

作者：由国庆，天津故纸温暖工作室

天津与中国当代文学艺术关系之一例

——曹禺故居纪念馆的建立和《日出》诞生在天津

王海冰

在新中国成立70年的历史进程中，天津与中国当代文学艺术的关系是紧密的，是融为一体的，天津为中国当代文坛(事业)的贡献是巨大的，代表事件不胜枚举。其中天津曹禺故居纪念馆的建立并对外免费开放，是建国70年以来，特别是改革开放40多年以来，天津对中国文学艺术做的一件响亮的事情，2010年举办正式对外开放仪式时，中国文联的三位副主席与市领导等出席并讲话。再有曹禺先生的经典戏剧三部曲之一的《日出》诞生在天津的进一步确定，也是改革开放以来，随着中国文坛的专家学者对曹禺在中国及世界文学价值的重新认识和定位，曹禺研究得到了重视，全国和国际性的曹禺研究不断深入扩展，为此，社会上认为《日出》写的不是天津的生活原型，不是在天津创作的等模糊认识也得到了澄清，下面分别给予赘述。

一、曹禺故居纪念馆(曹禺剧院)

曹禺故居纪念馆位于天津市河北区民主道5-7号（意大利风情区中),始建于1910年,由前后两座共计600余平方米的意式小洋楼组成,是享誉中外的杰出剧作家曹禺(万家宝)度过了他童年和青少年时期的“万公馆”。正是这段时光的小洋楼里“终日弥漫着的忧郁、伤感的环境,熔铸了一个苦闷的灵魂,使他早早地开始思索社会、思索人生、思索灵魂。”曹禺创作的《雷雨》《日出》《原野》等经典戏剧中的许多人物和故事都或多或少隐含着天津这段经历的影子。

前楼以十四个板块组成的展览,通过照片、手稿、书籍等元素的展示和文字解说,主要展示了曹禺童年、青少年的生平经历、曹禺和父母家人有过的书柜等老物件，以及他对天津的特殊情感和对戏剧事业的杰出贡献;后楼“万公馆”,主要展示曹禺青少年时期家庭环境的恢复性陈设。

曹禺剧院紧挨着曹禺故居纪念馆,共计3000余平方米。内设“雷雨厅”“日出厅”“原野厅”三个小剧场,主要以演出曹禺经典剧目和城市时尚话剧为主。曹禺剧院是曹禺故居纪念馆展览的延续,常态化展览为:一楼大厅有“曹禺戏剧生涯纪念展”“曹禺戏剧史料收藏展”“曹禺《日出》手稿展”;二楼设有“北京人咖啡厅”;三楼是“纪念曹禺百年诞辰天津百位书画名家为曹禺故居纪念馆捐赠馆藏作品陈列展”和“天津百位书画家书写曹禺百句箴言百米书法长卷陈列展”。供您继续参观,同时还可亲身感受和欣赏话剧表演艺术,领略曹禺经典剧目的魅力。

2007年天津市发展海河经济领导小组办公室及天津市海河建设发展投资有限公司对曹禺故居实施的保护性腾迁和“修旧如故”式整修完成。

2009年10月,市海河办和市海河公司就成立筹建曹禺故居纪念馆、曹禺剧院项目指挥部和立时投入前期的准备工作开会,2010年1月项目指挥部正式成立(我作为项目的副总指挥,后又被任命为曹禺故居纪念馆馆长、曹禺剧院院长,参与并见证了整个过程),对列入天津市文化大发展、大繁荣攻坚战首批推出的40个重点项目之一的曹禺故居纪念馆(曹禺剧院)进行深化的“如故式”恢复性整修、装饰、设计、策展和展陈。2010年5月1日曹禺故居纪念馆(天津)试开馆成功,2010年9月22日在曹禺先生诞辰100周年之际曹禺故居纪念馆正式开馆,曹禺剧院揭牌运营。

按照天津市文化大发展、大繁荣攻坚战的部署和文化体制改革的具体精神,曹禺故居纪念馆、曹禺剧院趁此契机,广泛调研文化市场,以博物馆规范管理的模式为蓝本,借鉴成熟的经验做法,根据自身的情况、条件和社会现实,创新思路、摸索经验,搞好曹禺故居纪念馆、曹禺剧院的建设、运营和发展。

1. 组织、调动和充分利用社会力量开门办馆,丰富馆藏

曹禺是世界公认的杰出剧作家,曹禺故居纪念馆的纪念性建设和恢复牵动着专家学者、曹禺戏剧爱好者和社会文化各界人士的心。曹禺故居是天津的重要文化资源,也是独一无二的国家文化资源。在建馆之初,就得到了田本相等众多专家和万方、万昭等曹禺家属的大力支持,在专家的指导下,反复论证策展方案,12异其稿。开馆后,又克服种种困难,实行了免费参观。

馆藏是体现博物馆实力的重要方面,曹禺故居辟为纪念馆时无任何馆藏，开门办馆得到了众多专家和收藏家的支持。北京收藏家贾俊学以专收曹禺史料资料著称，他来参观后，主动提出并于纪念曹禺先生百年诞辰时捐赠给馆里 100 件史料，之后又赠予馆里 300 件史料。为丰富馆藏，市海河办、市文联、天津美院、天津画院和市美协、市书协等单位联袂倡议，为曹禺故居纪念馆捐赠馆藏书画作品。书画家们积极响应，最后曹禺馆接受了天津 142 位知名书画家捐赠的 145 件作品和专为纪念曹禺百年诞辰的“曹禺箴言百米书法长卷”，作为馆藏在三楼展厅常年陈列展出。天津人艺大力支持，捐赠了 20 世纪五六十年代知名演员演出《雷雨》《日出》等曹禺名剧的戏服，常年陈列。2011 年曹禺女儿万方又捐赠给了馆里非常珍贵的曹禺《日出》手稿。2015 年曹禺的侄儿，天津大学化学系教授万世雄临终前嘱咐其孩子，将“万公馆”20 世纪 30 年代时，曹禺父母、家人曾用过的家具和曹禺曾用过的书柜箱子无偿捐给曹禺馆。天津市河北区政协赠送了 300 本《曹禺与天津》书籍。中央领导在 2012 年 3 月来馆参观时将其书写并装裱好的“剧坛雷雨”书法赠送馆里，7 月又将亲自为曹禺画的素描像并配的诗赠送给曹禺馆。开馆三年的时间，陆续接受社会人士和专家学者赠送的书籍史料等近千件，现在馆藏日渐丰厚。

2. 纪念馆与剧院相溶，参观和观看演出互动，引导大众高品位文化消费

曹禺曾说‘戏剧的生命在于演出’戏主要是给人演和看的。在紧挨着故居的一幢建筑改造为“曹禺剧院”内的 3 个小剧场长年演出曹禺的戏剧和一些时尚先锋话剧和活动。纪念馆和剧院是一体的，剧院是纪念馆展览的延续，来故居参观后，还可到剧院接着参观展览。如有兴趣可欣赏话剧，来剧院看戏的，也可参观故居。这样使参观者更能体会曹禺戏剧的魅力。体现出了曹禺故居纪念博物馆的独有的特色。据说,英国莎士比亚的故居纪念馆边上也有小剧场,中国的"莎士比亚"曹禺的故居纪念馆也有了小剧场。

天津的话剧市场不如北京、上海,可天津的话剧传统是非常有底蕴的,习惯性观看话剧演出也是需要培养的。小剧场平台有了,谁来演?怎么演?大剧团不可能,天津又没有社会性的话剧小剧社,为此与天津人艺、剧协等文化部门和对戏剧爱好的有识之士进行探讨沟通。根据自己的实际情况,提出"开门办演出"的思路。最后由曹禺剧院、市群艺馆、市剧协扶植一家文化公司(民营)合作成立了天津第一家民营话剧团,在专业院团的支持下,全市海选演员,创作排演演出。有了演出平台的吸引,社会相继成立了多家民间的小剧团,来曹禺剧院有档期的演出。在曹禺先生百年诞辰时,先由天津人艺义演三场,之后,三四家(民营)话剧团在一年多的时间里,就演出话剧200余场。除话剧演出外,还组织演出了由中国评剧名家古文月、刘萍、崔连润担纲的评剧精粹版《雷雨》,天津芗兰昆曲剧团演出的昆曲《牡丹亭》等,以及天津诗歌界的"诗家园"等文艺演出活动,受到了社会群众和爱好者的认可欢迎。

3. 展览和文化活动的场所,学术与文化交流的平台,扩大曹禺故居纪念馆知名度和社会影响力

曹禺故居纪念馆及曹禺剧院不单单是供人们参观的文学类博物馆,还是专家学者进行文化学术交流的平台,以及展览和开展文化活动的场所。从纪念曹禺百年诞辰曹禺故居纪念馆开馆之时,在中国话剧理论与历史研究会、南开大学、曹禺故居纪念馆等组织举办的曹禺国际学术研讨会以来,相继举办了曹禺戏剧史料展、贾俊学藏曹禺戏剧人生史料展、首届全国话剧微剧本大赛、天津城南诗社复建、津沽文津雅集、雷雨之前有呐喊——鲁迅家乡老照片展、曹禺经典戏剧片段朗诵会、唱片收藏歌友会、校园戏剧展演、天津鲍元恺作品四重奏专场音乐会、今晚艺术大讲堂系列沙龙讲座等各种文化活动。自2010年曹禺诞辰百年开始,每年曹禺诞辰之时,举办'永远的曹禺'——天津戏剧周,为扩大影响,2013年的启动仪式是在北京国家大剧院举办的，同时曹禺故居纪念馆馆藏史料在国家大剧院展出,天津人艺连续5天演出了曹禺名剧《原野》场场爆满。还与天津人艺合作,组织策划了《雷雨》重回清华大学等活动,文化活动的开展极大地提升了社会知名度和影响力,媒体给予了大量的报道，也为纪念馆的参观人数和观看演出人数带来了增长。消费是需要引导的,文化消费也是需要引导的。曹禺戏剧是具有大众性高品位的文化。利用得天独厚的资源,坚持纪念馆、剧院相融的特色,引导大众高品位文化的消费,进一步扩大文学艺术在天津的影响，为繁荣戏剧文化市场和满足群众对戏剧文化的需求做出努力。

4. 曹禺故居纪念馆已成为天津文化展示宣传的窗口之一

随着曹禺故居纪念馆知名度和影响的不断扩大，参观人数不断增加,现已成为天津对外文化展示宣传的窗口之一。多位中央领导在市领导的陪同下曾先后来馆参观。现在已成为市、区、人大、政协及各有关部门、院校接待和组织来天津学习交流人员必参观的文化项目。更为重要的,国内外文学艺术学者、专家,戏剧文学、演出爱好者,及来自国内外、外省市和本市的游客、大、中、小学生自发而来的更是不断增加。

曹禺是天津的,也是全国的,更是世界的。

二、《日出》诞生在天津

“太阳升起来了，黑暗留在后面，但是太阳不是我们的，我们要睡了。”《日出》剧中陈白露自杀前的最后一句话。

曹禺 1933 年于清华大学毕业，同时他的处女作经典戏剧《雷雨》创作完成，发表后引起轰动，当年他是 23 岁。因接受保定育德中学邀请，到那当外语教师，教了两个月，因患病回北京治疗。1934 年暑假，应老同学杨善荃的邀请，回到了天津的家，在河北省立女子师范学院（现天津美术学院）教学两年，一直到 1936 年暑假去南京国立戏剧专科学校任教。在天津的两年期间，再次同他的老师张彭春合作，以其蓬勃的创作活力，改编和参演了《新村正》《财狂》，轰动京津，更为重要的是创作了他的第二部经典剧作《日出》，成为曹禺创作道路上辉煌的年代。

在河北省立女子师范学院任教时，曹禺基本住校。他曾回忆说：“记得我住的房子很小，在楼上，一间一间的，住的都是教师。房间的陈设简单极了，一个平板床，一个书桌，一把椅子。李霁野先生同我住在一起，霁野的夫人，是我的学生。李霁野应当说比我长一辈，他比我大十岁，为人太厚道了，非常之用功，平时不大讲话。”“虽然在这里教书，但是要写东西，有时还需要去北京。我有时回家看望母亲，多数时间都住在学校里。我教英文，教点《圣经》文学，讲英国文学史，也教莎士比亚，教西洋小说史。还教点法文，从字母教起。那时年轻胆大，什么课都敢接。”

使曹禺名声大噪的《雷雨》成功创作，是他在南开上学期间就开始构思，经过四五年的准备在清华求学期间完成的。“而创作《日出》，则是社会上一件一件不公平的血腥的事实，利刃似的刺了我的心，逼成我按捺不住的愤怒。我绝望地嘶嗄着，那时我愿意一切都毁灭了吧，我如一只负伤的狗，扑在地上，啮着咸丝丝的涩口的泥土，我渴望着阳光。"于是曹禺要写《日出》。

为创作《日出》，"他在他教师宿舍的墙上，一条一条地用按钉钉着剧中的人物，有时加上一个新角色，有时撕去一条儿。角色的个性也都在条上注明。他整日整夜地同这些人物守着，有时他使他们说话，有时他和他们说话，有时他等他们说话，有时他听他们说话，有时他为他们流泪，有时他被他们气得狂呼。"

社会上发生的一件件血淋淋的不平事刺激着曹禺，也使他的创作欲望高涨，为此他深入社会底层搜集素材。《日出》的社会生活素材基本是取自天津这座老城。1935 年秋，中国旅行剧团来天津公演《雷雨》，在下榻的惠中饭店进行连排，剧团团长唐槐秋特意给曹禺开了一个房间，请他指导排演。由此使曹禺得以观察大饭店的人群，他看到了《日出》中像陈白露那样的交际花和形形色色的人等。

有一阵子，一部分人认为《日出》的故事写的是上海，为此曹禺曾说"《日出》一剧，事情完全在天津，天津的味道多，像第三幕绝对是纯天津的，翠喜、小东西确有其人。那些妓女很可怜，一个女人，后边跟着老鸨子，在外边拉客，人家不理，骂她一通，或者流氓耍一通，那不是人过的日子，是人间最黑暗也是最悲惨的角落。"

曹禺为塑造《日出》底层的人物，多次到天津老城，特别是南市"三不管"等地去调查采访。"那时年轻，也不知道哪里来的那么大的胆子，非要到妓院、土药店——就是抽大烟的地方去看看。不入虎穴，焉得虎子嘛！去三等妓院调查，那什么"鸟"都有，土药店又叫戒烟所，像澡堂似的，一排排的床，乌烟瘴气，女招待给烧烟泡。记得有一次，半夜里我在那一片荒凉的贫民区候着两个嗜吸毒品的龌龊乞丐，来教我唱数来宝，约好了，许了他们赏钱，大概赏钱许得过多了，他们猜疑我是侦缉队之流，他们没有来。我忍着刺骨的寒冷，瑟缩地踯躅到“鸡毛店”找他们，被一个有八分酒意罪犯模样的落魄英雄误会了，动了手。那次险些瞎了一只眼。我得了教训，以后再去必须是有人帮助我，我不熟悉嘛！后来托人介绍，自己改头换面跑到“土药店”和黑三一类的人物“讲交情”，为一个“朋友”瞥见了，给我散布许多不利我的无稽谣言，弄得我多少天无法解释自己。但为了创作，我见到了许多奇形怪状的人物，有的嘲笑我，有的就直接辱骂我，把我推出门。我穿着的破旧衣服口袋里藏着铅笔和白纸，厚着脸皮，一次次的经验，将许多愉快和不愉快的事实记下来。然后躲到我那小屋子里，埋头写那么一点点东西……”

“见过许多三等妓女，我是很认真地采访这些人，翠喜的话都是记录的。”“人家也奇怪，干嘛记这些话？有时我说我是报馆记者，这样搞熟了，才肯对我说些心窝子里的话。有时同学靳以同我一起去，靳以就是那么呆头呆脑的，像方达生。方达生不是我凭空编造出来的，有靳以的影子。下等妓院砸窑子是常事，妓女一招待不好，很可能就被砸了。妓女翠喜是自由身，可以回家，可‘小东西’就不能乱跑。搭班的可以回家，其实她也跑不了，得给当班的印子钱。高级妓女有所不同，解放后，有的高级妓女还不愿意解放。”曹禺在剧中尽力把握了社会下层民众的基本心理特点，同情他们，最终塑造出像翠喜那样“有着一颗金子般的心”的妓女等下层民众的形象。

“《日出》中的砸夯，是天津地道的东西。工人是很苦的，那时盖房子、打基础，没有机器，一块大铁饼，分四个方向系绳，由四人用力举起，然后砸下，一边劳动，一边唱，节奏感很强，唱起来蛮有劲，他们唱的都是一段段小故事，也有即兴打趣的内容，有领唱，我一看就是两三个小时。《日出》最后工人唱的夯歌，是我把工人请来，就在师范学院里，我把同学陆以循请来作记录。工人唱着，他记录下来，稍加整理，就谱写出来了。”

曹禺出生在天津一个没落的官僚家庭，父亲万德尊曾做过民国时期黎元洪总统的秘书，由于黎元洪下野，他父亲也官场失意，在天津做起了寓公。有时整日抽大烟或与官场、商界、银行业及一些做实业公司的朋友来往，常在烟榻上谈事。来家的客人，有的远接高迎到二楼小客厅，有的只是在一楼客厅对付一下，曹禺还亲眼见过，来的人进屋就给父亲叩头感恩涕零的。万德尊常常牢骚满腹，动不动就发火。他还曾参与做起了股票证卷之类的事情。这些生活中的经历为曹禺塑造《日出》中潘月亭、李石清等人物以及围绕银行、股票、房地产等发生的故事有很大的帮助，所以曹禺说过，“《雷雨》《日出》里出现的人物，我看的太多了。有段时间甚至可以说和他们朝夕相处。”

《日出》是以 20 世纪 30 年代天津城为创作背景的四幕话剧。它暴露了中国大都市黑暗糜烂面，控诉了“损不足而奉有余”的社会。剧中有工于心计的银行家潘月亭、卑躬屈膝的李石清、俗不可耐的顾八奶奶、洋奴张乔治等，这些都市群丑聚在陈白露的寓所里寻欢作乐，而又尔虞我诈，充分暴露了被金钱扭曲了的畸形人性。剧中描绘“不足”的人物都是备受欺凌的，“小东西”被卖进妓院，小职员黄省三走投无路毒死自己的孩子后自尽被救后发了疯，剧本描写了他们的悲惨命运，也描写了他们善良、忠厚和倔强的个性。《日出》中光怪陆离的社会图景反映了真实的社会状态，让人们得到反思，得到觉醒，至今还有其现实意义。

《日出》是曹禺先生在天津创作的,剧情和人物形象塑造的生活素材绝大部分来源于天津,是曹禺先生不朽的经典作品之一。

(此文收录于天津社会科学院、天津市作家协会主办的“天津与中国当代文艺70年”学术研讨会暨纪念方纪诞辰100周年座谈会论文集,2019年11月,第158—164页)

作者:王海冰,曹禺故居纪念馆

天津城市文化之内容创新
——直面租界历史,坚定文化自信

刘新颖

习主席十九大报告指出:坚定文化自信,推动社会主义文化繁荣兴盛。文化是一个国家,一个民族的灵魂。文化更是一个城市的灵魂。“欲人勿疑,必先自信”。只有对自己文化有坚定信心,才能坚持坚守,继而能创新创造。同样市民只有对这个城市有高度的文化自信,对自身文化价值充分肯定,才能激发城市的文化创新创造活力。建设文化天津,首先要文化自信,而直面租界文化,是市民坚定文化自信的关键。

本文中提到的文化自觉、自信不是指国家、民族层面的,而指一般意义上个体的文化自觉和自信。①

①阳国亮:《建设社会主义文化强国必须培养高度的文化自觉和文化自信》,《广西大学学报(哲学社会科学版)》2012 年第 6 期。

一、挖掘城市文化资源，直面租界历史

文化自觉是指生活在一定文化历史圈子中的主体对自己的文化自我觉醒和反思。文化自信是主体对自身文化的认同、肯定和坚守。没有深刻的文化自觉，就不可能有坚定的文化自信。习主席多次提到我们要有文化自信，对我们国家优秀文化的自信。文化自信是一个人对文化了解，吸收，并发自内心的热爱的过程。前提是要了解我们有什么优秀的文化。一个城市也如此。市民是城市的主体，是城市社会文明的创造者和体现者，也是城市文化的载体。[①]

广大市民只有不断增强城市意识，并具有浓郁的崇文意识，才能促进一个城市形成良好的社会风气和精神风貌。而历史文化资源是一座城市文化品位的重要表现，是一座城市区别于另一座城市文化个性的生动体现，也是其成为文化名城的文化优势。

天津这座城市的文化到底是怎样的？有各种各样的声音。天津是个特别的城市，明永乐二年（1404 年 12 月 23 日）天津设卫，明成祖朱棣为纪念自己南下夺取政权之事，赐名“天津”，即天子的渡口。由此开始了天津城市的历史。六百多年城市史，近代又先后有九个国家设立租界，在近代屈辱的租界史中，留下了大量的历史风貌建筑和街区，如五大道风情街、意式风情街等。这些有特色的老历史建筑是天津市民的宝贵财富。目前天津的历史风貌建筑保护

---

①雷兆玉：《以城市文化实力塑造中心城市形象》，《重庆社会主义学院学报》2010 年第 11 期。

性开发卓有成效，离不开天津市政府对文化遗产保护开发工作的重视和支持，以及大学的相关专业专家、学者在保护和开发工作中提供的理论与技术支持。同时有很多民间的有心人士，文史学者也积极参与并做了很多推广天津文化的宣传工作：有一直致力于文化遗产保护和开发的天津记忆团队，他们利用自己业余时间发掘整理了大量天津老街区、老建筑的珍贵文史资料；有关注天津过去、现在和未来的 TEDx 团队，组织了一系列关于天津文化的演讲活动；还有很多人士通过自媒体平台为天津的发展和文化宣传默默奉献；天津市委党校也通过现场教学的形式在进修、培训班中宣传天津文化，收效良好。在参加上述各种活动，查阅资料和现场教学的过程中，发现目前天津城市文化研究还处在一个瓶颈期：主要是关注物质文化层面的多，精神文化层面的少，即便有也只是限于历史人文的梳理，没有深刻挖掘提炼。天津市文化旅游的两大名片，五大道风情街和意式风情街又是租界时期留存下来的历史建筑，天津市民对外宣传时候，没有认同感和发自内心的自豪感，缺乏正面宣传的勇气，有时候传递负能量，甚至把这些建筑当成是哄骗外地游客的景点。

直面租界历史，破解封建屈辱历史文化遗存的心结。鸦片战争后中国发生的重大历史事件大部分能在天津找到痕迹，因此在史学界，素有“五千年看西安，一千年看北京，近代中国看天津”的说法。1860 年第二次鸦片战争后，天津被迫开埠，1900 年八国联军入侵，天津老城于 1900 年 11 月 26 日被八国联军拆毁，四段城墙改成了四条马路。从 1860 年开始，英国、法国、美国、德国、日本、俄国、意大利、比利时、奥地利等 9 个国家先后在天津设立了租界，留下了大量的租界建筑。按照《天津市历史风貌建筑保护条例》规定，符合定位的建筑被赋予法定名词:天津历史风貌建筑,并分成特色保护、重点保护、特殊保护三个等级。[①]天津60%的历史风貌建筑是在1900—1937年不足40年的时间里建成的,作为宝贵历史遗存,它们展现了中西文化艺术荟萃。这九国租界在天津存续时间最长的为英租界85年,最短的为奥匈租界17年。这在世界城市的发展史上是空前的。大规模的租界建设,使得西洋建筑文化和技术涌入天津,天津的建筑从中国传统形式走向了中西荟萃,百花齐放。除此之外,这些建筑最有价值地方就在其历史人文资源,蕴藏着天津市城市文化精神的正能量。租界建立后,由于租界地司法清明、治安良好、远离内战、没有匪患,大量达官贵族选定来此置地建房居住。建筑物主人除了少量外国人,大部分都是中国清末民初的非凡人士。费成康《中国租界史》中记录,到1938年,天津英租界已有人口76815人,其中中国人72087人,占总人口的94%!不但如此,晚清、民国时期,中国多少富人、官僚、明星、革命家选择居住在此,而他们来到天津租界居住,过寓公生活。寓公,是指北洋政府时期,那些下野军阀政客和清朝皇室宗亲等上层人物。他们隐居在租界,赋闲在家,过着富有而闲淡的生活。既然是这样,他们来天津是要过日子,是要吃穿住行,工作学习,社交礼仪,婚丧嫁娶,而这些誓必会对这个城市的未来产生深远的影响。正是这些人做出的重大贡献,才成就了近代百年看天津的历史地位。天津曾是直隶衙门所在地、中国北方开放的前沿阵地、"洋务"运动的基地。军事、铁路、电报、电话、邮政、采矿、近代教育、司法等方面,全部是在天津开创中

---

①路红:《天津历史风貌建筑可持续保护利用探索》,《中国房地产》2010年第1期。

国之先河。天津是近代中国第二大工商业城市、北方最大的商贸中心及华北政治军事的中心。与此同时,《大公报》《益世报》、北洋大学、南开大学等传媒、教育等文化日益兴盛发展,使得天津形成了东西荟萃的文化特质。

二、养成博物馆参观习惯,逐步树立城市文化自信

依据历史唯物主义观点,文化研究的一个重要特殊性:人们只能通过一定的文物,研究创造这些文物的创造者们的思想、意识、观念只能通过对制度、习惯的文献记载去研究制度、习惯,并通过它去研究其中的思想观点。习近平说历史文化资源是一个城市宝贵财富。博物馆就是历史文化的载体。正是受到这种启发,本人这个在津学习工作近二十年的人,下定决心从博物馆,尤其是原租界地的博物馆中,挖掘天津的城市历史文化资源。博物馆参观是了解这个城市文化,体会文化底蕴,逐步树立文化自信的最直接有效快捷的方式。

博物馆的"明得失、开民智"作用。博物馆中的展品具有巨大的历史文化价值。巨著《资本论》就是马克思在大英博物馆里度过了整个后半生所著。习近平总书记提出:"要让陈列在博物馆里的文物活起来",只有将藏品的故事展现出来,不只是被静静地搁置,人们才能透过它们,看见历史与文化的长河。而且市民可以走进这些展品,触摸那段历史。正是在这种交流中,实现了展品与人们的良性互动。

作者决心把文化自信的树立,博物馆参观付诸实践。利用半年多时间走进租界建筑,一遍遍参观五大道风情街,五大道博物馆,

庆王府，溥仪故居，金融博物馆，邮政博物馆，梁启超纪念馆，曹禺故居纪念馆，李叔同故居等，感叹我们这座城市有这么多真正能打开这座城市记忆的历史遗产的同时，对这个城市的了解更形象具体了。在天津博物馆参观的过程中，深度了解历史文化，对天津有何种经历，如今为何这样的前世今生，有更深层次的挖掘。

三、提炼城市文化精神，增强城市凝聚力

20 世纪 50 年代末，出现的历史虚无主义要全面否定传统文化遗产，出于这种担忧，冯友兰提出过“抽象继承法”，强调精神、理念超越具体的历史、社会环境的可能性，可以从具体的历史情境中抽象出来的。由此我们可以得到启发，我们要跨越时空，把建筑文化中蕴含的精神与这些历史建筑相剥离，把具有当代价值的文化精神提炼并弘扬出来。提炼精神，如同核心价值观一样，是这个民族、城市的凝聚力。同时要把这些与新时代思想结合起来，赋予时代性。这种必要性在当下越来越凸显出来。

原租界历史风貌建筑中蕴含的文化精神是天津市民建立文化自信关键。提炼出天津的城市精神，才能真正实现天津的文化自信。穿行在历史与建筑的丛林里，挖掘天津市租界历史建筑中蕴含的正面文化精神，非常有自信地说，天津是不缺城市文化精神的。下面以民族企业家的爱国精神和创新精神为例。

五个现代化天津建设，天津企业家工作会议和新出台的“天津八条”，说明天津市政府高度重视企业家在天津的发展。除了政府政策支持，企业的成功离不开企业家精神，这种商业文化精神是产业发展的主要动力。

城市文化是企业家精神的根基和土壤。天津的城市文化是不缺企业家精神的,即便在国家命运危在旦夕之际,有很多民族企业家在中国近代史上留下浓墨重彩的一笔。近代实业救国的代表人物宋棐卿,其创办实业的历史,可以说是中国民族工业发展的缩影。[①]金融实业家周学熙,1906年创办启新洋灰公司、滦州煤矿公司,获利颇丰。脱离政界后,任华新纺织公司总理,先后创办华新所属的天津、青岛、唐山、卫辉四家纱厂。可以说周学熙的一生鞠躬尽瘁,名垂青史。在中国近代百年史中,天津这片土地上,租界建筑中,曾经生活过这么多值得被我们铭记的历史人物,他们的精神应该被人们传承和弘扬。目前,天津企业家精神的重视说明这种精神在新时代需求迫切。

不仅有民族实业家,还有在关键时刻保持民族气节的政客。抗战期间,有许多人在民族大义面前,保持正气,刚正不阿。如曹锟、吴佩孚、靳云鹏、张作相等,均拒绝出任伪职。曹锟,1937年"七七事变"后,天津沦陷,日伪当局引诱曹锟出山当傀儡,曹坚辞不当汉奸。马占山,"九一八事变"后,马占山在江桥重创日军。1932年2月28日,任伪黑龙江省省长,4月7日通电全国,再揭抗日旗帜。熊炳琦,1937年天津沦陷后,拒绝出任伪职。张作相,天津沦陷后,日伪曾劝其出任伪职,均被拒绝。为人简朴随和的张作相,虽然只念过三年私塾,但一生奉行'以道德为怀'的家训。其孩子几个,从不说脏话、不骂人,都老老实实本本分分了一辈子,可见这一家训的影响力。庆亲王载振,这个有着三次国外出访交流经验开明的王爷,

①湘商:《天下当实业经营利义爱》,《中国商人》2011年第12期。

在法国工部局想把合资修建的商场,命名为法国商场时,以撤资要挟,不惜和法国工部局闹翻,使得他投资百分之四十股份的商场,留下了我们中国文化特色的名字:劝业商场。劝业商场四个字源于“劝吾胞兴,业精于勤,商务发达,场益增新”四字警言的字头,四个字反映了当时社会提倡的“实业救国”潮流,作为商业经营指南,以求发达。从文化精神的传承上来说,如果说百年前天津近代史上民族企业家精神是一枚种子的话,只要沃土阳光水分充足,它的发芽只需朝夕。而这个新时代就是契机,天津新时代的发展大幕已经开启,会有更多的新时代精神生根成长。

这些体现着异国建筑风格的各式小洋楼,天津市各级政府至今保存完好,合理的开发利用,充分体现了天津文化包容性。本身就是一种直面历史的文化自信,正式这种自信才使得中华文化优秀无论经历怎样的冲击,碰撞,交锋,都会绵延不断的保留,传承下来,历久弥新。我们要做的就是,面对现实,取其精华弃其糟粕,实现文化传承和创新。

参考文献:

①张岱年.从文化自觉到文化自信[J].视界观,2018-01-05.

②盘根错节五大道之二:北洋政要与军阀(下),互联网文档资源(http://www.360doc.co),2018.

③路红,李如.天津近代风貌建筑[J].天津建设科技,2005-02-28.

④路红.妥善保护历史遗产 彰显城市文化底蕴[N].中国文物报,2010-04-09.

⑤桂慕梅.海河文化与天津城市的形成与发展[N].天津日报,

2017-09-11.

⑥天津历史风貌建筑可持续保护利用研究探索，(http://wenku.baidu.c)，2017.

⑦周醉天;韩长凯.中国水泥史话——启新洋灰公司的新生[J].水泥技术,2012-11-25.

⑧金彭育.宋棐卿和抵羊毛线[J].环渤海经济瞭望,2000-08-25.

⑨闫焱.文化综合创新论[D].郑州大学硕士论文,2012-04-01.

⑩杨颖.天津近代历史街区保护与旅游开发研究[D].天津师范大学硕士论文,2010-06-01.

（刊于《文化创新比较研究》第15期总第87期,2019年5月,第63—65页）

刘新颖:天津市委党校干部网络学院

人物与随谈

被湮没至今的现代旷世奇士宋蕴朴

高成鸢

历史上被湮没的奇人无数，有的生前轰轰烈烈而身后阒然无闻。究其缘由，或是活动范围狭小，或干的是“夕阳”事业。本文笔者发现的宋蕴朴却完全相反：他活动的地理空间，从偏僻的中国西北到开通的南洋七国；所涉的领域，从土产出口到新潮的记录电影摄映；他是热烈的爱国者，兼为一代高僧的虔诚信徒；其宏伟事业的支持者，包括顶级政要及国学宗师。最离奇的是他在灿烂的绽放中突然消失得踪迹全无，推想只能是他突然累死在抗战爆发引起时世巨变之际。笔者为他为个人感到可悯，为他惠及的国人感到可憾，下大功夫使他得以重见天日。本来只需正面综述其生平始末，鉴于他的泯灭本身也值得研究，本文也涉及谜团的破解过程。

一、宋氏生平的几条线索

线索一：笔者曾长期供职于天津图书馆，此馆的一大藏书特色是地方志书较齐全。方志都是大字雕板古籍，整部一般不过五六万字，唯有《天津志略》鹤立鸡群。此书西式大开本，缎面精装，洋纸五号小铅字排印，375 页 40 余万字，十倍于旧方志，还有照片几百幅。因为没有像其他方志那样归入古籍书库，几十年间被频频借阅，到我开始留意天津史时，前两页已破损。据“版权页”，编者是宋蕴朴，出版者是大兴县“蕴兴商行”。①

线索二：我少年离开故乡威海卫，思乡心切。几十年前，偶然从旧资料大书库（当时尚未分类编目）中发现一册《山东大观》，著者署名宋蕴朴，内容是几个城市的记录电影解说词。当时曾把《威海卫大观字幕》及书前的序言复印收存，后来弄没了，到图书馆再查原书也未能找见。

线索三：退休后常威海小住，结识市档案局原局长张建国先生，他曾六赴英伦复制英租威海卫的档案，后在市政府支持其创办《威海记忆》并任主编，大力搜集威海史料。四五年前他告我，1936 年本地《黄海潮日报》曾连续 8 天追踪报道南洋华侨宋蕴朴拍摄《威海卫大观》情况②，要我查找有无宋在天津活动的踪迹。我询问几位天津史专家，意外地都对《天津志略》著者从来未曾关注。

线索四：《天津老照片》一书中有《商会代表赴南洋》一幅（可能来自《北洋画报》），为 1931 年 7 月出发前合影，说明为：天津商会执委、织染同业公会主席王翰臣等访问南洋，偕同者为“刚刚完成的《天津志略》编辑宋蕴璞，他是此行的向导”。③

---

①《天津志略》，台湾成文出版公司影印本，1969 年。

②威海卫《黄海潮》日报，1936 年 5 月 7–15 日。

③贾长华主编：《天津老照片》，百花文艺出版社 2011 年版，第 64 页。

线索六：十多年前从拍卖网上发现宋蕴朴编印《南洋英属海峡殖民地志略》（以下简称《南洋志略》）信息，后又检索到“古籍网”的复制广告，[①]附有扫描书影，形制与《天津志略》相近，著者为宋蕴朴，出版者蕴兴商行地址是北平大兴县百米仓 8 号，印刷者为“南洋蕴兴公司”。

随着网络的发达，近年有与宋蕴朴相关的信息相继出现：潍坊市发现并放映民国纪录片《潍县大观》；烟台报纸发表回忆 1936 年《烟台大观》的文章提到宋蕴朴之名。这使我决心抛开一直缠身的课题，全力打捞宋蕴朴的生平。首先请天津图书馆历史文献部李国庆主任再次查找《山东大观》一书，他是古籍版本专家，忙于国内外讲学交流，一直没有烦他。不料很快就找到原书，并将整部彩色扫描件提交给我。认真翻阅，天津图书馆独家收藏的此书，型质特异，内容惊人，堪称重大发现。由于涵盖众多领域，其历史价值及现实意义，尚无任何专家能在短时内予以估量。数月前天津图书馆领导请我到“京津冀地方文献论坛”初步宣布了这一发现。

《山东大观》书前有《〈山东十部大观〉摄制缘起》一文，内容包括宋蕴朴个人生平的自述，其中处处显示与《南洋志略》《天津志略》两书内容密切相关。要弄清宋蕴朴的生平，须先从这两部文献入手。

二、起步于西北 腾飞于南洋

宋蕴朴，北平大兴县人（此县原属河北省，1958 年划归北京市

---

①http://www.bookinlife.net/product-229194.html。

管辖,2001年并入市区),其生年已无从查考。据1932年他与天津商会人士合影中的面容估计,当时不到50岁,推知应当生于1880年左右,大致与鲁迅同代。《南洋志略·序言》没有涉及他的早年境况;《天津志略·编辑经过》中有自我介绍如下:

余平生志愿,在于开发西北,以救国民之贫弱。年甫二十,即赴西北一带,经营文化实业、各种事业。奋斗十余年,颇获良好成绩。继见政局不定,地方无充分保障,内地人民不敢投资,知时机尚未成熟;乃毅然改辙,躬赴南洋群岛,调查其移民经划之次第,以备将来开发西北时有所取法。迨旅居南洋数年,经过华侨之提携,所事渐获发展。遂将兄弟子侄辈继续携至南洋,经营工商各业,又幸双亲健康、兄弟妻子无故,八子二女教养无缺,可谓极人生之乐事矣。

二十岁到西北创业,应当只念过私塾而未参加科举考试(废除于1906年)。宋氏因某种家世背景而接受新时代启蒙,立下为国家民族而开发西北的宏愿;他才干杰出,十多年间就在“文化事业”和“实业”(当指蕴兴商行)方面开拓出可观局面。同代中华精英多数投身于教育或军政领域(有的兼营实业以筹资金),宋氏则是第一代“实业救国”的志士。鉴于开发西北时机未至,他又采取迂回战略:先往南洋熟悉华侨经验,作开发西北的借鉴。他率族人经营“工商各业”,包括为华侨巨商陈嘉庚(橡胶大王)、胡文虎(虎牌清凉油)代理国内业务,十年后事业成功,过上儿女成群的“极乐”生活。标榜幸福决不符合宋氏的品性,这显然是为了谋求《天津志略》经费赞助而先取得天津各界陌生者的信任。

三、"殖民"设想与南北架桥：从《南洋志略》到《天津志略》

最先问世的《南洋志略》是宋氏个人倾资编刊的，序言中并未涉及他自己的身世，只谈到早年"所抱之'开发西北主义'（自撰"主义"，显示其夙志坚定）屡受政变军事之影响，停滞而不能进"，便先闯南洋。

令人惊奇的是他拟定的新方志系列计划之宏伟。《序》后的《例言》说"本书计分三十四部"，《南洋志略》是第一部，整套的特点是国内与东南亚混杂，从菲律宾到暹罗（泰国），还有高丽等；国内则限于沿海大小港埠，以及西南西北落后省份蒙古（尚未独立）、新疆、西藏；第 33 部为《北平志略》；第 34 部题为《本书三十三处往来指南》，明显透露出南北架桥的宗旨。最后申明"兹先印行《南洋志略》，其他各部陆续出书"。

宋蕴朴这一计划思路的形成，明确阐述在两部《志略》的说明中。他的志愿已从开发西北升级为国族振兴的大业。《天津志略》序中说："每返祖国，目击同胞之困苦，未尝不深叹其思想之锢蔽，缺乏冒险企业之能力"。他从自己的成功经验中悟出一条捷径，即学习西方人的冒险精神和企业思想，勇闯南洋。在《南洋志略》序言中，他借用"殖民"一词表达其移民——开拓方略：通过对多国的调查，"始知南洋群岛不独为世界乐土，实亦我国绝好之殖民地也"；祖国"内乱方滋，四民失业者日众，倘使国内与南洋热心之士联络一致，举国内失业之人移至南洋，以辟其未垦之土，则一转移间，内足以拯祖国之危，外足以增侨胞之势，岂非策之最得者乎？"然而国人"视南洋为畏途，……欲与欧美日本竞争，焉往而不失败？"因此他“不惮舌焦唇敝，大声疾呼，正告于国人”。

《南洋志略·例言》则表明，宋氏为践行理念而付出重大牺牲。《志略》系列第一部，三十多万字，分为三编、涵盖三国，每编再分八章，详述历史沿革、地理物产，……以至“人生日用琐事，无不毕载”。仅新加坡“名人”一章就收录各界人物150多位。为编此书曾参考南洋报纸13种，翻译英、法、荷、日、暹罗、安南（越南）书籍51种；这够上研究院的工作量，却是宋氏独资完成的。各项费用合计三万元，只能从后来的零售获得少量补偿。除了耽误工商业经营三年半，他付出的最大牺牲是危及自己的健康和生命：“本书当调查期中，著者方患胃病，时作呕血之症；在槟城患痢甚剧，殆将不起。”呕血加痢疾，命悬一线。

《南洋志略》的《序》写于家乡大兴县，时为1930年1月。转年他又投身《天津志略》的工程。《天津志略》的《例言》中照样列出34部系列志书的名称、顺序，只是申明把原计划排在第十八位的天津提前到第二。

四、方志编刊的重大创新：《天津志略》是南开大学的社会学杰作

天津从清末就成为“北洋”新政中心，有九国租界的国际大港。提前编辑《天津志略》显示了宋氏的“架桥”策略，要率先筑成“北洋”的根基，以与“南洋”呼应。

与《南洋志略》相比，《天津志略》更加面目一新，堪称现代地方百科全书。全书分设二十编，每编十余章，各若干节；例如第五章《各行商之现况》有小节题目多达53项。此书从策划到问世只用了

短短两三个月时间。令人难以置信的奇迹是怎样实现的?全靠利用天津比较成熟的绅商自治。鲁迅诗说“城头变幻大王旗”,各路军阀的变换，对城市秩序并无太大影响。宋氏筹集经费依靠市商会总会,调查资料依靠南开大学。接下来他记述工程进展的经过:

首访总商会主席张君品题,提出对南洋通商问题,详举其利益所在。张君极表赞成,即决定着手实行。遂宴余与登瀛楼,介绍商会执行委员、织染公会主席、大新公司经理王君翰臣,召集商会53行全体大会公王君为代表偕余赴南洋调查商业情形。所事既繁,自非短时间所能告竣，随访南开大学校长张君伯苓……更表示协助之意……即介绍该校“社会调查团”主任陆君善忱,谓倘有需要可与陆君接洽。其后复在总商会欢迎会中得与工商界人物会晤;在“广智馆”宴会,得与津埠各名宿畅谈;在青年汇演讲,得与个团体接洽;……

需要说明的是有利于《志略》编辑的天津特有优势,南开大学的“社会调查团”及当年的“广智馆”。注重社会调查是南开的办学特色,“广智馆”是在严复“开民智”及梁启超《新民说》影响下、由士绅创办的公益性民众启蒙教育机构。《编辑经过》中提到的各界头面人物,分别为《志略》提供了各自领域、部门的概况;大量数据资料都是“南开调查团”众多师生课余调研的成果。宋蕴朴本人只需要充任“书记”(文字编辑,是最繁重的任务),只有南洋二弟兴武(“兴”当与“蕴兴商行”之名有关)做助手。经费筹集,也靠靠商会和广智馆动员各部门认购《南洋志略》、预购《天津志略》,加上介绍广告(书中有大小广告几十项)。宋氏还特别感谢32位各界名流“联名推介”,列出的名单包括商会会董杨西园、报人刘孟扬、教育局局长邓庆澜、广智馆长林兆翰、南开校长张伯苓、博物馆馆长严智怡等，这个名单也出现在“版权页”上，他们共同呼吁各界捐款，推想是用来补偿亏空。

五、被遗忘的纪录影片宝库：《北平大观》《山东大观》十部

宋蕴朴业绩的光辉顶峰，是他开拓的中国纪录电影庞大系列。这绝不是他从《志略》系列工程退缩，反而是新的飞跃。倍加艰巨的新目标，居然在他的有限的生命中完全实现。

两大事业之间的过渡，幸而有迹可循：《天津志略·编辑经过》在谈到筹款时，有句话很重要：除了售卖《南洋志略》，“并映演第33部《北平志略》改摄之《北平大观》电影”。这表明先前志书计划中的《北平志略》已经大致编成，没等印行就改摄成纪录影片。此片曾于1931年前在北平公映，成为《山东大观》的先声。

天津图书馆独藏的电影字幕汇编《山东（十部）大观》属于重大发现。此书为16开厚纸大本横开精装，正黄色缎面金碧辉煌；无版权页，“相册”式手工装订，当是副本甚少的纪念性礼品。书前有林森（国府主席）、蒋中正等政要六人的题词各一张，随后是各界名流为赞助《志略》和《大观》而联署的呼吁书，亲笔签名者，包括国学大师章太炎、九旬耆宿马相伯（不久去世）、北洋总理徐世英、党国元老张继、工商巨子虞洽卿等全国顶级人物32位。正文是十部影片的字幕汇编，各自独立而无页数，共75张150面。正文前有宋蕴朴撰《山东十部大观摄制缘起》，提供的个人信息要超过两部《志略》的前言之和，尤其是其志业升级的心路历程，然后是十部电影的梗概。《缘起》全文共13节，这里将第1–9节内容摘要改写如下：

1923年宋氏“自南洋贸易归国，见海外华侨对于祖国情形虽多

隔阂，而爱国思想犹复热烈异常，不仅为之惕然心伤”。为使胞了解祖国情况，乃“编辑南洋群岛、我国沿海及边地商埠各为《志略》共三十四部，借使全国人士与海外华侨沟通竞进”。“数部印行”后，有一部进展缓慢；此时宋氏认识到“世界各国莫不以直观主义为普及教育之方针”，利用电影为诱导感发之工具”可使功效倍增，因而决定把《志略》系列变为纪录电影《大观》系列；“摄制成片者，先有《北平大观》《中华工商业大观》数集，在各地映演，颇得各界人士之热烈欢迎”。从1930年，宋氏就在厦门“皈依太虚法师”，根据佛教革新的宗旨，“电影事业之进行，拟广摄佛教胜迹，多拍慈善事业，以牖启人心慈悲。尤以服务社会、谋群众福利为最大志愿。”于是毅然“将陈嘉庚公司及虎标永安堂委托之华北总经理先后辞谢，南洋贸易事业亦付与家人经理”，全力投入纪录电影拍摄工程。1934年，经靳云鹏（前北洋政府总理，山东邹县人，后在山东创办多项实业）、吴佩孚（前北洋将军，山东蓬莱人）介绍山东省韩复榘主席，获得广泛支持，自10月起，两周年间“摄竣者为《山东大观》、曲阜《圣蹟大观》《济南大观》《青岛大观》《崂山大观》《威海卫大观》《烟台大观》《潍县大观》《鲁西水灾》等十部。所用经费，由主席介绍济南市市长、青岛市市长、威海专员号召各地商会、各大银行、各大公司赞助”，“并放映蕴朴前所摄制经中央选送万国电影赛会之《北平大观》影片”。

由于时间、经费、技术、人事等巨大困难，宋氏经曾有过动摇，想到“自我作之，不必自我成之”，“萌生知难而退之念；由于济南静居寺真空老和尚、青岛湛山寺倓虚老法师鼓励“佛教徒应有的大无畏精神”，才能“始终忍辱精进”；在摄制鲁西水灾过程中，宋曾“躬涉艰险，屡濒于危，而身心泰然”。后来此片曾上海、南京放映，“博得观众同情,直接统计,票价数万,灾民受惠匪浅”。所摄各片多在(青岛)湛山精舍试映,倓虚老法师各界名流指导批评。倓虚老法师开示经偈曰“一切有为法,如梦幻泡影,如露亦如电”。关于《圣迹大观》,说明较详:由于题材重大,曾想推迟拍摄,但鉴于当时“国学凌夷、君子习于欧化”,面对国家内忧外患,更要“挽横流于既倒”。拍摄中,孔孟两府奉祀官孔德成、孟庆棠都予以全力配合,“面嘱尽量拍照”,结果“数百年未启之门、未陈之物”包括 32 件古老祭器乐器,都收入镜头。

近年有两家山东报刊出现了与电影《山东大观》相关的怀旧文章。《烟台晚报》所载《〈烟台大观〉拍摄记》说:1934 年初,为激励国人抗日救国,提倡中国文化,华侨胡文虎计划摄制《中华大观》系列电影。永安堂总行特派华北总经理宋蕴朴带领摄制人员来烟台拍摄,云云。①事实多与宋氏《大观缘起》不符,但也提供细节说“3 月 28、29 两天放映《北平大观》,”每日三场,每场千余人”,为拍摄《烟台大观》筹足了经费。后曾成立《大观》拍摄“筹备委员会”,由烟台行政长官、商会主席、中国银行烟台分行、“进德会(官方主导的全省社团)”执行委员、基督教青年会总干事等人组成(4 月下旬在某影院首映),可见《山东大观》的摄制运用了《天津志略》编刊的成功模式。济南《大众日报》2012 年曾刊载《〈潍县大观〉:民国潍县面面观》一文说,1934 年山东省政府主席韩复榘为了展示自己的政绩,决定拍摄《山东大观》影片介绍省内市县,潍县是其中之一。从上海高酬请来摄影师,历经几个月,于 1935 年拍成了一部全长 1650

①佚名:《〈烟台大观〉拍摄记》,2017 年 6 月 9 日《烟台晚报》副刊“烟台街”版《烟台故事钩沉》栏。

米、可放映55分钟的纪录影片《潍县大观》。[1]该片使人们目睹20世纪30年代潍县多方面的真实面貌，是难得的历史影像档案。2011年，潍坊市档案馆曾公开播放。两报文章都提到《青岛大观》已找不到了，唯有《潍坊大观》一部幸存。

两篇报道中都含有重要错误，前者说胡文虎出资拍摄《中华大观》，后者说韩复榘下令拍摄《山东大观》；前者没有提及宋蕴朴，后者中的宋氏只是奉命行事的人员。这反映了人们实在难以相信一个外来商人能说动高层，干成轰动全省的大事业。

据宋氏《山东大观缘起》，前曾拍成"《中华工商业大观》数集，历在各地映演，颇得各界人士之热烈欢迎"。更重要的是，《北平大观还曾"经中央选送万国电影赛会"；查阅网上《中国电影大事记(1896—1948)》，1933年2月中国电影文化协会在上海成立（以夏衍、田汉为骨干），同月，国际电影赛会在意大利米兰市举行，邀请中国选送影片参赛。由电影检查会选定6部影片，第5部即《北平大观》，这是"中国最早参加的国际电影活动"。然而权威专著《中国纪录电影史》中却对《北平大观》只字未提。[2]可见彻底湮没。

六、宋氏结局的推想 被埋没缘由的讨论

根据分散在史料中的时间节点，能大致推知宋氏最后几年的踪迹。1930年他成为太虚法师的信徒，1931年完成《天津史略》；1934年起，用两年时间摄制《山东大观》十部，其顺序（未必可靠）是

---

①王学坚：《〈潍县大观〉：民国潍县面面观》，《大众日报》2012年4月24日。

②单万里：《中国纪录电影史》，中国电影出版社2005年版。

烟台……潍县(1935),最后是威海卫;当地报纸八次报道《威海卫大观》的拍摄进度,时间为 1936 年 5—7 月。但 7 月 15 日以后再无相关信息,据此肯定此片未能试映,这只能用突发意外情况来解释。推想拍摄结束后要到青岛或济南完成制作,还要用不短的时间总结十部影片整体工程,编撰、印制精美纪念册。

假设宋氏个人出现意外,最晚应在何时?遗憾的是《山东大观》各个单页无一处标明日期。唯有一个细节可据以划定时限不早于西安事变:按照抗战前惯例,此类纪念册中的政要题词都是蒋后必跟张学良,而此册独缺张氏;据此,意外情况恰好发生在 1936 年尾,纪念册制成、开始分赠之时,因此此册罕见存留世间。宋氏的意外遭遇,最合理的是突然病倒。1937 年前夕的西安事变使全面抗战爆发,当年年底日军已占领山东省城济南,其海军随着占领青岛。全国舆论人心突变,抗战救亡成为压倒主题,被冲散的经济文化建设再也无人关注。宋氏早在编辑《南洋大观》时就曾累到呕血、患痢几乎丧命。编辑《天津志略》两个月的紧张工作,他是抱病坚持的。《山东大观》缘起中谈到信仰的力量时他又透露说,拍摄黄河决口险情时,他以肿大难行的双腿站在洪水中。再熬过五六个城市的拍摄,他都随时都会猝死;也可能回南洋养病,但也不会长久。国内的抗战洪流会把他的一些信息包括死讯完全湮没,随后的内战和新中国时期更不会去发掘一个华侨的陈迹。

宋蕴朴是天资杰出的一代精英,他起点很低,并无官宦或书香世家的有利资源,却能单枪匹马干成感动全国的惊人事业;因此值得列入留名青史。历史对他的极端不公,仅仅用常见的"偶然性"不足以解释;深入思考,应当归因于偶然性之偶然的叠加,一个历史哲学命题。

重要人物或事件而遭无视，一大缘由是处于学术“划界”的边际地带。分析起来，宋氏遭遇的边际叠加多达三四重：空间上他处于中华境外—境内的分界处，中国历史和新加坡（原属马来亚国）历史都会把他除外；他的辉煌及“同时”消失，恰值现代史的“亚时期”（抗战阶段与战前阶段），容易被分界线本身所覆盖；他的多项事业，处于经济—文化—宗教多领域交界的“三不管”盲区……如今“正统史学”受西方新潮流的影响，转而面向“无名之辈”发展。历史人国的中华，像当年的宋蕴朴一样，也在跟随世界潮流。

七、宋氏贡献涉及广泛领域　史迹寻求亟待多方协同

宋氏平生的贡献涉及众多领域，填补了无数历史空白。举其大者当有下列方面：

天津史方面：宋氏在天津虽然居留短暂，这里却是他事业成功的关键关键之地，对他的“殖民”架桥方略无比重要。天津那时为河北省会，《山东大观》附有《河北大观》的名流联名倡议书。除了《天津志略》，他的电影成果及本人生平的再现终于又发生在天津，岂是偶然。天津史的广大研究者亟待关注这位失踪人物。南开大学陈鑫先生闻讯已从专门数据库中检索到宋氏一批史料。

社会学史及南开大学校史方面：宋氏生当中国传统宗法结构解体，社团网络起而代之，城市中绅商自治的商会是社团主干；以此为研究对象的新学科“社会学”恰好以南开大学为摇篮之一。《天津志略》四十万字，除了由市商会提供外，几乎都是南开“社会调查团”师生义务完成的。此书堪称中国“社会学”的第一硕果，其现代性光辉至今不减。然而中国社会学史、南开大学的校史中却找不到

此书及作者之名。

方志学及地方史方面：编刊方志、重视地方史是中华优良传统，宋氏《志略》是这一传统的出新，学术意义重要。然而全国方志学权威、南开大学来新夏教授并未正视出现在天津的方志学新发展。宋氏生长于北平，立业于大兴（其商行所在的“白米仓”，笔者去年曾面询北京掌故权威赵珩先生，他说大兴地界即今之北京市东城区）；根据宋氏按《北平志略》稿本摄制成《大观》影片这一线索，北京市史志部门如能发掘宋氏及“蕴兴商行”史料，必有收获。《山东大观》电影系列涵盖省会及青岛、潍县、烟台等主要城市；新发现的《十部大观字幕》，是各项景观的文字纪实，相信各地史志及旅游部门将据以开展新的研究。

现代佛教史方面：宋蕴朴抱病拍摄十部电影的感人事迹，动力来自“人生佛教”的入世信念，可见民国虚云法师的改革开辟了佛教史的新时期。经过“文革”的冲刷，革新成果无存，后来佛教逐渐陷入乱象。宋蕴朴作为佛教信徒服务社会的样板，值得研究和纪念。

南洋华侨史等方面：直至今天《南洋志略》仍是相关研究的主要参考文献，例如一篇关于华人知识分子的论文，题目显示全以此书为依据。①

还有中国电影史、孔府史等众多方面，不胜枚举。宋氏最珍贵的遗产是记录电影系列，它是我国历史文化形象史料的宝库，例如孔府影像关系到儒学的传承。

---

①陈舜贞：《二十世纪初期的槟榔屿华人知识分子——以〈南洋英属海峡殖民地志略〉记载为例的分析评论》，《华侨华人历史研究》2008 年第 2 期。

宋蕴朴先生作为现代人物，距离我们不远，发掘抢救他的史迹，显然是亟待开展的现实任务。宋蕴朴研究要求众多地域和领域的协同努力，包括北京市、天津市、山东省及相关城市的档案、史志、文博部门，还有电影史、佛教史、南洋华侨史等各研究机构。记录电影拷贝（至少13种）的搜寻，要由相关部门主导。至于具体途径，威海档案局张建国先生的思路颇有启发：他认为最有希望的是马来西亚，那里是宋蕴朴创办商行所在地，也是六子二女家族的聚居之处，他的遗物最可能留存于此。

关于宋蕴朴的发现足以引发一系列社会文化工程，最宜由具有相当背景、实力和威望的大型文化传播实体机构，联系众多地方、部门，策划大型活动。

（刊于《社会科学论坛》2019年第6期，第152—161页。）

作者：高成鸢，天津市文史馆

严修和严复的第一次会面

严孝潜

在清朝末期，天津有二位姓严的名人，一位是南开“校父”严修，另一位是翻译《天演论》的严复。两人虽都姓严，但严修的祖籍是浙江宁波慈溪县（今慈溪市），而严复则是福建侯官县（今福州市）人。

1904 年 4 月 22 日，严修在张伯苓的陪同下拜访了严复，谈约一个小时，获赠严复翻译的《社会通诠》。严修回家后随即阅读《社会通诠》，次日便致信严复，称赞《社会通诠》。信中说：“昨承惠函，并赐新译，宠幸不可以举似……今此两书益深博矣，自憾于诸种科学未尝问津，即吾国文之故训，亦未能一一究其深，骤读公书、躐等已甚。然偶遇其中微言妙理，亦往往有所会心。更当潜心，以副盛意。”并期盼日后能求得严复的墨宝。

这是严修与严复两人间的第一次会晤。那时，严复刚辞去京师大学堂译书局总办、开平矿务局华部总办职务，离开北京回到天津矿务局家中（现和平区大沽北路“纳森旧宅”），准备举家迁居上海。

严修则在同年3月，被袁世凯聘任为直隶省学校司（后更名学务处)督办,负责筹划、主持直隶教育改革事务。

在这之前,严修于1898年在家宅中设学馆,聘请张伯苓执教,半日读经书,半日读洋书,有英文、数学、理化等科目。1901年天津著名商业家王益德也聘请张伯苓执教家馆。1902年,严修去日本考察教育，回国后以极大热情投入改良旧式教育和创办新式学校的活动中,成立天津第一所正规小学——民立第一小学。

张伯苓在1891年考入北洋水师学堂驾驶班学习驾驶,那时严复任北洋水师学堂会办。1895年,张伯苓从北洋水师学堂第五届驾驶班毕业,成绩优等,是严复的得意门生,所以严修这次去会晤严复,特意请张伯苓作陪。

1904年5月,严修与张伯苓从天津启程,第二次去日本考察,8月回到天津。通过在日本的考察,他俩相商决定成立中学,遂将严修和王益孙两馆合并,成立“私立中学堂”(敬业学堂)。10月,“私立中学堂”正式开学,聘张伯苓为监督(即校长),这就是南开学校的前身。

(刊于2019年10月19日《今晚报》第7版“天津卫·乐活志”)

作者:严孝潜,天津文史学者

附:2019年度公开出版天津文史文章目录

1. 严复在津译介西学,刊于2019年3月18—24日《今晚报》第9版“副刊”之“星期文库”。

2. 严复在水师学堂的任职之争,2019年8月24日,刊于2019

年 8 月 24 日《今晚报》第 7 版“天津卫·老悠乐”。

3. 创办北洋大学堂的历史背景和创办过程，刊于《北洋大学与天津(第三辑)》，天津大学出版社 2019 年版。

黄炎培与张伯苓

葛培林

黄炎培是我国杰出的职业教育家、社会活动家。他生于光绪四年(1878),字任之,别号抱一。江苏省川沙县城关镇人,清末举人。1905年加入中国同盟会。辛亥革命后,曾任江苏省教育司司长,江苏省教育会副会长,江苏省议会议员。1915年赴美国考察,回国后于1917年在上海创立中华职业教育社,任理事长。1918年创办中华职业学校,以“敬业乐群”为校训。其后又办了职业指导所、补习学校、乡村改进社等。抗战时期,曾任国民参政员。1940年底,参与发起组织中国民主政团同盟。1945年7月访问延安,同年底发起建立中国民主建国会。1949年出席中国人民政治协商会议第一届全体会议。曾任政务院副总理兼轻工业部部长、全国人大常委会副委员长、政协全国委员会副主席、中国民主建国会主任委员。1965年12月21日在北京病逝。著有《八十年来》及《黄炎培日记》十六卷等。

一、在天津考察教育会晤严范孙、张伯苓

这一部分内容虽然没有具体涉及南开大学，但是严范孙、张伯苓是南开大学的创始人。因此，追根溯源，有必要谈谈早年黄炎培与严范孙、张伯苓的交往。这样才能形成一个完整的黄炎培与南开大学的密切关系。

清末民初，直隶省教育发展领先全国，而天津的教育发展又领先直隶。这得益于教育救国的观念不断深入人心，而先知先觉的严范孙、张伯苓所办系列南开学校更是成果显著。这对于促进天津教育事业的发展、培养人才、传播新思想，起到了示范效果和推波助澜的作用。同时充分体现了他们以国家利益为重、服务社会的奉献精神。这也是吸引黄炎培到天津考察教育的主要原因。1914 年 10 月 14 日至 16 日，在直隶教育会会长张佐汉的陪同下，黄炎培在天津考察教育，参观了药王庙初等高等小学、仓廒街的私立第一小学、南开学校、露天学校、直隶省立女子师范学校、公立女子中学等；访晤了严范孙、李金藻、温世霖、刘宝慈、王梦臣，并在南开中学观看了新剧《恩怨缘》，然后又到张伯苓家里访晤叙谈。对此次津门考察教育，《黄炎培日记》有翔实记载：

10 月 14 日，晨八时三十分乘车出京，午至津，仍寓省教育会，在公园内。

晚访严范孙先生于其家。比及其巷口，忽闻悠扬之琴声，群儿围绕，若观猴戏。薄视之，高墙下黑板一，教桌一，琴一，教师二人。板书歌词："归家来，不争吵，爷娘说比从前好"。教师按琴范唱，群儿从而和之，翕然成韵，初不授以谱调也。儿童百余人环立，年长者

围之于外，有手提幼孩来者，皆隶然不哗。旁立警察二人，墙上横额大书“露天学校”四字。

图1 严范孙故旧

既复闻之天津市露天教育主任林君墨卿，天津之有露天学校，始于严先生所办南开中学，其后渐次推广，现有五所，别设女子露天学校二所。其教员均志愿担任，无俸给，每所教员六人，每次二人，分授二节。初令学校儿童唱歌以招之来，场之四围设绳以为栏。稍久，儿童皆以时齐集，亦不用栏焉。文与算日必授一种，游戏、唱歌、体操，亦日必授一种，而每周游二、歌三、操一焉。文则令写字、识字，皆板书，无课本。写字则拾取公署或公所学校抛弃之废纸笔，于教授一二月后，分给群儿，回家自习，明日不缴还，则亦听之。算则专授心算与珠算，悬大算盘，师范算，群儿轮算焉。儿童于游、歌、操三者最有兴味，故每日课之以为始。其场所以高屋东墙下为最宜，盛暑日光不及也。女子则借人家院落行之，而特为设坐，非女子不得人。其教材悉取诸初等小学第一年。准其程度，多取眼前事物，而不用顺序。场设茶，令群儿分班取饮，习为物序。置水及镜，令盥洗，逐日察其清洁。于是群儿有在家先自盥洗，举手请师检视，博褒奖以自夸耀者。教授初不问儿童姓名，来去亦听自由，然既来终不肯去。教师讲话亦不尽向儿童言，故旁听之家长，往往为点首焉。最初时来听者仅十数人，现每所儿童每次数十人、百余人不等。

15日，参观省立女子师范学校，即前之北洋女师范也。

16日，午后参观公立中学。午后访伯苓于家。天津中学校，近年逐渐归并，现存是校及南开两处。是校学生凡九级，四百余人，寄宿者百余人，年费二万六千余圆，来学者十之七八，皆高小毕业生。其年龄以十七八为中数，至幼十四，至长二十五。数学及西洋历史、地理皆用英文本，学生亦颇倾向英文。校长王君梦臣(用熊)导观一切，以两问题叩王君：(一)预习法。王君谓，预习法诚较讲演法为善，但学生费课外自习时间更多。(二)毕业生状况。王君答，毕业生升学者三之一，谋事而未得者占毕业总数二之一。此急宜研究矣。

是晚，天津教育界诸君，邀余演说于东马路宣讲所，约三小时，且笔录其大概。节之如下：

教育为公共事业，彼此宜交换知识，以谋公共之利益。余于教育愧无心得，今日过承盛意，请将旅行所至各地方闻见，择要报告于诸君，可乎？

所到之处，见一良好之学校极快意，见一良好之师范学校，则更快意。盖他种学校，其关系不过一校而已，有良师范，乃可造出无数之良教师，化成无数好学校，即可化成无数好国民。但良师范学校不多见，走马看花，即有甚好者，或未得见。以余所见师范学校，最有精神者，为安徽徽州第二师范学校，尝为文刊人《教育研究》第十三期，不复赘述。大抵一校之校长，须其精神能统摄全校。若师范校长，又须身自研究教育。盖师范学校为一地方教育之中心，师范校长，其精神，其学识，须能为一地方教育中心人物。故论研究教育一事，在教育界皆负责任，谁之责任最重要，则师范校长也。

津地各学校，原定参观者，省立第一师范学校，适因迁校辍课。南开中学校，适举行十周年纪念会，学生演剧，不获观上课。今夜邀往观剧，题曰《恩怨缘》，凡分八幕，化装布景，惟妙惟肖，置之市上诸剧场，亦为生色，以见诸青年能力与天才之优美也。

是夜十二时，上轮船返沪。

17日星期六　清晨开行。①

上述内容透露出几点信息：其一，黄炎培来津“仍寓省教育会，在公园内”。即在河北公园，即今之中山公园。其二，到严宅访晤了严范孙、到张宅访晤了张伯苓。由此可见，他们之间的关系是比较亲近的，是有广泛的共同语言的。如果不是亲近的关系是不会被邀请到私人住宅里来叙谈的。其三，参观了省立女子师范学校、公立中学、天津中学校、南开学校、女师附属小学、第一蒙养院、直指庵小学、公立小学等。适逢南开中学校举行十周年纪念会，获邀观剧《恩怨缘》。其四，在东马路宣讲所做了三小时的专题演讲。

黄炎培将这次京津之行，撰写成《参观京津通俗教育记》，发表在1915年《教育杂志》七卷一号上，重点介绍了北京的宣讲所和在天津考察教育的情况。可见，此次黄炎培在天津考察教育的活动，给他留下了深刻的印象，以至于在其他的演说和文章中也屡次提及。

二、应张伯苓邀请　来津演讲

1915年的《黄炎培日记》日记，只有4月、5月、6月的，7至12月的内容均缺载。《黄炎培年谱》(许汉三编，文史资料出版社1985年版)对此亦缺载。而其应张伯苓邀请来津演说的具体日期是1915

①中华职业教育社出品，中国社会科学院近代史研究所整理：《黄炎培日记》第一卷，第142—152页，华文出版社2008年版。

年12月17日。对此，梁吉生撰著的《张伯苓年谱长编》上卷记载：“1915年12月17日，在天津基督教青年会东马路会所观看巴拿马博览会电影。晤黄炎培、吴怀玖，并与黄炎培、严修等用晚饭。饭后，在青年会听黄炎培讲演《在美国调查学务之状况》”。[①]请黄炎培介绍在美国考察教育的情况，以便从中吸取有益教育教学经验，促进天津教育的发展。演讲会由张伯苓主持会议。其演说之主要内容，据1915年12月20日天津《益世报》载《教育家演说之大旨》云：

上海黄韧之先生炎培，中国大教育家也，现由美国调查教育归国，由京南旋途次津埠，经南开中学校长张伯苓君约其在津演说两日。第一日假东马路青年会演说。是晚七点半时，由张君报告开会，黄炎培先生即登台演说美国教育之五端：

（一）因国民生计问题而研究学生修业年限。（二）中学校分科教授，由学生各随性之所近，任择一科，而以余科附属之。（三）凡设一科目，必为地方所需要者，就工科言，男子多做家俱，女子多做衣帽，且做一工程用费少而成功大。故为社会所信仰。（四）女学生作烹饪，定为必修课。（五）学生视作业为乐事，如学生有以卖报所得而纳学费者。大学校

教育家演說之大旨

上海黃韌之先生炎培中國大教育家也現由美國調查教育歸國由京南旋途次津埠經南開中學校長張伯苓君約其在津演說兩日第一日假東馬路青年會演說是晚七點半時由張君報告開會黃炎培先生卽登台演說美國教育之五端（一）因國民生計問題而研究學生修業年限（二）中學校分科教授由學生各隨性之所近任擇一科而以餘科附屬之（三）凡設一科目必爲地方所需要者就工科言男子多做傢俱女子多做衣帽且做一工程用費少而成功大故爲社會所信仰（四）女學生作烹飪定爲必修科（五）學生視作業爲樂事如學生有以賣報所得而納學費者大學校學生有充夥計者末引日本在東三省辦理學校之狀況而歎中國教育之尙優美不切實用甚爲可怖言語沈痛聞者頗爲動容至九鐘半始宣佈閉會

图2 1915年12月20日天津《益世报》

①梁吉生撰著：《张伯苓年谱长编》上卷，第148页，人民教育出版社2009年版。

●教育家第二次演說
本埠學界同人於上星期五約請黃韌之先生在青年會演說情形已誌本報上星期六又在南開中學校演說是晚七點半時開會首由該校校長張伯苓君報告黃先生演說主旨旋即由黃先生演說美之普通教育狀況大致一爲圖畫二爲歷史三爲教室四爲筆算成績又言加里波的（譯音）大學之二星期游戲學校專招因疾病未得入學者或年長失學者課以游戲性質如露天學校種種設備皆臨時湊集又言幼稚園之作游戲以椅爲車剪紙爲馬兒童乘之甚樂又言女學之模範家庭聖路易斯中學之手工及教育圖書館之辦法末言美之教育不外生活作業實用之主義吾國若仿行之尚須加以道德主義云至十一鐘始宣佈閉會

图 3　1915 年 12 月 21 日天津《益世报》

学生有充伙计者。末引日本在东三省办理学校之状况而叹中国教育之尚优美,不切实用,甚为可怖。言语沉痛,闻者颇为动容。至九钟半始宣布闭会。

黄炎培在天津的第二次演说是在南开中学。据梁吉生撰著的《张伯苓年谱长编》上卷记载:“1915 年 12 月 18 日,陪黄炎培、吴怀玖参观第一师范学校及国货售品所。返南开学校后,天津学界四十余人公请黄炎培于思敏室。饭后,黄炎培在南开学校发表讲演”。[①]其主要内容,据 1915 年 12 月 21 日天津《益世报》载《教育家第二次演说》云:

本埠学界同人于上星期五约请黄韧之先生在青年会演说情形已志本报上星期六,又在南开中学校演说。是晚七点半时开会,首由该校校长张伯苓君报告黄先生演说主旨,旋即由黄先生演说:美之普通教育状况,大致一为图画,二为历史,三为教室,四为笔算成绩;又言加里波的(译音)大学之二星期游戏,学校专招因疾病未得入学者或年长失学者,课以游戏性质,如露天学校种种,设备皆临时凑集。又言幼稚园之作游戏,以椅为车,剪纸为马,儿童乘之甚乐。又言女学之模范家庭、圣路易斯中学之手工及教育、图书馆之

①梁吉生撰著:《张伯苓年谱长编》上卷,第 148 页,人民教育出版社 2009 年版。

办法。末言美之教育不外生活作业实用之主义。吾国若仿行之,尚须加以道德主义云。至十一钟始宣布闭会。

12 月 19 日晚,张伯苓赴新车站(今北站)送黄炎培、吴怀玖、余日章南归。

黄炎培在天津讲演的《在美国调查学务之状况》,后来改题为《调查美国社会教育报告书》,有 12000 多字,刊发在 1916 年第 28 期《教育研究》。

三、在天津考察南开学校后完成《三中学加设职业科之调查》

1917 年11 月 12 日,黄炎培在张彭春的陪同下,天津参观、考察了直隶省立第一中学和南开学校加设的职业科,13 日离津南下。回到南京后他撰写了《三中学加设职业科之调查》,发表于《教育与职业》月刊第二期上。该文对推广职业教育于全国,具有重要意义。其中调研南开学校后写道:

南开学校遭水灾迁移校舍,特访代理校长。张君彭春为言:今春暑假后,第四年生八十余人,分为文、理、商三科,就各生志愿自定,现数约相等。修身、国文、英文、历史、地理为五科相同者,而文科则添授中国文学史、经济学、心理学,理科则添授第二级物理、立体几何、三角、解析几何、器械画、化学,商科添授簿记、商学、珠算、商业英文、文牍、经济学,而簿记以英文为主体,中文为参考。至打字科尚待调查其家庭状况,如志为银行业者则授之,小商店则不授。教授时讲及邮政,教师带至邮局参观,银行亦如之。并于第一年起,设职业顾问教师,择教师于是级担任重要功课而有能力者任之。负有两种责任:其一,每年调查级风,草为报告,而随时改良之;

其二，每年调查学生籍贯，家庭状况，功课之优劣，志愿之属于何种职业学校，入何种会、为何种职员，而制为报告。每一生制一单，迨学生欲选择职业时，得就此教师商量。自分科以来，发见之利有三：其一，学生知职业之重要而注意之；其二，教授各就其便利，不受牵制；其三，功课各随其性之所近，如数学不佳者勿入理科，而文学较逊者勿入文科，易使其学业弃短而用长，其害则未见。①

上述内容有几点信息：其一，当时张伯苓在美国哥伦比亚大学师范学院研修，南开学校校长暂由张伯苓胞弟张彭春代理。其二，介绍了南开学校教书育人，培养人才，面向社会、面向国家建设所需。其三，根据学生的天分与资质，学校对学生采取因材施教的具体措施。

四、多次往返津门　访晤张伯苓

黄炎培于1922年、1926年、1927年、1932年、1933年又多次往返津门，每次来津必会晤严范孙、张伯苓，关注教育事业的发展，以此促进中国社会的进步。如1922年9月24日晨，黄炎培访晤“膺白（引者按：即黄郛），偕访范老（引者按：指严范孙）。午，膺白家饭。午后访靳翼青（引者按：即靳云鹏）。晚车回京”。② 12月25日黄炎培“早车赴津。见馨航（引者按：即潘复）。于商务见周少勤。刘兰甫

①《黄炎培教育文集》第二卷，第213、214页。中华职业教育社编。中国文史出版社1994年版。

②《黄炎培日记》第二卷，第147页。中华职业教育社出品，中国社会科学院近代史研究所整理。华文出版社2008年版。

图 4 天津青年会旧址

共餐于真素楼。宿青年会。与张伯苓长谈。26 日至南开,见姜长英。观新南开”。[①]

可见,25 日晚上黄炎培住宿在青年会,并与张伯苓长谈。天津青年会的全称为“天津中华基督教青年会”,成立于 1895 年 12 月,其宗旨为:“服务社会,造福人群。”1914 年 10 月 16 日天津青年会在东马路会所落成。建筑为四层大楼,按照当时国际青年会标准模式建造,内设阅览室、会议室、体育馆、礼堂、招待所等,颇具规模。民国时期的天津青年会文化活动很活跃,常常邀请文化名人来此演讲,对青年人来说,起到了传道、授业、解惑的作用。

1926 年 2 月 20 日, 黄炎培由上海来,“上新铭船往津转北京,赴中华教育文化基金董事会。24 日晨,抵大沽口外。潮落,船不得入口。25 日晨,六时半至津上岸。九时十分,火车开,孟罗夫妇、伯苓同行”。[②] 在北京开会结束后的“3 月 2 日午后三时到津,伯苓招待于南开中学。宿南开。3 日晨八时,至南开八里台新校舍。主任邱祖。送孟禄上船。九时四十分,上车赴塘沽,伯苓、仲述、凌济东皆送至

①《黄炎培日记》第二卷,第 154 页。中华职业教育社出品,中国社会科学院近代史研究所整理。华文出版社 2008 年版。

②《黄炎培日记》第二卷,第 256 页。中华职业教育社出品,中国社会科学院近代史研究所整理。华文出版社 2008 年版。

车站。4 日，读《中兴以来绝妙词选》。午后四时舟行。7 日午后五时到沪。”①

1927 年 3 月 9 日晨八时二十五分行，荫亭送诸站。十一时到津，电伯苓、查勉仲来。原约同行，今改乘船。午后一时，转津浦东赴济南。②

1927 年 5 月 19 日，黄炎培离沪，到大连。6 月 14 日，（在大连）午刻，购“天津丸”票，定十八号赴津。讯伯苓，托定息游别墅房。18 日晨七时，上“天津丸”二等舱赴天津。慕庄、宋雪琴、严子均同行。李道衡偕其二子、张洪五、邵式谷、李纯叔祖、伯文叔全家送至船次。九时舟行。19 日晨八时到津。息游别墅派役照料，住十三号房，伯苓预嘱也。伯苓来长谈。晚，游法租界天祥市场。餐于共和春，甚可口。20 日晨九时分赴京，十二时到。③

6 月 19 日，黄炎培由大连至天津，会晤了南开大学校长张伯苓。21 日离津赴京。28 日又来津会见了顾维钧、丁文江和美国的孟禄博士。是日在津乘轮船返大连。④

法租界天祥市场，与劝业场紧邻。坐落在今天的和平路，已经成为劝业场的一部分。

---

①《黄炎培日记》第二卷，第 257、258 页。中华职业教育社出品，中国社会科学院近代史研究所整理。华文出版社 2008 年版。

②《黄炎培日记》第二卷，第 291 页。中华职业教育社出品，中国社会科学院近代史研究所整理。华文出版社 2008 年版。

③《黄炎培日记》第二卷，第 313、314 页。中华职业教育社出品，中国社会科学院近代史研究所整理。华文出版社 2008 年版。

④《黄炎培日记》第二卷，第 316、317 页。中华职业教育社出品，中国社会科学院近代史研究所整理。华文出版社 2008 年版。

1927年9月5日黄炎培(在大连)复南开伉乃如。15日,南开校友部式谷等宴张伯苓,招共坐。①

1932年7月17日,上车离平,八时十五分行。十时半到津,罗努生迎至六国饭店。18日,雇车访伯苓于南开中学。午,各界联合会招餐,主席罗隆基,同席秉三、伯苓、王文典、潘子欣、侯东明,濮舜卿律师、黄子坚、吴秋尘、蒋光堂、茅唐臣、宋朝义、张伯勉、章以奚、王镇冰,假座大华饭店演说。20日,九时半到,寓津浦铁路饭店。(引者按:到济南)②

黄炎培此次来津下榻的六国饭店,其情况介绍,据1931年1月12日天津《益世报》载《六国饭店》云:

法领事馆对门,有旅馆名六国饭店者,前大来饭店之旧址也。本为法人所开办,五六年前,改为六国饭店,经理为法人桑礼叶,店系西式三层楼房,内分特等及一二三等,共有房间八十余所,房金最贵者六元,最低者亦三元,每日收入二百余元,现住旅客五六十人,其中十之八九,系外国商人,中国人仅有于学忠及其随员数人住于二楼而已。

黄炎培于1933年1月22日,晨八时二十五分去平。十一时半到津,努生、豹灵、程仲渔来迎至努生家,共黄子坚等谈。午、豹灵等招餐好莱坞,同席瞿兑之、雍剑秋、张伯苓、钮元伯、王文典、沈职公等。偕兑之访河北省主席于孝侯(学忠),长谈。访孝怀,并晤元伯、

---

①《黄炎培日记》第三卷,第12、15页。中华职业教育社出品,中国社会科学院近代史研究所整理。华文出版社2008年版。

②《黄炎培日记》第四卷,第96—99页。中华职业教育社出品,中国社会科学院近代史研究所整理。华文出版社2008年版。

仲渔、职公,长谈。至清华同学会(英租界十三号路)各界救国会,努生主席,余演述来意及希望。出席者濮舜卿、蒋光堂、工学院长魏君等二十人。夜,地方协会招宴于西湖饭店,时子周、刘孟扬、王文典、张伯苓。雍剑秋主席,陈筱庄、胡政之等均到。九时行。筱庄、努生送到站。①

五、张伯苓致黄任之函介绍南开大学面临的问题

1931 年 12 月 23 日,张伯苓致在上海华龙路与环龙路交口居住的黄任之函如下:

任之先生大鉴:

接奉来函,并快邮代电、简章等,均敬领悉。诸公发起苏省国难救济会,具见爱国心切,异常钦佩!前江问渔先生过津时,曾亦与苓谈过。

敝大学对于东北事,早已注意及之,故于前数年曾有东北研究会及社会经济研究会附设之东北殖民调查部之组织。其目的专门研究东北各问题,现仍在继续研究中。兹奉上《殖民问题》一书及《东北地理》二本,请检收教正是幸。此次津变,敝校适在惊涛骇浪中,颇觉费维持。及复课后,因制止不合法之学生事,致起小小风潮。好在各生日来渐有觉悟,不久当可平息。知关爱注,特以附闻,诸希查照为荷。祇颂

①《黄炎培日记》第四卷,第 150、151 页。中华职业教育社出品,中国社会科学院近代史研究所整理。华文出版社 2008 年版。

公绥！

附件另寄。

张伯苓拜启

二十年十二月廿三日[1]

笔者查阅1931年12月的《黄炎培日记》，没有记录黄炎培给张伯苓的快邮代电，但得知1931年12月18日成立的“中华民国国难救济会”。由此可知，黄炎培给张伯苓的快邮代电，当在18日之后。由这封信可知，张伯苓回复黄炎培很及时，并非常赞同成立国难救济会。同时介绍了南开大学对东北的事情极为关注，并成立有东北研究会，专门调查研究东北各种问题。而张伯苓所言“此次津变”，当指1931年11月8日，日本侵略者在天津纠集一伙乌合之众，制造了一起武装暴乱事件，史称“天津事变”。这伙人不穿军装，没有番号，所以习惯上又称之为“便衣队暴乱”。加之学校又有“小小的风潮”。言外之意，南开大学能将这些事情做好就很不容易了。

六、吊南开大学被日本侵略军轰炸

1937年7月28日，侵华日军对天津发动全面进攻，第一炮轰击河北省府与天津市政府，第二炮即炸南开大学，同时日机临空轮番轰炸；29日，日机轰炸一天，同时地面以该校秀山堂等处为目标连续炮击；30日日寇骑兵百余名满载煤油汽车数辆冲入校园到处

①据龚克主编、王文俊、梁吉生、周利成副主编：《张伯苓全集》第五卷，第325页。南开大学出版社2015年版。

放火,同时日机4架向南开中学投放燃烧弹。由是南开大学被炸毁得“鸡犬不留”。黄炎培此文当作于7月30日讯知南开受残之际。1937年7月31日,黄炎培在天津《大公报》发表了《吊南开大学并急告教育当局》一文,用事实控诉了日本侵略军轰炸南开大学的罪恶行径,并呼吁教育当局采取有效的办法将在日寇铁蹄下的“各学校教师和学生,从危险地带里救护出来。战事发生,妇女和儿童应尽先救护,为是民族种子关系的缘故。教师和受过教育的青年,不是国家的文化种子吗?尤其是受过军事训练的学生们,对国家所负使命特别重大。今后惨酷的局势将一步步开展,万不可做无谓的牺牲。我们是预备牺牲的,但是要有意义,有计划,才有价值。诸位先生!诸位青年!我们欢迎诸位,快快走出危险地带,来干共同有效的工作。”其全文如下:

民国二十六年七月二十九日下午,我拥有四十年文化先驱历史的南开大学,竟牺牲于从“九·一八”散下的“不抵抗”种子所发荣长养出来的凶恶的敌方飞机大炮之下。

报纸还载着,敌机先在南开上空飞翔很久,投一红旗于南开大学秀山堂楼顶,以此为目标,连续炮击,证明敌方是有预定计划的。

我敢正告敌人:尽你们的凶狠,能毁灭我有形的南开大学的校舍,而不能毁灭我无形的南开大学所造成的万千青年的抗敌精神,更不能毁灭爱护南开大学的中华全国亿万民众的爱国心理。我南开大学现在和未来的师生,只有因此而激进他们的抗敌救国情绪。他们有生一日,定将每日晨起,端默想像某年某月某日冲天价这惨酷而壮烈的文化火焰。

我更正告敌人:你们既然有计划的毁灭文化机关,我愿在人类文化大历史上,大书特书,曰:日本帝国为企图灭亡中华民国,于某年某月某日，用预定计划，毁灭华北著名文化机关南开大学，这是“一·二八”焚毁上海东方图书馆后第二回毁灭文化机关的暴行的铁证。

依我们所认识，文化的生命同它的价值，是超出政治之上的。今敌人发于政治上的凶欲，有意毁灭南开大学，适足以证明被毁灭者不但在文化上有伟大贡献，致惹起敌人的妒恨，并且它所养成的青年，他们的思想和能力，足给国族前途以重大保障，使敌人发生不容并立的感觉，致出于最残酷的一种手段。在这种意义之下，不惟我南开大学全部师生以及辛苦经营四十年之张伯苓校长，不应有丝毫悲丧，只有加倍奋激，并且足以大大安慰创办人严范孙先生在天之灵。

我南开大学全部师生，我全国爱护南开大学的民众，惟有跃起来合力重创，使南开大学不惟精神不死，并躯壳亦不灭，我中华民国有一寸土存在，我南开大学存在。

真教育本不在形式而在精神。平时一般人不免有种错觉，见巍巍大厦才认为最高学府，今大可趁此机会，给人们心理上的纠正。有田一成，有众一旅，可以兴邦；有若干间茅屋，若干条板凳，何尝不可以聚集起来，讲论人类生活的意义，民族兴亡的真理，或者和真实的人生，真实的社会，实际的事物，反较亲切些。这一问题，我愿改日另为文详论一番。

我所急急欲告教育当局的，须赶快用种种有效方法，将各学校教师和学生，从危险地带里救护出来。战事发生，妇女和儿童应尽先救护，为是民族种子关系的缘故。教师和受过教育的青年，不是国家的文化种子吗？尤其是受过军事训练的学生们，对国家所负使命特别重大。今后惨酷的局势将一步步开展，万不可做无谓的牺牲。我们是预备牺牲的，但是要有意义，有计划，才有价值。诸位先生！诸位青年！我们欢迎诸位，快快走出危险地带，来干共同有效的工作。我所急急欲献议于教育当局的，计下列五事：

一、凡危险地带各学校，应令首先将学生名籍和照片设法保存带出。

二、战事发生应指定战区以外较近便、较安全地方，设法集中收容各校教师和学生，尤注重大学和中学。既入非常时期，此费用可从教育费项下非至急者或减或缓移充之。

三、设法劝导各校教师及学生自动退出危险地带。

四、通知办理救护救济的机关，对于教师和学生须特别重视，首先救出危险地带。

五、凡受集中收容的学生，设临时课程训练之。

前方作战，后方须加紧训练，从危险地带出来，予以非常意义的训练，尤为相宜，此点更值得注意。

南开被毁第二日在上海[①]

黄炎培在文中不仅对教育当局提出了五条保护教师和学生的五条建议，还特别指出："我南开大学全部师生以及辛苦经营四十年之张伯苓校长，不应有丝毫悲丧，只有加倍奋激，并且足以大大安慰创办人严范孙先生在天之灵。我南开大学全部师生，我全国爱护南开大学的民众，惟有跃起来合力重创，使南开大学不惟精神不死，并躯壳亦不灭，我中华民国有一寸土存在，我南开大学存在。"可见，作为中华民族的一份子，对战胜日本侵略者充满了必胜的信

---

①余子侠编：《中国近代思想家文库：黄炎培卷》第 352—354 页，中国人民大学出版社 2015 年版。

心。黄炎培的这篇文章无疑为南开大学校史增添了新鲜史料，充实了南开大学爱国主义的教育内容。

七、视察天津水灾过访南开大学

1963年10月17日至20日，已是86岁高龄的黄炎培，不顾年迈体弱，来津之翌日，即视察水灾情况。

当时黄炎培一行下榻在天津交际处招待所（孙章甫旧居，云南路大理道）。当时河北省会在天津。接待、陪同黄炎培一行的各界人物有：民建王光英、朱继圣、吴蕴山；高树勋副省长、郑厚庵副秘书长、市人委周叔弢副市长、李文泉副秘书长、省政协杨雨民副主席、水利厅长丁适存、财贸办公室副主任韩振凯；市建设局长周继耕、市人委秘书长王煜文、津专区水利局长王连台、河北省委统战部副部长周茹、任克非，天津市委统战部副部长李杰；河北省杨亦周副省长，全国供销总社监事会于树德、天津专区副专员李哲、省人委副秘书长郑厚庵、水利厅副厅长丁适存、省人委财贸办公副主任韩振凯、王煜文副秘书长、刘瑞琦（市人委办公厅秘书处长）。黄炎培一行听取了河北省、天津市有关部门对天津水灾的介绍。视察的特点漫游天津市。黄炎培还"游了水上公园的东湖，又乘车过访南开大学，大发展了。严氏父子、张伯苓诸老友都归地下，心致敬意"。[①]20日，黄炎培率领视察团离津返京。

综上所述，我们清楚地看到黄炎培和张伯苓、严范孙，以及南

---

①《黄炎培日记》第十六卷，第113、114页，华文出版社2012年版。

开学校、南开大学等七个方面的密切关系。这无疑丰富了南开学校、南开大学的校史史料。同时也拓宽了对天津地方史的研究领域。

（刊于《文学与文化》2019 年第 3 期总第 39 期，南开大学出版社 2019 年版，第 104—119 页）

作者：葛培林，民革天津市委会

附录:《黄炎培日记》记严范孙逝世信息原始报刊史料纠正现有严修逝世日期之错误

葛培林

黄炎培在1929年3月16日星期六的日记中记:“报载，严范孙昨去世。”(《黄炎培日记》第三卷,第140页,华文出版社2008年版。)虽然只是几个字,却饱含黄炎培的一片情深。因为能记载他日记里的内容是他很看重的事情。据此,我查阅了当年的天津《益世报》《大公报》关于严范孙逝世的消息稿,纠正了以往文章中关于严范孙逝世日期的错误。在此作为本文的附件披露于此,以作为南开大学研究严范孙以及校史的珍贵史料。

1929年3月15日天津《益世报》载《严修昨夜逝世》云:

严范荪(孙)氏久患糖尿症,近年以来,因年事已高,经中西名医诊治,俱未奏效。不意竟于昨夜十一时在本寓逝世。其哲嗣慈约等三人均侍奉在侧。记者闻讯即到该宅探讯，适赵幼梅氏亲来吊唁。赵语记者:“君来甚好”,当拭泪书:“北方学界泰斗严范荪先生于三月十四日下午十一点逝世。凡属国民,同深哀悼。其详细履历,容再布登。”书毕付记者。又严氏定于今日申时入殓,已由其家人具名,发出讣闻云:“敬禀者家主严老太爷于阳历三月十五日子时逝世。本日申时大殓。特此奉闻。奉遗命,赙金、绫幛、花圈、纸张扎彩,一律敬璧。尚希鉴谅”云云。兹将严氏略历及生前自作挽诗录后:

略历　严修字范荪,世居天津。前清翰林,曾任贵州学政、学部侍郎,奏开经济特科,开新学之始。光复以后,即弃官家居,致力于教育慈善公益等事业。曾漫游欧美。本市南开学校为严氏所手创。晚年惟以字诗自遣。享年七十岁云。

挽诗

小时无意逢詹尹,断我天年可七旬。

向道青春难便老,谁知白发急催人。

几番失马翻侥幸,廿载悬车得隐沦。

从此长辞复何恨,九泉相待几交亲。

另据1929年3月15日天津《大公报》载《严修病逝:昨夜十一时弃世　发病时作自挽诗》云:

严氏自月前偶受感冒,经延医诊治,自知不起作自挽诗,不意至本月初病势转重,卧床不起,心脏麻痹,竟于昨晚十一时(十四日)逝世,享年七十岁。其公子智怡、智开在津侍疾,三公子智钟,供职卫生部,于日前乘平浦车北来。昨日始由平到津。氏临终遗嘱

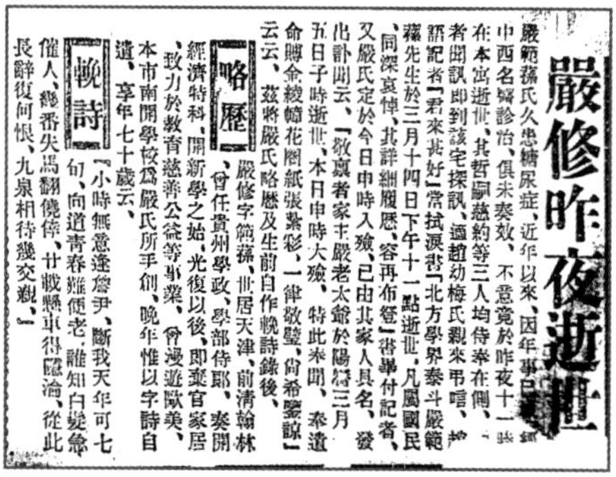

嚴修昨夜逝世

嚴範孫氏久患糖尿症、近年以來、因年事已[illegible]中西名醫診治、俱未奏效、不意竟於昨夜十一點在本寓逝世、其哲嗣慈約等三人均侍奉在側、[illegible]者聞訊即到該宅探訊、適趙幼梅氏親來弔唁、[illegible]語記者「君來甚好」當拭淚書「北方學界泰斗嚴範孫先生於三月十四日下午十一點逝世、凡屬國民、同深哀悼、其詳細履歷、容再佈登」書畢付記者、又嚴氏定於今日申時入殮、已由其家人具名、發出訃聞云、「敬稟者家主嚴老太爺於陽曆三月五日子時逝世、本日申時大殮、特此奉聞、奉遺命賻金綾幛花圈紙張紮彩、一律敬璧、尚希鑒諒」云云、茲將嚴氏略歷及生前自作輓詩錄後、

【略歷】嚴修字範孫、世居天津、前清翰林、曾任貴州學政、學部侍郎、奏開經濟特科、開新學之始、光復以後、即棄官家居、致力於教育慈善公益等事業、曾漫遊歐美、本市南開學校爲嚴氏所手創、晚年惟以字詩自遣、享年七十歲云、

【輓詩】「小時無意逢詹尹、斷我天年可七旬、向道青春難便老、誰知白髮急催人、幾番失馬翻僥倖、廿載懸車得隱淪、從此長辭復何恨、九泉相待幾交親、」

图1　1929年3月15日天津《益世报》

其公子辈照平素手定豫拟丧礼办理后事:(一)不得用哀启。(二)不得用僧道诵经。(三)木主由孝子自题,不得请人。(四)门外不得树播竿。(五)引用门吊,不得过三七。(六)去津俗灵影亭等陋习。其自题预拟丧礼曰:总之,求简求速而已。记曰:之死而致生之,不知而不可为也。所预告之后人者,惟此义尔。病中又预作挽诗一首,诗曰:

小时无意逢詹尹,断我天年可七旬。
向道青春难便老,谁知白发急催人。
几番失马翻侥幸,廿载悬车得隐沦。
从此长辞复何恨,九泉相待几交亲。

云云。

氏逝世时,因在夜深,只其近亲前往吊唁。现由其公子智怡主丧,一切均遵遗命办理。凡赙金、绫帐、花圈、纸张扎彩等,一律不收。今日申时(约下午三四钟)大殓。棺木早已备好,灵榇暂停宅内,尚未择期安葬,但总不出三七。盖遵氏遗命也。将来葬小稍直口祖茔。氏自前清末卸任学部侍郎后,即息影家居不问外事,独于提倡教育,不遗余力,南开学校即氏一手所创办也。兹附志其略历如次:

严修,字范荪,年七十岁。原籍浙江,以世居津沽,遂改津籍。前清进士出身,曾主贵州学政、戊戌变政后,曾上书请废科举,设经济特科考试,广立学校,一时有能言之誉。卸任后居津。袁世凯长军机时,任学部侍郎,袁世凯被黜,氏亦辞出。民国以来,袁氏延为教育总长不就。唐绍仪组阁,任氏为财政总长亦不就。在津办学,南开学校即氏所创办也。嗣与范源濂游美归国,民国八年就南开中学外设大学,至今蔚为钜观。年来息影津门,不问世事,然对社会事业,仍时有所贡献云。

从1929年3月15日天津《益世报》载《严修昨夜逝世》中清楚地知道："北方学界泰斗严范荪先生于三月十四日下午十一点逝世"。另从1929年3月15日天津《大公报》载《严修病逝：昨夜十一时弃世　发病时作自挽诗》的题目便得知严范孙逝世于3月14日。这个重要史料，纠正了关于严修逝世日期的错误。如梁吉生撰写的《近代教育的先驱者严范孙》一文云："崇化学会成立不到两年，严范孙就一病不起，于1919年3月15日逝世"。（据《近代天津十二大教育家》第22页，政协天津市委员会文史资料委员会编。天津人民出版社1999年版）

嚴修病逝

昨夜十一時棄世　發病時作自輓詩

「小時無意逢詹尹、斷我天年可七旬、向道青春難便老、誰知白髮急催人、幾番失馬翻僥倖、廿載懸車得隱淪、從此長辭復何恨、九泉相待幾交親」云云

嚴修遺像

图2　1929年3月15日天津《大公报》

1929年3月16日天津《大公报》载《严范荪昨日入殓　各界纷往吊唁》云：

严修氏自前晚逝世后，昨日下午四时大殓。前往吊唁者，除其戚属外，傅作义、颜惠庆、熊希龄、卢木斋、赵元礼、邓庆澜、范旭东、孙子文暨南开学校教职员学生等，约二百余人。灵前悬赵元礼所书挽词，及傅作义司令之挽联。上款称范老前辈，下款称后学。联语为：

清白传家如公不忝；

文章名世为儒所宗。

严宅门前并未竖立播旗，入殓前亦无备诵经。停灵处闻即二十五年前南出初使时之礼堂。殓毕，先由家属祭奠，次吊客。至五时许始各散去。

氏为南开学校之创办人，世所共知。南开大学闻耗后，即昨日起下半旗三日，以志哀悼。学生会预定今晚举行之游艺会，亦展期举行。闻该校拟下星期日开会追悼。氏捐助南开学校之经常费、建筑费，共计五万二千余元。又将所藏关于中国史乘书籍，捐与南开图书馆者，约计数万卷。

又据某君谈称：严氏甲午在贵州学政时，慨于中国科学不兴，创经世学堂，授学生以数学。又请废科举。由黔返津后，戊戌年请张伯苓教其子侄英文、数理。三十年夏偕张游日本调查学务，八月归国，创设一中学，即今之南开学校也。光绪末叶袁组内阁，任学部侍郎，对于学制大有规划。及袁被黜，一时显贵均不敢与袁交往，独氏于袁离北京时，亲送至卢沟桥，袁甚德之。改革后袁屡请出山，均不应。及袁称帝，氏致书反对。氏于家居之暇，尝学英文于某西人。虽因年高未能练达，然其好学之心，亦可钦佩矣。民国六年与范源濂、张伯苓赴美，七年十二月归国，创办南开大学。其得糖尿症，迭经中西医诊治。年来病痛，惟以吟咏自娱，并为人书写屏联扇面等云。

而严范孙手书扇面乃行草书，余将其释文如下：

老白云边

凤林戈未息，鱼海路常难。

候火云峰峻，悬军幕井乾。

风连西极动，月过北庭寒。

故老思飞将，何时议筑坛？

书似

慕尧仁兄大人正

严修（印）

嚴範孫昨日入殮

各界紛往弔唁

嚴範孫先生遺墨（今年最近作者）

图3　1929年3月16日天津《大公报》

就严范孙逝世，1929年3月16日天津《大公报》发表了社评《悼严范荪先生》，全文如下：

天津严范孙先生于前夕逝世。年来学界闻人如范静生、梁任公两氏均先后逝世。今严氏又继之。诚为学界之大不幸。论严氏在教育界之事业，或不如范，在学术界之贡献亦或不如梁。然冲谦淡泊，狷洁自爱，较诸范梁亦自有其特具之风格。其死也，又实为社会一大损失。此当为世人所共表同情者也。

严氏在前清早入词林，典学黔省，首倡废科举设学校之议。与世不合，退而居家。立义塾，讲新学。在袁世凯任军机时，一入学部，旋即罢去。仍以兴学为务，慨出私产，发起南开，筚路蓝缕，惨淡经营。至今日蔚为华北一大学府。数十年前严氏提倡之诚，赴义之勇，饮水思源,有令人不能不肃然起敬者。民国成立以还,严氏未尝入政界。袁世凯炙手可热之时,北洋旧部鸡犬皆仙,独严氏以半师半友之资格,皎然自持,屡征不起,且从不为袁氏荐一人。以袁之枭雄阴鸷,好用威吓利诱,侮弄天下士,独对严氏始终敬重。虽不为用,不以为忤。当前清西太后崩御,醇王盗国,袁氏罢黜军机,悄然还乡,京师达官道者寥寥。独严氏躬送至卢沟桥,不以荣瘁异政,袁殊德之。而终袁之世,严卒不拜一命。任一职,公私分明贞不违俗。所谓束身自爱抱道徇义者,庶几近之。继袁当国者,如黎冯、如徐段,如曹张,或与有旧,或慕其名,皆欲罗致之而卒不能。其处身立世之有始有终,更可见矣。然以此认为严氏或以遗老自居,则又不然。盖从未闻其以遗老招牌有所希冀也。就天津论,以严氏资望,尽可操纵地方政治,干预公务。乃严氏平居除教育及慈善事业外,惟以诗文自娱,从不奔走公门。一若官僚政客劣绅土豪之所为。门生故旧,多主学务,亦尽可朋党比周,把持教育,乃从未尝有私的组织,受人指摘。以天津人事之复杂,派别之分歧。入主出奴,甲是乙非,乃独对严氏无论知与不知,未闻有闲言。非所谓众望允孚者欤。迹其狷介自持之处,固有类于独善其身者流,非今日所宜有。然就过去人物言之,严氏之持躬处世,殆不愧为旧世纪一代完人。而在功利主义横行中国之时,若严氏者实不失为一鲁灵光,足以风示末俗。严氏其足为

社評
悼嚴範孫先生

图 4　1929 年 3 月 16 日天津《大公报》

旧世纪人物之最后模型乎。在吾人理想的新人物未曾出现以前,对此老成典型,自不能无恋恋之私。有心世道者,或将与吾人抱同感欤。

上述社评是对严范孙盖棺定论的评价,结论是:“严氏之持躬处世,殆不愧为旧世纪一代完人”。

(刊于《文学与文化》2019年第3期总第39期,南开大学出版社2019年版,第104—119页)

作者:葛培林,民革天津市委会

彷徨与清醒:略论张伯苓的对日观

万鲁建

张伯苓作为近代著名的教育家,创办了南开系列学校,为中国近代教育的发展做出了重要贡献。无论是他转行从事教育,还是在办教育的过程中,都与日本发生了密切的联系。他的对日观,究竟有一个什么样的发展历程,最终又是如何从彷徨走向清醒,这是值得我们探讨的一个重要问题。本文利用相关资料,略做分析,还请方家指正。

一、南开大学的反日运动

南开学校是由严修和张伯苓共同创办的系列学校,包括大学部、中学部、小学部。南开中学创办于1904年,南开大学创办于1919年,南开女中则是1923年才设立,1928年又增设了小学部。1919年,9月7日、8日南开大学举行新生入学考试;25日在大学礼堂举行南开大学开学典礼,黎元洪、严修、范源濂、卢木斋等人出席;10 月 17 日又召开了南开大学正式成立大会，这一天成为南开大学的校庆日。南开大学成立于五四运动时期，因此学校甫一成立,就投入到了反帝反封建的洪流当中。此后随着国内抗日浪潮的不断高涨,南开大学学生中间也充满爱国热情。

1924 年 5 月 4 日，天津学联在南开大学大礼堂举行今年五四运动五周年大会。5 月 7 日则是中国与日本签订“二十一条”的国耻纪念日,这一天南开大学下半旗,全体师生素食一日,并停止各种音乐、娱乐,以志哀悼。1925 年 5 月,上海、青岛连续发生日人枪杀中国工人的事件,5 月 30 日,英国巡捕又在上海制造了震惊中外的“五卅惨案”,很快激起全国各地的反日浪潮,消息传到天津后,南开大学的师生也迅速行动起来,加入反帝斗争之中。6 月 4 日,学校召开全体学生大会,决定暂时停课,由师生组成“南开大学五卅后援会”。5 日上午,又召开全校学生大会,抗议帝国主义罪行,下午范文澜等教师和学生一起参加了示威游行。6 月 25 日,南开大学甚至派出五名代表乘船去日本,敦请旅日同胞声援沪案。

“九一八”事变发生后的第二天,消息就传到南开大学,首先是东北籍的学生“无不东望而切齿愤恨”,后又听到沈阳失守,更是“盈盈之泪,充满眼眶”,很多学生表示要与日寇血战到底。教师蔡维藩、傅恩龄等人也在授课时忍不住哽咽。9 月,东北籍学生商讨后决定成立国难急救会,并加入天津学生爱国会。天津大学负责天津学生救国会总务股,高等工业学校负责宣传股,法商学院负责文书处,南开大学则负责交际股。同时开始组织学生,在广兴大街、南门外大街、荣业大街、东兴大街等处检查日货。在学校内,国难急救会调查了售品所及广泰康的日货,动员学生回家宣传抵制日货。学校庶务课也积极配合,不再购买日本制造的洋纸、蜡纸及粉笔等物。

后来学生大会经讨论决定前往南京请愿，遂因日本在天津制造“天津事变”，学生害怕学校受到波及，决定暂缓。再后来，原驻学校的保安队被迫撤离，日军装甲车竟然至南开大学桥口耀武扬威。1931年12月5日，日军装甲车一辆装载武装士兵二十余人，来到学校，以小钢炮对准校门，扬言要进校搜查。当时的情形是，武装士兵“至大中桥，各以枪作预备放式，并架机关枪于门口”①。

“一二八”事变爆发后，南开大学学生大力宣传十九路军英勇抗日的事迹，并纷纷捐款慰劳上海抗日将士。“九一八”事变一周年之际，南开大学又举行纪念，学生们在运动场举行篝火大会，学校的大钟也敲击起来，先是9响，再敲1响，又连敲8响，表示“九一八”国耻。1933年宋哲元的二十九军在长城抗战时，南开大学师生更是积极组织募捐、慰问活动：“1月，南开师生24人携饼干1000磅、毛巾3000条、肥皂3000块赴通州（今通县）慰问。5月，教职员又捐献工资购担架28副、手术台10架、药箱20只及绷带、棉花一批。厦门大学也寄来2494元委请南开大学代购钢盔捐助抗日将士。”②

除此之外，张伯苓还支持朝鲜革命党人在津开展的独立革命运动，不但南开大学接收朝鲜留学生，甚至还暗中资助这些留学生开展复国运动。张伯苓之子张锡祚在后来所写的《先父张伯苓先生传略》中有如此记述：“远在四十多年以前，先生就常和一些朝鲜的革命党人有来往。他们来时都是在夜晚，总在八九点钟以后，那时

①南开大学校史编写组：《南开大学校史（1919—1949）》，南开大学出版社1989年版，第217页。
②南开大学校史编写组：《南开大学校史（1919—1949）》，第218页。

我还在幼年,记得常来的有一位叫朴隆泰先生,留着两撇浓浓的胡子,说的一口流利的中国话。他还送给我们一些画报,记得上面有日本军国主义者在朝鲜残杀革命党人的照片。有一张照片是在地下倒栽葱埋着一排人,齐腰以上埋在土里,腰以下埋在地面上。另外还有一些对男女非刑残杀的照片,我是不忍心地再说了。他们常用的逼供刑法,是把人的十指用竹签插入,痛彻心腑。我还记得有一天晚上十点多钟,忽然朴先生来叫门,进来之后,他急忙忙的请先生叫人给看看门外有人盯着他没有。他说有一位同志在南市被日本特务给架走了,押在日本宪兵队里,用竹签子穿手指甲逼供,请先生给设法营救。先生急给他联络天津的警察厅,要求把这一政治犯引渡过来,如此的不止一次了。后来朴先生的女人也在南开女中读书,年岁和我们差不多。当时南开的朝鲜学生很不少,他们在一同受着反对帝国主义的教育。抗战后,南开学校被毁,这些联系也中断了,这些革命党人的下落也不知道了。"①文中所说的朝鲜人朴隆泰,在日本警察署的调查报告中则名为"朴龙泰"。很显然是同一个人。当时他居住在中国街区,是在天津的朝鲜民族解放运动的领袖。警察署的秘密调查报告还称,上海纯民族派兴士团首领安昌浩因在上海组建朝鲜大独立党同盟遭排挤,"为转变局面并准备在天津创建兴士团,于 4 月 12 日来津,纠合在南开大学及中学的学生,为筹建组织而努力。"该报告还称:"南开中学及青年会馆也开放作为不轨之徒的集会地使用。"此外,当时日本驻天津总领事馆警察署也对朝鲜革命党的独立运动做了秘密调查,如昭和五年

①张锡祚著:《先父张伯苓先生传略》,南开大学出版社 2016 年版,第 97 页。

(1930)警察署的报告指出:“南开大学、南开中学有鲜人学生九人在学”。该报告最后指出:“朴龙泰、李石山、金人庆、金东宇及南开在学鲜人为中心,当地的独立运动日趋极端化,包括对前文中四人寄送装子弹的恐吓信事件, 虽然可以认作其动机是为了筹措生活费,但将来恐会妨碍到普通朝鲜人的生活,为此本馆也对其进行更加严密的监视,与此同时也在探讨相应的对策。”[①]针对南开大学的抗日活动,日本特务机关也密切予以关注。他们在八里台的南开农场设立特务机构,专门搜集有关南开大学抗日活动的情报。

二、张伯苓化缘日本

南开大学作为一所私立大学, 从成立之初就一直处于化缘当中。无论是校址、办学经费,都来自当时各界的捐赠,如当时的总统徐世昌、黎元洪,以及督军阎锡山、李纯、陈光远等人,都捐了款。严修自己也捐款捐地。尽管如此,开办之后,南开的经费一直都非常紧张。为此,张伯苓的最重要工作就是化缘,即寻找捐款。很多时候他不得不求助于当时的军阀政客,因为捐款,曹汝霖、杨以德等人都成了南开校董。对此,严修曾经说过:“盗泉之水不可饮,用它洗洗脚,总不失为一有意义之举。”[②]张伯苓也说:“美丽的鲜花,不妨是由粪水浇出来的。”除了向国内各军阀政客化缘,他也开始将眼光投向了日本。

---

①[日]外务省外交史料馆藏:《外务省警察史》第 34 卷,不二出版 1999 年版。

②齐植路:《天津近代著名教育家严修》,《天津文史资料选辑》第 25 辑,第 44 页。

1928 年 2 月 14 日，日本特命全权公使芳泽谦吉向外务省汇报，说日本外务省文化事业部江庸堀曾告诉他南开大学校长张伯苓请求为考察日本教育状况的该校各科毕业生三十余名提供方便。芳泽在报告中说："南开大学现在拥有文理科、商学专科、矿学专科，范源濂、颜惠庆等相继担任董事长，不但是北支那最有实力的学校，据江庸介绍，该大学学生当中因以前有从事排日运动者，之前北京学生团及北京政法大学（今中国政法大学）学生团等获得过文化事业部的经费补助进行视察旅行，这时候，该校相关人员熟悉日本实际情况，我觉得也有意义，应该尽可能按照对方的意见，给予相当的补助。"①

正是由于获得了日方的资助，1930 年 1 月 6 日，南开大学校长张伯苓再次给外务省文化事业部部长坪上贞二先生去信，请求该文化事业部给南开中学部科学馆捐赠相关理科仪器。他在信中如此写道："目下范孙楼之建筑费虽已募有成数，但添置各项物品费尚无着落，为是拟恳请贵部长于文化事业费项下慨予拨给日金四万元正，以为资助至将来订购所需一切仪器标本及机械模型等当全数向贵国各工厂与商店接洽办理，万望鼎力赞助，俯予玉成，实为盼祷。"1930 年 1 月 16 日，南开大学教授何恩龄也给日本的岩村先生取信，信中如此写道："敝校张伯苓先生兹敬函请贵部长坪上先生恳于文化事业费项下慨予拨给日金四万元，以资添购敝校中学部科学教室所需一切仪器标本及机器模型等情，务祈鼎力相助，万望玉成，实为盼祷。"1930 年 6 月，南开大学范孙楼（即科学馆）动

①『満支人本邦視察旅行関係雑件 補助申請関係第一巻』、1928 年 2 月 25 日。

工之际,张伯苓再次向日本文化事业委员会提出申请,并通过天津日本总领事向日方提出。最终,日方在1930年度的"对支文化事业特别会计事业费"中拿出三千元金用于购买学术器械,寄赠给南开大学中学部。这就是南开大学中学部拟购的理科仪器表,即显微镜、精密化学天秤、蓄电池等仪器。

1930年12月23日,张伯苓又特意给日本驻津代理总领事田尻爱义写信,其中说道:"……此函来后即蒙赐赠理化仪器如天秤、显微镜、电池等物多件约值三千元,业由敝校拜领并经函复贵总领事馆藉表谢忱。此后本应静候续惠,不再函请,无如敝校中学部科学馆现在久已工竣开馆,授课而理化仪器标本模型等物实在不敷应用,亟待补充,为此,敬函送中华民国天津南开大学请求捐赠理科仪器明细表一册,其中所列物品约值日金四万余元。恳乞代转贵国外务省文化事业部,请于本年度预算之中俯允所请查照赐赠。贵国所制理化仪器俾便应用出自宏思逾格不胜盼企之至。"①

1931年1月6日,天津日本总领事馆将此事汇报给外务省,为《有关南开大学理科仪器寄赠之件》,其中写道:"昭和五年(1930)十二月廿七日附至大臣公信第1055号拙信,南开大学来信附上,并附上《理科仪器寄赠请求明细表》。"其中理科仪器包括:三种仪器,即蓄电池、精密化学天秤、特型显微镜,共计351200元;物理课则有金工器具、木工器具、支持台、测微螺旋、上皿天秤、弹条秤、重锤等,合计99710元;物理科仪器:落体试验器、单一弦运动说明器、时时钟振子、水之低压试验器、比重瓶、液比重试验器、温度计、

①『昭和五年度寄贈品関係 南開大学ヘ学術機械寄贈関係』、1930年8月15日。

排气机、横波及纵波说明器、音义、金属线膨胀试验器、固体线膨胀率测定器等，合计176420元。物理科仪器：摄氏温度计、空气温度计、最高最低温度计、湿度计、热电堆等，合计46500元。物理科仪器：焦点距离测定装置、偏光装置、混色摄影装置、分光器等，合计356100元。物理科仪器：干涉试验器、偏光器、方形磁石棍、蹄形磁石、振动磁力计、罗计盘模型、验电器、感应起电机、蓄电器、电路板、静电气基本实验装置等，合计98870元，上述请求捐赠的理科仪器总价值约777600元。化学科请求捐赠的仪器价值总计约913215元。地质科请求捐赠的仪器价值总计约71820元。动物学科，总计：72300元。动物学科，合计：72300元。植物学科，合计：27900元。请求捐赠理化仪器价值总额为：

岛津制造所：理科 3512.00元；物理科 7776.00元；化学科 9132.15元；地质科 718.20元；植物 1506.50元；动物无；生物 5150.50，合计：27796.35元。

山越工作所：动物科 5162.22元；植物科 445.10元；生理科 1065.00元，合计：6672.32元。

上野：自然科学 730.35元

K.thashinato：物理科 11343.00元

总计合计：46542.02元。①

此事最终如何，由于没有后续的日文档案资料，无法确认。但是，从时间点来看，此时距离关东军发动“九一八”事变还不到一年，颇令人感慨无量。

---

①『昭和五年度寄贈品関係　南開大学へ学術機械寄贈関係』、1930年8月15日。

可笑的是，日军在占领天津、轰炸南开学校不久后，却又假慈悲，表示要给予被毁的南开大学以救济。1937年8月25日，日本驻上海总领事冈本季正向日本外务大臣广田弘毅发送密件《关于南开大学救济之件》，其中如此写道："确闻，不久前，天津南开大学校长张伯苓在庐山谈话会上，就我军轰炸该校发表谈话称：过去三十年来苦心创建的大学顷刻间全部被毁，本人不胜感慨。对日本破坏文化机关实感义愤。但是，如因此为感情所驱使，主张对日开战，从国家的将来考虑，乃无谋之论，危险至极。其他与会者都陷入一种紧张的气氛中，即使清楚不能对日开战，也没有勇气讲出来。本应作过激主张的张伯苓却大胆倡言自重论，使与会者大受感动。作为文化机构的南开大学，其历史和地位大臣是了解的。它作为一所私立大学，社会联系广泛，众多毕业生活跃于社会各界，势力极大，此乃实情。鉴于此，我军对该大学的行动，在当时的作战上是不得已的，但是如果我方就此漠视不管，不仅对支那，就是对外也会造成很大影响。这对我方来说实为不得策。如果该校今后不再做不当之事，待时局告一段落，对于该大学，不但外务省，作为帝国政府，也应该尽可能给予南开大学的复兴予以援助，我认为这是非常必要的。"然而，这终究不过是日方的惺惺作态，最终自然是不了了之。当然，后来由于天津日本中学校设在南开大学校内，其必要的整修和建筑则是另外一回事了，并不能说明这是日方对南开大学的救济或补救。

三、张伯苓的日本观

张伯苓的日本认识，实际上有一个逐渐变化的过程。早年他曾目睹甲午战争中日方的强大，后来他投身教育，试图教育救国，又同严修一同赴日考察教育。此后又多次赴日考察。可以说,他对日本是熟悉的,也有亲身体会。尽管如此,在近代中日关系大背景下,他的日本观实际上经历了一个演变过程。

1917 年 8 月 18 日,张伯苓曾与日本的平岩煊保有过一次谈话,对于平岩所说的中国青年排日之观念不能化除,张伯苓如此答道:“日本无利中国土地之心,我知之甚审,但未能家喻而户晓,使咸知此意,共捐宿见也。然使中国人致有此种意见,亦未始无故。尝见日人所著《吞并支那策》一书,此种原不过一种政策,固不足以代表一般心理,余盖知之,然亦未必非激成排日观念之一原动力。”①

1924 年 4 月 23 日,对于日本在中国办理文化事业的办法,当时包括张伯苓在内的中国文化人发表了一个《对于日本在我国办理文化事业之宣言》,认为日本如果只是在外务省里设一个对支文化事务局,有特定的官制,有特别会计,关于事业经费的预算须逐年通过日本国会。那么是难以实行的。该宣言主张:应“由中日两国推选专门学者,组织文化事业理事会,筹画决定并管理日本以庚子赔款办理文化事业一切事物,理事人数中日各半,别设理事长一人,由中国人充之,这是最低的限度。此项文化事业,非中日两国通力合作不能成功,只要两国朝野意见融洽,彼此相信不使他留有现在或将来惹起纠纷的种子,是最紧要的。”最后还说:“如果日本方面不能容纳我们上面所述的办法,我们决不愿参加这种事业。”②

1927 年 11 月,南开大学成立“满蒙研究会”,以研究日益严重

---

①龚克主编:《张伯苓全集》第一卷,南开大学出版社 2015 年版,第 86 页。

②龚克主编:《张伯苓全集》第一卷,第 198—199 页。

的满蒙问题，期待寻找到彻底解决之策。对此，日本也非常关注。1928年1月18日，吉林总领事川越茂曾给外务大臣田中义一秘密电报《天津南开大学内设置满蒙研究会之件》，谈到了南开大学成立满蒙研究会的因缘、目的和相关情况。表明日方对此问题的重视。同时，日方对于1928年4月7日至5月9日满蒙研究会对东北的考察也非常关注。对于其行程，当地领事馆都向日本外务省做了详细报告。尤其对于张伯苓和满蒙研究会主任傅恩龄（日本留学出身）的行动特别注意，1928年4月17日，在奉天代理总领事峰谷辉雄在给外务大臣田中义一的密电中就附有天津总领事发来的机密领第一号《关于张伯苓行动之件》。

对于中日两国对于对方的研究和应如何开展相处，张伯苓在1930年2月发表的《日本研究谈》一文中如此说道："日本人为甚么对于中国研究得这样清楚明了？就为的是怕中国的缘故。……想得到两者相互扶助的真精神，在日本首先要努力设法消融中国人对于日本的嫌恶心理，进而使中国达到能谅解程度。在中国便要努力设法了解日本的全内容，欲求了解，惟有研究。"[①]然而，美好的愿望，被残酷的现实所击破。一年多之后，日本就悍然发动了"九一八"事变，东北三省沦丧，中国也开始了长达十四年的抗战。1930年6月20日，张伯苓在《益世报》发表《日本何以强，中国何以弱》一文，基于他多次去日本考察的认识，他说："余于此二十余年内，前后赴日凡十三次，每次无不惊讶其进步之速！如一部大机器，昼夜转运不息，且牵引各种机器一起动作，以致全国无旷土、无游民。"[②]

①龚克主编：《张伯苓全集》第二卷，南开大学出版社2015年版，第48页。
②龚克主编：《张伯苓全集》第二卷，第60页。

正是因为有这样的认识，他对于使用抵制日货的方法来抗日并不赞成。“九一八”事变后，对于包括南开大学学生在内的学生所实行的抵制日货运动，他在1931年10月发表文章说：“至于抵制日货，过去九次的成效等于零”，又说：“按南开有位教授的调查，九次的抵货声中，日本方面没有吃亏，贩卖者也仍获得大利，直接吃亏者乃是买客。”由此他说道：“日本诚然可恨，但为什么自己不能自强？”他希望“我们就要借这个机会彻底觉悟，终身不忘，永远继续的做去”。并说：“要真的爱国，便要忍苦耐劳，立定志向，为国家办一些事业，无论办教育、政治、经济、商业……都可以。”①

长城抗战之际，张伯苓曾接受《申报》特派记者采访，他在谈话中说：“我人对此严重局势，仅有三路可行：一为直接交涉，二为收复失地，三为誓死抵抗。然以目前国际之恶劣局面，纵政府欲迁就交涉，人民亦必坚决反对。至于收复失地，在军事上、经济上，均尚无充分之准备，无从谈起，殆无可讳。故唯一之康庄大道，厥惟拼命抵抗而已。为自卫而抵抗，为正义而战争，终必有博得最后胜利之一日。”②

中日关系日趋紧张，尤其是随着日本加紧对华北的控制，在华北策动自治运动，中日之间摩擦不断，使得整个华北地区阴云幕布，战争大有一触即发之势。天津作为华北地区的商业重镇，又是日本在华北的兵站基地和各种阴谋活动的策划地，更是充满着紧张的气氛。《塘沽协定》《何梅协定》的签订，更使得两国关系趋于紧张。在此背景下，张伯苓和南开大学也并没有完全拒绝日本人，对

①龚克主编：《张伯苓全集》第二卷，第105—106页。

②龚克主编：《张伯苓全集》第二卷，第152页。

于来华考察的日本政工会和日本工业学术团体,仍旧予以接待。他在1935年11月3日南开大学招待会上所致的欢迎辞中如此说道:"日本工政会及其他工业团体代表这一次到敝国来，我想对于敝国工业一定给一个很大很好的影响。敝国工业界趁这种好机会,时间虽然很短,受了诸位的启迪,我想一定很有感动,得着诸位工业上的经验和技术,此后敝国工业界所获的益处,一定很大,所以盼望诸位多多指教。"且对于东亚的和平,他是如此认为的,"倘若是中日两国国民有了真正的认识和了解，而且这种真正的认识和了解普遍于中日两国的国民，不幸的事件当然可就再无发生之余地了。"①

也因此,1936年9月11日《大公报》天津版又有报道:"津市商会定于今(十一)日午后四时,在八里台南开大学秀山堂招待来津之日本工业学术考察团大河内博士等一行九人，同时又与新任日驻津总领事堀内干城洗尘，并邀本市教育名流张伯苓及日驻津各领事等多人作陪,商会方面则有主席纪仲石王文典祁云五等三人,藉谋发展工业,联络感情。"

然而,树欲静而风不止。日本并没有停下侵略的脚步,最终于1937年7月7日制造"七七事变",发动了全面侵华战争。至此,张伯苓才放弃一切幻想,认清了日本的真面目。同年7月15日,他在庐山仙岩饭店发言说:"决不能向日本人屈服！打烂了南开可以再重建,国家一旦灭亡了,还谈教育?"②1937年7月30日凌晨,日军轰炸南开大学。30日下午2点,"日炮队亦自海光寺向南大射击,其

①龚克主编:《张伯苓全集》第二卷,第255页。

②龚克主编:《张伯苓全集》第三卷,南开大学出版社2015年版,第26页。

中四弹，落该院图书馆后，刻已起火。”“两日来日机在天津投弹，惨炸各处，而全城视线，犹注意于八里台南开大学之烟火，缘日方因二十九日之轰炸，仅及于两三处大楼，为全部毁灭计，乃于三十日下午三时许，日方派骑兵百余名，汽车数辆，满载煤油，到处放火，秀山堂、思源堂（上为二大厦，均系该校之课堂）、图书馆、教授宿舍及邻近民房，尽在烟火之中，烟头十余处，红黑相接，烟云蔽天，翘首观火者，皆嗟叹不已。”[①]这次轰炸，使得南开大学损失惨重，当时初步统计财产损失 300 万元，占当时全国高等学校全部战争损失的十分之一。不仅如此，“日军野蛮轰炸南开大学后，立即对校园进行了军事占领。日军的第 27 师团搜索队病马厂（包括病马血清研究所）、通信队及第二中队（装甲车编制）都曾长期驻扎南开大学，并把校园的一部分改为野战病院农场，日本天津中学也设在校内”。

对于日方对南开大学的轰炸，当时的日人也多有记载。如当时正在天津日本小学校任职的松本正雄在回忆录中如此写道：“每次黑烟升起，不久便传来爆炸声。编队向南开大学飞去，俯冲溅起水雾，不久南开大学的屋顶慢慢倒下。我们站在阳台数着落下的炸弹，地面没有反击，轰炸悠然进行，成为目标的建筑物一批批倒塌，危机终于解除。”[②]南开大学轰炸后的情景，即便是日本人看后也感到可怕，“废墟让人不寒而栗。建筑的房顶已经脱落，砖块堆积如山。我看到里面的白墙，总感觉残垣断壁，仿佛一道道直线将秋天

①《中央日报》，1937 年 7 月 31 日。

②藤江真文著、万鲁建编译：《近代天津日侨回忆录》，天津人民出版社 2014 年版，第 82 页。

的天空切割开来，给人一种阴森森的感觉。”“此时已经被毁坏得面目全非，圆屋顶原样掉落在地上，瓦砾中散落着已经焦黑的英语书，书页随风而起。”[①]对此，张伯苓并没有绝望，他在 1937 年 7 月 30 日接受《中央日报》记者采访时说道：“敌人此次轰炸南开，被毁者为南开之物质，而南开之精神，将因此挫折，而愈益奋励。故本人对于此次南开物质上所遭受之损失，绝不挂怀，更当本创校一贯精神，而重为南开树立一新生命。”7 月 31 日，他又一次再谈话中说道：“南开是被日军烧掉了。我几十年的努力都完了。但是只要国家有办法，能打下去，我头一个举手赞成。只要国家有办法，南开算什么？打完了仗，再办一个南开。”后来，张伯苓又在战时陪都重庆建立了南开中学，继续保留着南开的火种。而他因此也对日本有了更加切身的认识。

四、小结

张伯苓从军界转入教育界，是因为日本。正如他在《基督教与爱国》一文中所说：“我在北洋学校，亲见旅顺、大连为日本割去，青岛为德人夺去。当我到刘公岛的时候，我看见两个人：一个是英国兵，一个是中国兵。……这两个兵若是一比较，实有天地的分别。我当时觉得羞耻和痛心，所以我自受这次极大的刺激，直到现在还在我脑海里很清楚的。我当时立志要改革我们的中国人，但是我并非要练陆军、海军同外国相周旋。我以为改造国民的方法，就是办教

①藤江真文著、万鲁建编译：《近代天津日侨回忆录》，第 256 页。

育。”[1]后来他看到日本在俄德法三国干涉之下归还中国而深受刺激,说道:“念国家积弱至此,苟不自强,奚以图存?而自强之道,端在教育:创办新教育,造就新人才。及苓将终身从事教育志救国志愿,即肇始于此时。”[2]此后他便与严修合作,创办了南开系列学校。不过,张伯苓最初的教育宗旨是学习日本,这与当时整个中国都在学习日本、出现留日热潮有关。最初完全照搬日本的教育体制,采用日本教科书,并辅以日本教学用具,聘请日本教师示范教学等等。后发现日本教育之不足,才开始转学于欧美教育。

不过,由于张伯苓多次赴日本考察教育及其他,使得张伯苓对日本具有非常矛盾的心理。最初张伯苓并不支持学生利用抵制日货等手段反日,他甚至还在派遣南开学生赴日考察、留学等事情上申请日方的补助,这也有他对日本的深刻认识有关。他认为日本之所以能够强大,就在于重视教育。后来,伴随着中日关系的日趋紧张,日本不断扩大对中国的侵略,南开大学也因此举步维艰,张伯苓的思想逐渐发生了变化,认清了日本军国主义的本质,全力支持全民族的抗战。

(刊于《文学与文化》2019 年第 3 期总第 39 期,南开大学出版社,2019 年版,第 129—136 页)

作者:万鲁建,天津社会科学院历史研究所

①张伯苓:《基督教与爱国》,1925 年 10 月 11 日。载《南开周刊》第 1 卷,第 5、第 6 号。
②王文俊、梁吉生等编:《张伯苓教育言论选集》,南开大学出版社 1984 年版,第 243 页。

北洋工学院院长李书田事迹

曲振明

李书田(1900—1988)字耕砚,早年在北洋大学求学,长期担任北洋工学院院长,是中国著名的工程教育家、工程学家及中国近代水利科学开拓者之一。关于李书田的事迹,曾有张立宪著《李书田传》问世,但该书议论多于史实,许多历史资料未能掌握。笔者发现李书田先生勤于著述,报纸杂志上的信息较多,为此将有关资料进行系统梳理,并分成四个部分综述如下:

一、出类拔萃的高才生

1936 年 1 月,天津《益世报》记者林冰曾采访过李书田。李书田深情地谈起家世和求学过程。他出生在河北省昌黎县,祖先明末时尚居县城内,清兵困城时,出仓米救济城关,后迁至农村。李氏族人自明末至清光绪年间,世代务农习武,先后产生武翰林、武进士、武举人多名。李书田的之高祖、玄祖、曾祖、祖父、父亲皆习武考武,家族还设有武学馆数处。光绪末年以后,弃武修文。李书田兄弟二人,长兄李书华,博通生物学、化学、物理学,尤以物理学著名,留学法国十年,1922 年被巴黎大学授予博士学位,曾担任北平研究院院长。李书田 7 岁时,父亲延师在家读书,“四书五经古今文选,均卒读之”[①],到宣统年间,“已熟读通鉴辑览及中外地理兼通算学”。[②] 1913 年,只有 13 岁的李书田考入直隶永平府中学。中学期间,国文、英文及数学成绩优秀。1917 年,只有 17 岁的李书田考入国立北洋大学预科,1919 升入土木工程本科,并以第一名毕业,获得土木工程学士学位,斐陶斐荣誉学会会员。

1923 年,应清华学校考选送美国读研究生。与李书田同班的有陈立夫、曾养甫、叶秀峰、孙辅世、林平一等,唯独李书田考取,其他均自费赴美留学。李书田在美国康奈尔大学研究院进修与研究铁道工程、桥梁与构造工程、水利工程,历时三年,成绩优异。先后推举为斐卡斐荣誉会员,西哥玛赛科学研究荣誉会员,获得土木工程研究生奖学金及麦哥若土木工程研究奖金。1926 年,完成铁道运行工程论,授予工程博士学位。获得博士后,参与美国纽约长岛大桥及活动桥梁的设计,这个设计团队集中了美国最著名的桥梁工程师。1926 年至 1927 年参加设计造价 3000 万美元的桥梁设计,还到英、法、比、荷、德、捷、奥、匈、瑞士等国考察铁道、桥梁、水利、筑港工程以及工程教育,1927 年 9 月回国任教。

在中学与大学预科求学时代,李书田注重学习方法,从不计较学习名次之高低。他对记者说:“吾人宜在中学及大学时代,立下求

---

①林冰《自强不息的工学家李书田先生(一)》,《益世报》1937 年 1 月 26 日。
②林冰《自强不息的工学家李书田先生(一)》,《益世报》1937 年 1 月 26 日。

学基础，并蓄储求学精力，在大学本科时代成绩所以能冠侪辈者，多由于此。求学不可取巧，须精诚赴之。求学要靠自己，不可徒责为师者之好坏，总觉自己下功夫习得者，比较靠人教会了的痛快些。北洋大学学风朴素极朴实，我作学生时代每年大洋150元即可足够，即到现在北洋同学每年不到200元者，尚有多人。如每年用四五百元之大学生，以18世纪的农村经济社会中青年，求二十世纪的教育了。我在留学时代是未用过父兄一文钱的，并且我从外国带回来数千本工程书籍与整套杂志，皆用我领受来的奖学金、研究奖金及后来担任桥梁设计所受的酬报所购来的。我在留学时代的功夫，仍是'埋头苦干'，当时我的目的是'博学专精'。我在美欧留学四年是未尝留过'分头'的一人，我总觉得'平头'便当很多，何必去学外国人的皮毛呢？我从大学本科三年级到现在十六年当中，虽有假期星期日例假日，未尝休息过，我总觉得工作是人生最快乐的事。我每年看戏看电影，也不过三四次而已，一个人从25岁到70岁，假如连星期日也切实工作8小时的话，共计仅45年，要合每日24小时工作，也不过15年而已。所以一个人一生无论怎尽力为人类服务，也不过15年的切实工作罢了，怎可以不去'鞠躬尽瘁'呢？又怎可以不去作有系统的、合理的、有方法的'鞠躬尽瘁'呢？吾人处世，最要紧的，是者必是者，固执之。非者必非者，排除之。所以惜者一班人对于真是真非太含糊了。对于是非上，是不可畏惧威权的，所以做人的两个宝贝，我以为一个是'自强不息'；一个是'是者必是者，非者务非之。'"①

---

①林冰《自强不息的工学家李书田先生（二）》，《益世报》1937年2月2日。

二、中国著名的工程教育家

1927年9月，李书田应刘仙洲校长之邀，回到母校北洋大学执教，初任土木工程教授，后任铁道工程教授。北洋大学的专业教授一向聘用外国人，尤以美国人居多。那一年土木工程专业的中国教授，只有两三人。由于李书田来得晚，所承担的课程非常庞杂，有工程材料学、应用力学、房屋建筑学、工厂房屋学、机械设计学及机械计划，还有土木工程学大意等。1928年北伐成功，国民革命军统一了平津。李书田受中华民国大学院委托，与教务长何杰共同维持北洋校务。不久，国民政府建设委员会接收顺直水利委员会，聘请李书田担任委员，并指定为常务委员，遂辞去北洋大学铁道工程教授之职，开始从事水利建设工作。1930年至1932年，国民政府铁道部聘请李书田担任唐山交通大学土木工程学院院长。李书田在唐山交大共两年三个月，最初增设了矿冶工程学系。更名唐山工程学院后设置了研究分所，各实验室投入了十几万元的设备，尤其是材料实验室，位居全国之首。此外还创建了无线电台、土木工程系之水利工程组。

1932年9月13日，李书田受教育部聘任为平津大学区调整后的北洋工学院院长。此后不遗余力经营北洋工学院，五年之间先后完成工程学馆、工程实验馆、创建新图书馆，在土木工程系添设水利卫生工程组，于矿冶系分置采矿工程组及冶金工程组，于机械系添设航空工程组，创设电机工程学系，创设工科研究所，水利学及水利机实验室，举办全国矿冶地质联合展览会，筹备北洋大学，选定西京分院院址等。

七七事变以后，亲率北洋大学师生赴西安合组国立西北临时大学工学院。1938 年春，再迁汉中，改成国立西北联合大学，担任校务委员兼工学院院长、工科研究所主任。1938 年秋奉命并组西北联合大学工学院、东北大学工学院及焦作工学院为国立西北工学院，任筹备主任兼工科研究所主任。该院设八系，为当时国内工科规模最大学校。1939 年春，创立国立西康技术专科学校，为第一任校长。该校设置农工各科，后增医科。西昌距雅安尚有 12 站之滑竿路，创校之初图书仪器，甚至实习工厂的机械设备，全部用滑竿抬去。人称“为自汉武帝置越携彝及司马相如通西南夷以来，在文化教育上之盛举。”①1931 年，复受命完成国立贵州农工学院之筹备，充任院长。一年后规模初具，改为国立贵州大学。1942 年秋回到重庆，专门从事国立北洋工学院再行独立复校，半年以后，1943 年 3 月，经国民政府行政院通过，暂设于浙江省秦顺。同年奉政府特派为黄河水利委员会副主任，再行从事治河与水利工作。1944 年秋，就北洋西京院址，恢复国立北洋工学院西京分院，开设土木工程及水利工程两个学系。1945 年抗战胜利后，随黄河水利委员会复员返回河南，然后于 1945 年 4 月亲率北洋工学院西京分院师生经合肥返回天津，为北洋大学首先恢复办学的部分。到达天津半月后开课，一月后北洋大学正式复校，仍担任工学院院长。北洋大学工学院经过一年的恢复，规模粗具，先后经教育部核准设置建筑、土木、水利、探矿、冶金、机械、航空、电机、化工、纺织等 10 个学系，并实施设立 8 个研究所。

---

①《李书田博士》，载《工业月刊》1948 年第 5 卷，第 4 期。

李书田从事工程教育几十年，关注中国工程教育的发展，曾著《过去二十五年之中国工程教育》，其言北洋大学的成立“是以中国工程教育与中国之现代大学教育同年同月同日生，即中国起始有现代大学之日，已有工程科系。此首创之大学成立伊始，程度即与欧美各著名大学相颉颃，故其毕业时从彼时即能直接进入美国东部各著名大学研究院，当时主持教务者，为美籍教育家丁家立博士，各科教授，亦多美国学者。”[①]后又著《四十年来之中国工程教育》。

1936年李书田向记者谈个人教育经验，说他当了院长仍离不开教学，任唐山工程学院院长时，凡请不到教员时，如土木工程课程常自教之，故教过最多的如水力学会教七次。他说：“我深感到一个成功的教授，必须具备下面所说的各条件：(1)对于所授的学科有深切的了解与深造；(2)在讲堂上应有透彻的讲解要把一个科学给予逻辑的展开与演绎；(3)要能管理并指挥学生的作业；(4)要能启发并增进学生的兴趣；(5)所教授的理论要与当时当地之现实问题发生联系；(6)自己要继续不断的做实验研究及著述工作；(7)要分析把握当地之现实问题以备他人之咨询；(8)要热心参加有关系之学术团体；(9)要与中国同道之名师大儒长通声气；(10)要安心继续不断的在一个学术机关服务，万不宜见异思迁，要有责任心合事业心，万不必计较待遇。任何教授如准照以上所举的十条去努力，事没有不成功的。”[②]

---

①李书田：《过去二十五年之中国工程教育》，载《北洋理工季刊》1936年第4卷，第4期。

②林冰：《自强不息的工学家李书田先生(三)》，载《益世报》1937年2月3日。

他认为工程教育与医学教育最为宝贵,“工程教育机关里最应注意着:一为教授人才,二为教学设备、建筑尚其次要者。至于训练最要紧的是德育,次要智育,体育亦相当重要,群育、美育亦属不可缺指导。工程学院的智育教育:第一,应有深固的教学及自然科学之基础;第二,应以实际工程技术为训练之对象;第三,应以当时当地之经济情形为训练之背景;第四,应训练能充分运用图表语文为发挥之工具;第五,应训练以管理物料员司人工之本领;第六,应训练以研究问题之兴趣及能力。”[①]“工程教育之精神的目标,时时刻刻在训练人对于所设计的建筑物,所制造的机械,所计划的工厂,注意适用、经济、坚固与耐久、美观。与工作的迅速,对于经济一层,是省钱省力省时间,同时并重的,而比较经济与否的时候,是要把建设费、养护费、运用费及折旧费合并比较的。工程学院的使命既是要造成专门工程人才,必须准备他的毕业生能够分析研究把握当时当地的现实工程问题,因此必须准备他的毕业生能够自由运用,(1)论理的方法;(2)数学的方法;(3)图解的方法:(4)实验的方法;(5)统计的方法,于所遇之工程问题上,工程师应对于所专门之工程科学及有关之工程科学贯通外,尚应对于语文历史教学及自然科学、社会科学、美术学科、工业心理及管理科学有相当之熏陶。中国的工程学院尚不算多,每年所造就的工程人才尚不敷用,大学的工学院外,尚应多设几座工科专科学校,更应多设几座高级工科职业学校,以造就中级工科人才,在全国几个重要地理区域中,应就已有之工学院,尽量集中人才,充实设备,扩充研究部门,培植成

①林冰:《自强不息的工学家李书田先生(四)》,载《益世报》1937年2月4日。

几个工程教育的重心。”[①]李书田先生有关增加工科院校、职业学校的设想，不仅当时，即在当今也有一定的现实意义。

三、执掌北方大港的筹划

1919年2月，孙中山在《建国方略》一书中，对中国富强的发展，描述出美好构想，绘就雄伟蓝图。其中提到一个“梦想”，要在大沽口秦皇岛两地之中途，青河滦河两口之间，沿大沽口秦皇岛间海岸岬角上建设“与纽约等大”的海港，即北方大港。

1928年北伐胜利后，国民政府将顺直水利委员会改为华北水利委员会，聘请李书田为秘书长兼常务委员。在该会的工作计划中，就将孙中山曾谋划的北方大港作为工作目标之一。1929年5月，成立北方大港筹备处，李书田为副主任。主任初由华北水利委员会主任李仪祉兼任，后随着华北水利委员会改组，由陈懋解主任兼任。实际上北方大港筹备处由李书田具体负责，所有技术及事务人员，皆由华北水利委员会抽调。华北水利委员会在顺直水利委员会原址办公，地点在天津意租界五号路（今自由道24号），可见北方大港的筹划工作是在天津进行的。

北方大港筹备处首先完成了北方大港资料搜集及港址的调查工作。1929年6月即派测量队前往大清河口，测量了港址区域、市埠区域和铁路区域，至1930年7月完成。随后李书田草拟了《北方大港现状与初步计划》。该计划共分五章：第一章、北方大港之现

①林冰：《自强不息的工学家李书田先生（四）》，载《益世报》1937年2月4日。

状。第二章,规划大纲。第三章、开办经常和分期工款之概算。第四章、筹款办法。第五章施工后之利益。工程计划分为两个阶段:测绘及研究阶段和工程实施阶段。

筹备处利用《华北水利月刊》出版一期“北方大港专号”。据1929年9月11日《益世报》:“北方大港筹备处,对于工作之第一步拟先从测绘入手,兹闻该筹备处,为便于工作起见,暂附设于本市意租界华北水利委员会内,以便就近开始测绘工作,现该处为报告筹备经过,计定双十节以前,发刊《北方大港专号》。内容汇载关系文件及中央命令,并有图表论著专栏、闻昨已致函各机构团体及工程专家、征求研究文字,定于本月中旬为齐稿时间云。”但是由于筹备经费没有落实,“从事规划测量已经半载, 惟经费、仪器两感缺乏,工作极为困难”[①]“因需要经费,为数千万元以上,将来如何筹划, 诚属进行中之最重要的问题……大规模之进行,为期尤远”[②]。

虽然经费紧张,北方大港的筹备工作一直没有停下。李书田派出工程师陈昌龄等勘测大清河口,并在穆楼村东、南洋子河口附近建设测候所(气象台)、海岸测验办公室,安置风速仪、自记寒暑计、自记气压表、自记湿度表等仪器。仪器经费数千元,皆出自华北水利委员会的经费。

1930年,李书田在《中国建设》上,发表《北方大港之初步计划》。其中谈了北方大港筹备处的10个月的工作。“自鄙人奉令筹

①《据东方北方大港筹备处拟具初步计划请予鉴核并确定筹款办法案》,载1930年3月6日《申报》。

②《徐世大谈北方大港》,载1930年3月7日《大公报》。

备北方大港为期已逾10阅月。港址附近之地形水深测量早已完竣，水象气象之规划业已着手，前就调查测量所得，曾编拟《北方大港之现状及初步计划》。”

1931年10月，国民政府建设委员会将筹备北方大港的工作移交交通部和铁道部。其中派陈懋解等五人为东方大港（上海吴淞港）筹备委员。李书田等五人为北方大港筹备委员。1931年11月2日，交通铁道两部将北方大港筹备处改组为北方大港筹备委员会，办公地点仍在天津意租界的华北水利委员会内，委任李书田为主任，经费为荷兰退还的庚子赔款。

筹委会成立后，聘请山东教育厅高等教育科长张含英为总工程师（张兼任山东工程师学会会长、曾任葫芦岛工程师）。此后，着手北方大港的勘探工作，港址也由大清河口改在滦河口。北方大港筹备委员会重新修改补充了北方大港计划，计划五年完成工程，造价估计在6000万元左右。随着“九一八事变”后国内形势发展，日军向华北蚕食，北方大港的钻探工作无法进行。1933年4月，“北方大港筹备处、因经费困难、一切计划不能进行、加以滦东发生战事、华北局势不安、工作无形停顿”①。

1935年7月，北方大港筹委会奉交通铁道两部命令，“饬即日停止工作，并将会结束，因华北目前无此需要，同时将经费自本月份停止发云”②。北方大港筹备工作停止。抗战胜利以后，李书田承担北洋大学的复校工作，在搞好教育的同时仍不忘北方大港。时天

①《北方大港筹备工作停顿》，载1933年4月11日《申报》。
②《北方大港筹备工作停止》，载1935年7月24日《益世报》。

津塘沽新港已成规模，许多专家认为以经济的价值而言，则塘沽新港远较北方大港为优。但李书田仍然坚持自己见解。谈及塘沽新港与北方大港时称："对海港的看法，应该用望远镜，不能用显微镜……有史以来，黄河三度经天津入海，因所挟泥沙淤塞海口，所以大沽口无法建为大港，以国父实业计划中之北方大港与塘沽港口比较，北方大港距四十呎深水处不过数里，且附近皆属咸水，故冬季不致封冻，塘沽新港则因缺乏流动河水，乃易致冻结，故比较之下，北方大港仍应在清河口"①。可见李书田仍不忘北方大港工程的实施，但在多灾多难的旧中国，李书田的愿望只能化作泡影。

四、中国近代水利科学的开拓者

李书田的一生，除了从事工程教育事业外，投入最大的应是水利工程，即黄河华北两流域重要水利治河问题，均曾参与或主持，人称中国近代水利科学开拓者之一。1927 年 10 月，李书田被顺直水利委员会委员长熊希龄聘为秘书，参与日常工作。1928 年，李书田担任华北水利委员会秘书长兼总工程师。1942 年 2 月，奉政府特派为黄河水利委员会副委员长，再行从事治河与水利工作。1943 年 4 月赴西安就任，先后考察陕西、山西、河南、甘肃、青海的黄河沿河主要河段，对于治黄计划、治河大策以及当时关系国防之河防，与堵口复堤的筹划，建树甚多。

有关海河的治理 李书田非常专注海河水域的治理，受整理

①《李书田演说》，载 1947 年 4 月 7 日《申报》。

海河委员会的委托，与向迪宗编造《海河治标工程测量设计及施工程序案》，该工程共有北运河船闸工程、永定河改道工程等20项，1932年5月全部完成，发行海河公债，连本带息共601.6万元。(图6.海河工程临时拦水坝)还制定了《永定河治本计划》，其中有独流减河工程，该工程为永定河下游改道，解决大清河流域的水灾，由静海县(今静海区)独流镇开挖入海减河，长度65.5公里，计划四年完成，需用工款1500余万元。1933年12月，李书田在南京水利会议上说："华北各河水文记载虽多，但仍不足参考，须继续勘测。目前已设之水文站约有二十处，水标站约有四十处，雨量站约八十余处，分布于济南、开封、太原、承德一带。永定河治本计划，即为独流北海及疏浚青龙湾，共需款约三千四百万元。因永定河不治，则海河泥沙不除，而天津港口亦不克改进，现在最切要之工程需款约五百万元，均经水利会呈请中央，就棉麦借款中分配举办。"[①]

主持建设中国第一座水工试验所 李书田在南京水利会议上谈，"现由导淮会会同华北、天湖、黄河三水利会，国立北洋工学院、冀省立工学院、建设委员会、灌溉管理局等八机关，合办中国第一水利试验所，造就水工专门人材。地址在津，已筹经费九万元，明春开幕建筑"[②]。实际上，该所由华北水利委员会和北洋工学院承担。是当时中国唯一一座水利实验机构。1935年11月完工，位于河北区黄纬路河北省立工学院内，当时该所进行了官厅水库大坝消力池的第一次放水试验。此后该试验所还进行官厅重力坝的坝下底

---

①"内务部水里会议开幕"，载1933年12月20日《申报》。

②1933年12月21日《申报》二十日中央社电。

孔和隧洞泄流消能工设计方案研究进行的试验、黄土区河流泥沙运动的预备试验、永定河卢沟桥滚水坝海漫试验、透水丁坝试验。还进行针对黄土区域河流制导工程透水丁坝的专项试验，黄土渠道冲淤试验、断面模型试验和彭仲氏(Bunschu)堰口公式检验试验等。

有关黄河的治理 在担任黄河水利委员会副委员长期间，李书田十分关注黄河的治理，抗战时期，黄河治理还要与国防军事配合。1944年春，正当黄河防泛新堤堵复工程进行之际，李书田到河南遍历河干考察。由于黄河防泛新堤堵复工程涉及解放区，他的黄河治理思想，引起毛泽东、周恩来的关注。1946年在《水利季刊》第三卷第二期发表《秦晋交界黄河水力资源之经济价值》，文称："自河曲至龙门，至少可发出水利动力475万千瓦。"1947年在43卷第三号《东方杂志》上发表《历代名人治河事迹述略》。1948年应《益世报》之邀，主编《工程与科学周刊》，并发表《黄河防泛新堤与堵复工程视察观感》，回顾1944年考察黄河沿岸的经过，人称"历史性文献"。1946年9月，李书田"遽遭母丧，自感子职有亏，又念其父年迈"[①]，遂提出辞去黄河水利委员会职务。

李书田不仅对中国水利有独特的见解，他还主编《中国水利问题》，作为商务印书馆所合编万有文库第二种。1936年《益世报》记者采访他时说："但余对中国水利最急切之意见，是造就水利人才，故余任唐山工程学院院长时，即在彼校添设水利工程组；到北洋后复设水利卫生工程组，现在各水利机关，甚需要水利专门人才，而

①《李书田辞黄委会职务》，载1946年9月3日《益世报》。

各大学亦缺乏水利专门教授。去年曾为中央国民经济计划委员会草拟水利人才训练方案，当时余主张应积极充分造就适当水利人才，以能负起左列任务为依归：第一，推动与帮助水利建设专业之任务。第二，计划水利建设事业之任务。第三，实施水利建设事业之任务。第四，改进水利建设专业之任务。而期发展一切由于兴办水里之国民经济建设以厚民生。所谓水利人才者，就发展国民经济建设之需要而言，必须释之广义而包括：甲，倡导水利专业之领袖人才。乙，协助推行水利专业之普通人才。丙，水利工程之高等专门人才。丁，水利技术之中级职业人才。庶可资以肆应各种水利建设之任务。”[①]李书田对水利人才的重视，与其北洋工学院院长的身份相关。

李书田在学术上享誉国内外，其为美国土木工程师学会、美国铁道工程学会、美国材料试验学会、美国混凝土学会及国际材料试验学会正式会员。在国内，他是中国工程师学会董事、中国水利工程学会副理事长、河北工程师学会会长、中国土木工程师学会副会长。抗战胜利后，发起组织冀热察平津经济建设协会，被推举为第一届理事长。还担任天津工业及矿业技师公会常务董事、中国斐陶斐荣誉学会中国执行委员会副会长、北平华北文法学院董事、天津图书馆常务董事、川康经济建设委员会委员等职务。

1949 年李书田赴美，1988 年在美国去世，生前仍念念不忘祖国。2009 年 7 月，其外孙为诺贝尔奖获得者、曾任美国能源部长的朱棣文来到天津大学演讲时说：“这里曾是我外祖父学习和工作过

---

①林冰：《自强不息的工学家李书田先生（四）》，载 1937 年 2 月 4 日《益世报》。

的地方，能在这里演讲，让我感到兴奋与骄傲。”[①]天津大学于2016年6月成立了书田班，即为纪念李书田先生，弘扬实事求是、科工兴国的书田精神，并以此命名。

（刊于王杰、张世轶编著：《北洋大学与天津（第三辑）》，天津大学出版社2019年版，第36—46页）

作者：曲振明，天津市河东区政协文史委

①林冰：《自强不息的工学家李书田先生（四）》，载1937年2月4日《益世报》。

钟世铭事略

张金声

北洋大学是中国第一所大学，它创办于 1895 年，最早的校舍在天津大营门外梁家园。庚子事变后，德军占领了校舍。1902 年 8 月 15 日，袁世凯接管天津，随之直隶总督衙门也搬到天津。恢复北洋大学被提上议事日程。几经交涉，德军不肯归还校舍，袁世凯将位于北运河畔的西沽武库划归北洋大学为新校舍。

西沽武库是北洋军械局存放武器的仓库，亦毁于庚子事变。主管北洋军械局的张士珩在《竹居小牍》复子鹏信中言道："于西沽武库以工程余羡建楼三楹，颜之曰'韬门'，临潞河，榆柳万株，水木之胜，为七十二沽所无。每之库简庀毕，辄放散掾史，倚一胡床，支颐宴坐，收揽水光帆影，以消浮生半日之闲。书剑无成，闲官武库，一楼伫兴，惟人与器义均韬养彻之。"其笔下之北运河、西沽之景色凄迷，令人羡慕。

1903 年北洋大学在西沽武库成功复校。复校后的第三班尚未毕业，便于 1906 年全班被送出留学，钟世铭就在其例。可以说就读北洋大学奠定了钟世铭一生的事业。

一、留洋进士

钟世铭，字蕙生。生于1879年，卒于1965年，天津南郊于家台人。钟世铭出身于书香之家。其父钟筱云曾就学于天津辅仁书院。钟世铭开蒙时即随其父熟读四书五经。钟筱云的虽然走的是科举考试的路子，但他不是迂夫子。钟筱云看到国事式微，西学东渐并深知八股取士的弊端。因此，当高凌雯、王世芸、林墨青等于1901年创办普通学堂时，钟筱云即命钟世铭考入该学堂，接受新式教育。后，该学堂更名天津府官立学堂，故而钟世铭履历有“天津府官立中学堂肄业”。天津府官立中学堂于丁家立有着千丝万缕的关系。

丁家立(1857—1930)，美国公理会教士，外交官。1887年，在天津设立中西学院，自任院长，直到1895年。同时，他还兼任美国驻天津领事馆副领事，受聘为天津中西学堂总教习。1900年，丁家立任都统衙门总文案。1901年春，成立天津普通学堂得到都统衙门总文案丁家立的允许，1902年，更名“官立中学堂”。丁家立并任该学堂督办。钟世铭于普通学堂肄业后，考入北洋大学土木工程系。钟世铭曾言道，之所以于官立中学堂肄业而考入北洋大学，一是受到父辈的允诺；一是受到丁家立的影响。

1903年(清光绪二十九年)丁家立出任北洋大学“留美学堂监督”，钟世铭因学业出众，成绩优秀，颇受其青睐。

1904年，北洋大学总办钱镕离任，由沈桐接任，并奉直隶总督袁世凯之命整顿学规，制定《天津大学堂新订各规则》。沈桐一边整顿学规，一边对学生进行严格的考试。在此次考试中钟世铭获得佳绩。1905年（光绪三十一年一月初六）《申报》刊出："天津西沽大学堂，功课素称完善。去岁经沈观察竭力整顿中西科目，两得其平。年终大考，经督宪（袁世凯）评定甲乙，兹将国文一等念（二十）六名姓氏列左。"念（二十）六名中，钟世铭赫然在列。

1905年，清廷派大臣出洋考查政治。直隶总督袁世凯奏请派北洋大学生随同考查政治大臣一同出洋游学，清廷获准。袁世凯遂照请北洋大学总教习丁家立选派优秀生随同。1905年8月26日，《申报》有"兹将丁君所开各生姓名籍贯照列：……钟世铭直隶天津县，矿……右十一名皆依平时大考等级而开送者。"另有四名为学堂监督罗敦融开送。此次随考查政治大臣出洋的北洋大学生，清廷另有目的地"带往各国分科留学"，又言"丁君之意，拟令学生至外国先入高等学堂肄习一二年，然后再进大学堂研究专门，如是则所学方能登峰造极，有裨实用"。钟世铭在北洋大学就读于土木工程系，然而在申报时丁家立缘何将钟世铭列入矿冶工程？当时，各国列强在中国到处开矿，大肆掠夺中国的资源，这深深地刺激朝中的官僚。北洋大学在开办之初即设有矿冶工程。可学习此专业人数不多，且考试优异者不多。丁家立为了多保送学生出国留学，不得已变通钟世铭所学专业。从中也可看到丁家立的良苦用心。在游学各国其间，钟世铭眼界大开，欧洲的政法体制及社会制度，令他十分向往，这也为他后来弃工科而学习政法专业增强了信心。

1906年，钟世铭被派往美国哈佛留学。他在选学院系时，就学于法政研究院攻读，并以优异成绩获得法政学硕士学位。

1910年，钟世铭学成归国。清廷于同年农历八月初五日公布《学部考取东西洋游学名单》，在"英美毕业生三十四名"有钟世铭。

同月初八日清廷学部举办“游学毕业生考试”，题目为《刑法之适用限于国境内一切犯罪此原则也，然有时国境外之犯罪亦可适用本国刑法，而国境内某犯罪转不能适用，能一一指明其事实说明其理由欤》。当时考生大多不能解释命题意旨之大处，含糊敷衍。钟世铭凭着丰富的学识，缜密的思维，完成试卷。八月二十二日《申报》公布“游学毕业生等弟名单”并分为最优等、优等、中等。钟世铭获得最优等。

另据《光绪宣统两朝上谕档案》第三十七册载：“宣统三年四月初六日（1911 年 5 月 4 日），奉上谕此次验看之学部考验，游学毕业生钟世铭著赏给法政科进士。汪爔之、李庆芳、张恩绶、陈模、蹇先骢均著赏给法政科举人……”

1911 年（辛亥四月廿四日），钟世铭廷殿试获一等并点中翰林，入翰林院编修。当时，从科举考试出来的翰林们把持着翰林院，他们根本看不起留洋归国后考中的翰林。钟世铭只是在翰林院挂个编修虚衔，不久被派赴欧洲游历英德俄意奥等国宪政。正当钟世铭在上述诸国详细考察之际，国内局势动荡，清廷命其归国旋充直隶省学务公署专门科员兼直隶高等工业学校教授，主讲英语。钟世铭知识渊博，英语极佳，且又能因材施材，受到教员及学生的好评，又因其办勤勉，精通学务，不久由直隶学务公署科员升任副科长、科长。

二、致力教育

钟世铭在教授直隶高等工业学校时，因其才华出众，教授有方，受到该校校长周学熙的赏识。

周学熙(1866—1947),字辑之,号止庵。中国近代著名实业家。入袁世凯幕下,主持北洋实业,是袁世凯新政的得力人物。1903年赴日本考察工商业,回国后创办直隶工艺总局。1907年出任长芦盐运使,并两度出任民国政府的财政总长。周学熙在办实业,出任为官时及与列强打交道时,深感人才难得。而钟世铭杰出的才华,使得周学熙对其青睐有加。随着周学熙任职的变更,钟世铭更是随其左右,可谓"股肱之臣"。钟世铭事业的腾飞离不开周学熙的提拔。

1912年6月,钟世铭任直隶高等工业学校教务主任并在北洋法政专门学校教授法律。钟世铭兼职北洋法政专门学校,源于张恩绶。

张恩绶,直隶深州城内西街关人。早年赴日本留学,入早稻田大学政治经济科。归国后,应学部考试,授法政科举人。后任北洋法政专门学校堂监、校长。1913年4月27日《政府公报》第349号所载《内务部批(第二百七十一号)》称:"原具呈人北洋法政学会会长张恩绶。呈悉。查该会以研究法政学术为宗旨,尚无不合,应即准予立案。惟请所有由会出版书籍予以版权一节,应俟将书籍呈到,再行核办。仰即遵照。此批。中华民国二年四月十五日。内务总长赵。"北洋法政学会设在北洋法政专门学校内,校长张恩绶兼任北洋法政学会会长。

早在1912年12月,北洋法政学会已编译出版发行《〈支那分割之运命〉驳议》。《支那分割之命运》1912年10月在东京出版,署名复堂学人,即中岛端。该书内容中,充斥攻击中国的无耻谰言。该书出版后,北洋法政学会立即组织翻译,对其荒谬观点予以驳斥。驳议的主要形式是"译者曰"(即加按语)和眉批。按语共计五十九段,眉批共计一八四处。当时,李大钊作为北洋法政学会的编辑部长之一，应负责统筹全书的编译和出版、发行事宜，李大钊也应该是主要编译人员。《〈支那分割之运命〉驳议》一书，于 1912 年 12 月出版发行。1913 年 4 月，北洋法政学会又重印此书。

1913 年 3 月，北洋法政学会又完成《蒙古及蒙古人》第一卷的编译工作。

北洋法政学会成员中的政治态度或政治倾向不一而足，既有清末参与国会请愿运动的主要成员或积极分子（如田解、凤文祺、张竞存等），也有当时激进的革命派人物（如王宣、汪瀛、童启颜等），但大多属于立宪派分子（如时已担任直隶省临时省议会议员或已参加统一党、民主党等党派）。李大钊当时为北洋法政学会中的骨干成员，钟世铭为该校教师。他们二人之间有无交集，尚未见诸任何资料，但他们二人之间有师生之谊。为支持北洋法政学会，钟世铭以“名誉赞成员”身份捐款，支持该会工作。

盐税是国家重要的收入来源，盐税的好坏直接关系国家财政的收入。无论是国家与地方都期待盐税收入的稳定与提高，这就离不开专业的管理人才。1920 年成立于北京的盐务学校，是近代中国为培养盐务人才而建立的第一所专门学校。早在 1917 年就有报道：“各省盐务，内容至为纷歧，非先预储人才，不足以收驾轻就熟之效。兹闻院部电致各省盐运使，务各就所辖盐区，筹建专门盐务学校一所，为将来整顿盐务之用。”成立盐务学校的目的，是为培养现代化的专业盐务人才。1920 年 4 月 7 日，财政总长兼盐务署督办李思浩上呈《为盐务需才，亟应设立盐务学校以宏造就文》。同年 5 月，李思浩在《呈大总统拟定盐务学校章程缮折呈鉴文》中写道：“本校以造就盐务专门人才为宗旨，学生以深通中外文字、研究薄记、法律、经济、理化及关于各项关于盐务知识为成效，尤以敦品励行通晓经中诸书为进行之实践。”表明成立盐务学校的宗旨和培养目标。盐务学校亦称“北京盐务专门学校”,系北京政府盐务署与盐务稽核总所于1920年4月合办,它的倡办人是张弧。但办学校需要精通教育,又要具备现代知识的人才,钟世铭以盐务署参事兼任该校校长,校舍在北京东城大纱帽胡同。

盐务学校成立后,经费一直处于紧张的状态,常常难以为继,因而无法进行化学方面的教学及试验。钟世铭为此常常奔走于各个派系之间,为学校筹划经费。最早学校不收学费,后来迫不得已才取。盐务学校自成立之初,就是一所“高投入,低产生”的学校。高投入表现在其不惜重金聘请教师,其教师许多有留学背景,具有硕博学位,如:法学教员郑天锡、翻译教员彭沛民、盐政教员左树珍等,另外还有外籍教员。

关于学生学习课程,钟世铭根据在北洋大学学习及美国留学的经验,结合实际情况,设置“别科”和“本科”两种。本科课程则多一些,本科如下:

第一、二年:中文学科(经学、国文、史学、盐政沿革史),英文学科(英文、算学、物理、法律、经济、体操)。英语每星期钟点数12,国文每星期钟点数为6,其他学科或3或2。第三、四年:中文学科(经史、国文、盐政沿革史、现行盐务法规),英文学科(英文、算学、化学、政治、货币、薄记、统计、外国语、体操)英语每星期钟点数为10,其他学科3或2。

从这份开课名单上,可以看出钟世铭对于盐务教育,煞费苦心。课程丰富而又富有现代性,是一所科学合理的现代化学校,同时它是中国近代盐务现代化的标志。它是一所针对性强、实用性、实践性强且区于别于同时代那些综合类大学的专门学校。它类似于今天的高级职业培训学校，这种由国家产业机关创办学校的模式，尤值得今人好好思考一番。这个存在15年的盐务学校，为近代中国培养了200多名现代盐务人才，做为首任校长，钟世铭居功至伟。

1929年，6月16日，北洋大学天津同学会成立，钟世铭出任会长。1933年2月6日，北洋大学代校长李书田决定增设讲经，其顺序为《大学》《中庸》《易经》，并邀请钟世铭于2月11日开讲。钟世铭此次讲经受到学生的好评。

1932年，李实忱于天津创办国学研究社。李实忱名廷玉(1869—1952)，天津人。保定将弁学堂毕业，曾任九江镇守使、江苏督军公署参议、江西省长等职。1922年卸职返津。李实忱在创办国学研究社时言道："民国肇造以来，二十有六矣。欲正人心，而人心日趋于险诈；欲厚风俗，而风俗愈极于卑污。试为参致此之由，实起于民三废经，民七废孔，有心人难怒焉之。"李实忱此言某种意义上也代表钟世铭的想法。当李实忱找到他后，钟世铭欣然担任天津国学研究社副社长，并主讲《大学》。国学研究社以"三不收费"而闻名。不收报名费、不收讲义费、长期听学不收学费。其开办所用经费由李实忱承担，运营费则由各发起人按月分捐。身为副社长的钟世铭按时捐款，直到1937年国学研究社停办。后来在天津传承国学研究的龚望、余明善、陈隽如、王坚白、冯谦谦、张淑纯、刘炎臣等皆出其门下。

1933年夏，耀华中学筹建礼堂。爱国人士、社会名流纷纷捐款。赵天麟在《本校礼堂落成记》末尾言道："《周礼》云：'国功曰功，民功曰庸。'"他主张将兴建"耀华"礼堂捐款人的姓名，镌刻在礼堂前庭的墙壁上。据此碑记载，钟世铭捐银1000元。钟世铭因其早年学过土木建筑，耀光中学校舍的建计，他亦参与其中。

抗战胜利后，北洋大学复校，钟世铭被聘任伦理学教授。1946年5月茅以升出任校长，在其未到任之前，由金问洙代理校长，钟世铭出任训导长。抗战期间，北洋大学曾被日军占领，战后该校一片狼藉，百废待兴。1947年8月18日，《申报》有消息：北洋大学代理校长金问洙辞职，在校长茅以升未北来前，校务由训导长钟世铭暂代。1947年第二期《教育通讯》有《钟世名代理北洋大学校长》载："代理国立北洋大学金问洙因病亟需调养，呈请辞职。教育部予以照准，并派该校教授兼训导长钟世铭为该校代理校长。按钟君天津人，六十七岁，北洋大学工程系毕业，曾得美国哈佛大学学士及硕士学位，历任直隶高等工业学校教授，教务长，翰林院编修，直隶学务公所专门科长，北洋法政学校教授，财政部盐务稽核总所坐办总办，盐务署编译处参事秘书，总务处处长，财政部盐务学校校长，财次部次长兼盐务署署长，财政部部长兼盐务署督办，奉天交涉总署署长兼东三省交涉总署署长等职。"教育部之所以不烦其烦罗列钟世铭的履历，其意在借助钟世铭的声望，来缓解因教育经费紧张带来的不安因素。另一方面，钟世铭曾出任过财政部次长是个理财好手，捉襟见肘的经费或可经过其手能用在应用之处吧。

同年12月26日，教育部发言人言道，北洋大学自茅以升辞职后，改由刘仙洲继任，在刘未到任前，由钟世铭教务长暂代。并追加经费15亿元，为建设扩充之用，如嫌不足，教育部限于实际支配，现实无法补益。此时的北洋大学处于极端困难时期，钟世铭代校长利用种种条件，使出浑身解数采取有效措施，维系校务，保证教学。然而好景不长，终因物价飞涨，教育经费拮据，办学愈加困难，仅坚持几个月的代校长后，他终于提出辞呈。钟世铭曾对其弟子刘炎臣说过，自己平生事业的发达皆源于北洋大学，那个时候想回馈母校，带好北洋大学，使其走出困境，自己无能啊。是夫子之道，亦是无奈之言。

三、从政为官

1913 年，袁世凯以办理善后为名，向英、德、法、日、俄五国银行借款，总款为 2500 万英镑。以中国全部盐税为抵押，设立由外国人控制的盐务稽核总所征收全部盐税。以盐务署署长兼任总办。周学熙参加签订"善后借款"合同，并以财政总长兼盐务总办。周学熙有感于由外国人控制的盐务稽核总所若无精通法律和洋务的有识之士参与其中，中国的盐税大权势必旁落。他决定采取"掺沙子"的办法，将精通法律和洋务的有识之士，尽量网罗其中并不断壮大，此举颇类其当年"以滦制开"之翻版，钟世铭、武光建等正堪大用。因此，周学熙将钟世铭调往盐务稽核总所并任筹备委员会委员。

武光建，广东新会人，著名翻译家，师从严复。钟世铭与武光建二人皆通中西学，相谈之下，一见如故。在以后的工作交往中，二人相互支持，相互协助，他们的友谊终生不渝。

盐务稽核总所的设立，既要让外国人过得去，又要最大限度保证中国的利益，故而在制定其规章制度时，颇费周折。钟世铭用其所长，在规章制度建立时，倾尽全力为中国争取最大的权益。这些条例或许在外国人面前不堪一击，但其爱国之情，不容忽视。因了钟世铭在筹备其间的表现，1914 年 1 月 1 日，袁世凯发表总统令，给予钟世铭"四等嘉禾章"并擢升钟世铭盐务署坐办兼盐务编译处坐办。周学熙辞职后，1914 年 2 月，周自齐出任财政总长兼盐务署督办。周自齐有“理财高手”之称，据说他理财的妙招之一，就是从英国贷款到美国换成美元，然后再到英国换成英镑去购买廉价的日货高额卖出获取利润。这在当时亦是高明之举，但是盐务稽核总所关系着国家的实体经济，何去何从？钟世铭联合武光建等在其职权内据理力争，因他们办事圆融，谙通西方法律且力排众议，使一些看些小事而可能引发为大事的问题得到圆满解决，同年，12月28日，袁世凯发表总统令，给予钟世铭、武光建等“三等嘉禾章”。

1915年，周学熙复任财政总长。1916年6月29日，袁世凯发表总统令：“财政总长兼盐务总办周学熙呈请任命钟世铭为盐务署参事，应照准。此令。”同年，7月11日，袁世凯发表总统令：“财政总长兼盐务署督办周学熙呈□将盐务署参事叙列四等等语应照准。此令。”此令中，钟世铭又得到嘉奖。在十几天内，钟世铭连获嘉奖，可称为“异数”。袁世凯复辟其间，周学熙奏称，钟世铭勤劳卓著特进为少大夫。之所以在不长的时间内钟世铭屡获嘉奖，这与周学熙与张弧之间的矛盾有着极大关系。周学熙提拔钟世铭是为了制衡张弧。另外，钟世铭之所以连获嘉奖，也与当时袁世凯急于称帝有关，他意在网罗人才并为其所用，这也是其常用手段之一。

张弧（1875—1938）原名毓源，字岱杉。1912年任两淮盐运使任，转年任盐务筹备处处长，旋改财政次长，并兼盐务署署长，盐务稽核所总办，1923年署理财政总长。钟世铭虽然身在官场，但他在周学熙与张弧之间尽量秉持中立的态度，在夹缝中生存。他尽量干好实事，故受到褒奖颇多。后来，他任盐务总署顾问兼秘书、北京盐务学校董事长。

20世纪20年代初，直奉两系军阀把持着北洋政府，且明争暗斗，相互倾轧。1921 年 11 月 10 日，北洋政府内阁决定，钟世铭代理财政部次长兼盐务总署署长。这个决定颇令人意外，同时北洋政府为此事并专电回复张作霖(1875—1928，奉系军阀。时任蒙疆经略使，辖热察绥特区，并进京组织梁士诒内阁)。有关钟世铭此次的升迁，当时《申报》有《财政部暗潮已平》报道："财政部提议，该部财政次长兼盐务署署长、稽核总所总办汪士元未到任之前，拟以参事钟世铭代理，议决照办。议毕之后，即由高凌霨同齐耀珊进府报告……惟闻钟氏与奉天方面颇无任何渊源，此次竟能得其电保，颇出人意料之外。"其实，钟世铭此次升迁，是直奉两派斗争的既得利益者。直系欲保举汪士元，而奉系欲举王永江，因了王永江在东三省财政位置上，分身乏术，故张作霖力保钟世铭，名义上为国家择人才，实则要挟北洋政府，若不同意钟世铭代理，则索要军饷。可见，钟世铭此次升迁是直系妥协的结果，这也为钟世铭后来的亲奉留下了伏笔。

1922 年 12 月 26 日，钟世铭被免去财政部次长之职。之于免职原因，同年 12 月 23 日，《申报》有《财部两次长之暗潮》称："钟世铭与张作霖从未见，此次张氏到京，始登门趋谒，并从盐款项下腾挪三十万元，拨奉军边防费，以求得张氏欢心。"当时，曹锐任直隶省长，钟世铭从盐款项下拨给张作霖边防费之际，恐曹锐不悦，特派盐务总署顾问钱崇垲赴津向曹氏说明此举，并非亲奉。不料，曹锐察知其情，对钱崇垲大加申斥，并开除崇垲在曹锐处的咨议一职。钟世铭知此情后，十分愤怒，兼之他的财政次长是张作霖提名而被任用的，所以他一意趋承奉系，藉作护符。从此，每当奉天向财政部索饷时，钟世铭都积极配合。如：以盐馀作担保，发行国库券等。此事虽未能成功，但也看出钟世铭亲奉的态度。另，因盐款存放问题，钟世铭与罗鸿年起了争端。当时财长高凌霨因躲避债主,不到财政部上班,并将部务委托罗鸿年,而钟世铭依仗与高凌霨交情深,颇轻视罗鸿年。如,同年 11 月,盐务总署账面 190 万元,除还给外国银行 100 万元外,钟世铭将余下 90 万元付给与其关系密切的银行,遂使政府扩充京师八校教育之费用,迟迟不能解决。又因许多部门发不出工资,引起众人围在财政部或钟世铭府邸索晌。同年 12 月 26 日,张弧出任财政部长。之前,张弧任盐务署署长时,本为钟世铭上司,而署中重要职位又多张弧故旧。钟世铭上任后以裁员为名,裁去张弧的旧党,故而二人结下冤恨。此次张弧出任财长,故钟世铭被解去财政次长之职当在意料之中。

1923 年 2 月 16 日,因北洋政府财政已到山穷水尽地步。张弧上台后发行 1400 万盐馀公债,惹起众怒。有人欲推举时任盐务署长的钟世铭替代张弧。不知为何此举未能成功。有消息称,3 月 6 日,徐世昌示意钟世铭代理部务,钟世铭力辞。3 月 21 日,钟世铭奉政府令来津与张弧筹商军警饷款。张弧没有办法,亦不回京。钟世铭只好回京复命,政府有意以钟世铭替代张弧。亦有史料称,钟世铭代理过财政部长。但笔者查阅大量资料,未发现有钟世铭代理过财政部长之任命。但钟世铭来津与张弧会面并商筹饷款,亦表明钟世铭有可能已代理部务之职,这有待于材料的进一步发掘。

1923 年 6 月 23 日,钟世铭被当时总统指令收押,理由是其于第一次直奉战前交付奉军 150 万元,未有收据。“其在任上,不止接济奉军一项,其他项目亦多”。收押钟世铭遭到奉系张作霖的不快,他质问北洋政府。面对奉系咄咄逼人之态,北洋政府只好采取息事宁人的态度,7 月 28 日,钟世铭一案已有结果:钟世铭接济奉军 150 万元,系因当时奉势赫赫,情在可原,法院只需将收据取回,即可释放。8月初,钟世铭获释,至于是否有收据,或后被收据,不得而知。

1924年3月15日,张作霖以交涉署张寿增办理外交欠得体要求政府更换。张寿增辞职,北洋政府即令钟世铭当晚接任。6月14日,《申报》消称,钟世铭办理日俄交涉颇重视国权,并在张作霖左右力主直和平。

北洋军阀时代,中国的内政外交,政出多门。各派系军阀与政府往往意见相左,且独行其是。1924年7月9日,东三省设立奉天交涉署,钟世铭出任署长。同年,张作霖之东三省自治代表郑谦、吕荣寰、钟世铭与俄代表库米聂措夫订立俄奉局部协定七条等等。同年10月,第二次直奉战,以奉系用利告终。李思浩出任财政部长,并邀钟世铭出任财政部次长兼盐务总署署长。12月7日,钟世铭上任。但在人事上,任世铭与李思浩发生矛盾。12月30日,张作霖命钟世铭筹备款项并将盐务总署人员全部换掉。钟世铭只好照办。

当时,盐税是一大税种,常常被军阀截留。1925年,吴佩孚截留盐税一事引发哄发,各地军阀欲纷纷效仿。身为盐务总署署长的钟世铭居中调停,而"据闻张英华(吴佩孚割据之地负责盐务)此举,于代吴佩孚谋划拆台而外,复颇有与现任盐务署长钟世铭为难之意味(《申报》中华民国十四年十一月三十日)"。吴佩孚要拆张作霖的台,这是军阀之间的争斗,对于此事,钟世铭虽为盐务总署署长,但也无可奈何,只好一走了之来到天津。而政府限令其10月30日晋京,钟世铭回京后,此事最后不了了之。

当时政局十分混乱,派系林立,且财政开支入不敷出。无奈之下,钟世铭去职后其赴沈阳闲居。

四、热心慈善

官场的尔虞我诈，颇令钟世铭生厌，他毕竟是有操守的文人。从此，他在也未涉足官场，而是致力于慈善及教育事业。

北伐胜利后，钟世铭来津居住。1928 年 4 月 11 日，天津英租界工部局选举钟世铭、庄乐峰、陈巨熙当选本年度华人董事，当时英租界有 6 名英人董事，3 名华人董事。钟世铭在任期间，尽量维持华人的利益。

大约在 20 世纪 30 年中期，钟世铭主持天津明德慈济会，办理公益社会事业。孙似楼在致龚望的信中写道："钟先生曾在估衣街某善会讲经书，余旅津时到会址参观，敬服已久。"孙似楼，近代著名诗人，教育家。新中国成立后被聘为中央文史研究馆。曾与毛泽东、柳亚子等人唱和诗词。孙似楼此言当是钟世铭主持该会时。从孙似楼的言语中，可见钟世铭登堂讲课的神采。1947 年明德慈济会上书天津市社会局改选该会负责人。社会局 4 月 29 日回复："兹派钟世铭、程岳儒、徐汉章等为改选负责人。"又有："世铭等遵于 5 月 1 日到会就职。"可见，钟世铭主持该会时间之久。1949 年后，该会自行解散。

中华人民共和国成立后，钟世铭休闲在家，过着平淡的生活。1963 年，钟世铭延请龚望在其府上为晚辈及朋友的孩子们义务讲授国学、书法。1965 年农历十二月初九，钟世铭去世。龚望于其学生王万中手中得钟世铭尊人钟筱云手稿二页，为之装池，题签《钟筱云先生辅仁书院课艺》并有跋："乙巳十二月初九日，蕙生夫子病逝，嗣子耀华于十一日偕妇返津，翌日棺殓，十五日殡出，葬于南郊于家台祖茔。葬毕，生耀华夫妇即将全部房舍、书籍、器物等，一律处理净尽，丙午正月初四日返沪。当其变卖书籍时，余曾与迟东升学兄向其建言，先人之手泽遗稿应当注意保存。渠言凡书籍，皆献政府，应由政府甄别。谈未毕，其妻于门外唤之出，实则书贾三人已候楼上多时矣。当即将各屋所藏中西图籍，扫数售出。楼道院庭，街门左右，为之填塞，大车以载，往返多次。即余所知，如《说苑》八函，仅买去七函、《越缦堂日记》八函，仅买去六函，尚有其他剩余残本甚多。购买者之所以不加细检，必其价廉已极，毋庸细检也。书籍卖后，楼上下各屋所余之断简残篇，满地皆是，积有尺许之厚，往来行人践踏而过。如是者数日，专待收废品者清除。此册即筱云太夫子应课辅仁书院之八比试帖，乃同学王万中于废纸堆捡获者。课艺虽无足珍，然亦先人手泽。设先师在堂，必不忍其如此践踏。自告终至殡葬，不及旬日，尸骨未寒而竟凌替若是，为之伤感者久之。因装成册，以付裕国，俾知区区微物，能保存于劫火之余者，亦甚非易事。若非万中同学留心故纸，又将何从而见之哉！”

钟世铭出身晚清，历经中华民国、日伪统治、中华人民共和国，可谓阅尽沧桑。他早年志在科学、法制救国，阴错阳差使其步入政坛。因其文人秉性，又不谙官场规则，数度碰壁，遂退归林下，致力于教育、慈善事业，直至其终。

钟世铭小传：

钟世铭(1879—1965)字蕙生，天津人。清末北洋大学(今天津大学)毕业。后入美国哈佛大学得法政学硕士学位，清廷赐进士；复经殿试，点翰林，授翰林院编修。历任直隶省学务公署专门科员兼直隶省高等工业学校教授、直隶学务公署副科长、科长。北洋政府时期，先后任直隶高等工业学校教务主任兼北洋法政学校教授、财政部盐务稽核总所筹备委员会委员、盐务稽核总所坐办兼盐务编译处坐办、盐务总署顾问兼秘书、北京盐务学校董事长。1921年,任财政部次长兼盐务总署署长,1922年免职。1924年复任财政部次长,1925年免职。北伐后,在天津办理社会公益事业,主持天津明德慈济会。1932年任天津国学研究社副社长。天津沦陷时期,隐居不出。日本投降后,北洋大学复校时,一度担任训导长并代理校长。

(刊于《天津史志》,2019年第1期,第37—40页;2019年第2期,第37—40页)

作者:张金声,天津师范大学天津文化地理研究中心

李大钊与北洋法政学堂

赵进杰

2019年是中国共产主义运动的先驱、伟大的马克思主义者、杰出的无产阶级革命家、中国共产党的主要创始人之一李大钊同志诞生130周年，对于这样一位在近代中国历史上产生过巨大影响并与天津这座城市有着极深渊源的重要人物，我一直希望能通过撰文记述的方式来表达自己对他的敬仰和纪念。可是每当提起笔时，才发现自己除了知道他曾任北京大学图书馆主任、是新文化运动倡导者之一、与陈独秀联手创立中国共产党以及最终被张作霖下令非法杀害以外，对他的生平志业、师友交游、思想历程等竟然一无所知。为了更全面地了解大钊先生和他所处的时代，今年初春的一个上午，我独自骑单车来到位于河北区新开河畔的北洋法政学堂旧址，举目凝望已经残破但仍巍然屹立的昔日学校礼堂，遥想大钊先生当年也许曾在这里或听讲或演说，或与师友议论时政，然后从这里走出国门、留学日本，归国后又到北京主持舆论、投身教育，一步一步走上了致力于挽救民族危亡的共产主义革命道路。现场感受了大钊先生当年学习、生活的历史遗迹之后，我开始系统阅读与之相关的书籍、报刊，梳理关于他的重要史料，渐渐地一个立体丰富的大钊先生的形象在我的脑海中浮现出来。

一、居津六载，发奋求学

大钊先生生于清光绪十五年（1889），河北乐亭人，自幼父母双亡，由年迈的祖父抚养成人。1907年夏天，十八岁的李大钊毅然中断在永平府中学堂的学业，到天津投考当时刚刚设立、开始招生的北洋法政学堂。李大钊之所以舍近求远选择到天津来求学，而且是完全自费攻读法政专业，对此他后来在《狱中自述》中曾解释道“感于国势之危迫，急思深研政理，求得挽救民族、振奋国群之良策”，也就是说他是为了探索挽救民族危亡、求得国家富强的真理才来津学习法政。那么北洋法政学堂又是一所什么样的学校，为何会受到李大钊如此青睐呢？这还要从晚清的“北洋新政”说起。

20世纪初，晚清政府迫于内忧外患的政治局势，开始实施全方位的经济、政治体制改革。时任直隶总督兼北洋大臣的袁世凯坐镇天津，在全省范围内积极推行新政，短短几年内天津的工商、金融、教育、市政建设等方面焕然一新，一时成为全国各地的标杆，史称“北洋新政”。由于新政涉及政制改革、法律修订等事项，急需大批新型政法人才，1906年袁世凯奏请清廷，在天津河北新区新开河北岸创建北洋官立法政专门学堂，简称北洋法政学堂。该学堂是当时全国第一所全日制普通高等政法院校，学制分为专门和速成两科，专门科学制为六年，其中预科、正科各三年，李大钊即为该校专门科第一届学生。李大钊先是在该学堂预科英文班学习三年，1910年升入正科中的政治经济科,并最终于1913年6月结束学业。在北洋法政学堂求学的六年是李大钊一生中在正规学校持续学习时间最长的一段时期,也是他人生重要的转折点。在此期间他刻苦学习,努力钻研,不仅掌握了日语、英语两门外语,还系统地学习了西方近代政治、法律、经济等方面的知识。他擅长写作,诗文俱佳,“其文章雄厚磅礴,为全校之冠”,同时他还积极参加多种社会、政治活动,均有出色表现,故与同学白坚武、郁嶷被并称为“北洋三杰”。

二、立宪请愿,同情革命

自从步入北洋法政学堂之日起,怀抱救国救民理想的李大钊注定不会只安坐在书斋中读书,当时天津已成为北方新政的中心,各种政治力量在此会聚,这也促使他走出书斋,积极投身社会实践。早在1909年10月27日,天津《大公报》就有对于李大钊参与成立直隶实业研究会的报道,该会的正、副会长为温世霖、王法勤,书记员则为孙洪伊、李大钊等四人,虽然此后实业研究会鲜有动作,但这却是李大钊参加立宪请愿运动的先声。温世霖、孙洪伊等人均为当时直隶立宪派的领袖人物,受他们的影响,李大钊对立宪的思想和实践有了深入的认识,并开始自觉地将课堂上所学到的法政知识与当时的国会请愿运动结合起来。当时天津的国会请愿运动正在如火如荼地进行,各团体代表纷纷集会上书政府要求颁布宪法、速开国会,在前三次请愿遭到清政府拒绝后,更为激烈的第四次国会请愿运动开始酝酿。在集体请愿的前一天,天津各校学生齐集北洋法政学堂的大礼堂开会,议定办法,推举代表,法政学堂最终推定胡宪、李大钊、白坚武等八人为代表。翌日早上,各界请愿代表和市民团体从四面八方汇聚到劝业会场(今中山公园)举行集会演说,现场宣讲立宪救国、速开国会的政治主张,然后请愿群众又走上街头举行游行示威活动,浩浩荡荡的队伍最后到达直隶总督府门前集体请愿、示威。直隶总督陈夔龙鉴于现场群情激昂的气势,于是被迫答应代为上奏中央政府,请愿群众见目的已达到,即告解散。在学生返校途中,同学们议论纷纷,无法预料此次请愿结局如何,李大钊对此则断然表示,陈督如此欣然同意,不会存"好心","准备上当吧"! 不出李大钊所料,不久北洋法政学堂即被陈夔龙下令军警封锁,禁止学生外出参加政治集会,第四次国会请愿运动随即以失败告终。

随着立宪请愿运动的失败,立宪派人士的爱国热情受到压制,于是转而倾向同情革命,甚至有些人直接参加各种革命团体,秘密策划反清起义。目前虽没有直接史料能够证明李大钊曾参与过反清革命,但是他同情革命、痛恨清政府的腐朽专制统治并与许多革命志士有着密切交往的事实,则是毫无疑问的。当时在法政学堂任地理教师的白雅雨就是一位地下革命者,他经常在课余时间向学生宣传一些反清革命思想,对于学生们热衷参加的立宪请愿运动,他曾说道:"与虎谋皮,庸有何济? 诸君曷留热血,以供后日用乎?"武昌起义发生后,各革命团体在天津迅速成立北方革命协会,随即委派白雅雨等人赴滦州指导起义,后由于起义失败,白雅雨不幸壮烈牺牲。但是白雅雨的革命思想和革命精神却给予青年李大钊极大的影响,李大钊对他的英勇就义充满了哀伤和悲痛之情,以至于直到多年后他路过白雅雨的殉难地雷庄时,先后两次写下自己心中的回忆和感受,以表达对这位革命先烈的深切怀念。除此以外,当时参加革命活动的胡宪、于树德、凌钺等人也都与李大钊保持着较为密切的联系,从中不难看出李大钊对当时革命派人士的同情和支持，这也为他以后走上革命道路并成为一名坚定的马克思主义者奠定了有力的思想基础。

三、主编《言治》，评议时政

清帝退位，民国肇建，北洋法政学堂随即更名为北洋法政专门学校，由第七任监督张恩绶担任校长。当时民国虽然成立，但是不独一般民众不知共和为何物，即使各级政府官员也多搞不清立宪、共和、民主、民权等众多名目的真实内涵，更遑论其能恪尽职守、共襄新国家建设。有鉴于此，张恩绶等法政同仁于1912年9月前后在校内设立北洋法政学会，宗旨大致为研究法政学术、服务民国政治建设，会长由张恩绶兼任，学会会员则主要为法政学校的师生。此时还有一年即将毕业的李大钊也适时加入了学会，由于他所具有的广博学识和出色的写作才能夙为师友们所赏识和钦佩，故与他的好友郁嶷共同被推选为编辑部部长。该部的主要任务为主编会刊和编译书籍，这也是整个学会工作的重头戏，李大钊和同学们不负众望，将全部课余时间投入其中，夜以继日地工作，短短一年时间内即取得了骄人的成绩。从1912年底到1913年初，北洋法政学会先后完成了《〈支那分割之运命〉驳议》和《蒙古及蒙古人》第一卷两部外文书籍的编译和出版工作，前者有力地驳斥了日本右翼侵华分子的反动言论，后者则揭露了沙俄企图分裂中国北部边疆的阴谋，两部书在当时国内外均产生了巨大的影响。作为编译工作的领导者之一，这其中不仅凝聚着李大钊的大量心血，而且深刻地反映了他一贯秉持的强烈的反帝爱国思想。

为了更好地引介西方先进的法政思想和宣扬学会同仁的政治

理念，1913 年初，北洋法政学会正式创办会刊——《言治》月刊，仍由李大钊领导的编辑部具体负责编辑、出版工作。在 4 月 1 日出版的《言治》第一期中刊有一篇《〈言治〉宣言书》，声明该刊“以群居研学为己志，而无所于党”，“兼收并包，无所于排”；以会员“自由研究之所得”，作自由“独立之发表”。由此可见，《言治》月刊纯以发扬学术为宗旨而不牵涉党派利益和现实政治斗争，截至 1913 年 11 月，《言治》月刊共出版六期，随即停刊。此时的李大钊精力充沛，思想活跃，加以忧国忧民的淑世情怀，故在此期间他创作了大量诗文，仅发表在《言治》月刊上的作品就有 34 篇（首）之多，其中最能集中反映李大钊此时思想特征并产生较大社会影响的莫过于《隐忧篇》和《大哀篇》。《隐忧篇》作于 1912 年 6 月，此时民国刚刚成立数月，大多数国人还沉浸在开国的喜庆气氛和对新国家的盲目憧憬之中，思想深沉、洞察时局的李大钊却发现了不为人所觉察的“隐忧”。他在文中首先列举了当时中国处于“边患”“兵忧”“财困”“食艰”“业敝”“才难”六种困难局势之中，然后更进一步指出当时普遍存在的“党私”“省私”“匪氛”三种错误观念和不良现象，如果不能予以彻底根除，将会对以后国家的政治运行、社会稳定造成致命性伤害。从后来的历史发展来看，以上李大钊所列举的几大因素确实导致了民国时期的政治混乱和社会动荡，由此可见当时还是一名在校学生的李大钊已经具备了超乎常人的政治智慧和远见卓识。《大哀篇》作于 1913 年 4 月，此时民国乱象已萌，当政者忙于争权夺利，漠视百姓疾苦，无数仁人志士不惜流血牺牲才获得的新生共和政权却被少数人据为己有，以致李大钊不禁发出这样的哀叹，“共和自共和，幸福何有于吾民也”。接着李大钊又义正词严地揭露了当时政治上各党派虚名欺世，不惜耗用民财以贿赂选举、赚取私利；各省都督则拥兵自重，假共和名义上抗中央政府、下压地方民众。他们手中都握有大量的政治资源,却不为百姓谋福祉,以至于广大百姓虽已尽国民之义务,自身却处于水深火热之中。李大钊认为凡此种种皆由于“少数豪暴狡狯者”之专制造成,对此他最后愤慨地表示道,“吾惟哀吾民而已矣”!

李大钊在北洋法政学堂学习、生活的六年正值清末民初之际,学堂中的新式教育以及师长的悉心指导使他具备了良好的法政素养和写作能力,同时剧烈的社会动荡和政治变革也促使他的思想发生着飞速的转变,特别是最后主编《言治》月刊时期,他的思想趋于成熟和定型。李大钊之所以能写出这样思想深刻、酣畅淋漓的文字,不仅是因为他目睹了当时的政治乱象以及对国民处于危难之中的深切同情和哀伤,更深层的原因则要追溯到他身上所特有的燕赵人士慷慨悲歌、仗义扶危的侠义精神以及当时正在他头脑中酝酿的平民主义和社会主义思想,所有这些都让我们看到了一个有血有肉、可歌可泣的大钊先生。最后让我们重读他毕业离开天津、即将远赴日本时所作的一首诗,以此纪念大钊先生的燕赵风骨和忧国忧民的情怀,斯人已逝,正气长存!

《南天动乱,适将去国,忆天问军中》

班生此去意何云?破碎神州日已曛。

去国徒深屈子恨,靖氛空说岳家军。

风尘河北音书断,戎马江南羽檄纷。

无限伤心劫后话,连天烽火独思君。

(刊于《海河之北》2019年第4期,总第14期,第6—9页)

作者:赵进杰,天津市第二中学

孙云和她的《梦仙诗稿》

章用秀

孙云(1876—1941),字梦仙。近代天津女诗人、女画家。性慧多才,诗画兼擅。其于诗,无意求工,一出于至性至情,辞拙而不巧,气朴而不华;其于画,尤好写生,纯师造化。著有《梦仙诗稿》《梦仙诗稿续集》。近代学人林纾盛赞“其诗境之妙乃为闺秀中之所无”,“每读所作,辄为倾倒”(《梦仙诗稿》序一)。

一

孙云是天津北仓人。其家早年经商。其父为盐商。其兄为清末著名立宪运动领袖、同盟会员孙洪伊。其丈夫是中国早期通讯事业奠基人、书画家、鉴赏家罗朝汉。孙洪伊(1872—1936),字伯兰。幼读私塾,留心经世之学。在天津曾兴办五所学校。他三次在全国性的立宪运动中领衔上书清政府。辛亥革命后,在上海与汤化龙等组建民主党,旋即参加进步党,为其领袖之一。1913 年,任中华民国众议院议员、宪法起草委员。他反对袁世凯解散国会，图谋帝制。曾任孙中山领导的中华民国军政府内政总长。五四爱国运动时，力主立即释放被捕学生。他力促国共合作，1922 年孙中山与李大钊首次会面即在上海孙洪伊寓所。“九一八事变”后，主张对日宣战。罗朝汉（1868—1935），字云章，祖籍浙江山阴，世居天津北仓，是我国第一批电报生。1904 年得妻兄孙洪伊协助，在北门里户部街关帝庙创办天津电报学校，任校长。后任北京电话局局长，居厂甸海王村六号。以墨绘竹兰石及文物鉴赏、书画收藏知名，有书齐读易楼，家有菊圃，名罗园。1924 年国民军入京发动政变，夤夜遣人越墙入宅，迫其辞职，此后遂回天津。

孙云青年时，家中遭到一次大的劫难。1900 年夏，八国联军侵入天津。清直隶提督马玉昆率部抗击八国联军，曾驻在北仓孙家。清军与民团奋起杀敌，不幸败退。北仓一带遂遭敌寇洗劫，侵略军放火烧了孙家，孙之家产十之七八被毁。孙云与其兄孙洪伊携母亲离家避难，其弟孙仲华被法军击伤而死。她在《避乱归舟次杨柳青东望天津有感》里恸言：“东望津沽境，萧条挂落晖。城空劫灰墨，人去爨烟稀。鼓角愁中听，亲朋难里违。飘零各一域，未卜几家归。”孙云回家后，亲睹世代居住的家园已是一片残砖碎瓦，这一空前浩劫和民族被辱之惨景，深深刺激了她，使她痛感封建朝廷的腐败和无能。孙云将国恨家仇埋在心底，作为家中的女性，不久她又担负起治理家务之责。对此，曾长期馆于孙家的蒋兰畲颇有感触地说道：“及经庚子之变，财产并毁于火，家复多难，丧乱频仍，夫人（即孙云）出其干济之才，家政一裁以法度，规画经营，肇基平地。未及十年，卒复旧业。”

孙云从小好学，幼时从刘士瀛启蒙，饱读经史，言动必由礼法。

后来受业于滦州名儒，中法战争中的爱国志士蒋兰畬。蒋兰畬，名冶亭，字香农，着有《寿云堂诗集》。孙洪伊曾和他合办天津河东中学，蒋任校长，孙洪伊为董事长。蒋乃饱学之士。王新铭（亦为蒋之门人）于《寿云堂诗集后序》称："先生平日讲求有用之学"，"诗古文辞皆自成一家之言。"其诗"往往感于心而托于言"（孙洪伊《寿云堂诗序》）。蒋兰畬教孙氏兄妹"以学问用事"，"能施于事，有补于时"。孙云作诗亦在很大程度上得之于蒋先生的导引。蒋兰畬老无所依，孙云将其接至家中，颐养天年。蒋兰畬尝云："余昔年馆伯兰家，夫人随诸兄受业称弟子，而与云章兄弟为知已故交，客游京师，主其寓宅。"此时孙云正随丈夫罗朝汉居于北京。

孙云工诗，且精于绘画，尤善花卉。蒋兰畬说："其法由于天授，如曹溪参禅，深得无师之智。"（《梦仙诗稿》序三）。也有人称其画宗寿平，尤擅摹前人旧作。林纾则说："夫人初以画名，余方之南楼老人及恽冰，每读所作，辄为倾倒。"（《梦仙诗稿》序一）。南楼老人即清初女画家陈书，此人善花鸟、草虫，笔力老健，风神简古，其用笔类陈道复而遒逸过之。恽冰是清初另一位女画家，恽寿平之后，得家法，善画花果，蕴藉精纯。林纾对这两位女画家的作品情有独钟，他从孙的画中看出陈书、恽冰的风韵，故对孙云的画作更是推崇有加，每读所作，尤倾倒之。客观地讲，孙云作画确有深厚的传统根基。他除了汲取恽寿平等人的绘画精华，也深受天津张兆祥、马家桐画风的影响。但她"师古人"，更师"造化"。与孙云同门的王新铭尝言："夫人精绘事，最好写生，纯师造化，人得片纸为珍。"（《梦仙诗稿》序四）孙云在她的诗中也多次提到，她不仅在家中院内对景写生，还曾带着她的女儿前往香山等地，住在那里写生作画。如《画山花小册自题》便道出其绘画的真谛。诗曰："飞湍瀑布暑犹清，茅舍明窗任写生。写罢自看还自笑，山花虽好不知名。”孙云的画作清新典雅，又富生活气息，这与她注重写生有直接关系。她的画不仅受当时人的好评，如今更是受到人们的青睐，市场价位也在逐年提升。

用今天的话讲，孙云是位“知识女性”，可她又是一位知书达理的“贤妻良母”。孙云孝敬自己的亲生父母是出了名的。然对于婆婆，她亦是尽心伺奉，无微不至。婆婆年迈有病，饮食起居皆由孙云照管，颇得老人欢心，卒享期颐之寿。她的几个侄子早年失去父母，孙云子女虽多，她则主动担起侄子们的教养之责，而且不分亲疏，爱同已出，一门以内，愉愉如也。孙云相夫教子更是传为佳话。今仅从孙云《外子晚归闭户以待》一诗即可见夫妻感情之笃：“沈沈斜日入低廊，寂寂无声夜气凉。闭户待郎即不返，炉烟已尽又添香。”闲暇之时，常常是梦仙作画，云章题字，夫唱妇随，珠联璧合，伉俪情深。林纾曾经感慨地说：“吾友云章一家团圆之乐，真旷代所稀。”（《梦仙诗稿》序一）王新铭慨叹：“罗子云章得专心职务，更有余暇怡情书画，亦莫非夫人善理家政有以使之，然世称贤内助，当莫夫人若。”

作为母亲，孙云十分注重家庭教育。她对子女的关爱和悉心教导尤其令人赞叹。为了提高子女们的学识和高尚的情操，她让自己的长女真如、次女沛如亦从蒋兰畬先生学诗，从林纾先生学古文，幼时她便教孩子们习字作画。1927 年出版的马鸿翱《桑梓纪闻》中有《母女唱和》一文，其中说道：“孙梦仙女士云，天津人，伯兰先生之女弟也。性慧多才，工绘事，少就外传，学于海阳蒋香农先生。博通经史，习礼明诗，着有《梦仙诗稿》。长适同邑罗君云章，有贤声。事姑（婆母）至孝，抚犹子（侄子）慈，经营内政，井井有条。暇日犹不废吟咏，女公子真如、沛如，林琴南孝廉女弟子也，诗笔宛肖其母，一时传为佳话云。”在罗、孙夫妇的培养和引导下，其子女个个德才兼备，为国家做出贡献。其子罗沛霖为两院院士。他于上海交大毕业后奔赴延安，抗战胜利，由重庆被党组织派赴美国深造，获博士学位，为新中国电子技术开创者，中国工程院创始人。他通音乐、书法、诗词、昆曲，着有《罗沛霖文集》。孙云的另一个儿子罗泽霖曾留学日本，亦为博学多才之人。留日期间，孙云曾作《岁朝春图》寄给泽霖，并作诗云：“远隔重洋路，遥怜寸草心。画图为尔寄，同此岁朝春。”可见母亲对儿子的关心与疼爱。

二

《梦仙诗稿》及《梦仙诗稿续集》，是孙云唯一传世的诗歌作品集。

《梦仙诗稿》于甲子年（1924）刊于都门，共载诗 302 首，内含其长女罗真如诗 21 首，次女罗沛如诗 31 首，另附画作 12 幅。郑孝胥题耑，内封书名为林纾所题写。林纾、郑孝胥、蒋兰畬、王新铭作序。书中的 12 幅画作，第一、二幅为《梦仙仿古泉石花鸟》和《梦仙仿古雪景花鸟》，均无题款。第三幅为《云章梦仙合笔仿古》，画的是山石和猴子。第四幅为《梦仙写生蔬果》，有林纾所题长款，并题诗一首云：“陈陈蔬果供中秋，佳节长安比户侔。写碾酯铅轻点染，前徽几欲掩南楼。”孙云曾为之和诗云：“蔬果参差万户秋，写真自笑不相侔。君书合配连巢画，点染生疏负梦楼。”第五幅为《梦仙写生花卉》，有林纾所题长款。第六幅为《云章写兰竹石梦仙补花卉》，罗朝汉题款。第七幅为《云章写竹石梦仙写茶花》，罗朝汉题款。第八幅为《梦仙写生花木草虫》,孙云自作。第九幅为《梦仙真如沛如合笔仿古》,画面为月下之松鹊,有林纾的长题。第十幅是《真如仿古青绿山水》,有林纾的题诗。第十一幅是《真如沛如合笔仿古青绿山水》,题为“丹台春晓”。第十二幅是《沛如写生花卉》,林纾题款。

《梦仙诗稿续集》,乙丑年(1925 年)五月刊于都门,共载诗 117 首，其中有孙云诗 23 首，长女罗真如诗 71 首，次女罗沛如诗 23 首。内封书名乃陈宝琛所题写。诗集反映了母女三人的思想情感，艺术成就和生活经历。

孙云诗歌的题材及所涉及的事物颇为广泛，主要包括反映社会动乱和民生疾苦,表达其渴望社会安定愿望的内容;反对列强侵略,表现其爱国主义情怀的内容;思念亲人、表现其情感世界的内容；描述家乡美景与山川名胜的内容；此外还有相当一部分题画诗、咏物诗等,表达作者的艺术见解和文化情结。

优国伤时,反对内战,是孙诗的主体和核心。1920 年 7 月直皖战争,孙云以此为题作古风道:“两军血战各先登,阵云惨惨日黯黯……可怜兄弟别多年,此日相逢生死路。又闻对阵哭声哀,父子叔侄各相遇。哭声哀怨遍前军,诸将茫然互相顾。”原来都是自家亲人,却被征来充当炮灰互相残杀。因此她接着写道:“疆场一将振臂呼,我辈同胞休自愚。莫为他人争势力,一家骨肉相冲突。”《捉人捉骑》是一首长诗,反映的是 1924 年第二次直奉战争:“本国南北大交兵,欲图统一谋太平,商民未见太平世,先将车马供军营。京都捉骑规模乱,商户联合能此难。大商每户献一匹,一捉再捉已过半。小商购马共出资,出资有马还捉之。”“郡悬捉人有名目,居民遁迹兵追逐。”全诗生动记述了军阀发动战争而造成的平民百姓妻离子散走投无路的悲惨景象：丁壮被拉去当兵，爹娘哭声连天；商家农家的牲畜被充作军需，失掉了仅有的生产和生活的资本，陷入了难以生存的境地。作者在诗中呼吁："劝君善政防黩武，文治家国两太平"，"愿君竭力修内政，勿使人心向汉王。"

《诸将》一诗对军阀的穷兵黩武、祸害百姓进行无情的揭露："将军专阃握兵韬，抽甲防秋战垒高。各据山河凭险要，共筹边境拥旌旄，万家保马同加赋，九牧亡羊自补牢。多少林官分守路，漫容群盗横如毛。"又云："江山天险重东隅，坐见将军绾虎符。王气有灵余故国，汉家无策制强胡。建牙已定开边镇，专阃还须占上都。最是辽西回马处，渝关战血尚模糊。"《长辛店面佣妇》是一首长篇纪事诗，全诗以对"新雇一仆妇"因战争和内乱造成其家破人亡的惨剧，控诉社会的黑暗。诗的最后说："六人已死一身存，痛苦全家遭此难。我劝老妇莫伤情，国家多故民命轻。不见西南各行省，十年争战未休兵。"

孙云生活的年代，内忧外患，自幼造就了她强烈的忧国忧民意识。其《感事》一诗云："革除年代兆干戈，奈此生民涂炭何。王子作宾朝玉马，孤臣忧国泣铜驼。黄河难俟澄清少，沧海横流变故多。大地残灰轮自转，茫茫陈劫几回过。"七绝《伤乱》云："连天烽火奈何情，秋夜初长梦屡惊。因极思眠眠不得，风吹败叶打窗声。"

甲午战争，清廷以失败告终，派李鸿章出使日本，签订了《马关条约》。眼见得国土沦丧，孙云悲愤地写下《闻台湾失守有感》："长空飞雁去悠悠，怅望天南独倚楼。军国何关儿女事，深闺犹抱杞人忧。戎狄凭陵患已成，诸君无术致升平。北洋门户亡天险，不独澎湖委去轻。"后来她又写下《登望海楼》一诗。诗的开头说："辽海茫茫路几千，水军曾此驻戈船。登楼东望疑无地，触目伤心忆昔年。"她想起“牙山战血同儿戏，海门天险嗟无地。”诗的结尾借南宋名臣胡铨《上高宗封事》中的话，愤怒地说：“吁嗟乎！怒涛千丈冲天起，何时涤尽和戎耻。尚忆前朝胡邦衡，奋身欲蹈东海死！”端午节，她想到屈原，但国贫民弱，作诗慨叹：“潮水难招青史魂！”

孙云是位极富感情的女性。她的《哭曹氏先嫂》《哭张雁宾姨姊》《再游姨母园忆雁宾姊》《甲子正月九日车过法国医院因思表妹》《赠义姊刘善卿》《挽商叔贤女士》等，情真意切，感人肺腑。其《别弟》诗云：“坟前同祭扫，相送倍凄其。恋别人行慢，吞悲语出迟。回看父母墓，难诉女儿私。最是伤心处，归来只弟知。”诗前小序云：“洪宪之乱，举家皆避，惟弟守故宅，余归扫墓，与弟同行，即别。”诗集中有几首是写孙洪伊的。如《怀兄》云：“萧条日晚独凭楼，万里关山正暮秋。普地干戈人尽避，不知何处泊行舟。”《病中忆兄弟》云：“星汉西流夜欲阑，病躯不耐五更寒。穷愁苦闷皆抛掷，欲解相思两字难。”诗前有小序云：“时兄在南京，弟出北口，皆不知其住址。”《省兄归途中作》云：“昨夜同兄话，今朝各一天。魂销无若别，眼倦不成眠，草色牵人恨，山形送客还。身随车北上，心在大江边。”《癸亥元日怀长兄伯兰时寓申江因写岁朝清供图寄并题》曰：“雁行渺渺望天涯，欲寄清供感岁华。遥忆江南春色早，一枝先写碧桃花。”《喜闻伯兰长兄有北上之说》：“未见归鸿消息来，又闻传语说君回。民心近已思新政，朝议终须用大才。讯寄平安修竹报，香生晚节菊花开。欲谋洗盏人应笑，且向闲庭扫绿苔。八载光阴似水流，新春一别忽经秋。传言似有归来意，转虑前途又滞留。”这些诗深深表达了孙云对兄长的思念，也体现了她对孙洪伊的理解与支持。

就在《梦仙诗稿》刊行的这一年，孙云遭遇到莫大的不幸，她竟连丧二女，先是在四月，刚刚 10 岁的罗婉如病故，继而于十月，年仅24岁、能诗善画的长女罗真如病故。孙云悲痛至极，她怀着巨大的心理创伤，写下多首痛忆亡女的诗篇。其《甲子仲冬余携子女辈回津痛忆亡女真如成此三绝》云："诗文书画一时名，消暑消寒任自行。天妒奇才夺我爱，不堪回首忆燕京。当年母女喜同娱，景物无殊乐境殊。回首旧游成一痛，西山险处杖亲扶。遗稿犹存何忍看，此行无意反长安。于今多少伤心事，欲释情怀触目难。"其他相关诗作亦被收入《梦仙诗稿续集》中。如《前游香山同女真中沛如倡和为诗饶有兴趣未几真如病故因哭以诗》《观亡女真如哭其妹婉如诗》。其《思真如》有云："哭妹吞悲劝母时，临终犹作慰亲辞。柔肠倍结千回转，此日伤心汝不知。"

孙云热爱自己的家乡。诗集中既有她描绘津门景物的作品，也收入其身处异地的思乡之作。她生在天津北郊，深深爱恋乡间的田园生活。其《村居》诗云："乡居无一事，市远不奢华。门外临溪水，篱边放野花。歌诗娱父母，学画写桑麻。无限田园乐，何须仕宦家。"《北仓村外晚望》云："市散渡头喧，蒙蒙野色昏。春潮生潞水，夜火上津门。犬吠烟中郭，人归月下村。渔翁犹打桨，晚报见河豚。"《自潞河乘舟返津》云："一帆风送下天津，绿柳环河水自春。舟泊铁桥回首望，夕阳红照渡头人。"《津第落成》云："浩劫烟中旧业空，十年辛苦宅成功。家临潞水春潮上，里对津门小市中。待月庭宽先见影，种花溪近易施工。温凉堪益慈姑寿，僻静无违逸士风。"《由胜芳早起乘舟返津》云："云薄天清水碧流，风微浪细送轻舟。行人已出文安境，数点疏星尚未收。"《初春雪后由京回津途中作》："客路天阴正孟春，风威严厉况清晨。冻云冷气直侵日，积雪寒光远射人。残药自珍防宿疾，旧书不税伴吟身。但期早到津门宅，喜见儿童候水滨。"

《居庸关》《卢沟晓月》《蓟门烟树》《桑干河》《吕祖庙》《颐和园》《游香山》《登燕京西城楼》《滹沱河》《长城》等，多为风物诗，或雄奇，或绮丽，大都以对大自然和历史古迹的吟咏抒发个人情怀，畅叙内心的感悟。《长城》便属此类。诗中道："欲遏胡人马，长城筑大藩。军民防绝塞。盗贼起中原。已画阴山路，犹凭渤海门。至今余白骨，岂独尽征魂。"她游居庸关，回顾往事，皆因怯懦无能，酿出无穷祸害，遂有"国乱弃天险，前朝事一班"之叹。她写的是十三陵及其周边景象，却表现出一种哀怨，对"庸君误国，生灵涂炭"发出深深的感慨。

孙云能诗善画，多才多艺，文化素养和艺术鉴赏力甚高，《杏林春燕图》《题杨晋牧牛图》《题冯姻嫂郭夫人行乐图》《题王靖节秋山行旅图》《杨香打虎图》等为她的题画诗。这些诗作大都婉丽而含蓄，于幽雅清淡中有所寄寓，展现出超凡脱俗的艺术境界，透出的是深刻独到的人生理念。如《题画》一诗云："何处芬芳春色浓，行行且欲问山农。寻春纔入桃源路，谷口云生又几重。最羡山居远俗氛，每当晴日益欣欣。老翁负手观泉处，童子闲随扫白云。"

《咏瓶中芍药》《自来水》《秋柳》《莺》《蝉》《夹竹桃》《荻花》《板桥砚》等均属咏物诗范畴。《荻花》云："常伴渔舟映碧塘，西风摇曳任飘扬。虽然不比东篱菊，头白萧萧亦傲霜。万古犹怜闵子单，空如棉絮不胜寒。白头频点终何事，留取孤茎画字看。"《秋柳》云："萧萧黄叶落秋声，又见西风满蓟城。记得离亭人击马，淡烟微雨正清明。"《自来水》云："山泉河水总相同，管静沙沉处处通。能使一溪分万派，何当引取助农工。"《迎春花》："小倚阑干玩物华，黄金妆点主人家。千红万紫都无色，独占春前第一花。"各诗皆不着所咏之物，却内蕴各异，万物尽活，可谓"不着一字，尽得风流。"

三

孙云的诗歌创作及其基本特点可概括为八个字:关注现实,淳朴自然。作者善于选择生活中的典型事件,进行艺术概括,精于细节描写,形象真实生动,风格多样。蒋兰畲认为:“其诗亦无所效法,并无意求工,一出至性至情,其辞拙而不巧,其气朴而不华,诗家不敢为,亦不能为也。”(《梦仙诗稿》序二)郑孝胥评价说:“天津孙女士所著《梦仙诗稿》,余读其七言绝句有云:‘一路春风吹野水,扁舟满载雨声归’。又云:‘春风吹下西山雪,一夜桑干野水生。’又云:‘半榻凉生知夜雨,又添小院几分秋。’皆新颖动人。至所云:‘初交莫恨分离早,别后相逢即故人。’用意沉着,非俗笔所能。又云:‘尚知得罪千秋事,只有安民一石工。’则笔力峻峭,殆近半山。卷中诸体皆工。”(《梦仙诗稿》序二)王新铭说:“其所为诗,亦发之天籁,不以琢饰为工,适合乎兴、观、群、怨之遗,为性情之流露,而不失其正。倘所谓深于诗教者,非耶”。(《梦仙诗稿》序四)“兴、观、群、怨”出自《论语》。孔子说:“小子,何莫学夫诗?诗,可以兴,可以观,可以群,可以怨,迩之事父,远之事君,多识于鸟、兽、草木之名。”(《论语·阳货第十七》)“兴”即排遣情感;“观”即在诗中可得到很多道理和启发;“群”即可以合群,以文会友;“怨”即可将心中的苦闷发泄出来。王新铭认为,孙诗纯“发之天籁”,且“不以琢饰为工”,然却“适合乎兴、观、群、怨之遗”,虽“为性情之流露,”并非有意为之,而又“不失其正”。

对于孙诗,林纾则更有独特的见解。他在《梦仙诗稿》序中明确指出:“夫人诗多近体,而五律尤肖谢茂秦,实则发源于杜。如:‘沙沉江岸白，烟敛楚山青’。‘犬吠烟中郭，人归月下村。’‘白云飞大影，黄叶下孤城。’即茂秦复起，宁能过邪。茂秦学杜，取径摩诘，时时漏出唐音，在七子中翘然自其气干，乃为元美（明文学家王世贞，王世贞，字符美）所忌，攻而踣之。然茂秦自茂秦也，夫人之诗无心与之相类。”其所谓“茂秦”即明代文学家谢榛。谢榛（1495—1575），字茂秦，号四溟山人。临清人。早年工散曲，后致力于诗。为明“后七子”代表人物，后为李攀龙等排斥。论诗推重盛唐李杜十四家，但并不盲目拟古，主张“文随世变。”但所论仍偏于格律声。其作以律绝见长。林纾认为孙诗“多近体，而五律尤肖谢茂秦，实则发源于杜”，并列举孙的典型诗句加以说明，其后又说“茂秦自茂秦也，夫人之诗无心与相类”。照此看来，孙诗还是取径于唐人杜甫，大概是偶与谢诗相近罢了，尤其她的五言律诗更像谢榛之诗风，但却不一定是有意识地去学习谢榛，故谢还是谢，孙还是孙。

论者还有以“贤智妇人其识见往往胜于男子”之论来阐释孙诗艺术风貌的。王新铭说：“诗所以道性情也，必得性情之正始可与言。《诗》三百篇之作，半出妇人女子，而“二南”首《关雎》，盖以闺门为起化之原。敦厚温柔，实为诗之大旨。而妇女特近之也。”（《梦仙诗稿》序四）按“诗主性情，其旨温柔敦厚，故于女子尤宜”的说法，历史上某些女性确有其与生俱来的诗情和诗才，女性中能诗善画者亦不在少数，但像孙云那样，“其诗境之妙，乃为闺秀中之所无”（林纾《梦仙诗稿》序一）的，这就十分难得了。何以如此？与孙云同门的王新铭做出中肯的解析：“闺中诗画代有传人，即如西谷、南田一门多艺，亦世所恒有。惟求之事亲能孝，教子有方，相夫惟勤，治家以法，凡女德之所贵，即美善而无遗，而又善画能诗，若夫人之才德具备、福慧兼全者，往往难之。此夫人之诗，所以与他闺阁之吟哦固自有别也。”这才是对孙云诗歌及其本人客观完整的评价。

孙云这位满怀爱国襟抱、情感世界丰富而又极具知识素养和艺术品位的女性，今天我们了解她，认识她，是更有其特殊意义的。随着研究的深入，这位几近淡出人们视野的女诗人和女画家，会越来越引起世人的关注，愈加为当今的人们所推重与钦佩。

（刊于《天津文史》2019 年第 2 期，总第 74 期，第 45—51 页）

作者：章用秀，天津市河北区委宣传部、地方史学者

不负时代

——写在《徐世昌文献辑刊》成书之际

孙爱霞

迦陵先生在论及古代诗人时曾说:“杜甫作为一个集大成的诗人,是对得起他的时代的。而太康时期的诗人三张二陆、两潘一左,是没有大家气象的,是对不起他们的时代的。”私意以为,是否不负时代可以作为某一维度的标准,扩展至对历史人物的评价范畴,例如被《大公报》评价为“不失为一个中国的读书人”的徐世昌,一生都热衷于藏书、编书、著书、刻书,其有功于文献,有功于文化传承,可谓不负时代。而今时今日搜集徐世昌文献加以编辑影印,亦可谓不负当今这个时代。

徐世昌一生所纂辑文献数十种,涉及政书、学术、文学、谱牒等方面,诸如《东三省政略》《退耕堂政书》《清儒学案》《大清畿辅书征》《大清畿辅先哲传》《晚晴簃诗汇》《续修天津徐氏家谱》等。这些典籍于历史、政治、文学、文化研究,乃至文化之传承而言,都具有非常重要的价值。

一、政书类

徐世昌所刊刻政书类文献，多是他本人的著述，如《东三省政略》《退耕堂政书》《将吏法言》等。

《东三省政略》成书于1911年，是徐世昌清末主政东北时的政绩明证。1907年，徐世昌总督东北。作为第一任东三省总督，徐世昌在政治、经济、军事、外交等诸多方面采取了一系列措施：以垦地殖民为筹边第一要义；设三省督练处，整顿军务；借西人实力以制日俄，等等。这一系列改革举措都被收录进《东三省政略》一书，是书条列边务、蒙务、交涉、军事、官制、民政、财政、旗务、学务、司法、实业、谘议厅议案，总为十二目，共计数百万言。徐世昌在《叙言》中有云："乃集两年以来所营办之事，门分类别，纪为一编。不惟其文，惟其实，以冀后之治斯土者纠其谬误，进其事功，并借鉴于是编之所录实不足以救东省之危亟，因出其深识毅力，以驯致于弭兵息民之政策。且以冀世之阅是编者，见其事而知其才力之不逮，悯其时会之大难，更合全国之力，惨淡经营，以共保厘东土。意者列圣诒谋之泽，当不至神歇灵绎，而有光复之机乎？则世昌智尽能索之譽，亦可少偿于万一也已。"《东三省政略》是学人了解、研究清末东北政治、经济、军事、边防等的重要史料，也是研究徐世昌与东北近代化的重要文献。

《退耕堂政书》成书于1914年，由徐世昌命幕僚陈閬、毛祖模、邹致钧、向瑞彝、盛孚泰等编订，所收为徐世昌仕清时的奏议、说帖、条议、函牍、电文等，分类编列，共计五十五卷。按照旧制："昔人编刻在官文字，外吏奏牍暨京曹单衔陈奏者，多入私集，部院堂上官则否,以事皆隶于官署,尚侍相率判诺,非一人所得而专,纵所属稿,亦不得列入私集,以重体制。今则国体既更,曹部旧僚已渐迁易,案牍之存或致遗阙。我夫子谋猷入告,无事不为当时政要所关,即无事不为掌故所托,讵可湮置?汇萃登列,俾后之人有所考,当亦言史事者之所取乎!"(《退耕堂政书·序》)沈云龙先生在《徐世昌评传》中评价徐世昌生前躬自为此事云:"其重视身后之名可知。"但对于《退耕堂政书》的价值,沈云龙先生也有定评:"然有关清末若干公牍史料,得以公诸当世,俾研考有资,未始非一大贡献也。"

《将吏法言》为徐世昌于总统任上为裁抑武人、贯彻文治而写成并颁布全国的,该书计分督军、省长、道尹、知事四目,目的在于鍼规各省文武大小官吏,各就其职权范围,以卫民治民为先。徐世昌在《将吏法言》自序中云:"世昌自受任以来,深念吾民付托之重,夙夜祗惧,弗敢怠荒。窃以保民之道,不外用人行政两端,而政必待人而行。……夫一国之大,兆民之众,非一手一足之烈所能分而理也。故设官分职,以为民极。有卫民之官焉,今之督军是也;有治民之官焉,今之省长,以及道尹、知事是也。而卫民治民之道,或漫不加察焉!……爰即督军、省长、道尹、知事诸官,事权责任之所寄者,援古证今,分条挈要,勒为一书,以箴有位。"徐世昌视《将吏法言》为千金良方,可获起衰救弊、防患未萌之效。北洋督军多椎鲁无文,惟知拥兵自重,何谈卫民?因此,《将吏法言》在当时没有现实指导意义,但却为后人研究徐世昌秉政思想添一文献资料。

二、学术类

徐世昌刊刻的学术类著作,涉及史学、哲学领域,如《大清畿辅先哲传》《大清畿辅书征》《清儒学案》《颜李学》《颜李丛书》等，都是具有很高文献价值且影响深远的著作。

《大清畿辅先哲传》成书于1917年，分名臣传、名将传、师儒传、文学传、高士传、贤能传、忠义传、孝友传，并附以列女传，共四十六卷。关于编纂此书的目的，王树枏在《大清畿辅先哲传》序言中有云："皇畿为首善之区，海内通才硕士，鳞萃都下。生其间者，耳目渐染，取法最近，亦濡化最先，故二百数十年来，畿辅人才之众，几甲天下。……公乃博为搜辑，凡国史所载以及私家撰著，其文献实有可以征信者，罔不穷搜博考，力为表章。……夫中国者，众学之渊薮，而学者一国之范围也。经数千百年圣作明述，以造成一国之学。经数千百年君相之作育、师友之渊源，以造成一国之人。……自将相师儒立德立功立言之大，下逮愚夫愚妇其为善俗所薰陶，日用所行习者，亦皆足以扶名教而植纲常。"由王树枏序可知，编纂《大清畿辅先哲传》不仅为表彰畿辅人才，更为有益于教化。民国初年，诸多西方思潮的涌入，对中国原有的儒家文化是一种冲击，在此背景下编辑《大清畿辅先哲传》就更有现实意义，也就是王树□在序中所说："降及末世，学非所学，邪说恣行。其甚者，至欲举古圣先师之所以经世训俗者，一是屏弃之，以为无足与今之天下。学术之忧，正未知何所届也。公之为是书也，岂第一乡之文献已哉！其所以正人心，维风化，以诏后学者，举于是乎。"时移势易，彼时中国文学革命已经开始了，其所带来的思想变化，把徐世昌、王树枏等人的初衷冲击得七零八落，但却为学术界保留下一部非常重要的一朝一地之文献。

《大清畿辅书征》继《大清畿辅先哲传》之后成书。徐世昌有感于"宿儒硕彦、淹雅方闻之士，往往其人事迹不少概见，而生平撰述时时见于他说者，所在皆是"（《大清畿辅书征·序》），于是"与同人网罗搜辑，无论其书之或传或不传，及见与未见，凡有可征而信者，辄为采录，以备后人之甄择”(《大清畿辅书征·序》)。《大清畿辅书征》收书四千一百八十八种，取“以书存人、以人存书之意，就所闻见着之于篇，凡分十一府六州，厘为四十卷，而以闺秀附焉”(《大清畿辅书征·序》)。《大清畿辅书征》但钞序跋，不加按语，以人为主，考其著述，“不仅为我国目录学开一新例，亦可补《清史·艺文志》之不足也”(沈云龙《徐世昌评传》)。

《清儒学案》成书于1938年，共二百〇八卷，收录人物一千一百六十九人，分为正案、附案、诸儒案：列入正案者，有孙奇逢、黄宗羲、顾炎武、王夫之、颜元、戴震、龚自珍、曾国藩、张之洞等一百七十九人；列入附案者，有傅山、惠栋、刘宝楠等九百二十二人；列入诸儒案者，有费密、唐甄等六十八人。在编纂体例上，参照《明儒学案》《宋元学案》的做法而有所折中：正案一般以学者字号为标题，凡曾为宰辅者或两人以上合案者，则称其县籍；列入附案的人物，则称为正案中人物的家学、弟子、交游、从游、私淑等；列入诸儒案者，以省籍分编。如此，在编写体例上并无《明儒学案》《宋元学案》各学案标题不统一的现象：“《明儒学案》通以地望标题，其渊源有绪者，则加之曰相传，同时者则否。其不相统系者，则曰诸儒。其以字标题者，惟止修、蕺山二案。《宋元学案》或以地，或以谥，或以字，为例不纯。诸儒则累其姓于上，步趋班范而意过其通。是编标题以字称，曾为宰辅者以县称，二人合案者亦以县称。诸儒以省称，参酌黎洲、谢山二书而折衷之，固无取因袭也。”(《清儒学案·凡例》)《清儒学案》编辑目的是为了编成学术资料供后人研究使用，因此对案主之学术成就不予评判，从而较大程度上体现出客观公正性。清代学人在考据、小学、音韵、金石、舆地、数学等方面都有卓越成就，因此在客观公正的同时，《清儒学案》力求"竭泽而渔":"清儒众矣。无论义理、考据,高下自足成家,第欲远绍旁搜,譬之举网而渔,不可以一目尽。所谓不着之一二,非故摈弃也,或声闻不彰,或求其书不得","凡有片善偏长,必广为钩索"(《清儒学案·凡例》)。《清儒学案》在"门户之见"上有所突破,它破除了儒林、文苑的传统界限,将文学之士也立于学案之内:"古人为学不以辞章自专,长卿、子云包蕴甚广,自范书别立文苑一传,遂若断港绝潢,莫之能会。……是编于文苑中人,亦加甄综,必其文质相宣,无愧作述之美。其余附见,未必尽纯。要之空疏而徒骋词锋者寡矣。"(《清儒学案凡例》)关于《清儒学案》之于学术史、文化史上的价值,前人都早有定论,如容肇祖在《〈清儒学案〉述评》中曾盛赞此书:"《清儒学案》网罗一切义理考据以至畴人诸家,撷其著作之精英,录其成书之序跋,实一巨伟之作。"

徐世昌在总统任上提倡颜李之学,纂辑刊刻了一些颜李学的著述,如《颜李师承记》《颜李学》《颜李丛书》等。颜元为学主实行,李塨亦专务实用之学,二人具为清初大儒,为北方学者所宗。徐世昌为尊崇颜李,特颁从祀孔庙,并设立四存学会。颜李之学专务实践,不尚空谈,其精神有裨实用。但徐世昌秉政之时恰是五四爱国运动前后,西方各种学说传入中国,思潮泛滥,时移势易,因此并没有起到理想中的作用和效果。但《颜李学》《颜李丛书》等思想文化丛书的刊行,为后世学人研究颜李学,探讨儒家思想之流变,提供了文献资料。而且,颜李学中的思想,在今日看来也是有现实意义的。

三、文学类

徐世昌乃清末翰林出身,对于扬榷风雅,不遗余力,刊刻了诸多诗文集。徐世昌所刊刻诗文集中，既有对有清一代诗人诗作的搜集整理（如《晚晴簃诗汇》），也有对友朋文集的整理出版（如《贺先生文集》），还有对其本人诗集、砚谱、书法、绘画等作品集的刊刻。这些文学类著述中，《晚晴簃诗汇》是学界关注度最高的一部诗歌总集。

《晚晴簃诗汇》是中国历史上第一部关于清诗的总集，共计二百卷，收录了明末至民国初年六千一百五十九家诗人的二万七千余首诗作，且附有诗人小传、诗话及诗人评论，具有非常高的文献价值。《晚晴簃诗汇》原名《清诗汇》，在编选之初徐世昌主张收录诗人截止到民国殁者，但最终还是把民国初年尚在世的诗人也纳进来，因此“清诗汇”一词不能涵盖所有的诗人诗作，遂改名为《晚晴簃诗汇》。在凡例中，对不同类别诗人诗作的编选工作也都做了具体说明：“九朝御制，超越前代，诗集浩繁，非管蠡所能窥测。恭录冠首，不尽万一，诗后仅缀案语。……明末诸遗老，虽有《明诗综》已收者，今仍择尤编录，从祀诸儒，别为一卷，冠其前。诸家有科目者，以科目为次；无科目者，依时代以次间列；亦有以子从父，以弟从兄，不论科分者，此为变例。……近代名媛相望，志传可征，未能过约，取其渊源有自及常见名人专集者。……兹编则以朝鲜、安南、越南、琉球为断，取其观光上国曾与名人酬唱者。……诗话纪事求实，持论从平。国故乡闻，不取野语。品评诗派，绝无门户之见。”钱仲联先生在《清诗精华录》中论及《晚晴簃诗汇》时曾说：“至于清诗选本，收录完备，规模最大的，当推近代徐世昌所辑《晚晴簃诗汇》，凡二百卷，收录作者六千一百多家，诗作二万七千余首，可说是煌煌巨帙。”

《晚晴簃诗汇》作为一部皇皇巨制，其文献价值、文化价值都得到了学人的认可:《晚晴簃诗汇》是入民国后第一部大型的收录有清一代诗歌的总集,跳出了清人选清诗的藩篱,成为后世学人研究清诗重要的文献资料。另外,《晚晴簃诗汇》所收录的诗人诗作,有很多不见于现存的清人别集,因而都具有较高的文献价值。再者,《晚晴簃诗汇》在编纂时,撰有诗人小传、诗话。在小传中,大都介绍了诗人字号、籍贯、官职、著述等,很多声名不显者也都有小传。在诗话中,撰写者论朝政得失、臧否人物,评论多涉清代掌故,可补史料之所缺。因此,对于学人而言,这些资料的文献价值是不言而喻的。汪辟疆先生在《光宣以来诗坛旁记》中论及《晚晴簃诗汇》时曾言:"徐菊人世昌,于近三十年中,颇有振兴文教之志,既创四存学社,刊颜李遗书,又于其任总统时,创晚晴簃诗社,撰集《诗汇》。……《清诗汇》,凡二百卷,八十册。所收自明清间遗老,下逮民国初年已卒诗家,不下六千一百五十九家,可谓富矣。……然在此扰攘世局中,能留意及此,书虽不甚精审,但能保留如许材料,以待后人要删,亦不可谓为无益之事也。"虽然汪辟疆对于《晚晴簃诗汇》因成于众人之手所造成的一些编选、撰写上的问题而颇有微词,但对于徐世昌辞职以后仍能继续编纂、刊刻《晚晴簃诗汇》,在保留文献、传承文化上的贡献也是给予认可的。今之学人对《晚晴簃诗汇》的文化传承之功,更是肯定的,如夏勇在其博士论文《清诗总集研究通论》中也说:"革命派提出的'《全清诗》之宏议,伟则伟矣,奈收拾颇不易何',因而成了纸上谈兵。集有清一代诗歌之大成的任务却在保守派那里,部分得到了完成,其阶段性成果便是著名清诗总集《晚晴簃诗汇》。"

徐世昌一生所刊刻书籍,除了以上所述三类,对于出版家谱、年谱也十分在意,如刊刻了《续修天津徐氏家谱》《水竹邨人年谱》

等。这样的史料,对于研究徐世昌及其家族,乃至晚清民国的历史文化都具有非常重要的文献价值和文化价值。

诚如沈云龙先生在《徐世昌评传》中所说:"世昌出身翰苑,于清光宣之际,即已内管部曹,外领疆圻,骎骎然朝廷重臣矣;而政事之余,亟留心名山事业,俾传诸久远。……往昔之大臣奏议、疏折,例于身殁以后,由其宾僚、门第子,或家属为之刊行。世昌方当盛年,即于生前躬自为之,其重视身后之名可知。"但实际的结果,或曰现实意义却是:徐世昌一生刊刻的典籍的的确确为保存文献、传承中华文化做出了重要的贡献。无论是以《退耕堂政书》为代表的政书类典籍,还是以《清儒学案》《大清畿辅先哲传》等为代表的学术类典籍,抑或以《晚晴簃诗汇》为代表的文学类典籍,在学术史、文化史上都具有重要的文献价值,对传承中华传统文化起到了重要作用。加之徐世昌文化传承之事业,成于清末民初那个动荡不安的年代,完成了很多人想做却无力做成的事情。因此,徐世昌之于文化传承上所做出的贡献,无愧于其所生活的时代,即所谓"不负时代"者。

当前,学界对徐世昌及其著述的研究呈现出上升趋势,但徐世昌一生著述、刊刻甚多,且大多分散于全国各地图书馆,学人阅览殊为不易,故而今番有重新搜集、影印徐世昌著述之动因。《徐世昌文献辑刊》共收录徐世昌著述二十八种,大致可分为政书类、学术类、文学类、谱牒与年谱类。值得称道的是,《徐世昌文献辑刊》的编纂得到了广大学人的支持:北京徐定茂先生应邀作序,真诚而热忱;天津文史学者章用秀、曲振明、王振良、赵键、王焱、万鲁建诸先生,为丛书编纂尽心尽力。章用秀、曲振明、赵键、王振良诸先生无条件地贡献出私人藏本,最终促成《徐世昌文献辑刊》的成书。作为编者,我铭感五内,谨表诚挚的谢意！私意以为,《徐世昌文献辑刊》之所以能够成书，既有新时代背景下对优秀传统文化弘扬传承的“天时”条件,又有读书人深受儒家思想影响而“入世”的动因,更有京津诸多学者助力之“人和”条件。尽管该丛书未能做到“竭泽而渔”,但在目前机缘下,已臻最好。

总而言之,徐世昌能够在乱世中刊刻数十种著述,为传承文化做出重要贡献,可以说不负其所处时代。而今时今日《徐世昌文献辑刊》能够成书,必将嘉惠学林,亦可谓不负当前盛世,所谓“盛世好修书”。

(刊于孙爱霞主编:《徐世昌文献辑刊》,河北大学出版社 2019 年版,编著前言)

作者:孙爱霞,天津社会科学院文学研究所

叶嘉莹先生的爱国情怀

宋文彬

图 1 叶嘉莹先生在南开大学寓所接受采访

9 月 10 日教师节那天,“叶嘉莹教授归国执教四十周年暨中华诗教国际学术研讨会”在南开大学开幕,来自中国、美国、加拿大、新加坡、日本的数百位代表出席活动。今年是已经 95 岁高龄的叶先生归国执教的第四十个年头,她的爱国情怀和传播弘扬中国传统文化的执着,令人深深感动。

一、今日我来真自喜 还乡值此中兴时

1924 年,叶嘉莹先生生于北京,自幼深受中国传统文化熏陶。

1945年，叶先生自辅仁大学毕业后，即开始古典诗词的教学、研究之生涯，迄今已有七十余年之久。由于种种因缘，叶先生于1969年执教于加拿大U.B.C.大学，次年，接受了该校的终身聘书，在温哥华定居。虽然身在异邦，但叶先生一直有回国教书，报效祖国之念。

中国与加拿大建交后，叶先生觉得应该能够回国了。1974年，叶先生申请回国探亲。回国后，叶先生写下了一首《祖国行长歌》，全诗共有1870字，诗的开头写道：

卅年离家几万里，思乡情在无时已。
一朝天外赋归来，眼流涕泪心狂喜。
银翼穿云认旧京，遥看灯火动乡情。
长街多少经游地，此日重回白发生。
家人乍见啼还笑，相对苍颜忆年少。
登车牵拥邀还家，指点都城夸新貌。
天安门外广场开，诸馆新建高崔嵬。
道旁遍植绿荫树，无复当日飞黄埃。

当时，叶先生离开故乡已经三十年了，她坐在飞机上远远地看到北京一片长街的灯火，心想，那是不是自己小时候常常经过的西长安街呢？想到此，叶先生的眼泪便留了下来。那次探亲，叶先生见到了两个弟弟、弟妹以及侄子、侄女。

1977年，叶先生和丈夫、小女儿一起回国探亲旅游。这一次，她和家人到西安旅游，参观了大雁塔等地。在火车上，她看到有个年轻人正在阅读《唐诗三百首》，参观古迹时，她也常常听到当地的导游背诵古人的名篇佳句。叶先生看到祖国虽然经历了一些磨难，但诗歌的传统还在，文化的种子仍然潜植在广大人民的心底，十分高兴。在沿途旅游中，她随口吟写了一些小诗，其中有两首诗是这样写的：

诗中见惯古长安，
万里来游鄠杜间。
弥望川原似相识，
千年国土锦江山。

（纪游绝句十一首之一）

天涯常感少陵诗，
北斗京华有梦思。
今日我来真自喜，
还乡值此中兴时。

（纪游绝句十一首之二）

图 2　叶嘉莹先生做客央视《朗读者》节目

看到祖国的大好形势，叶先生回国教书之心更为迫切。1978 年春，她给国家教委写了一封信，表示愿意利用假期自费回国教书。她把申请信寄出后，便一直关注国内的报纸有关教育方面的报道。一天，她看到一则消息，称“文革”中许多被批判过的老教授，已经得到平反，其中包括李霁野先生，李先生已出任南开大学外文系主任。

叶先生当年在辅仁大学读书之时，李霁野先生是外文系教师，研究西方文学。叶先生的老师顾随先生虽然在中文系教书，但他是外文系毕业的，和李先生是非常要好的朋友。抗战胜利后，李先生曾经被台静农先生邀往台湾大学执教。1948年，当叶先生将要赴台之时，顾先生还曾写信让叶先生到台湾后去看望李霁野先生。因“白色恐怖”牵连多人入狱，不久，李先生便离开台湾回到大陆。此后，叶先生与李先生断绝联系有30年之久，而今忽然看到了李先生的消息，真的是喜出望外。于是，叶先生立即写了一封信向李先生问候，并告诉李先生自己已经提出了利用假期自费回国教书的申请。她很快收到了李先生的回信，信中说，“文革”已成为过去，目前国内教育界形势很好，一切都在转变，高考已经恢复。叶先生得知此消息，十分兴奋。

1979年春，国家同意叶先生回国教书，安排她去北京大学。北京大学负责接待她的几位老师都非常热情。她在北大结识了陈贻焮、袁行霈等先生。但叶先生在北大教书的时间并不长，那是因为李霁野先生得知叶先生回国讲学后，以师辈的情谊坚持邀请她到

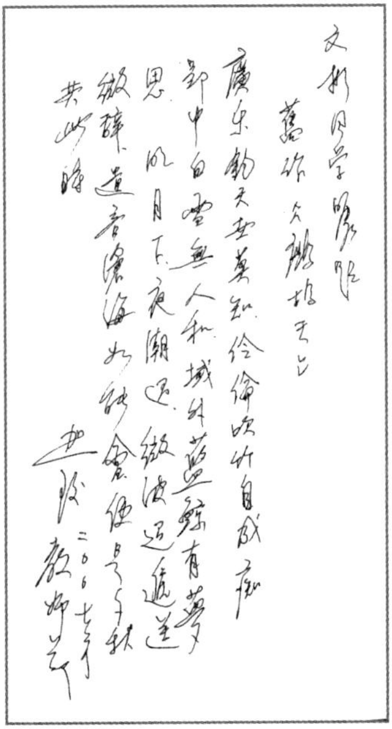

图3 叶嘉莹先生书自作《鹧鸪天》词

南开来。

二、书生报国成何计 难忘诗骚李杜魂

构厦多材岂待论，
谁知散木有乡根。
书生报国成何计，
难忘诗骚李杜魂。
（赠故都师友绝句十二首之十二）

这是叶先生在 1979 年第一次回国讲学时所写的一首绝句，她与南开大学的情谊也是从这一年的春天开始建立起来的。

叶先生结束了在北京大学的短期讲学后，应李霁野先生的邀请来到了南开大学。那时，南开大学还没有建专家楼，校方安排她住在天津第一饭店。次日上午，李霁野先生亲自到饭店来看望叶先生。叶先生觉得李霁野先生的外表看起来虽然比 30 年前显得苍老了，但依然精神矍铄，对人热诚如旧。李先生先询问了叶先生的生活情况和校方的课程安排，随后问起了他在台湾的一些老友的情况。

南开大学中文系为叶先生安排的课程是“汉魏南北朝诗”，从建安时代讲起，每周上两次课，每次两小时，上课的地点是主楼 1 楼东侧一间约可坐 300 人的阶梯教室。当时，中文系的系主任是朱维之老先生。朱先生是一位学养过人的忠厚长者，每次上课，他都坐在第一排与同学们一起听课。

那个时候，在国内，同学上课都是听那种传统的讲法，很少有

从国外回来的人讲课，叶先生按照自己的习惯，“跑野马”似的讲课，同学们听后都觉得很新鲜，听得非常认真，反应异常热烈。来听课的人不仅坐满了整个教室的位子，而且连讲台边和教室门口都是人。有时，叶先生走进教室和步上讲台都很困难。于是，中文系想出了一个发听讲证的办法，只允许有证的人进入教室。这个办法实施后，叶先生走进教室和步上讲台的困难虽然有所改善，但教室的阶梯上和教室后面的墙边窗口，仍然挤满了坐在地上或站在墙边的人。

叶先生在南开讲课约有两个月的时间，除原计划外，还增加了晚间的课程，讲授唐宋词。在她临走的最后一次课，同学们依依不舍，一直到熄灯号吹响了才下课。叶先生有诗记之：

白昼谈诗夜讲词，
诸生与我共成痴。
临歧一课浑难罢，
直到深宵夜角吹。

(纪事绝句二十四首之二十)

当时，叶先生还没有从 U.B.C.大学退休，一般只能利用暑假期间回国教书。好在 U.B.C.大学的暑假放得早，四月初叶先生便可以回来，教课到 6 月中旬或 7 月初，至少能有两三个月的时间可以留在南开。U.B.C.大学还规定，教师每隔 5 年可以休假 1 年，代价是休假的 1 年只能有 60%的薪金。叶先生曾在 1981 年至 1982 年及 1986 年至 1987 年间，申请过两次各 1 年的休假，1981 年暑假后，她在南开教了整整一个学期的课，1986 年 9 月至 1987 年 4 月又在

图 4　本文作者与叶先生合影

南开教了半年多的课。

除了在南开外，叶先生还曾在北京大学、北京师范大学、首都师范大学、天津大学、天津师范大学、南京大学、南京师范大学、复旦大学、华东师范大学、新疆大学、新疆师范大学等高校讲学。

1990 年，叶先生从 U.B.C.大学退休后，南开大学、复旦大学、南京大学先后表示愿意请叶先生去教书。最终，叶先生决定留在南开大学。

1993 年，南开大学成立了中华古典文化研究所，并聘请叶先生任所长。最初，研究所没有办公室，也没有教室，更没有经费，只能借用东艺楼内的一间办公室工作。后来，温哥华一位热心中华传统文化的实业家蔡章阁老先生，听说这个情况后，出资两百余万元人民币为研究所建立了大楼。叶先生在对蔡先生及南开校方表示感谢之际，也当即决定把她从国外所领到的退休金的一半——十万美金，捐给研究所设立“驼庵奖学金”和“永言学术基金”。

“驼庵”是叶先生的老师顾随先生的别号，用老师的别号命名，是为了纪念顾随先生。叶先生觉得，任何一种学术文化之所以能够得以绵延久远，都是要依靠继承者，而教学正是一种薪尽火传的神圣工作。叶先生多年流寓海外，饱经忧患，常常觉得没有能够按照老师的期望尽到自己传承的责任，继而目睹了社会上对中华古典文化传承的忽视和冷落的情形，所以想用老师的别号设立奖学金，

图 5　叶先生在“叶嘉莹教授归国执教四十周年暨中华诗教国际学术研讨会”上致词

希望能借此给青年人一些鼓励，使他们能够认识到在文化传承方面的责任之重大。她希望领到奖学金的同学，所看到的不仅仅是一点点金钱，而是能够理解薪火相传的重要意义和责任。

学术基金以“永言”二字命名，很多人可能想到的是《毛诗·大序》中所说的“诗言志，歌永言”。叶先生终身从事古典诗歌的教学与研究，以“永言”命名这笔学术基金，自然包含着重视古典诗歌的一种取意。但除此之外，“永言”二字也是为了纪念她的大女儿言言和女婿永廷。叶先生的大女儿言言与女婿永廷在 1976 年 3 月因车祸去世。叶先生遭此不幸，内心的痛苦可想而知。可是，叶先生体悟到，一个人受到很沉重的打击，痛苦到了极点之时，反而有了一种觉悟，使她下定决心回国教书，给自己的生命找到一个新的支点。

三、莲实有心应不死　人生易老梦偏痴

研究所大楼于 1999 年正式落成。次年，叶先生应邀参加澳门大学举办的首届词学会议，会后的宴请席上，与澳门实业家沈秉和夫妇同席。沈先生即席提出要为研究所捐款，不久便从澳门邮汇过来一百万元人民币，作为研究所购买书籍及设备之用。从此，研究所的一切工作遂得以顺利展开。

近几年，海外又有朋友为叶先生捐建了迦陵学舍，叶先生十分

感谢。她说，自己不要私人的住房，但需要一个讲学的地方，就像古代的书院，可以在里面讲学、开会、做研究。现在学舍已经建成了，叶先生将其所有在海外讲课的录音、录像以及研究资料都搬了回来，她希望自己还能够有短暂的余年，协助爱好诗词的学生、朋友们把这些录音、录像资料整理出版。

2018 年 6 月，叶先生将北京及天津的两处房产出售所得的 1857 万元，捐赠给了南开大学教育基金会，设立“迦陵基金”，用于支持中华优秀传统文化研究。2019 年，她再次向南开大学捐赠 1711 万元。

2019 年 9 月 10 日，“叶嘉莹教授归国执教四十周年暨中华诗教国际学术研讨会”在南开大学隆重举行。学术研讨会上，多位文化界知名人士到场祝贺，致敬叶先生“春蚕到死丝方尽，蜡炬成灰泪始干”的教师本色，以及坚持不懈弘扬中华诗教的精神。

叶先生曾经写过一首《浣溪沙》，是为南开马蹄湖中的荷花而作：

又到长空过雁时，
云天字字写相思。
荷花凋尽我来迟。

莲实有心应不死，
人生易老梦偏痴。
千春犹待发华滋。

在中国古典诗词中，常用雁排成人字来表达对人的思念，而这种思念不应是小我的、私人的那一点点感情，应该是对国家、文化更博大的情谊。叶先生知道自己虽然年老了，但对理想、感情还是有一片痴心。她相信，只要有种子在，不管是百年、千年，我们的中华文化、我们的诗词一定会开出花、结出果来。

（刊于2019年9月20日《今晚报》第12版“副刊·讲述”）

作者：宋文彬，天津政法报社

巫宁坤与穆旦之缘

孙肇净

2018年末，中央电视台热播5集电视纪录片《西南联大》，其中有一些镜头是记者采访我爱人的姑父巫宁坤先生。已经98岁高龄的姑父面对镜头，讲述在“七七事变”后，一路上悲愤唱着“我的家在东北松花江上”去逃难时，仍然老泪纵横。

巫宁坤在老家扬州中学逃难时只有17岁，他原本是乘火车前往西安寻找抗日军队去参军抗日，在火车里邂逅赴四川大学任教的著名英文教授周煦良，周煦良觉得他年龄太小不适合参军上战场，强令他跟着自己去读书，由此开启了他就读西南联大之路。

周煦良在成都把巫宁坤安排住在自己家里，平日他的家里经常是高朋满座，朱光潜、罗念生等著名英文教授常来串门，他们用英语慷慨激昂讨论国际和国内政局时事，巫宁坤有时听懂了也会大着胆插一两句英语，引起了大家的鼓励。

和巫宁坤先生说自己是“逃难路上误闯西南联大”迥然不同，穆旦（查良铮）先生1935年就已经在天津南开中学考入清华大学外文系，此前他在校刊《南开高中生》里发表过多首热情洋溢的爱国诗歌。1937年“七七事变”后，清华、北大和南开大学在躲避日寇南迁的路上他是坚定的跟随者。1938年6月西南联大成立以后，他在学校著名英国诗人燕卜荪和中国诗人闻一多影响帮助下，现代诗歌有了巨大进步，有好几首诗还被闻一多选入自己编辑的《现代诗抄》。

巫宁坤是1939年夏天考进的西南联大，所以他和穆旦不在一个年级，交识不深。可是由于周煦良向联大的教授卞之琳、吴宓、周珏良等人写信极力推荐巫宁坤，周珏良又是查良铮在联大一起毕业留校任教的同班同学，所以他和这些人关系很好。再加上他还有自己中学认识的朋友汪曾祺、赵全章，经常一起泡在小茶馆里看书写作，一切都让他感觉虽然生活很艰苦，却如鱼得水。

二战前美国的飞虎队就已经来支援中国空军抗战，巫宁坤爱国心切投笔从戎去给飞虎队当翻译。1942年春天越南和缅甸抗日战争形势告急，查良铮也勇敢参加了中国远征军前赴缅甸作战，经过九死一生惨烈的战斗，他侥幸生还。奇妙的是，1943年巫宁坤陪同一批中国战斗机飞行员赴美国受训，1945年飞行员训练完毕回国时恰逢日本战败宣布投降了。巫宁坤于是决定辞职留在美国继续自己的学业。1948年他考入著名的芝加哥大学英美文学系读博士学位，在芝大同学里他意外地看到了联大的朋友周珏良和燕京大学的赵萝蕤女士，更令他意想不到的是一年以后穆旦也从国内来到芝大外文系读书，成为自己的同学。

1949年10月1日新中国宣布成立，不久就爆发了朝鲜战争，中美关系迅速恶化，有英美背景的燕京大学外籍教授纷纷回国，燕大缺少教师的问题立刻凸显出来。先期从芝大回国在燕大任教的赵萝蕤,被燕大任命为西语系主任。她通过燕大校长陆志韦和国家政务院(后称国务院)向正在写博士论文的巫宁坤发出邀请函,巫先生毅然应召回国参加新中国的建设。

1953 年全国高校院系大调整，巫宁坤从燕大调整到天津南开大学外语系任教。不久在美国芝大研究生院毕业的穆旦偕夫人、周叔弢的次女周与良回天津探亲访问，南大领导嘱托巫宁坤出面邀请他们留在南开大学任教,查良铮和周与良欣然接受邀请,成为南开大学校史里的一段佳话。

(刊于 2019 年 8 月 28 日《今晚报》第 12 版“副刊·津沽”)

作者:孙肇净,天津市新华职工大学

共商国是的天津代表

井振武

一、12名天津代表共商国是

2019年是中华人民共和国成立70周年。1948年4月30日，中共中央在“五一劳动节口号”中第一次公布了准备召开新政协的方针。5月1日，毛泽东主席以个人名义致函在香港的民革中央主席李济深、民盟中央常委沈钧儒，提议“本月发表三党联合声明，以为号召”。

1949年1月，中共中央在华北解放区召开民主党派参加的会议，交流情况，协调立场。22日，《到达解放区的民主人士李济深等五十五人发表对时局意见》充分表达了民主党派与中国共产党人休戚与共、肝胆相照，共商建国大业的鲜明立场。

1949年9月21日，中国人民政治协商会议第一届全体会议在北京中南海怀仁堂隆重举行。会议历时10天，与会的各界代表

662 人。天津代表中正式代表 10 人、候补代表 1 人、特邀代表 1 人，总计 12 人。他们分别是：启新洋灰公司总经理周叔弢，久大盐业总经理李烛尘，永利碱厂总管理处主席侯德榜，上海储蓄银行天津分行经理资耀华，南开大学教务委员会主席杨石先，天津警备区司令杨成武，天津市市长黄敬，天津中国纺织公司纺织机械厂钳工郭尚义，天津总工会副主任丘金（丘坚一），天津市学联副主席兼秘书长方光宇；候补代表是天津市民主妇女联合会筹备委员会常委兼福利部部长翟淑珍；特邀代表是天津中纺三厂护厂队长董和亭。

会议经过充分讨论，通过《中国人民政治协商会议共同纲领》《中华人民共和国中央人民政府组织法》和《中国人民政治协商会议组织法》。通过以下决议案：一、中华人民共和国的首都定于北京，改北平为北京。二、中华人民共和国采用公元纪年，通过这一决议的一年为 1949 年。三、在中华人民共和国的国歌未正式制定以前，以《义勇军进行曲》为国歌。四、中华人民共和国的国旗为五星红旗。五、选举产生了中国人民政治协商会议第一届全国委员会委员 180 人，毛泽东为全国委员会主席。六、选举毛泽东为中华人民共和国中央人民政府主席，朱德、刘少奇、宋庆龄、李济深、张澜、高岗为副主席。选举周恩来、董必武、陈毅等 56 人为中央人民政府委员会委员。

在中国人民政治协商会议第一届全体会议上，天津有四人当选为首届全国政协委员。他们分别是：周叔弢、侯德榜、方光宇、宋棐卿（东亚毛呢纺织股份公司总经理，虽未参会，公推入选）。李烛尘当选为中央人民政府委员会委员。

（刊于 2019 年 7 月 27 日《今晚报》第 7 版“天津卫·老悠乐”）

二、天津工商领袖李烛尘

参加首届全国政协的天津代表李烛尘是久大盐业公司总经理。李烛尘1882年9月16日出生，清末秀才。1909年毕业于常德湘西优级师范学校，曾任中学教员。1912年赴日本留学，在东京高等工业学校电气化科学习。1918年回国，担任天津永利碱厂技师，负责安装第一部发动机。他负责厂内一切经营管理，还与侯德榜轮流任厂长。

抗日战争爆发后，李烛尘指挥主要科技人员，拆卸关键仪表、整理图纸上万张，绕道入川，为在华西建厂做准备。后任久大华西分厂厂长、迁川工厂联合会理事长。抗战胜利后，他与国民政府交涉，索回被日寇掠走的南京硝酸铵生产装置，并组织“久永黄”(久大盐业、永利碱厂、黄海化学工业研究所)还津，任久大盐业公司总经理。1945年12月，李烛尘与黄炎培、胡厥文等发起组织中国民主建国会，担任常务理事。

平津战役前期，李烛尘经介绍与中共天津工委书记黎智等人会晤，接受党的关于保护好工厂的主张，并与周叔弢一起开展反对工业“南迁”活动。1949年1月，他敦促天津军政要员弃暗投明，不要与人民为敌。14日深夜，他与杜建时一同在杨亦周家研究撰写《和平宣言》，并以李、周的名义在电台反复广播，对减少城市破坏和人员伤亡、瓦解守军斗志发挥了积极作用。

(刊于2019年8月3日《今晚报》第7版“天津卫·老悠乐”)

三、北方民族工业代表周叔弢

启新洋灰公司总经理周叔弢是以华北解放区区域代表的身份出席中国人民政治协商会议第一届全体会议的。

周叔弢 21 岁离开扬州先赴上海，后移居天津。他的叔叔周学熙发起周氏族人集资兴办华新纱厂，周叔弢认股十万元。1919 年，他随叔父到青岛创办华新纱厂，任专务董事，步入实业界。后又参与卫辉新纱厂筹建，并任主事。三年后，经华新股份有限公司推荐，出任唐山华新纱厂经理、天津华新纱厂经理、启新洋灰公司董事以及滦州矿务局、耀华玻璃公司、江南水泥厂董事等职。

1936 年冬，周叔弢因拒绝与日方合作，愤然离职。1944 年，周叔弢被推举为启新洋灰公司总经理。该公司生产地在唐山，一切经营在天津，在相当一个时期内代表着民族工业的发展水平。同时，周叔弢也是天津工商界“甲戌俱乐部”中具有重要影响力的人物。

天津解放前夕，周叔弢经人介绍与中共天津工委企业党委书记王文化会晤，并与李烛尘会面，建立联系渠道。随后与李烛尘等发起抵制工商南迁运动，为迎接天津解放做了许多有益工作。

1949 年 9 月，周叔弢出席中国人民政治协商会议第一届全体会议，当选为第一届政协全国委员会委员。每当回忆这段情景，周叔弢总是非常激动。

周叔弢对中国古籍保护贡献突出。他从 1952 年至 1973 年先后三次将其珍藏的宋、元、明、清善本古籍四万多册、文物一千多件，全部赠献国家，分别藏于北京图书馆和天津图书馆。

新中国成立后，周叔弢任中央人民政府政务院财经委员会委员、华北行政委员会委员、中华全国工商业联合会副主任委员；第一、二、三、四、五届全国人大常委会委员；政协第一、二、三、四届全国委员会委员；任第六届政协全国委员会副主席。任天津市副市长(16年)、天津市工商业联合会主任委员、天津市人民代表大会常务委员会副主任，政协天津市委员会副主席，天津市佛教协会名誉会长，天津市文物保护委员会主任委员等职。

(刊于2019年8月10日《今晚报》第7版“天津卫·老悠乐”)

四、创造联合制碱法的侯德榜

永利化学工业公司(永利制碱股份有限公司)总管理处主席侯德榜，是以自然科学工作者代表出席中国人民政治协商会议第一届全体会议的。

侯德榜早年就读福州英华书院，后考入北京清华学堂。3年后，以优异成绩获公费留美资格。先在麻省理工学院化学科，后到哥伦比亚大学研究院攻读研究制革，并获硕士和博士学位。其论文《铁盐鞣革》至今仍是制革界广为引用的经典文献。1919年受聘于范旭东，为筹建塘沽永利碱厂在美考察，携带设计图纸归国，出任总工程师兼制造部长。经过五载打拼，采用“苏尔维法”制碱工艺，于1925年生产出质量优良的纯碱。1928年永利“红三角”牌纯碱，参加美国建国一百五十周年博览会，获得金质奖。1937年在南京建成亚洲第一流的硫酸铵厂。

抗战期间，永利入川建厂后，侯德榜与孙学悟博士领导的黄海研究社成员经过五百多次试验、历时三年，创造出震惊中外化学界的联合制碱法。打破苏尔维法、察安法的垄断，永利川厂生产出高质量的洁白纯碱,震动世界化工界。为此,侯德榜成为英国皇家学会、美国化学工程学会、美国机械学会荣誉会员,美国机械工程师协会终身荣誉会员。

抗战胜利后,侯德榜在《大公报》撰文提出《向日本拆回被劫走的硝酸装置》,得到李烛尘的大力支持,并亲赴日本组织拆运设备回国。1948 年 3 月,侯德榜到南非、巴西、印度援助落后国家兴办碱厂。1949 年 6 月,刘少奇到塘沽碱厂视察,表示:“愿与侯德榜、孙学悟晤面,共商国家化工事业大计,请侯先生赶快回到华北来。”厂方速电印度达达公司,侯德榜 7 月 21 日回到天津。9 月,出席中国人民政治协商会议第一届全体会议,当选中国人民政治协商会议第一届全国委员会委员。

(刊于 2019 年 8 月 17 日《今晚报》第 7 版“天津卫·老悠乐”)

五、爱国银行家资耀华

上海商业储蓄银行天津分行经理资耀华,是以北平天津两直属市的区域代表出席中国人民政治协商会议第一届全体会议的。

资耀华是湖南耒阳人,于 1926 年在日本京都帝国大学经济学院毕业。1928 年,他发表了一篇关于对现代银行看法的文章,深受银行家陈光甫欣赏,被聘为上海商业储蓄银行调查部主任。1933 年,他从美国留学毕业后,被派往天津任分行经理,成为华北管辖行总负责人。到任后,他利用各种关系和资源,在很短时间内神奇盘活资产,化解风险,使天津分行“起死回生”。

1937 年,天津沦陷后,他根据上海总行陈光甫的要求留守天津,拒绝参加日本人所谓“华北经济委员会”,婉拒留日同学周佛海邀请出任南京汪伪政府“财政次长”,不屈从、不失节、不停业,保住了银行的财产和业务,直至抗战胜利。

1948 年,他读到毛泽东《新民主主义论》后极为兴奋,日夜兼程从美国返津,在金融界引起轰动。资耀华同时加入了中国民主建国会,1949 年,他奉周恩来、李济深等人之命,亲赴香港说服陈光甫、张公权、李馥荪等人回内地工作。

中华人民共和国成立后,他大胆建言,提出保留“中国银行”名号,从而保存了在世界各地的大笔存款;他建议人民政府帮助银行恢复经营,防止金融停滞给社会带来的震荡。

资耀华历任中国民主建国会第二至四届中央常委、天津市分会副主任委员,公私合营银行联合总管理处副总经理,中国人民银行总行参事室主任,中国金融学会副会长等职。撰有《国际汇兑之理论与实务》《银行问题之研究》及《凡人小事八十年》等著作。资耀华 1996 年在北京逝世。

(刊于 2019 年 8 月 24 日《今晚报》第 7 版“天津卫·老悠乐”)

六、杰出教育家杨石先

南开大学教务委员会主席杨石先，是以中华全国教育工作者代表的身份出席中国人民政治协商会议第一届全体会议的。

杨石先 11 岁随父亲来到天津,毕业于民立第二小学。1910 年考入清华留美预备学校,在校苦学七年后,于 1918 年赴美考入纽约康奈尔大学应用化学科、后入康州大学研究院。1931 年 5 月,获耶鲁大学博士学位,被选为美国科学研究工作者学会会员。1932 年回国后,在南开大学开设新课程、布置新实验、规划新装备,致力于药物研究。

抗战爆发后，杨石先组织师生南撤，并把部分贵重仪器、设备和大部分图书暂存于英租界。1937 年 9 月，清华、北大、南开三校从平津迁往长沙，成立临时大学，又迁云南昆明组建成立西南联合大学，公推杨石先任化学系主任，并任昆明师范学院理化系主任。1943 年，被推任为西南联大教务长。

1945 年杨石先为南开大学物色教员、采购图书仪器，第三次赴美，并在印第安纳大学担任访问教授兼研究员，从事药物化学研究。1948 年 2 月，他偕高振衙、朱剑寒等人回津，并说“我们国家正需要人，我应该回去！”出任南开大学教务长。同年底，学界人士通电反对内战，呼吁和平，南开大学成立“安全委员会”，维护学校秩序，保护师生安全。

1949 年 9 月，南开大学教务委员会主席杨石先出席中国人民政治协商会议第一届全体会议。10 月 1 日，杨石先登上天安门城楼，周恩来总理向毛泽东主席介绍说：“这是天津南开大学的负责人，老科学家杨石先同志。”毛主席紧紧地握着杨石先的手说：“你在教育岗位上付出了多年辛勤的劳动。”这次会见，毛泽东慈祥的微笑永远印在了杨石先的脑海里，回津后他表示：“以后我必须严格遵照《共同纲领》的要求，不辜负党对我的关怀。”

（刊于 2019 年 8 月 31 日《天津卫》第 7 版“天津卫·乐活志”）

七、时任天津市委书记、市长黄敬

时任中共天津市委书记、市长的黄敬是以北平、天津两直属市的区域代表身份参加中国人民政治协商会议第一届全体会议的。

黄敬本名俞启威，祖籍浙江绍兴。黄敬早年就读天津南开中学、汇文中学。1930 年参加左联文艺团体南国社,从事进步文化活动。1931 年考入青岛大学物理系。"九一八事变"后,积极参加爱国学生运动。1932 年加入中国共产党，曾任山东大学地下党支部书记,组建海鸥剧社,演出进步话剧。1933 年任中共青岛市委宣传部部长。同年夏,被捕入狱。被营救出狱后,到上海治病。1935 年考入北京大学数学系,参加中华民族武装自卫委员会北平分会,开展抗日救亡活动。12 月,参与领导了著名的一二·九学生爱国运动。1936 年初,参与组建中华民族解放先锋队,是北平学联党团成员。4 月，任中共北平市委宣传部部长、学委书记。受党组织派遣到上海参与筹建全国学生救国联合会和全国各界救国联合会。1937 年 2 月任中共北平市委书记,5 月，出席在延安召开的中共全国代表会议和白区工作会议。

抗日战争初期,黄敬在天津、济南、太原等地开展工作。返回延安后,任中共晋察冀区委员会书记。1938 年春,任冀中区党委书记，参与组织领导冀中抗日民主根据地的开辟、创建工作和反"围攻"、反"扫荡"斗争。1942 年秋,调任冀鲁豫区党委书记,担任中共平原分局书记、平原军区政委。1944 年冬,因病回延安治疗休养。1946 年冬,到阜平,任晋察冀边区区财经办事处主任、中共晋察冀分局副书记、晋察冀军区副政委等职。

1948 年夏,任中共华北局委员、华北军区后勤司令部政委、华北人民政府企业部部长。12 月任中共天津市委第一副书记兼军管会副主任,奉命在胜芳组建天津市人民政府,后被任命为天津市市长。1949 年 1 月 15 日天津解放当夜,与黄克诚、黄火青、黄松龄等一起组织全面接管、建立基层政权、整顿社会秩序、加强党的建设，恢复和发展经济，医治战争创伤卓有成效，在津门留下“四黄治市”的良好政声。5 月，任中共天津市委书记兼市长。9 月，出席中国人民政治协商会议第一届全体会议，并在大会上发言。

（刊于 2019 年 9 月 14 日《今晚报》第 7 版“天津卫·乐活志”）

八、时任天津警备区司令员杨成武

杨成武是以中国人民解放军总部代表出席中国人民政治协商会议第一届全体会议的，是共同纲领草案整理委员会成员之一。

杨成武 1929 年参加中国工农红军，1930 年加入中国共产党。参加了中央革命根据地一至五次“反围剿”和二万五千里长征。在长征中率部夺取泸定桥，翻雪山过草地，突破天险腊子口，完成上级交给的前卫任务。

抗日战争爆发后，他率部参加平型关战役和百团大战，指挥了著名的黄土岭战斗，击毙日本“蒙疆驻屯军”最高司令官阿部规秀中将。抗战胜利后，他组织指挥了清风店战役、石家庄战役、平汉北段等战役。1948 年后杨成武任华北野战军第三兵团司令员、第二十兵团司令员，组织指挥了绥远战役，参加了著名的平津战役。

1949 年 6 月，中央批准杨成武为中共天津市委委员。天津警备区成立后，中国人民革命军事委员会任命杨成武为天津警备区司令员，并担任开国大典盛大阅兵指挥工作。

抗美援朝战争爆发后，杨成武于 1951 年 2 月奉命组建中国人民志愿军第二十兵团，因在朝鲜东线夏、秋季防御战役中表现出色，获朝鲜一级自由独立勋章和一级战斗英雄勋章。回国后，杨成武任华北军区参谋长兼华北军区党委书记、京津卫戍区司令员、北京军区司令员，中国人民解放军防空军司令员。1955 年授上将军衔。后任中国人民解放军副总参谋长兼福州军区司令员。参与组织指挥了炮击金门、西藏平叛以及中印边境自卫反击作战和抗美援越，被授予一级八一勋章、一级独立自由勋章、一级解放勋章。

（刊于 2019 年 9 月 21 日《今晚报》第 7 版“天津卫·乐活志”）

九、杰出的工运领导者丘金

时任天津总工会副主任的丘金是以中华全国总工会代表的身份出席中国人民政治协商会议第一届全体会议的。

丘金（丘坚一）是香港九龙人。16 岁在香港做工，18 岁成为一名海员，先后在美国、英国、日本的轮船上做工。省港工人大罢工期间，曾在美国“哥伦比亚”号轮船上组织中国海员开展支援省港工人大罢工的捐献活动，通电呼吁其他外轮上的中国海员一致行动，声援罢工斗争。1930 年加入中国共产党。

1938 年 3 月，丘金到延安中央党校学习。后任中央敌区委员会干部科科长、中央党校二部组教科副科长，参加了“延安整风”。1945 年作为候补代表参加了中国共产党第七次代表大会，并任晋冀鲁豫边区党校教务处主任、华北城工委委员等职。1949 年 1 月 26 日，华北总工会筹委会驻津办事处成立，丘金任副主任。他召开私营企业职工代表座谈会，阐述劳资关系处理草案精神，根据发展生产、劳资两利原则，与人民政府一起先后用调解方式解决了 40 多起劳资纠纷。1949 年 5 月任天津市总工会筹委会副主任。9 月，出席中国人民政治协商会议第一届全体会议。

1950 年后，丘金调任中国海员工会筹备委员会副主任。参加中国工会第七次代表大会当选为执行委员会委员，在中国海员工会第一次全国委员会上当选为副主席。1958年后，相继担任中共上海虹口区委第二书记、中共闸北区委第一书记。1962年后，调任中共中央监察委员会候补委员、驻华东局监察组监察员。1965年起任全国总工会常委。

（刊于2019年9月28日《今晚报》第7版“天津卫·乐活志”）

十、新中国妇女代表翟淑珍

时任天津市妇联福利部部长的翟淑珍，是以中国妇女联合会代表团候补代表的身份出席中国人民政治协商会议第一届全体会议的。

翟淑珍1926年出生在繁华都市的贫民窟里，父亲是一位厨工。家境贫寒，她只读了四年小学。11岁跨进日本人开办的双喜纺织厂（棉五）当了一名擦机器童工。1944年，18岁的翟淑珍由于能干、有影响力，厂方欲拉拢提拔她为工头。她不受拉拢，并因日方管理者欠发加班费和辱打一名女工，积极参与工人自发的抗议活动，并取得胜利。

抗战胜利后，翟淑珍加入中国共产党。当时，中共冀中区委根据党中央的指示精神，派遣“天津市城市工作委员会”大批党员和干部进入市区，组织工人群众积蓄革命力量。地下党员张家枢大姐（化名苏更）来到棉五深入工人中间，传播平等、自由、反对剥削等革命道理。翟淑珍与母亲一起掩护苏更开展地下党组织活动，其事迹被写入《海河儿女》话剧剧本。

1949年1月17日，中国人民解放军接管了中纺五厂、中纺二厂。接管后，翟淑珍担任党总支委员、车间支部书记、厂工会副主席。同年3月，当选为天津市民主妇女联合会筹备执委，出席全国及华北妇女代表大会。在北京全国民主妇女联合会成立大会上，翟淑珍被选为主席团成员。9月，参加首届全国政治协商会议，与毛泽东、周恩来等领导人共商国是，并登上天安门城楼见证了中华人民共和国成立的情景。

（刊于2019年10月12日《今晚报》第7版"天津卫·乐活志"）

十一、天津工人的杰出代表董和亭

原天津市中纺三厂纺织工人董和亭，是以天津织布工人代表的身份出席中国人民政治协商会议第一届全体会议的。

董和亭生在农民家庭。抗战爆发后，他在日本控制的天津公大七厂当织布工人，因不愿遭受日寇的盘剥与压榨，于1941年返回家乡。1942年，他参加了中国共产党领导的八路军抗日武装，曾两次光荣负伤。伤愈后，他参加了地方党组织的工作。

1946年春天，董和亭受党组织安排重返天津，在纱厂中秘密开展地下工运斗争。平津战役打响前，转往中纺三厂组织工人开展保厂护厂斗争。1949年1月14日，当人民解放军在天津外围向守敌发起总攻时，董和亭即在厂房附近部署力量，严密监视厂内动向，并组成一支20人的工人纠察队，担负起守卫工厂，维护企业秩序的重任。深夜，突然有大约30多个国民党军队散兵涌进厂区，企图乘机打劫企业资财。在紧急情况下，董和亭急中生智，他一方面迅速指挥厂内纠察队从各方集中，前来包抄；另一方面镇静地假装招待人员与散兵搭讪，以分散敌人注意力。待工人纠察队围拢过来后,大家齐声喝令“缴械不杀！”敌人猝不及防,惊慌失措,乖乖当了俘虏。在董和亭的领导下,工人纠察队全体人员守护厂房和机器,坚持了整整四昼夜。17日,军管会代表从董和亭领导的工人纠察队手中接管了完好无损的企业,中纺三厂获得新生。

同年9月,董和亭特邀参加首届中国人民政治协商会议。会议期间,受到毛泽东等老一辈无产阶级革命家的亲切接见,还参加了开国盛宴。人民日报采访刊登了《英勇护厂的董和亭》一文介绍他的事迹。

(刊于2019年10月19日《今晚报》第7版“天津卫·乐活志”)

十二、学生领袖方光宇与老钳工郭尚义

时任天津北洋女子师范学院学生会副主席的方光宇，是以中华全国学生联合会代表身份出席中国人民政治协商会议第一届全体会议的。

1947年，方光宇在天津北洋女子师范学院教育系读书,1949年任学生会副主席,为防止国民党天津守军溃败前破坏学校,她带领同学们组织护校队,在解放军攻打天津的29个小时里一直坚守在校园。同年9月,她作为青年代表参加首届全国政治协商会议,并于10月1日登上天安门城楼,参加了开国大典。

时任天津中国纺织公司纺织机械厂钳工的郭尚义，以北平天津两直属市的区域代表身份出席中国人民政治协商会议第一届全体会议。《人民日报》以《钳工郭尚义说要认真往好里干》为题介绍

了他的事迹。

1948 年底,郭尚义得知解放军快攻进天津了,作为地下党员,他先在厂里秘密组织护厂队，后来成为全厂公开成立的护厂队核心力量。在解放天津紧张战斗的日子里，炮弹落到厂房和宿舍附近,但郭尚义和护厂队始终没有离开厂区一步,使工厂完整保存下来,迎来企业的新生。新中国成立后,郭尚义认为:“工人成了工厂的主人,工厂的活,就是我们自己的活,哪还能不认真往好里干？”凭借娴熟过硬的钳工技术,他在恢复生产中贡献突出。

(刊于 2019 年 10 月 26 日《今晚报》第 7 版“天津卫·老悠乐”)

作者:井振武,天津地方史学者

天津通俗小说家在“开国大典”前后

倪斯霆

近现代的天津，不但演艺行高度繁盛，报刊业也是极度兴旺。据笔者统计，仅1927年至沦陷前，先后创办于沽上的报纸便有近70种，此时期每天于市井间流通的新闻纸更是在18万份以上。按当时天津有阅读能力的人口计算，每天平均2.5人就拥有一份报纸。综观晚清到1948年底，天津传媒仅报纸一项，便多达200余种。对此，笔者近年曾有甄别，在这蔚为大观的报丛中，70%以上均为休闲娱乐小报。而在此等小报上，各色良莠不齐的通俗小说连载，则是必不可少的吸睛内容。如此，便就造成一个事实：近现代天津通俗小说作者甚众。

图1　20世纪50年代王余杞(前右)一家

然而，当时光刚刚进

入 1949 年,面对天津的新生和即将到来的共和国,在“开国大典”前后,如此众多的通俗小说作者,则遇到了人生难题:要么融入新时代,为年轻的共和国歌唱;要么放下手中的笔,弃文而谋其他。尽管他们此刻或在津沽之地;或已移居外埠。面对新时代的召唤,这些鱼龙混杂的写手们,在彷徨中艰难地做着人生选择。

一、庸者的沉寂与名家的去留

翻检并梳理近现代天津以报纸为主的各色出版物,以及京沪与东北地区的部分书报刊,可以发现,自晚清至共和国成立前,与天津发生地缘关系的通俗小说从业者多达 140 余人,他们中有些是外埠移居天津者,有些是天津移居外埠者,但更多的则是始终居津土生土长的天津土著。虽然这些人里的绝大部分难称作家,只是或因生活或因兴致而率尔操觚的写手,但此中还是产生了诸如丁国瑞、高新民、董濯缨、董荫狐、赵焕亭、戴愚庵、张聊公、皂公、李燃犀、刘云若、还珠楼主、何海鸣、朱贞木、徐春羽、王余杞、李山野、孟画如、月明楼主、白羽、吴云心、郑证因、王朱等一批影响天津乃至全国的名家(张杰鑫、常杰淼、顾桐峻、蒋珍庭等名家因作品系口授评书,故不在此列)。尤其是其中的赵焕亭、刘云若、还珠楼主、白羽、郑证因、朱贞木等人,更是成了现代通俗小说界或领袖群伦或开山立派的著名作家,其人其书不但当年风靡全国,而且时至今日还因被写进文学史而绽放异彩。

1949 年 1 月 15 日天津鼎新,应是近现代天津通俗小说界的一个节点。随着新时代的到来,新生的人民政府需要用新的意识形态及新的文学样式,去改变人们的旧思想与旧习惯。而要达到此目的，取缔净化原有的旧小报旧小说则是当务之急。虽然此间不乏进步报纸与优良之作，但先管束后甄别实乃明智之举。

其实，早在此前，天津通俗小说界的热闹局面已呈式微之势。当解放军的炮火逐渐逼近津门之际，一批靠贩卖所谓"新闻"与八卦生存的小报馆，便已纷纷倒闭。众多依附小报"养活"的平庸写手，此时因失去发稿平台已不得不搁笔。因此，当 1949 年到来时，对津门通俗小说界而言，不但大批"玩票"的庸者已沉寂无影，而且在当年有影响的名家中，丁国瑞、高新民、董濯缨、董荫狐、戴愚庵、何海鸣等，也已先后故去；李山野、孟画如、月明楼主等，更是至今不知所终甚或难觅其踪。

余下健在且知其下落的名家，除此前已别离津门的赵焕亭、皃公、还珠楼主、郑证因、徐春羽、张聊公等人外，留居沽上者，仅剩刘云若、白羽、朱贞木、王余杞、李燃犀、吴云心、王朱等数人。虽然在开国大典前后他们的心态与境遇因人而异，但可喜的是，在新文艺工作者的关怀和感召下，他们中当年便才华横溢此刻已沐春风的大部分名家，已迅速地觉醒起来，融入了新时代。

图 2　1956 年 7 月，还珠楼主(右四)随中国文联参观团在西北考察途中

二、欣逢盛世履新职

1949 年 2 月和 4 月，受李宗仁委派，章士钊等人两次北上与中共举行和谈。后因谈判破裂留居北平，继而出席了首届政协会议并参加了"开国大典“”。而在

这一系列活动中，章身旁始终有一位儒雅的中年秘书紧随，此人便是二十余年前在津以“凫公”笔名享誉文坛的章回小说大家潘伯鹰。潘氏 1904 年出生于安徽怀宁，11 岁负笈北京，大学毕业后供职天津北宁铁路局。1927 年，其长篇小说处女作《人海微澜》一经天津《大公报》连载，旋即风靡津京。查朱自清、季羡林等人当年日记，对此书均有阅读记载。时任清华大学教授的吴宓，在日记中更是详细地记录了他与陈寅恪等知己聚会时，对《人海微澜》的评点。1929 年该书单行本出版时，不但吕碧城等名流为之题诗，吴宓更是在序中将其与曹雪芹的《红楼梦》并举，推之为“当世说部第一”。而章士钊在读完该书后，遂将凫公引为终生知己。此外，溥仪的外籍老师英人庄士敦也甚爱此书，曾将其捐给了伦敦大学亚非学院图书馆。《人海微澜》的成功，使凫公欲罢不能，随后他又在平津等媒体相继连载了《隐形》《强魂》《稚莹》《蹇安五记》等说部，使之一跃而为当年华北地区最有名的小说作家之一。尤其是他假托雪山寺火工僧人蹇安所作的仿唐人传奇小说集《蹇安五记》，在托曹聚仁转呈鲁迅后，鲁迅阅罢“赞叹不已”，并将其记入 1935 年 1 月 17 日的日记中。平津沦陷前夕，蒋介石闻其才华，特聘为行营秘书。抗战胜利他到沪参政，在随章士钊亲临共和国开国盛典后，遂履新上海图书馆，后任上海市政府参政室参事及上海市政协委员，直至 1966 年故去。

还珠楼主是在苏州迎来共和国诞生的。他 1902 年出生于重庆长寿县（今长寿区），弱冠之年北上谋职，于 1928 年踏进津门，先是在《大公报》做编辑，后成为天津警备司令傅作义的中文秘书，继而任职天津电话局，同时兼任名旦尚小云的特约编剧和天津大中银行董事长孙仲山子女的家庭教师。在打赢了那场轰动平津的“拐带良家妇女案”官司后，他便开始了鬻文生涯。1932 年，他在天津《天风报》推出长篇神怪武侠小说处女作《蜀山剑侠传》,旋即风靡平津轰动南北。1936年起他先后移居北平、上海、苏州,在继续写作“蜀山系列”的同时,仍不断地创造着“洛阳纸贵”的神话。然而在共和国成立不久,他则发表声明称:“早在数月以前,我已将销行二十年,在旧小说中销路最广、读者最多、历时二十年而不衰、能够顾我全家生活的《蜀山》、《青城》等带有神怪性质的武侠小说,在当局并未禁止的环境之下,毅然停止续作。”同时表明:“今后,我将尽力做到夏衍、卢鸣谷先生所讲的话,遵守新的写作原则,为我拥有的大量读者,灌输新的时代意识。”说到,便能做到。1950年秋,上海天蟾京剧团成立,他立即应聘总编导。两年后又欣然赴京出任军委文化部京剧团编导,同时又有《剧孟》《杜甫》等新历史小说杀青。1961年初,他病逝北京。

四川自贡人王余杞,1905年出生,19岁考入北京交通大学,不但与潘伯鹰同学,而且毕业后与潘一同分配到天津北宁铁路局工作。也就在此时,他开始了文学创作,其短篇小说处女作《幺舅》在天津《国闻周报》上刊出后,颇受名编辑何心冷好评,遂频频向其约稿。1928年,他将在《国闻周报》上陆续发表的小说结集,题名《惜分飞》,由上海春潮书局出版,郁达夫为小说集撰序。1937年初,他应天津《益世报》副刊编辑吴云心之约,在该报连载了长篇小说《海河汩汩流》,被著名评论家李长之称为是“抗战的意识觉醒”。在当年天津报纸上写长篇小说连载的作家中,能够获得同时期新文学家如此评论与褒扬,王余杞和他的《海河汩汩流》应该是个唯一。也正因此,他受到日本人恐吓,遂在天津沦陷前夕南下,出任上海流亡演剧队总务。抗战胜利后,他重返津沽,任职市政府并主持出版《天津文化》。作为中共地下党员,他在天津迎来“开国大典”不久,即被组织安排到北京交通大学作副研究员,次年任人民铁路出版社编审，负责编写《中国铁路史》。在经历历次运动后，于1989年病逝。

图3 20世纪50年代白羽(前右)一家

吴云心1906年出生于直隶(今河北省)威县，他自1926年踏入天津报业，不但独掌数家大小报馆副刊之笔政,扶持和培养了众多沽上文坛新人,而且还在天津沦陷后的1939至1941年间,假托英国文豪萧伯纳之弟“萧仲讷”之名,以一种玩世不恭的幽默感,先后写出《阴山背后》《大侠别传》《狐狸精》三部通俗小说于报上连载。但结果不仅没让他像文友们那样即出名又得利，反之则因每部书都影射现实而遭到日伪当局查封。抗战胜利后,他加入了进步组织天津文化人联合会,与一批进步知识分子公开呼吁反对独裁,反对内战,要求和平、民主与自由。这一时期,他写下了大批有如匕首般的随笔、杂文,深刻地揭露了当局的腐败与没落。在经过多次考验后,1948年11月他被中共接纳为地下党员。“开国大典”前夕,他赴京出席了第一届文代会。1950年当选为天津市文联委员,当年11月天津市人民政府任命其为新闻出版处秘书主任。1989年,他病故于天津。

三、重拾旧笔写新篇

共和国“开国大典”举行时,刘云若正卧病津城家中。这位1903年出生的才子,中学毕业便进入媒体当编辑。1930年他在天津《天风报》推出长篇社会言情小说处女作《春风回梦记》,岂料刊出后好评如潮，一部作品即让他在天津乃至华北文坛出尽风头，其受欢迎程度甚至直逼北方文坛“霸主”张恨水，并从此结束了天津通俗小说作家在天津大报大刊上只能“挎刀”不能挂“头牌”的历史。《春风回梦记》的成功，使得本是“以游戏出之”的刘云若欲罢不能，各家报刊纷纷找上门来约稿。不久，随着《红杏出墙记》《小扬州志》的杀青，刘云若一夜之间便成了平津报刊炙手可热的作家。至 1948 年底，他已推出长篇社会言情小说 40 余部，成为国内言情说部之翘楚。民国时期言情小说泛滥成灾，这些作品大多模糊时代背景与价值取向，因此遭到新文学家们的抨击。但刘云若的言情小说却不囿时俗，不但故事发生的时代（民国时期）与地点（天津）固定，而且内容均是借情爱来直接反映社会，写的是天津事，讲的是天津人，用的是天津话，这也是目前研究者多在其言情小说前冠以“社会”二字的原因。1950 年初，天津文艺领导人阿英在津创办《星报》，在组建作者队伍时想到了刘。当组稿编辑登门约稿时，病中的他要价甚高，每期一段，每段稿费十元，但阿英却慨然应允，他说一位刘云若联系着千家万户的读者。于是在 1950 年 2 月，刘的一部揭露国民党军队暴行的新长篇社会小说《云破月来》，在《星报》创刊号上面世了。然而天不假年，就在此书刚刚连载，1950 年 2 月 18 日，他便英年早逝。对此，当年的《星报》曾有报道和怀念文章刊出。

出生于河北省青县马厂 1928 年定居天津的白羽，1949 年整 50 岁。早在几年前，他已停止武侠小说写作。沽上沦陷时期《十二金钱镖》及“钱镖系列”的畅销，虽让他获利颇丰并执国内社会武侠小说之牛耳，但作为曾受鲁迅指导和提携的“五四”文学青年，未圆新文学梦却是他心头之痛。因此，抗战胜利不久，他便金盆洗手马放南山，蛰居天津家中开始了“甲金证史”等古文字的研究。然而天津新生后的新气象，让他不得不重执旧笔撰新文，仅在 1949 年 6 月 1 日出版的《生活文艺》上，他就发表了三篇歌颂新天津的随笔。在“开国大典”前夕，他不但成了天津《新津画报》社长，而且还作为唯一武侠小说作家，以编外特约平津代表身份，赴平参加了新中国首届文代会。返津不久，他在《星报》连载了既像检讨又像自传的《生之磨炼》，随后便当选为天津市文学工作者协会第一届常务理事、天津市文联委员，并在天津通俗出版社履新。1955 年，他受政府指派，为香港《大公报》继续撰写武侠小说连载，编辑陈文统阅后赞叹不已，遂自取笔名“梁羽生”，意为白羽私淑弟子。1966 年白羽故去，其生前身份是天津文史研究馆馆员。

“我这部东西以 C 岛煤矿区作背景。红，正是象征着成千成万的矿工血汗。黑，正是象征着，成千成万的矿工，用血汗开掘出来的乌金墨玉——便是地下无尽藏的煤。同时红与黑，又象征着光明与黑暗、坚强与屈辱、前进与落伍和热力、生气，与腐朽、毁灭。这些，正是我这部东西内，描写的对象。”这段话出现在 1950 年 11 月上海元昌印书馆推出的新小说《红与黑》中。无论内容还是文字，都是典型的新文学意识新文艺腔，然而作者却是当年在天津以武侠小说成名的朱贞木。1895 年朱氏出生于浙江绍兴，1928 年经人介绍踏进津门做了电话局职员。1934 年，他受已成华北武侠名家的同事还珠楼主影响，于当年 8 月在天津《平报》连载武侠小说《铁板铜琶录》，从此与侠结缘，至 1950 年初，他已写作此类小说 17 部，终与“北派四大家”并驾齐驱，并被研究者誉为“港台新派武侠小说之祖”。他在天津迎来共和国成立后，主动学习时事政治与新的文艺理论，并尝试运用到历史小说、社会小说及舞台剧的创作中。1955 年冬，他在天津总医院病逝。

四、另谋新业获温饱

与白羽为密友的郑证因，1900 年出生于天津西沽。1938 年初，白羽在天津甩出《十二金钱镖》，誉满华北，其背后的技击顾问便是他。虽然此前在天津报纸上他已连载了几部武侠作品，但并未走红。白羽的成功，刺激他再度发奋，遂于 1941 年初在北平《369》杂志上推出成名作《鹰爪王》。此书的轰动，让他迅即成为北平报界的“摇钱树”，于是在翌年迁居北平后，便一发而不可收，至 1950 年，他已出版武侠小说 90 余部，成为民国时期最高产的武侠作家。民国时期武侠小说作家数百人，但真正通晓中国武术技击者不多。在郑证因于津沽崛起之前，只有南派向恺然与北派还珠楼主深谙个中三昧。但前者由于热衷搜葺轶文传说并仓促连缀成篇，未能依己之长将中国传统武功去着力表现；而后者则因过分偏爱山光水色与神魔妖兽，反将多年习武之得淹于纵横才气之中而未能尽情张扬。真正将中国传统武功与叙事文学完美结合并形成一种别开生面的武林技击小说形态，是在郑证因手下完成的。也正因此，郑证因被后来研究者冠以“刚性技击派武侠小说鼻祖”的美誉。共和国成立后，他获得了新职业，在北京一家出版社任助理编辑，1958

图 4 张厚载(张繆子)著《歌舞春秋》封面

年转到保定河北省文化艺术学校任教员，两年后年故去。

张厚载1897年出生于江苏青浦，后迁居北京，拜在古文学家林纾门下。其自少年时便痴迷中国传统戏曲，考入北京大学后，曾因写剧评而与新文学家胡适、刘半农、钱玄同等笔战，随后又因卷入林纾诅咒新文学家公案，而被北大开除。他于1919年来到天津，先是在《北洋画报》等媒体兼职，后任职交通银行天津分行。工作之余，他在天津《东方时报》副刊“东方朔”写长篇连载《豹斑琐缀录》，一时吸引了津沽大量读者。抗战军兴，他投笔从戎，随部队奔走于港、滇等地。一年后，他脱离军界重返津沽，在法租界恒安里隐居度日。此间虽也与一些遗老、名流过往，但始终不肯出来为日本人做事。这一时期他仍笔耕不辍。除了继续写一些剧评文章外，他还将早年所写文章，结集为《听歌想影录》，交天津书局出版。1940年其好友刘云若的长篇小说《旧巷斜阳》连载后，引发媒体对女主人公命运的大讨论，而他所写文章却抛开书中内容而去探讨那个时代的妇女命运。日军投降他重返天津交行，不久被调往上海总部。1949年后，他继续任职交行，并将早年所写剧评文章结集为《歌舞春秋》，于1951年由上海广益书局出版。此外，他曾藏有大量绝版的前辈艺人剧照，此时也经朋友马彦祥转赠国家了。20世纪50年代初，他病逝沪上。

近年对民国天津通俗小说家的研究已渐成热门，但当年声名显赫沽上的王朱，却较少有人关注。此人本名王振寰，笔名王小渔，1910年出生于天津，成年后在当律师的同时，也在平津多家报馆兼职编辑、记者，擅长小说与漫画创作。1941年他在天津出版小说集《旧时代插曲》，因真实表现都市各色女性沉沦而热销。翌年他又推出以天津“落马湖”倡寮生活为题材的长篇小说《地狱交响曲》，再

图 5 20 世纪 50 年代的王朱

次因批判现实引发轰动，他也由此一跃而为华北名作家。1949 年天津新生是其人生转折点，此后由于他积极进行“思想改造”，在“开国大典”不久，先是被天津市军管会文艺处处长阿英任总编辑的《星报》聘为编辑，随后又成为市政府公用局科员。此时期他为配合政治运动，写作并出版了新书《一贯害人道》，不久便被改编为同名故事片上映。不久他又入职天津私立正风中学、天津市河东区业余大学，任文学及地理课教员，1973 年因肺癌去世。

五、隐居赋闲度晚年

赵焕亭是中国现代武侠小说史上的标志性作家。他是清代武侠小说旧模式向民国武侠小说新风格过渡时期的承上启下者，同时又是民国北派武侠抑或通俗小说作家打入南方的第一人。其 1877 年出生于山东鱼台，青少年时期随父宦游鲁鄂川数省，后常年居住天津。1923 年其武侠力著《奇侠精忠传》由上海益新书局出版，可谓名噪一时，后被研究者将他与同年在上海推出《江湖奇侠传》的向恺然，并称为拉开民国武侠小说大繁荣序幕的“南向北赵”。继该书之后，他又相继于天津写出 20 余部武侠作品，均陆续连载于津京两馆《益世报》上。天津沦陷后，他因不肯为附逆报刊撰稿，基本上结束了武侠小说创作，除仍写有文言笔记《今昔斋丛谈》和历史小说《明末遗恨》外，再未有新作刊行。此时期他虽生活陷于困顿，但一直拒任伪职。为了温饱，他不惜在天津劝业场等地挂单鬻字。不久便离开天津隐居祖籍河北省玉田县。共和国成立后，他既没重返都市，亦未再操笔墨，而是继续隐居故土，安享晚年，直至1951年故去。

1948年北平《一四七画报》曾载文曰："徐春羽，自署'老京油子'，其人绝顶聪明。琴棋书画、刻骨治印、唱戏说书，无不能之，且尤擅'岐黄之术'。"其实，这个多才多艺的"老京油子"并非老北京，而且以上爱好均属业余。他1905年出生于江苏武进，"七七事变"前夕来到津沽，供职天津教育局，公余主持《天津新小报》。而其一生的主要专业，则是武侠小说。据1941年出版的《立言画刊》称："徐春羽君著《铁观音》、还珠楼主著《边塞英雄谱》、白羽著《大泽龙蛇传》，三君均为第一流武侠小说家"。文中徐排首位，其当时名气之大由此可见一斑。他的武侠小说带有很浓的"说书人"口吻。如《草泽群龙》开篇："愁！似钩。挂心头，难扯难揪。开支赛水流；挣钱陆地行舟。不敢明火不敢偷，又没机会帮忙'劫搜'！一顿窝头一顿棒子粥，硬说营养特富气死西欧。白薯下街送信到深秋，黄金棉袄黑玉煤球！房东瞪眼像母牛：'再住金条才收。别耍无赖尤，整天瞎诌。不会搂？没羞！'"似此等诵说语音，若没有深厚的评书功底，是绝对来不了的。其武侠小说当年被标为"技击评话派"，也正是源于此功。抗战胜利后他由天津移居北平，受聘于北洋大学北平部国文教授。1949年9月，他参加了由刚创刊的《文艺报》召开的平津"长篇连载、章回小说作家座谈会"，表示要在旧小说中装进新内容。但"开国大典"后，他却弃笔隐居，曾一度在北京自谋职业开诊所，不久即病故。

李燃犀不但是土生土长的天津人，而且还是当年沽上著名掌故小说作家戴愚庵的外甥。在舅舅的影响下，他自幼喜好津沽风土民俗，成年后先后在天津《津报》《中南报》《晓报》做编辑，并也操觚翳文，写出了众多掌故小说。1940年，已至不惑之年的他推出长篇小说《津门艳迹》，由于对沽上“混混儿”们好勇斗狠之事的描写惟妙惟肖，故而备受坊间青睐，他也因此成了专写津门“混混儿”的名家，先后推出了《同室操戈》《危机四伏》《李代桃僵》《流云锁月记》《粉红色的三不管》《老哏正传》《妈妈大全》等一系列津味掌故小说。此外，他还拜名师“票”相声，1943 年曾将舅舅戴愚庵创作的相声《化蜡钎》编导为相声剧《孝子》，一上演便笑翻了天津卫。1949 年后，他隐居津沽，以丹青课徒来赋闲，直至 1966 年 8 月故去。其病逝前所写《天津的“混混儿”》《旧天津的婚礼习俗》等文章，目前已成研究旧天津民俗的难得史料。据说他曾有再写两部小说去揭露旧时“混混儿”祸害百姓的想法，并已打好腹稿，但随着他的病逝，也只能“胎死腹中”了。

在中国现代文学史上，通俗小说是一个既热闹又庞大的文学流派。虽然在此前的许多年，它曾蒙冤遭垢，但随着近年禁锢的逐渐冰释，人们不但发现了其巨大的社会认识价值，而且其讲故事功能及与读者互动功效，也在引起研究者的关注。因此，在当今许多文学史中，它已登堂入室，成了中国现代文学一个不容忽视的组成部分。按目前学界的共识，中国现代通俗小说分为南北两派，南派以上海为中心，而北派的大本营则是天津。虽然在 1949 年后，通俗小说因其自身过于“自然”地反映社会和过分强调“趣味”，而一度失去了存在空间，但北派尤其是天津的大部分名家们，却能在历史的转折关头迅速调整自己，在新时代中获得新生。

（刊于《文史精华》2019 年第 10 期（上），（总第 422 期），第 65-71 页）

作者：倪斯霆，天津市出版研究室、《书报文摘》编辑部

自成一派，信手拈来

——纪念津门女画家张鸾去世十周年

吕 明

今年5月12日，是连环画家张鸾去世十周年纪念日。这位津门著名女画家，自1949年开始从事连环画创作，20世纪五六十年代已享誉连坛，《宝葫芦的秘密》《小华》等作品为人称道，但如今张鸾的名字已经少有人提及。回顾张鸾的连环画创作，为我们还原一个真实的张鸾。

与张鸾的第一次见面，是在1999年春天，当时为了筹备“天津民间首届小人书大展”，我们联系邀请了多位老一辈连环画工作者作为参会嘉宾，于是就有了和女画家的首次见面。很遗憾，当时张鸾的记忆力在衰退，身体条件不允许其参加社会活动。第二次见

图1 青年张鸾

图 2 创作中的张鸾

到张鸾，是在那次会面十年后的2009年春节前夕。那一年由《渤海早报》等主办、冯骥才等策划的"年画拜大年"读者集年画活动成功举办，张鸾的《五子爱清洁》作为唯一的新年画入选。我随记者来到西康路附近的一家养老院，再次见到了被重疾和失忆折磨十余年的女画家。三个多月后，张鸾溘然长逝。

一年多后，应《今晚报》副刊"动漫卡通"栏目编辑之约，我撰写了"津门连环画家"系列连载文章，其中一篇就是介绍张鸾的。因为当时对这位女画家的艺术创作了解并不深入，我参考了许多史料，阅读了她创作的连环画作品，采访了她的同事，完成了《津门女画家张鸾》一文。刊发几天后，我接到了张鸾的儿子陈汉先生打来的电话。陈汉先生看到了《今晚报》发表的这篇文章，非常感动，从《今晚报》编辑那里得到了我的电话。

从陈汉先生的叙述中，我才知道并了解了他母亲张鸾的许多陈年往事。也是自那时开始，我更加关注这位聪慧而充满传奇的女画家的点点滴滴。张鸾是一位被连环画界遗忘的画家，作为新中国成立前就开始在上海从事连环画绘画的先行者，张鸾的起步早、水平高、特色鲜明，迅速成为具有全国影响的连环画家。

1950年夏，张鸾回津生活，旋即成为津门女画家群体的领袖。几年内，先后为新大众出版社、中联书店出版社、华北人民出版社、天津通俗出版社等绘画连环画。作为一位没有经历过专业美术训

图3 张鸾连环画作品《宝葫芦的秘密》

练的画家，张鸾的美术创作，一是受留俄喜欢绘画的父亲耳濡目染影响，二是真心喜欢且聪明绝世。在长期的绘画实践中，她逐渐形成了飘逸自然的风格。记得在采访人民美术出版社编辑吴兆修时，提及半个多世纪前来天津找张鸾约稿的情景，吴兆修仍然记忆犹新：当叩开女画家房门，一位身着黑绒绣花旗袍，红唇明眸，烫着时髦大波浪的女人出现在眼前……张鸾的绘画速度之快、画面之美、人物形象之生动，令编辑折服，真可谓“胸有成竹，信手拈来”。

无论是在上海时所绘《陶行知画传》《王贵与李香香》，为中联书店创作的《小胜儿》《牧师和巴尔达的故事》，还是20世纪五六十年代问世的《小华》《宝葫芦的秘密》，70年代领衔创作的《海河新歌》，以及新时期的《人鱼公主》等，张鸾在30多年的连环画创作实践中，始终把创新、发展放在首位。比如新时期女画家根据安徒生童话改编的《人鱼公主》，就大胆借鉴了西洋画和动漫卡通的表现手法，一些画面加入了新元素。她在晚年时期，还尝试过中国画、钢笔画、水彩水粉等多种绘画方法来创作短篇连环画。

这样一位独树一帜、特色鲜明的画家，多年来被连环画界所遗忘和忽视是不应该的。这位曾经塑造了众多鲜明人物形象的连环画先行者，应该被美术史和连环画爱好者所铭记。

（刊于2019年5月13日《藏书报》第5版“连藏天地”）

作者：吕明，天津市连环画收藏家、地方通俗美术史学者

峥嵘岁月的美术情

——讲述抗战美术家秦征的“解放区”连环画故事

王　垚

在连环画收藏领域，收藏到早期版本，是多少连藏人的梦想。而在如今价格不断攀升的连环画收藏市场中，能寻觅到这些老版本，如大海寻针一般。

1927 年 6 月上海世界书局出版了带有“连环图画”字样的《三国志》《水浒》《西游记》《封神传》《岳传》等五部作品后，这“连环画”的绘画艺术形式，便开始发展起来，并得到读者的认可与喜爱。直至新中国成立后，各种优秀题材的新连环画，如雨后春笋般生根发芽，遍地开花，迎来连环画新的高峰期。

图 1　秦征和他的解放区连环画

早在抗战时期的根据地解放区，连环画也是深受人民群众喜爱的一种美术宣传方式，一批反映抗日救国、土地改革、生产建设、新婚姻法等进步题材的木刻连环画相继问世，如王朝闻的《姆妈》，沃渣的《黑土子的故事》，吕蒙、莫亚、程亚君的《铁佛寺》，古元的《刘志丹》，彦涵的《狼牙山五壮士》，马达的《陶端予》，罗工柳《李有才版画》，张映雪的《小二黑结婚》，力群的《小姑贤》《刘保堂》，林军的《不朽的战士》，蔡若虹的《苦从何来》，安明阳的《女英雄刘胡兰》，娄霜的《戎冠秀》，邵宇的《土地》等等，这些作品都有着很高的艺术价值和历史价值。

在这其中，天津著名美术家秦征，当年身着戎装，在战火硝烟的峥嵘岁月里，同样留下了珍贵的连环画作品。一部是反映抗日战争的《大报仇》，另一部则是反映土地改革的《红骡子》。这两部连环画，不同于前面所提的其他作品，都是绘画而成。画家配以诗歌形式的文字脚本，既提升了艺术效果，又通俗易懂，易于群众理解和接受。

1938 年，在太行山区的八路军中，有一位能文善画的“小八路”，他就是年仅 13 岁的秦征。当时，日本帝国主义的铁蹄，正在无情践踏着祖国的大地，面对着国破家亡，满腔热血的少年秦征愤然投身革命，报效祖国。在艰苦岁月里，他凭着自己的文化基础和绘画天赋，用画笔、刻刀，担负起随军宣传工作。抗日胜利后，曾经目睹日寇残暴罪行，和一幕幕悲壮场面的秦征，作为晋察冀边区群众剧社的美术队长，在 1945 年冬，开始创作这部诗歌连环画《大报仇》。作品共

图 2　晨光版《大报仇》

图 3 晨光初版《红骡子》

62 幅画面，讲述了一家五口的悲惨遭遇，描绘了日寇和汉奸相互勾结欺压百姓的罪恶行径，号召民众团结奋起保家卫国，珍惜来之不易的胜利。由于当时边区制版条件差，作品要到北平制版，直至 1946 年 6 月才由张家口晋察冀边区教育阵地社出版。作品问世后，在晋察冀边区产生了很大影响力和号召力。

如今这部解放区连环画，很难再收藏到，笔者手中的这本，是 1950 年 11 月 25 日，由上海晨光出版公司再版本，已出版近 70 年，亦属难得。

提到著名出版家赵家壁创办的上海晨光出版公司，在解放区连环画再版方面可以算得上是功德无量。自上海解放后，晨光出版公司出版工作的重心，由之前的文学作品转向画库和通俗文艺，在公私合营并入上海新美术出版社前，先后推出了“连环诗画集”“木刻连环图画”“人民民主国家画库”“苏联画库”“新中国画库”“工厂文艺习作丛书”等系列套书。而这另一部在解放区完成的连环画作品《红骡子》，就收录在“连环诗画集”中。

这是一部为配合 1947 年晋察冀边区土地改革及生产建设而创作的连环画。作品从贫农刘洛昌的苦难童年讲起，围绕土改运动后，刘洛昌与三户农民分得的牲口“红骡子”这条主线，描绘了懒汉“狗不理”偷懒耍滑、巧使牲口等投机取巧、对待生产不积极的劣行，从而宣传教育人民积极开展互助生产的故事。

笔者藏有三个版本的《红骡子》，分别为1950年7月20日的“晨光”初版本、1951年8月20日的“晨光”再版本和印度尼西亚民声出版社翻印“晨光”版的中印尼双语版。全书共38幅画面，亦采用绘画配诗歌的形式，封面套色印刷的一匹“红骡子”颇为惹眼。而那印尼版，因增添了印尼语，所以由原来的的48开本变为32开本。有趣的是，这家民声出版社在沿用了原封面的基础上，翻开后又增加了一个漫画形式的新封面，造型夸张，极富感染力。可以看出，当年华侨华人将国内优秀的进步连环画带出国门，为了适应当地人的审美需求，进行包装再出版，体现出华侨华人的爱国思乡之情。而这些连环画作为青少年课外读物，不但赢得了当地人的喜爱，更传播弘扬了中华文化。

图4　晨光二版《红骡子》

可惜的是，直至今日，《红骡子》解放区版，无论是在解放区美术史料中，还是资深藏家手中，均没有寻访到。在笔者带着疑问去拜访这位抗战美术家时，秦老解释说，1948年创作《红骡子》后，因种种原因未能出版成书，新中国成立后才由上海晨光出版公司出版。这又要感谢赵家壁先生的慧眼，让解放区的优秀连环画作品得以出版传世。虽说如此，但我总是“怀疑”，也许当年这部美术作品曾以某种形式发表，只是秦老因高龄而淡忘了。毕竟70多年的过往，都成了未知，历史的尘封，还将延续着……谈论着……猜测着……

图 5　印尼版《红骡子》封面

值得一提的是，晨光出版公司最初出版《红骡子》时，并没有在封面上注明“连环诗画集”字样。四个月后再版解放区版《大报仇》时，书名上方出现了“连环诗画集”五个字。一年后《红骡子》再版本面世，书名上方才印上“连环诗画集”字样。由此，两部作品皆归入这套丛书，而这套“连环诗画集”，也只此两种，同为秦征所编绘。

初冬的脚步踏着落叶的离殇不期而至，当年的“小八路”，此时度过了95岁寿辰。80多年的革命生涯和艺术历程，让秦征先生始终不忘过往岁月的艰苦和今日幸福生活的来之不易。我带着他眼中的“宝贝”《大报仇》与《红骡子》去给他贺寿，老人满是喜悦，兴奋地向我讲述起那段光辉岁月的非凡经历。

“落花流水两无情，芳草离秋独自行。”

时光飞驰，很多老一辈随着岁月的长河渐渐远去，愿他们离开的脚步再慢些，也让更多的老连环画故事被世人认知，更让一段段革命事迹流传于后世，继续传扬中华儿女的优良传统与不朽丰功。

（刊于2019年12月9日《藏书报》第6版“连藏天地”）

作者：王垚，天津连环画青年收藏家、地方通俗美术史研究学者

2019年度发表相关天津文史文章：

1.《她将华彩留于人间——纪念天津女画家张鸾逝世十周年》2019年5月13日《藏书报》第5版“连藏天地”。

2.《这些连环画，挺“哏儿”》2019年7月29日《藏书报》第6版“连藏天地”。

3.《我所接触的那一代连环画家》2019年9月30日《藏书报》第7版“藏书人语”。

天津英租界新发现资料五则

高春荣　张　翔

一、利华大楼"主人"之谜

今天的解放北路114号的利华大楼,建成于1938年。这栋43米11层的建筑,曾经是解放北路的"制高点"。它是由李亚溥(Marcel Léopold)出资、法国人设计并建造的一幢办公兼公寓式大楼,天津近代建筑代表作之一。他的"主人"李亚溥有着扑朔迷离的身世:一说他生于1900年,一说他生于1902年;一说他是无国籍的白俄后裔,一说他是瑞士籍犹太人。李亚溥于20世纪20年代来到中国,1925年来到天津。凭借敏锐的商业嗅觉,加之语言天赋和冒险精神,他陆续开办了"利华洋行""利华放款银行"和"利华(小额)人寿保险公司",同时他还倒卖军火,开设赌场,短短数年积累了巨额财富。1951年因倒卖日伪物资被捕,1952年被判决两年半监禁,1954年3月被驱除出中国。

但是,他离开中国后的故事,多年来我们并不了解。笔者在一个很偶然的机会,看到瑞士日内瓦当地的法文报刊《日内瓦论坛报》的一篇专栏文章,讲述了日内瓦历史上发生过的一系列间谍案,其中第二部分“致命的飞镖”,对李亚溥死亡的前因后果进行了细致分析。

1957年9月19日星期四,《日内瓦论坛报》上有个醒目的标题——“非凡的暗杀:一个被飞镖击中的人”。这篇文章的开头这样写道:“卡尔文市(Calvin)出现了间谍小说般的情况,囊括了各种要素:一件奇怪的武器、一种罕见的毒药、一个神秘的刺客、一位50多岁的店主。这个大肚子的商人,是一位隐藏的大冒险家,是战争的幕后参与者。这个暗杀事件充分暴露了日内瓦的黑暗。”这里提到的店主,就是李亚溥。当时他居住的公寓是河岸道(Cours de Rive)16号大楼。当天中午,李亚溥要回到公寓。他走进大楼准备上电梯时,发现自己的腋窝处有一根线,同时感觉到有物体插入他的左后胸。但是他依然走到房间门口。在屋内的妻子劳拉听到门铃声,就起身开门。李亚溥摇晃两步瘫倒在妻子怀里,只说了一句“我中毒了……”就死去了。

警方很快找到了凶器——一支发射飞镖用的喷枪。这支喷枪是由自行车泵改造成的,有一个强大的弹簧,通过触发装置,可以猛烈地投射出一个大口径的钢飞镖。日内瓦警方的调查结果,否认李亚溥中毒而死。李亚溥的死亡是由飞镖引起的,飞镖刺穿了他的左肺和主动脉,造成了大量的内出血。但随后的几周,李亚溥的案子不了了之。

究竟是谁杀了李亚溥呢?警察没有继续追究,凶手也从未被正式确认,但后来的研究者发现了线索。根据当时阿尔及利亚和法国的一些消息来源,李亚溥这位日内瓦的冒险家正在向阿尔及利亚民族解放阵线(FLN)提供炸药。当时,民族解放阵线正在进行一场针对法国的独立战争。这正是导致李亚溥死亡的原因。而且,事后多年,人们又从另外一个事件中了解到"那个精巧的飞镖发射装置,是由一位叫做勒舒克(Lesurques)的指挥官设计的,而这位指挥官被高度怀疑为SDECE(法国对外情报和反间谍局)的人员"。

李亚溥天生的冒险心理和巨额的利润诱惑,使得他即便是回到瑞士,依然走在武器走私这条不归路上。扑朔迷离的身世,扑朔迷离的暗杀,构成了李亚溥扑朔迷离的一生。这也许是很好的电影素材。

而作为利华大楼的"主人",李亚溥在中国,在天津,是否有更为传奇的故事呢?这就要靠专家们去发现和挖掘了。

(刊于2019年8月7日《今晚报》第12版"副刊·津沽")

二、纳森旧居 如何变成领事官邸

图1 英国领事官邸

在浙江路与泰安道交口,有一栋带塔楼的别墅式建筑,上面的文物保护标牌写的是"英国领事官邸旧址"。但此前的资料是"开滦矿务局总经理纳森旧居"。纳森旧居是如何变为英国领事官邸的呢？笔者从《英国大使馆及领事馆建筑目录》中查到了其中缘由。

英国政府在1860年划定天津英租界，随后设立了领事馆。1868年，英国政府从一位叫作邓特(Dent)的商人手中买下了英租界北端海河边一块2英亩的土地和其上的建筑，位于今天大同道海河边。该地区原有的仓库经过改造，后来被扩建为英国领事官邸和办公室。

到了1920年，这个院子变得拥挤破烂且不卫生。英国政府原本计划在1921年以9975英镑购买额尔金花园一块地，但是由于多年来对领事官邸和办公室是否必须保持在同一地点的分歧，导致这一购买计划被迫放弃。1924年，开滦矿务局出售其总经理住宅，位于英租界“马场道1号第17地块”。这里的马场道就是今天的浙江路，抗战胜利后，马场道北段改名浙江路，南端仍保持马场道之名。这栋大楼原本是开滦矿务局为其总经理纳森修建的，但杨嘉立1923年继任总经理后，认为它太大、太贵，拒绝住在里面，因此上市出售。英国政府的工程办公室以大约2万英镑的价格买下了这栋大楼，作为英国领事官邸。原计划在大楼后面闲置土地上建造办公室和员工住宅，但并未实现。

(刊于2019年8月19日《今晚报》第12版“副刊·津沽”)

三、英国工部局火警钟

1900年“庚子国变”后，原海光寺北洋机器局(西局)被日本人占为兵营。为感谢英国人协助“攻占”机器局，寺内一口由德国克虏伯兵工厂铸造的大钟，被日本人送给英国人，放置在维多利亚花园

图2　英国报警钟

(今解放北路花园)东南角作为报警钟。笔者从1919年出版的英文版行名录中，查到了大钟的火警报警方式。

人们以敲钟次数来确定起火方位。敲一下:老英租界;敲两下:大沽路和咪多士道(今泰安道)以西至宝士徒道桥(今营口道与南京路交口);敲三下:南扩展界及咪多士道以南与前德租界(今河西区);敲四下:法租界(今营口道以西)。

与此同时,如果白天敲钟报警,戈登堂(今丽思卡尔顿酒店位置)上将悬挂出带有数字的红旗,其数字与大钟的敲击次数相同,表示着火的方位。如果火警发生在夜间,戈登堂旗杆上会有电灯显示对应的数字。

(刊于2019年9月18日《今晚报》第12版“副刊·津沽”)

四、李提摩太的一次讲座

1889年中国时报的一篇新闻报道中,提及一次在天津的演讲,“12月7日晚，李提摩太应丁家立主持的中西书院学者们的邀请,在戒酒楼做了一场关于‘电’的中文讲座”。这两位外国人,后来都成为中国大学教育的重要开拓人。

李提摩太(Timothy Richard,1845—1919)生于英国南威尔士,1870年来华,1902年创办了山西大学堂,即后来的国立山西大学。

丁家立（Charles Daniel Tenney,1857—1930）生于美国波士顿，1882年来华,1895年参与创办了中国第一所大学——北洋大学堂,即后来的北洋大学,今天津大学前身。

当时很多感兴趣的华人都来参加这个讲座，包括丁家立的学生、李鸿章的儿子李经迈。讲座中相关的电学实验引起了听众的极大兴趣,李提摩太用仪器亲自做了演示,向听众展示自然力如何被控制并服从于人类的使用。这篇新闻报道的最后,表达了希望今后能有更多类似讲座的愿望,“因为中国的年轻人真的很渴望学习，只有通过这样的方式，下一代人才能学会欣赏西方的科学和发明”。

讲座的地点——戒酒楼(Temperance Hall),位于今大沽路与营口道交口南侧，原为1870年天津教案后为防止外国水兵滋事，由教会机构集资建立的娱乐休闲场所。外国水兵离开天津后,戒酒楼改为公共设施,举行各类社会活动。1900年消失于战火中。

（刊于2019年11月20日《今晚报》第12版“副刊·津沽”）

五、好莱坞与天津

电影发明后,第二年便传入天津,截止到1941年“珍珠港事件”爆发前,天津有大大小小几十家电影院,主要集中于劝业场、小白楼、南市以及东北角地区。作为北方最大的开放城市,天津也吸引着好莱坞电影公司的目光。美国当时八大电影制作公司中，除了哥伦比亚影业公司外,其他七家均在天津设立了办事处和发行机构。其中五家办公地点都选在了今解放北路与彰德道交口的原维多利亚大楼内(Victoria Building),分别是派拉蒙影业公司、环球影片公司、华纳兄弟公司、雷电华电影公司、二十世纪福克斯电影公司。

成立于1912年5月的派拉蒙影业公司(Paramount Films),时至今日也是全世界最重要的电影公司之一。该公司的电影《翼》获得了首届奥斯卡最佳影片奖。其他著名影片有《教父》《阿甘正传》《泰坦尼克号》以及《变形金刚》系列等。1913年成立的环球影片公司(Universal Pictures)早期以西部片为主,当下最为人津津乐道的是位于洛杉矶的环球影城。华纳兄弟公司(Warner Bros. First National Pictures)成立于1918年,创办者为犹太四兄弟。雷电华电影公司(R.K.O. Radio Pictures)成立于1928年,出品的最著名影片为《公民凯恩》。二十世纪福克斯电影公司(Twentieth Century-Fox Fed.)成立于1935年,其1940年出品的《愤怒的葡萄》无论从内容上还是技术上,都可圈可点。《音乐之声》和《泰坦尼克号》以及《星球大战》系列,都是这家公司的产品。

在维多利亚大楼里,还有几家与电影发行和设备相关的公司,如新华影机公司等。真光电影院的拥有者希腊人马乐马拉斯(Michael Mavromaras)也在该楼办公。另两家好莱坞电影公司也在不远处。联美公司(United Artists)由卓别林等四人于1919年联合创办,其在天津的办事机构设于今大沽路与彰德道交口的义品大楼内。米高梅电影公司(Metro-Goldwyn-Mayer)成立于1924年,天津发行机构在开封道43号。

(刊于2019年12月18日《今晚报》第12版“副刊·津沽”)

作者:高春荣,天津外国语大学
张翔,天津记忆团队

华比银行经理潘德尔的天津故事

张　翔

十七年前,生活在比利时的利奥波德·潘德尔先生(Leopold Pander Jr.)创办了一个名为"潍县描绘"的网站,是为了收集在山东潍县集中营的往事。2018年网站改版升级,但他不知道"Weihsien"对应的汉字怎么写,利用谷歌翻译得到的是"魏贤"两个字。六个月后,一封来自天津的电子邮件,告知他"潍县"正确的中文写法。他终于有机会给天津朋友讲述他们一家的故事,这是因为利奥波德出生地就是天津。

利奥波德看着格雷(Greg Leck)提供的照片,一眼就认出了爸爸(潘德尔先生)、妈妈和自己。那是1945年10月19日,从潍县回天津的飞机上。

一、潘德尔先生

1945年,虽然潍县集中营已经被美军解放了2个月,但由于铁

图 1　1945 年 10 月 19 日从潍县回天津的飞机上(Greg Leck 提供)

路和公路被破坏，潍县机场又无法起降大型飞机，所以只能改用小型飞机运送 1400 多名被日本人关押的欧美侨民。按照姓氏顺序，到 10 月 19 日才轮到潘德尔一家登上飞机。因为在飞机后部的颠簸，利奥波德晕机了。一位美军人员给他一个毛绒小狗安慰他，让他心情好了很多。他拿着照片回忆道(见图 1)，“右侧是妈妈，抱着在集中营出生的妹妹坐在前面，我坐在她和爸爸之间，离爸爸稍远一点。爸爸的博尔萨利诺礼帽(Borsalino Hat)就放在他前面的一堆行李上。其他人都好奇地看着窗外，只有爸爸低着头，看上去非常焦虑，若有所思。”利奥波德猜对了！潘德尔先生真有一件极其重要的事情没有做完——发生三年前的天津华比银行。

潘德尔 (Leopold Pander Sr.)1897 年 12 月 31 日生于比利时。一战后来到中国，1924 年作为银行职员在北京开启了他的职业生涯。在北京，他结识了后来的妻子克拉芙迪娅(Clavdia)。克拉芙迪娅 1906 年出生在哈尔滨，她的父母均为在中东铁路工作的俄罗斯人。不到 30 岁时，潘德尔即被委任为华比银行汉口分行经理。潘德尔对不同文化和习俗有着开放的态度，在银行工作中不仅有出色的专业性和卓越的判断力，而且针对复杂问题经常能够想出折中方案。1936 年，潘德尔升任天津分行经理，相当于北方区负责人。

1938年,他与克拉芙迪娅在天津结婚。同为比利时人的总会计师佩西奥(Lucien Pétiaux)也随同他从汉口来到天津(见图2)。潘德尔一家住在天津华比银行二楼,佩西奥一家住在三楼。

图2 1933年8月,潘德尔(左)和佩西奥(右)在汉口

1941年12月珍珠港事件后,日军接管了天津华比银行。1942年下半年,潘德尔和佩西奥两家被赶出银行大楼公寓。日本人将这两个家庭转移到天津的另一个地方。利奥波德想不起来那个地方是哪里了,但绝对没有原来在银行大楼住得舒服。当时,日本人强迫所有敌国侨民都必须戴上红色袖标,用黑色字写上他们的国籍。因此,潘德尔先生每天带着袖标和通行证出门,袖标上的"白"代表"白义耳"(见图3),这是日本人对比利时国名的早期翻译。到了宵禁期间,他们是被禁止离开所居住的租界。所有的汽车、钢琴、地毯、冰箱、家具等都被日本人征用。

不久,佩西奥屈从于日本人的压力,被征招到天津电车公司工作。潘德尔也收到了同样的"邀请",但他拒绝为日本人工作。1943年元旦刚过,潘德尔一家四口被转移到新加坡道(今大理道)195号,在这里等待被"转运"走。3月的某一天,料峭春寒,潘德尔一家,与其他一些欧美侨民被集中在维多利亚花园,然后随

图3 潘德尔先生的袖标

着大队的人群沿着维多利亚道一直向北走去，他们要去天津东站乘坐火车,然后到山东一个叫作“潍县”的地方。

> 1945 年 8 月 17 日上午,美国伞兵空降到潍县,欢呼的人群涌向大门。但对 4 岁的利奥波德来说,这个场景变成了他后来长期的噩梦。

二、潍县集中营

山东潍县集中营,是“二战”时期日本人在中国建立的最大集中营，由原美国长老会的乐道院改建而成。从 1943 年到 1945 年间,这里先后关押过 2000 多名欧美在华侨民,其中一半是英国人,还有 200 多名比利时人,潘德尔一家就在其中。

他们在这里度过了两年半的艰难岁月。虽然在天津电车公司为日本人工作的佩西奥以及其他在天津和上海的其他朋友，时不时也会给潘德尔一家寄去食品，但这些食品经常被日本看守劫走大部分。在集中营里,“身无分文”已经不是一个贬义词,吃饱饭才是真正的问题。尽管来到潍县时,利奥波德还是一个不满 2 岁蹒跚学步的孩子,但这种囚禁生活以无数种方式影响了他。直到现在,他总是喜欢沉默,而且从不剩饭。

1945 年 8 月 17 日上午,天气炎热而晴朗,看着有美军标识的 B24 飞机以及缓慢下降的红色降落伞，被监禁了 2 年多的人们,哭着、喊着、欢呼、跳跃,激动的心情难以言表。很多在集中营待过的人在“潍县描绘”网站上提供了很多回忆,但是利奥波德只能从照片中感受到“集中营“曾经的存在(见图 4),“在集中营出生的妹妹玛丽已经被特种兵抱上飞机，两名士兵正在帮妈妈爬上去。爸爸穿着厚厚的冬衣，戴着礼帽——等着轮到他上飞机——似乎在笑。他旁边那个穿着短裤，长着细腿的小男孩：就是我！”

图 4　1945 年 10 月 19 日，潘德尔一家正在登上飞机。(Greg Leck 提供)

潘德尔一家在集中营里整整待了 873 天，大女儿珍妮特(Janette)患上厌食症。儿子利奥波德也有创伤性失忆症，对前几年发生的事一无所知。虽然保留了美国军人使用的红色降落伞作为纪念，但利奥波德对集中营的事情，仅仅是他经常重复同样的梦，“我看到自己赤着脚，几乎光着身子，站在浅棕色的肮脏的斜坡中间，周围是大块的深灰色石头。在没有云彩的蓝天下，阳光灿烂，人们跑来跑去，集体歇斯底里。我不明白发生了什么，我完全惊慌失措。就在我醒来的时候，有人来接我。”但是，能够活着走出集中营就算是一种幸运，因此回到天津的潘德尔，特意在当年离开天津时的维多利亚花园，为劫后余生的三个孩子拍了合影(见图 5)。

图 5　1945 年 10 月，劫后余生的三个孩子在维多利亚花园的合影。左起：利奥波德(4 岁)、玛丽(1 岁，出生在集中营)、珍妮特(7 岁)。

这种噩梦折磨了利奥波德

几乎几十年,潍县集中营几乎从他的记忆中消失。然而,在退休后,“潍县“这个词又回到他的生活中。同样来自潍县集中营的汉克特神父(Father Hanquet)向他讲述了很多集中营的故事,此后利奥波德也陆续接触到很多“集中营孩子”。于是利奥波德开始学习如何在互联网上发布信息,开始研究那段历史,并创办了一个网站——“潍县描绘”(www.weihsien-paintings.org)。没过多久,这个网站就收集到大量关于潍县集中营的绘画、照片和故事,已经成为研究集中营非常有价值的资料。

利奥波德回忆说,当他们乘坐卡车离开集中营去飞机场的时候,爸爸建议他们向后再看一眼,因为他们永远不会再回来了。但整整70年后,一群“集中营孩子”又回到当年被囚禁的地方。

2015年8月15日,天津解放北路104号,两位从比利时远道而来的老人,凝视着大楼,思绪却回到了70年前。

三、华比银行

姐姐珍妮特,1938年10月25日出生于天津,弟弟利奥波德,1941年4月22日也出生于天津。而1944年7月7日出生在潍县集中营的妹妹却不能来了,她2000年在布鲁塞尔过世。这次来中国,姐弟俩是来中国参加潍县集中营解放70周年的活动。因此两人有机会专程到天津,来看看他们儿时生活的地方。

站在熟悉的大楼前,姐弟两人看到门口的牌子上写的是“原比利时领事馆”,其实这栋建筑应该算作天津华比银行旧址,而

"比利时领事馆"只不过是20世纪40年代后期租用华比银行的房间办公(见图6)。

图6　原华比银行大楼(利奥波德提供)

1902年，为了发展比利时和中国之间的商务业务，在比利时国王利奥波德二世(King Leopold II)的倡议下,3月5日成立了华比银行(Banque Sino-Belge),总部设在比利时的布鲁塞尔。作为法国比利时兴业银行的子公司,华比银行曾经是在华的最大外资银行之一,也曾经是比利时海外银行系统中最重要的金融机构。华比银行中国总部设在上海的沙逊大厦,在天津、汉口、北京和香港均设有分行。1913年为扩大在东亚的影响力,改名为"比利时远东国际银行"(Banque Belge pour L'Étranger(Extreme Orient) S.A.),但中文名称一致沿用华比银行。

1910年华比银行在中国获得发行纸币权，发行5元、10元及50元三种纸币。1935年国民政府公布《法币政策实施办法》后,华比银行随即对之前发行的纸币予以收回。因回收比较彻底,故该行纸币只有极少量散落市场,目前均为钱币收藏界罕见的珍品。1949年后被批准为经营外汇的指定银行,1956年在中国大陆的华比银行停业清算。但华比银行香港分行一直营业,直到2004年被中国工商银行并购。

华比银行在中国的第二家机构——天津分行——设立于1906年,行址在今天解放北路104号,原属于英租界范围。第一代天津华比银行建筑为二层砖木结构。到了1922年,华北银行购买邻侧原飞龙洋行(Blow & Co.),由义品公司的比利时设计师沃卡特(Gustave Volkaert)设计,拆除重建为三层带地下室的砖混结构楼房。当珍妮特2015年再次见到这栋大楼时,与她记忆里70年前样子完全一致——石制的建筑立面,简洁而明快,典型的现代主义建筑风格。该楼虽然经历了1976年地震,但因建筑质量上乘而毫发无损。

1945年10月回到天津时,珍妮特7岁,利奥波德4岁。他们俩都在集中营里学会了说英语,珍妮特也正在学习写她自己的名字。她也能写利奥波德的名字:L-E-O-P-O-L-D。透过华比银行公寓的窗户,他们能够看到利华大楼(Leopold Building),"利奥波德"的字母拼写与利华大楼主人李亚溥(Marcel Leopold)的姓一致。因此,珍妮特很自豪能看到"利奥波德"在那座灰色大楼上闪闪发光。

与其他刚刚从潍县返回天津的人一样,潘德尔一家不得不重新开始他们的生活。华比银行二楼的公寓被日本人占用了两年多,里面的东西都不见了。在他们搬回华比银行大楼公寓之前,那些在战争期间一直住在天津的朋友帮助潘德尔一家走出困境。珍妮特回忆起从集中营回到天津的第一顿饭,"回到天津一点都不容易。下飞机后,坐着吉普车沿着维多利亚道行驶。回到天津,我们得到了自称"维希主义者"的法国朋友帮助。我们在他家吃了两年多以来第一顿真正的饭:盘子,刀子,叉子,勺子,餐巾。"潘德尔先生继续担任银行经理的工作。他的薪水还算不错,慢慢地,他们开始装修"新家"——新的家具,新的窗帘,新的地毯。然而,潘德尔先生不由回想起几年前那个惊心动魄的夜晚。

对于潘德尔和佩西奥以及中方买办魏采章来说，1941年12月8日是他们终生难忘的一天，三人冒着生命危险进行了一次大胆的行动。

四、惊心动魄的夜晚

1941年12月8日，星期一，早上还不到7点。一阵急促的敲门声和叫嚷声，惊醒了潘德尔和佩西奥，当他们衣着不整地下楼时，看到的是一队手持步枪且上着刺刀的日本兵。日本兵领头人宣布以天皇的名义接管整栋建筑，并命令他们将金库的钥匙以及所有备用钥匙交给日本人。利奥波德说，“事后很多年，爸爸才告诉我们，在此之前爸爸已经和相关人员口头达成一致，就说‘我们没有金库备用钥匙，这就是比利时银行的最大特色’。日本人相信了，拿走了金库的钥匙，并贴上封条，留下卫兵在门口站岗。”

随后，潘德尔和佩西奥就知道了珍珠港事件的爆发，日本向英美等国家宣战。12月8日这一天，日本军队占据了英美等国在天津的重要机构，如工部局、银行以及洋行等。虽然当时的比利时国土已经被德国占领，但在伦敦的比利时流亡政府是日本和德国的坚决反对者，所以华比银行首当其冲被日军接管。

华比银行的地下室金库存放的都是金条，大小不一，放在靠水泥墙的架子上，有一些金条原则上属于客户的。这些金条如果落入日本人之手，就是有去无回，客户财产损失巨大。

潘德尔、佩西奥以及中方买办魏采章，三人经过一番激烈的思想斗争，决定实施一个大胆的行动。魏采章，字允楼，辽宁营口人。

BANQUE BELGE POUR L'ETRANGER
(EXTREME-ORIENT), S.A.
Filiale de la Société Générale de Belgique
(Formerly Banque Sino-Belge).
華比銀行 *Hua-pi-yin-hang*
86, Victoria Road.
Phone 31825 Manager
,, 31770 Sub-Manager
,, 31204 General Office
,, 31203 Compradore
,, 31290 Compradore Office
Tel. Address: "Sinobe"
Head Office: Brussels.
Branch Offices: Shanghai, Hongkong, Hankow.
Pander, L., *Manager.* 潘德尔(经理)
Pétiaux, L., *Accountant.* 佩西奥(会计师)
Thomas, J., *Sub-Accountant.*
Wei, T. C., *Compradore.* 魏采章(买办)

图7　1941年地址簿上的华比银行信息。包括了潘德尔、佩西奥以及魏采章的名字。

他有着丰富的商务经验和灵活的头脑，与其他世袭买办或外方合伙人成为买办不同，他受过良好的教育。1919年从北京大学经济系毕业后，魏采章进入东三省官银号，九一八事变后来到天津，在河北省银行任职。从1935年至1941年，魏采章任华比银行中方买办。因魏采章有广泛的东北人脉，所以很多奉系军阀和政客将黄金都存在华比银行。魏采章的旧居在今天的昆明路欣园。在1941年地址簿的华比银行条目上，可以看到三人的名字（见图7）。

在银行关门很久后的寂静的深夜，三人蹑手蹑脚地进入地下室金库。魏采章用了特殊技术揭下日本兵粘贴的封条。接着，三人用备用钥匙打开的金库大门。为了避免发出声响，他们将一块厚厚的帆布铺在地下室过道上，将属于客户的金条全部取出。行动必须尽可能地快、尽可能地轻。然后，帆布被费力地拖到了一楼，魏采章又将封条恢复为原来的状态。他们三人不敢停顿，连夜把东西分散藏起来。潘德尔后来告知家人，金条大都被藏在厕所的水箱中。

到这里，故事还没有结束。

这些大量的金条不能留在银行的公寓内，否则早晚会被日本人发现。于是，在随后的日子里，他们谨慎地逐一通知金条的所有者。这些金条的主人听到这个消息时，都不相信自己的耳朵。他们原本认为自己在华比银行的东西早已落入日本人之手。没过多久，客户们逐渐地拿到了属于他们的东西。考虑到当时的特殊情况，双方不能留下确认收据，否则就会被日本人抓到把柄，但银行和客户都明白诚信的意义。

三年多的时间过去了，到了1945年10月，华比银行在抗战胜利后重新营业。让潘德尔一直很忐忑的问题，就是客户能确认他们三年前收到了东西吗？空口无凭，客户回来索要怎么办？这也正是潘德尔在回津的飞机上"低头不语，若有所思"的原因。但是，他的担心多余了。几乎所有接到通知的原客户，均到华比银行来确认他们收到了东西，同时对银行表达了最高的赞誉。三年后，竟然没有一件失败！潘德尔和同僚们这次大胆的冒险才算完全成功！

二战结束后，由于佩西奥曾为日本人工作，因此难以回到欧洲，只能像德、意、日等轴心国人员那样，远赴南美洲。他先后在乌拉圭和阿根廷工作，最后在巴西的意比银行(Banque Italo Belge)，结束了他的职业生涯，1969年在圣保罗过世，享年64岁。魏采章又回到华比银行工作，直到20世纪50年代后调任中国银行，不久离职，赋闲在家，1973年过世，享年79岁。潘德尔回到天津后不久，即调任上海华比银行经理，1946年5月他们一家离开天津，利奥波德却抱怨父母没有带上他的毛绒小狗。1949年，潘德尔再转任香港华比银行经理。1952年5月，潘德尔回到比利时继续在银行工作。退休后，银行也为潘德尔保留了一间办公室，作为私人银行顾问，他一直工作到生命的最后时刻。

利奥波德总是回忆起，在离开集中营之前妈妈经常告诉他们的一件事，而且这件事在妈妈生命的最后时光更经常被提及，"一个日本警卫面对面地告诉妈妈，日本人确实输了战争，但……他们

图 8 潘德尔一家五口人在潍县集中营的编号

会回来的。这个日本人说，当那一天到来的时候，他们会抓住我们所有人，把我们关进监狱，他们会拿走我们所有的财产，他们会杀了我们！”潘德尔先生回到比利时后，一直拒绝与日本人一起工作，甚至拒绝与日本人做生意，而且一直保留着他们一家在集中营的标志物(见图 8)。1977 年，潘德尔在布鲁塞尔去世，享年 80 岁。生前，他的家人多次建议他写出在中国的回忆录，但潘德尔却每每拒绝，他说：“我知道的秘密太多了！”

(刊于 2019 年 7 月 12 日《今晚报》第 12 版“副刊·讲述”)

作者：张翔，天津记忆团队、国际古迹遗址协会会员

唐宝锷的天津轨迹

周梦媛

唐宝锷是甲午战争后清政府官派日本首批留学生的最出色者、中国法律现代化的奠基人,天津是他职业生涯的主舞台。随着社会变迁,与他相关的地址曾多次变化。从故纸中,我们可以一窥他在天津的人生轨迹。

1921 年,日本驻津总领事向外务省提交管界内的调查报告,这份资料详细记载了一些中国要人在津的住所和身份信息。日本人此举用心险恶,旨在监控这些政坛人物,以便在必要时拉拢威胁他们,为侵华提供方便。这份报告中,唐宝锷以退任议员及律师的身份居住在老造币厂后,即现在的河北区中山路一带。

1925 年,唐宝锷退出政界专心从事法律工作。他将事务所分设京津,天津事务所坐落于他在河北四经路南置办的房产。这也是他天津生涯中被记载次数最多、时间最长的地址。此外,唐宝锷尚有办事处在英界三德里、法界四号路平和里与日界旭街 19 号。而旭街办事处,后来也升格为事务所,且不仅为他一人所有。

东京大学东洋文化研究所有着规模庞大的汉籍收藏，其来源之一是“大木文库”，即民国时代活跃于京津的日本著名律师大木干一的私藏。这位大木律师就是唐宝锷在旭街19号的合作者，他也是唐数十年的旧知交。1939年7月，日本学者实藤惠秀因研究近代中日文化关系而访华。得知首批留日学生中的翘楚唐宝锷正居天津，他便央求大木干一辗转联系。此时唐已年过花甲，因抗战爆发而搬入租界居住；实藤与他相约天津日本俱乐部见面。15日下午，实藤抵津，他在友人、“四面钟”樫村洋行的少爷樫村弘引领下，到达日本俱乐部。唐宝锷身穿白衣手摇羽扇，在那里用流利的日语回答了实藤提出的各种问题，谈话中，他有所保留，也直言了对日本留学政策的不满。

实藤惠秀没有过分迷失在军国主义的疯狂氛围中，战后，他多次参与推动中日友好的活动，发起倡议并主动返还了一批被掠夺的中华文化财产。他将战时的研究成果写成《近代日中文化论》，其中记载了他在天津会见唐宝锷的经过，那时，唐宝锷的事务所设在特一区福州路。而在那场由军国日本发动的侵略战争中，连唐宝锷这样曾与日本密切相关的人，坐落在河北四经路南的住宅也被日本人强占，沦为昭南橡胶工厂。抗战胜利后，侵略者掠夺的资产被登记拍卖，唐宝锷也依敌伪建筑物处理办法向有关部门呈请发还。后来这处房产经历一系列纠纷，成为南洋橡胶厂。

直至1948年，报纸上依然登载着唐宝锷的法律声明，上面写着他的事务所在林森路，就是今天的和平区新华路。据说也就是在那一年，他停止了从事半辈子的律师业务。

（刊于2019年11月27日《今晚报》第12版“副刊·津沽”）

作者：周梦媛，中国古迹遗址保护协会、中国近现代史史料学会会员

李文贞与家乡

阎伯群　樊文稷

李文贞是功力短拳门武术大师“霸州李”李茂春之女。李茂春到天津开武场，成名后才结婚。因此，李文贞生在天津。但李文贞与霸州，与霸州乡亲有着千丝万缕的联系。对霸州，对霸州乡亲有着深厚的感情。

李茂春到天津开武场，是带着霸州东关的大徒弟赵福泰一起去的。赵福泰曾代表天津武林巡演亚洲、美洲、欧洲二十七国，家境殷实。李文贞幼时，常随其母亲到霸州东关赵福泰家居住。霸州东关有李茂春的师兄弟、徒子、徒孙几十名。李文贞也经常到他们的家中习武、玩耍，与霸州东关的乡亲结下了深厚的友谊。至今，霸州东关年长者，均尊称李文贞为大姑，年轻者均尊称李文贞为大姑奶奶。

赵福泰逝后，李文贞与霸州的联系渐少。“文革”期间，赵福泰的次子赵金普（赵老林），借到天津卖白菜之机，到李文贞家探望。赵金普小李文贞十六岁，因此，李文贞不认识赵金普，但听说是霸州乡亲，还是热情接待。赵金普为证实传承关系，借李文贞的刀、剑演练了功力短拳门的看家武技“小花刀”和“太极剑”，李文贞终于认了这个本门派的传人。但碍于“文革”期间的种种禁忌，李文贞不让赵金普称自己为“师姑”，只按霸州乡亲款待，并说只要是霸州乡亲，不管谁来，我都招待。“文革”后，李文贞还回霸州东关办了“霸州李武馆”，带着自己的徒弟祁先生来霸州教学并分文不取。以实际行动报答家乡父老，显示了高尚的情操和绵绵的思乡情谊。

李文贞之弟李文胜是武术传人和杂技高手，“文革” 期间被遣返回乡。因其父李茂春原来是个道士，新中国成立后庙已被拆，李文胜在霸州东关一无家二无产。当时，霸州东关十二大队的支部书记名周广仓，也是武林中练家，是李茂春的再传弟子。一听说是李文贞师姑的弟弟，马上热情地收留了他，并为他安排了住房。那时，李文贞每隔三两月就来霸州看弟弟，并嘱托乡亲帮弟弟安家立业。由于“大姑”的嘱托，霸州东关对其弟弟也特别照顾，一般不安排他干农活，只让其为乡亲们表演武术和杂技。这样既使李文胜的功夫不会生疏也娱乐了乡亲。在李文胜结婚时，李文贞自背来了棉被、床单、枕巾。在李文胜得子时又送来小儿衣被、炼乳、奶粉。“文革”后期，又为其弟多方联系工作，最后安排到昆明杂技团。至今霸州东关仍传颂着李文贞对弟弟的深爱之情，并誉为同胞亲情的榜样。

2001 年，李文贞在霸州东关开办了“霸州李武馆”，收徒传武。那时李文贞已 77 岁，已是名满全国的武林长老，十段大师。她不顾年高，不惜高位，分文不取地教授幼童，以实际行动突显了其高风亮节，表达了浓郁的爱乡之情。现今霸州市武协主席李永维，是李文贞徒弟王增来大师的入室弟子。现今霸州武协副主席，社会人称“霸州陈六”的技击专家陈帮民是其师侄赵金普的关门弟子。按功力短拳门的辈分他们都称李文贞为“师太”“姑奶奶”。李文贞不吝辈高名重，亲传李永维“六□腿法”。陈帮民更是三天两头向李文贞讨教，得李文贞传授翻子拳分手和绵掌拳分手，即将这些拳法套路分拆成散打招式。这在武林中，是只传亲密入室弟子的绝密技法。李永维和陈帮民能取得今天的成就，都是和李文贞的悉心传教分不开的。

在李文贞执教的习武学童中，霸州东关的刘宇雄、刘宇杰兄妹天资聪颖，悟性超绝。李文贞非常喜爱，指导他们学练了“小花刀”和“太极剑”。李文贞在结束“霸州李武馆”时，特意把刘家兄妹托付给徒孙陈帮民，嘱托陈帮民一定要把这两个武术苗子培养好。陈帮民按照李文贞的嘱托，悉心传教刘家兄妹六年，使兄妹二人双双考入了天津体育学院，并成为省级武术专业队队员。刘宇雄在2008年全国武术套路冠军赛中获男子对练冠军、男子传统器械（双鞭）亚军、2011年全国武术院校锦标赛套路亚军。刘宇杰获第十二届全国运动会太极拳铜牌、太极剑银牌，香港国际武术比赛太极剑金牌。

（刊于2019年10月21日《新霸州》第3版“综合”）

作者：阎伯群，河北省霸州市作家协会
樊文稷，河北省文史学者

贾宝玉为何反科举?

韩吉辰

贾宝玉是《红楼梦》作者精心塑造的一个典型人物,其中反对科举、反对仕途最为特殊。第二十六回:湘云笑道:“如今大了,你就不愿读书去考举人进士的,也该常常的会会这些为官做宰的人们,谈谈讲讲些仕途经济的学问,也好将来应酬事务。”宝玉听了道:“姑娘请别的姊妹屋里坐坐,我这里仔细污了你知经济学问的。”

第三十六回中,宝玉“焚书”:或如宝钗辈有时见机导劝,反生起气来,只说:“好好的一个清净洁白女儿,也学的沽誉钓名,入了国贼禄鬼之流……”因此祸延古人,除四书外,竟将别的书焚了。值得注意的是:这宝玉“焚书”情节,只在“脂评”本中出现,在通行本中被删掉,原因待考。

贾宝玉身上寄托着作者的影子,曹雪芹为什么反科举呢?一般的解释是:雍正五年曹雪芹在抄家之后,就被断了科举之路!天赋极高的曹雪芹一生没有机会参加科举,因此作者赋予了贾宝玉“反科举”的思想。这种解释合理吗?似乎无法自圆其说。在清朝并没有绝对禁止“犯官之后”参加科举的规定,曹雪芹父辈也不是犯了什么滔天大罪,主要还是经济犯罪范围,如果曹雪芹能够受到系统教育,是可以参加科考的。因此仅仅由于是“犯官之后”的原因是解释不通的。并且《红楼梦》第一一九回就描述了贾府被抄家之后,贾宝玉和贾兰仍然参加乡试并中举的情景。

那究竟曹雪芹为什么反科举呢?原来曹雪芹在抄家后并没有随家返京，而是辗转来到水西庄生活十几年，受到了贵宾式的待遇,受到系统教育,与学者学习诗词,他天赋聪颖,成为一颗文学巨星。虽然这一阶段“苏州孤儿”染香在大观园般的水西庄每日美酒佳肴,但是他的精神生活却十分压抑,前途一片渺茫,乾隆三年在《人日》诗:“年年归计输鸿雁,目断南云望碧空。”似乎十分怀念在江南的生活。在《东安道中》则表达了他极为不安的心情:“风劲悚林叶,桥危怯马蹄。”

在封建社会,知识分子只有科举一条道路,乾隆二年“苏州孤儿”来到水西庄,完成学业后,在他这个年龄段的青年纷纷参加科举,可是他想都不敢想!为什么呢?原来科考必须登记考生信息,一旦作假被人举报,科考案的处理是极其严酷的,查为仁年轻时就深受其害(被判无期流放)。“苏州孤儿”是水西庄中锦衣玉食的“愤青”,他根本没有可能参加科考,他知道很多科考的黑幕。他决心不走科考之路,不走仕途之路,他要奋笔直书,把自己的所见所闻写下来,为后人留下真实的见证。曹雪芹精心塑造贾宝玉,同样也是一个大观园中锦衣玉食的“愤青”,反科举反仕途,具有叛逆情怀。

编者按:沽上雅士焦桐琴对韩吉辰先生所撰“《红楼梦》与水西

庄”专栏偏爱有加,凡每期文章见报,则赋诗一首,以为读报所得。应韩吉辰先生推荐,邀焦先生为《宝玉为何反科举?》一文赋诗,与本报读者共享。诗曰:“清净洁白女儿劝,国贼禄鬼黑幕掩。才华深受科举害,愤青焚书疯语传。宝玉试才题匾额,超越八股新意展。大厦将倾衰亡兆,雪芹揭根醒世言。”

(刊于2019年6月12日《中老年时报》第7版“副刊”)

作者:韩吉辰,天津水西庄研究中心

《红楼梦索隐》是否宝坻李熙所著?

宋 健

红学史上有一部重要的著作《红楼梦索隐》,作者王梦阮、沈瓶庵。关于王、沈的生平,似无人知晓。要说《红楼梦索隐》是民国时期出版的书,作者不应该神龙不见首尾,尤其是这样有影响的著作,作者更不应籍籍无名,但王梦阮、沈瓶庵就这么“神秘”。

近来搜集宝坻乡贤著作,竟有意外发现:据《河北通志稿》(2516 页)“文献志艺文”转引《宝坻县志》,李熙著有《红楼梦索隐》,并介绍李熙生平经历云:“熙,字明甫,菡孙。王梦阮者,其著书之托名也。光绪戊戌考取经济特科,学部参政。”这个材料的来源为《宝坻县志》,是哪本、谁主持编纂的县志?据我所知,《宝坻县志》现存的有“康熙志”“乾隆志”,以及近三十年来今人主编的两本新志。难道在民国期间曾经编纂、出版过“民国志”?一旦发现真有这部志书,当隆重庆祝一下。

不管怎样,《河北通志稿》白纸黑字,记下了在不知谁著的《宝坻县志》里有这样的一条记载,这是个值得注意的线索,沿着这个线索,或许真能把“王梦阮”弄清楚呢。

所谓“经济特科”是清光绪间在正常的科举考选之外,特别设立的科举考试,故称“特科”。这个建议,由时任贵州学政严修于“丁酉年”(1897)提出,被采纳。“戊戌年”(1898)慈禧太后下诏举行,以备推行新政,后因“戊戌变法”失败而中止,以后,一直拖到“辛丑年”(1901)才付诸实施;光绪二十九年(1903),又举办了一次,这一年,李熙,名列第三高中。据本年《钦定经济特科考取人员名单》,说李熙,字明浦,宝坻人,则《河北通志稿》所说李熙考取“戊戌特科”是不准确的。又“字,明甫”,也不确。李明浦,后来到山东做了“候补道”,一直没有正式升为道台,就在济南创办了《官话日报》。

《官话日报》创办于 1906 年 3 月,是山东颇有影响的报纸之一,以新闻和政论为特色。李熙既为《官话日报》负责人,应该在上面发表过文章。有没有关于《红楼梦》的文章?盼望有条件的读者,留心一下,或许会有让人惊喜的发现。因为从情理上推断,李熙具备熟读《红楼梦》的条件,也应该具备写作《红楼梦索隐》的能力。

与李熙同时在山东做官(或候补)的还有李庶、李黯,均为宝坻林亭口李氏,号称“宝坻三李”,闻名历下。

1947 年《中和月刊》第 7 期载“过隙”《明湖客影录》一文,曾述及“宝坻三李”在济南的行迹,略云:“其以客久为众客资借,卜居湖上,遂为客中贤主人者,一时盛推李明浦。李氏多才,曰明浦李熙,曰石可李黯,曰勤可李庶,同时称宝坻三李,而明浦尤卓出。山东官报,其所主办。明浦多识,善谈谐,新旧学家皆与之恰,既由诸生荐试经济时特报罢,则以报馆养名高,交通英俊。当光绪甲辰山东所派留日速成师范生回国组织教育会,熙实与共筹议。又设明溥书局,译刊新籍。俨然为一时学人盟主。”所疑者,李熙明明是高中经济特科第三名，这里却说“由诸生荐试经济时特报罢”，报罢者，名落孙山也。或者，报罢乃用“作罢”之意？意谓特科虽然高中，并未任以官职？

剩下的问题是：那本神秘的《宝坻县志》里记载的王梦阮是宝坻李熙笔名的依据是什么？我们总不能只靠这一条孤证，就论定王梦阮就是李熙的笔名或化名。

（刊于 2019 年 9 月 13 日《今晚报》第 7 版“副刊”）

作者：宋健，天津市宝坻区邮政局

和赠皆宗海下风

田晓东

2017 年 8 月 7 日，时值农历立秋。我浏览朋友圈看到周贵麟老师所发藤荫斋（周景颐）的图片，记起几年前周老师整理其尊人祜昌先生遗作《藤荫馀话》（由《问津》刊行），便以先祖书房之号“藤荫斋”命名。

周景颐乃红学兄弟周祜昌、周汝昌之父，其书房藤荫斋是红学兄弟儿时抹不掉的记忆。1984 年甲子新正的一天，周祜昌与五弟汝昌一如既往谈诗研《红》，信中有诗，提到藤荫斋：

共语何人话古今，时移世换代陈新。
只馀孙振义一个，曾是藤荫斋上人。

周祜昌先生的诗平白浅切，虽不似其弟汝昌的诗吐纳八荒、才气纵横，却易朗朗成诵。我诵读再三，何不步韵一首发与周贵麟老师，续写海下藤荫佳话。于是便有了这首《立秋日步周贵麟先生尊翁韵有题》：

海下藤荫阅古今，律回秋夜几更新。

风流顾曲诗如绪，不独红楼解味人。

到了2018年，适逢周汝昌先生诞辰一百周年。9月24日，《今晚报》刊周贵麟老师文《"甜水"缘何变"咸水"》，提到叔父周汝昌先生由清朝人周宝善的《咸水沽》一诗："疏落村庄淡远波，休将浩淼比盈科。人言近海无甜水，味美于回似御河。"考订津沽海下风俗精彩迭见："'甜'和'咸'恰好是二音互转而成的例子，后来，人们知道咸水沽是古豆子䴚（䴚即浅水），又因与繁体的'鹹'字体相近，因此百姓在口语相传中，我们的'甜'水逐渐演变成了'咸'水。"

中秋之夜，佳节隽文，不可无诗，我连夜赶制一首《中秋夜题周贵麟先生文后》：

隽文推出月当圆，良会婵娟比并鲜。

从此沽名识咸水，道人解味作梅盐。

诗中把"解味道人"周汝昌先生的诗史互证比作"梅盐"入水，津津有味，赢得周贵麟老师赞赏。10月2日，周老师和了一首《小句奉和田晓东先生中秋题诗》回寄：

步月良宵月更圆，从知咸水味澄鲜。

即今书话博文里，犹说春潮利海盐。

经过精心筹备，由天津市红楼梦研究会主办的"周汝昌先生百年诞辰高端论坛"11月24日在问津书院举行。提前两天，我诗成一律

《纪念周汝昌先生百年诞辰》：

沽水乡贤出豆䴚，流光隐映旧行藏。

研红志节联棠棣，顾曲家风数雁行。

燕市悭缘终一面，脂轩贞抱累千章。

至今多士岂撼动，《新证》题名周汝昌。

参会时，呈赠周贵麟老师是正。次日下午，便接到周老师的合作，刀疾马快，犹如宿构。《谨步田晓东先生〈纪念周汝昌先生百年诞辰〉原韵》：

奎宿光投辉豆舭，藤荫娓娓记行藏。
才堪二陆夸棠棣，情比三袁足雁行。
矢志研红圆夙梦，为芹辛苦著华章。
贯通学海晓天地，解味通灵一汝昌。

周汝昌先生为津沽海下文化延续了一条鲜活的文脉。如今其人已逝，宗风可仰；等身著作，惠泽绵长！

（刊于 2019 年 5 月 15 日《今晚报》第 12 版“副刊·津沽”）

作者：田晓东，文史学者、自由撰稿人

尊碑·师魏·传薪

齐　珏

昨日,“不忘初心·师魏传薪——孙伯翔王树秋师生书法艺术作品展”,在南海之畔的茂名市闭幕。

图1　孙伯翔书法对联：世上冷暖寒暑表　人生起落心电图

茂名市依山傍海,是一个“面朝南海,春暖花开”的城市。茂名书画院院长廖静先生醉心魏碑书法，会同钟万康等魏碑同道，为天津广东两地书法艺术构建了一个良好的平台和交流机制，彰显了广东人民实干创新的精神力量。津粤书法同道,投身于以人民为中心的艺术实践，用手中笔，书写历史,书写时代,凝心聚力,培根铸魂。

提起魏碑书法，不得不提及康有为。康有为,广东省广州府南海县(今南海区）人，人称康南海，中国晚清时期重要的政治家、思想家、教育家，资产阶级改良主义的代表人物。康有为在倡导维新运动的同时，还对中国近代教育体系提出了自己的设想，主张实行德、智、体、美诸方面发展教育。在书法理论方面，康有为在延续阮元、包世臣的书论思想基础上，倾力推出《广艺舟双楫》，从理论上全面系统地总结了碑学书法理论，提出“尊碑”之说，大力推崇汉魏六朝碑学，对碑派书法的兴盛有着极其深远的影响。

康有为是徐悲鸿的老师。徐悲鸿继承了康有为的碑学书法教育理念，指导培养出当代书法大家王学仲。1953 年，王学仲自中央美院毕业后到天津任教，教出了魏碑书法巨匠孙伯翔。孙伯翔的书斋命名为“师魏斋”，立志弘扬魏碑书法。王树秋作为孙伯翔的得意门生，自觉担负起魏碑书法的传薪之责。他对孙伯翔的研究、解析以及弘道扬艺，尤见忠诚。王树秋认为：“以康有为、阮元、包世臣、赵之谦为代表的书家是魏碑首倡的第一个阶段，王学仲、孙伯翔是还原魏碑笔法的第二个阶段。”此外，王树秋还首先提出：“孙伯翔还原了魏碑笔法，找到了方笔的书写法源，重塑了魏碑博大雄浑的气象。”

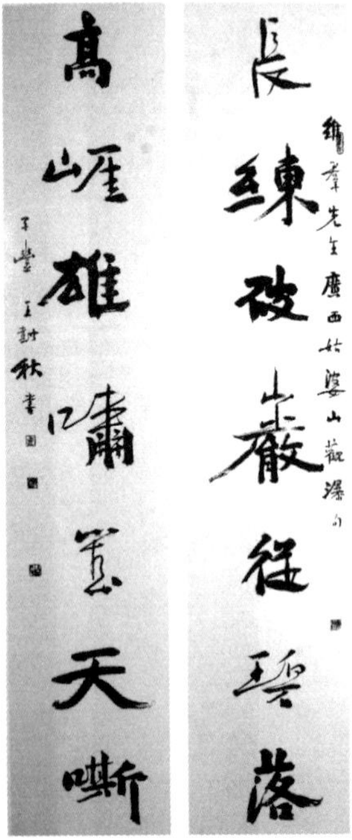

图2 王树秋书法对联：长练破岩从碧落 高崖雄啸对天嘶

在魏碑书法艺术实践上，王树秋精研魏碑经典《霍扬碑》三十余载，写出自家书风的“绵密伟丽”。王树秋证源笔法，拓宽了魏碑书艺道路的“宽度”。在魏碑书法“龙门方笔”“摩崖圆笔”之外，找到了魏碑书法创作的第三种状态，为魏碑艺术发展增加了一条“新路”。

广东作为南海先生（康有为）的故乡，孙伯翔、王树秋魏碑书法此番赴粤办展，可阐释为当代碑学艺术家向书道先贤的致敬。同时，孙伯翔、王树秋二人的艺术实践也证明了魏碑书艺的蓬勃生机，书道艺脉传承有序，由此可以总结出一个新时代魏碑书艺传承的概念，即——“南海尊碑，伯翔师魏，树秋传薪”。在魏碑书法艺术探索的道路上，孙伯翔、王树秋师徒薪火相传，为我们作出了榜样。

（刊于 2019 年 11 月 4 日《中老年时报》第 8 版“副刊”）

作者：齐珏，中老年时报社

附录

问津的变与不变

——第七届问津学术年会综述

万鲁建

2019 年 12 月 29 日，第七届问津学术年会在天津市河北区巷肆创意产业园内的问津书院举行。来自南开大学、天津大学、天津师范大学、天津财经大学、中国民航大学、天津社会科学院、天津档案馆（天津市地方志编修委员会办公室）、天津文史馆、天津博物馆等单位的研究人员以及民间文史专家共 80 余人参加了本届年会。

上午 9 时，年会在二楼集堂举行开幕式，问津书院理事长王振良教授主持。首先，王振良汇报了 2019 年问津书院的工作，并就 2020 年工作计划进行说明。之后，天津社会科学院历史研究所刘海岩研究员作主题发言，他根据自己多年从事天津史和租界史研究的经验，谈了天津租界史研究的现状以及目前所存在的问题，认为未来需要在挖掘文献与对外交流合作方面多下功夫，引发了与会专家学者的共鸣。开幕式后，在三楼学海堂、四楼止月轩、一楼双槐书屋进行分组讨论，尹树鹏、侯福志、万鲁建分别主持。下午的闭幕式仍由王振良主持，各小组主持人汇报了小组研讨情况，王振良作最后总结。

本届年会的与会学者，依然是老中青三代齐聚，既有成果丰硕的前辈耆宿，也有崭露头角的中青年学者，更有初出茅庐的民间学人，他们共同推动着天津历史文化研究的向前发展。本届年会共收到文章近80篇，既有专业的学术论文，也有通俗的报刊文章，既有纯学理的思考，也有论据扎实的考证。无论文章长短，都言之有理、论之有据，凸显了与会者的学术素养。

一、不变的主题

问津学术年会从一开始就定位于打造一个天津历史文化研究者的交流平台，讨论的话题也是围绕天津历史文化研究而展开。因此，每年的问津学术年会并不设定特定的题目，而是所有参会者围绕天津史研究展开交流与互动。对参会者唯一的要求就是，必须提交当年发表的一篇有关天津史研究的文章。文章，既可以是学术论文，也可以是报刊文章；既可以是历史探究，也可以是现实思考；既可以是对政治、经济方面的研究，也可以是社会文化方面的研究成果。总之，只要是关涉天津者，皆可参与讨论、相互交流。按照这样的主题设定，问津学术年会已经走过了七个年头。七年时间，在历史的长河中很短，但维持一个学术交流平台，却并不容易。做成一件事并不难，难的是长期做一件事。因为这样的坚持，每年的参会人员都多少会有一些变化，不变的是大家对天津历史文化研究的热情。

从本届年会收到的文章来看，依然是涉及天津历史文化研究的方方面面，一定程度上反映出一年来天津史研究的概貌。如这两年大运河研究日趋活跃,本届年会就有不少文章对此展开讨论。如任云兰对运河、漕运与天津城市发展关系的论述,罗燕春对华北运河集镇的行脚书写,任吉东以运河沿岸为中心对近代天津村镇变迁的研究,都将运河放在了与城镇发展的互动关系中进行考察,这对于我们如何认识运河与城镇的互动关系提供了很好的样本和视角。吴裕成则从民俗学的角度论述了运河沿岸的小圣平浪侯信仰问题,又为我们开辟了运河研究的新领域。天津作为开埠城市,近代以来在中外文化的碰撞与融合之中,形成了独有特色的城市文化和风俗。如何准确提炼出天津的城市文化特点,如何看待天津的社会风俗,学界至今还没有达成共识。这就要求我们学者各尽所能,全方位、多角度进行研究。本届年会有不少文章谈及这一问题。高成鸢、葛培林、曲振明等人以天津知名人物为切入点,探讨近代以来何以有众多文化人驻留天津,他们又是如何影响和改变天津的文化形象的;杨莲霞、侯福志等人则以在天津诞生的报刊为视角,探讨近代天津城市文化事业的兴盛因缘;还有一些学者探讨了天津的民俗。上述研究从不同方面丰富了天津的城市文化,有助于我们更准确把握天津的城市文化特点。

总之,万变不离其宗。无论学者从何种角度切入和探讨,都离不开天津这一主题。也就是说,所有的文章都是围绕天津这一主题展开,也是为了推进天津历史文化研究的不断深入。

二、多变的成果

主题不变,参会人员可变,成果更可以多变。七年来,虽然每年的与会人数大致保持在 80 人左右,但是细看还是有所变化。这就是不变中的变化。

首先是每届都有新成员加入，而且大都是中青年学者和民间学人，这就为学术年会注入了新鲜血液。本届年会表现尤为明显，与会的 80 余人当中，有将近四分之一为首次参会，这在前几届是没有过的情况。这些“新人”，一部分是专业学者，一部分是民间学者，他们大都为青年学者，富有朝气和活力，而且提交的文章也都颇有分量，彰显出新一代天津学人的学识与视野。如欧阳杰先生所作关于天津机场近现代历史建筑遗存的保护研究，杨涛羽关于天津都统衙门的新论，都富有启迪意义。这对于我们拓宽视野、扩展天津史研究都有助推作用。

其次是郊区学者队伍的不断壮大。前几届年会，来自郊区的学者很少，关注郊区的学者也少，相关文章亦不多。近几年，随着京津冀协同发展和京杭大运河研究的热潮，市区与郊区的互动逐渐活跃起来，尤其是人类社会学在历史研究中的广泛运用，实地考察和调研渐成热潮，很多学者走出书斋，走进田间地头，关注城郊联系与互动。通过走访调查，不但直接了解了郊区的历史与现实，也获得了很多一手资料，为开展相关研究奠定了基础。郊区的学者受其鼓舞，也逐渐走出所在区域，与各方交流，并将自己的成果展示出来，扩大了影响，拓宽了视野。参与本届年会的郊区学者有将近十人，分别来自西青、宝坻、滨海新区、武清、静海、北辰等地。他们致力于各自家乡历史文化的挖掘与整理，且每年都推出不少成果。本届年会上，静海、宝坻、滨海新区分别推出《静海纪事》(冯俊友著)、《“科举世家”李半朝》(陈兆军、阮洪臣著)、《永远的故乡——大神堂》(姜茂树著)等成果，令人惊喜。

再次是加强联动与合作。近几年，问津学术年会的一个显著变化，就是相互之间的联动和合作初见成效。尤其是宝坻、静海、滨海新区，除了各自有相对固定的团队外，相互之间还建立了微信群等沟通渠道，实现了资源共享，合作共赢。而静海、宝坻和武清等地区的学者建立联动机制，随时沟通，合力推动郊区文史研究。同时，市区与郊区也形成了良好的互动模式，市区学者前往郊区调研或考察，为郊区的村史编纂和文旅开发献计献策；郊区学者则来市区学习交流，介绍当地的最新研究成果，互通有无，共同推动了天津史研究的深入。此外，随着京津冀协同发展和雄安新区建设的推进，京津冀学界交流也日益密切，2019 年就联合举办了多场学术研讨会，如天津问津书院与河北人民出版社联合举办“高步瀛先生学术研讨会暨《高步瀛著作辑刊》首发式”等活动，就是很好的例子。本届年会也有来自北京的戴建华先生，河北的李树德、阎伯群先生等与会。这一切都说明，问津年会在不变之中所带来的新变化。

三、不变中再变

在变与不变之中，问津学术年会已经走过了七个年头。未来该如何在变与不变中继续前行，值得我们深入思考。

首先，我们坚守主题不变，继续以天津历史文化为主线，不断深化天津史研究，拓宽天津史研究的新视野，尽力挖掘新材料，借鉴新方法，将天津史研究深化。努力将问津书院和问津学术年会这一品牌坚持下去，并做大做强，使其成为天津文史学界甚至国内文史学界研究天津史不可或缺的交流互动平台。

其次，我们又必须要改变。问津学术年会作为天津史研究的交流互动平台，需要尽可能吸收国内外相关研究者参与进来，将他们的最新成果及时引进过来,在问津学术年会这个平台充分展示,并努力与之建立联系,双方保持良好的互动。同时继续加强京津冀三地学者的交流和沟通,开展更为具体的合作研究。尤其是河北与天津具有密切的关系,利用建设雄安新区的大好机会,联合相关学者开展相关研究,以推动天津史研究及天津学的建立。

再次,我们应努力提高与会者提交文章的质量。我们要打造真正的天津史学术交流阵地,就必须努力提高学术质量,使其真正成为引领天津史研究的交流平台。

总之,问津学术年会经过几年的探索和建设,已经具有一定的规模和影响力。我相信未来一定可以做得更好。

(刊于2020年2月24日《藏书报》第8版“问津”)

作者:万鲁建,天津社会科学院历史研究所

空间、互动与创新

——第七届问津学术年会综述

万鲁建

2019 年 12 月 29 日，第七届问津学术年会在天津市河北区巷肆创意产业园区的问津书院举行。来自南开大学、天津大学、天津师范大学、中国民航大学、天津社会科学院、天津档案馆(天津地方志办公室)、天津艺术研究所、天津博物馆等单位的研究人员及民间文史学者 80 余人与会。上午 9 时,年会在二楼集堂举行开幕式,问津书院理事长王振良教授主持。首先,王振良汇报了 2019 年的书院工作,并就 2020 年工作计划进行说明。而后,天津社会科学院历史研究所刘海岩研究员作主题发言，他结合自己多年研究天津史、租界史的心得,认为天津史研究还有很多值得开发的领域,需要细化相关研究课题,扩宽研究领域和思路,全面深入研究天津。对于租界史，他认为目前存在的问题仍旧是资料的编译和理论的创新问题。资料问题是一个老生常谈的问题,但至今也没有太多改善。由于近代天津租界众多,相关档案资料、一手资料,都需要大量的专业人员和翻译人才共同努力,将相关资料编译出版,才能真正推动租界史的研究。此外，租界史研究亦不能局限于租界，还应当从更宏观的视野，从社会史、文化史、殖民史、对外交流史等各方面进行深入探讨，利用社会学、历史学、文化人类学等相关领域的理论与方法进行研究。只有如此，才能真正改变目前天津史研究的现状，才能吸引更多的学者关注天津、研究天津。

开幕式后，按照惯例在三楼学海堂、四楼止月轩、一楼双槐书屋进行小组讨论，尹树鹏、侯福志、万鲁建分别主持。下午的闭幕式仍由王振良主持，各小组主持人进行了小组总结，王振良作最后总结。本届年会与会学者，既有多年参加年会的老同志，也有初次与会的新生力量。无论是学界前辈，还是青年学人，都积极参与讨论，会场气氛活跃。本届年会共有学者提交论文 80 篇，既有学术论文，也有报刊文章，皆言之有物，论之有据，显示出学者们的学术素养。文章涉及天津史研究的方方面面，亦可窥见本年度天津史研究的大致概况。

一、文化的天津

天津是从一个军镇逐渐在近代成长为一个大港口开埠城市，商业发达，经济繁荣，成为北方经济重镇。其文化氛围也随着经济社会的发展而日益浓厚，近代以前，有问津书院、三取书院、稽古书院等众多书院，甚至还出现了一些科举世家。到了近代，文化更是日趋繁荣，不但成为近代中国新式教育的发源地，有南开大学、北洋大学等著名学府，且报刊林立，戏院众多，通俗小说家层出不穷，颇逞一时之盛。新中国建立后，各项文化事业更趋繁荣。因此，天津不但是一个商业都市，也是一个文化城市。尤其是近些年各地都非常重视本地文化，从各方面深入研究城市文化与经济互动的关系。因此，本届年会亦有学者关注天津的城市文化，并探讨天津城市文化的内核。

2019 年是南开大学百年校庆，相关研究成果颇多。本次年会亦有学者谈及南开。曹式哲考察了南开大学图书馆与古籍书店的互动关系，既有古籍书店为南开大学图书馆馆藏配书的举动，也有店员和馆员之间的互助合作。他重点谈到古籍书店“三杰”王振永、张振铎、雷梦辰与南开大学图书馆的互动关系，如王振永为南开大学图书馆配送线装古籍及助力来新夏完成《书目答问汇补》之事，来新夏又力推张振铎将明清刻工的整理研究成果发表等，都是双方合作和友谊的一段佳话。雷梦辰与冯文潜的互动交流，为学校图书馆配送清代版本地方志的情况，以及杨富村为南开大学图书馆修复线装古籍等，都充分说明了昔日古籍书店与南开大学图书馆之间的良好互动，为我们考察昔日旧书业与学校图书馆事业之间的互动提供了很好的范例，同时这也有助于我们考察天津旧书业及其经营情况。惠清楼考察了著名学者冯文潜对南开大学图书馆建设的贡献及其办馆思想，她认为冯文潜作为中国近代学贯中西、精通文史的知名学者，他的办馆思想体现在三个方面，即能够从开启民智、实现民众现代化的载体的高度来认识图书馆的功能和意义，在坚持学术性和专业性的基础上突出图书馆的服务功能，在实践中能采取实事求是、因事因地制宜的方针。他的这些办馆思想，对于今天图书馆建设仍不无裨益。林红状考察了南开经济研究所专藏的情况。他讲述了该图书馆筹建、搜集资料并如何在战争年代得以保存下来的历史，以及国内外学者利用这些专藏取得研究成绩的情况，让我们看到了这批资料所具有的价值和意义。韦承金以

《南开大学报》“新开湖” 副刊百期内容来探讨南开的精神传统，认为“新开湖”副刊作者面广、精品多，能够一窥南开的“允公允能”之精神。正如著名学者陈平原先生所言：“学校办得好不好，除了可以量化的论文、专利、获奖等，还得看这所大学教师及学生的精神状态。”学报副刊恰好能从中窥见一个学校的师生精神状态。因此，从学报探讨学校精神，亦不失为一个新视角。

也有学者谈及天津博物馆及其收藏家的事迹。如卢永琇考察了新中国成立初期天津市政协委员捐献文物之事，有周叔弢带头捐献古籍、书画、敦煌艺术之事，有杨石先捐献稀世古墨之事，有冯文潜捐献家祠、地方文献之事，有王福重捐献王懿容旧藏甲骨之事，有王襄捐献殷墟甲骨之事，有何启君捐献郑板桥绘画之事，有杨建庵捐献珍贵古画之事，都显示出老一代知识分子的拳拳爱国之心和保护文物之举。有助于我们考察建国初期的文物收藏及其传承。郭辉考察了天津博物馆的早期历史以及给予我们的启示，他认为该馆率先在我国建立理事会制度，并建立了庞大的典藏和展陈体系，并在宣传和教育上取得突出成绩，例如突出出版工作并发挥博物馆的社会教育功能，达到贴近民众、教育民众的功能，对于我们今天的博物馆工作也不无借鉴意义。张伟考察了以乾隆为中心的蓟县盘山静寄山庄的书画收藏。静寄山庄是乾隆修建的盘山行宫，他曾多次驻跸此地，不仅留下了大量的诗句和书画题跋，还将部分清内府的书画庋藏在这里，一时成为清宫书画收藏鼎盛时期的一部分。尽管后来因为行宫停休，静寄山庄凋敝，但其曾经所藏书画却是天津文化的重要瑰宝，也填补了天津古代书画的空白，亦是研究盘山地方史的宝贵资料。

近代天津报业发达，除了举国闻名的《大公报》《益世报》《北洋画报》等,还有众多的小报,据统计不下几十种,尽管有些小报存在时间短暂,但却记录了当时的社会侧面。尤其是这些报纸连载的社会小说、戏剧新闻或副刊,保留了大量戏剧史、文化史和社会史方面的资料,可以进行多方面的专题性研究。它们百花齐放,既繁荣了文化,也传播了知识,促进了近代天津的社会发展与城市进程。因此,不少学者都展开研究。杨连霞考察了刊、报过渡时期的代表性出版物《北洋官报》,认为《北洋官报》是清末最具代表性、报龄最长、最有影响的地方政府官报,也是中国历史上第一份邮发出版物。它能够比较真实地反映晚清时期中国的政治格局、经济情况、文化走向、社会变化、观念演变、风俗变革等,且比较系统地介绍国外的情况,起到了“开风气之先”的作用。其创设和发展既得益于清末新政的开展,也成为清末新政推行的重要途径,表现出官报与新政之间复杂的互动关系。在栏目设置上,《北洋官报》具有传统与现代,中央与地方,官方公报、新闻报纸与学术期刊等属性,从而折射出清末官报出版之“传统中变”与“变传统”这一特质。侯福志对民国时期的小报如数家珍,也曾出版有相关著作。此次会议提交的文章考察了几家小报的情况,如沈浮主编的《国强报》副刊、《天津时报》的“大罗天”、《天津晶报》、罗明佑与《天津华北画报》及袁无为的《天津晓报》。这些文章虽然只是零篇短文,但揭示了一些历史细节,为今后深入研究提供了线索。罗丹以《天津日报》为例,考察了报纸所具有的存史价值以及它对于历史文化研究的资料价值。总的来说,近代以来的天津报业颇为发达,深刻影响了天津的城市发展与社会风俗人情,需要我们进行全方位的挖掘和研究,推动天津报刊史和社会生活史研究的纵深发展。

近些年随着天津史研究的深入,也有学者开始关注近代以前天津的科举及文化情况。尤其是宝坻区、静海区的文史学者都在搜集本地区的朱卷,并编辑出版。本次年会陈兆军、阮洪臣就探讨了宝坻科举世家“李半朝”家族的情况,通过挖掘李半朝家族的历史、家风家教及功业,来还原一个科举世家的历史。这对于宝坻历史文化研究甚至天津文化史、科举史都具有重要的价值和意义。李瑞林利用口述史料、田野调查,考察了汉沽“西大人”和他的房东的故事。对于地方文史研究,除了根据档案、史料所做的历史研究,挖掘当地的民间传说故事,丰富当天的历史文化,也是当地学者义不容辞的责任和义务。齐珏介绍了津门著名书法家孙伯翔、王树秋书法艺术与魏碑的传承关系,考察了其书法艺术的源流。由国庆关注天津民俗,他从金鱼这一象征生活富足的寓意切入,考察了金鱼与天津人生活的密切关系,以及所蕴含的民俗寓意。王和平给我们讲述了老天津卫的年味风俗, 让我们得以回味逐渐消失日常生活中的年俗。追寻记忆,留住乡愁,为我们的城市增添一点历史。

二、历史的天津

天津虽然是一个近代兴起的商埠城市, 但是由于它在近代中国历史上占据重要地位,很多历史事件都与天津密切相关。因此,天津历史一直是学者们重点关注的领域。

李学智、迟慧考察了清末民初天津的社团活动,认为由于清末新政各项措施在天津的推行, 天津民间社团纷纷建立并积极开展社会改良活动。但是武昌起义爆发后,天津的社会活动受其冲击,很多民间社团活动又多陷入停顿。南北统一后,天津社团又恢复活动并新建一些社团。但随着政局的动荡不安,民初天津的社团活动最终趋于沉寂。由此可见,天津的民团活动深受政局的影响,难以摆脱政治的影响而独立存在发展。王兴昀考察了抗战后天津市戏曲电影业同业公会的境况，认为抗战后天津的大小剧场经历了一段极为曲折的历程,以同业公会为代表的各家剧场尽管努力振作,但终究难挽颓势。这也说明在复杂多变外界环境的冲击下,天津各剧场已经难以按照以前的模式发展,需要进入一个新的发展阶段。这也说明形势比人强,文化娱乐业也要跟随时代的发展而变化。杨涛羽旧题新作,探讨了天津都统衙门所蕴含的历史意义和价值。认为都统衙门对于天津的统治虽然仅有短短两年，但其意义无论在天津城市史、世界史还是史学史领域中都是值得探讨的。他认为研究者应当反思长久以来占据我们思维模式的“侵略—反侵略”“殖民—反殖民”“现代化—传统性”“进步—落后”等一系列的观念的合理性,应以更具创造性、多元性、且兼容并包的思考模式探讨问题。他所提出的研究方法和视角,不仅对研究都统衙门,对其他专题研究也具有启迪意义。周持、潘子聪以南开大学与“永久黄”团体的合作探讨了近代中国的“产学研”合作问题。认为这次合作是基于爱国主义的“产学研”合作,是由张伯苓和范旭东共同促成的。其根本基础是张伯苓、范旭东二人的爱国主义思想及兴办教育和实业的先进思想。这一成功尝试,也为今后高等学校“产学研”合作提供了良好范式。

杨秀玲探讨了《大公报》创办的“戏剧副刊”,认为《大公报》的戏剧副刊内容涉及艺术领域的各个方面，且有大量高水平的评论文章、史料刊载和演出剧讯报道,对后人研究这一时期戏剧戏曲及其发展史具有较高的参考价值,对于探讨媒介与戏剧的互动关系、戏剧对社会风俗民情的影响都提供了可能。高文超以近代天津著名画报《北洋画报》为资料来源，考察富连成的演出与经营之道，他认为《北洋画报》对富连成演出状况及经营方式的大量报道，为其保存了丰富而珍贵的史料。这些资料使得我们可以窥见当时富连成的演出与经营之道，而这些对于当代戏曲院团及戏曲学校的经营与演出也有一定的借鉴意义。甄光俊考察了河北梆子在新中国复苏的情况，认为新中国成立前河北梆子在天津濒临绝境，是天津解放后党和政府的大力扶持，才使得其重新焕发新容，一跃成为天津乃至全国剧坛的排头兵，并涌现出了很多优秀了艺术家，既弘扬了祖国的优秀传统文化，也丰富了人民群众的文化生活。罗文华以新编历史京剧《红灯照》为切入点，考察了该剧的历史背景及与京剧《红灯照》相关的其他各剧目，探讨了剧目所蕴含的历史意义和时代背景，为我们考察戏剧与社会发展提供了新视角。

张连杰考察了平津战役中有关天津战役的几个问题，他从天津战役的历史背景、毛泽东对天津战役的指示和指挥以及其所具有的重要作用和意义进行分析，认为天津城战役的胜利催化了北平的和平解放，创造出一个“天津方式”并标志着整个华北地区的基本解放，大大加速了全国解放的进程和新中国的提前成立。张鑫考察了解放天津的六场硬仗，即东局子之战、民权门之战、西营门之战、海光寺之战、金汤桥会师、活捉陈长捷。六次战斗之后，天津迎接了解放，创造了“天津方式”。刘连余口述、姜茂树整理的“我参加了解放天津战役”，通过一位普通战士的口述回忆来重看那场战役，可以从细节丰富天津战役，窥见战争中普通士兵的生活与心理波动，让我们更立体地认识解放天津的战役。周醉天探讨了甲午战争中国失败的原因以及教训。他认为清政府在甲午战争的失败，不是败于器物，而是败于制度和思想，并因此批判了洋务派所提倡的

“中体西洋”。

这几年天津各界比较关注“赶大营”问题，相关的纪录片和文章相继出现，掀起了一股“赶大营”热。对于丰富近代天津商人研究、天津与西北腹地研究都发挥了积极的推动作用。本届年会也有学者关注，金彭育就谈及了赶大营“钱柜”背后的故事，即赶大营“津帮第一家”安文忠与人合办“洽源银号”的事情。尽管是小细节，但可以从一个侧面了解“赶大营”的资金来源。从去年开始，天津重提夜市经济，颇有以此振兴经济之意。实际上，夜市并非新鲜产物，早已有之，近代也曾作为振兴经济的手段之一而大力推行。近代天津先后在南市、大胡同、河北路、宫北大街、旭街(今和平路)等地都设有夜市。周利成就关注到了此问题，考察了老天津的夜市情况，认为旧时夜市的经营范围广泛，各种生活用品一应俱全，取得了一定效果。张辉考察了天津电建远赴海外援建的历史，可以窥见新中国成立初期如何帮助第三世界国家的经济建设。

三、人物的天津

近代天津独特的地理位置、发达的交通、繁荣的经济和便利的生活，吸引着大量的达官贵人、文人墨客和商人群体来津，他们或寓居，或经商，或旅行，与天津产生了密切的关系。因此，历史人物研究，一直都是学者们关注的焦点，他们或关注政治人物与近代政局的互动关系，或考察文人墨客的社会交往，或考察商人们的经济网络，为我们展现了一幅天津历史人物群像，也使我们能更全面地认识天津的政治、经济和社会生活。同时，乡贤研究也是地方史研究的重要内容，通过挖掘、打捞消失在历史迷雾里的乡贤，不但能够增加本地的文化厚重，也有助于我们扩展地方史研究的空间与维度，加强与各地之间的联络，并由此将地方史纳入更为广阔的区域空间，扩大本地的影响。

近代天津因为南开大学、北洋大学的存在而在近代中国教育史上占据重要位置。关于两个学校的相关著述蔚为大观。本次年会，曲振明详细考察了曾任北洋工学院院长李书田的事迹。他利用近代报刊资料，系统梳理了李书田的人生经历，使得我们得以清晰认识这位著名的工程教育家、工程学家及中国近代水利科学开拓者。张金声考察了毕业于北洋大学、后又担任代理北洋大学校长钟世铭的一生。从他成为留洋进士，到致力教育事业，再到为官为宦，最后则热心从事慈善事业，详述了他丰富的一生。赵进杰考察了李大钊在北洋法政学堂时期的学习、生活情况，认为他在北洋法政学堂的六年学习和生活，使他具备了良好的法政素养和写作能力，思想也在剧烈的社会动荡和政治变革中飞速转变，为他后来的社会主义思想和创立共产党组织奠定了基础。何德骞考察了抗战胜利后北洋大学复名的艰难历程，一直到 1948 年北洋大学才全部恢复教学，他认为这是北洋大学的中兴阶段。

陈鑫介绍了其编定的《严修集》情况，该文集收录了严修的奏折、文集、诗集、联语、诗钟、歌谣、公牍文书、呈启函电、科举文献、自定年谱。另有附录，包括朱卷履历、贵州碑记、传记资料、著作序跋。认为这些著述具有很高的思想价值、文学价值和史料价值，对于研究严修生平及相关历史都具有重要价值。张昊苏、陈熹对 1948 年为祝贺张伯苓七十寿辰而出版的纪念文集《别有中华：献给南开张伯苓校长的纪念文集》做了解析，认为这既是张伯苓对美影响的重要体现，又是近现代中国文化影响西方的特殊一页。他们借助南开百年校庆,编译出版该书,对于促进近代教育史与南开校史的研究将有积极意义。葛培林利用相关档案资料,考察了黄炎培在津活动情况及与张伯苓的交往。黄炎培在天津考察教育,主要得益于严修、张伯苓等人的支持,并在他们的支持下,得以调研南开学校及其他学校,不仅可以了解两人之间的友谊,亦可探寻两人在教育思想方面的相互影响和渗透。孙爱霞对其所编辑的《徐世昌文献辑刊》予以解说,介绍了其收录的各类文献,以及编辑该书所具有的价值。认为徐世昌能在乱世中刊刻数十种著述,为传承文化做出了重要贡献,而如今影印出版,也是"不负当前盛世"。近代天津文人辈出,相关人物的文集编辑出版还有很大空间,需要天津文史学界、出版界的共同努力,以推动天津文史研究的深入发展。

宋文彬阐释了叶嘉莹的爱国情怀。他从叶嘉莹的人生经历、诗词、教学和捐款等各方面论述了叶先生的爱国情怀,让我们切实感受到叶先生的高尚情操以及对祖国的深厚情感。文人之间的交往,历来都是人们关注的话题。孙肇净介绍了巫宁坤与穆旦之间的交往,尤其是巫宁坤邀请穆旦来南开任教的轶事,为了津门文坛留下了一段佳话。田晓东以诗会友,讲述了他与红学周汝昌家族的和诗之事,亦是津门文坛一佳话。严孝潜考察了严修与严复第一次见面的情况。谭汝为考察了天津文史研究馆馆员、书画名家陆文郁有关天津方言研究的情况,认为其所作的《天津方言一斑》保留了数量众多的方言俗语,有助于天津方言、民俗研究,也表明陆文郁涉足领域之广博,值得深入挖掘。魏暑临评述了《静海方言俚语释义》一书,认为该书对静海方言乃至天津方言的研究,以及相关民俗研究,都提供了很好的资源。章用秀考察了近代天津女诗人、画家孙云及其著作《梦仙诗稿》。孙云是一位满怀爱国襟抱、极具知识素养和艺术品位的女性，分析她的创作及社会交往，也可探讨近代天津文人的生存状态及社交网络，能够从社会史、性别史的角度更深地探讨近代天津的文化史。阎伯群、樊文稷考察了生于天津的武术家李文贞与家乡霸州的互动，为我们探讨以名人为媒介的城市关系提供了新的可能。吕明介绍了津门女画家张鸾的事迹，王垚讲述了抗战美术家秦征在解放区创作反映抗日战争和土地改革的连环画作品《大报仇》和《红骡子》的历史，让我们认识了秦征在峥嵘岁月里的美术情怀。两位天津连环画史研究者，经过长期不懈的努力，为我们打捞了很多历史，丰富了天津连环画史。

尹忠田考察了"五四"时期天津回族代表人物的活动，不仅有马俊、郭隆真、刘清扬所代表的学界，还有商界、宗教界等人物。他们以高度的民族自决，积极投身到这场轰轰烈烈的爱国运动当中。由此可见，面对国家和民族危亡，中华各民族都会挺身而出，奋起抗争，共同奏响了爱国主义壮歌。周梦媛考察了中国法律现代化的奠基人唐宝锷在天津的活动状况，尤其是他与日本人的交往，为我们考察近代留日学生的社会生活及社交网络提供了样本。万鲁建考察了张伯苓对日观的转变历程，他认为张伯苓从军界转入教育界是因为日本，其最初的教育宗旨也是学习日本，因此早期他对日本怀有一定的好感，且不支持学生利用抵制日货等手段反日，还派遣学生赴日考察并申请日方的捐赠。这恰与他对日本的深刻认识有关，即日本的强大在于教育。后来伴随着日本的全面侵华，尤其是南开的被轰炸，他的思想发生转变，认清了日本军国主义的本质，全力支持全民族的抗战。井振武考察了参加中国人民政治协商会议第一届全体会议的天津代表的情况，为我们从天津史角度考察第一届全国人民政治协商会议提供了新的视角，也厘清了当年参加协商会议的天津代表情况,对于我们了解新中国成立前后天津的政治情况颇多帮助,丰富了现代天津政治史研究。倪斯霆考察了天津通俗小说家在“开国大典”前后的人生抉择。面对新时代的到来,这些在旧时代长期生活的通俗小说家们究竟该何去何从,成为他们所面临的一个艰难选择。他们的不同选择,又显示出新时代所给予每个人带来的影响及人生际遇。为我们绘制了一幅新时代下的社会通俗小说家的群像,也为我们考察他们此后的文学创作提供了分析路径。

四、地理的天津

天津存在的“方言岛”现象,实际上既是语言学问题,也是地理空间问题。从地理空间上来说,天津与郊区的互动关系,是天津史研究中一个非常值得探讨的课题,即天津与郊区的空间布局对于天津产生何种影响,两者又是如何碰撞、互动与融合。天津是一个河海交汇的城市,大运河横贯市郊两地,且在天津城镇发展中发挥了巨大作用。那么,大运河又给天津城郊带来了什么影响,又是如何促进城郊互动和塑造天津人的民俗信仰,这些都是值得关注的课题。本次年会就有不少学者着眼于此。

安宝、任吉东以运河沿岸的城镇为中心,考察了近代天津村镇的变迁。认为天津村镇多兴起于明清时期,运河的通航促进了两岸沿线村镇的衍生与繁盛,运河沿岸村庄的命名与村庄在运河的位置、运河边的屯兵场所、仓库重地等相关,运河两岸村镇居民的谋生手段多与运河的交通功能相关,但当便捷的陆路交通取代运河的主体功能后,运河两岸的村镇迅速衰落,严重阻碍了近代天津城镇的发展。这也是运河沿线城乡发展的普遍现象。吴裕成从民俗学的视角考察了运河流域小圣平浪侯信仰问题。认为小圣崇拜起自运河，经河海运输业、渔业、盐业的船舶，曾在天津及一些地方形成习俗。对小圣平浪侯的崇信，连同庙祀祝祷、敕封御匾、诗文故事，乃至战事与奏章，构成民俗的和超出民俗的一段社会生活的侧影。这是大运河文化研究的一个新视角。任云兰针对当前天津大运河的现状，提出了几点有关大运河保护传承利用的建议，认为这一工作应该坚持政府引领，规划引导，企业主导，区域协同，只有如此才能真正实现天津大运河段的整体保护与利用。如今，国家已经出台《大运河文化保护传承利用规划纲要》，为大运河的保护利用确立了总体方针，各地如何结合实际进行保护传承利用，是一个需要继续探讨的问题，值得相关学者关注。

北洋大学作为近代知名学府，长期坐落在西沽，桃花堤是近代以来津门著名的赏花踏青之地。两者究竟具有什么样的互生关系，即桃花是谁种的，何时形成规模，何时成为北洋大学一景，又何时成为以知识分子为主题的看桃花春游，都是值得探讨的问题。尹树鹏利用档案、报刊资料和各种游览志，从北洋大学早期周边的水文环境进行了探讨，并对桃花堤的具体地理空间进行了详细解读，有助于我们今天更好地保护利用桃花堤这一名胜地，打造新时代的踏青游春赏花胜地。张林生、冯立两人从环境、空间角度考察了平津战役前线指挥机关何以设在杨柳青镇，以及对解放天津所发挥的作用。他们通过众多史料及田野调查，对杨柳青镇的自然、交通、社会、人文等环境做了分析，认为杨柳青镇的独特水陆交通及与天津城的地理位置，有利于前线指挥机关指挥调度、物质运输、战役演习；杨柳青良好的经济基础、完备的行政系统、教育普及率高等保证了指挥部的物资供应及群众政治基础；传统的人文环境所培育的朴素爱国热情和政治觉悟，则提供了良好的群众政治基础。这三个方面的优势，使得东北野战军及平津战役总前委将前线指挥机关设在杨柳青镇，并为解放天津做出了重大贡献。刘景周考察了盛军在咸水沽屯田的情况，有助于我们考察咸水沽的农业及屯田历史。王雅鸣从汉沽的第一张滩契、滩契名称的变迁、盐滩的种类、滩契中的货币等方面考察了汉沽百年盐滩的历史变迁，使我们对汉沽盐滩有了更清晰的认识。罗艳春梳理了元代以来与独流有关的诗文与调查等行脚记载，认为元明清时期的独流行旅诗作，只是为作者长途旅行中的情感抒发所提供的一个空间载体，而行程记录也揭示出独流经济职能的日益重要。民国时期的调查报道，则受到乡村社会调查思潮的影响。并认为随着史学范式的更新，从近代华北集镇的整体史视野挖掘独流镇的历史内涵，能够赋予很多课题新的讨论空间，为进一步研究提供可能路径。这对于学者们进行其他地区的调查具有启迪意义。关于近代天津机场问题，较少有人专门论述。本次年会，欧阳杰、吕鸿则专门对这一问题进行论述，考察了天津机场地区近现代历史建筑遗存的现状及其保护。认为天津张贵庄机场是国内仅有的少数几个在用的、且历史悠久的内城型民用机场，可以视为中国近现代机场建筑的博物馆。在天津机场快速发展而用地又局促的背景下，如何在使用需求和历史建筑的保护之间寻求平衡具有很大挑战性。对于机场建设与城市发展的互动关系，今后当有更多值得关注的课题。

高伟探讨的是《潞河督运图》问题。认为中国历史博物馆所藏的《潞河督运图卷》并不是历史上真正的督运图，通过对画面的详细考证，认为图中所画的不是潞河而是海河，所运也非粮而是盐，应该命名为“海河巡盐图”，而真正的“潞河督运图”另有其画。关于

“潞河督运图”的真假问题以及所画究竟何处，至今还没有定论。但是天津学者能够通过研究发出不同的声音，我觉得就是在推进研究。研究，只有争论和探讨、交流与互动，才能不断前进。张绍组系统梳理了天津现存的五四运动革命遗址，呼吁按照《关于实施革命文物保护利用工程的意见》的文件，加大保护这些革命遗址，以便更好地进行爱国主义教育。李楚坡口述、李树德整理的我在广兴泰工作的情况，对于我们了解广兴泰的历史、用人之道及经营情况都有裨益。类似这样的近代企业，由于规模不大，留存的历史文献并不多，因此口述资料就显得尤为重要。这一有关广泰兴的口述史料，不但对广兴泰研究有价值，也是研究近代天津工业史的重要史料。孟国记录了消失在岁月中的谦德庄义园，伴随着城市化大潮和城市的急剧扩大，昔日很多地理都消失在人们的视线中，但是其所蕴含的历史与风俗却并没有因此而烟消云散。张英林以口述的方式打捞起了中山门段儿平房的记忆，这里有工人新村，这里有市井生活，为我们了解和研究工人新村的历史与社会生活提供了鲜活资料。如何打捞这些历史，是历史研究者和城市记录者的责任和义务。周春召考察了宝坻的青箱楼，此为清代宝坻王氏家族的藏书楼，考证了它的建设时间、藏书情况等。张立巍讲述了大众照相馆背后的“故事”，那就是它曾是天津地下党的秘密活动站之一，为天津的革命事业做出了应有的贡献。这样具有历史意义的遗址，天津还有很多，如何在发展与保护之间平衡，值得我们思考。

五、发现的天津

本次年会的一个可喜之处，就是有很多新发现，部分填补了天津史研究的空白。天津独特的地理位置和北京“后花园”的地位，再加上近代租界林立，经济繁荣，社会发达，既促进了文化繁荣，也方便了人们生活。因此，来津寓居者众多，但因历史等各方面的原因，很多人物逐渐淹没在历史之中，不为人所知，甚至一些研究者也难窥其貌。《天津志略》的编者宋蕴朴就是一例。尽管其所编辑的《天津志略》是一部重要的天津志书，也是研究天津史的重要参考资料，但长期以来编者宋蕴朴的生平却都知之不详。高成鸢通过深入挖掘相关史料，抽丝剥茧，将宋蕴朴的生平大致还原，发现他不仅编有《天津志略》，还有《南洋志略》。不仅如此，在纪录片方面也取得巨大成就，先后完成《北平大观》《山东大观》等十部纪录片，其中《山东大观》就藏在天津图书馆。尽管1936年7月以后宋蕴朴的踪迹还没有完全考察清楚，但是通过这一系列挖掘，宋之面目已经大致清晰，其在中国近代史上的地位，亦绝非一部《天津志略》所能定义的。因此，高成鸢这一填补空白的研究成果，对于今后天津史研究甚至中国纪录片研究都颇有价值。高鹏翻译了艾略特访华报告《和平之路》附录《捐建北京公共图书馆备忘录》，这是1912年4月的一份文件，尽管内容是关于捐建北京公共图书馆的情况，但其中涉及天津的名流如王劭廉、张伯苓、戴乐仁、伍连德等人，也是一份颇有价值的资料。这份备忘录对于研究近代中外文化交流颇有裨益。王振良考察了沦陷时期天津木刻运动的历史，他以杨大辛的木刻创作为切入点，探讨了沦陷时期天津木刻运动的情况，以及其所表达的民族情绪。这为我们研究沦陷时期的天津文艺提供了新视角。韩吉辰探讨了贾宝玉反对科举的原因，认为这实际上是作者曹雪芹的投射。宋健利用《宝坻县志》等资料，考证了《红楼梦索隐》的作者究竟是否李煦，又为红学研究增添了一个话题。王海冰以曹禺故居纪念馆的建立和《日出》在天津的诞生来考察天津与中国当代文学艺术的关系,他认为《日出》的创作背景是天津,曹禺等戏剧家对中国当代的文坛贡献巨大，表明天津与中国当代文学艺术关系密切,也是文学创作的源泉之一。这也充分说明天津在文化艺术界所占据的地方。

近代天津租界林立,需要研究的课题众多,但至今天津租界、侨民史研究仍旧以档案资料影印、汇编为主,相关研究成果还比较匮乏。尤其是意租界、德租界、俄租界等租界的研究成果严重不足,即便是已经取得一定成绩的英日法租界研究,也存在诸多问题。因此,如何整理编译新资料,拓展新领域,仍是天津租界史研究的重要任务。高春荣、张翔利用自身优势,挖掘天津英租界的新资料,揭开了利华大楼主人之谜,厘清了纳森旧居变为英领事官邸的缘由,并探讨了英国工部局火警钟、李提摩太在天津的讲座以及好莱坞与天津的关系等问题。张诚将视角放在了在近代天津英租界设立和建设方面发挥重要作用的戈登身上。利用相关英文资料,大致勾勒出戈登在天津的社会活动与人际交往，为我们探讨戈登与英租界设立、戈登堂的建设以及他与李鸿章的关系等方面,提供了翔实资料和新视角。这些看似细节的材料和问题,实际上大大丰富了天津英租界的相关研究。此外,张翔还考察了华比银行经理潘德尔在天津的往事。通过翔实的档案资料、口述史料,尽力拼接出潘德尔在天津的活动足迹,充实了近代天津侨民史研究。李琦琳考察了意租界和回力球场，尤其是对于意租界花园溜冰场的始末及管理制度、天津市立美术馆的意大利元素、意大利远东飞行队来津情况、回力球场的娱乐活动、意大利音乐舞蹈在天津的传播等的考证,都颇有新意,亦拓宽了意租界研究。刘新颖对天津城市文化的内容创新进行了探讨，她认为只有对自己文化有坚定信心，才能坚持坚守，才能创新创造。因此，建设文化天津，首先就要坚持文化自信，直面租界文化，去伪存真、去粗取精，吸收租界文化的积极因素，创新充实天津的城市文化。长期以来，天津城市文化的核心内容究竟是什么，目前还在讨论，在这个过程中，我们必须全面深入探讨各个时期各种文化给予天津城市的影响，勇于面对，正确对待，我们才能真正发掘出天津的城市文化，并以此促进我们的社会发展。上述研究成果，都颇具新意，一定程度上填补了租界史研究的空白，有助于天津史相关研究的深入。这种新材料、新发现的不断涌现，既说明了天津史研究的不断深入，也表明诸多问题还有待继续深入。这也是天津文史研究未来的方向和目标，以便使天津史研究能够成为天津学。

总之，本届年会提交的80篇文章，从不同角度对天津文史展开论述，可谓是天津史研究成果的集中展示，也在一定程度上代表着本年度天津史研究的水平。在可喜的同时，我们也应该看到所存在的一些问题。一是新材料、新问题相对较少，甚至有些是老生常谈的问题，缺乏新意。二是谈及具体问题的文章过多，缺乏具有理论色彩的宏观论述。三是视野较为狭窄，大多数文章立足天津，就天津谈天津，没有放在更宏观的视野看问题。四是报刊文章与专业论文比例失调，使得很多问题难以深入探讨。当然，正是因为存在问题，我们才需要更加努力，继续开好学术年会，推动天津史研究向更好方向发展，为尽早建立“天津学”而奋斗。正所谓“知不足，然后能自反也”。

2020年5月书于沽上静心斋

天津与外地的互动

——第七届问津学术年会第一组讨论小结

尹树鹏

本组35人提交了论文,25人到会参加讨论，实际发言者21人。本组成员多为市级历史文化界高层次专业人士及学有专长的民间文化学者。天津社会科学院历史研究所的资深专家和南开大学历史学院的著名教授都从天津历史文化的角度讨论了天津城市地位变化的内外因互动的因果关系。这是本组将学术研究与天津社会发展紧密结合的一个亮点。反映出各位学人对家乡的热爱和对其发展的期盼。

历史所资深专家张利民、刘海岩、任吉东分别从经济史、天津开埠和北京建都与天津的联系在不同历史年代互动结果做了精确分析。他们指出天津经济发展的模式不同于上海和北京,是自己一个独特的模式,这个模式在近一百多年来发生了完全不同的变化。它从资源在天津汇集到资源离散，使天津腹地和天津的互助共荣变为互相竞争,由天津成熟后主动向周边地区辐射高端作用,变为自己发展和维持的空间资源,需要周边地区给予支持。这种变化先由位点优势,后则因行政区划和城市功能定为所致。天津的经济能力弱化本身不是落后，是经济发展模式已不适应人工智能时代需要的经济结构。特别是高铁缩短了京津间的距离,天津和北京不可能成为双雄城市。天津必须加大开放力度,必须变成年轻人乐于向往的地区,一些环境良好的小镇如:张家窝,来自南方的年青创业者已超过本地人的创业人数。天津要想完成新的经济结构调整必须扩大人才交流的能力和体量。不交流就没有活力,应借鉴旧天津在清政府闭关锁国的制度下租界因土地性质、社会治理、文化形态等方面的自由度而得以快速发展的经验。南开大学历史学院侯杰教授指出:天津史的研究有很大的空间,首先天津本土的研究机构应加强对天津各专业史的研究。国外已有专门研究天津的机构,应和他们沟通交流并共享研究成果。原南开大学历史学院院长陈志强教授指出:天津和上海在现代化的历程上是同步的,但研究上海城市历史文化的成果已有著作百余部，而天津通史的编撰工作至今没有完成，天津的地方学者应主动承担起天津的历史文化优势在何处衔接,在何处发扬光大。否则历史优势将被稀释以至于边缘化。陈克先生指出海运、河运、漕运、盐运等经济行为给天津带来的经济原动力,认为天津是一个靠自身能力发展起来的城市。直隶省的省会常年在保定，即便在北洋时期天津也只是北洋大臣的一个行馆。天津的繁荣居华北之首,本身是内在活力,而行政地位的提高是中央政府被动的结果。

井振武先生则详细考证了参加新中国成立前夕第一次政治协商会议天津代表的人数、经历、层次、作用。罗文华先生指出研究天津近代史如义和团等事件,外地一些学者仅单纯研究文献,没有设身处地地进入到天津的具体社会空间,以至于视角偏窄。曲振明先生结合自己多年对相关文献的研究对严复的头衔、住处及著作署名提出了自己的看法。他还指出对严复的研究应从档案资料等一手资料入手。高伟先生除再进一步论证所谓“潞河督运图”实为“天津盐巡图”外还提出了利用此图的细节对该图作者、出图时间等细节进行探析。章用秀先生从天津近代名人孙洪伊之妹孙云和她的《梦仙诗稿》入手,诠释了孙云的才华、经历及后裔情况,并提出了应加强对民国初期天津妇女文学活动的研究。阎伯群先生结合自己家乡名人李文贞的社会贡献诠释了天津与霸县(今霸州市)的社会互动关系。张绍组先生在对天津市内的五四爱国运动相关联遗址进行调研后提出了有关保护和利用的措施。严孝潜先生探讨了严修和严复第一次会面的思想碰撞，再次呼吁天津学界应开展对严复的纵深研究,并将其思想赋予新的时代意义。倪斯霆先生通过天津通俗小说家在开国大典前后被解放区文学替代的过程，论述了天津市民文学的命运。吴裕成先生对天津沿海地区“小圣平浪侯信仰民俗考述”推论出现存天津沿海一些庙宇的前身应是小圣庙。阎金明先生指出:天津经济发展既需要好政策,更需要如何落实好这些政策。尹树鹏先生利用旧文献和旧地图对北洋大学附近的桃林、桃花堤、桃花堤路这些称谓的变迁进行了文化地理的考述,并对西沽武库的空间地理进行了解析。甄光俊先生结合自己的亲历,论述了天津文艺政策落实的一次重要会议即 1961 年 8 月到 9 月初的 25 天在郑州道举行的一期研讨会,这次会议由天津文化界的主要领导王亢之、白桦、方纪等人主持,是落实中央对文艺工作的系列批示,是一次纠左纠偏的会议。它对恢复文艺界的活力和落实知识分子政策起到了很大的助推作用。励慧良、鲜灵霞等名演员也都应邀谈了自己的想法。但因这次会议在“文革”中被打成“黑会”

使得至今谈及此事仍不置可否。何德骞先生结合自己的亲身经历提出了天津是中国工艺美术的基地之一，编写天津工艺美术史是当务之急。他认为许多老先生多已耄耋之年,再不抢救就会失去机会。还结合自己在劝业场地区居住六十年的经历,强调亲历者的口述史能够克服利用二手资料撰写历史的弊端。

总之,我组发言积极、平和,对相关话题许多同志还都做了适当的补充。

学院与民间的互动

——第七届问津学术年会第二小组讨论小结

侯福志

按照会务安排，第二组共计 30 人，实际到会并参加讨论的学者为 23 人，他们是李树德、戴建华、阎伯群、由国庆、张诚、周利成、张今声、周梦媛、韦承金、张翔、郭辉、惠清楼、韩鹏、李琦琳、林红状、罗艳春、孙爱霞、田晓东、魏暑临、杨晓君、刘宗江、张昊苏、侯福志等。上述学者中，来自北京的有一位，即著名学者戴建华先生。来自河北廊坊的学者有二位，分别是廊坊师范学院的李树德教授、霸州市文化馆的阎伯群先生。

来自全市各单位的 20 位学者中，11 人为科研、教学、新闻出版、博物馆等专业研究单位的科研人员，分别是韦承金、惠清楼、林红状、张昊苏、罗艳春、孙爱霞、韩鹏、郭辉、周利成、李琦琳、由国庆。来自非专业研究单位的民间学者有 9 位，他们是侯福志、田晓东、魏暑临、张今声、刘宗江、杨晓君、张诚、张翔、周梦媛。

总体来看，第二组专业学者的比例比较高，民间学者所占比例较小。第二组新面孔比较多，首次参加年会的有 6 位，这是与往年不同的地方。

第二组主持人由天津市规划和自然资源局历史文化名城保护处处长侯福志担任。

一、回顾过去一年的著述和出版情况

有十余位学者近20余种著述出版或即将出版。著名学者、训诂学家戴建华先生有《文学课》等2种新著，孙爱霞博士有3种新著出版，分别是《沽上梅花诗社存稿》（校点）、《〈北洋画报〉诗词辑注》《徐世昌文献集成》（主编，影印）。阎伯群先生有1种，即《思闇诗集》（校点）、由国庆1种，即《逛旧书店治头疼》，周利成有4种，分别是《档案中的名镇》（含杨柳青、独流镇等共3种），《近代天津运河档案》等。魏暑临先生有3种，分别是《书坛巨匠吴玉如》《陈奇峰诗文集》及《张牧石诗文集》。李树德先生有《书情脉脉》等2种。杨晓君有“国学书法集”等5种。

二、围绕各自论文展开讨论与交流

学者们的发言主要围绕诸如严修、冯文潜、王静斋等著名历史人物，以及诸如戈登堂等历史风貌建筑进行史料钩沉。此外，还涉及一起重大历史事件。

由国庆先生是知名学者，他回顾了一年来的学术活动，并提出了自己的一些想法。他说，故纸研究和民俗学研究，是他研究的两个方向。一年里，他在天津各大报刊开设了多个专栏，有数百篇文章问世，对于老广告、民俗研究起到了重要推动作用。

周梦媛是一位年轻女学者。她毕业于天津外国语大学，目前在一家民营企业工作。她提交的论文是《唐宝锷与天津轨迹》。近几年来，她利用掌握日语的优势，挖掘了大量有关巷肆创意产业园区（问津书院）所在地（原橡胶四厂）的历史资料，并在天津档案馆找到了唐宝锷的私人档案，确认了南洋橡胶厂（橡胶四厂前身）旧址就是唐宝锷的私宅。

李树德先生原籍天津，他从小生活在天津，在天津上小学、中学和大学，对天津有着深厚的故乡情怀。他提交的论文题目是《我在广泰兴的二十年》，重点围绕其父亲在天津广泰兴商号（1925 年创办）的生活经历，钩沉近代天津的商业发展史。他今年出版著述 2 种。其中有关巴金的创作与生平研究成果，曾在《今晚报》副刊连载。

韦承金在《南开大学报》工作，负责该报副刊的编辑工作。2019 年，他围绕着庆祝建校百周年活动，主编策划了一部纪念文集（将发表在副刊上文字汇编成册），引起良好的社会反响。他提交的论文是《守素求索 且行且吟——从《南开大学报》“新开湖”副刊百期管窥南开的精神传统》，对南开大学的精神品质和内涵做了深入的理论分析。

曹式哲是天津古籍出版社的一位老员工，工作期间，受单位老职工的熏染，开始研究天津书业发展史。2014 年曾校点整理了雷梦辰的《天津书肆记》，出版后在社会上一度引起高度关注。曹式哲先生在发言中，回顾了整理校点这部书稿的心路过程和困难经历。另外，他向年会提交的文章《南开大学图书馆与古籍书店》，介绍了发生在天津古籍书店与南开大学图书馆之间的逸闻趣事。

张翔是一位青年学者,对天津租界史颇有研究。最近几年,他从国外挖掘了大量外文史料,拓展了研究天津的新路径。他还结合北洋史的研究,有意识地与北洋政界名人的后裔取得联系,通过名人后代的口述资料,从另外一个角度研究天津近代史。他介绍说,国外图书馆开放度非常高,天津的学者们可以充分利用从事研究。同时他也希望国内图书馆提高开放度,让史料活起来。

戴建华是北京的一位学者,目前他正负责《辞海》第七卷的编纂工作。他介绍说,《辞海》每十年就要更新一次,每一次的修订稿要校对十遍。他还介绍了辞书编纂的一些特殊要求,如《辞海》只收录故去的人,他每天要审阅六千字,如果校对过程中有一些重要人物去世,就必须相应增加条目,加之层层审核把关,这就可能使辞书出版时间延迟。戴先生习惯用手机写每日读书记,目前已撰写2000多篇随笔,已经有出版社联系出版事宜。《文学课》一书已经付梓。

郭辉在天津博物馆工作,他介绍了2019年为配合重大宣传活动所从事的主要展览活动。例如,2019年为纪念南开大学创建一百周年,编辑出版了《南开校父画传》。他还介绍了严修1902年去日本考察博物馆发展的情况,1905年开始创建河北博物院,在天津乃至中国开风气之先。除河北博物院外,严修及后辈还曾先后参与创办了天津广智馆、天津市立美术馆等博物馆机构,为天津博物馆事业的起步与发展做出了突出贡献。

惠清楼女士在南开大学古籍部工作,她提交的论文是《冯文潜先生的图书馆思想》。冯文潜曾任南开大学图书馆馆长,她结合对南开大学古籍藏书的研究,介绍了冯文潜先生对南开大学图书馆发展所做出的贡献。她介绍说,南大图书馆有很多线装书及外国文献,都是冯文潜先生担任馆长期间收藏的,体现了冯文潜先生的胆识和魄力。南开大学目前收藏有300余部族谱文献,也是冯文潜先生组织购入的,现在看来,一个大学的图书馆,收藏中国大量的家谱文献,这在国内图书馆也是少见的。家谱或族谱,无论对于正史研究,还是对于家族史研究,都是非常重要的。这些工作都体现了冯文潜先生的远见卓识。

韩鹏是天津社科院出版社的编辑,在单位负责天津地方文献的出版工作。他介绍了一年来为包括问津丛书在内的天津地方文献出版所作的努力。2019年,出版社已经出版的天津地方文献有《西青文史资料》《大运河考察报告》等,表示将在2020年继续服务于天津地方文献的出版,无论书号有多紧张,也会充分考虑图书的社会价值,多出书、出好书。

张诚先生是一位文史专家,多年来从事天津历史建筑的挖掘整理工作,他利用存世的老照片、明信片等,通过比对法,追寻历史真实。他提交的论文是《戈登与戈登堂》,全文达1万余字,披露了许多鲜为人知的史料,为人们了解这座老建筑的前事今生提供了系统资料。

李琦琳是天津风貌办的一名青年学者,他在历史风貌建筑保护领域工作了16年,参与了877栋建筑的厘定和公布工作。在这期间,先后完成了20多项科研课题,参与20多部书籍的编辑出版。最近几年,他开始介入一些自己感兴趣的课题研究,如一宫花园(回力球场)文化史研究等,取得了不小的成就。

林红状是南开大学图书馆的一位青年学者,他提交的论文是《历尽劫波终完璧,经世济民耀千秋》,介绍了南开大学图书馆所藏经济类图书在日本侵略时期能够得以保存的历史过程,披露了一段鲜为人知的史料。

罗艳春是天津师范大学历史学院教师，多年来他带领学生团队，经常深入各郊区进行田野调查，发现了很多新史料。他提出了“重返历史现场”的田野调查方法，希望学者们能够走进民间。他的这一理念和方法，体现了理论联系实际的思维方法，引起了学者的共鸣和重视。

孙爱霞结合她在今年校点文献时的利弊得失，谈了她对文献出版工作的一些思考。她认为，文献校点难免会出现错误，希望尽力仔细校点，将错误降至最低。

田晓东主要介绍了他对回民医师王静斋著述及医术的研究。他认为，王静斋既是一位少数民族医师，又是一位爱国者。他为后人留下来的不仅是他高超的医术，还有他表现出来的深厚爱国爱家情怀。

张昊苏是一位青年学者，在南开大学文学院工作。他介绍了今年为纪念南开大学百年诞辰所做了一些工作。他创作了《南开大学赋》，主编了《张伯苓七十寿诞集》等。

张今声、刘宗江等先生，因为时间关系，只作了简短发言，他们在金石方面所做的研究工作，给大家留下了深刻印象。

侯福志谈了他担任名城保护处处长以来所从事的一些与天津有关的历史文化活动。包括组织专业单位编写《天津历史文化名城保护规划(2020—2030)》，组织召开天津历史文化名城论坛。他希望各位专家学者，多关注历史文化名城保护工作，对规划编制工作多提宝贵意见。

由于参加讨论的学者比较多，大家的发言时间受到了限制，都感到意犹未尽，希望有机会再作深入交流。同时大家对问津书院成立七年来的成就表示肯定，并对问津书院及王振良先生对天津历史文化的贡献给予高度评价，希望问津书院和问津学术年会越办越好！

市区与郊区的互动
——第七届问津学术年会第三小组讨论小结

万鲁建

今年本组成员多为中青年学者,根据会议分组,原为30人,因故请假者12人,实际到会18人,即陈兆军、高鹏、高文超、王兴昀、赵进杰、姜茂树、王雅鸣、王垚、吕明、李佳阳、刘新颖、鲁培雄、欧阳杰、阮洪臣、周春召、杨涛羽、尹忠田、张立巍、陈印政。另有任云兰、陈印政、高万菊、刘炜四人参加本组讨论,实际与会者22人,高万菊中途退席,未发言,因此实际发言合计21人。万鲁建担任小组主持人,现根据本小组参与讨论和发言的各位专家情况,总结如下:

一、郊区研究日趋兴盛

这几年的问津学术年会，天津郊区学者的参与度和郊区研究的活跃度,都呈现出明显增长的趋势。本小组有8位学者来自天津各郊区,即西青区、宝坻区、滨海新区、静海区。有9篇文章论及天津郊区历史文化,涉及西青区、宝坻区、滨海新区、静海区、蓟州区、东丽区等。几乎涵盖了天津各郊区县。本次与会参与讨论的有6位学者，其中陈兆军、阮洪臣、周春召为宝坻区学者，李佳阳为静海区学者，王雅鸣、姜茂树为滨海新区学者。他们各自介绍了自己的研究情况以及当地文史研究的现状。

陈兆军先生是一位年轻学人，既是一名中学教师，也是一名文史学者。他首先向大家表示宋健老师因事未能前来，让我代表他表示感谢，并向关心宝坻的问津书院和各位学者表示谢意。陈兆军介绍说2019年在振良先生的指导下，在宝坻宣传部、文联的支持下先后出版了《清代宝坻硃卷集成》《科举世家“李半朝”》《知县了凡行谊录》等书籍。其中《知县了凡行谊录》已经第三次印刷，印制了二万册，《科举世家“李半朝”》还被天津民协推荐参加中国山花奖评选，也开启了第三次印刷。此外，还在今晚报连载了相关研究成果。据他介绍，今年还邀请了天津文史学者在宝坻区召开了有关李半朝研究的研讨会，推动了《李半朝家族》一书的撰写工作。李半朝家族在116年里先后出过10位进士、24位举人，78人为官，这是京东地区所没有的。周春召先生介绍说宝坻王氏家族先后出了6名进士，出版有诗集并建有藏书楼，可见其家族对文化的重视。这对于我们探讨宝坻区的科举文化提供了很好的样本，也为我们研究家族文化与科举取士之间的互动关系提供了例证。同时还在研究宝坻芮氏家族。阮洪臣先生是一位关注乡土文化的学者，介绍了其所组织的中国传统文化读书会的情况，认为历史上很多名人都与宝坻有或多或少的联系，如李半朝、袁世凯等人，如何深入挖掘历史名人与宝坻的历史，是一个值得做深做大的课题。这既需要宝坻区文史学者的努力，更需要得到天津文史学界同仁的帮助宝坻区还有小靳庄展览馆，对于探讨新时代下农村的社会和经济发展具有借鉴价值。他们从事文史研究的原则是:打捞宝坻记忆,守望乡愁;经世致用,发挥以史育人的作用;促进地方文旅发展,把文史研究转化为生产力。今年他们正在策划编纂宝坻系列丛书,暂定为八册。其中《虚受斋诗钞》由李氏宗亲何德骞先生题写书名和作序,也希望能够得到各位专家学者的支持和帮助,推动宝坻区的历史文化研究。

姜茂树、王雅鸣都属于滨海新区的作家、学者,他们主要研究汉沽地区的历史文化与风俗,出版有多种著作。王雅鸣先生今年在《天津史志》和《天津日报》先后发表系列文章,谈及汉沽乡贤和汉沽盐滩。还在《今晚报》发表了相关文章。汉沽是盐滩的重要产地,先后出现了辂滩、风车滩、官滩等,还有第一章滩契,对于我们了解盐滩都很有帮助。而王雅鸣对于汉沽乡贤的挖掘,更值得我们敬佩。我们知道乡土人物的挖掘,由于历史资料的缺乏,往往隐而不彰,而这些历史人物却对本地历史人文具有重要的价值和意义。因此,致力于本土乡贤的挖掘,并探讨其背后的文化意义,则更可以让我们了解一个地方的文化氛围与厚重。姜茂树先生今年出版有《永远的故乡——大神堂》一书,并曾在当地的公众号上连载。大神堂渔村是天津地理位置最东部的一个行政村,有着五百多年的历史,被称为“天津最后的渔村”。为了保护海洋生态系统,该村进行了拆迁,变成了“消失的记忆”。为了留住记忆,姜茂树怀着深厚的感情,采访了大量村民,并结合相关资料,记录下了故乡大神堂渔村的点点滴滴,既有参加过三大战役和抗美援朝战争的老军人刘连余,也有 1962 年村渔船在曹妃甸海域遇险救人的当事人,还有盐民支队队长的后人等等,这些构成了《永远的故乡——大神堂》一书的主要人物和故事。村书记姜茂国读后认为“这是一部抢救性的资料文字记载,作为一种精神,一种渔家文化,他将同大神堂村一起永远存在”。该书也为其他消失的村庄留住记忆提供了一种可能。希望能够在这本书的带动和鼓舞下,能够更多的村民和村庄,以自己独有的方式留存历史,留住记忆。

静海的李佳阳先生,是一位年青的文史学者,一直致力于静海文史研究。目前正在进行静海朱卷的整理和碑刻的搜集整理,预计2020年将出版《静海硃卷集成》。同时利用微信圈,集合静海文史爱好者,大家共同努力,打捞静海的历史记忆。在村庄拆迁时搜集相关史料,如报恩寺重修碑记,就是在这样的过程中发现的。还有一些墓志铭,既有实地考察所得,也有搜寻相关史料所得,两者结合,扩宽了搜集静海文史资料的路径。譬如他曾在一个网站发现一本日本侵华时期津浦线的老照片集,内有很多有关静海的老照片,值得重视。这些年随着静海文史研究者的增多，相关成果也层出不穷,本次年会李佳阳就带了好几本著作,计有《静海对联文化》《大洼深处》《静海方言俚语释义》《静海纪事》等。这些书涉及静海历史文化的方方面面,既有公开出版物,也有自印本,但都是静海历史文化研究的结晶。

由此可见,各郊区的文史研究呈现出勃勃生机,令人欣慰。尽管还有一些郊区没有参与进来,但我相信随着交流的日益密切,其他各郊区的文史学者及相关成果,也一定能够和大家交流互动,以便天津全域的历史文化研究实现融合与交流，共同推动天津文史的深入发展。

二、文化研究精彩纷呈

如果说郊区研究呈现蓬勃发展的趋势，那么天津历史文化研究则精彩纷呈，各位专家学者的真知灼见，时有所现，令人振奋。本次参与讨论的学者有 10 人谈及天津文化研究，是关注人数最多的领域。

王兴昀和高文超二人都是天津市艺术研究所的专业研究者，从事的也都是近代天津曲艺史研究。高文超的论文主要是从《北洋画报》来考察富连成的演出和经营之道。他认为近代天津各大报纸如大公报、益世报、庸报、北洋画报及其他各类小报，都有大量曲艺史的史料，应该充分利用这些报刊资料，挖掘相关史料，开展近代曲艺史研究。同时从近代报刊资料发觉可供当下文化发展借鉴的因子，为当代文化发展服务。王兴昀所提交的论文虽然是抗战后天津市戏曲电影业同业公会问题，但他也谈到了近代报刊与天津戏曲史研究的互动关系，因为这一丰富的史料来源需要加以充分利用，并说冯武越创办《北洋画报》，背后有张学良的支持。对此，天津社会科学院历史研究所的万鲁建也认为天津近代报刊业的发达，为我们研究天津文化史、曲艺史等相关课题提供了丰富的资料，除了几大报纸，我们还必须关注近代天津的小报。小报内容尽管多为八卦，但当年为了追求销量，刊载了大量曲艺方面的报道和专题，为天津曲艺史、文化史留存了大量资料。这对于相关档案资料和个人史料缺失的曲艺史，是一个宝贵的财富，值得深入挖掘。尽管天津新闻史已经出版，但是从内容来看，多侧重于几个大报，对于天津小报的关注度不够。这固然有目前天津小报没有整理影印出版有关，但确实是一个值得深入探讨的课题。如果有可能，希望相关部门和机构合作将天津小报影印出版，以嘉惠学界。天津市委党校的刘新颖老师则将视角放在了天津的城市文化。她认为近代天津有九国租界，且存续时间长。租界文化在塑造天津城市文化当中究竟具有什么影响,我们应该如何面对近代的租界文化,其实无论是过去还是现在,都是我们所必须面对和正视的一个问题。租界本身是屈辱的,但是租界文化本质上是西方文明在天津的融入,它在与天津传统文化的相互交织和融合过程中也成为天津城市文化的一部分。我们只能直面租界文化,吸取精华、去其糟粕,就能够正确利用并发挥租界文化所具有的独特价值。

吕明、王垚两位先生都是天津通俗美术研究者、连环画收藏家。长期致力于天津通俗美术史研究,采访了大量的连环画老作家、画家,保存了大量口述资料,这对于今后开展天津通俗美术史研究、天津连环画史研究都具有重要的价值。吕明先生还撰写了《天津连环画史》,尽管还不能说尽善尽美,但经过不断的修订和完善,未来一定可以呈献给读者。两位学者经常拜访老一辈连环画作家,倾听他们的回忆,核对相关历史细节,不断勾起我们对昔日儿童读物的回忆。他们还谈到抗战时期、土地革命时期默默耕耘的连环画美术家,如丁鹏、张鸾等人,我们需要挖掘打捞那段被遗忘的历史,记住这些美术家所做出的贡献。目前天津通俗美术史的研究现状还不尽如人意,因此需要更多人的学者予以关注,使得天津通俗美术史、天津连环画史早日问世。

天津大学的陈印政老师、天津二中的赵进杰老师、北京的高鹏先生及民间学人尹忠田先生这还要关注的是近代天津的教育与学人活动。陈印政先生主要谈的是北洋大学在20世纪二三十年代的历史,他认为北伐后由于经费不足,政府实行大学区制,北洋大学改为北洋工学院,使其在经费等方面收到了很大限制,且没有实际的领导人,使其难得得到真正的发展。甚至当时有学生到南京请愿,但最终并未能成功。后来学校又发生了大火,致使学校受损严重。也因此 1929 至 1937 年都以“北洋工学院”的名义存在。“北洋大学”始终未能恢复。抗战爆发后，与其他学校组建西北联合大学，又最终以失败而告终，北洋大学也受困于此，没有得到很好的发展。因此，从这段历史来说，北洋大学可谓命运多舛，也使得现在再恢复“北洋大学”难上加难。赵进杰老师主要探讨的是李大钊与北洋法政学堂的关系，主要是考察了李大钊在这一时期的活动，以北洋法政学堂对其的影响。尹忠田先生关注的是五四时期天津回族人物的活动如马俊、郭隆真、刘清扬等人，他们当年作为青年学人，积极投身反帝爱国运动，并参与组织抵制日货运动，诠释了五四时期天津学生的爱国之情。来自北京的高鹏先生则给大家介绍了一份珍贵的史料，那就是 1912 年 4 月的“捐建北京公共图书馆备忘录”。原文是英文，高鹏先生将其翻译成中文。尽管该文件是关于在北京捐建免费公共图书馆的备忘录，但备忘录署名有北洋大学校长王劭廉、私立南开学校校长张伯苓等人，也可以说和天津有关。他还介绍了自己所翻译的一篇天津各界致美国慈善家的《捐建中国医院请愿书》。这些外文资料的编译，对于我们研究相关问题都具有重要价值。这其实也涉及一个问题，那就是如何编译利用外文资料。尤其是对天津这样一个在近代拥有众多租界的城市，其历史文化研究，必须借助和利用外文资料，才能对一些问题进行更深入的探讨。从目前来看，这方面的工作还有很长的路要走。我们期待着有更多的学人能够编译外文史料，为历史研究提供资料支持。

三、宏观与微观相互交织

历史研究，既有宏大叙事，也有微观考证。这或许就是所谓宏观与微观的相互依存吧。其实,无论是宏观叙事,还是微观考证,都需要研究者认真去做。没有微观考证,宏观叙事就如同无源之水无本之木;没有宏观叙事,微观考证只能停留在表面。因此,两者是相互交织、相辅相成的。除了上述学者的研究外,也有不少学者论及比较微观的问题。鲁培雄先生介绍了韩吉辰先生的红学研究,认为水西庄与红楼梦有密切关系,甚至认为大观园有水西庄的影子。红学研究,如今有很多派别,既有索隐派,也有考据派,但是究竟该如何理解红楼梦,似乎又是各说各话。当然,作为一部文学作品,究竟和现实有多大联系,实在是一个难以言说的问题。张立巍先生是自由撰稿人,这两年非常活跃,在今晚报、中老年时报曾有文章发表。他介绍了今年的写作情况,除了报刊文章,他还在编纂北辰区志。而他本次提交的论文则是一个小问题, 即大众照相馆作为天津地下党秘密活动站的情况。管中窥豹,由此可见当年共产党地下活动的情况。来自中国民航大学的欧阳杰教授,所谈论的问题是天津机场地区近现代历史建筑遗存的现状与保护问题。从大的方面来说,这是工业遗产问题。天津机场以及相关历史建筑的保护问题,在天津史研究当中是一个相对薄弱的环节。欧阳杰教授长期从事这方面的研究,多有论文发表。这对于我们探讨近代天津航空事业、以及机场建设与城市互动关系都具有很好的启迪意义和价值。看似一个比较专门或细化的问题, 实际上包含着很多富有意义的宏观叙事。刘炜先生为民间学者,爱好文史,多有文章发表。他的关注点为中国古代史,尤其是三国史。也因此,他关注的是古代天津的历史变迁,他从宋辽金时期天津地名的变迁,考察天津历史文脉,颇有意思。正在加州大学尔湾分校攻读博士学位的杨涛羽先生,则为我们带来了海外天津史研究的动态。他说美国从事天津史、城市史研究的学者不多,只有贺萧、关文斌、罗芙芸等少数学者,这与研究上海史的学者群体规模很不成比例。这既与上海的国际地位有关,也与上海的开放程度有关。天津应该更加开放,无论是在档案还是在对外合作方面,都需要更多的努力。同时还要在理论、方法等方面创新。他认为城市肌理的动态变化、京津冀区域的全国视角、国际视角、文化互动等各方面,都需要全球视野。同时,他还结合自己的博士论文,探讨了西方势力是如何在上海、天津等城市进行互动,这种互动又是如何影响当地城市的发展,中国政府又如何介入和应对。这些问题需要殖民理论、空间理论和城市理论的相互结合才能解答。他说也希望以后有机会和天津学者开展更多的交流。最后是任云兰研究员给我们做了一个总结,她本来被分在第一组,但是她希望和年轻学者交流,遂来到我们组。她说听了大家的发言,深表欣慰,既为大家致力于天津史研究而高兴,而为天津史研究的未来充满希望。她还结合自己从事天津慈善史、环境史、大运河等研究的心得体会,谈了自己对天津史研究的一些看法。她认为天津史研究未来要想深入发展,就必须吸引更多的年轻学人参与,从理论和方法上更新,以更广阔的视野,以档案资料和一手资料入手,各自发挥所长,拓宽研究领域,相互合作,共同努力。最后,她希望大家一起努力,为天津史研究贡献自己的力量。

总之,本组的讨论热烈而深入,既让大家畅谈了自己的研究与未来设想,也相互进行了良好沟通,为今后开展合作研究和新课题提供了可能。最后大家也对问津书院能够提供如此好的平台,表示衷心的感谢!

第七届问津学术年会征稿启事

问古鉴今，探索天津！

天津市问津书院按惯例定于 2019 年 12 月 29 日，举办第七届问津学术年会，促进天津地方历史文化研究信息和成果的交流，欢迎各界学人积极支持和参与。现将有关事项和要求通报如下：

1.参会者除特邀嘉宾自主决定之外，须提交 2019 年度发表的文章 1 篇，内容与天津历史文化相关，要求具有学术性和原创性，具体形式不限，长度不超过 1 万字。请在文末详注所发表的载体、期数（含总期数）、日期、页码等，报纸并请注明版序和版名。文章最末请用括号注明作者工作单位、所在学术团体或者学术身份。

2.发表的载体必须具备下列条件之一：①有正式刊号的期刊或报纸；②有正式书号的独立或连续出版物；③在全市性乃至全国性学术会议上交流过的论文（如收入内部论文集敬请注明编印单位、日期和页码）；④天津市级相关专业部门（文史研究馆、政协文史部门、党史研究部门、史志编纂部门、档案文物文献收藏编研部门）审核编印的非正式出版物。

3.文章内容不得违反政策法律和损害公序良俗，发表文章的印刷品如列入保密范畴或仅供内部研究者谢绝提交。

4.参会文章请以电子文本形式提交，在12月23日前发送至电子邮箱：wodejingxinzhai@sina.com（万鲁建）。文件名请统一设置为“作者姓名：文章题目”格式，文章题目含副标题，如“王振良：镜头中的记忆和屈辱——费利斯·比特及其在天津的军事摄影活动”。纸质文本一律不接纳。

5.电子文本提交前请仔细与刊出的纸质稿核对，确保两个文本完全相同。除错字外内容上一律不作修改；注释请统一为脚注，序列号使用①②③……参考文献则统一置于文后，序列号亦使用①②③。

6.文稿正文请统一为小四号宋体，小标题为小四号黑体，前后各空一行。正文行距设置为1.5倍。文章主标题用二号黑体，副标题用小四号仿宋，署名用小四号楷体，三者均置于文首正中。

7.所有通过审核的参会文章，将于2020年结集为《九河寻真.2019》正式出版。文章发表时配照片的，请同时提交至邮箱，照片说明文设置为文件名；配发照片含有顺序的，请在文件名中用01、02、03……区别；发表时无照片的，不再另行配发。

8.不符合要求的文章，将不再收入文集。结集文章问津书院和出版社均不支付任何形式报酬，每位作者送样书一册以为纪念。

9. 每位作者可将2019年度正式发表的天津地方历史文化文章，编制成目录附在文后，以学术性论文为主，篇幅较短数量较多者择要录入。

10.以上所述各类事项问津书院拥有最终解释权。

感谢天津学人对问津书院的关注和支持！

天津市问津书院

2019年12月3日

第七届问津学术年会邀请函

尊敬的×××先生:

由问津书院主办的第七届问津学术年会，定于2019年12月29日(星期日)举行。第六届问津学术年会文章结集《九河寻真.2018》、2018年度问津学术讲坛文稿结集《三津谭往.2018》同时首发。今诚邀您作为特邀嘉宾莅临会议指导(有事可随时离会)。如有2019年发表的关于天津地方历史文化的稿件,可随时赐发给我,以便收入明年出版的《九河寻真.2019》。

能否与会望告知,谢谢!

时间:2019年12月29日 09:00—16:30

地点:河北四马路158号问津书院(巷肆创意产业园内)

日程:09:00 开幕会(集堂/二楼会议室)

09:30 合影留念(一楼中庭)

10:00 分组讨论(一楼双槐书屋、三楼学海堂、四楼止月轩)

12:00 自助午餐(一楼餐厅)

13:00 分组讨论(一楼双槐书屋、三楼学海堂、四楼止月轩)

14:30 闭幕会(三楼学海堂)

15:00 散会

天津市问津书院

2019 年 12 月

第七届问津学术年会文章目录

（按作者姓名音序排列）

合计80篇

安宝、任吉东：近代天津村镇变迁研究——以运河沿岸为中心

曹式哲：南开大学图书馆与古籍书店

陈　鑫：严修著作概览

陈兆军、阮洪臣："李半朝"家族

高成鸢：被湮没至今的现代旷世奇人宋蕴朴

高春荣、张翔：天津英租界新发现资料五则

高　鹏：捐建北京公共图书馆备忘录

高　伟："潞河督运"其实是海河巡盐

高文超：从《北洋画报》看富连成演出与经营之道

葛培林：黄炎培与张伯苓

郭　辉：天津博物馆早期历史给我们的启示

韩吉辰、鲁培雄：贾宝玉为何反科举？

何德骞：北洋大学复名纪闻

侯福志:天津民国小报拾零
惠清楼:冯文潜先生的图书馆学思想
金彭育:赶大营“钱柜”背后的故事
井振武:共商国是的天津代表
李楚坡口述、李树德整理:我在广泰兴的二十年
李绮琳:意租界和回力球场
李瑞林:西大人和他的“房东”
李学智、迟慧:起起伏伏:清末民初天津社团活动蠡测
林红状:历尽劫波终完璧 经世济民耀千秋
刘景周:与国情怀在砚田
刘连余口述、姜茂树整理:我参加了解放天津战役
刘新颖:天津城市文化之内容创新——直面租界历史,坚定文化自信
卢永琇:天津政协委员的文物缘
罗 丹:故纸丰富的《天津日报》
罗文华:舞台上的“红灯照”
罗艳春:华北运河集镇的行脚书写
吕 明:自成一派,信手拈来——纪念津门女画家张鸾去世十周年
孟 国:消失在岁月里的谦德庄义园
倪斯霆:天津通俗小说家在“开国大典”前后
欧阳杰、吕鸿:天津机场地区近现代历史建筑遗存的现状及其保护研究
齐 珏:尊碑·师魏·传薪
曲振明:北洋工学院院长李书田事迹
任云兰:天津大运河保护传承利用的思考
宋 健:红楼梦索隐作者问题

宋文彬:叶嘉莹先生的爱国情怀

孙爱霞:不负时代——写在《徐世昌文献辑刊》成书之际

孙肇净:巫宁坤与穆旦之缘

谭汝为:陆文郁与天津方言研究

田晓东:和赠皆宗海下风

万鲁建:从彷徨到清醒:略论张伯苓的对日观

王海冰:天津与中国当代文学艺术关系之一例

王和平:老天津卫记忆中的年味儿

王兴昀:困境图存——抗战后天津市戏曲电影业同业公会

王雅鸣:百年沧桑话盐滩

王　垚:峥嵘岁月的美术情—讲述抗战美术家秦征的“解放区”连环画故事

王振良:铁蹄下的无声呐喊——沦陷时期天津木刻运动及其民族情绪表达

韦承金:守素求索 且行且吟——从一份校报副刊管窥一所百年大学的精神传统

魏暑临:释静海方言之义·存乡邦文化之源

吴裕成:运河造神·航海敕封·盐业崇奉——小圣平浪侯信仰民俗考述

严孝潜:严修和严复的第一次会面

阎伯群:李文贞与家乡

杨莲霞:“刊”“报”过渡时期的代表性出版物《北洋官报》:以外部呈现为中心的考察

杨涛羽:天津都统衙门(1900—1902):津门史上的重要三年

杨秀玲:“新记”《大公报》与戏剧副刊

尹树鹏:北洋大学与桃花堤地理变迁述略
尹忠田:五四时期的天津回教——纪念五四运动100周年
由国庆:天津金鱼红胜火
张　诚:戈登与戈登堂
张昊苏、陈熹:“别有中华”:张伯苓七十寿诞纪念文集的编纂过程及其学术意义
张　辉:援建,天津电建义不容辞
张金声:钟世铭事略
张立巍:大众照相馆的“隐情”
张连杰:试论平津决战中毛泽东与天津战役的几个问题
张林生、冯立:平津战役时杨柳青镇的环境分析
张绍祖:天津五四运动革命遗址亟待保护
张　伟:以乾隆为中心初探静寄山庄的书画收藏
张　翔:华比银行经理潘德尔的天津故事
张　鑫:解放天津的六场硬仗
张英林:中山门儿段平房记忆拼图
章用秀:孙云和她的《梦仙诗稿》
赵进杰:李大钊与北洋法政学堂
甄光俊:天津河北梆子在新中国复苏
周持、潘子聪:南开大学与“永久黄”团体——近代中国的一次“产学研”合作
周春召:宝坻青箱楼
周利成:老天津的夜市
周梦媛:唐宝锷的天津轨迹
周醉天:甲午之殇

第七届问津学术年会议程

名称:第七届问津学术年会

时间:2019 年 12 月 29 日 09:00—15:00

地点:天津市问津书院(河北区四马路 158 号)

议程安排

09:00—09:30　开幕会(王振良主持),二楼大会议室(集堂)
　王振良通报书院 2019 年工作(10 分钟)
　刘海岩(天津社会科学院历史研究所研究员)作主题发言(20 分钟)

09:30—09:50　合影(一楼中庭)

10:00—12:00　分组讨论(分组名单附后)
　第一组　尹树鹏主持,三楼会议室(学海堂)
　第二组　侯福志主持,四楼小餐厅(止月轩)
　第三组　万鲁建主持,一楼书吧(双槐书屋)

12:00—13:00　自助午餐
休息并参观问津书院
13:00—14:20　继续分组讨论
14:30—15:00　闭幕会(王振良主持),三楼会议室(学海堂)
小组主持人作分组总结(尹树鹏、侯福志、万鲁建)
大会主持人作会议总结并宣布散会

分组名单

第一组(25 人)/主持人尹树鹏——三楼学海堂

陈克、陈志强、方兆麟、高伟、葛培林、郭凤岐、侯杰、何德骞、井振武、李学智、刘海岩、罗文华、孟国、倪斯霆、曲振明、任吉东、王海冰、王振良、吴裕成、严孝潜、阎金明、张利民、张绍祖、章用秀、甄光俊

第二组(23 人)/主持人侯福志——四楼止月轩

戴建华、郭辉、韩鹏、惠清楼、李琦琳、李树德、刘宗江、孙爱霞、田晓东、韦承金、魏暑临、阎伯群、由国庆、张诚、张昊苏、张建、张翔、张金声、周利成、周梦媛、杨晓君、罗艳春、林红状

第三组(22 人)/主持人万鲁建——一楼双槐书屋

任云兰、陈兆军、高鹏、高文超、姜茂树、李佳阳、刘新颖、鲁培雄、吕明、欧阳杰、阮洪臣、王兴昀、王雅鸣、王垚、杨涛羽、尹忠田、赵进杰、张立巍、陈印政、周春召、张炜、高万菊

问津依然

万鲁建

2019 年底举办第七届问津学术年会的时候,谁也没有料到进入庚子年一场突如其来的新冠肺炎疫情会席卷全球，至今很多国家仍在与疫情作斗争。这场疫情,究竟什么时候能结束,各国专家还未给出准确的期限,甚至有专家说秋季甚至还可能卷土重来,颇令人忧思。这场疫情,如今已经肆虐了半年多,不但使得国与国之间的交流变得困难,甚至国内的流动也减少了许多。可以说,一场疫情,正在改变着世界,改变着中国,改变着我们每一个人。

疫情,让我们的社交变得简单,也变得纯粹。既然不能游动于外,那就安居于家,享受读书写作的乐趣。或许也正是因为如此,今年便早早启动了年会论文集《九河寻真.2019》的编辑工作,尽管中间时有停顿,但还是比往年提前了很多,这或许是令人稍感欣慰的一件事。

回望 2019 年的问津学术年会,大致保持了往年的规模,提交的论文也达到了八十篇,涉及天津历史文化诸多方面。与会者也多是熟悉的师友，但也有新面孔出现，我想这才是最值得关注的地方。作为天津历史文化研究的交流平台，我们既需要持续稳定的参与者，更需要新鲜血液的不断输入。只有如此，我们才能不断推陈出新，推动天津历史文化研究的纵深发展。就本届年会提交的论文来看，有些文章关注了一些新问题，如天津机场地区的近代历史建筑，另有一些新材料的挖掘，都令人耳目一新。还有很多文章充满现实关怀，如不少学者关注大运河天津段，从遗产保护和文化史角度进行了探讨。更有学者追寻"消失在历史迷雾"里的人物，使得他们重新为我们所知。总之，通读各位师友的文章，让稍显枯燥的居家生活变得有趣，亦仿佛与历史对话，自然也是收获多多。

其他的，我就不多说了。还是以几句感谢的话来结尾吧。首先要感谢问津书院和振良教授继续给我这样的学习机会。由于疫情的原因，已经有半年多没有去过问津书院，也很少有机会和各位师友当面交流请教。但是通过阅读各位师友的文章，我总觉得似在和他们聊天。其次要感谢天津博物馆原党委书记陈克先生为本书作序，他热情洋溢的序言和对天津史研究的殷切期待，激励着我们继续前行。再次要感谢徐锴先生欣然为本书题写书名。最后要感谢天津社会科学院出版社和社长助理韩鹏编辑的大力支持，是他们对天津历史文化的责任感和现实关怀，让我们可以一往无前。当然，我也要感谢与会和提交论文的诸位师友。正是有了您们的大力支持，问津学术年会才能不断前进！

疫情虽在继续，可是我们问津依然！

2020 年 7 月 26 日于沽上静心斋

《问津文库》已出书目

(总计 100+3 种)

◎天津记忆

沽帆远影　刘景周著	59.00 元
茬苒芳华:洋楼背后的故事　王振良著	49.00 元
津门书肆记　雷梦辰原著/曹式哲整理	49.00 元
故纸温暖:老天津的广告　由国庆著	28.00 元
沽上文谭　章用秀著	38.00 元
百年留踪:解放桥的前世今生　方博著	39.00 元
南市沧桑　林学奇著	79.00 元
津沽漫记:日本人笔下的天津　万鲁建编译	39.00 元
忆弢盦:来新夏先生纪念文集　焦静宜编	92.00 元
与山河同在:天津抗日杀奸团回忆录　阎伯群编	38.00 元
楮墨留芳:天津文化名人档案　周利成著	30.00 元
布衣大师:允文允武的艺术名家阎道生　阎伯群著	30.00 元

口述津沽:民间语境下的堤头与铃铛阁　张建著　28.00 元
大地史书:地质史上的天津　侯福志著　29.00 元
丹青碎影:严智开与天津市立美术馆　齐珏著　28.00 元
立宪领袖:孙洪伊其人其事　葛培林著　30.00 元
津门开岁:徐天瑞日记解读　王勇则著　58.00 元
水产教育家张元第　张绍祖编著　36.00 元
八年梦魇:抗战时期天津人的生活　郭文杰著　28.00 元
沽文化诠真　尹树鹏著　48.00 元
圈外谈艺录　姜维群著　38.00 元
记忆的碎片:津沽文化研究的杂述与琐思　王振良著　38.00 元
水产教育家张元第集　张绍祖编　58.00 元
应得的荣誉:女医生里昂罗拉·霍华德·金的故事
[加]玛格丽特著/胡妍译　38.00 元
海河巡盐:国博藏所谓《潞河督运图》天津风物考
高伟编著　58.00 元
析津联话　章用秀著　58.00 元
顶上功夫:宝坻剃头匠的历史记忆　甄建波著　68.00 元
四当明霞:藏书目里的章钰及其交游　李炳德著　68.00 元
津沽旧事　郭凤岐著　198.00 元
守望家园:天津市非物质文化遗产散论　李治邦著　78.00 元

◎通俗文学研究集刊

望云谈屑　张元卿著　39.00 元
还珠楼主前传　倪斯霆著　38.00 元
品报学丛.第一辑　张元卿、顾臻编　38.00 元

云云编：刘云若研究论丛　张元卿编　38.00 元
品报学丛．第二辑　张元卿、顾臻编　32.00 元
刘云若评传　张元卿著　32.00 元
郑证因小说经眼录　胡立生著　78.00 元
品报学丛．第三辑　张元卿、顾臻编　48.00 元
刘云若传论　管淑珍著　48.00 元
品报学丛．第四辑　张元卿、顾臻编　58.00 元
走近姚灵犀　张元卿、王振良编　58.00 元

◎**三津谭往**

三津谭往.2013　王振良主编　39.00 元
三津谭往.2014　万鲁建编　39.00 元
三津谭往.2015　孙爱霞编　48.00 元
三津谭往.2016　孙爱霞编　58.00 元
三津谭往.2017　孙爱霞编　68.00 元
三津谭往.2018　孙爱霞编　68.00 元
三津谭往.2019　王云芳编　68.00 元

◎**九河寻真**

九河寻真.2013　王振良主编　59.00 元
九河寻真.2014　万鲁建编　59.00 元
九河寻真.2015　万鲁建编　88.00 元
九河寻真.2016　万鲁建编　98.00 元
九河寻真.2017　万鲁建编　98.00 元
九河寻真.2018　万鲁建编　98.00 元

九河寻真.2019　万鲁建编　98.00元

◎**津沽文化研究集刊**

《雷雨》八十年　耿发起等编　55.00元

陈诵洛年谱　张元卿著　48.00元

碧血英魂:天津市忠烈祠抗日烈士研究　王勇则著　98.00元

都市镜像:近代日本文学的天津书写　李炜著　38.00元

天津楹联述略　李志刚著　36.00元

口述津沽:民间语境下的西沽　张建著　56.00元

口述津沽:民间语境下的西于庄　张建著　108.00元

紫芥掇实:水西庄查氏家族文化研究　叶修成著　58.00元

芦砂雅韵：长芦盐业与天津文化　高鹏著　58.00元

王南村年谱　宋健著　78.00元

国术之魂:天津中华武士会健者传　阎伯群、李瑞林编　78.00元

来新夏著述经眼录　孙伟良编　198.00元

举火烧天:天津抗日杀奸团纪事　杨仲达、陶丽著　68.00元

口述津沽:民间语境下的丁字沽　张建著　168.00元

口述津沽:南开学子语境下的公能精神　胡海龙著　168.00元

◎**津沽名家诗文丛刊**

王南村集　王煐原著/宋健整理　68.00元

严范孙先生古近体诗存稿　严修原著/杨传庆整理　48.00元

星桥诗存　苏之銮原著/曲振明整理　58.00元

退思斋诗文存　陈宝泉原著/郑伟整理　88.00元

待起楼诗稿　刘云若原著/张元卿辑注　42.00元

刘大同诗集　刘建封原著/刘自力、曲振明整理　88.00 元

碧琅玕馆诗钞　杨光仪原著/赵键整理　58.00 元

石雪斋诗稿(附遂园印稿)　徐宗浩原著/张金声整理　68.00 元

紫箫声馆诗存　丙寅天津竹枝词　冯文洵原著/杨鹏整理　88.00 元

思暗诗集　华世奎原著 / 阎伯群整理　38.00 元

止庵诗存　周学熙原著 / 宋文彬整理　128.00 元

沽上梅花诗社存稿　孙爱霞整理　88.00 元

天津文钞　华光鼐编纂 / 石玉点校　68.00 元

◎**津沽笔记史料丛刊**

严修日记(1876—1894)　严修原著/陈鑫整理　138.00元

桑梓纪闻　马鸿翱原著/侯福志整理　42.00元

天津县乡土志辑略　郭登浩编　98.00元

严修日记(1894—1898)　严修原著/陈鑫整理　128.00元

周武壮公遗书　周盛传原著/刘景周整理　128.00元

天后宫行会图校注　高惠军、陈克整理　128.00元

津门诗话五种　杨传庆整理　78.00元

《北洋画报》诗词辑录　孙爱霞整理　198.00元

桑梓纪闻(增补本)　马鸿翱原著/侯福志整理　68.00元

袁克文集　吴曈曈整理　58.00元

◎**名人与天津**

李叔同与天津　金梅编　68.00元

我与曲艺七十年　倪钟之著　68.00元

辛笛与天津　王圣思编著　88.00元

◎**梓里寻珠**

传承与突破:近代天津小说发展综论　李云著　78.00 元

从租界到风情区:一个中国近代殖民空间在历史现实中的转义　李东晔著　68.00 元

赶大营研究　张博著　68.00 元

屏庐铅椠:藏书家刻书家金钺研究　胡艳杰编著　68.00 元

◎**随艺生活**

方寸芸香:藏书票里的书故事　李云飞编　98.00元

问津书韵:第十三届全国读书年会文集　杜鱼编　78.00元

开卷二〇〇期　董宁文、董国和、周建新编　168.00 元